百衲本二十四史

舊五代史

上海涵芬樓影印吳興劉氏嘉業堂刻原輯永樂大典有注本

《百衲本二十四史》新版刊印序

《百衲本二十四史》是近百年來校考最精良、版本最珍貴、蒐羅最廣泛的二十四史，先父王雲五先生於一九七六年〈重印補校百衲本二十四史序〉中已有論證。

一八九七年商務印書館在上海創立，創館元老張元濟先生於一九〇二年正式主持商務印書館編譯所，將商務帶入「出版好書、匡輔教育」的出版之路。一九二一年(民國十年)王雲五先生經胡適先生推薦，接替主持商務印書館編譯所，並於一九三〇年兼任總經理，與張元濟先生共同為商務印書館的百年大業作出貢獻。

張元濟先生入館後，積極蒐購民間珍貴藏書，一方面用來印製、廣泛發行，另一方面也為成立「涵芬樓」藏書室(後來開放為「東方圖書館」)預作準備。當年他並積極向各公私立圖書館商借影印各種版本的二十四史，逐一比較補正缺漏，然後在一九三〇年開始付印，至一九三七年全部出齊。校印工程之艱鉅與可貴，從他所撰寫的《校史隨筆》可以了解。

商務涵芬樓所珍藏的二十四史及各種珍貴版本，可惜在一九三二年日本發動淞滬戰爭時，被日軍炸毀，化為灰燼。《百衲本二十四史》的傳印，就顯得格外有意義。

王雲五先生於一九六四年在臺重新主持臺灣商務印書館，與當時總編輯楊樹人教授，依據臺北故宮博物院和中央圖書館珍藏的宋元版本，修補校正《百衲本二十四史》，並於一九七六年重版印行。

《百衲本二十四史》初印至今，已經八十年，雖經在臺補正重版，舊書均已售完，而各界索購者絡繹不絕，不得已先以隨需印刷供應，但仍然供不應求。

為了適應讀者的需要，本公司由副董事長施嘉明先生、總編輯方鵬程先生和舊書重印小組一起規劃，決定放大字體，以十八開精裝本重印《百衲本二十四史》，每種均加印目錄頁次，讓讀者方便查考，也讓我們與《百衲本二十四史》共同邁向百年大慶。值此付印前夕，特為之序。

臺灣商務印書館董事長王學哲謹序

二〇一〇年三月二十五日

舊五代史一百五十卷

永樂大典本

宋薛居正等奉敕撰。

考晁公武《讀書志》云，開寶中，詔修梁、唐、晉、漢、周書。盧多遜、扈蒙、張澹、李昉、劉兼、李穆、李九齡同修，宰相薛居正等監修。

《玉海》引《中興書目》云，開寶六年四月戊申，詔修五代史，七年閏十月甲子書成，凡百五十卷，目錄二卷，為紀六十一、志十二、傳七十七，多據累朝實錄，及范質五代通錄為稾本。

其後歐陽修別撰《五代史記》七十五卷，藏於家。修沒後，官為刊印。學者始不專習薛史，然二書猶竝行於世。至金章宗泰和七年，詔學官止用歐陽修史，於是薛史遂微。元明以來，罕有援引其書者，傳本亦漸就湮沒。惟明內府有之，見於文淵閣書目。故《永樂大典》多載其文，然割裂淆亂，已非居正等篇第之舊。

恭逢聖朝右文稽古，網羅放佚，零縑斷簡，皆次第編摩。臣等謹就永樂大典各韻中所引薛史，甄錄條繫，排纂先後，檢其篇第，尚得十之八九。又考宋人書之徵引薛史者，每條採錄，以補其闕，遂得依原本卷數，勒成一編。晦而復彰，散而復聚，殆實有神物呵護，以待時而出者，遭逢之幸，洵非偶然也。

歐陽修文章，遠出居正等上，其筆削體例，亦特謹嚴。然自宋時論二史者，即互有所主。司馬光作《通鑑》，胡三省作《通鑑註》，皆專據薛史而不取歐史。沈括、洪邁、王應麟輩，為一代博洽之士。其所著述，於薛歐二史，亦多兼採，而未嘗有所軒輊。蓋修所作，皆刊削舊史之文，意主斷制，不肯以紀載叢碎，自貶其體。故其詞極工，而於情事或不能詳備。至居正等奉詔撰述，本在宋初，其時秉筆之臣，尚多逮事五代，見聞較近，紀傳皆首尾完具，可以徵信。故異同所在，較核事迹，往往以此書為證。雖其文體平弱，不免敘次煩冗之病，而遺聞瑣事，反藉以獲傳，實足為考古者參稽之助。

又歐史止述司天、職方二考，而諸志俱闕，凡禮樂職官之制度，選舉刑法之沿革，上承唐典，下開宋制者，一概無徵，亦不及薛史諸志，為有裨於文獻。蓋二書繁簡，各有體裁，學識兼資，難於偏廢。昔修與宋祁所撰《新唐書》，事增文省，足以括劉昫舊書。而昫書仰荷皇上表章，今仍得列於正史。況是書文雖不及歐陽，而事蹟較備，又何可使隱沒不彰哉。

謹考次舊文，釐為梁書二十四卷、唐書五十卷、晉書二十四卷、漢書十一卷、周書二十二卷、世襲列傳二卷、僭偽列傳三卷、外國列傳二卷、志十二卷，共一百五十卷，別為目錄二卷。而蒐羅排纂之意，則著於凡例，茲不贅列焉。（本文引字景印《文淵閣四庫全書》總目史部卷四十六，頁二之三五）

重印補校百衲本二十四史序

百衲本者何？彙集諸種善本，有闕卷闕頁，復多方蒐求，以事配補，有如僧衣之補綴多處者也。

我國正史彙刻之存於今者，有汲古閣之十七史，有南北監之二十一史。清高宗初立，成明史，命武英殿開雕，至四年竣工；繼之者二十一史。其後又詔增劉昫唐書，與歐宋新唐書並行，越七年遂成武英殿二十三史。及四庫開館，諸臣復據永樂大典及太平御覽，冊府元龜等書，裒輯薛居正舊五代史，得旨刊布，以四十九年奏進；於是二十四史之名以立。

武英殿本以監本為依據。清高宗製序，雖有監本殘闕，併勑校讎之言，始意未嘗不思成一善本也。惟在事諸臣，既未能廣蒐善本，復不知慎加校勘，佚者未補，譌者未正，甚或彌縫缺乏，以譌亂真，誠可惜也。

本館前輩張菊生先生，以多年之時力，廣集佳槧，審慎校讎，自民十九年開始景印，迄二十六年甫竟全功。雖中經一二八之劫，抱書而走，亂定掇拾需時，然景印之初，海宇清寧，亦緣校讎精審，多費時日。嘗聞菊老葺印初稿，悉經手勘，朱墨爛然，盈闌溢幅，點畫纖細，鉤勒不遺，與同人共成校勘記，多至百數十冊，文字繁冗，尚待董理。爰取原稿若干條，集為校史隨筆，而付梓焉。

就隨筆所記，殿本訛闕殊多。分史言之，則史記正義多遺漏，漢書正文注文均有錯簡，三國志卷第淆亂，宋書誤註為正文，南齊書地名脫誤，北齊書增補字句均據北史，而仍與北史有異同。魏書考證有誤，舊唐書有闕文，訂正錯簡亦有小誤，唐書有衍文，舊五代史遜於嘉業堂劉氏刊本，元史有衍文及闕文，且多錯簡，重出之傳，亦未刪盡。綜此諸失，殿本二十四史不如衲史遠矣，況善本精美，古香古色，尤非殿本所能望其項背。

茲將百衲本二十四史據以景印之版本列述於後：

史　記　宋慶元黃善夫刊本。

漢　書　北宋景祐刊本，瞿氏鐵琴銅劍樓藏。

後漢書　宋紹興刊本，原闕五卷半，以北平國立圖書館元覆宋本配補。

三國志　宋紹熙刊本，日本帝室圖書寮藏，原闕魏志三卷，以涵芬樓藏宋紹興刊本配補。

晉　書　宋本，海寧蔣氏衍芬草堂藏，原闕載記三十卷，以江蘇省立圖書館藏宋本配補。

宋書　宋蜀大字本，北平國立圖書館吳興劉氏嘉業堂藏，闕卷以涵芬樓藏元明遞修本配補。
南齊書　宋蜀大字本，江安傅氏雙鑑樓藏。
梁書　宋蜀大字本，北平國立圖書館及日本靜嘉堂文庫藏，闕卷以涵芬樓藏元明遞修本配補。
陳書　宋蜀大字本，北平國立圖書館及日本靜嘉堂文庫藏。
魏書　宋蜀大字本，北平國立圖書館江安傅氏雙鑑樓吳興劉氏嘉業堂及涵芬樓藏。
北齊書　宋蜀大字本，北平國立圖書館藏，闕卷以涵芬樓藏元明遞修本配補。
周書　宋蜀大字本，吳縣潘氏范硯樓及自藏，闕卷以涵芬樓藏元明遞修本配補。
隋書　元大德刊本，闕卷以北平國立圖書館江蘇省立圖書館藏本配補。
南史　元大德刊本，北平國立圖書館及自藏。
北史　元大德刊本，北平國立圖書館及自藏。
舊唐書　宋紹興刊本，常熟鐵琴銅劍樓藏，闕卷以明聞人銓覆宋本配補。
新唐書　北宋嘉祐刊本，日本岩崎氏靜嘉堂文庫藏，闕卷以北平國立圖書館江安傅氏雙鑑樓藏宋本配補。
舊五代史　原輯永樂大典有注本，吳興劉氏嘉業堂刻。
五代史記　宋慶元刊本，江安傅氏雙鑑樓藏。
宋史　元至正刊本，北平國立圖書館藏，闕卷以明成化刊本配補。
遼史　元至正刊本。
金史　元至正刊本，北平國立圖書館藏，闕卷以涵芬樓藏元覆本配補。
元史　明洪武刊本，北平國立圖書館及自藏。
明史　清乾隆武英殿原刊本，附王頌蔚編集考證攟逸。

上開版本之搜求補綴，在彼時實已盡最大之能事。惟今者善本時有發見，前此認為業已失傳者，漸集於一隅，尤以中央圖書館及故宮博物院在抗戰期內，故家遺族，前此秘藏不宣，因播遷而割愛者不在少數；盡量收購，寄存盟邦，以策安全。近年悉數運回，使臺灣成為善本之總匯。百衲本後漢書原據本館前涵芬樓所藏宋紹興本影印，益以北平圖書館及日本靜嘉堂文庫殘本之配備，當時堪稱人間瑰寶；且志在存真，對其中未盡完善之處一仍其舊。然故宮博物院近藏宋福唐郡庠覆景祐監刊元代修補本及中央圖書館所藏錢大昕手跋北宋刊本與宋慶元間建安劉元起刊本，各有其長處。本館總編輯楊樹人教授特據以覆校百衲本原刊，計修正原影本因配補殘本而致首尾不貫者五處，其中重複者四處，共圈刪衍文三十六字，補足脫漏一處，缺文二字，原板存留墨丁四十六處，補正五十二字。另有顯屬雕刻錯誤者若干字，亦酌為改正。於是宋刊原面目，大致可復舊觀矣。又前漢書原景本闕漏目錄全份，亦據故宮博物院珍藏宋福唐郡庠覆景祐監刊元代修補本補印十有四頁，以成全璧。校書如掃落葉，愈掃愈落，礙難悉數掃清，然多費一番心力，對於鑽研史籍者，定可多一番裨益。區區之意，當為讀者所樂聞，亦可稍慰本館前輩張菊老在天之靈，喜其繼起有人也。

本館衲史原以三十二開本連史紙印製，訂為八百二十冊，流行雖廣，以中經多難，存者無多，臺省尤感缺乏，各國亦多訪購，爰應各方之需求，改訂為十六開大本，縮印二頁為一面，字體較縮本四部叢刊初編為大，用上等印書紙精印精裝，訂為四十一鉅冊，以便檢閱，經重版數次。茲為謀普及，再縮印為二十四開本五十八冊，字體仍甚清晰，而售價不及原印十六開本之半，莘莘學子，多有購置之力，誠不負普及之名矣。付印有日，謹述概要。

中華民國六十五年雙十節王雲五識

股東會全體股東獻禮

本公司董事長王岫廬（雲五）先生，學界巨擘，社會棟樑，歷任艱巨，功在國家。一生繫中國文化出版之命脈，惠澤士林。本公司三度罹國難而得復興。咸賴　先生之大力。每次復興，莫不聲光煥發，蔚為奇蹟。民國五十二年冬，　先生退出政壇。次年秋重主本公司，謀慮擘劃，晨夕辛勞，不取分文之酬，而甘之如飴；蓋純出於愛護本公司與宏揚文化之心願。無　先生之犧牲精神與卓越領導，不能有今日之商務書館，已為識者之定評。今歲欣逢　先生八秩華誕，社會同慶。股東會同人本崇功報德之念，群思有以祝賀。　先生謙辭至再至三，當以恭敬不如從命，爰於五十六年股東會議席上全體決議，利用重印之百衲本二十四史，作為　華誕獻禮。要不過體認　先生造福文化界之功績，聊表嵩祝悃誠於萬一耳。

臺灣商務印書館股份有限公司
股東會全體股東　謹啟

中華民國五十六年四月十五日

舊五代史上

本紀十卷

列傳十四卷

本紀十卷

列傳二十六卷

舊五代史下

本紀十一卷

列傳十三卷

志十二卷

多羅質郡王臣永瑢等謹
奏爲舊五代史編次成書恭呈
御覽事臣等伏案薛居正等所修五代史原由官撰成
自宋初以一百五十卷之書括八姓十三主之事
具有本末可爲鑒觀雖值一時風會之衰體格尚
沿於冗弱而垂千古廢興之迹異同足備夫參稽
故以楊大年之淹通司馬光之精確無不資其賅
貫據以編摩求諸列朝正史之間寔亦劉昫舊書
之比乃徵唐事者並傳天福之本而考五代者惟
行歐陽之書致此逸文寖成墜簡閱沉淪之已久
信顯晦之有時欽惟我
皇上紹繹前聞網羅墜典
發祕書而讐校廣四庫之儲藏欣覩遺篇因裒散帙首
尾畧備篇目可尋經呵護以偶存知表章之有待
非當
聖世曷闡成編臣等謹率同總纂官右春坊右庶子臣
陸錫熊翰林院侍讀臣紀昀纂修官編修臣邵晉
涵等按代分排隨文勘訂彙諸家以蒐其放失臚
衆說以補其闕殘復爲完書可以繕寫竊惟五季
雖屬閏朝文獻足徵治忽宜監有薛史以綜事蹟

之備有歐史以昭筆削之嚴相輔而行偏廢不可
幸遭逢乎
盛際得煥發其幽光所裨寔多先睹爲快臣等已將永
樂大典所錄舊五代史依目編輯勒一百五十卷
謹分裝五十八冊各加考證粘籤進
呈敬請刊諸
祕殿頒在學官搜散佚於七百餘年廣體裁於二十
三史著名山之錄允宜傳播於人間儲
乙夜之觀冀稟折衷於
睿鑒惟慚疏陋伏候

指揮謹
奏
乾隆四十年七月
多羅質郡王臣永瑢
經筵日講起居注官武英殿大學士臣舒赫德
經筵日講起居注官文華殿大學士臣于敏中
工部尚書和碩額駙一等忠勇公臣福隆安
經筵講官協辦大學士吏部尚書臣程景伊
經筵講官戶部尚書臣王際華
經筵講官禮部尚書臣蔡新

經筵講官兵部尚書臣嵇璜
經筵講官刑部尚書仍兼戶部侍郎臣英廉
都察院左都御史臣張若溎
經筵講官吏部左侍郎臣曹秀先
戶部右侍郎臣金簡

提要

舊五代史一百五十卷目錄二卷

臣等謹按舊五代史一百五十卷併目錄二卷宋司空同中書門下平章事薛居正等撰考晁公武讀書志云開寶中詔修梁唐晉漢周書盧多遜扈蒙張澹李昉劉兼李穆李九齡同修宰相薛居正等監修玉海引中興書目云開寶六年四月戊申詔修五代史七年閏十月甲子書成凡百五十卷目錄二卷為紀六十一志十二傳七十七多據累朝實錄

及范質五代通錄為稿本其後歐陽修別撰五代史記七十五卷藏於家修歿後官為刊印學者始不專習薛史然二書猶並行於世至金章宗泰和七年詔學官止用歐陽史於是薛史遂微元明以來罕有援引其書者傳本亦漸就湮沒惟明內府有之見於文淵閣書目故永樂大典多載其文然割裂淆亂已非居正等篇第之舊恭逢

聖朝右文稽古網羅放佚零縑斷簡皆次第編摩臣等謹就永樂大典各韻中所引薛史甄錄條繫

排纂先後檢其篇第尚得十之八九又考宋人書之徵引薛史者每條采錄以補其闕遂得依原書卷數勒成一編晦而復彰散而復聚殆實有神物呵護以待時而出者遭逢之幸洵非偶然也歐陽修文章遠出居正等上其筆削體例亦特謹嚴然自宋時論二史者即互有所主司馬光作通鑑胡三省作通鑑注皆專據薛史而不取歐史沈括洪邁王應麟輩為一代博洽之士其所著述於薛歐二史亦多兼採而未嘗有所軒輊蓋修所作皆

刊削舊史之文意主斷制不肯以紀載叢碎自貶其體故其詞極工而於情事或不能詳備至居正等奉詔撰述本在宋初其時秉筆之臣尚多逮事五代見聞較近紀傳皆首尾完具可以徵信故異同所在較核事迹往往以此書為長雖其文體平弱不免敘次煩冗之病而遺文瑣事反藉以獲傳實足為考古者參稽之助又歐史止述司天職方二考而諸志俱闕凡禮樂職官之制度選舉刑法之沿革上承唐典下開宋制者一概無徵亦不

及薛史諸志爲有裨於文獻蓋二書繁簡各
有體裁學識兼資難於偏廢昔修與宋祁所
撰新唐書事增文省足以括劉昫舊書而昫
書仰荷
皇上表章今仍得列于正史況是書文雖不及歐史而
事迹較備又何可使隱沒不彰哉謹考次舊
文釐爲梁書二十四卷唐書五十卷晉書二
十四卷漢書十一卷周書二十二卷世襲列
傳二卷僭僞列傳三卷外國列傳二卷志十
二卷共一百五十卷別爲目錄二卷而蒐羅
三
排纂之意則著於凡例具列如左乾隆四十
年七月恭校上
總纂官庶子臣陸錫熊
侍讀臣紀昀
纂修官編修臣邵晉涵

編定舊五代史凡例

一薛史原書體例不可得見今考其諸臣列傳多云事見某書或云某書有傳知其於梁唐晉漢周斷代爲書如陳壽三國志之體故晁公武讀書志直稱爲詔修梁唐晉漢周書今仍按代分編以還其舊

一薛史本紀沿舊唐書帝紀之體除授沿革鉅纖畢書惟分卷限制爲永樂大典所割裂已不可考詳核原文有一年再紀元者如上有同光元年春正月下復書同光元年秋七月知當於七月以後別爲一卷蓋其體亦仿舊唐書通鑑尚沿其例也今釐定編次爲

紀六十一卷與玉海所載卷數符合

一薛史本紀俱全惟梁太祖紀原帙已闕其散見各韻者僅得六十八條今據册府元龜諸書徵引薛史者按條採掇尚可薈萃謹仿前人取魏澹書高氏小史補北魏書之例按其年月條繫件附釐爲七卷

一五代諸臣類多歷事數朝首尾牽連難於分析歐陽修新史以始終從一者入梁唐晉漢周臣傳其兼涉數代者則創立雜傳歸之褒貶謹嚴於史法最合薛史僅分代立傳而以專事一朝及更事數姓者參差錯列賢否混淆殊乖史體此即其不及歐史之一端因篇有論贊總敘諸人難以割裂更易姑仍其舊以備參考得失所在讀史者自能辨之

一后妃列傳永樂大典中惟周后妃傳全帙具存餘多殘闕今采五代會要通鑑契丹國志北夢瑣言諸書以補其闕用雙行分註不使與本文相混也

一宗室列傳永樂大典所載頗多闕脫今並據册府元龜通鑑註諸書采補其諸臣列傳中偶有闕文亦仿此例

一諸臣列傳其有史臣原論者俱依論中次第排比若原論已佚則考其人之事跡以類分編

一薛史標目如李茂貞等稱世襲傳見於永樂大典原文其楊行密等稱僭僞傳則見於通鑑考異今悉依仿編類以還其舊

一薛史諸志永樂大典內偶有殘闕今俱采太平御覽所引薛史增補仍節錄五代會要諸書分註於下用備參考

一凡紀傳中所載遼代人名官名今悉從遼史索倫語解改正

一永樂大典所載薛史原文多有字句脫落音義舛錯者今據前代徵引薛史之書如通鑑考異通鑑註太

平御覽太平廣記册府元龜玉海筆談容齋五筆青緗雜記職官分紀錦繡萬花谷藝文類聚記纂淵海之類皆爲參互校訂庶臻詳備

一史家所紀事蹟流傳互異彼此各有舛互今據新舊唐書東都事畧宋史遼史續通鑑長編五代春秋九國志十國春秋及宋人說部文集與五代碑碣尚存者詳爲考核各加案語以資辨證

一陶岳五代史補王禹偁五代史闕文本以補薛史之闕雖事多瑣碎要爲有裨史學故通鑑歐陽史亦多所取今並仿裴松之三國志注體例附見于後

一薛史與歐史時有不合如唐閔帝紀薛史作明宗第三子而歐史作第五子考五代會要通鑑並同薛史又歐史唐家人傳云太祖有弟四人曰克讓克修克恭克寧皆不知其父母名號據薛史宗室傳則克讓爲仲弟克寧爲季弟克修爲從父弟父曰德成克恭爲諸弟非皆不知其父母名號又晉家人傳止書出帝立皇后馮氏考薛史紀傳馮氏未立之先追册張氏爲皇后而歐史不載又張萬進賜名守進故薛史本紀先書萬進後書守進歐史删去賜名一事故前後遂如兩人其餘年月之先後官爵之遷授每多互異今悉爲辨證詳加案語以示折衷

一歐史改修原據薛史爲本其間有改易薛史之文而涉筆偶誤者如章如愚山堂考索論歐史載梁遣人至京師紀以爲朱友謙傳以爲朱友諒楊涉相梁三仕三已而歲月所具紀載寔異至末年爲相但書其罷而了不知其所入歲月唐明宗在位七年餘而論贊以爲十年之類是也有尚沿薛史之舊而未及刊改者如吳縝五代史纂誤譏歐史杜曉傳幅巾自廢不當云十餘年羅紹威傳牙軍相繼不當云二百年之類是也今並各加辨訂於本文之下庶二史異同得失之故讀者皆得以考見焉

舊五代史目錄上

列傳十一

丁會　閻寶

符習　烏震

王瓚　袁象先

張溫　李紹文

卷六十　唐書三十六

列傳十二

李襲吉　王緘

李敬義　盧汝弼

李德休　蘇循　子楷

卷六十一　唐書三十七

列傳十三

安金全　從子審通　安元信

安重霸　劉訓

張敬詢　劉彥琮

袁建豐　西方鄴

張遵誨　孫璋

卷六十二　唐書三十八

列傳十四

孟方立　張文禮

董璋

卷六十三　唐書三十九

列傳十五

張全義　朱友謙

卷六十四　唐書四十

列傳十六

霍彥威　王晏球

戴思遠　朱漢賓

孔勍　劉玘

周知裕

卷六十五　唐書四十一

列傳十七

李建及　石君立

高行珪　張廷裕

王思同　索自通

卷六十六　唐書四十二

列傳十八

安重誨　朱弘昭

朱洪實　康義誠

藥彥稠　宋令詢

舊五代史目錄下

高祖本紀上
卷一百　漢書二
高祖本紀下
卷一百一　漢書三
隱帝本紀上
卷一百二　漢書四
隱帝本紀中
卷一百三　漢書五
隱帝本紀下
卷一百四　漢書六

后妃列傳一
李皇后
卷一百五　漢書七
宗室列傳二
魏王承訓　陳王承勳
蔡王信　湘陰公贇
卷一百六　漢書八
列傳三
王周　劉審交
武漢球　張瓘

李殷　劉在明
馬萬　李彥從
郭謹　皇甫立
白再榮　張鵬
卷一百七　漢書九
列傳四
史弘肇　楊邠
王章　李洪建弟業
閻晉卿　聶文進
後贊　郭允明

劉銖
卷一百八　漢書十
列傳五
李崧　蘇逢吉
李鏻　龍敏
劉昫　張允
任延皓
卷一百九　漢書十一
列傳六
杜重威　李守貞

舊五代史卷一

宋司空同中書門下平章事薛居正等撰

太祖紀第一

（案薛史本紀永樂大典所載俱全獨梁太祖紀原帙已佚其散見於各韻者僅得六十八條參以通鑑考異通鑑注所徵引者又得二十一條本末不具未能綴輯成篇考册府元龜閏位部所錄朱梁事蹟皆本之薛史原文首尾頗詳按條採掇尚可彙萃謹依前人取魏澹書高氏小史補北魏書闕篇之例采册府元龜梁太祖事編年系日次第編排以補其闕庶幾畧還薛史之舊仍于各條下注明原書卷第以備參核焉）

梁書一

太祖神武元聖孝皇帝姓朱氏諱晃本名溫（永樂大典卷八千六百八十七）宋州碭山人其先舜司徒虎之後高祖黯曾祖茂琳祖信父誠帝即誠之第三子母曰文惠王皇后（册府元龜卷一百八十二　案五代會要梁肅祖宣元皇帝諱黯舜司徒虎四十二代孫開平元年七月追尊宣元皇帝廟號肅祖葬興極陵敬祖光獻皇帝諱茂琳宣元皇帝長子母曰宣僖皇后范氏開平元年七月追尊光獻皇帝廟號敬祖葬永安陵憲祖昭武皇帝諱信光獻皇帝長子母曰光孝皇后楊氏開平元年七月追尊昭武皇帝廟號憲祖葬光天陵烈祖文穆皇帝諱誠昭武皇帝長子母曰昭懿皇后劉氏開平元年七月追尊文穆皇帝廟號烈祖葬咸寧陵）以唐大中六年歲在壬申十月二十一日夜生于碭山縣午溝里是夕所居廬舍之上有赤氣上騰里人望之皆驚奔而來曰朱家火發矣及至則廬舍儼然既入鄰人以誕孩告眾咸異之（永樂大典卷一萬六千一十九　案以上亦見册府元龜卷一百八十二以此排之知册府元龜引五代事蹟多本薛史）昆仲三人俱未冠而孤母（案册府元龜引此條母字下有王氏二字）攜養寄於蕭縣人劉崇之家帝既壯不事生業以雄勇自負里人多厭之崇以其慵惰每加譴杖唯崇母自幼憐之親爲櫛髮嘗誡家人曰朱三非常人也汝輩當善待之家人問其故答曰我嘗見其熟寐之次化爲一赤蛇然眾亦未之信也（永樂大典卷五千九百四十九）唐僖宗乾符中關東荐饑羣賊嘯聚黃巢因之起于曹濮饑民願附者凡數萬帝乃辭崇家與仲兄存俱入巢軍以力戰屢捷得補爲隊長唐廣明元年十二月甲申黃巢陷長安遣帝領兵屯于東渭橋是時夏州節度使諸葛爽率所部屯于櫟陽巢命帝招諭爽爽遂降于巢中和元年二月巢以帝爲東南面行營先鋒使令攻南陽下之六月帝歸長安巢親勞于灞上七月巢遣帝西拒邠岐鄜夏之師于興平所至皆立功二年二月巢以帝爲同州防禦使使自攻取帝乃自丹州南行以擊左馮翊拔之遂據其郡時河中節度使王重榮屯兵數萬糾兵諸侯以圖興復帝時與之鄰封屢爲重榮所敗遂請濟師于巢表章十上爲僞左軍使孟楷所蔽不達又聞巢軍勢蹙諸校離心帝知其必敗九月帝遂與左右定計斬僞監軍使嚴實舉郡降于重榮（案舊唐書僖宗紀八月庚子賊同州防禦使朱溫殺其監軍嚴實與大將胡眞謝瞳等來降薛史作九月與舊唐書異考新唐書九月丙戌黃巢將朱溫以同州降通鑑亦作九月丙戌朱溫殺其監軍嚴實舉州降皆與薛

史同是朱温之降實在九月舊唐書誤重榮卽日飛章上奏時僖宗在蜀覽表而喜曰是天賜予也乃詔授帝左金吾衞大將軍充河中行營副招討使仍賜名全忠案歐陽史云王鐸承制拜温金吾衞大將軍河中行營招討副使薛史以爲僖宗詔授與歐陽史異考舊唐書王鐸承制拜温爲華州刺史潼關防禦鎭國軍等使通鑑作王鐸承制以温爲同華節度使是王鐸承制所拜之官非如歐陽史所載也至謝瞳奉表行在乃詔授金吾衞大將軍河中行營招討副使耳當以薛史爲得其實自是率所部與河中兵士偕行所向無不克捷三年三月僖宗制授帝宣武軍節度使依前充河中行營副招討使仍令候收復京闕卽得赴鎭案舊唐書中和三年五月以檢校尚書右僕射華州刺史潼關防禦等使朱温檢校司空兼汴州刺史充宣武節度觀察等使仍賜名全忠據薛史則全忠授宣武節度在三月非五月

也由河中行營招討副使遷授非由潼關防禦等使也賜名全忠在二年九月亦非三年五月也通鑑所叙年月官爵名號皆以薛史爲據四月巢軍自藍關南走帝與諸侯之師俱收長安乃率部下一旅之衆仗節東下七月丁卯入于梁苑是時帝年三十有二時蔡州刺史秦宗權與黃巢餘孽合從肆虐共圍陳州久之僖宗乃命帝爲東北面都招討使時汴宋連年阻饑公私俱困帑廩皆虛外爲大敵所攻內則驕軍難制交鋒接戰日甚一日人皆危之惟帝銳氣益振是歲十二月帝領兵于鹿邑與巢衆相遇縱兵擊之斬首二千餘級乃引兵入亳州因是兼有譙郡之地四年春帝與許州田從異諸軍同收瓦

子寨殺賊數萬衆是時陳州四面賊寨相望驅擄編氓殺以充食號爲舂磨寨帝分兵翦撲大小凡四十戰四月丁巳收西華寨賊將黃鄴單騎奔陳帝乘勝追之鼓譟而進會黃巢遁去遂入陳州刺史趙犫迎于馬前俄聞巢黨尚在陳北故陽壘帝遂遲歸大梁是時河東節度使李克用奉僖宗詔統騎軍數千同謀破賊與帝合勢于中牟北邀擊之賊衆大敗于王滿渡多束手來降時賊將霍存葛從周張歸厚張歸霸皆匍匐于馬前悉宥而納之遂逐殘寇東至于宛句五月甲戌帝與晉軍振旅歸汴館克用于上源驛旣而備犒宴之禮克用乘

醉任氣帝不平之是夜命甲士圍而攻之案自五月甲戌至此又見通鑑考異所引薛史梁紀與冊府元龜所引符合會大雨雷電克用因得于電光中踰墻遁去惟殺其部下數百人而已六月陳人感解圍之惠爲帝建生祠堂于其郡是歲黃巢雖殄而蔡州秦宗權繼爲巨孽有衆數萬攻陷鄰郡殺掠吏民屠害之酷更甚巢賊帝患之七月遂與陳人共攻蔡賊于溵水殺數千人九月己未僖宗就加帝檢校司徒同平章事封沛郡侯食邑千戸光啟元年春蔡賊掠亳潁二郡帝帥師以救之遂東至于焦夷敗賊衆數千生擒賊將鐵林梟首以狥軍而還三月僖宗自蜀還長安改元

光啟四月戊辰就加帝檢校太保增食邑千五百戶十二月河中太原之師逼長安觀軍容使田令孜奉僖宗出幸鳳翔二年春蔡賊益熾時唐室微弱諸道州兵不爲王室所用故宗權得以縱毒連陷汝洛懷孟唐鄧許鄭圍幅數千里殆絕人煙惟宋亳滑潁僅能閉壘而已帝累出兵與之交戰然或勝或負人甚危之三月庚辰僖宗降制就封帝爲沛郡王案舊唐書光啟元年三月以汴州刺史朱全忠爲沛郡王充蔡州西北面行營都統據薛史則元年惟增食邑至二年三月乃進封爲王也與舊唐書異歐陽史從薛史是月僖宗移幸興元五月嗣襄王熅僭即帝位于長安改元爲建貞遣使賫僞詔至汴帝命焚之于庭未幾襄王果敗七月蔡人逼司州節度使鹿宴弘使來求救帝遣葛從周等率師赴援師未至而城陷宴弘爲蔡賊所害十一月滑州節度使安師儒以怠于軍政爲部下所殺案舊唐書云十月壬子朔滑州軍亂逐其帥安師儒推衙將張驍主留後軍務師儒奔汴朱全忠殺之新唐書云十月朱全忠陷滑州執義成軍節度使安師儒歐陽史從舊唐書作奔汴通鑑從新唐書作被擄據薛史則師儒自爲部下所殺與新舊唐書異又新舊唐書俱作十月而薛史作十一月通鑑仍從薛史帝聞之乃遣朱珍李唐賓襲而取之由是遂有滑臺之地案舊唐書云朝廷以汴帥朱全忠兼領義成軍節度使據薛史胡眞傳云眞以其兵襲取滑州乃署爲滑州節度留後蓋全忠雖嘗兼領義成而不之鎭故署其將胡眞爲留後十二月僖宗降制就加帝檢校太傅改封吳興郡王食邑三千戶是歲鄭州

爲蔡賊所陷刺史李璠單騎來奔帝宥而納之以爲行軍司馬宗權既得鄭益驕帝遣裨將遷于金隄驛與賊相遇因擊之賊衆大敗追至武陽橋斬首千餘級帝每與蔡人戰于四郊既以少擊衆常出奇以制之但患師少未快其旨宗權又以己衆十倍于帝恥于頻敗乃誓衆堅決以攻夷門既而獲蔡之諜者備知其事遂謀濟師焉三年春二月乙巳承制以朱珍爲淄州刺史俾募兵于東道且慮蔡人暴其麥苗期以夏首回歸案自募兵于東道至此亦見通鑑注與册府元龜同珍既至淄棣旬日之內應募者萬餘人又潛襲青州獲馬千匹鎧甲稱是乃鼓行而歸四月辛亥達于夷門帝喜曰吾事濟矣是時賊將張晊屯于北郊秦賢屯于版橋各有衆數萬樹柵相連二十餘里其勢甚盛帝謂諸將曰此賊方今息師蓄銳以俟時必來攻我況宗權度我兵少又未知珍來謂吾畏懼止于堅守而已今出不意不如先擊之乃親引兵攻秦賢寨將士踴躍爭先賊果不備連拔四寨斬首萬餘級時賊衆以爲神助庚午案通鑑考異云長曆四月甲辰朔無庚午薛史誤今考舊唐書光啟三年四月正作甲辰朔以日數計之庚午乃四月二十七日也此非薛史之誤乃通鑑考異之誤耳賊將盧瑭領萬餘人于圃田北萬勝戍夾汴水爲營跨河爲梁以扼運路案通鑑注引薛史梁紀曰盧瑭于圃田北夾汴爲梁以扼運路視册府元龜所引稍有刪

節帝擇精銳以襲之是日昏霧四合兵及賊壘方覺遂突入掩殺赴水死者甚衆盧瑭自投于河河南諸賊連敗不敢復駐皆并在張晊寨自是蔡寇皆懷震讋往往軍中自相驚亂帝旋師休息大行犒賞繇是軍士各懷憤激每遇敵無不奮勇五月丙子出酸棗門自卯至未短兵相接賊衆大敗追斬二十餘里僵仆就枕宗權耻敗益縱其虐乃自鄭州親領突將數人逕入張晊寨冊府元龜卷一百八十七其日晚大星隕于賊壘有聲如雷永樂大典卷二千二百七十一辛巳兗鄆滑軍士皆來赴援乃陳兵于汴水之上旌旂器甲甚盛蔡人望之不敢出寨翌日分布諸軍齊攻賊寨自寅至申斬首二萬餘級會夜收軍牛馬輜重生口器甲不可勝計是夜宗權晊遁去遲明追之至陽武橋而還宗權至鄭州乃盡焚其廬舍屠其郡人而去始蔡人分兵寇陜雒孟懷許汝皆先據之因是敗也賊衆恐懼咸棄之而遁帝乃愼選將佐俾完葺壁壘爲戰守之備于是遠近流亡復歸者衆矣是時揚州節度使高駢爲禆將畢師鐸所害復有孫儒楊行密互相攻伐朝廷不能制乃就加帝檢校太尉兼領淮南節度使案舊唐書光化三年十一月楊行密遣使求援于朱全忠制授全忠檢校大尉侍中兼揚州大都督府長史充淮南節度觀察使行營兵馬都統歐陽史作十二月通鑑作閏十一月據薛史則全忠兼領淮南自在九月以前與

諸書異又薛史下文作閏十二月而通鑑作閏十一月亦有互異九月亳州禆將謝殷逐刺史宋袞自據其郡帝親領軍屯于大淸宮遣霍存討平之案新唐書云光啓三年六月壬戌亳州將謝殷逐其刺史宋袞八月壬寅謝殷伏誅通鑑從新唐書薛史作九月與新唐書異帝之禦蔡寇也鄆州朱瑄案歐陽史作朱宣薛史前後皆作瑄舊唐書通鑑並同薛史兗州朱瑾皆領兵來援及宗權既敗帝以瑄瑾宗人也又有力于已皆厚禮以歸之瑄瑾以帝軍士勇悍私心愛之乃密于曹濮界上懸金帛以誘之帝軍利其貨而赴者甚衆帝乃移檄以讓之朱瑄來詞不遜案通鑑考異引高若拙後史補曰梁太祖皇帝到梁園深有大志然兵力不足常欲外掠又虞四境之難每有鬱然之狀時有薦敬秀才于門下乃白梁祖曰明公方欲圖大事輜重必爲四境所侵但令麾下將士詐爲叛者而逃明公卽奏于主上及告四鄰以自襲叛徒爲名梁祖曰天降奇人以佐于吾初從其議一出而致衆十倍今案高若拙所紀深得敬翔與梁祖陰謀情狀薛史止据梁實錄原辭未及改正歐史作移檄兗鄆誣其誘汴亡卒以東亦未詳考乃命朱珍侵曹伐濮以懲其姦未幾珍伐曹州執刺史丘禮以獻遂移兵圍濮州兗鄆之衆自茲而始矣十月僖宗命水部郎中王贊撰紀功碑以賜帝是月帝親帥騎數千巡師于濮上因破朱瑄援師于范縣丁未攻陷濮州刺史朱裕單騎奔鄆尋爲鄆人所敗踰月乃還十二月僖宗遣使賜帝鐵券又命翰林承旨劉崇望撰德政碑以賜帝閏月甲寅帝請行營司馬李璠權知淮南留後乃遣大將郭言領兵援送以赴

揚州文德元年正月帝率師東赴淮海行次宋州聞楊行密已拔揚州遂還是時李璠郭言行至淮上爲徐戎所扼不克進而還 案歐陽史云璠之揚州行密不納據通鑑云李璠至泗州時溥以兵襲之郭言力戰得免而還是李璠未嘗得至揚州也當以薛史爲寔錄 帝怒遂謀伐徐二月丙戌僖宗制以帝爲蔡州四面行營都統繇是諸鎮之師皆受帝之節制 案新唐書正月癸亥朱全忠爲蔡州四面行營都統舊唐書作五月與薛史異通鑑從新唐書 三月庚子昭宗即位是月蔡人石璠領萬眾以剽陳亳帝遣朱珍率精騎數千擒璠以獻四月戊辰魏博樂彥禎失律其子從訓出奔相州使來乞師帝遣朱珍領大軍濟河連收黎陽臨河二邑既而魏軍推小校羅弘信爲帥弘信既立遣使送款于汴帝優而納之遂命班師是月河南尹張全義襲李罕之于河陽克之罕之單騎出奔因乞師于太原李克用爲發萬騎以援之罕之遂收其眾借晉軍合勢急攻河陽全義危急遣使求救于汴帝遣丁會牛存節葛從周領兵赴之大戰于溫縣晉人與罕之俱敗于是河橋解圍全義歸于河陽因以丁會爲河陽留後五月己亥昭宗制以帝檢校侍中增食邑三千戶戊辰詔改帝鄉錦衣里曰沛王里是月帝以兼有洛孟之地無西顧之患將大整師徒畢力誅蔡會蔡人趙德諲舉漢南之地以歸于朝廷 案新唐書

昭宗紀五月壬寅趙德諲以襄州降舊唐書及通鑑皆作五月與薛史同歐陽史敘其事于三月以前疑有舛誤 且遣使送款于帝仍誓勠力同討宗權帝表其事朝廷因以德諲爲蔡州四面副都統又以河陽保義義昌三節度爲帝行軍司馬兼糧料應接 册府元龜卷一百八十七 至是帝領諸侯之師會德諲以伐蔡賊于汝水之上遂薄其城五日之內樹二十八寨以環之蓋象列宿之數也 永樂大典卷一萬五千一百二十 時帝親臨矢石一日飛矢中其左腋血漬單衣顧謂左右曰勿洩 永樂大典卷二萬七百十二 九月以糧運不繼遂班師是時帝知宗權殘孽不足爲患遂移兵以伐徐十月先遣朱珍領兵與時溥戰于吳康鎮徐人大敗連收豐蕭二邑溥擕散騎馳入彭門帝命分兵以攻宿州刺史張友擕符印以降既而徐人閉壁堅守遂命龐師古屯兵守之而還是月蔡賊孫儒攻陷揚州自稱淮南節度使龍紀元年正月龐師古攻陷宿遷縣進軍于呂梁時溥領軍二萬晨壓師古之軍而陣師古促戰敗之斬首二千餘級溥復入彭門二月蔡將申叢遣使來告縛秦宗權于帳下折其足而囚之矣 案舊唐書文德元年十一月甲子朔蔡州牙將申叢執秦宗權新唐書作十二月辛酉與舊唐書月日互異薛史作龍紀元年二月蓋郎其遣使來告之月而書之也歐陽史作五月誤 帝即日承制以叢爲淮西留後未幾叢復爲都將郭璠所殺是月璠執宗權來獻帝遣

行軍司馬李璠牙校朱克讓檻送于長安既至昭宗御延喜樓受俘即斬宗權于獨柳樹下蔡州平昭宗詔加帝食實封一百戶賜莊宅各一區三月又加帝檢校太尉兼中書令進封東平王賞平蔡之功也案舊唐書四月壬戌朔以宣武淮南等節度副大使知節度事管內營田觀察處置等使開封府儀同三司檢校太傅兼侍中揚州大都督府長史汴州刺史充蔡州四面行營都統上柱國沛郡王食邑四千戶朱全忠爲檢校太尉中書令進封東平王仍賜賞軍錢十萬貫薛史及歐陽史俱作三月與舊唐書異大順元年四月丙辰宿州小將張筠逐刺史張紹光擁衆以附時溥帝率親軍討之殺千餘人筠遂堅守乙卯時溥出兵暴碭山縣帝遣朱友裕以兵襲之敗徐軍三千餘衆獲沙陀援軍

石君和等三十人斬于宿州城下六月辛酉淮南孫儒遣使修好于帝帝表其事請以淮南節度授于儒焉辛未昭宗命帝爲宣義軍節度使充河東東面行營招討使案舊唐書五月以宣武軍節度使朱全忠爲太原東南面招討使歐陽史從舊唐書作東南面通鑑作南面與舊唐書異考新唐書云五月以朱全忠爲南面招討使六月辛未朱全忠爲河東東面行營招討使蓋先爲南面招討使後改東面也又六月全忠兼領宣義軍新舊唐書皆不載通鑑用薛史時朝廷宰臣張濬將兵討太原故也八月甲寅昭義都將馮霸殺沙陀所署節度使李克恭來降帝請河陽節度使朱崇節爲潞州留後戊辰李克用自率蕃漢步騎數萬以圍潞州帝遣葛從周率驍勇之士夜中銜枚犯圍而入于潞案舊唐書五月潞州軍亂殺其帥李克恭七月朱全忠遣大將葛從周率千騎入潞州薛史統作八月蓋據入潞之月而追言之也九月壬寅帝至河陽遣都將李讜引軍趨澤潞行至馬牢川爲晉人所敗帝又遣朱友裕張全義率精兵至鄆州北以應援既而崇節從周棄潞來歸戊申帝廷責諸將敗軍之罪斬李讜李重胤以狥遂班師焉案自九月壬寅至此又見通鑑考異與冊府元龜同十月乙酉帝自河陽赴滑臺時奉詔將討太原先遣使假道于魏魏人不從先是帝遣行人雷鄴告糴于魏既而爲牙軍所殺羅弘信懼故不敢從命遂通好于太原十二月辛丑帝遣丁會葛從周率衆渡河取黎陽臨河又令龐師古霍存下淇門衛

縣帝徐以大軍繼其後二年春正月魏軍屯于內黃丙辰帝與之接戰自內黃至永定橋魏軍五敗斬首萬餘級羅弘信懼遣使持厚幣請和帝命止其焚掠而歸其俘弘信繇是感悅而聽命焉乃收軍屯于河上八月己丑帝遣丁會急攻宿州刺史張筠堅守其壁會乃率衆于州東築堰壅汴水以浸其城十月壬午筠遂降宿州平案舊唐書作十一月汴軍陷宿州與薛史異歐陽史及新唐書通鑑俱從薛史作十月十一月丁未曹州裨將郭紹賓殺刺史郭饒舉郡來降案新唐書十一月己未曹州將郭詠殺其刺史郭詞叛附于全忠通鑑從新唐書與薛史異歐陽史仍從薛史是月徐將劉知俊率衆二千來降自是徐軍不振十二月兗州

朱瑾領軍三萬寇單父帝遣丁會領大軍襲之敗于金鄉界殺二萬餘衆瑾單馬遁去景福元年正月遣丁會于兗州界徙其民數千戸于許州二月戊寅帝親征鄆先遣朱友裕屯軍于斗門甲申次衞南有飛鳥止于峻堞之上鳴噪甚厲副使李璠曰將有不如意之事是夜鄆州朱瑾率步騎萬人襲朱友裕于斗門友裕拔軍南去乙酉帝晨救斗門不知友裕之退前至斗門者皆爲鄆人所殺帝追襲鄆人至瓠河不及遂領兵于村落間朱瑄尚在濮州丁亥遇朱瑄率兵將歸于鄆遂來衝擊帝策馬南馳爲賊所追甚急前後浚溝躍馬而過張歸

厚援稍力戰于其後乃免時李璠與都將數人皆爲鄆軍所殺五月丙午遣朱克讓率衆暴兗鄆之麥十一月遣朱友裕率兵攻濮州下之擒刺史邵儒以獻濮州平遂命移軍伐徐州冊府元龜卷一百八十七二年四月丁丑師古下彭門梟溥首以獻通鑑考異引薛史梁紀案冊府元龜引薛史于景福二年事多所刪節考異是年春有石佛山之戰今不載通鑑注引薛史云石佛山在彭門南疑即此處闕文也八月帝遣龐師古移兵攻兗駐于曲阜與朱瑾屢戰皆敗之十二月師古遣先鋒葛從周引軍以攻齊州刺史朱威告急于兗鄆既而朱瑄以援兵至遂固其壘冊府元龜卷一百八十七

乾寧元年二月帝親領大軍由鄆州東路北次于魚山朱瑄覘知卽以兵逕至且圖速戰帝整軍出寨時瑄瑾已陣于前須臾東南風大起我軍旌旆失次甚有懼色卽令騎士揚鞭呼嘯俄而西北風驟發時兩軍皆在草莽中帝因令縱火既而煙焰亘天乘勢以攻賊陣瑄瑾大敗永樂大典卷一萬五千一百二十殺萬餘人餘衆擁入清河因築京觀于魚山之下駐軍數日而還二年正月癸亥遣朱友恭帥師復伐兗遂塹而圍之未幾朱瑄自鄆率步騎援糧欲入于兗友恭設伏以敗之盡奪其餽于高吳因擒蕃將安福順安福慶二月己酉帝領親軍屯于單父以爲友恭之援四月濠壽二州復爲楊行密所陷是時

太原遣將史儼兒李承嗣以萬騎馳入于鄆案通鑑乾寧二年四月河東遣其將史儼兒李承嗣以萬人馳入于鄆此據薛史梁紀原文惟史儼兒作史儼爲微異耳下又云七月克用遣史儼將三千騎詣石門侍衞十二月李克用遣大將史儼李承嗣假道于魏以救之前後復互且其時汴鄆日有戰爭道路且隔史儼既于四月入鄆不應七月巳在石門十二月又過魏也考舊唐書云初兗鄆求援于太原克用令蕃將史完府何懷寶等千騎赴之不言其赴鄆爲何時據此篇下云八月獲蕃將史完府十月擒何懷寶然則四月馳入于鄆者當是史完府何懷寶非史儼李承嗣也參考薛史唐武皇紀及李承嗣傳承嗣等入鄆定在二年之冬梁紀似有舛誤通鑑並采梁唐帝紀亦未能考定畫一朱友恭遂歸于汴八月帝領親軍伐鄆至大仇遣前軍挑戰設伏于梁山以待之既而獲蕃將史完府奪馬數百匹朱瑄脫身遁去復入于鄆案通鑑九月辛未朱全忠自將擊朱瑄戰于梁山瑄敗走還鄆與薛

史異歐陽史仍從薛史作八月十月帝駐軍于鄆齊州刺史朱瓊遣使請降瓊即瑾之從父兄也案新唐書昭宗紀十一月壬申齊州刺史朱瓊叛降于朱全忠据薛史則朱瓊自請降至見殺皆在十月與新唐書異通鑑從新唐書帝因移軍至兗瓊果來降未幾瓊爲朱瑾所紿掠而殺之帝即以其弟玭爲齊州防禦使十一月朱瑄復遣將賀瓌柳存及蕃將何懷寶等萬餘人以襲曹州庶解兗州之圍也帝知之自兗領軍策馬先路至鉅野南追而敗之殺戮將盡生擒賀瓌柳存何懷寶及賊黨三千餘人是日申時狂風暴起沙塵沸湧帝曰此乃殺人未足耳遂下令盡殺所獲囚俘風亦止焉翌日縶賀瓌等以示于兗帝素知瓌名乃釋之惟斬何懷寶于兗城之下乃班師十二月葛從周領兵復伐兗案通鑑云朱全忠之去兗州也留葛從周將兵守之與薛史梁紀異又薛史葛從周傳作十月事既至與朱瑾戰于壘下殺千餘衆擒其將孫漢筠已下二十人遂旋師三年正月河東李克用既破邠州欲謀爭霸乃遣蕃將張汚落以萬騎寨于河北之莘縣聲言欲救兗鄆魏博節度使羅弘信患之使來求援册府元龜卷一百八十七二月帝領親軍屯于單父會寒食帝乃親拜文穆皇帝陵于碭山縣午溝里册府元龜卷一百八十九四月辛酉河東水泛漲將壞滑城帝令決隄岸以分其勢爲二河夾滑城而東爲害滋甚是月帝遣許州刺史

朱友恭領兵萬人渡淮以便宜從事時黃鄂二州累遣使求援故有是行五月命葛從周統軍屯于洹水以備蕃軍六月李克用帥蕃漢諸軍營于斥丘遣其男落落將鐵林小兒（三）千騎薄于洹水從周與戰大敗之生擒落落以獻克用悲駭請修舊好以贖其子帝不許遂執落落送于羅弘信斬之越七日我軍還屯陽留以伐鄆八月復壁于洹水是時昭宗幸華州遣使就加帝檢校太師守中書令四年正月帝以洹水之師大舉伐鄆辛卯營于濟水之次龐師古令諸將撤木爲橋乙未夜師古以中軍先濟聲振于鄆朱瑄聞之棄壁夜走葛從周逐之至中都北擒瑄并其妻男以獻案自辛卯營于濟水之次至此又見通鑑考異惟中少數字蓋引書間有刪節也尋斬汴橋下鄆州平乙亥帝入于鄆以朱友裕爲鄆州兵馬留後案通鑑正月以師古爲天平軍留後三月表朱友裕爲天平軍留後據薛史郴王友裕傳四年帝下東平即爲天平軍留後與通鑑異時帝聞朱瑾與史儼兒在豐沛間搜索糧饋惟留康懷英守兗州帝因乘勝遣葛從周以大軍襲兗懷英聞鄆失守俄又我軍大至乃出降朱瑾史儼兒遂奔淮南兗海沂密等州平案新唐書昭宗紀四年正月丙申朱全忠陷鄆州天平軍節度使朱瑄死之二月朱全忠寇兗州泰寧軍節度使朱瑾奔于淮南舊唐書正月癸未汴將龐師古陷鄆州二月戊申汴將葛從周陷兗州與薛史月日前後不同詳見通鑑考異乃以葛從周爲兗州留後册府元龜卷一百八十七

五月丁丑朱友恭遣使上言大破淮冦于武昌收復黃鄂二州（通鑑考異引薛史梁紀）八月陝州節度使王珙遣使來乞師是時珙弟珂實爲蒲帥迭相憤怒日尋干戈而珙兵寡故來求援帝遣張存敬楊師厚等領兵赴陝既而與蒲人戰于猗氏大敗之九月帝以兗鄆既平將士雄勇遂大舉南征（案舊唐書昭宗紀師古渡淮在十月而清口之敗在十一月薛史繫于九月蓋舉南征之議實始于九月其後遂終言之耳歐陽史改作九月攻淮南則清口之役乃因雨雪而敗有九國志可據斷非九月事也）命龐師古以徐宿宋滑之師直趨清口葛從周以兗鄆曹濮之衆徑赴安豐淮人遣朱瑾領兵以拒師古因決水以浸軍遂爲淮人所敗師古歿焉葛從周行及濠梁聞師古之敗亦命班師（冊府元龜卷一百八十七）

舊五代史卷一終

舊五代史卷一攷證

梁太祖紀一

又嚴實原書訛作嚴貴今據歐陽史及通鑑改正

仍賜名全忠　案是書及舊唐書通鑑皆作僖宗賜名惟鑑戒錄云朱太祖統四鎮除中令日名溫與崔相國連搆大事崔每奏太祖忠赤遷之關東國無患矣昭宗遽敕太祖改名全忠議者謂全字人王也又在中心甚不可也上方悔焉其說與諸史異蓋傳聞之不同爾

帝與許州田從異諸軍同收瓦子寨　案瓦子寨原本作瓦于寨攷通鑑注黃巢撤民居以爲寨屋謂之瓦子寨則于字形近刊訛耳今改正

庚午賊將盧瑭領萬餘人于圓田北萬勝戍　案通鑑攷異云長曆四月甲辰朔無庚午薛史誤今攷舊唐書光啓三年四月正作甲辰朔以日數計之庚午乃四月二十七日也據此乃通鑑攷異之誤耳

乃就加帝檢校太尉兼領淮南節度使　案全忠兼領淮南舊唐書作光啓三年十一月歐陽史作十二月通鑑作閏十一月據是書則在九月以前與諸書異又是書下文作閏十二月通鑑作閏十一月未詳孰

是

鄆州朱瑄　瑄歐陽史作宣

二月丙戌僖宗制以帝爲蔡州四面行營都統　案全
忠爲四面行營都統新唐書及通鑑作正月癸亥舊
唐書作五月與是書異

遂領兵于村落間　案領字攷文義應是頓字之譌今
改

次于魚山　魚山歐陽史作漁山攷通鑑亦作魚山今
仍其舊

盡奪其饟於高吳　通鑑作高梧攷是書前後俱作高吳今仍其舊

十月帝駐軍于鄆齊州刺史朱瓊遣使請降　十月新
唐書昭宗紀作十一月

及蕃將何懷寶等萬餘人以襲曹州　何懷寶通鑑作
薛懷寶攷舊唐書亦作何懷寶今仍之

辛卯營于濟水之次　案胡三省云漢以後無濟水此
濟水蓋即鄆城清河水也

是時珙弟珂實爲蒲帥　珂原本訛作琦今據新唐書
王重榮傳改正

舊五代史卷一攷證

舊五代史卷二

宋司空同中書門下平章事薛居正等撰

太祖紀第二　梁書二

光化元年正月帝遣葛從周統諸將略地於山東遂次于邢洺三月昭宗以帝遣領天平軍節度使餘如故案舊唐書光化元年正月朱全忠遣判官韋震奏事求遣領鄆州薛史作三月事蓋奏事在正月制下在三月也歐陽史及通鑑俱從薛史　四月滄州節度使盧延彥爲燕軍所攻棄城奔于魏魏人送于汴是月帝以大軍至鉅鹿屯于城下敗晉軍萬餘眾于青山口俘馬千餘匹丁卯遣從周分兵攻洺州斬刺史邢善益擒將五十餘人五月己巳邢州刺史馬師素棄城遁去辛未磁州刺史袁奉滔自剄而死五日之內連下三州案通鑑朱全忠陷洺州在四月陷邢州磁州在五月俱以薛史爲誤新舊唐書總繫于五月歐陽史總繫于四月皆非實錄　因以葛從周兼邢州昭義軍節度使留後帝遂班師是時襄州節度使趙匡凝案趙匡凝原本避朱諱作趙凝今從新舊唐書及歐陽史增匡字後倣此　聞帝軍有清口之敗密附于淮夷七月帝遣氏叔琮率師伐之未幾其泌州刺史趙璠越墉來降隨州刺史趙匡琳臨陣就擒案新唐書七月丙申朱全忠陷唐州又陷隨州執刺史趙匡琳八月戊午陷鄧州執刺史國湘通鑑從新唐書與薛史詳畧不同舊唐書俱作七月歐陽史以唐州爲泌州尙仍薛史之舊　二年正月淮南楊行密舉全吳之眾精甲五萬以伐徐州帝領大軍

禦之行密聞帝親征乃收軍而退時幽州節度使劉仁恭大舉蕃漢兵號十萬以伐魏遂攻陷貝州州民萬餘戶無少長悉屠之進攻魏魏州人來乞師帝遣朱友倫張存敬李思安等先屯于內黃案舊唐書及通鑑俱以屯內黃爲三月事與薛史異　帝遂親征三月與燕軍戰于內黃北燕軍大敗殺二萬餘眾奪馬二千餘匹擒都將單無敵已下七十餘人案通鑑單可及幽州驍將號單無敵舊唐書作生擒單可及薛史梁紀作單無敵蓋仍當時軍檄之文也　是月葛從周自山東領其部眾馳以救魏翌日乘勝諸將張存敬以下連破八寨遂逐燕軍北至于臨淸壅其殘寇于御河溺死者甚眾仁恭奔滄州六月帝表丁會爲潞州節度使以李罕之疾亟故也又遣葛從周由固鎭路入于潞州以援丁會案自六月帝表丁會至此又見通鑑考異　七月壬辰朔海州陳漢賓擁所部三千奔于淮南戊戌晉人陷澤州帝遣召葛從周于潞留賀德倫以守之未幾德倫爲晉人所逼遂棄潞而歸繇是潞州復爲晉人所有案新唐書八月李克用陷澤潞懷三州與薛史異通鑑從新唐書作八月歐陽史從薛史作七月　十一月陝州都將朱簡殺留後李璠自稱留後送款于帝三年四月遣葛從周以兗鄆滑魏之師伐滄州五月庚寅攻德州拔之梟刺史傅公和于城上己亥進攻浮陽六月燕帥劉仁恭大舉來援從周與諸將逆戰于乾甯軍老鴉

隄大破之殺萬餘眾俘其將佐馬慎交以下百餘人既而以連雨遂班師八月河東遣李進通襲陷洺州執刺史朱紹宗帝遣葛從周自鄴縣渡漳水屯于黃龍鎮親領中軍涉洺而寨晉人懼而宵遁洺州復平案收復洺州通鑑作九月舊唐書及歐陽史俱作八月九月帝以仁恭進通之入寇也皆繇鎮定為其囊橐即以葛從周為上將以伐鎮州遂攻下臨城渡滹沱以環其城帝領親軍繼至鎮帥王鎔懼納質請盟仍獻文繒二十萬以犒戎士帝許之十月晉人以帝宿兵于趙遂南下大行急攻河陽留後侯言與都將閻寶力戰固守僅而獲全十一月以張存敬為上將

自甘陵發軍北侵幽薊連拔瀛莫二郡案新唐書昭宗紀九月甲寅朱全忠陷瀛州十月丙寅陷景州辛酉陷莫州辛巳陷祁州通鑑與新唐書同舊唐書俱作九月事薛史又俱作十一月事前後互異遂移軍以攻中山定帥王郜以精甲二萬戰于懷德亭盡殪之郜懼奔于太原遲明大軍集于城下郜季父處直持印鑰乞降亦以繒帛三十萬為獻帝即以處直代郜領其鎮焉是月燕人劉守光赴援中山寨于易水之上繼為康懷英張存敬等所敗斬獲甚眾繇是河朔知懼皆弭伏焉是歲唐左軍中尉劉季述幽昭宗于東宮內立皇子德王裕為帝仍遣其養子希度來言願以唐之神器輸于帝帝時方在河朔聞之遽還于

汴大計未決案通鑑考異引唐補紀謂全忠初與季述通謀後乃改計今考新舊唐書皆不載此事薛史亦不取會李振自長安使迴因言于帝曰夫豎刁伊戾之亂所以資霸者之事也今閹豎幽辱天子王不能討無以令諸侯帝懼因請振復使于長安與時宰潛謀反正案自季述幽昭宗至此亦見通鑑考異唯字句稍有刪節天復元年正月乙酉朔案天復元年正月當從舊唐書作甲申朔考光化三年十二月為乙卯朔天復元年二月為甲寅朔舊唐書作癸未夜孫德昭等以兵攻劉季述王仲先通鑑作德昭等謀以除夜伏兵俟之以癸未為除夜則正朔斷為甲申也通鑑從薛史作乙酉朔疑誤唐宰相崔胤潛使人以帝密旨告于侍衛將軍孫德昭己下令誅左右中尉劉季述王仲先等即時迎昭宗于東內御樓反正癸巳降制進封帝為

梁王酬反正之功也案舊唐書二月制以全忠檢校太師守中書令進封梁王新唐書二月辛未封全忠為梁王與薛史月日先後不同詳見通鑑考異昭宗之廢也汴之邸吏程巖奉昭宗衣下殿帝聞之召巖至汴折其足送于長安杖殺之是時河中節度使王珂結援于太原帝怒遣大將張存敬率將涉河繇含山路鼓行而進戊申攻下絳州壬子晉州刺史張漢瑜舉郡來降帝即以大將侯言權領晉州何絪權領絳州晉絳平己未大軍至河中存敬命繚其垣而攻之壬戌蒲人颭素幡以請降庚午帝至河中以張存敬權領河中軍府事河中平帝乃東還是月李克用遣牙將張特來聘請尋舊好帝亦遣使

報命三月癸未朔帝歸自河中是月遣大將賀德倫氏
叔琮領大軍以伐太原叔琮等自太行路入魏博都將
張文恭自磁州新口入葛從周以兗鄆之眾自土門路
入洺州刺史張歸厚以本軍自馬嶺入定州刺史王處
直以本軍自飛狐入（案原本闕王處直三字今据通鑑增入）晉州侯言自
陰地入澤州刺史李存璋棄郡奔歸太原叔琮引軍逼
潞州節度使孟遷乞降河東屯將李審建王周領步軍
一萬二千詣叔琮歸命乃進軍趨太原四月乙卯大軍
出石會關營于洞渦驛都將白奉國自井陘入收承天
軍張歸厚引兵至遼州刺史張鄂迎降氏叔琮即日與

諸軍至晉陽城下城中雖時出精騎來戰然危蹙已甚
將謀遁矣會叔琮以芻粮不給遂班師（案舊唐書四月癸丑朔汴軍大舉攻太原據薛史則汴人伐太原自在三月也新唐書云三月辛亥昭義軍節度使孟遷叛附于朱全忠四月壬子全忠陷沁澤二州丁巳儀州刺史張鄂叛附于全忠大畧與薛史同唯旋師之期薛史梁紀作四月唐紀作五月微有互異歐陽史作三月旋師誤）五月癸卯昭宗以帝兼領護國軍
節度使河中尹六月庚申帝發自大梁（冊府元龜卷一百八十七）丁
卯視事于河東以素服出郊拜故節度使王重榮墓尋
辟其子璜為節度判官請故相張濬為重榮撰碑帝自
中和初歸唐首依重榮至是思其舊德故恩禮若是（永樂大典卷二千七百九十五）七月甲寅帝東還梁邸十月戊戌奉密詔

赴長安是時朝廷既誅劉季述以韓全誨張弘彥為兩
軍中尉袁易簡周敬容為樞密使是時軍國大政專委
宰相崔胤每事裁抑宦官宦官側目胤一日于便殿奏
欲盡去之全誨等屬垣聞之嘗于昭宗前祈哀自訴自
是昭宗勅胤每有密奏令進囊封全誨等乃訪京城美
婦人十數以進使求宮中陰事昭宗不晤胤謀漸泄中
官覩胤眥裂以重賂甘言誘藩臣以為城社時因讌聚
則相向流涕時胤掌三司貨泉全誨等教禁兵伺胤出
聚而呼譟訴以冬衣減損又于昭宗前訴之昭宗不得
已罷胤知政事（案舊唐書十一月壬子出幸鳳翔甲戌崔胤責授朝散大夫守工部尚書新唐書亦作十一月甲戌崔胤罷是未幸鳳翔以前崔胤未罷知政事也與薛史異）胤怒急召帝請

以兵入輔故有是行戊申行次河中同州留後司馬鄴
華之幕吏也舉郡來降辛亥駐軍于渭濱華帥韓建遣
使奉牋納款又以銀三萬兩助軍是日行次零口癸丑
聞長安亂昭宗為閹官韓全誨等劫遷西幸鳳翔蓋避
帝之兵鋒也翌日遂命旋師夕次于赤水乙卯大軍集
于華州城下韓建惶駭失措即以城降丙辰帝表建權
知忠武軍事促令赴任（案自丙辰至促令赴任又見通鑑考異與冊府元龜同）同
華二州平是時唐太子太師盧知猷等二百六十三人
列狀請帝速請迎奉己未遂帥諸軍發自赤水壬戌次

于咸陽偵者云天子昨暮至岐山旦日宋文通扈蹕入其闕矣是時岐人遣大將符道昭領兵萬人屯于武功以拒帝帝遣康懷英敗之擄甲士六千餘衆乙丑次于岐山文通遣使奉書自陳其失請帝入覲丙辰及岐闕文通淪約閉壁不獲通復次于岐山是時昭宗累遣使齎朱書御札賜帝遣帝收軍還本道帝諗之曰此必文通全誨之謀也皆不奉詔癸酉飛章奏辭且移軍北伐乙亥至邠州節度使李繼徽舉城降繼徽因請去文通所賜李姓復本宗楊氏又請納其孥以爲質帝皆從之仍易其名曰崇本邠州平己丑唐丞相崔胤京兆尹鄭

元規至華州以速奉迎爲請許之（案舊唐書十二月己卯崔胤至三原詣與全忠謀攻鳳翔通鑑作癸未至三原薛史又作己丑與舊唐書異）二年正月帝復次于武功岐人堅壁不下乃廻軍于河中二月閏晉軍大舉南下聲言來援鳳翔帝遣朱友甯帥師會晉州刺史氏叔琮以禦之帝以大軍繼其後三月友寍叔琮與晉軍戰于晉州之北大敗之生擒克用男廷鸞帝喜謂左右曰此岐人之所恃也今既如此岐之變不久矣四月岐人遣符道昭領大軍屯于虢縣康懷英帥驍騎敗之丁酉唐丞相崔胤自華來謁帝屢述艱運危急事不可緩又慮輦閣擁昭宗幸蜀且告帝帝爲動容胤將辭啟宴

于府署帝舉酒胤情激于衷因自持樂板聲曲以侑酒帝甚悅座中以良馬珍玩之物賚既行命諸將繕戎具五月丁巳帝復西征六月丁丑次于虢縣癸未與岐軍大戰自辰至午殺萬餘衆擒其將校數百人乘勝遂逼其壘（案舊唐書五月岐軍出戰大敗于武功南之漢谷新唐書五月丙申李茂貞及朱全忠戰于武功敗績與薛史異）七月丙午岐軍復出求戰帝軍不利是月遣孔勍帥師取鳳隴成三州皆下之是時岐人相率結寨于諸山以避帝軍帝分兵以討浹旬之內并平之（冊府元龜卷一百八十七）九月甲戌帝以岐軍諸寨連結稍盛因親統千騎登高諗之時秋空澄霽煙靄四絶忽有紫雲如繖蓋凝

于龍旌之上久之方散觀者咸訝之（永樂大典卷三千二百八）是時帝以岐人堅壁不戰且慮師老思欲旋旆以歸河中因密召上將數人語其事時親從指揮使高季昌獨前出抗言曰天下雄傑窺此舉者一歲矣今岐人已困願少俟之帝喜其言因曰兵法貴以正理以奇勝者詐也乘機集事必由是乎乃命季昌密募人入岐以紿之毒有騎士馬景堅願應命且曰是行也必無生理願錄其孥帝悽然止其行景固請乃許之明日軍出（案北夢瑣言時因朱友倫總騎軍且至將大出兵迓之）諸寨屏匿如無人景因躍馬西走直叩岐闕詐以軍怨東遁爲告且言列寨尚留萬餘人俟夕

將遁矣宜速掩之李茂貞信其言（案李茂貞即宋文通所紀前後互異蓋仍當時軍檄之文未及改從畫一）遽啟二扉悉眾來寇時諸將以介馬待之中軍一鼓百營俱進又分遣數騎以據其闉岐人進不能駐其趾退不能入其壘殺戮蹂踐不知其數茂貞繇是喪膽但閉壁而已十一月癸卯鄜帥李周彝統兵萬餘人屯于岐之北原與城中舉烽以相應翌日帝以周彝既離本部鄜時必無守備因命孔勍乘虛襲下之甲寅鄜州平周彝聞之收軍而遁（案舊唐書十二月癸酉汴將孔勍乘虛襲下鄜州獲周彝妻子周彝即以兵士來降新唐書十二月己亥朱全忠陷鄜州保大軍節度李茂勳叛附于全忠考茂勳即周彝也薛史統作十一月事與新舊唐書異）茂貞既失鄜州之援愕然

有瓦解之懼繇是議還警蹕誅閹寺以自贖焉（冊府元龜卷一百八十七）三年正月甲寅岐人啟壁唐昭宗降使宣問慰勞兼傳密旨尋又命翰林學士韓渥趙國夫人寵顏齎詔押賜帝紫金酒器御衣玉帶（永樂大典卷一萬四千四百七）丙辰華州留後李存審遣飛騎來告青州節度使王師範遣牙將張厚輦甲冑弓槊詐言來獻欲盜據州城事覺已擒之矣是日師範又遣其將劉鄩盜據兗州（案劉鄩陷兗州新舊唐書俱作丙午薛史作丙辰與唐書異）丁己昭宗遣中使押送軍容使韓全誨已下三十餘人首級以示帝甲子昭宗發離鳳翔幸左劍寨權駐蹕帝營帝素服待罪昭宗命學士傳宣免之

帝即入見稱罪拜伏者數四（冊府元龜卷一百八十七）既而促召升殿密邇御座且曰宗廟社稷是卿再造朕與戚屬是卿再生因解所御玉帶面以賜帝帝亦以玉鞍勒馬金銀器紋錦御饌酒菓等躬自拜進焉（永樂大典卷一萬五千一十六）及翠華東行帝匹馬前導十餘里宣令止之己巳昭宗至長安謁太廟御長樂樓禮畢謂帝曰朕生入舊京是卿之力也自古救君之危曾無有如是者況今日再及清廟得親奉觴酒奠于先皇帝室前卿之德朕知不能報矣即召帝執手聲淚俱發者久之翌日誅宦官第五可範等五百餘人于內侍省二月庚辰制以帝為守太尉兼

中書令宣武宣義天平護國等軍節度使諸道兵馬副元帥加食邑三千戶實封四百戶仍賜回天再造竭忠守正功臣戊戌帝建旆東還昭宗御延喜樓送之既醉遣內臣賜帝御製楊柳詞五首三月戊午至大梁時以青州未平命軍士休澣以俟東征四月丙子巡師于臨朐亟命逼其城與青州兵戰於城下大敗之是夕淮將王景仁以所部援軍宵遁帝遣楊師厚追及輔唐殺千人乘勝攻下密州八月戊辰以伐叛之柄委于楊師厚帝乃東還九月癸卯師厚率大軍與王師範戰于臨朐青軍大敗殺萬餘人并擒師範弟師克即時徙寨以逼

其城辛亥偏將劉重霸擒棣州刺史邵播來獻播師範之謀主也帝命甕之戊午師範舉城請降案王師範之降舊唐書作十一月丁酉朔新唐書從薛史作十月戊午青州平翼日分命將校畧地于登萊淄棣等州皆下之緜是東漸至海皆爲梁土也帝復命師範權知青州軍州事師範乃請以錢二十萬貫犒軍帝許之十月辛巳護駕都指揮使朱友倫因擊鞠墮馬卒于長安訃至帝怒以爲唐室大臣欲謀叛以致友倫暴死案九國志趙庭隱傳云庭隱始事梁祖子友亮因擊鞠墮馬死庭隱董璋等十數人皆追赴汴州知其無過竟釋不問考歐陽史及通鑑並作友倫而九國志以爲友亮蓋傳聞之訛十一月丁酉青將劉鄩舉兗州來降鄩王師範之將也師範令

鄩據兗州久之及聞師範降鄩乃歸命帝以鄩善事其主待之甚厚尋署爲元帥府都押牙權知鄜州留後天祐元年正月己酉帝發自大梁西赴河中京師聞之爲之震懼是時將議迎駕東幸洛陽慮唐室大臣異議帝乃密令護駕都指揮使朱友諒矯昭宗命收宰相崔胤京兆尹鄭元規等殺之案歐陽史云遣朱友謙殺胤于京師其與友倫擊鞠者皆殺之據薛史則殺崔胤者乃友諒非友謙也歐陽史家人傳亦作友諒與梁本紀不同曾三異嘗校正其誤又邠岐兵士侵逼京畿帝因是上表堅請昭宗幸洛昭宗不得已而從之帝乃率諸道丁匠財力同搆洛陽宮不數月而成二月乙亥昭宗駐蹕于陝帝自河中來覲謁

見行營因灑涕而言曰李茂貞等竊謀禍亂將迫乘輿老臣無狀請陛下東遷爲社稷大計也昭宗命延于寢室見何皇后面賜酒器及衣物何后謂帝曰此後大家夫婦委身于全忠矣因欷歔泣下後數日帝開宴于陝之私第請駕臨幸翼日帝辭歸洛陽昭宗開內宴時有宮人與昭宗附耳而語韓建躡帝之足帝遽出以爲圖己因連上章請車駕幸洛三月丁未昭宗制以帝兼判左右神策及六軍諸衛事是時昭宗累遣中使及內夫人傳宣謂帝曰皇后方在草蓐未任就路欲以十月幸洛帝以陝州小藩非萬乘久留之地期以四月內東幸

閏月丁酉昭宗發自陝郡壬寅次于穀水是時昭宗左右唯小黃門及打毬供奉內園小兒二百餘人帝猶忌之是日密令醫官許昭遠告變乃設饌于別幄召而盡殺之皆坑于幕下先是選二百餘人形貌大小一如內園人物之狀至是使一人擒二人縊于坑所即蒙其衣及戎具自飾昭宗初不能辨久而方察自是昭宗左右前後皆梁人矣甲辰車駕至洛都十國春秋吳世家二月丁己唐帝遣間使以絹詔告難于我及西川河東等令糾率藩鎮以圖匡復詔有云朕至洛陽則爲全忠所幽閉詔敕皆出其手朕意不得復通矣帝與宰相百官導駕入宮乙卯昭宗以帝爲宣武宣義護國忠武四鎮節度使時帝請以鄆州授張

全義故有此命五月丙寅昭宗宴羣臣曰昨來御樓前一夜亡失赦書賴梁王收得副本不然誤事宰執不得無過矣是日宴次昭宗入內召帝于內殿曲宴帝不測其事不敢奉詔又曰卿不欲來即令敬翔入來帝密遣翔出乃止己巳奉辭東歸乙亥至大梁六月帝遣都將朱友裕率師討邠州節度使楊崇本叛故也癸丑帝西征遂朝于洛陽七月甲子昭宗宴帝于文思鞠場乙丑帝發東都壬申至河中八月壬寅昭宗遇弒于大內遺制以輝王柷爲嗣乙巳帝自河中引軍而西癸丑次于永壽邠軍不出九月辛未班師十月癸巳至洛陽詣西內臨于梓宮前祗見于嗣君辛丑制以案原本有闕文帝至自西征十一月辛酉光州遣使來求援時光州歸款于帝尋爲淮人所攻故來乞師戊寅帝南征渡淮次于霍丘大掠廬壽之境淮人乃棄光州而去二年正月庚申進攻壽州壽人堅壁不出丁亥帝自霍丘班師二月辛卯帝至自南征甲午青州節度使王師範至大梁帝待以賓禮尋表授河陽節度使七月辛酉天子賜帝迎鑾紀功碑樹于洛陽庚午遣大將軍楊師厚率前軍討趙匡凝于襄州辛未帝南征表趙匡凝罪狀削奪官爵案舊唐書八月丁未制削奪荊襄節度使趙匡凝在身官爵十一月削奪荊南留後趙匡凝官爵蓋匡凝官爵因全忠表

奏而削奪匡明官爵至奔蜀後始追奪也八月楊師厚進收唐鄧復郢隨均房等七州帝駐軍漢江北自循江干經度濟師之所九月甲子師厚於陰谷江口造梁以濟師趙匡凝率兵二萬振于江濱師厚麾兵進擊襄人大敗殺萬餘眾乙丑趙匡凝焚其舟率親軍載輕舸沿漢而遁丙寅帝濟江至中流舟壞將没數四比及岸舟沉是日入襄城帝因周視府署其帑藏悉空唯于西廡下有一亭窗戶儼然扃鎖甚密遂令破鎖啟扉中有一大匱緘鐍甚至又令破其匱內有金銀數百錠帝因歎曰亂兵既入公私財貨固無孑遺矣此帑當有陰物主之不令常人所得俟我以有之邪遂以百餘錠賜楊師厚襲荊州留後趙匡明棄城上峽奔蜀荊襄二州平帝以都將賀瓌權領荊州楊師厚權領襄州即表其事十月丙戌朔天子以帝爲諸道兵馬元帥辛卯帝自襄州引軍由光州路趨淮南將發敬翔切諫請班師以全軍勢帝不聽壬辰次于棗陽遇大雨頗阻師行之勢軍至壽春壽春人堅壁清野以待帝帝乃還舍于正陽十一月丙辰大軍北濟十國春秋柴再用抄其後軍斬首三千級獲輜重萬計帝至汝陰深悔淮南之行躁煩尤甚師友雜志朱全忠嘗與僚佐及遊客坐于大柳之下全忠獨言曰此樹宜爲車轂眾莫應有遊客數人起應曰宜爲車轂全忠勃然厲聲曰書生輩好順口玩人皆此類也車須用夾轂柳木豈可爲之顧左

右日倘何待左右數十人辨言爲車轂者悉撲殺之丁卯帝至自南征辛巳天子
命帝爲相國總百揆以宣武宣義天平護國天雄武順
佑國河陽義武昭義保義武昭武定泰甯平盧匡國武
甯忠義荆南等二十一道爲魏國案以二十一道爲魏國薛史止載十九道據舊唐書尚有忠武鎮國二道薛史闕載進封帝爲魏王入朝不趨劍履上
殿贊拜不名兼備九錫之命癸未唐中書門下奏中書
印已送相國中書公事權用中書省印甲申中書門下
奏天下州縣名與相國魏王家諱同者請易之十二月
乙酉朔帝讓相國魏王九錫之命丙戌京百司各差官
齎本司須知孔目並印赴魏國送納甲午天子以帝堅

讓九錫之命乃命宰相柳璨來使且述揖讓之意焉丁
酉帝又讓九錫之命詔畧曰但以鴻名難掩懿實須彰
宜且徇于奏陳未便行於典册又改諸道兵馬元帥爲
天下兵馬元帥是時帝以唐朝百官服飾多闕乃製造
逐色衣服請朝廷等第賜之其所給俸錢仍請自來年
正月全支三年正月幽滄稱兵將寇于魏魏人來乞師
且以牙軍驕悍謀欲誅之遣親吏臧延範密告于帝帝
陰許之乙丑北征先是帝之愛女適羅氏是月卒于鄴
城因以兵杖數千事實于橐中遣客將馬嗣勳領長直
軍千人雜以工匠丁夫肩其橐而入于魏聲言爲帝女

設祭魏人信而不疑庚午夜嗣勳率其眾與羅紹威親
軍數百人同攻牙軍遲明盡殺之死者七千餘人洎于
嬰孺亦無留者是日帝次于內黃聞之馳騎至魏時魏
之大軍方與帝軍同伐滄州聞牙軍之死即時奔還帝
之軍追及歷亭殺賊幾千餘眾乃擁大將史仁遇保于
高唐帝遣兵圍之是月天子詔河南尹張全義部署修
制相國魏王法物三月甲寅天子命帝總判鹽鐵度支
戶部等三司事帝再上章切讓之乃止四月癸未攻下
高唐軍民無少長皆殺之生擒逆首史仁遇以獻帝支
解之未幾又攻下澶博貝衛等州皆爲魏軍殘黨所據

故也是時晉人圍邢州刺史牛存節堅壁固守帝遣符
道昭師師救之晉人乃遁去五月帝畧地于洺州既而
復入于魏七月己未自魏班師案通鑑考異引編遺錄作七月癸未上起兵離魏都七月壬子朔無癸未編遺錄誤也今考癸未乃己未傳寫之誤是日收復相州自是
魏境悉平壬申帝歸自魏八月甲辰以滄州未平復命
北征冊府元龜卷一百八十七九月丁未營于長蘆一夕帝夢白龍
附於兩肩左右瞻顧可畏怳然驚寤永樂大典卷一萬五千二百七十
十月辛巳邠州楊崇本以鳳翔邠甯涇鄜秦隴之眾合
五六萬來寇屯于美原列十五寨其勢甚盛帝命同州
節度使劉知俊都將康懷英帥師禦之知俊等大破邠

寇殺二萬餘衆奪馬三千餘匹擒其列校百餘人楊崇本胡章僅以身免（案新唐書九月乙亥匡國軍節度使劉知俊陷坊州十月辛巳楊崇本戰于美原敗績與薛史互有詳畧）十一月庚戌懷英乘勝進軍遂收鄜州

十二月乙丑帝以文武常參官每月一五九日赴朝奏請備廊飡詔從之遂自長蘆班師（案以上疑有闕文據舊唐書哀帝紀戊辰李克用與幽州之衆同攻潞州全忠守將丁會以潞降太原克用以其子嗣昭爲留後甲戌全忠燒長蘆營旋軍間潞州陷故也）以寨內糗糧山積帝命焚之滄帥劉守文以城中絕食因致書于帝乞留餘糧以救饑民帝爲留十餘囷以與之（冊府元龜卷一百八十七　案容齋續筆滄州還師悉焚諸營貲糧在舟中者鑿而沉之劉守文遺全忠書曰城中數萬口不食數月矣與其焚之爲煙沉之爲泥願乞其所餘以救之全忠爲之留數囷滄人賴以濟洪氏所述與冊府元龜畧同惟留十餘囷與留數囷微異）

舊五代史卷二終

舊五代史卷二攷證

梁太祖紀二磁州刺史袁奉滔　磁州原本訛作惠州今據新唐書及通鑑改正

隨州刺史趙匡琳　趙匡琳原本沿宋諱作趙琳今據新唐書增匡字

顧錄其拏　案錄原本訛戮今參攷通鑑及北夢瑣言據文改正

華州留後李存審　案李存審三字疑有舛誤攷王師範傳作崔允在華州

昭宗御廷喜樓送之　案喜原本訛熹今據通鑑改正

武昭武定泰盜平盧匡國　案武昭原本脫武字匡國沿宋諱作章國今據歐陽史增改

舊五代史卷三

宋司空同中書門下平章事薛居正等撰

太祖紀第三

梁書三

開平元年正月丁亥帝𢌞自長蘆次于魏州節度使羅紹威以帝𢌞軍慮有不測之患由是供億甚至因密以天人之望切陳之帝雖拒而不納然心德之冊府元龜卷一百八十七壬寅帝至自長蘆是日有慶雲覆于府署之上冊府元龜卷二百三甲辰天子遣御史大夫薛貽矩來傳禪代之意永樂大典卷五千一百四十九貽矩謁帝陳北面之禮帝揖之升階貽矩曰殿下功德及人三靈所卜已定皇帝方議裁詔行舜禹之事臣安敢違既而拜伏于砌下帝側躬以避之冊府元龜卷一百八十七二月戊申帝之家廟棟間有五色芝生焉狀若芙蓉紫煙蒙護數日不散又是月家廟第一室神主上有五色衣自然而生識者知梁運之興矣永樂大典卷一萬七千一百六十七唐乾符中木星入南斗數夕不退諸道都統晉國公王鐸觀之問諸知星者吉凶安在咸曰金火土犯斗即為災唯木當為福耳或亦然之時有術士邊岡者洞曉天文博通陰陽曆數之妙窮天下之奇秘有先見之明雖京房管輅不能過也鐸召而質之岡曰惟木為福神當以帝王占之然則非福于今必當有驗于後未

敢言之請他日證其所驗一日又密召岡因堅請語其詳至于三四岡辭不獲鐸乃屏去左右岡曰木星入斗帝王之兆也木在斗中朱字也以此觀之將來當有朱氏為君者也天戒之矣且木之數三其禎也應在三紀之內乎鐸聞之不復有言冊府元龜卷二百三天后朝有讖辭云首尾三鱗六十年兩角犢子自狂顛龍蛇相鬬血成川當時好事者解云兩角犢子牛也必有牛姓干唐祚故周子諒彈牛仙客李德裕謗牛僧孺皆以應圖讖為辭然朱字牛下安八八即角之象也故朱滔朱泚構衆亂之禍冀無妄之福豈知應之帝也永樂大典卷一萬九千三百九十六四月唐帝御札宰相臣張文蔚等備法駕奉迎梁朝通鑑考異引薛史宋州刺史王皐進赤烏一雙又宰臣張文蔚正押傳國寶玉冊金寶及文武羣官諸司儀仗法物及金吾左右二軍離鄭州丙辰達上源驛是日慶雲見冊府元龜卷二百三令曰王者創業興邦立名傳世必難知而示訓從易避以便人案原本有闕文或稽其符命應彼開基之義垂諸象德之言爰考簡書求於往代周王昌發之號漢帝詢衎之文或從一德以徽稱或為二名而更易先王令典布在縑緗寡人本名兼于二字且異帝王之號仍兼避易之難郡職縣官多須改換況宗廟不遷之業憲章百世

之規事叶典儀豈憚革易寡人今改名晃是以天意雅符于明德日光顯契于瑞文昭融萬邦理斯在是庶順昊穹之意永臻康濟之期宜令有司分告天地宗廟其舊名中外章疏不得更有廻避（冊府元龜卷二百八十二）時將受禪下教以本名二字異帝王之稱故改名（通鑑注引薛史）己未賜文武百官一百六十人本色衣一副（冊府元龜卷一百九十七）戊辰卽位制曰王者受命于天光宅四海祗事上帝寵綏下民革故鼎新諒曆數而先定創業垂統知圖籙以無差神器所歸祥符合應是以三正互用五運相生前朝廷道消中原政散瞻烏莫定失鹿難追朕經緯風雷沐浴

霜露四征七伐垂三十年糾合齊盟翼戴唐室隨山刋木罔憚胼胝投袂揮戈不遑寢處洎玄穹之所賛知唐運之不興莫諧輔漢之謀徒罄事殷之禮唐主知英華已竭算祀有終釋龜鼎以如遺推劍紱而相授朕懼德弗嗣執謙允恭避駿命于南河眷清風于穎水而乃列嶽羣后盈廷庶官東西南北之人班白緇黃之衆謂朕功蓋上下澤被幽深宜應天以順時俾化家而爲國拒彼億兆至于再三且曰七政已齊萬幾難曠勉遵令典爰正鴻名告天地神祇建宗廟社稷顧惟涼德曷副樂推懍若履氷懷如馭朽金行啓祚玉曆建元方弘經始

之規宜布維新之令可改唐天祐四年爲開平元年國號大梁書載虞賓斯爲令範詩稱周客蓋有明文是用先封以禮後嗣宜以曹州濟陰之邑奉唐主封爲濟陰王凡日軌儀並遵故實姬庭多士此是殷臣楚國羣材終爲晉用歷觀前載自有通規但遵故事之文勿替在公之効應是唐朝中外文武舊臣見任前資官爵一切仍舊凡百有位無易厥章陳力濟時盡瘁事我古者興王之地受命之邦集大勳有異庶方沾慶澤所宜加等故豐沛著啓祚之美穰鄧有建都之榮用壯鴻基且旌故里爰遵令典先示殊恩宜升汴州爲開封府建名東

都其東都改爲西都仍廢京兆府爲雍州佑國軍節度使（五代會要四月改京兆府爲大安府長安縣爲大安縣萬年縣爲大年縣仍置佑國軍節度使額始命韓建爲佑國軍節度使）是日大酺賞賜有差（永樂大典卷五千一百四十九。案通鑑甲辰唐昭宣帝降御札禪位于梁以攝中書令張文蔚爲冊禮使禮部尚書蘇循副之攝侍中楊涉爲押傳國寶使翰林院學士張策副之御史大夫薛貽矩爲押金寶使尚書左丞趙光逢副之帥百官備法駕詣大梁甲子張文蔚楊涉乘輅自上源驛從冊寶諸司各備儀衞鹵簿前導百官從其後至金祥殿前陳之王被袞冕卽皇帝位張文蔚蘇循奉冊升殿進讀楊涉張策薛貽矩趙光逢以次奉寶升殿讀已降帥百官舞蹈稱賀帝遂與文蔚等宴于元德殿帝舉酒曰朕輔政未久此皆諸公推戴之力文蔚等慙懼俯伏不能對獨蘇循薛貽矩及刑部尚書張禕盛稱帝功德宜應天順人案朱梁篡位之事薛史應爲詳載今全篇不可得見謹附錄通鑑于此）宋州刺史王皐進兩岐麥陳州袁象先進白兎一付史館編錄兼示百官册府元龜卷二百二詔在京司及諸軍州縣印一例鑄換其篆文則各如舊册府元龜卷一百九十一辛未武安軍節度使馬殷進封楚王册府元龜卷一百九十六以太府卿敬翔知崇政院翔與帷幄之謀故首擢焉永樂大典卷一萬二千一百十三追尊四代廟號高祖嬀州府君上謚曰宣元皇帝廟號肅祖太廟第一室陵號興極陵祖妣高平縣君范氏追謚宣僖皇后皇曾祖宣惠王上謚曰光獻皇帝廟號敬祖第二室陵號永安祖妣秦國夫人楊氏追謚光孝皇后皇祖武元王上謚曰昭武皇帝廟號憲祖第三室陵號光天祖妣吳國夫人劉氏追謚昭懿皇后皇考文明皇

上謚曰文穆皇帝廟號烈祖第四室陵號咸甯皇妣晉國太夫人王氏追謚文惠皇后册府元龜卷一百八十九以宣武節度副使皇子友文爲開封尹判建昌院事友文本康氏子也帝養以爲子永樂大典卷一萬二千一百十三是月制宮殿門及都門名額正殿爲崇元殿東殿爲元德殿內殿爲金祥殿萬歲堂爲萬歲殿門如殿名册府元龜卷一百八十六帝自謂以金德王又以福建上獻鸚鵡諸州相繼上白烏白兔洎白蓮之合蔕者以爲金行應運之兆故名殿曰金祥通鑑注引薛史以大內正門爲元化門皇牆南門爲建國門滴漏門爲啟運門下馬門爲升龍門元德殿前門爲崇明門

正殿東門爲金烏門西門爲玉兔門正衙東門爲崇禮門東偏門爲銀臺門宴堂門爲德陽門天王門爲賓天門皇牆東門爲寬仁門浚儀門爲厚載門皇牆西門爲神獸門望京門爲金鳳門宋門爲觀化門尉氏門爲高明門鄭門爲開明門梁門爲乾象門酸棗門爲興和門封丘門爲含耀門曹門爲建陽門升開封浚儀爲赤縣尉氏封丘雍丘陳留爲畿縣永樂大典卷二千五百二十○五代會要四月改左右長直爲左右龍虎軍左右內衙爲左右羽林軍左右堅銳夾馬突將爲左右神武軍左右親隨軍將馬軍爲左右龍驤軍五月以唐朝宰相張文蔚楊涉並爲門下侍郎平章事以御史大夫薛貽矩爲中書侍郎平章事册府元龜

卷一百九十九帝初受禪求理尤切委宰臣搜訪賢良或有在下位抱負器業久不得伸者特加擢用有明政理得失之道規救時病者可陳章疏當親鑒擇利害施行然後賞以爵秩有晦跡邱園不求聞達者令彼長吏備禮邀致冀無遺逸之恨册府元龜卷二百一十進封河南尹兼河陽節度使張全義爲魏王兩浙節度使錢鏐進封吳越王册府元龜卷一百九十六辛巳有司奏以降誕之日爲大明節休假前後各一日永樂大典卷一萬六千一百八十七壬午保義軍節度使朱友謙進百官表二百副册府元龜卷一百六十七乙酉立皇兄全昱爲廣王皇子友文爲博王友珪爲郢王友璋爲福王友雍

爲賀王友徽爲建王（永樂大典卷一萬六千六百二十八〇歐陽史封姪友諒衡王友能惠王友誨邵王）辛卯以東都舊第爲建昌宮改判建昌宮事爲建昌院使（永樂大典卷一萬二千一百十三）初帝創業之時以四鎭兵馬倉庫籍繁因總置建昌院以領之至是改爲宮蓋重其事也（通鑑注引薛史）甲午詔天下管屬及州縣官名犯廟諱者各宜改換城門郎改爲門局郎茂州改爲汝州桂州慕化縣改爲歸化縣潘州茂名縣改爲越裳縣（册府元龜卷一百八十九　案魏泰東軒筆錄京師呼城外爲州東州西州南州北而韋城相城胙城等縣但呼韋縣相縣胙縣蓋沿梁時避諱之舊也）詔樞密院宜加爲崇政院以知院事敬翔爲院使（永樂大典卷一萬二千一百十三）改文思院爲乾文院同和院改爲儀鸞院（五代會要五月改御食使爲司膳使小馬坊使爲天驥使）以西都水北宅爲大昌宮（册府元龜卷一百九十六）廢雍州太清宮改西都太微宮亳州太清宮皆爲觀諸州紫極宮皆爲老君廟（册府元龜卷一百九十四）泉州僧智宣自西域回進辟支佛骨及梵夾經律（永樂大典卷二萬一千一百七十五）丙申御元德殿宴犒諸軍使劉捍符道昭以下賜物有差是月青州許州定州三鎭節度使請開內宴各賜方物（永樂大典卷一萬六千七百四十六）以青州節度使韓建守司徒平章事帝以建有文武材且詳于稼穡利害軍旅之事籌度經費欲盡詢焉恩澤特異于時罕有比者隨拜爲上相賜賚甚厚（册府元龜卷一百九十九）宿州刺史

王儒進白兔一濮州刺史圖嘉禾瑞麥以進（册府元龜卷二百二）廣州進奇寶名樂品類甚多河南尹張全義進開平元年以前羨餘錢十萬貫紬六千疋綿三十萬兩仍請每年上供定額每歲貢絹三萬疋以爲常式荆南高季昌進瑞橘數十顆質狀百味倍勝常貢且橘當冬熟今方仲夏時人咸異其事因稱爲瑞（册府元龜卷一百六十九〇五代春秋五月李思安及晉人戰于潞城思安師敗績）六月幸朝元院宴召宰臣學士及諸道入貢陪臣（永樂大典卷一萬六千七百四十六）己亥帝御崇元殿內出追尊四廟上謚號玉册寶共八副宰臣文武百官儀仗鼓吹導引至太廟行事癸卯司天監奏日辰內有戊字請改爲武從之（册府元龜卷一百八十九　案容齋三筆以爲戊類成字故司天詔之殊不知戊字乃避梁祖曾祖茂琳諱非以其類成字也雲谷雜記嘗辨正之今崇福侯廟碑立于開平二年正作武寅可見當時避諱之體）癸亥詔以前朝官僚譴逐南荒積年未經昭雪其間有懷抱材器爲時所嫉者深負寃抑仍令錄其名姓盡復官資兼告諭諸道令津致赴闕如已亡歿並許歸葬以明恩蕩（册府元龜卷一百九十一）以西都嶽安門北路逼近大內宮垣兼非民便令移自榆林直趨端門之南（册府元龜卷一百九十六）改耀州報恩禪院爲興國寺（册府元龜卷一百九十四）馬殷奏破淮寇靜海軍節度使曲裕卒七月丙申以靜海軍行營司馬權知留後曲顥起復爲安南都護充節度

使五代會要七月敕云建國遷都俾新其制況山河之
險表裏爲防今二京俱在關東以內仍以潼關隸陝
州復置河潼軍使命虢州刺史兼領之其月敕改
虎牢關爲軍仍置虎牢關軍使通鑑考異引薛史已亥
追尊皇妣爲皇太后永樂大典卷一萬七千二百九十六八月以潞州軍
前屯師旅壁壘未收乃別議戎帥于是以亳州刺史李
思安充潞州行營都統冊府元龜卷一百九十九勅朝廷之儀封冊
爲重用報勳烈以隆恩榮固合親臨式光典禮舊章久
缺自我復行今後每封冊大臣宜令有司備臨軒之禮
永樂大典卷一萬六千七百五十一○五代會要八月敕云諸道所有軍事申奏令直至右銀臺門委客省使
晝時引進尋常公事依前四方館收接甲子平明前老人星見于南極壬
申密州進嘉禾又有合歡榆樹並圖形以獻是月隰州

奏大甯縣至固鎮上下二百里今月八日黃河清至十
月如故冊府元龜卷二百二九月辛丑西京大內放出兩宮內人
及前朝宮人任其所適冊府元龜卷一百九十五勅以近年文武官
諸道奉使皆于所在分外停住踰年涉歲未聞歸闕非
唯勞費州郡抑且侮慢國經臣節既虧憲章安在自今
後兩浙福建廣州南安邕容等道使到發許住一月湖
南洪鄂黔桂許住二十日荊襄同雍鎮定青滄許住十
日其餘側近不過三五日凡往來道路據遠近里數日
行兩驛如遇疾患及江湖阻隔委所在長吏具事由奏
聞如或有違當行朝典命御史黜檢糾察以儆慢官冊府

元龜卷一百九十一魏博羅紹威二男廷望廷矩年在幼稚皆有
材器帝以其藩屏勳臣之胄宜受非次之用皆擢爲郎
恩命既行之後二子亦就班列紹威乃上章以齒幼未
任公事乞免主印宿直從之冊府元龜卷二百一十封鎮東軍
神祠爲崇福侯浙西奏道門威儀鄭章道士夏隱言焚
修精志妙達希夷推諸輩流實有道業鄭章宜賜號貞
一大師仍名元章隱言賜紫衣冊府元龜卷一百九十四○五代會要九月置
左右天興左右廣勝軍仍以親王爲軍使十月帝以用軍未暇西幸文武百
官等久居東京漸及疑訝令就便各許歸安只留韓建
薛貽矩翰林學士張策韋郊杜曉中書舍人封舜卿張

袞并左右御史司天監宗正等兼要當諸司節級外其
宰臣張文蔚已下文武百官並先于西京祇候冊府元龜卷二
百五庚午大明節內外臣僚各以奇貨良馬上壽故事內
殿開宴召釋道二教對御談論宣旨罷之命閤門賜以
香合賜宰臣佛寺行香永樂大典卷一萬六千四百八十七駕幸繁臺講
武永樂大典卷一萬六千八百三癸酉御史司憲薛廷珪奏請文武百
官仍舊朝參先是帝欲親征河東命朝臣先赴洛都至
是緩其期乃允所奏宰臣請每月初入閤望日延英聽
政永爲常式冊府元龜卷一百七十九山南東道節度使楊師厚進
納趙匡凝東第書籍先是收復襄漢帝閱其圖書至是

命師厚進焉(冊府元龜卷一百九十四)廣州進獻助軍錢二十萬又進龍腦腰帶珍珠枕玳瑁香藥等(冊府元龜卷一百九十七)十一月壬寅帝以征討未罷調補為先遂命盡赦逃亡背役髡黥之人各許歸鄉里(冊府元龜卷九十五)廣州進龍形通犀腰帶金托裹含稜玳瑁器百餘副香藥珍巧甚多(冊府元龜卷一百九十七)廣南管內獲白鹿並圖形來獻耳有兩缺按符瑞圖鹿壽千歲變白耳一缺今驗此鹿耳有二缺其獸與色皆應金行實表嘉瑞(冊府元龜卷一百六十九)十二月辛亥詔曰潞寇未平王師在野攻戰之勢難緩于寇圍飛輓之勤實勞于人力永言輟耒深用軫懷宜令長吏丁甯布告期

以兵罷之日給復賦租于是人戶聞之皆忘其倦(冊府元龜卷一百九十四)詔故荊南節度使守中書令上谷王周汭贈太師故武昌軍節度使兼中書令西平王杜洪贈太傅先是鄂渚再為淮夷所侵攻圍甚急杜洪以兵食將盡繼來乞師帝料以隔越大江難以赴援兼以荊州據上游多戰艦去江夏甚邇因命汭舉舟師沿流以救之汭于是引兵東下纔及鄂界遇朗州背盟作亂乘江陵之虛縱兵襲破之俘掠且盡既而汭士卒知之皆顧其家咸無鬬志遂為淮寇所敗將卒潰散汭忿恚自投于江汭之本姓犯文穆皇帝廟諱至是因追贈以其系出周文

故賜姓周氏及汭兵敗之後武昌以重圍經年糧盡力困救援不至訖為淮寇所陷載洪以送淮師遂殺之此二鎮也皆以忠貞歿于王事帝每言諸藩屏翰經綸之業必首痛汭洪之薨至是追贈之深加軫悼各以其子孫宗屬錄用焉(冊府元龜卷二百一十)棣州蒲臺縣百姓王知嚴妹以亂離并失怙恃因舉哀追感自截四指以祭父母帝以遺體之重不合毀傷言念村閭何知禮教自今後所在郡縣如有截指割股不用奏聞是年諸道多奏軍人百姓割股青齊河朔尤多帝曰此若因心亦足為孝但苟免徭役自殘肌膚欲以庇身何能療疾並宜止絕

(冊府元龜卷一百九十一 五代會要十二月于輝州碭山縣置崇德軍太祖榆社在碭山置使以領之始命朱彥讓為軍使)

舊五代史卷三終

舊五代史卷三攷證

梁太祖紀三節度使羅紹威　紹威原本作昭威今據歐陽史改

判建昌院事　案原本脫昌字今增

以青州節度使韓建守司徒平章事　青原本訛作清今改正

己亥追尊皇妣爲皇太后　案長曆七月不得有己亥今攷通鑑亦作七月己亥當是引薛史原文今仍之

是日隰州奏大寧縣至固鎭上下二百里　案是書前後多作李固鎭疑原本有脫字攷通鑑亦間作固鎭蓋當時奏牘省文也今仍之

因命周汭舉舟師沿流以救之　周汭列傳作成汭本紀所稱周汭者仍當時詔誥之文耳

舊五代史卷三攷證

舊五代史卷四

宋司空同中書門下平章事薛居正等撰

太祖紀第四　梁書四

開平二年正月癸酉帝御金祥殿受宰臣文武百官及諸藩屏陪臣稱賀諸道貢舉一百五十七人見于崇元門封從子友甯爲安王友倫爲密王幽州劉守光進海東鷹鶻蕃馬璮罽方物册府元龜卷一百九十案五代春秋正月晉王克用薨二月自去冬少雪春深農事方興久無時雨兼慮有災疾帝深軫下民遂命庶官徧祀于羣望掩瘞暴露令近鎮案古法以禳祈旬日乃雨永樂大典卷二千六百三十案通鑑二月癸亥酖殺濟陰王于曹州新唐書昭宣帝紀亦云二月遇弒歐陽史作正月己亥卜郊于西都弒濟陰王與諸書異帝以上黨未收因議撫巡便往西都赴郊禋之禮乃下令曉告中外取三月一日離東京以宰臣韓建權判建昌宮事五代會要十月以尚書兵部侍郎李皎爲建昌宮副使兵部侍郎姚洎爲鹵簿使開封尹博王友文爲東都留守辛未契丹主安巴堅遣使貢良馬三月壬申帝親統六軍巡幸澤潞是日寅時車駕西幸宰臣并要切司局皆扈從晚次中牟册府元龜卷二百五下詔以去年六月後昭義行營陣殁都將吏卒死于王事追念忠赤乃錄其名氏各下本軍令給養妻孥三年內官給糧賜册府元龜卷一百九十五丁丑幸澤州辛巳以

同州節度使劉知俊爲潞州行營招討使壬午宴扈駕羣臣并勞知俊賜以金帶戰袍寶劍茶藥永樂大典卷一萬六千七百四十六甲申登東北隅逍遙樓蒐閱騎乘旌甲滿野册府元龜卷二百十四丙申招討使劉知俊上章請車駕還東京蓋小郡湫隘非久駐蹕之所達覽帝俞其請册府元龜卷二百五以鴻臚卿李從唐室宗屬封萊國公爲二王後有司奏萊國公李從合留三廟于西都選地位建立廟宇以備四仲祭祀命度支供給以遵彝典册府元龜卷二百一十二四月以吏部侍郎于兢爲中書侍郎平章事以翰林奉旨學士張策爲刑部侍郎平章事時帝在澤州拜二相于行在册府元龜卷一百九十九案通鑑癸巳門下侍郎同平章事張文蔚卒癸卯門下侍郎同平章事楊涉罷爲右僕射是拜二相于行在所以代張文蔚楊涉也梁代避諱改承旨爲奉旨通鑑誤作承旨四月丙午車駕離澤州丁未駐蹕于懷州宴宰臣文武百官辛亥至鄭州壬子幸東京丙寅車駕幸繁臺觀稼册府元龜卷二百五鄜陵居人程震以兩岐麥穗并畫圖來進册府元龜卷二百二甲寅淮寇侵軼潭岳邊境欲援朗州以戰艦百餘艘揚帆西上泊鼎口湖南馬殷遣水軍都將黃瑀率樓船遮擊之賊衆沿流宵遁追至鹿角鎮册府元龜卷二百一十七詔以戶部尚書致仕裴廸復爲右僕射廸敏事慎言達吏治明籌算帝初建節旄于夷門廸一謁見如故知乃辟爲從事自是

之後歷三十年委四鎮租賦兵籍芻糧官吏獄訟賞罰
經費運漕軍無巨細皆得專之帝每出師帥知軍州事
建十□紀不出梁之閫閾甚有裨贊之道禪代之歲命
爲太常卿屬年已耆耄視聽昏塞不任朝謁遂請老許
之丼月復起師長直官焉册府元龜卷二百一十二五月丁丑王師
圍潞州將及二年李進通危在旦夕不俟攻擊當自降
太原李存勗以厚幣誘結北蕃諸部並其境內丁壯悉
驅而徂決戰以救上黨之急部落帳族馳馬厲兵數路
齊進于銅鞮樹寨旂壘相望册府元龜卷一百一十七王師敗于潞
州永樂大典卷一萬四千二百一十二己丑令下諸州去年有蝗蟲下子
處蓋前冬無雪至今春亢陽致爲災沴寔傷隴畝必慮
今秋重困稼穡自知多在荒陂榛蕪之內所在長吏各
須分配地界精加翦撲以絕根本壬辰夜火星犯月太
史奏災合在荆楚乃令設武備寬刑罰恤人禁暴以禳
之永樂大典卷二千八百二十軍前行營都將康懷英孫海金以下
主將四十三人于右銀臺門進狀待罪帝以去年發軍
之日不利有違兵法並釋放兼各賜分物酒食勞問永樂
大典卷一萬四千二百一十二封義昌軍節度使劉守文加中書令封
大彭王盧龍軍節度使劉守光封河間郡王許州節度
使馮行襲封長樂王册府元龜卷一百九十六是月癸未淮賊寇荆

舊五代史卷四　本紀　三

州石首縣襄陽舉舟師於濫港襲敗之册府元龜卷□百□□六
月辛亥以亢陽慮時政之闕乃詔曰遐方下民去禮法
吏舞文銓衡既失于選求州鎮又無其舉刺風俗未厚
獄訟實繁職此之由上遭天譴全是決遣囚徒及戒勵
中外丙寅月犯角宿帝以其分野在兗州乃令長吏治
戎事設武備省獄訟恤疲病祈福禳災以順天戒永樂大典
卷二千八百二十丙辰邠岐來寇雍西編戶困于逃避且芟害
禾稼結營自固踰月同州劉知俊領所部兵擊退襲至
幕谷案歐陽史作漠谷五代春秋仍作幕谷大破之俘斬千計收其器甲
宋文通僅以身免册府元龜卷二百一十七詔曰敦尚儉素抑有前
聞斥去浮華期臻至理如聞近日貢奉競務奢淫或奇
巧蕩心或雕鐫溢目徒殫資用有費工庸此後應諸道
進獻不得以金寶裝飾戈甲劍戟至于鞍勒不用塗金
及雕刻龍鳳如有此色所司不得引進永樂大典卷一萬九千五百九
十九邕州奏鎮鉚山僧通道璘有道行各賜紫衣册府元龜卷一
百一十七是月壬戌岳州爲淮賊所據帝以此郡五嶺三湘
水陸會合之地委輸商賈靡不由斯遂令荆湘湖南北
舉舟師同力致討王師既集淮夷毀壁焚郛郭而遁册府
元龜卷二百一十七秋七月甲戌大霖雨陂澤泛溢頗傷稼穡帝
幸右天武軍河亭觀水册府元龜卷二百五幸高僧臺觀禁衛六

舊五代史卷四　本紀　四

軍（冊府元龜卷二百一十四）詔曰車服以庸古之制也貴賤無別罪莫大焉內外將相許以銀飾鞍勒其刺史都將內諸司使以降祗取用銅鍮定尊卑永爲條制仍令執法官糾察之（冊府元龜卷一百九十一）癸巳以禪代已來思求賢哲乃下令搜訪牢籠之期以好爵待以優榮各隨其材咸使登用宜令所在長吏切加搜訪每得其人則疏姓名以聞如在下位不能自振者有司薦導之如任使後顯立功勞別加遷陟（冊府元龜卷二百一十三）敕禁居宰兩月（冊府元龜卷一百九十五）甲午以高明門外繁臺爲講武臺是臺西漢梁孝王之時嘗按歌閱樂于此當時因名曰吹臺其後有繁氏居于

其側里人乃以姓呼之時代綿寢雖官吏亦從俗焉帝每登眺蒐乘訓戎宰臣以是事奏而名之（冊府元龜卷一百九十五○以上又見通鑑注所引薛史與冊府元龜相符惟字句稍有異同）八月辛亥敕應有暴露骸骨各委差人埋瘞（冊府元龜卷一百九十五）兩浙錢鏐奏請重鑄換諸州新印（冊府元龜卷一百九十一）詔禁戢諸軍節度節兵士及供奉官受旨殿直以下各修禮敬（冊府元龜卷一百九十一）甲寅太史奏壽星見于南方（冊府元龜卷二百一十三）兩浙錢鏐奏改管內紫極宮爲眞聖觀（冊府元龜卷一百九十四）改臨安縣廣義鄉爲衣錦鄉（通鑑注引薛史　十國春秋吳越世家八月梁敕升唐山縣爲吳昌縣唐興縣爲天台縣又敕升杭越等州爲大都督府復改新城縣曰新登長城縣曰長興樂成曰樂清避梁諱也）甲子夜東方

有大流星光明燭地有聲如裂帛（永樂大典卷七千八百六十六）唐州上言白龍見圖形以進（永樂大典卷五百六十）九月丙子太原軍出陰地關南牧寇掠郡縣晉絳有備帝慮諸將翫寇乃下詔親議巡幸命有司備行丁丑翠華西狩宰臣翰林學士崇政院使金吾仗及諸司要切官皆扈從餘文武百官並在東京壬午達洛陽帝御文思殿受朝參許汝孟懷牧守來朝澤州刺史劉重霸面陳破敵之策癸未西幸宿新安丙戌至陝州駐蒲雍同華牧守皆進鎧甲騎馬戈戟食味方物（冊府元龜卷二百五）幽州都將康君紹等十人自蕃賊寨內來投又幽州騎將高彥章八十人騎先

在并州乃于晉州軍前來降至是到行在皆賜分物衣服放歸本道以示懷服（冊府元龜卷二百一十五）丁亥至陳州賜宴扈從官（永樂大典卷一萬六千七百四十六）戊子延州賊軍寇上平關又太原軍攻平陽烽火羽書晝夜繼至乙丑六軍統軍牛存節黃文靖各領所部將士赴行在甲午太原步騎數萬攻逼晉絳蹂甸不克知大軍至乃自焚其寨至夕而遁（冊府元龜卷二百三）福州貢玳瑁琉璃犀象器并珍玩香藥奇品海味色類良多價累千萬（冊府元龜卷一百九十七）十月己亥上在陝兩浙節度使奏于常州東州鎮殺淮賊萬餘人獲戰船一百二隻（冊府元龜卷二百一十七）以行營左廂步軍指揮使

賀瓌爲左龍虎統軍以左天武軍夾馬指揮使尹皓爲輝州刺史以右天武都頭韓瑭爲神捷指揮使左天武第三都頭胡賞爲右神捷指揮使仍賜帛有差以解晉州圍之功也冊府元龜卷二百一十以尹皓部下五百人爲神捷軍通鑑注引薛史乙巳御內殿宴宰臣扈從官共四十五人丙午御毬場殿宣夾馬都指揮使尹皓韓瑭以下將士五百人賜酒食庚戌至西都御文明殿辛亥宰臣百寮起居于殿前遂宣赴內宴賜方物有差丁巳至東都永樂大典卷一萬六千七百四十六己未大明節諸道節度刺史各進獻鞍馬銀器綾帛以祝壽宰臣百官設齋相國寺永樂大典卷一萬六千四百八十七壬戌御宣和殿宴宰臣文武百官十一月辛未御宣和殿宴宰臣文武百官以大駕還京故也庚辰御宣和殿宴宰臣文武百官永樂大典卷一萬六千七百四十六出開明門登高僧臺閱兵冊府元龜卷二百一十四諸道節度使刺史各進賀冬田器鞍馬綾羅等戊子賜文武百官帛冊府元龜卷一百九十七己未又宴宰臣文武百官于宣和殿永樂大典卷一萬六千七百四十六案歐陽史癸巳張策罷左僕射楊涉同中書門下平章事十二月立二王三恪南郊禮儀使狀伏以詩稱有客書載虞賓實因禪代之初必行興繼之命俾之助祭式表推恩兼垂恪敬之文別示優崇之典徵于歷代襲用舊章謹按唐朝以後魏元氏

子孫韓國公爲二恪以周宇文氏子孫爲介國公隋朝楊氏子孫爲酅國公爲二王後五代會要十二月改左右天武爲龍虎軍左右龍虎爲天武軍左右天威爲羽林軍左右羽林爲天威軍左右英武爲神武軍左右神武爲英武軍前朝置龍虎六軍謂之衛士皆以天武神武英武等六軍易其軍號而任勳舊焉今伏以國家受禪封唐朝子孫李從爲萊國公今參詳合以介國公爲三恪酅國公萊國公爲二王後冊府元龜卷二百一十二癸丑獵畋于含耀門外冊府元龜卷二百九開平三年正月戊辰朔帝御金祥殿受宰臣翰林學士稱賀文武百官拜表于東上閤門冊府元龜卷一百九十七己巳奉遷太廟四室神主赴西京太常儀仗鼓吹導引齋車文武百官奉辭於開明門外冊府元龜卷一百八十九甲戌發東都百官扈從次中牟縣乙亥次鄭州丙子次汜水縣河南尹張宗奭河陽節度使張歸霸並來朝戊寅次偃師縣己卯備法駕六軍儀仗入西都是日御文明殿受朝賀冊府元龜卷二百五庚寅親享太廟冊府元龜卷一百八十九詔曰近年以來風俗未泰兵革且繁正月燃燈廢停已久今屬創開鴻業初建洛陽方在上春務達陽氣宜以正月十四十五十六日夜開坊市門一任公私燃燈祈福永樂大典卷六千六百六十六辛卯祀昊天上帝于圜丘是日降雪盈尺帝昇壇而雪霽禮畢御五鳳樓宣制大赦天下永樂大典卷四千三百七十六賜南郊行事官禮儀使趙光逢以下分

物甲午上御文思殿宴羣臣賜金帛有差丙申賜文武官帛有差命宣徽使王殷押絹一萬疋并茵褥圖帟二百六十件賜張宗奭（永樂大典卷一萬三千七百一十九〇案歐陽史丙申羣臣上尊號日睿文武聖廣孝皇帝）改西京貞觀殿爲文明殿含元殿爲朝元殿二月改思政殿爲金鑾殿勅東都曰自昇州作府建邑爲都未廣邦畿頗虧國體其以滑州酸棗縣長垣縣鄭州中牟縣陽武縣宋州襄邑縣曹州戴邑縣許州扶溝縣鄢陵縣陳州太康縣等九縣宜並割屬開封府仍昇爲畿縣（冊府元龜卷一百九十六〇輿地廣記朱梁時楊氏據江淮于是吳越錢氏上言以淮寇未平恥聞逆姓請改松楊縣爲長松）丙午宗正寺請修興極永安光天咸寧諸陵並令添修上下宮殿栽植松栢制可癸亥勅豐沛之基寢園所在悽愴動關于情理充奉自繫于國章宜設陵臺兼升縣望其輝州碭山宜爲赤縣仍以本縣令兼四陵臺令（冊府元龜卷一百八十九）丁酉宴羣臣于崇勳殿甲辰又宴羣臣于崇勳殿藩臣進賀勉而從之（永樂大典卷一萬六千七百四十八）同州節度使劉知俊奏延州都指揮使高萬興部領節級家累三十八人來降三月以萬興檢校司徒爲丹延等州安撫招誘等使（冊府元龜卷二百一十五）辛未詔曰同州邊隅繼有士衆歸化暫思巡撫兼要指揮令幸蒲陝取九日進發甲辰車駕發西都百官奉辭于師子門

外丁丑次陝州己卯次解縣河中節度使冀王友謙來奉迎庚辰至河中府（冊府元龜卷二百二）幸右軍酋杏園講武（冊府元龜卷二百一十四）丙戌以朔方節度使兼中書令韓遜爲潁川王遜本靈州牙校唐末據本鎮朝廷因而授以節鉞（永樂大典卷一萬九千八百一十七）四月丙申朔駐蹕河中壬寅辰時駕巡于朝邑縣界焦黎店王友謙及崇政內諸司使扈從至申時迴（冊府元龜卷二百二）己亥御前殿宴宰臣及冀王友謙扈從官甲寅宴宰臣及扈從官于內殿（永樂大典卷一萬六千七百四十八）制易定節度使王處直進封北平王福建節度使王審知封閩王廣州節度使劉隱封南平王同州節度使劉知俊封大彭郡王山南東道節度使楊師厚封弘農郡王（冊府元龜卷一百九十六）五月乙丑朔常朝遂命宰臣及文武百官宴于內殿己卯車駕至西京癸未御崇勳殿宴宰臣及文武官四品以上己丑復御崇勳殿宴宰臣文武官四品以上（永樂大典卷一萬六千七百四十八）升宋州爲宣武軍節鎮仍以亳輝潁爲屬郡（通鑑注引薛史）六月庚戌同州節度使劉知俊據本郡反制令削奪劉在身官爵仍徵發諸軍速令進討如有軍前將士懷忠烈以知機賊內朋徒憤脅從而識變便能梟夷逆豎擒獲凶渠務立殊功當行厚賞括捉得劉知俊者賞錢一萬貫文便授忠武軍節度

使並賜莊宅各一所如活捉得劉知浣者賞錢一千貫文便與除刺史有官者超轉三階無官者特授兵部尚書如活捉得劉知俊骨肉及近上都將並梟送闕廷者賞賜有差（冊府元龜卷二百一十六）辛亥駕至蒲陝文武百官于新安縣奉迎（冊府元龜卷二百五）劉知俊弟內直右保勝指揮使知浣自雒奔至潼關右龍虎軍十將張溫以上二十二人于潼關擒獲劉知浣送至行在勅劉知浣逆黨之中最爲頭角龍虎十軍親兵之內寔冠爪牙昨者攻取潼關率先用命尋則擒獲知浣最上立功頗壯軍威將除國難所懸賞格便可支分許賜官階固須除授但昨捉獲

劉知浣是張溫等二十二人一時向前共立功效其賞錢一千貫文數內一百貫文與最先打倒劉知浣衙官李調四十三貫文與十將張溫二十人各與錢四十二貫八百五十文立功勅命便授郡府亦緣同時立功人數不少所除刺史難議偏頗宜令逐月共支給正刺史料錢二百貫文數內十將張溫一人每月與十貫文餘二十一人每月每人各分九貫文仍起七月一日以後支給人與轉官職仍勘名銜分析申奏當與施行（冊府元龜卷二百一十）是月知俊奔鳳翔同州平（永樂大典卷三千五百一十三）七月乙丑勅行營將士陣歿者咸令所在給槥櫝津置歸鄉

里戰卒聞之悉感涕（冊府元龜卷一百九十五）丙寅命宰臣楊涉赴西都以孟秋享太廟（冊府元龜卷一百八十七）改章善門爲左右銀臺門其左右銀臺門却改爲左右興善門（冊府元龜卷一百九十六）勅大內皇牆使諸門素來未得嚴謹將令整肅須示條章宜令控鶴指揮應于諸門各添差控鶴官兩人守帖把門其諸司使并諸司諸色人並勒于左右銀臺門外下馬不得將領行官一人輒入門裏其逐日諸道奉進客省使于千秋門外排當抗勒控鶴官舁擡至內門前準例令黃門殿直以下舁進輒不得令諸色一人到千秋門內其興善門仍令長官關鎖不用逐日開閉是日

又勅皇牆大內本尙深嚴宮禁諸門豈宜輕易未當條制交下因循苟出入之無常且公私之不便須加鈐轄用戒門閭宜令宣徽院使等切准此處分（冊府元龜卷一百九十一）進封幽州節度使河間郡王劉守光爲燕王（冊府元龜卷一百九十六〇通鑑七月癸酉帝發陝州乙亥至洛陽寢疾）己丑夕寢殿棟折詰旦召近臣諸王視棟折之迹帝慘然曰幾與卿等不相見君臣對泣久之遂詔有司釋放禁人從八月朔日後減膳進素食禁屠宰避正殿修佛事以禳其咎（永樂大典卷一萬六千五百七十一）商州刺史李稠棄郡西奔本州將吏以都牙校李玫權知州事（通鑑注引薛史）八月甲午以秋稼將登霖雨特甚命

宰臣以下禱于社稷諸祠（永樂大典卷二千六百三十）詔曰封嶽告功前王重事祭天肆覲有國恆規朕以眇身恭臨大寶既功德未敷于天下而災祥訝降于城中慮于告謝之儀有缺齋虔之禮爰修昭報用契幽通宜令中書侍郎平章事于兢往東嶽祭拜禱祀訖聞奏（永樂大典卷一萬六千九百五十八）又勅朕以干戈尚熾華夏未寧宜循卑菲之言用致雍熙之化起八月一日常朝不御金鑾崇勳兩殿只于便殿聽政（冊府元龜卷一百九十七）辛亥制諸郡如有陣歿將士仰逐都安存家屬如有弟兄兒姪便給與衣糧充役（冊府元龜卷一百九十五）贈故山東道節度使留後王珏太保贈故同州觀察判官盧匪躬工部尚書珏故河陽將累以軍功爲郡守主留事于襄陽爲小將王求所殺匪躬嘗爲劉知俊判官知俊反不偕行爲亂兵所害（冊府元龜卷一百一十）勅建國之初用兵未罷諸道章表皆繫軍機不欲滯留用防緩急其諸道所有軍事申奏宜令至右銀臺門委客省晝時引進諸道公事即依前四方館准例收接（冊府元龜卷一百九十一）司天臺奏今月二十七日平明前東南丙上去山高三尺以來老人星見測在井宿十一度其色光明潤大（冊府元龜卷百一）勅所在長吏放雜差役兩稅外不得妄有科配自今後州縣府鎮凡使命經過若不執勅文券並

不得妄差人驢及取索一物已上又今歲秋田皆期大稔仰所在切如條流本分納稅及加耗外勿令更有科索切戒所繇人更不得于鄉村乞託擾人（冊府元龜卷一百九十一）閏八月襄陽叛將李洪差小將進表帝示以含弘特賜勅書慰諭又制左馮背叛元惡逝逃如聞相濟之徒多是脅從之輩若能迴心向國轉禍全身當與加恩必不問罪仍令同華雍等州切加詔諭如能梟斬溫韶或以鎮寨歸化必加厚賞仍獎官班兼委本界招復人戶切加安存（冊府元龜卷二百一十五）己卯幸西苑觀稼（冊府元龜卷二百五）

補遺

梁太祖紀四　仍令執法官糾察之（五代會要載七月勅日祭祀之儀有同大事如聞官吏慢於恪恭牲具禮容有異精審宜命御史臺疏其條件奏聞）

舊五代史卷四終

舊五代史卷四攷證

辛巳以同州節度使劉知俊爲潞州行營招討使　案辛巳歐陽史通鑑俱作壬午

壬子至東京　案五代春秋作丙午帝還東都歐陽史作壬子至澤州惟通鑑與是書同

淮寇侵軼潭岳邊境　侵軼原作侵軹今據文改正

王師敗于潞州　案潞州之敗歐陽史作五月巳丑通鑑作壬申

帝以此郡五嶺三湘水陸會合之地　此郡原作北郡今據文改正

時代綿寖　綿寖原作綿浸今據通鑑注改正

丙戌至陝州　丙戌通鑑作乙酉

丁巳至東都　案通鑑攷異引編遺錄作乙卯實錄作丁巳今攷五代春秋作丁巳與是書同歐陽史作丁未與是書異

許州扶溝縣　案扶溝下脫縣字今據文增入

甲寅福建節度使王審知封閩王廣州節度使劉隱封南平王　甲寅通鑑作庚子與是書異

如活捉得劉知浣者賞錢一千貫文　案一千原作一萬今據通鑑長編引梁代賞功之典改正

辛亥獨至蒲陝　案通鑑作癸丑帝至陝與是書前後異

其興善門仍令長官關鎖　興善原作章善今據上文及五代會要改正

舊五代史卷四攷證

舊五代史卷五

宋司空同中書門下平章事薛居正等撰

太祖紀第五　梁書五

開平三年九月御崇勳殿宴羣臣文武百官賜張宗奭楊師厚白綾各三百疋銀鞍轡馬丁酉上幸崇政院宴內臣賜院使敬翔直學士李珽等繒綵有差永樂大典卷一萬六千七百四十六案通鑑丁未以保義節度使王檀爲潞州東西行營招討使辛亥侍中韓建罷守太保左僕射平章事楊涉罷守本官太常卿趙光逢爲中書侍郎平章事翰林學士奉旨工部侍郎知制誥杜曉爲尚書戶部侍郎平章事冊府元龜卷一百九十九制內外使臣復命未見便歸私第者朝廷命使臣下奉行惟於辭見之儀合守敬恭之道近者凡差出使往復皆越常規或已辭而尚在本家或未見而先歸私第但從已便莫亶王程在禮敬而殊乖置典章而私舉宜令御史臺別具條流事件具黜罰等奏聞冊府元龜卷一百九十一庚子殿直王唐福自襄城走馬以天軍勝捷逆將李洪歸降事上聞賜唐福絹銀有加宰臣百官上表稱賀壬寅開封府虞候李繼業齎襄州都指揮使程暉奏狀以今月五日殺戮逆黨千人并生擒都指揮使傅霸以下節級共五百人收復襄州人戶歸業事冊府元龜癸卯帝御文明殿以收復襄漢受宰臣以下稱賀冊府元龜

卷四百三十五通鑑八月陳暉軍至襄州李洪逆戰大敗士卒死九月丁酉拔其城斬叛兵千人執李洪楊虔等送洛陽斬之詔曰秋冬之際陰雨相仍所司擇日拜郊或慮臨時妨事宜令別更擇日奏聞是月禮儀使奏今據所司申奏十月二日冬至祀昊天上帝于圜丘今參詳十月十七日以後入十一月節十一月二日冬至一陽生之辰宜行親告之禮從之冊府元龜卷一百九十三河中奏淮寓詔使有銅牌者所至卽易騎以遣冊府元龜卷一百九十一十月癸未大明節帝御文明殿設齋僧道召宰臣翰林學士預之諸道節度刺史及內外諸司使咸有進獻永樂大典卷一萬六千四八十七詔以寇盜未平凡諸給過所並令司門郎中員外郎出給以杜姦詐永樂大典卷六千九百二十十一月癸巳朔帝齋於內殿不視朝甲午日長至五更一點自大內出于文明殿受宰臣以下起居自五鳳樓出南郊左右金吾太常兵部等司儀仗法駕鹵簿及左右內直控鶴等引從赴壇文武百官太保韓建以下班以候帝升壇告謝冊府元龜卷一百九十三司天臺奏冬至日自夜半後祥風微扇帝座澄明至曉黃雲捧日冊府元龜卷二百二丙申敕于上東門外冊府元龜卷二百五戊戌制曰大嚴親報本所以通神明流澤覃休所以惠黎庶斯蓋邦家不易之道皇王自昔之規敢敦大猷茲惟古義粵朕受命于今三年何嘗不寅畏晨

興焦勞夕惕師虞之典上則于乾功挹殷憂之源下涵於民極欲使萬方有裕六辨無愆然而志有所未孚理有所未達致奸宄作孽旱蝗為災驕將守邊擁牙旌而背義積陰馭氣陵上瀆以干和載考休徵式昭至警朕是以仰高俯厚靡惜于責躬履薄臨淵冀昭于玄覽兢兢慄慄夙夜匪寧及夫動干戈而必契靈誅陳犧齋而克彰善應苟非天垂丕佑神贊殊休則安可致夷凶渠就不戰之功變沴戾氣作有年之慶況靈旂北指喪犬羊于亂轍之間飛騎西臨下鄜翟若走丸之易息一隅之煙燧復千里之封疆而又掃蕩左馮討除峴首故

得外戎內夏益知天命之攸歸喙息蚑行共識皇基之永固仰懷昭應欲報無階爰因南至之辰親展圜丘之禮茲惟大慶必及下民乃弘渙汗之私以錫疲羸之幸所冀漸增蘇息亟致和平噫朕自臨御以來歲時尙邇氛昏未殄討伐猶頻甲兵須議于餽糧飛輓頻勞於編戶事非獲已慮若納隍宜所在長吏倍切撫綏明加勉諭每官中抽差徭役禁猾吏廣斂貪求免至流散靡依凋弊不濟宜令河南府開封府及諸道觀察使切加鈐轄刺史縣令不得因緣賦斂分外擾人凡關庶獄每望輕刑只候纔罷用軍必當便議優給德音節文內有未該者宜令所司類例條件奏聞（冊府元龜卷一百九十一）己亥以司門郎中羅廷規充魏博節度副使知府事仍改名周翰時鄴王紹威病日甚慮以後事故奏請焉（通鑑攷異引薛史）辛丑幸穀水（冊府元龜卷二百五）戊午御文明殿冊太傅張宗奭為太保韓建受冊畢（按原本疑有脫誤）金吾仗引昇輅車儀仗導謁太廟訖赴尙書省上（冊府元龜卷一百九十九）幸榆林坡門兵教諸都馬步兵（冊府元龜卷二百十四）勅改乾文院為文思院行從殿為興宅殿球場為安毬場又改弓箭庫殿為宣武殿（冊府元龜卷一百九十九）靈州奏鳳翔賊將劉知俊率邠岐秦涇之師侵迫州城帝遣陝州康懷英華州寇彥卿率兵攻迫

邠寧以紓朔方之寇（冊府元龜卷二百十六　案五代春秋十一月秦人來侵靈州陝州康懷英侵秦克寧慶衍三州秦人來襲懷英師敗于昇平）十二月乙丑臘較獵于甘泉驛（冊府元龜卷二百五）以蒲州肇迹之地且因經略鄜延于是巡幸數月暇日游豫至焦梨店頗述前事念王重榮舊功下詔褒獎而封崇之（冊府元龜卷二百十二）國子監奏創造文宣王廟仍請率在朝及天下現任官僚俸錢每貫每月尅一十五文充土木之值允之是歲以所率官僚俸錢修文宣王廟（冊府元龜卷一百九十四）福建節度使王審知奏捨錢造寺一所請賜寺額勅名大梁萬歲之寺仍許度僧四十九人（冊府元龜卷一百九十四）贈羊牆使王仁嗣司空故同州押

御史舉右僕射押衙王彥洪高漢詮上奉言仇瓊茲刑部尚書王筠御史司憲初知後將叛謀會諸將詢所宜仁嗣等持正不撓悉罹其酷至是褒贈之册府元龜卷二百一十劉守光上言于薊州西與兄守文戰生擒守文通鑑注引薛史開平四年正月壬辰朔帝御朝元殿受百官稱賀用禮樂也册府元龜卷二百五勅公事難于稽遲居處悉皆遙遠其逐日當直中書舍人及吏部司封知印郎官少府監及篆印文兼書寫告身人吏等茲宜輪次于中書側近宿止册府元龜卷一百九十一帝出師子門至榆林坡下閱教册府元龜卷二百十四壬寅幸保寧毬場錫宴宰臣及文武百官賜宰臣張

宗奭以下分物有加賜廣王分物永樂大典卷一萬六千七百四十六賜湖南開元寺禪長老可復號惠光大師仍賜紫衣册府元龜卷一百九十四　案五代春秋正月燕王守光克滄州二月乙丑幸甘泉亭册府元龜卷二百五帝出師子門幸榆林東北坡教諸軍兵事册府元龜卷二百十四賜潞州投歸軍使張行恭錦服銀帶并食册府元龜卷二百十五丁卯出光政門至穀水觀麥册府元龜卷一百九十八戊辰宴於金鑾殿甲戌以春時無事頻命宰臣及勳戚宴于河南府池亭辛巳楊師厚赴鎮于陝寒食假諸道節度使郡守勳臣競以春服賀又連清明宴以鞍轡馬及金銀器羅錦進者迨十萬乃御宣威殿宴宰臣及文武官四

品已上三月壬辰幸崇政院宴勳臣己亥幸天驥院宴侍臣壬寅幸甘水亭宴宰臣勳戚翰林學士辛亥宴宰臣于內殿丙辰于興安毬場大饗六軍樂春時也永樂大典卷一萬六千七百四十六四月壬戌詔曰追養以祿王者推歸厚之恩欲靜而風人子抱終身之感其以刑部尚書致仕張策及三品四品常參官二十二人先世各追贈一等册府元龜卷二百五十乙丑宴崇政院帝在藩及踐阼勵精求理深戒逸樂未嘗命堂上歌舞是日止令內妓升階擊鼓弄曲甚歡至午而罷册府元龜卷一百九十七丁卯宋州節度使衡王友諒進瑞麥一莖三穗册府元龜卷二百二十　案通鑑云友諒獻瑞麥帝曰豐年為上瑞今宋州大水安用此為詔除本縣令名遣使詰責友諒容齋續筆亦載此事並皆采薛史原文而册府元龜微引梁書有所删節也謹附載于此丙戌幸建春門閱新樓至七里屯觀麥召從官食于樓河南張昌孫及蒲同主事吏賜物各有差册府元龜卷二百五帝過朝邑見鎮將位在縣令上問左右或對曰宿官秩高帝曰令長字人也鎮使捕盜耳且鎮將多是邑民奈何得居民父母上是無禮也至是勅天下鎮使官秩無高卑位在邑令下册府元龜卷一百九十一葉縣鎮遏使馮德武于蔡州西平縣界殺戮山賊擒首領張濆等七人以獻册府元龜卷四百三十五鎮海軍節度使錢鏐擊高澧于湖州大敗之梟夷擒殺萬人拔其郡湖州平先是

澧以州叛入淮南故詔鏐討之也（册府元龜卷二百十六）五月己丑朔以連雨不止至壬辰御文明殿命宰臣分拜祠廟（永樂大典卷二千六百三十二）自朔旦至癸巳內外以午日奉獻巨萬計馬三千蹄餘稱是復相率助修內壘（册府元龜卷一百九十七）甲辰詔曰奇邪亂正假偽奪眞既刑典之不容宜犯違而勿赦應東西兩京及諸道州府制造假犀玉眞珠腰帶璧珥并諸色售用等一切禁斷不得輒更造作如公私人家先已有者所在送納長吏對面毀棄如行勅後有人故違必當極法仍委所在州府差人檢察收捕明行處斷（册府元龜卷一百九十七）魏博節度使守太師兼中書令鄴王

羅紹威薨帝哀慟曰天不使我一海內何奪忠臣之速也詔贈中書令（册府元龜卷二百四）六月己未朔詔軍鎭勿起土功（册府元龜卷一百九十一）七月壬子宴宰臣河南尹翰林學士兩街使于甘水亭丙辰宴羣臣于宣威殿賜物有差（册府元龜卷一百九十七）劉知俊攻逼夏州（通鑑七月岐王與汾涇二帥各遣使告晉請合兵攻定難節度使李仁福晉王遣振武節度使周德威將兵會之合五萬衆圍夏州）以宣化軍留後李思安為東北面行營都指揮使陝州節度使楊師厚為西路行營招討使（册府元龜卷二百十六）福州貢方物獻桐皮扇廣州貢犀玉獻舶上薔薇水（册府元龜卷一百九十七）時陳許汝蔡潁五州境內有蝝為災俄而許州上言有野禽羣飛蔽空旬日之間食蝝皆盡是歲乃大有秋（永樂大典卷五千一百九）八月車駕西征己巳次陝府是時憫雨且命宰臣從官分禱靈迹日中而雨翌日止帝大悅（永樂大典卷二千六百三十二　案五代春秋八月晉人秦人來使夏州）庚午次陝府辛未老人星見是日宴本府節度使楊師厚及扈從官于行宮賜師厚帛千匹仍授西路行營招討使丙子宴文武從官軍使已下設龜茲樂賜物有差（册府元龜卷一百九十七）九月丁亥朔命宰臣于兢赴西都祀昊天上帝于圜丘（册府元龜卷一百九十三）甲午至西京下詔曰朕聞歷代帝王首推堯舜為人父母孰比禹湯睿謀高出于古先聖德普聞于天下尙或卑躬待士屈

己求賢俯仰星雲慮一民之遺逸網羅巖穴恐片善之韜藏延爵祿以徵求設丹青而訪召使其為政樂在進賢蓋繇國有萬幾朝稱百揆非才不治得士則昌自朕光宅中區迄今三載宵分輟寐日旰忘餐思共力於廟謀庶永清于王道而乃朝廷之內或未盡于昌言軍旅之間亦罕聞于奇策眷言方岳下及山林豈無英奇副我延佇諸道都督觀察防禦使等或勳高翊世或才號知人必于塗巷之賢備察芻蕘之士詔到可精搜郡邑博訪賢良喻之以千載一時約之以高官美秩諒無求備唯在得人如有卓犖不羈沉潛自負通霸王之上略

達文武之大綱究古今刑政之源識禮樂質文之變朕則待之不次委以非常用佐經綸豈勞階級如或一言拔俗一事出羣亦當舍短從長隨才授任大小方圓之器寧限九流溫良恭儉之人難誣十室勉思薦舉勿至因循俟爾發揚慰予翹渴仍從別勅處分册府元龜卷二百十二

辛丑以久雨命宰臣薛貽矩崇定鼎門趙光逢祠嵩岳永樂大典卷一千五百二十一

勅魏博管內刺史比來州務竝委督郵遂使曹官擅其威權州牧同于閑冗俾循通制宜塞異端竝依河南諸州例刺史得以專達

壬寅頒夸馬令先是王師擊賊獲馬多上獻至是盡止之蓋欲邀其奮擊之功也册府元龜卷一百九十一

乙巳王師敗蕃寇于夏州初劉知俊誘沙陁振武賊帥周德威涇原賊帥李繼鸞合步騎五萬大舉欲俯拾夏臺節度使李仁福兵力俱乏以急來告先是供奉官張漢玫宣諭在壁國禮使杜廷隱賜幣于夏及石堡寨聞賊至以防卒三百人馳入州既而大兵圍合廷隱漢玫與指揮使張初李君用率州民防卒與仁福部分固守晝夜戮力踰月及鄜延援至大軍奮擊敗之河東邠岐賊分路逃遁夏州圍解通鑑甲申遣夾馬指揮使李遇劉綰自鄜延趨銀夏李遇等至夏州岐晉兵皆解去

丙午詔曰劉知俊貴爲方伯尊極郡王而乃背誕朝恩竄投賊壘固神人之共

怒諒天地所不容雖命討除倘稽擒戮宜懸爵賞以大功名必有忠貞咸思憤發有生擒劉知俊者賞錢千萬授節度使首級次之得孟審澄者錢百萬除刺史得將孫坑卓瓌劉儒張璘等賞有差册府元龜卷二百十六

乙卯宴會羣臣于宣威殿册府元龜卷一百九十七

舊五代史卷五終

舊五代史卷五攷證

梁太祖紀五襄州都指揮使陳暉　案歐陽史作行營招討使左衛上將軍陳暉

復收襄州人戶歸業　案歐陽史云九月壬寅陳暉克襄州據是書則陳暉以壬寅奏捷非以是日克城攷通鑑克城繫九月丁酉與是書今月五日正合歐陽史蓋據奏捷之日而書之耳

以收復襄漢宰臣以下稱賀　案襄漢下原本衍收字今刪正

并令司門郎中員外郎　司門原本作司闕攷五代會要有司門郎中今改正

故得外戎內夏　內夏原本訛內憂今改正

辛亥宴宰臣于內殿　案原本脫宴字今增入

鎮海軍節度使錢鏐擊高澧于湖州大敗之　案九國志高澧以三年十月叛四年二月奔吳是書繫于四月蓋以奏聞之月爲據

劉知俊攻逼夏州　案五代春秋八月晉人秦人侵夏州與是書及通鑑異

甲午至西京　案五代春秋作九月己丑帝還西都歐陽史同通鑑作己丑上發陝甲午至洛陽

國禮使杜廷隱　廷隱原本作定隱下仍作廷隱今據九國志改正

舊五代史卷五攷證

舊五代史卷六

宋司空同中書門下平章事薛居正等撰

太祖紀第六　梁書六

開平四年十月乙亥東京博王友文入覲召之也（冊府元龜卷二百六十八）已卯以新修天驥院開宴落成內外并獻馬而魏博進絹四萬匹爲驅價（冊府元龜卷一百九十）壬午以冬設禁軍幸興安鞠場召文武百官宴（冊府元龜卷一百九十七）幸開化大閱軍實（冊府元龜卷二百十四）十一月丁亥朔幸廣王第作樂（冊府元龜卷二百五）辛卯宴文武四品已上于宣威殿庚戌幸左龍虎軍宴羣臣甲寅幸右龍虎軍宴羣臣（冊府元龜卷一百九十七）戊戌詔曰自朔至今暴風未息諒惟不德致此咎徵皇天動威罔敢不懼宜徧命祈禱副朕意焉差官分往祠所止風（永樂大典卷二千六百三十二）己亥日南至帝被袞冕御朝元殿列細仗奏樂于庭羣臣稱賀帝畋于伊水（冊府元龜卷一百七十九）乙巳詔曰關防者所以譏異服察異言也況天下未息兵民多姦改形易衣覘我戎事比者有諜皆以詐敗而未嘗罪所過地叛將逃卒竊其妻孥而影附使者亦未嘗詰其所經今海內未同而緩法弛禁非所以息姦詐止奔亡也應在京諸司不得擅給公驗如有出外須執憑繇者其司門過所先須經中書門下點檢宜委宰臣

趙光逢專判出給俾繇顯重冀絕姦源仍下兩京河陽及六軍諸衞御史臺各加鈐轄公私行李復不得帶挾家口向西其襄鄧鄜延等道並同處分（冊府元龜卷一百九十一）以寧國軍節度使王景仁充北面行營都招討使潞州副招討使韓勍爲副相州刺史李思安爲先鋒使時鎮州王鎔定州王處直叛結連晉人故遣將討之（冊府元龜卷二百十六）（五代會要十一月十四日司天奏月蝕不宜用兵時王景仁方總大軍北伐追之不及至五年正月二日果爲後唐莊宗大敗于柏鄉）十二月辛酉宴文武四品以上于宣威殿親閱禁軍命格鬬于教馬亭（冊府元龜卷二百十四）己巳詔曰滑宋輝亳等州潦水敗傷人戶愁歎朕爲民父母良用痛心其令本州分等級賑貸所在長史監臨周給務令存濟壬辰賑貸東都畿內如宋滑制（冊府元龜卷一百九十五）

乾化元年正月丙戌朔日有蝕之帝素服避殿百官守司以恭天事明復而止（永樂大典卷二千六百三十二）制曰兩漢以來日蝕地震百官各上封事指陳得失蓋欲周知時病盡達物情用緝國章以奉天誡朕每思逆耳罔忌觸鱗將洽政經庶開言路況茲讜見當有咎徵其在列辟羣臣危言正諫極萬邦之利害致六合之殷昌毗予一人永建皇極（永樂大典卷萬六千三百七十八）二日日旁有暈氣向背若環耳崇政使敬翔望之曰兵可憂矣帝爲之旰食是日果

為晉軍及鎮定之師所敗都將十餘人被擒餘衆奔潰
永樂大典卷九千二百二十四 庚寅制曰扈氏不恭固難去戰鬼方未
服尚或勞師其蟻聚餘妖狐鳴醜類棄天常而拒命據
地險以偷生言事討除將期勘定問罪止誅于元惡挺
災可憫于遺黎每念傷痍良深媿歎應天兵所至之地
宜令將帥節級嚴戒軍伍不得焚燒廬舍開發丘壠毀
廢農桑驅掠士女使其背叛之俗知予弔伐之心又制
曰戎機方切國用未殷養兵須藉於賦租稅粟尚煩於
力役所在長吏不得因緣徵發自務貪求苟有故違必
行重典立法垂制詳刑定科傳之無窮守而勿失中書

門下所奏新定格式律令已頒下中外各委所在長吏
切務遵行盡革煩苛皆除枉濫用副哀矜之旨無違欽
恤之言冊府元龜卷一百九十一 詔徵陝州鎮國軍節度使楊師厚
至京見於崇勳殿帝指授方畧依前充北面都招討使
恩賚甚厚使督軍進發冊府元龜卷一百九十九 案五代春秋二月晉師侵魏州楊
師厚師援邢州晉人還師 二月丙辰朔帝御文明殿羣臣入閣冊府
元龜卷一百九十七 以蔡州順化軍指揮使王存儼權知軍州事
蔡人久習叛逆刺史張慎思又哀歛無狀帝追慎思至
京而久未命代右廂指揮使劉行琮乘虛作亂因縱火
驅擁為渡淮計存儼誅行琮而撫遏其衆諸將鄭遵與

其下奉存儼為主而以衆情馳奏時東京留守博王友
文不先請遂討其亂兵至鄢陵上聞之曰誅行琮功也
然存儼方懼若臨之以兵蔡必速飛矣遂馳使還軍而
擢授存儼蔡人安之冊府元龜卷二百十四 壬戌詔曰東京舊邦
久不巡幸宜以今月九日幸東都扈從文武官委中書
門下量閑劇處分宰臣上言曰龍興天府久望法駕但
陛下始康愈未宜涉寒願少留清蹕從之甲子幸曜村
民舍閱農事庚午幸白馬坡冊府元龜卷二百五五代會要二月敕食人之食
者憂人之事況丞相尊位參決大政而堂封未給且無餐錢朕甚媿之宜令食萬錢之半 詔金吾大
將軍待制官各奏事冊府元龜卷一百九十一 武安軍節度使馬殷

進呈虔州刺史盧延昌牋表虔州本支郡也兵甚銳自
得韶州益强大升為百勝軍使始洪州之陷盧光稠願
收復使府立功自效上因兼授江西觀察留後光稠卒
復命延昌領州事方伯亦頗慰藉楊渭遣人偽署爵秩
延昌佯受官牒禮遣其使因湖南自表其事曰郡小寇
迫欲緩其奸謀且開導貢路非敢貳也以其偽制來自
陳上覽奏曰我方有北事不可不甚加撫卹尋兼授鎮
南將軍節度使觀察後命使慰勞冊府元龜卷二百十五 九國志盧延昌
歸命于吳偽乞命于梁 三月辛卯以久旱令宰臣分禱靈跡翌日
大澍雨永樂大典卷一千五百二十一 丙申幸甘水亭召宰臣翰林學

士尙書侍郞孔續已下八人扈從宴樂甚歡戊戌幸右龍虎軍召文武官四品已上宴于新殿甲辰幸左龍虎軍新殿宴文武官四品已上四月丁卯幸龍虎門召宰臣學士金吾上將軍大將軍侍宴廣化寺丁丑幸宣威殿宴文武官四品已上及軍使蕃客己卯又幸左龍虎軍宴羣臣（冊府元龜卷一百九十七）詔曰邠岐未滅關隴多虞宜擇親賢總茲戎任應關西同雍華鄜延夏等六道兵馬并委冀王收管指揮凡有抽差先申西面都招討使仍別奏聞庶合機權以寧邊鄙（冊府元龜卷二百六十九）五月甲申朔帝被冕旒御朝元殿視朝仗衞如式制改開平五年爲乾

化元年大赦天下（永樂大典卷五千一百四十九）詔方伯州牧近未加恩者并遷爵秩復大賚軍旅普宴于宣威殿賜帛各有差制封延州節度使高萬興爲渤海郡王（冊府元龜卷一百九十六）諸道節度使錢鏐張宗奭馬殷王審知劉隱各賜一子六品正員官高季昌賜一子八品正員官賀德倫賜一子九品正員官（冊府元龜卷二百十）癸巳觀稼于伊水登建春門幸會節坊張宗奭私第臨亭阜視物色賞賜甚厚（冊府元龜卷二百五）詔左銀臺門朝參諸司使庫使已下不得帶從人入城親王許一二人挑條牀手簡餘悉止門外闌入者抵律闌守不禁與所犯同先時門通內無門籍且多

勳戚車騎衆者尤不敢呵察至是有以客星淩犯上言者遂令止隔（冊府元龜卷一百九十一）六月乙卯命北面都招討使鎭國軍節度使楊師厚出屯邢洺丁巳鎭定鈔我湯陰詔曰常山背義易水效尤誘其蕃戎動我邊鄙南侵相魏東出邢洺是用遣將徂征爲人除害但念頻赦令不欲食言宥而伐之諒非獲已況聞謀始不自帥臣致此厲階竝由姦佞客通人使潛結沙陀旣懼罪誅乃生離叛今雖行討伐已舉師徒亦開詔諭之門不阻歸降之路矧又王鎔處直未曾削爵除名若翻然改圖不遠而復必仍舊貫當保全功如有率衆向明拔州效順亦行

殊賞冀狗來情免令受弊于疲民用示惟新于汚俗宜令行營都招討使及陳暉軍前准此勑文散加招諭將安衆懼特舉明恩鎭州只罪李弘規一人其餘一切不問（冊府元龜卷二百十五）詔修天宮佛寺又湖南奏潭州僧法思桂州僧歸眞竝乞賜紫衣從之（冊府元龜卷一百九十四）七月帝不豫稍厭秋暑自辛丑幸會節坊張宗奭私第宰臣視事于歸仁亭子崇政使內諸司及翰林院竝止于河南府廨署至甲辰復歸大內（冊府元龜卷二百五）八月庚申幸保寧殿閱天興控鶴兵事軍使將校各有賜（冊府元龜卷二百十四）癸亥老人星見（冊府元龜卷二百二）戊辰幸故上陽宮至于榆林觀稼

（冊府元龜卷二百二十）丙子，閱四蕃將軍屯衛兵士于天津橋南至龍門廣化寺（冊府元龜卷二百十四）戊寅，幸興安鞠場大教閱，帝自指麾，無不踊抃，坐作進退，聲振宮掖。右神武統軍丁審衛對御以紅帛囊劍擬乘輿物，帝曰：宿將也，恕之，以劉重霸代其任（冊府元龜卷二百九）九月辛巳朔，帝御文明殿，羣臣入閤，刑法待制官各奏事。己丑，宴羣臣于興安殿（冊府元龜卷一百九十七）庚子，親御六師，次于河陽。甲辰，至于衛州。乙巳，至于宜溝，幸民劉達墅。丙午，至相州，賞左親騎指揮使張仙、右雲騎指揮使宋鐸嘗身先陷陣，各賜帛（冊府元龜卷二百一十）十月辛亥朔，駐蹕于相州，宰臣洎文武從官並詣行宮起居，戸部郎中孔昌序齎留都百官冬朔起居表至自西京，諸道節度使、刺史、諸藩府留後各以冬朔起居表來上。制以郢王友珪充控鶴指揮使，諸軍都虞。候閻寶爲御營使（冊府元龜卷二百五）有司以立冬太廟薦享上言，詔丞相杜曉赴西都攝祭行事（冊府元龜卷一百八十九）癸丑，閱武于州闉之南樓（冊府元龜卷二百十四）左龍驤都教練使鄧季筠、魏博馬軍都指揮使何令稠、右廂馬軍都指揮使陳令勳以部下馬瘦，並腰斬于軍門（通鑑注引薛史）甲寅，將以其夕幸魏縣，命閤門使李郁報宰臣兼勅內外。丙寅夜，車駕發軔于都署。乙卯，次洹水。丙辰，至魏縣（冊府元龜卷二百五）

先鋒將黃文靖伏誅（通鑑注引薛史）己未，帝御朝元門，以囘鶻、吐蕃二大國首領入覲故也。癸亥，令諸軍指揮使及四蕃將軍賜食于行宮之外廡（冊府元龜卷一百九十七）戊辰，幸邑西之白龍潭以觀魚焉，既而漁人獲巨魚以獻，帝命放之中流，從臣以帝有仁惻之心，皆相顧欣然，是日名其潭曰萬歲潭（永樂大典卷一千六百十二）丙子，帝御城東教場閱兵，諸軍都指揮、北面招討使、太尉楊師厚總領鐵馬步甲十萬，廣亘十數里，陳焉士卒之雄鋭，部隊之嚴肅，旌旂之雜遝，戈甲之照耀，屹若山岳，勢動天地，帝甚悅焉，卽命丞相洎文武從臣列侍賜食，逮晚方歸（冊府元龜卷二百十四）十一月辛巳朔，上駐蹕魏縣，從官自丞相而下並詣行宮起居，留都文武百官及諸道節度使、防禦使、刺史、諸藩府留後各奉表起居。壬午，帝以邊事稍息，宜命還京師（通鑑：帝以夾寨、柏鄉屢失利，故力疾北巡，思一雪其恥，意鬱鬱，多躁忿，功臣宿將往往以小過被誅，衆心益懼。既而晉、趙兵不出，十一月壬午，帝南還）車駕發自行闕，夕次洹水縣。癸未，至內黃縣。甲申，至黎陽縣。乙酉，命從官丞相而下宴于行次。丁亥，次衛州。戊子，晨次新鄉，夕至獲嘉。己丑，次武陟。庚寅，次溫縣（冊府元龜卷二百五）延州節度使高萬興奏：當軍都指揮使高萬金統領兵士，今月五日收鹽州，僞刺史高行存泥首來降。丞相及文武百官各上表稱賀（冊府元龜卷四）

百三十五辛卯次孟州命散騎常侍孫騭右諫議大夫張衍光祿卿李翼各齋香祝版告祭於孟津之望祠冊府元龜卷一百九十三留都文武官左僕射楊涉洎孟州守李周彝等皆詣東郊迎拜其文武官竝令先還壬辰詰旦離孟州晚至都冊府元龜卷二百五宣宰臣各赴望祠禱雨故事皆以兩省無功職事爲之帝憂民重農尤以足食足兵爲念爰自御極每愆陽積陰多命丞相躬其事辛丑大雨雪宰臣及文武師長各奉表賀焉十二月詔以時雪稍愆命丞相及三省官各詣望祠祈禱永樂大典卷二千六百三十二癸酉臘假詔諸王與河南尹左右金吾六統軍等較獵于近苑冊府元龜卷二百五命大理卿王鄯使于安南左散騎常侍吳藹使于朗州皆以旌節官誥錫之也又命將作少監姜宏道爲朗州旌節官使副冊府元龜卷二百十二 五代會要舊制巡撫黜陟冊命弔賵入番等使選朝臣爲之其宣慰加官送旌節卸以中官爲之今以三品送旌節新例也延州節度使高萬興奏領軍于邠州界蒿子谷韋家寨殺戮寧慶兩州賊軍約二千餘人竝生擒都頭指揮使奪馬器甲等事其入奏軍將使宣召赴內殿賜對以銀器綵物錫之宰臣及文武官各奏表賀是月魏博節度上言于涇縣北戮殺鎮州王鎔兵士七千餘人奪馬二千餘匹戈甲未知其數并擒都將以下四十餘人冊府元龜卷四百三十五兩

浙進大方茶二萬斤琢畫宮衣五百副廣州貢犀象奇珍及金銀等共估數十萬安南兩使留後曲美通鑑十二月戊午以靜海曲美爲節度使進筒中蕉五百匹龍腦鬱金各五瓶他海貨等有差又進南蠻通好金器六物銀器十二并乾陁綾花緝越㲚等雜織奇巧者各三十件福建進戸部所支榷課葛三萬五千匹冊府元龜卷一百九十七

舊五代史卷六終

舊五代史卷六攷證

梁太祖紀六相州刺史李思安爲先鋒使　相州原本訛湖州今據通鑑改正

向背若環耳　環耳原本訛環爾今據五代會要改正

以其僞制來自陳　僞原本訛爲今改正

守侍中兼中書令劉隱卒　案劉隱卒五代會要五代春秋俱作五月惟通鑑作三月與是書異

丁巳鎮定抄我湯陰　湯陰原本作蕩陰今從通鑑及歐陽史改正

命閤門使李郁報宰臣兼敕內外　案李郁下原本衍寶字今據列傳删正

己未帝御朝元門以回鶻吐蕃入覲故也　案己未歐陽史作乙未

舊五代史卷六攷證

宋司空同中書門下平章事薛居正等撰

太祖紀第七　梁書七

乾化二年正月宣上元夜任諸市及坊市各點彩燈金吾不用禁夜近年以來以都下聚兵太廣未嘗令坊市點燈故也（冊府元龜卷一百九十一）甲申以時雪久愆命丞相及三省官羣望祈禱（永樂大典卷二千六百三十二）詔曰誇木求規集囊貢事將裨理道豈限側言應內外文武百官及草澤並許上封事極言得失（冊府元龜卷二百十二）以丁審衢爲陳州而審衢厚以鞍馬金帛爲謝恩之獻帝慮其漁民復其獻而停之（冊府元龜卷二百十五）封保義節度王檀爲爲瑯琊郡王（冊府元龜卷一百九十六）命供奉官朱嶠于河南府宣取先收禁定州進奉官崔騰並傔從一十四人並釋放仍命押領送至貝州騰唐戸部侍郎潔之子也廣明喪亂客于北諸侯爲定州節度使王處存所辟去載領貢獻至闕未幾其帥稱兵遂縶之至是帝念賓介之來又已出境特命縱而歸焉（冊府元龜卷二百九）丙戌有司以孟春太廟薦享上言命丞相杜曉攝祭行事（冊府元龜卷一百八十七）丙申夕熒惑犯房第二星（永樂大典卷二萬二千五百十六）二月庚戌中和節御崇勳殿召丞相大學士河南尹略封訖于萬春門外廡賜以酒食（冊府元龜卷一百九十七　五代會要二月追封故魏博節度使羅宏信爲趙王）癸丑勅曰今載春寒頗甚雨澤仍愆司天監占以夏秋必多霖潦宜令所在郡縣告諭百姓備淫雨之患（永樂大典卷一千六百三十二　案歐陽史丁巳光祿卿盧玭使於唐）庚申御宣威殿開宴丞相洎文武官屬咸被召列侍竟日而罷（冊府元龜卷一百九十七）壬戌帝將巡按北境中外戒嚴詔以河南尹守中書令判六軍事張宗奭爲大內留守中書門下奏差定文武官領務尤切宜扈駕者三十八人詔工部尚書李皎左散騎常侍孫隲左諫議大夫張衍兵部侍郎劉邈兵部郎中張儁光祿少卿盧秉彝並令扈蹕甲子發白雒師夕次河陽（案通鑑云至白馬頓賜從官食多未至遣騎趣之於路左散騎常侍孫隲右諫議大夫張衍兵部郎中張儁最後至帝命撲殺之）乙丑次温縣丙寅次武陟懷州刺史段明遠迎拜於境上其內外所備咸豐霈焉丁卯次獲嘉戊辰次衞州之新鄉己巳晨發衞州夕止淇門內衙十將使以十指揮兵士至于行在辛未駐蹕黎陽癸酉發自黎陽夕次內黃甲戌次昌樂縣丁丑次于永濟縣青州節度使賀德倫奏統領兵士赴歷亭軍前戊寅至貝州命四丞相及學士李琪盧文度知制誥竇賞等十五人扈從其左常侍韋戩等二十三人止焉己卯發自貝州夕駐蹕于野落三月庚辰朔次于棗强縣之西原（通鑑辛巳至下博南登觀）

津家趙將符習引數百騎巡邏不知是帝遽前逼之或告曰晉兵大至矣帝棄行幄亟引兵趣棗強與楊師厚軍合丙戌鎮定諸軍招討使楊師厚奏下棗強縣車駕即
日疾馳南還丁亥復至貝州庚寅楊師厚與副招討李
周彝等准詔來朝冊府元龜卷二百二　案五代春秋二月侵趙克棗強進次蓨縣圍之晉人救蓨帝還師滄州張萬進以地來歸辛卯詔丞相翰林大學士文武從
官都招討使及諸軍統指揮使等賜食於行殿壬辰命
以羊酒等各賜從官冊府元龜卷一百九十七甲午幸貝州之東闉
閱武乙未帝復幸東闉閱騎軍冊府元龜卷二百十四敕以攻下
棗強縣有功將校杜暉等一十一人並超加檢校官銜
官朱彥等二十五人並超授軍職冊府元龜卷二百一十丙午次

濟源縣詔曰淑律將遷亢陽頗甚宜令魏州差官祈禱
龍潭戊申詔曰雨澤愆期祈禱未應宜令宰臣各於魏
州靈祠精加祈禱永樂大典二千六百三十二　五代會要三月詔曰夫隆興邦國必本于人民惠養疲羸凡資于令長苟選求之踰濫固撫理之乖違如聞吏部擬官中書降授或緣親舊所請或爲勢要所干姑徇私情靡求才實茲念蠹弊宜舉條章今後應中書用人及吏部注擬並宜省藩身之才業驗爲政之否臧必有可觀方可任用如或尚行請說猶假貨財其所司人吏必當推窮重加懲斷四月己酉
幸魏州金波亭賜宴宰臣文武官及大學士冊府元龜卷二百五
甲寅夕月掩心大星丙辰敕近者星辰違度式在修禳
宜令兩京及宋州魏州取此月至五月禁斷屠宰仍各
于佛寺開建道場以迎福應永樂大典卷一千六百三十二己未次黎

陽縣通鑑乙卯博王友文來朝請帝還東都丁巳發魏州己未至黎陽以疾淹留東都留守
官吏奉表起居賜丞相從官酒食有差己巳至東都博
王友文以新創食殿上言并進准備內宴錢三千貫銀
器一千五百兩辛未宴於食殿召丞相文武從官等侍
焉冊府元龜卷一百七十九帝泛九曲池御舟傾帝墮溺于池中宮
女侍官扶持登岸驚悸久之永樂大典卷一千五百二制加建昌宮
使金紫光祿大夫檢校司徒開封尹博王友文爲特進
檢校太保兼開封尹依前建昌宮使充東都留守冊府元龜卷二百六十[illegible]戊寅車駕發自東京夕次中牟縣五月己卯朔
從官文武自丞相而下並詣行殿起居親王及諸道藩

帥咸奉表來上庚辰發自鄭州至滎陽河南尹魏王宗
奭望塵迎拜河陽留後邵贊懷州刺史段明遠等遞進
來迎夕次汜水縣帝召魏王宗奭入對便于御前賜食
數刻乃退壬午駐蹕于汜水宰臣河南尹大學士並于
內殿起居敕以建昌宮事委宰臣于兢領之五代會要其年六月廢建昌宮以河南尹魏王張宗奭爲國計使凡天下金穀兵戎舊隸建昌宮者悉主之癸未帝發
自汜水宣令邵贊段明遠各歸所理午憩任村頓夕次
孝義宮留都文武禮部尚書孔績而下道左迎拜次偃
師甲申至都文武臣奉迎于東郊冊府元龜卷二百五宰臣薛貽
矩抱恙在假不克扈從宣問旁午仍命且駐東京以俟

良愈及蕘帝震悼頗久命雒苑使曹守璫往弔祭之又命輟六日七日八日朝參丞相文武並詣上閤門進名奉慰册府元龜卷三百一十九丁亥以彗星謫見詔兩京見禁囚徒大辟罪以下遞減一等限三日內疏理訖聞奏永樂大典卷二千六百三十二　五代會要彗見于靈臺之西至五月始降敕省罪以答天譴又云五月壬戌夜熒惑犯心大星去心四度順行司天奏大星爲帝王之星宜修省以答天譴詔曰生育之人爰當暑月乳哺之愛方及薰風儻肆意于封屠豈推恩于長養俾無殄暴以助發生宜令兩京及諸州府夏季內禁斷屠宰及採捕天民之窮諒由賦分國章所在亦務興仁所在鰥寡孤獨廢疾不濟者委長吏量加賑卹史載葬

枯用彰軫卹禮稱掩骼將致和平應兵戈之地有暴露骸骨委所在長吏差人專功收瘞國殤之文尙標七祠良藥之市亦載三醫用憐無告之人宜徵有喜之術凡有疫之處委長吏檢尋醫方于要路曉示如有家無骨肉兼困窮不濟者即仰長吏差醫給藥救療之册府元龜卷一百九十五辛卯詔曰亢陽滋甚農事已傷宜令宰臣于兢赴中嶽杜曉赴西嶽精切祈禱其近京靈廟宜委河南尹五帝壇風師雨師九宮貴神委中書各差官祈之永樂大典卷二千六百三十二　通鑑閏月壬戌帝疾甚謂近臣曰我經營天下三十年不意太原餘孽更昌熾如此吾觀其志不小天復奪我年我死諸兒非彼敵也吾無葬地矣因哽咽絕而復蘇帝長子郴王友裕早卒次假子

友文帝特愛之常留守東都兼建昌宮使次郢王友珪其母亳州營倡也爲左右控鶴都指揮使次均王友貞爲東都馬步指揮使帝雖未以友文爲太子意常屬之　案通鑑初元貞張皇后嚴整多智帝敬憚之后殂帝縱意嬖色諸子雖在外帝微其婦人侍帝往往亂之友文婦王氏色美帝尤寵之雖未以友文爲太子帝意常屬之友珪心不平友珪宮有過帝譴之友珪益不自安帝疾甚命王氏召友文于東都欲與之訣且付以後事友珪婦張氏亦朝夕侍帝側知之密告友珪曰大家以傳國寶付王氏懷往東都吾屬死無日矣夫婦相泣左右或說之曰事急計生何不改圖時不可失六月丁丑朔帝命敬翔出友珪爲萊州刺史即令之官已宣敕未行勅時左遷者多追賜死友珪益恐戊寅友珪易服微行入左龍虎軍見統軍韓勍以情告勍亦見功臣宿將多以小過被誅懼不自保遂相與合謀勍以牙兵五百人從友珪雜控鶴士入伏于禁中中夜斬關入至寢殿侍疾者皆散走帝驚起問反者爲誰友珪曰非他人也帝曰我固疑此賊恨不早殺之汝悖逆如此天地豈容汝予友珪曰老賊萬段僕夫馮廷諤刺帝腹刃出于背友珪自以敗氈裹之瘞于寢殿秘不發喪遣供奉官丁

昭溥馳詣東都命均王友貞殺友文己卯矯詔稱博王友文謀逆遣兵突入殿中賴郢王友珪忠孝將兵誅之保全朕躬然疾因震驚彌致危殆宜令友珪權主軍國之務韓勍爲友珪謀多出府庫金帛賜諸軍及百官以取悅辛巳丁昭溥還聞友文已死乃發喪宣遺制友珪即皇帝位今考友珪弑逆之事薛史原文永樂大典已佚册府元龜亦無所徵引謹附錄通鑑于此

友珪葬太祖于伊闕縣號宣陵

永樂大典卷一萬八千三百十四　案五代會要太祖崩年六十一中書侍郎平章事杜曉撰哀册文門下侍郎平章事趙光逢撰諡册文太常卿李燕撰諡議　又案友珪篡位後諸僞政考薛史之諡應附見太祖紀後今原本已佚而其事散見諸臣列傳者猶可考見今不復援引他書補載于後焉　五代史補太祖朱全忠黃巢之先鋒巢入長安以刺史王鐸聞同州太祖遂降鐸承制拜同州刺史黃巢滅淮蔡聞奏宗權復盛朝廷以淮蔡與汴州相接太祖本人必究其能否遂移授宣武軍節度使以討宗權本幾滅之自是威福由己朝廷不能制遂有天下先是民間傳讖曰五公符又謂之李淳風轉天歌其字有八牛之年識者以八牛乃朱字則太

祖革命之應焉　太祖之用兵也法令嚴峻每戰逐隊
主帥或有沒而不反者其餘皆斬之謂之跋隊斬自是
戰無不勝然健兒且多竄匿州郡疲于追捕因下令文
面健兒文面自此始也　五代史闕文世傳梁太祖迎
昭宗于鳳翔素服待罪昭宗佯爲鞵系脫呼梁祖曰全
忠爲吾繫鞵梁祖不得已跪而結之汗流浹背時天子
扈蹕尙有衛兵昭宗意謂左右擒梁祖以殺之其如無
敢動者自是梁祖被召多不至盡去昭宗禁衛皆用汴
人矣臣謹案梁祖以天復三年迎唐昭宗于岐下歲在
甲子其年改天祐至國初建隆庚申歲纔五十六年矣
然則乾德七十歲人皆目睹其事蓋唐室自懿宗失政
天下亂離故武宗以下實錄不傳于世昭宗一朝全無
記注梁祖在位止及六年均王朝詔史臣修梁祖實錄
岐下繫鞵之事恥而不書晉天福中史臣張昭重修唐
史始有昭宗本紀但云郎位之始有會昌之風岐陽事
迹不能追補此亦明唐昭宗有英睿之氣而衰運不振
又明左右無忠義奮發之臣致梁
祖得行其志有所警戒不可不書

舊五代史卷七終

舊五代史卷七攷證

梁太祖紀七仍命押領送至貝　貝原本訛具今據通
鑑改正
略封訖　案此下疑有闕文今無可校姑仍之
晨發衛州　案原本脫發字今據文增入
三月庚辰朔次于棗強縣之西原　案通鑑辛巳趣棗
強與是書異
丙戌奏下棗強縣車駕即日南還丁亥復至貝州　案
通鑑帝以蓨縣未下引兵攻之丁亥始至縣西戊子
至冀州與是書異地又按五代春秋二月侵趙克棗
強與是書異月
四月己酉幸魏州　案通鑑乙巳帝發貝州丁未至魏
州俱在三月與是書異
宜徽有喜之術　有喜原本訛有嘉今改正
九宮貴神　貴神原本訛降神今據通典及新唐書禮
志改正

舊五代史卷七攷證

舊五代史卷八

宋司空同中書門下平章事薛居正等撰

梁書八

末帝紀上

末帝諱瑱案永樂大典原本誤作頊册府元龜誤作頊今從歐陽史校正初名友貞及即位改名鍠貞明中又改今諱太祖第四子也母曰元貞皇后張氏以唐文德元年戊申歲九月十二日生於東京帝美容儀性沉厚寡言雅好儒士唐光化三年授河南府參軍太祖受禪封均王時太祖初置天興軍最爲親衞以帝爲左天興軍使開平四年夏進位檢校司空依前天興軍使充東京馬步軍都指揮使乾化二年

六月三日庶人友珪弒逆矯太祖詔遣供奉官丁昭溥馳至東京密令帝害博王友文友珪即位以帝爲東京留守行開封府尹檢校司徒友珪以簒逆居位羣情不附會趙巖至東京從帝私讌因言及社稷事帝以誠款謀之巖曰此事易如反掌成敗在招討楊令公之手但得一言論禁軍其事立辦巖時典禁軍洎還洛以謀告侍衞親軍袁象先帝令腹心馬慎交之魏州見師厚且言成事之日賜勞軍錢五十萬緡仍許兼鎮慎交燕人也素有膽辨乃說師厚曰郢王殺君害父簒居大位宮中荒淫靡所不至洛下人情已去東京物望所歸公若因而成之則有輔立之功討賊之効師厚猶豫未決謂從事曰吾於郢王君臣之分已定無故改圖人謂我何慎交曰郢王以子弒父是曰元凶均王爲君爲親正名仗義彼若一朝事成令公何情自處師厚驚曰幾誤計耳乃令小校王舜賢至洛密與趙巖袁象先圖議府有左右龍驤都在東京帝僞作友珪詔追還洛下先是劉重遇部下龍驤一指揮于懷州叛經年捜捕其黨帝因遣人激怒其衆曰郢王以龍驤軍嘗叛追汝等洛下將盡坑之翌日乃以僞詔示之案通鑑考異云梁太祖實錄丙戌東京言龍驤軍准詔追赴西京軍情不肯進發實友珪徵之非友貞僞作但激怒言坑之耳諸軍憂恐將校垂

泣告帝乞指生路帝諭之曰先帝三十餘年經營社稷千征萬戰爾等皆曾從行今日先帝尙落人奸計爾等安所逃避因出梁祖御像以示諸將帝歔欷而泣曰郢王賊害君父違天逆地復欲屠滅親軍爾等苟能自趣洛陽擒取逆豎告謝先帝即轉禍爲福矣衆踴躍曰王言是也皆呼萬歲請帝爲主時友珪改元之二月十五日也帝乃遣人告趙巖袁象先傅暉朱珪等十七日象先引禁軍千人突入宮城遂誅友珪事定象先遣趙巖賫傳國寶至東京請帝即位于洛陽帝報之曰夷門太祖創業之地居天下之衝北拒幷汾東至淮海國家藩

鎮多在廣東命將出師利於便近若都洛下非良圖也
公等如堅推戴冊禮宜在東京賊平之日卽謁洛陽陵
廟是月帝卽位于東京乃去友珪僞號稱乾化三年詔
曰我國家賞功罰罪必叶朝章報德伸寃敢欺天道苟
顯違于法制雖暫滯于歲時終振大綱須歸至理重念
太祖皇帝嘗開霸府有事四方迨建皇朝載遷都邑每
以主留重務居守難才愼擇親賢方膺寄任故博王友
文才兼文武識達古今俾分憂于在浚之郊亦共理于
興王之地一心無易二紀于茲嘗施惠于士民寔有勞
於國家去歲郢王友珪常懷逆節已露凶鋒將不利于
君親欲竊窺于神器此際値先皇寢疾大漸日臻博王
乃密上封章請嚴宮禁因以萊州刺史授于郢王友珪
纔覩宣頭俄行大逆豈有自縱兵於內殿却翻事於東
都又矯詔書枉加刑戮仍奪博王封爵又改姓名寃恥
兩深欺誣何極伏賴上元垂祐宗社降靈俾中外以叶
謀致遐邇之共怒尋平內難獲勦元凶旣雪恥于同天
且免譏于共國朕方期遁世敢竊臨人遽廹推崇爰
膺纘嗣寃憤旣伸于幽顯霈澤宜及于下泉博王宜復
官爵仍令有司擇日歸葬云三月丁未制曰朕仰膺天
眷近雪家讎旋聞將相之謀請紹祖宗之業羣情見廹

三讓莫從祇受推崇惟不負荷方欲蒸嘗寢廟䄠類郊
丘合徵文體之辭用表事神之敬其或于文尙淺在理
未周亦冀隨時別圖制義雖臣子行孝重更名於已孤
而君父稱尊貴難知而易避今則虔遵古典詳考前聞
允諧龜筮之占庶合帝王之道載惟涼德尤愧嘉名中
外羣僚當體朕意宜改名鍠庚戌以天雄軍節度使充
潞州行營都招討使開府儀同三司檢校太尉兼侍中
弘農郡王楊師厚爲檢校太師兼中書令進封鄴王壬
戌以夏州節度使檢校太尉同平章事李仁福爲檢校
太師進封隴西郡王戊辰以邢州保義軍留後檢校太
保戴思遠爲檢校太傅充邢州節度使庚午以鎭東軍
節度副使充兩浙西面都指揮使行睦州刺史馬綽爲
檢校太傅同平章事領秦州雄武軍節度使進封開國
侯是月文武百官上言請以九月十二日帝降誕日爲
明聖節休假三日從之夏四月癸未以西京內外諸軍
馬步軍都指揮使檢校司徒左龍虎統軍濮陽開國侯
袁象先爲特進檢校太保同平章事充鎭南軍節度江
南西道觀察處置等使開封尹判在京馬步諸軍事進
封開國公增食邑一千戶丁酉宣義軍節度副大使知
節度事鄭滑濮等州觀察使檢校太傅長沙郡開國公

羅周翰加特進駙馬都尉五月乙巳天雄軍節度使楊師厚及劉守奇率魏博邢洺徐兗鄆滑之衆十萬討鎮州庚戌營于鎮之南門外壬子晉將史建瑭自趙州領騎五百入于鎮州師厚知其有備自九門移軍于下博劉守奇以一軍自貝州掠冀州衡水阜城陷下博師厚自弓高渡御河逼滄州張萬進懼送款師厚表請以萬進爲青州節度使以劉守奇爲滄州節度使詔曰太祖皇帝六月二日大忌朕聞姬周以還迨用通喪之禮炎漢之後方行易月之儀歷代相沿萬幾斯重遂爲故寔難遽改更朕頃遭家冤近平內難倏臨祥制俯迫忌辰

音容永遠而莫追號感彌深而難抑將欲表宅憂于中禁是宜輟聽政于外朝雖異常儀願申罔極宜輟五月二十二日至六月二十九日朝參軍機急切公事卽不得留滯竝仰畫時聞奏施行宰臣文武百官三上表以國忌廢務多日請依舊制詔報曰朕聞禮非天降固可酌于人情事繫孝思諒無妨于國體今以甫臨忌日暫輟視朝冀全哀感之情用表始終之節宰臣等累陳章表備述古今慮以萬幾之繁議以五日之請雖茲懇切難盡允俞況保身方荷于洪基敢言過毀而權制獲申于至性必在得中宜自今月二十九日輟至六月七日

無煩抑請深體朕懷六月戊子以滄州順化軍節度使并潞鎮定副招討使檢校太傅同平章事張萬進爲青州節度使秋九月甲辰以光祿大夫守御史大夫吳興郡開國侯姚洎爲中書侍郎平章事十二月庚午以前鄆州節度檢校司徒食邑二千戶福王友璋爲許州節度使檢校太保是月晉王收幽州執僞燕主劉守光及其父仁恭歸晉陽

乾化四年春正月壬寅以青州節度使張萬進爲兗州節度使檢校太尉二月甲戌以感化軍節度使華商等州觀察使檢校太傅同平章事太原郡開國公康懷英

爲大安尹充永平軍節度使大安金棣等州觀察處置使夏四月丁丑以守司空平章事于兢爲工部侍郎尋貶萊州司馬以其挾私與軍校遷改故也是日以行營左先鋒馬軍使濮州刺史王彥章爲澶州刺史充行營先鋒步軍都指揮使加光祿大夫檢校太保封開國伯以永平軍節度使檢校太傅同平章事劉鄩爲開封尹遙領鎮南軍節度使五月癸丑朔方軍留後檢校司徒韓洙起復授朔方軍節度使檢校太保秋七月晉王率師自黃澤嶺東下寇邢洺魏博節度使楊師厚軍於漳水之東晉將曹進金來奔晉軍遂退九月徐州節度使

王殷反時朝廷以福王友璋鎮徐方殷不受代乃下詔削奪殷在身官爵仍令却還本姓蔣便委友璋及天平軍節度使牛存節開封尹劉鄩等進軍攻討是時蔣殷求救于淮南楊溥遣大將朱瑾率衆來援存節等逆擊敗之

貞明元年春牛存節劉鄩拔徐州（案牛存節等克徐州薛史本紀及蔣殷傳俱不書月五代春秋及歐陽史皆作正月通鑑作二月據通鑑考異引朱友貞傳又作乾化四年十一月通鑑屬傳聞之辭當以薛史爲正）逆賊蔣殷舉族自燔而死于火中得其屍梟首以獻詔福王友璋赴鎮閏二月甲午延州節度使太原西面招討應接使檢校太師兼中書令渤海郡王高萬興進封渤海王三月辛酉朔以天平軍節度副大使知節度事兼淮南西北面行營招討應接等使檢校太傅同平章事牛存節爲檢校太尉加食邑一千戶賞平徐之功也丁卯以右僕射兼門下侍郎同平章事監修國史判度支趙光逢爲太子太保致仕魏博節度使楊師厚薨輟視朝三日初師厚握强兵據重鎮每邀朝廷姑息及薨輟視朝三日或者以爲天意租庸使趙巖租庸判官邵贊獻議于帝曰魏博六州精兵數萬蠹害唐室百有餘年羅紹威前恭後倨太祖每深含怒太祖尸未屬纊師厚卽肆陰謀蓋以地廣兵强得肆其志

不如分削使如身使臂卽無不從也陛下不以此時制之寧知後人之不爲楊師厚耶若分割相魏爲兩鎮則朝廷無北顧之患矣（案通鑑考異引莊宗列傳宰相敬翔與趙巖邵贊同議薛史無敬翔名通鑑從薛史）帝曰善卽以平盧軍節度使賀德倫爲天雄軍節度使遣劉鄩率兵六萬屯河朔詔曰分疆裂土雖賞動勞建節屯師亦從機便比者魏博一鎮巡屬六州爲河朔之大藩實國家之巨鎮所分憂寄允謂重難將叶事機須期通濟但緣鎮定賊境最爲魏博親鄰其次相衛兩州皆控澤潞山口兩道竝連于晉土分頭常寇於魏封既須日有戰爭未若俱分節制免勞兵力因奔命于兩途稍泰人心俾安居于終日其相州宜建節度爲昭德以澶衛兩州爲屬郡以張筠爲相州節度使已丑魏博軍亂囚節度使賀德倫是時朝廷既分魏博六州爲兩鎮命劉鄩統大軍屯于南樂以討王鎔爲名遣澶州刺史行營先鋒步軍都指揮使王彥章領龍驤五百騎先入于魏州屯于金波亭詔以魏州軍兵之半隸於相州并徙其家焉又遣主者檢察魏之帑廩既而德倫促諸軍上路姻族辭決哭聲盈巷其徒乃相聚而謀曰朝廷以我軍府强盛故設法殘破况我六州歷代藩府軍門父子姻族相連未嘗遠出河門離親去族一旦遷

于外郡生不如死三月二十九日夜魏軍乃作亂放火大掠首攻龍驤軍王彥章斬關而遁遲明殺德倫親軍五百餘人于牙城執德倫置之樓上有効節軍校張彥者最爲粗暴膽氣伏人乃率無賴輩數百止其剽掠是日魏之士庶被屠戮者不可勝紀帝聞之遣使齎詔安撫案通鑑夏四月帝遣供奉官扈異撫諭魏軍仍許張彥除郡厚賜將士優賞彥等不遜投詔于地侮罵詔使因迫德倫飛奏請卻復相衞抽退劉鄩軍帝復遣諭曰制置已定不可改易如是者三彥等奮臂南向而罵曰傭保兒敢如是也復迫德倫列其事時有文吏司空頲者甚有筆才彥召見謂曰爲我更草一狀詞宜抵突如更敢違則渡河擄之乃奏曰臣累拜封章上聞天聽在軍衆無非共切何朝廷皆以爲閑半月三軍切切而戈矛未息一城生聚皇皇而控告無門惟希俯鑒丹衷苟從衆欲須垂聖允斷在不疑如或四向取謀但慮六州俱失言非意外事在目前張彥又以楊師厚先兼招討使請朝廷依例授之故復逼德倫奏曰臣當道甲兵素精貔貅極銳下視并汾之敵平吞鎮定之人特乞委臣招討之權試臣湯火之節苟無顯効任賜明誅詔報曰魏博寇敵接連封疆懸遠凡于應赴須在師徒是以別建節旄各令捍禦并

鎭則委魏博控制澤潞則遣相衞枝梧咸逐便安貴均勞逸已定不移之制宜從畫一之規至于征伐事權亦無定例且臨清王領鎭之日羅紹威守藩以來所領事銜本無招討祇自楊師厚先除陝滑二帥皆以招討兼權因茲帶過鄴中原本不曾落下苟循事體寧愜施行況今劉鄩指鎭定出征康懷英往邠岐進討祇令統帥師旅亦無招討使銜切宜徧諭羣情勿興浮議倚注之意卿宜體之詔至張彥壞裂抵之于地謂德倫曰梁主不達時機聽人穿鼻城中擾攘未有所依我甲兵雖多須資勢援河東晉王統兵十萬匡復唐朝世與大梁仇讎若與我同力事無不濟請相公改圖以來多福德倫不得已而從之乃遣牙將曹廷隱奉書求援於太原彥使德倫告諭軍城曰可依河東稱天祐十二年此後如有人將文字于河南往來便仰所在處置是月邠州留後李保衡以城歸順案通鑑考異引蜀書劉知俊傳保衡作彥康蓋保衡爲楊崇本養子故名彥康迨殺其子彥魯而降梁始復其本姓也五代春秋歐陽史通鑑俱作薛史作保衡保衡楊崇本養子也崇本乃李茂貞養子任邠州二十餘年去歲爲其子彥魯所毒彥魯領知州事五十餘日保衡殺彥魯送款于帝仰以保衡爲華州節度使以河南留後霍彥威爲邠州節度使五月晉王率師赴魏州節度使

牛存節甕是月鳳翔李茂貞遣僞署涇州節度使劉知
俊率師攻邠州以李保衡歸順故也自是凡攻圍十四
月節度使霍彥威諸軍都指揮使黃貴堅守捍寇會救
軍至岐人乃退六月庚寅晉王入魏州以賀德倫爲大
同軍節度使舉族遷于晉陽是月晉人陷德州秋七月
又陷澶州刺史王彥章棄城來奔案通鑑晉人夜入澶州刺史王彥章在劉
鄩營晉人獲其妻子薛史王彥章傳亦云晉人攻陷澶州彥章舉家陷沒是澶州陷時彥章未嘗在城也是
月劉鄩自洹水潛師由黃澤路西趨晉陽至樂平縣値
霖雨積旬乃班師還次宗城遂至貝州軍于堂邑遇晉
軍轉鬬數十里晉軍稍退翌日鄩移軍於莘八月賀瓌

收復澶州九月以行營先鋒步軍都指揮使行澶州刺
史檢校太保王彥章爲汝州防禦使依前行營先鋒步
軍都指揮使壬午正衙命使册德妃張氏是夕妃薨冬
十月辛亥康王友孜謀反伏誅是夕帝於寢殿熟寐忽
聞御榻上寶劍有聲帝遽起視之而友孜之黨已入于
宮中帝揮之獲免清異錄末帝夜于寢間擒刺客乃康王友孜所遣帝自戮之造雲母匣貯
所用劍名匣日護聖將軍之館壬午葬德妃張氏十一月乙丑改乾化
五年爲貞明元年十二月乙未詔昇華原縣爲崇州靜
勝軍以美原縣爲裕州以爲屬郡以僞命義勝軍節度
使開耀等州觀察使特進檢校太保同平章事李彥韜

爲特進檢校太傅同平章事充靜勝軍節度使崇裕等
州觀察使河內郡開國侯仍復本姓溫名昭圖昭圖華
原賊帥也李茂貞以爲養子以華原爲耀州美原爲鼎
州僞命昭圖爲節度使至是歸款故有是命
貞明二年春正月庚申以皇伯父宋州節度使開府儀
同三司檢校太師兼中書令廣王全昱爲守中書令餘
如故通鑑二年春正月宣武節度使守中書令廣德靖王全昱卒以浙江東道營田
副使檢校太傅前常州刺史杜建徽遙領涇州節度使
二月丙申右僕射門下侍郎平章事諸道鹽鐵轉運等
使楊涉罷相守左僕射涉累上章以疾辭位故有是命

是月許州節度使王檀河南節度使謝彥章鄭州防禦
使王彥章率師自陰地關抵晉陽急攻其壘不克而旋
三月劉鄩率師與晉王大戰于元城鄩軍敗績先是鄩
駐于莘帝以河朔危急師老于外餉饋不充遣使賜鄩
詔徵有責讓鄩奏以寇勢方盛未可輕動帝又問鄩決
勝之策鄩奏曰但人給糧十斛盡則破敵帝不悅復遣
促戰鄩召諸將會議諸將欲戰鄩黙然一日引軍攻鎭
定之營彼衆失駭上下騰亂俘斬甚衆時帝遣偏將楊
延直領軍萬餘人屯澶州以應鄩旣而晉王詐言歸太
原劉鄩以爲信是月召楊延直會于魏城下鄩自莘率

軍亦至與廷直會既而晉王自貝州至鄴引軍漸退至故元城西與晉人決戰大爲其所敗追襲至河上軍士赴水死者甚眾鄴自黎陽濟河奔滑州已已制以鄴爲滑州宣義軍節度副大使知節度使事晉人攻衛州陷之又陷惠州夏四月乙酉朔威武軍節度使守太傅兼中書令閩王王審知賜號忠勤保安興國功臣餘如故晉人陷洺州癸卯夜捉生都將李霸作亂龍驤都將杜晏球討平之時遣捉生軍千人戍楊劉軍出宋門外是夜由水門復入二鼓大譟火發燒城李霸與其徒燔建國門不克龍驤都將杜晏球屯鞠場聞亂兵至率騎擊

之亂軍退走馬登建國門晏球奏曰亂者唯李霸一軍但守宮城遲明臣必破之未明晏球誅霸及其同惡京師方定是月以行營先鋒步軍都指揮使汝州防禦使王彥章爲鄭州防禦使依前先鋒步軍都指揮使五月晉軍還太原六月晉人急攻邢州帝遣捉生都將張溫率步騎五百人入于邢州至內黃溫率眾降于晉人秋七月甲寅朔晉王自太原至魏州節度使張筠棄城奔京師邢州節度使閻寶以城降于晉王壬戌以淮南鎮海鎮東等軍節度使充淮南宣潤等道四面行營都統開府儀同三司尚父守尚書令吳越王錢鏐爲諸道兵

馬元帥餘如故以左僕射楊涉爲太子太傅致仕八月丁酉以開府儀同三司太子太保致仕趙光逢爲司空兼門下侍郎平章事弘文館大學士延資庫使充諸道鹽鐵轉運使九月晉王還太原滄州節度使戴思遠棄城來奔晉人陷貝州【歐陽史本紀二年九月晉人克貝州州守將張源德死之又死事傳略云太祖時源德自金吾衛將軍爲蔡州刺史貞明元年魏博節度使楊師厚卒末帝分魏相等六州爲兩鎮遣劉鄩將兵萬人屯于魏魏軍叛降晉源德爲鄩守貝州晉王入魏諸將欲先擊貝州晉王曰貝城小而堅攻之難卒下乃先襲破德州然後以兵五千攻源德源德守不下晉軍塹而圍之已而劉鄩大敗于故元城南走黎陽六鎮數十州之地皆歸晉獨貝一州圍之踰年不可下源德守旣堅而貝人聞晉已盡有河北城中食且盡乃勸源德出降源德不從遂見殺】已卯天平軍節度副大使知節度事

檢校太師兼中書令琅琊郡王王檀薨八月丁酉以開府儀同三司中書侍郎兼吏部尚書同平章事集賢殿大學士判戶部敬翔爲右僕射兼門下侍郎平章事監修國史判度支以光祿大夫中書侍郎同平章事鄭珏爲特進兼刑部尚書平章事集賢殿大學士判戶部十月晉王自太原至魏州是月前昭義軍節度使檢校太師兼侍中陳留郡王葛從周薨是歲河北諸州悉入於晉【永樂大典卷六千六百五】

舊五代史卷八終

舊五代史卷八攷證

梁末帝紀上末帝諱瑱　案瑱原本訛項今從歐陽史改正

太祖第四子也　案歐陽史作第三子五代會要與是書同蓋并假子博王友文而數之也

以帝爲左天興軍使　案原本脫使字今據歐陽史增入

帝乃遣人告趙巖袁象先傅暉朱珪等　案原本脫暉字今據通鑑增入

近雪家讐　案原本脫家字今據册府元龜增入

濮陽郡開國侯袁象先　濮陽原本作博陽今據象先本傳改正

師厚自弓高渡逼滄州張萬進懼　滄州原本作涼州攷歐陽史劉守光傳張萬進乃滄州守將今改正

滄州順化軍節度使張萬進爲青州節度使　案順化原本作順侯今據通鑑注滄州爲順化軍改正又青州通鑑作平盧攷後文是時賀德倫爲平盧節度使當從此書作青州爲是

寇邢洺　邢原本作鄜今據五代春秋七月來侵邢州改正

貞明元年春牛存節劉鄩拔徐州　案徐州之拔是書本紀及蔣殷傳俱不書月五代春秋及歐陽史俱作正月通鑑作二月通鑑攷異又作乾化四年十一月未詳孰是

判度支趙光逢　逢原本作逄今據唐書列傳改正

旣須日有戰爭　案原本脫戰爭二字今據册府元龜增入

王彥章爲汝州防禦使　汝州原本作許州今據通鑑改正

康王友孜謀反　案友孜通鑑作友敬與是書異

十一月乙丑改乾化五年爲貞明元年　案通鑑攷異引吳越備史作正月壬辰朔改元大赦歐陽史五代春秋俱從是書

舊五代史卷八攷證

舊五代史卷九

宋司空同中書門下平章事薛居正等撰

末帝紀中　梁書九

貞明三年春正月戊午以前淄州刺史高允奇爲右羽林統軍癸亥以前天平軍馬步軍都指揮使檢校太保朱勍爲懷州刺史癸酉以右天武軍使石釗爲宻州刺史戊寅以前懷州刺史李建爲安州刺史仍賜名知節己卯以宣義軍節度副大使知節度事北面行營副招討等使特進檢校太傅霍彥威爲天平軍節度副大使知節度事二月甲申晉王攻我黎陽劉鄩拒之而退乙

酉前蔡州刺史董璋權知宣義軍軍州事丁亥以前右羽林軍統軍梁繼業爲左衛上將軍壬辰以租庸判官檢校司徒張紹珪爲光祿卿依前充租庸判官癸巳以權知平盧軍軍州事客省使知銀臺事元湘爲檢校司空甲午以飛龍使婁繼英爲左武衛大將軍三月庚申以前平戎軍使檢校司徒郭紹賓爲禧州刺史辛酉以前天平軍節度副使裴彥爲隨州刺史戊寅湖州刺史錢傳璟蘇州刺史錢傳璙鎭海軍節度副使。錢傳瓘溫州刺史錢傳璲睦州刺史錢傳琇寶州刺史錢傳瓘明州刺史錢傳球義州刺史錢傳琈峯州刺史錢傳珦巒

州刺史錢傳玟鎭海軍都知兵馬使錢傳璛等凡一十一人竝加官勳階爵從吳越王錢鏐之請也夏四月庚辰以前行左武衛大將軍蔡敬思爲右武衛上將軍辛巳以前安州刺史劉玘權知晉州軍州事以前宻州刺史張實爲頴州刺史充本州團練使癸未以六軍押牙充左天武軍使劉彥珪爲澶州刺史辛卯以右千牛衛大將軍劉璩充契丹宣諭使詔諸道兵馬元帥開幕除吏一同天策上將府故事辛丑以淸海軍元從都押牙隴州刺史吳鍔爲檢校司空癸卯以兩浙衛內先鋒指揮使守峰州刺史錢傳珦爲泗州刺史六月庚辰以前

東京馬步都指揮使兼左天武軍使雷景從爲汝州刺史充本州防禦使辛卯以租庸判官光祿大夫檢校司徒行光祿卿張紹珪爲申州刺史壬辰以權知晉州建寧軍軍州事前安州刺史劉玘爲建寧軍節度觀察留後秋七月丁巳以淄州刺史陳洪爲棣州刺史乙丑以刑部員外郎封翹爲翰林學士丙寅以汝州刺史楊延直爲左衛大將軍以前左衛上將軍劉重霸爲起復雲麾將軍右驍衛上將軍庚午以六軍諸衛副使起復雲麾將軍檢校太保張業爲淄州刺史八月辛巳以左神武軍統軍周武爲寧州刺史以左崇安指揮使前申州

刺史劉仁鐸爲衍州刺史戊子泰寧軍節度使張萬進賜名守進九月庚申以遥領常州刺史張昌孫遥領壽州刺史充本州團練使冬十月壬午以權西面行營都監右武衛上將軍張筠權知商州軍州事戊子詔曰太子太傅李戩多因釋教誑惑群情此後不得出入無恒癸巳以前崇德軍使張思綰爲左武衛上將軍己亥以啟聖匡運同德功臣諸道兵馬元帥淮南鎮海鎮東等軍節度使充淮南宣潤等四面行營都統開府儀同三司尚書令吳越王錢鏐爲天下兵馬元帥壬寅以尚書左丞吳藹爲工部尚書充兩浙官告使是月晉王自魏

州還太原閏十月丁卯以前商州刺史徐瑞爲左驍衛上將軍充西都大內皇墻使十一月壬午以中書侍郎平章事鄭珏權判戶部事戊子以寧州刺史周武爲武靜軍防禦使守慶州刺史以河潼軍使竇廷琬爲寧州刺史十二月晉王自太原復至魏州庚申以左金吾衛大將軍充街使華溫琪爲右龍虎軍統軍以右龍虎軍統軍張彥勳爲商州刺史以前西京大內皇墻使李頊爲右威衛上將軍以左金吾衛上將軍李周彝權兼左街使壬戌以守太尉兼中書令河南尹判六軍諸衛事魏王張宗奭爲天下兵馬副元帥丙寅以西面行營馬

軍都指揮使檢校太保鄭州刺史充本州防禦使王彥章爲檢校太傅丁卯以東面行營馬步都指揮使左龍虎軍統軍賀瓌爲檢校太傅同中書門下平章事充宣義軍節度使鄭滑濮等州觀察處置等使案通鑑時論平慶州功故賀瓌進秩己巳帝幸洛陽爲來年有事於南郊也遂幸伊闕親拜宣陵時租庸使趙巖勸帝郊天且言帝王受命須行此禮願陛下力行之宰臣敬翔奏曰國家自劉鄩失律已來府藏殫竭箕斂百姓供軍不暇郊祀之禮須行賞賚所謂取虛名而受實弊也況晉人壓境車駕未可輕動帝不聽遂行是月晉人陷楊劉城帝聞之懼遂停

郊禮車駕急歸東京案通鑑云道路訛言晉軍已入大梁扼汜水矣從官皆憂其家相顧涕泣帝惶駭失圖遂罷郊祀癸酉詔文武兩班除元隨人數外其餘並令御史司憲張袞部署候車駕離京後一兩日發赴東京甲戌以天下兵馬副元帥太尉兼中書令河南尹魏王張宗奭爲西都留守

貞明四年春正月晉人寇鄆濮之境車駕至自洛陽庚辰以蔡州刺史姚勍權知感化軍節度觀察留後乙酉以前靜難軍馬步軍都指揮使黃貴爲蔡州刺史甲午以右領軍衛上將軍袁奉國爲左金吾衛大將軍充街使二月遣將謝彥章帥衆數萬廹楊劉城甲子晉王來

援楊劉城彥章之軍不利而退三月壬午以前右武衛上將軍張筠爲左衛上將軍癸巳以鎮國軍節度押衙充本道馬步軍都指揮使江可復爲衍州刺史壬寅鎮海鎮東等軍節度行軍司馬秦州節度使檢校太傅同平章事馬綽加檢校太尉同平章事依前鎮海鎮東等軍節度行軍司馬餘如故從錢鏐之請也夏四月丁未以宣徽院使右衛上將軍趙縠權知青州軍州事以宣徽院副使韋堅權知本院事己酉以銀青光祿大夫行中書侍郎同中書門下平章事權判戶部鄭珏爲金紫光祿大夫中書侍郎兼刑部尚書平章事集賢殿大學

士判戶部上柱國仍進封滎陽郡開國侯加食邑五百戶以金紫光祿大夫行尚書吏部侍郎上柱國蘭陵縣開國男食邑三百戶蕭頃爲中書門下平章事仍進封蘭陵縣開國伯加食邑四百戶庚戌以前崇德軍使前右武衛大將軍杜存爲右領軍衛上將軍甲寅以刑部郎中充史館修撰竇專爲翰林學士初學士竇夢徵草錢鏐麻貶蓬萊尉帝召專入翰林遣崇政使李振問宰相云專是宰臣蕭頃女壻令中書商量可否中書奏曰宰相親情不居清顯避嫌之道雖著舊規若蒙特恩亦有近例固不妨事帝乃可之己未靈武節度使韓洙落

起復授開府儀同三司依前檢校太傅同平章事癸亥以延州忠義軍節度使太原西面招討應接使檢校太師兼中書令渤海王高萬興兼鄜延兩道都制置使餘如故時萬興弟鄜州節度使萬金卒故有是命己巳以開府儀同三司守司空兼門下侍郎同平章事趙光逢爲司徒致仕兼加食邑五百戶以光逢累上章請老故也辛未詔宰臣敬翔權判諸道鹽鐵使務壬申以太子賓客趙光胤爲吏部侍郎五月甲戌以荊南衙內馬步軍都指揮使檢校司徒高從誨領濠州刺史乙亥以特進檢校太傅前穎州團練使張實爲起復雲麾將軍依

前穎州團練使庚辰以工部尚書致仕孔拯爲國子祭酒己丑以太常少卿韋彖爲右諫議大夫六月甲辰以金紫光祿大夫檢校司徒歙州刺史朱令德爲忠武軍節度觀察留後己酉以權知威化軍兩使留後特進檢校太保姚勍爲威化軍節度觀察留後庚戌上以秘書少監王翹爲將作監以其父名秘故也丙辰以左監門衛將軍康贇美爲商州刺史以左衛上將軍張筠爲權知永平軍節度觀察留後兼判大安府事戊午以前景州刺史衛審符爲右衛大將軍庚申以河陽節度充北面行營排陣兩京馬軍都軍節度等使光祿大夫檢校

太保謝彥章爲匡國軍節度陳許蔡等州觀察處置等使以宣徽院副使韋堅權知河陽軍州事秋七月庚辰以商州刺史康贊美爲起復雲麾將軍依前商州刺史辛卯以前左驍衛上將軍楊詔爲右武衛上將軍戊戌以前匡國軍節度使檢校尚書左僕射羅周敬爲檢校司空守殿中監駙馬都尉八月丙午以右廣勝軍使劉君鐸爲虢州刺史戊申以武寧軍節度副使李存權知宿州事辛亥涇原節度使杜建徽加檢校太傅同平章事建徽吳越王錢鏐之將也遥領涇原節制至是以其上請加恩故有是命乙卯以蔡州刺史黃貴爲絳州刺

史辛酉以絳州刺史尹皓爲感化軍節度觀察留後癸亥以前永平軍節度副使張正已爲房州刺史乙丑以宿州團練使趙麓權知河陽節度觀察留後以左驍衛將軍劉去非爲郢州刺史戊辰以權知永平軍節度觀察留後兼判大安府事張筠爲永平軍節度觀察留後依前兼判大安府事是月晉王率師次楊劉口遂軍於麻家渡北面招討使賀瓌以兵屯濮州北行臺村對壘百餘日晉王以輕騎來覘許州節度使謝彥章發伏兵掩擊圍之數重會救軍至晉王僅以身免九月丁丑帝勝軍節度崇裕等州觀察處置等使特進檢校太傅同

平章事溫昭圖加檢校太尉甲午崇政院副使張希逸加金紫光祿大夫行秘書少監乙未起復雲麾將軍檢校太保壽州團練使張昌孫落起復授光祿大夫檢校太傅冬十月辛丑朔以前感化軍節度觀察留後特進檢校太保姚勍爲左龍虎統軍充西都內外馬步軍都指揮使以洛苑使金紫光祿大夫檢校司徒守左威衛大將軍董璋爲右龍虎統軍己酉以安南靜海節度使檢校司徒曲美爲檢校太保同平章事庚戌以商州刺史康贊美爲蔡州刺史十一月壬辰前懷州刺史朱勍授起復雲麾將軍依前懷州刺史十二月庚子朔晉王

領軍迫行臺寨距寨十里結營而止北面招討使賀瓌殺許州節度使謝彥章濮州刺史孟審澄別將侯溫裕等於軍以謀叛聞爲行營馬步都虞候朱珪搆之也晉王聞之喜曰彼將帥不和亡無日矣（案通鑑賀瓌譖謝彥章于帝因與朱珪伏甲以殺彥章蓋賀瓌密奉帝旨也五代春秋歐陽史皆以賀瓌專殺爲文恐非事實）丁未以行營諸軍馬步都虞候光祿大夫檢校太保曹州刺史朱珪爲檢校太傅充匡國軍節度觀察留後依前行營諸軍馬步都虞候癸丑詔曰行營諸軍馬步都虞候匡國軍節度觀察留後朱珪昨以寇戎未滅兵革方嚴所期朝夕之間克弭烟塵之患每於將帥別注憂勞而謝

彥章孟審澄侯溫裕忽搆異圖將萌逆節賴朱珪挺旄貞節竭盡沈機果致梟擒免貽警敵特加異殊之命用旌忠孝之謀便委雄藩俾荷隆渥可檢校太傅充平盧軍節度淄青登萊等州觀察處置押新羅渤海兩番等使兼行營諸軍馬步軍副都指揮使仍進封沛國郡開國侯乙巳起復雲麾將軍檢校太保陳州刺史惠王友能鎮國軍節度陝虢等州觀察處置等使起復雲麾將軍檢校太保邵王友誨竝落起復加檢校太傅以前房州刺史牛知業爲右羽林軍統軍癸亥北面招討使賀瓌率大軍與晉人戰於胡柳陂晉人敗績是日既晡復

爲晉人所敗初晉人起軍將襲東京乃下令軍中老弱悉歸於鄴是月二十二日晉王次臨濮賀瓌王彥章自行臺寨率軍躡之二十四日至胡柳陂晉王領軍出戰瓌軍已成列晉王以騎突之王彥章一軍先敗彥章走濮陽晉人輜重在陣西瓌領軍薄之晉人大奔自相蹈籍死者不可勝紀晉大將周德威歿于陣瓌軍乃登土山列陣於山之下晉王復領兵來戰瓌軍遂敗翌日晉人攻濮陽陷之京師戒嚴

貞明五年春正月晉人城德勝夾河爲栅二月乙巳以宣徽院副使韋堅權知徐州軍事三月己卯以華州感化軍留後尹皓爲華州節度使加檢校太保同平章事癸未制削奪兖州節度使張守進在身官爵以其叛故也仍命劉鄩爲兖州管內安撫制置使領兵以攻之張案守進歸晉本紀繫于五年三月張萬進傳作四年七月劉鄩傳仍作五年通鑑考異嘗竝舉紀傳之互文以明薛史之難據因定從莊宗實錄作四年八月今以當日事勢考之藩鎮反覆向背無常陰謀詭秘姑示含容討罪遣師須有顯迹蓋守進潛附于晉自在四年秋至創奪官爵聲罪致討則五年春事也薛史采用舊聞不加修飾故語必徵實若五代春秋以守進叛爲五年事歐陽史又以劉鄩討之爲四年事皆删改成文自爲臆斷不如薛史之存其實也夏四月壬寅以永平軍留後兼判大安府事張筠爲永平軍節度使檢校太保行大安尹庚戌以鎮海軍北面水陸都指揮使湖州刺史檢校太傅錢傳

璙遙領宣州寧國軍節度使加同平章事是月賀瓌攻德勝南城以艨艟戰艦橫於河以扼津濟之路晉人斷其艨艟濟軍以援南城瓌等退軍五月己巳山南東道節度使檢校太傅孔勍加同平章事丁亥以延州節度使鄜延兩道都制置太原西面招討應接等使渤海郡王高萬興爲檢校太師兼中書令充保大忠義等軍節度鄜延管內觀察等使是月以行營諸軍左廂馬軍都指揮使鄭州防禦使王彥章爲許州匡國軍節度觀察留後依前行營諸軍左廂馬軍都指揮使六月壬戌以天驥院使李隨權知登州軍州事秋七月晉王自魏州

還太原八月乙未朔滑州節度使賀瓌卒輟視朝三日詔贈侍中是月命開封尹王瓚為北面行營招討使瓚乃與許州留後王彥章等率大軍自黎陽濟營于楊村造浮梁以通津路九月丙寅制削奪廣州節度使南平王劉巖在身官爵以其將謀僭號故也仍詔天下兵馬元帥錢鏐指揮攻討冬十月晉王復至魏州是月劉鄩攻下兗州擒張守進夷其族十一月丁丑以兗州安撫制置使特進檢校太傅大彭郡開國公劉鄩為兗州節度使開府儀同三司檢校太尉同平章事賞平兗之功也辛卯王瓚帥師至戚城遇晉軍交綏而退十二月戊戌晉王領軍廹河南寨王瓚率師禦之獲晉將石家才案通鑑石家才作石君立考薛史列傳君立一名家財既而瓚軍不利瓚退保楊村寨晉人陷濮陽永樂大典卷六千六百五　案上文四年十二月已云晉人攻濮陽陷之至此復云晉人陷濮陽前後重複通鑑考異歷引薛史閻寶李嗣昭傳及莊宗實錄而斷之曰去冬唐雖得濮陽棄而不守今年復攻拔之也參考事勢當得其實

舊五代史卷九終

舊五代史卷九攷證

梁末帝紀中以宣義軍節度副大使知節度事　案原本脫副字攷新唐書百官志及五代會要副大使為藩鎮官爵今增入

蘇州刺史錢傳璙　傳璙原本作傳珽今據十國春秋改正

峰州刺史錢傳珦　案歐陽史職方志有封州而無峰州是書前後俱作峰州未知何據今仍其舊

以刑部員外郎封翹　翹原本譌作堯今據封舜卿傳改正

靈武節度使韓洙　韓洙原本作韓殊攷是書韓遜傳洙卽遜之子歐陽史雜傳亦作洙今改正

檢校尚書左僕射羅周敬　周敬原本作用敬攷是書晉列傳作周敬歐陽史羅紹威傳亦作子周敬今改正

建徽吳越王錢鏐之將也　建徽原本譌作達徽今據十國春秋改正

舊五代史卷九攷證

舊五代史卷十

宋司空同中書門下平章事薛居正等撰

末帝紀下　梁書十

貞明六年春正月戊子以曹州刺史朱漢賓爲安州宣威軍節度使以許州匡國軍節度觀察留後充散指揮都軍使檢校太傅王彥章爲匡國軍節度使進封開國侯軍職如故二月癸丑宣州節度使錢傳璟起復依前檢校太傅同平章事宣州節度使以其丁內艱故也三月丁亥以前申州刺史張紹珪爲大理卿夏四月丁亥制曰王者愛育萬方慈養百姓恨不躋之仁壽撫以淳和而炎黃有戰伐之師堯舜有干戈之用諒不獲已其猶病諸然則去害除妖興兵動眾殺黑龍而濟中土刑白馬而誓諸侯終能永逸暫勞以至同文共軌古今無異方冊具存朕以眇末之身託億兆之上四海未乂八年于茲業業兢兢日慎一日雖踰山越海肅慎方來而召雨徵風蚩尤尙在顧茲殘孽勞我大邦將士久於戰征黎庶疲于力役木牛暫息則師人有乏糧之憂流馬盡行則丁壯有無聊之苦況青春告謝朱夏已臨妨我農時廹我戎事永言大計思致小康宜覃在宥之恩稍示殷憂之旨用兵之地賦役實煩不有蠲除何使存濟

除兩京已放免外應宋亳潁鄆齊魏滑鄭濮沂密青登萊淄陳許均房襄鄧泌隨陝華雍晉絳懷汝商等三十二州應欠貞明四年終以前夏秋兩稅幷鄆齊滑濮襄晉輝等七州兼欠貞明四年已前營田課利物色等並委租庸使逐州據其名額數目矜放所在官吏不得淹停制命徵督下民致恩澤不及于鄉閭租稅虛捐於帳籍其有私放逺年債負生利過倍自違格條所在州縣不在更與徵理之限兗州城內自張守進違背朝廷結連蕃寇久勞攻討頗困生靈言念傷殘尋加給復應天下見禁罪人如犯大辟合抵極刑者宜示好生特令減死除準格律常赦不原外徒流已下遞減一等除降官未經量移者與量移已量移者便與復資云庚子宗正卿朱守素上言請依前朝置匭院令諫議大夫專判從之乃以右諫議大夫鄭韜光充知匭使乙巳以右僕射兼門下侍郎同平章事監修國史判度支開國公敬翔爲弘文館大學士延資庫使諸道鹽鐵轉運等使餘如故以中書侍郎兼刑部尙書平章事集賢殿大學士判戶部事鄭珏爲監修國史判度支以中書侍郎平章事蕭頃爲集賢殿大學士判戶部事以尙書左丞李琪爲中書侍郎平章事丙午吏部侍郎趙光胤爲尙書左丞

己酉以河中護國軍節度副大使知節度事制置度支解縣池場等使開府儀同三司守太保兼中書令冀王友謙依前守太保兼中書令兼同州節度使餘如故癸丑鄜延節度使兼西面招討接應等使檢校太保兼中書令渤海郡王高萬興進封延安王賜號匡時定節功臣前衡州長史劉隣進所撰地理手鏡十卷己未以租庸判官尚書工部郎中張銳爲戸部郎中充崇政院學士辛酉以前吏部侍郎盧協爲吏部侍郎五月乙丑故左衛上將軍齊奉國贈太傅詔曰應文武朝官或有替罷多年漂流在外者宜令中書門下量才除授勿使栖遲或有進士策名累年未釋褐者與初任一官已釋褐者依前資敘用乙酉升宋州爲大都督府其餘廢大都督府額六月遣兗州節度使劉鄩華州節度使尹皓崇州節度使溫昭圖莊宅使段凝領軍攻同州先是河中朱友謙襲陷同州節度使程全暉單騎奔京師（案歐陽史本紀河中節度使朱友謙襲同州殺其節度程全暉據薛史則程全暉奔還京師未嘗見殺也歐陽史列傳仍同薛史五代春秋又作六年春事）友謙以其子令德爲同州留後表求節旄不允既而帝慮友謙怨望遂命兼鎮同州制命將下而友謙已叛遣使求援于晉故命將討之九月庚寅以供奉官郎公遠充契丹歡好使晉王遣都將李嗣昭李

存審王建及率師來援同州戰于城下我師敗績諸將以餘眾退保華州羅文寨冬十月陳州妖賊毋乙董乙伏誅陳州里俗之人喜習左道依浮圖氏之教自立一宗號曰上乘不食葷茹誘化庸民揉雜淫穢宵聚晝散州縣因循遂致滋蔓時刺史惠王友能恃戚藩之寵動多不法故奸慝之徒望風影附毋乙數輩漸及千人攻掠鄉社長吏不能詰是歲秋其眾益盛南通淮夷朝廷累發州兵討捕反爲賊所敗陳潁蔡三州大被其毒羣賊乃立毋乙爲天子其餘豪首各有樹置至是發禁軍及數郡兵合勢追擊賊潰生擒毋乙等首領八十餘人械送闕下並斬于都市

龍德元年春正月癸巳詔諸道入奏判官宜令御史臺點檢合從正衙退後便於中書門下公參辭謝如有違越具名銜聞奏應面賜章服仍令閤門使取本官狀申中書門下受勅牒後方可結入新銜甲辰以河東道行營西面應接使前靜勝軍節度崇裕等州觀察處置等使特進檢校太尉同平章事溫昭圖爲匡國軍節度陳許蔡等州觀察處置等使以北面行營副招討使匡國軍節度陳許蔡等州觀察處置等使光祿大夫檢校太傅王彥章爲宣義軍節度副大使知節度事鄭滑濮等

州觀察處置等使依前北面副招討使二月己未以權知靜勝軍節度觀察留後前汝州防禦使華溫琪爲靜勝軍節度觀察留後依前檢校太傅丙寅以荊南節度使檢校太師兼中書令渤海郡王高季昌爲守中書令依前荊南節度使庚午以晉州建寧軍節度觀察留後劉玘爲晉州節度使檢校太保壬申史館上言伏見北齊文士魏收著後魏書于時自魏太武之初至于北齊書不獲就乃大徵百官家傳刋總斟酌隨條甄舉捜訪遺亡數年之間勒爲一代典籍編在北史固非虛言臣今請明下制勅內外百官及前資士子帝戚勳家並各

納家傳具述父祖事行源流及才術德業灼然可考者並纂述送史館如記得前朝會昌已後公私亦任抄錄送官皆須直書不用文藻兼以兵火之後簡牘罕存應內外臣僚曾有奏行公事關涉制置或討論沿革或章疏文詞有可采者並許編錄送納候史館修撰之日考其所上公事與中書門下文案事相符會或格言正辭詢訪不謬者並與編載所冀忠臣名士共流家國之耿光孝子順孫獲記祖先　丕烈而且周德見乎殷紀舜典存乎禹功非唯十世　知庶成一朝大典臣叨庸委任獲領監修將贖素飡　干玄覽詔從之鹽鐵轉運使

敬翔奏請于雍州河陽徐州三處重置場院稅茶從之己卯禮部尚書充西都副留守兼判尚書省事崔沂奏西京都省凡有公事奏聞常須借印施行伏請鑄尚書省分司印一面從之是月鎭州大將王德明殺其帥王鎔自稱留後遣使來求援宰臣敬翔請許之租庸使趙巖等以爲不可乃止三月丁亥朔祠部員外郎李樞上言請禁天下私度僧尼及不許妄求師號紫衣如願出家受戒者皆須赴闕比試藝業施行願歸俗者一聽自便詔曰兩都左右街賜紫衣及師號僧委功德使具名聞奏今後有闕方得奏薦仍須道行精至夏臘高深方

得補塡每遇明聖節兩街各許官壇度七人諸道如要度僧亦仰就京官壇仍令祠部給牒今後只兩街置僧錄道錄僧正並廢己丑以前兵部郎中杜光乂爲左諫議大夫致仕壬寅改襄州鄧縣爲沿夏縣亳州焦夷縣爲夷父縣宕州漢諸縣爲膠源縣從中書舍人馬縞請也夏四月陳州刺史惠王友能反舉兵向闕帝命將出師逆擊敗之友能走保陳州詔張漢傑率兵進討勅開封府太康襄邑雍丘三縣遭陳州賊軍奔衝其夏稅只據見苗輸納五月丙戌朔制曰朕聞惟辟動天惟聖時憲故君爲善則降之以福爲不善則降之以災朕以眇

末之身託于王公之上不能荷先帝艱難之運所以致蒼生塗炭之危兵革薦興災害仍集內省厥咎蓋由朕躬故北有犬戎猾夏之師西有蒲同亂常之旅連年戰伐積歲轉輸虔劉我士民侵據我郡邑師無宿飽之饋家無擔石之儲而又水潦爲災蟲蝗作沴戒譴作于上怨咨聞于下而況骨肉之內竊弄干戈畿甸之中輒爲陵暴但責躬而罪已敢怨天以尤人蓋朕無德以事上玄無功以及兆庶不便于時者未能去有益于民者未能行處事昧于酌中發令乖于至當招致災患引翼禍殃罪在朕躬不敢自赦夙夜是懼寢食靡寧將勵已以

息災爰布澤而從欲今以薰風方扇旭日初昇朔既視于正陽歷宜更于嘉號庶惟新之令敷華夏以同歡期克念之心與皇王而合道其貞明七年宜改爲龍德元年應天下見禁罪人除大辟罪外遞減一等德音到後三日內疏理訖奏應欠貞明三年四年諸色殘欠五年六年夏秋殘稅竝放侍衞親軍及諸道行營將士等第頒賜優賞已從別勑處分左降官與量移已經量移者與復資長流人各移近地已經移者許歸鄉里前資朝官寄寓遠方仰長吏津置赴闕內外文武常參官節度使留後刺史父母亡歿者並與封贈公私債負納利及

一倍已上者不得利上生利先經陣歿將校各與追贈云以宣和庫使守右領衞將軍李嚴權知兗州軍州事丁亥詔曰郊禋大禮舊有渥恩御殿改元比無賞給今則不循舊例別示特恩其行營將士賞賚已給付本家宜令招討使霍彥威副招討使王彥章陳州行營都指揮使張漢傑曉示諸軍知委是月兗州節度使充河東道行營都招討使劉鄩卒六月己亥以都檢點諸司法物使檢校司徒行左驍衞大將軍李肅爲右威衞上將軍秋七月陳州朱友能降庚子詔曰朕君臨四海子育兆民唯持不黨之心庶叶無私之運其有齒予戚屬雖

深敦敘之情干我國經難固含弘之旨須遵常憲以示至公特進檢校太傅使持節陳州刺史兼御史大夫上柱國食邑三千戶惠王友能列爵爲王頒條治郡受元戎之寄任處千里之封疆就進官資已登崇貴特加錫賚以表優隆宜切知恩合思盡節撫俗當申于仁政佐時期效于忠規而狎彼小人納其邪說忽稱兵而向闕敢越境以殘民侵犯郊畿驚撓輦轂遠邇咸嫉謀畫交陳及興問罪之師旋驗知非之狀遽懇祈于章表束身願赴于闕廷備述艱危覬加寬恕朕得不自爲屈已姑務安仁特施貸法之恩蓋舉議親之律詔于事體抑

有朝章止行退責之文用塞衆多之論可降封房陵侯於戲君臣之體彼有不恭伯仲之恩予垂立愛顧茲輕典豈稱羣情凡在臣寮當體朕意甲辰制以特進檢校太傅衡王友諒可封嗣廣王冬十月北面招討使戴思遠攻德勝寨之北城晉人來援思遠敗于戚城

龍德二年春正月戴思遠率師襲魏州時晉王方攻鎭州故思遠乘虛以襲之陷成安而思遠遂急攻德勝北城晉將李存審極力拒守二月晉王以兵至思遠收軍而退復保楊村八月段凝張朗攻衞州下之獲刺史李存儒以獻戴思遠又下淇門共城新鄕等三縣自是澶

州之西相州之南皆爲梁有晉人失軍儲三分之一焉

龍德三年春三月晉潞州節度留後李繼韜遣使以城歸順先是繼韜父嗣昭爲潞州節度使戰歿於鎭州城下晉王欲以嗣昭長子繼儔襲父位繼韜在潞州卽執繼儔囚之遣使來送款仍以二幼子爲質澤州刺史裴約不從繼韜之謀帝命董璋爲澤州刺史令將兵攻之夏四月己巳晉王卽唐帝位于魏州改天祐二十年爲同光元年閏月壬寅唐軍襲鄆州陷之巡檢使前陳州刺史劉遂嚴本州都指揮使燕顒奔歸京師皆斬于都市五月以滑州節度使王彥章爲北面行營招討使辛酉王彥章率舟師自楊村寨浮河而下斷德勝之浮梁攻南城下之殺數千人唐帝棄德勝之北城併軍保楊劉己巳王彥章段凝圍楊劉城六月乙亥唐帝引軍援楊劉晉軍至博州築壘於河東岸戊子王彥章杜晏球率兵急攻博州之新壘不克遂退保于鄒口秋七月丁未唐帝引軍沿河而南王彥章棄鄒口復至楊劉己未自楊劉拔營退保楊村寨八月以段凝代王彥章爲北面行營招討使戊子段凝營於王村引軍自高陵渡河復臨河而還董璋攻澤州下之庚寅唐帝軍於胡城先鋒將康延孝率百騎奔於唐盡洩其軍機命滑州節度

使王彥章率兵屯守鄆之東境九月戊辰彥章以衆渡汶與唐軍遇于遞坊鎭彥章不利退保中都冬十月辛未朔日有食之甲戌唐帝引師襲中都王彥章兵潰於是彥章與監軍張漢傑及趙廷隱劉嗣彬李知節康文通王山興等皆爲唐人所獲翌日彥章死於任城帝聞中都之敗唐軍長驅將至遣張漢倫馳驛召段凝於河上漢倫墮馬傷足復限水潦不能進時禁軍尙有四千人朱珪請以拒唐軍帝不從登建國門召開封尹王瓚謂之曰段凝未至社稷繫卿方略瓚卽驅軍民登城爲備或勸帝西奔洛陽趙巖曰勢已如是一下此樓誰心

可保乃止俄報曰晉軍過曹州矣帝置傳國寶於卧內俄失其所在已爲左右所竊迎唐帝矣帝召控鶴都將皇甫麟（案通鑑考異引莊宗實錄作皇甫鏻歐陽史從薛史作麟）謂之曰吾與晉人世讎不可俟彼刀鋸卿可盡我命無令落讎人之手麟不忍帝曰卿不忍將賣我耶麟舉刀將自剄帝持之因相對大慟戊寅夕麟進刃于建國樓之廊下帝崩麟即時自剄遲明唐軍攻封邱門王瓚迎降唐帝入宮妃郭氏號泣迎拜初許州獻綠毛龜宮中造室以蓄之命曰龜堂帝嘗市珠于市既而曰珠數足矣衆皆以爲不祥之言帝末年改名瑱字一十一十月一八日（案此句疑有脫衍蓋當時傳會者折王字爲一十一折眞字爲十月一八也册府元龜作或解云瑱字一十一十月一八知此句日字因下文有日字而衍今姑仍其舊）果以一十一年至十月九日亡唐帝初入東京聞帝殂憮然歎曰敵惠敵怨不在後嗣朕與梁主十年對壘恨不生見其面尋詔河南尹張全義收葬之其首藏于太社（案通鑑後唐紀辛巳詔王瓚收朱友貞尸殯于佛寺漆其首函之藏于太社薛史作張全義當別有據）晉天福二年五月詔太社先藏唐朝罪人首級許親屬及舊寮收葬時右衛上將軍婁繼英請之會繼英得罪乃詔左衛上將軍安崇阮收葬焉（永樂大典卷六千六百五）

史臣曰末帝仁而無武明不照姦上無積德之基可乘下有弄權之臣爲輔卒使勁敵奄至大運俄終雖天命之有歸亦人謀之所誤也惜哉（永樂大典卷六千六百五）

補遺

梁末帝紀下　帝崩（五代會要末帝年三十六）

舊五代史卷十終

舊五代史卷十攷證

梁末帝紀下宣州節度使錢傳璟　宣州原本訛作亘州今據十國春秋改正

應宋亳潁鄆齊魏滑　案原本脫魏字今據册府元龜增入

充知匭使　知匭原本作知匱攷通典唐三省官有知匭使今改正

華温琪爲靜勝軍留後　案通鑑作貞明六年事與是書繫龍德元年異

鎮州大將王德明殺其帥王鎔　案五代春秋三月趙

人張文禮弒其君鎔是書及通鑑作二月

夏四月陳州刺史惠王友能反　案歐陽史作三月與是書異

詔張漢傑率兵進討　漢傑原本作衡傑今據通鑑改正

王彥章率舟師自楊村寨浮河而下　舟師原本訛州師今據通鑑改正

舊五代史卷十攷證

舊五代史卷十一

宋司空同中書門下平章事薛居正等撰

后妃列傳第一

案梁后妃傳永樂大典闕全篇其散見者僅得四條今采北夢瑣言五代會要諸書分注于下以存當日之事蹟

梁書十一

文惠皇太后王氏開平初追謚 永樂大典卷一萬三千三百五十二 太祖性孝愿奉太后未嘗小失色朝夕視膳爲士君子之規範帝嚴察用法無纖毫假貸太后言之帝頗爲省刑 永樂大典卷一萬七千一百七十 案北夢瑣言云梁祖父誠早卒有三子俱幼母王氏攜養寄于同縣人劉崇家崇之中惟溫狡猾無行崇母撫養之崇兄弟嘗加譴杖一日偷崇家釜而竄爲崇追回崇母遮護以免扑責善逐走鹿往往及而獲之又崇母嘗見其有龍蛇之異他日與仲兄存入黃巢軍作賊伯兄昱與母王氏向依劉家溫既辭去不知存亡及溫領鎭于汴盛飾輿馬使人迎母于崇家王氏惶恐辭避深藏不之信謂人曰朱三落拓無行何處作賊送死焉能自致富貴汴帥非吾子也使者具陳離鄉去里之由歸國立功之事王氏方泣而信是日與崇母並迎歸汴盛禮郊迎人士改觀崇以舊恩位至列卿爲商州刺史王氏以溫貴封晉國太夫人仲兄存于賊中爲矢石所中而卒溫置酒于母歡甚語及家事謂母曰朱五經辛苦業儒不登一命今有子爲節度使無忝前人矣母不懌良久謂溫曰汝致身及此信爲英特行義未必如先人朱二與汝同入賊軍身死蠻徼孤男稚女艱食無告汝未有恤孤之心英特即有諸無取也溫垂涕謝罪即令召諸兄子皆至汴友寧友倫皆立軍功位至方鎭

元貞皇后張氏乾化中追謚 永樂大典卷一萬三千三百五十二 案五代會要太祖皇后張氏早崩開平二年追封賢妃至乾化二年十一月二十三日追册曰元貞皇后又北夢瑣言云梁祖魏國夫人張氏碭山富室女父蕤曾爲宋州刺史溫時聞張有姿色私心傾慕有麗華之嘆及溫在同州得張于兵間因以婦禮納之溫以其宿款深加禮異張賢明有禮溫雖虎狼其心亦所景伏每軍謀國計必先延訪或已出師中途有所不可張氏一介請旋如期而至其信重如此初收兗鄆得朱瑾妻溫告之曰彼既無依寓于輜車張氏遣人召之瑾妻再拜張氏答拜泣下謂之曰兗鄆與司空同姓之國昆仲之間以小故尋戈致吾姒如此設不幸汴州失守妾亦似吾姒之今日也又泣下乃度爲尼張恆給其費張既卒繼娶者非人及僭號後大縱朋淫骨肉聚麀帷薄荒穢以致友珪之禍起于婦人始能以柔婉之德制豺虎之心如張氏者不亦賢乎 又案五代會要所載內職有梁太祖昭儀陳氏昭容李氏歐陽史並見家人傳

末帝德妃張氏 永樂大典卷一千二百六十六 案五代會要少帝妃張氏乾化五年九月二十四日册爲德妃其夕薨 又案歐陽史次妃郭氏傳云晉天福三年詔大社先藏罪人首級許親屬收葬乃出末帝首遣右衛將軍安崇阮與妃同葬于洛陽宋龐元英文昌雜錄云梁均王晉天福中始葬故妃張氏獨存考功員外商鵬爲誌文曰七月有期不見望陵之妾九疑無色空餘泣竹之妃今案末帝德妃張氏早薨後與末帝同葬而次妃郭氏天福中尚存歐陽史不明言同葬者爲何妃文昌雜錄誤以尚存者爲故妃張氏蓋傳聞之失實也今薛史梁后妃傳雖缺然考末帝紀及晉高祖紀定爲德妃張氏同葬云 又案五代史無外戚傳五代會要云梁太祖長女安陽公主降羅廷規開平二年八月追封長樂公主降趙巖開平元年五月十一日封普寧公主降昭祚王氏開平元年五月十一日封金華公主開平二年十月封眞寧公主乾化三年十月五日封少帝長女壽春公主乾化三年四月五日封第二女壽昌公主貞明元年九月二十三日封通鑑考異引梁功臣列傳云羅延規尚安陽公主又尚金華公主薛史羅紹威傳亦載開平四年詔金華公主出家爲尼是金華公主實歸羅氏而五代會要不載亦闕文也

舊五代史卷十一終

舊五代史卷十一攷證

梁列傳一后妃傳末帝德妃張氏　案麗元英文昌雜錄梁均王晉天福中始葬故妃張氏獨存考功員外商鵬爲誌文曰七月有期不見望陵之妾九疑無色空餘泣竹之妃今攷五代會要德妃張氏早薨歐陽史次妃郭氏莊宗入宮度爲尼是晉天福中尙存者郭妃非德妃與末帝同葬者德妃非郭妃也歐陽史不明言同葬者爲何妃文昌雜錄誤以尙存者爲故妃張氏蓋傳聞之失實也

舊五代史卷十一攷證

舊五代史卷十二

宋司空同中書門下平章事薛居正等撰

宗室列傳第二 案梁宗室傳永樂大典唯友寧友倫友裕三傳有全篇餘多殘闕今彙其散見者十五條通鑑注引一條其見册府元龜者又得六條謹考其事蹟前後如次如左

梁書十二

廣王全昱太祖長兄受禪後封 永樂大典卷一萬六千六百二十八 乾化元年還睢陽命內臣拜餞都外王出宿至于偃師仍詔其子衡王友諒侍從以歸 册府元龜卷二百七十七 庶人篡位授宋州節度使 册府元龜卷二百七十七 貞明二年卒 永樂大典卷一萬六千六百二十八 案五代會要全昱贈尚書令諡德靖 五代史闕文 全昱梁祖之兄也既受禪宮中開宴惟親王得與因爲博戲全昱酒酣忽起取骰子擊盆迸散大呼梁祖曰朱三汝碭山一民因天下饑荒入黃巢作賊天子用汝爲四鎮節度使富貴足矣何故滅他李家三百年社稷稱王稱朕吾不忍見血吾族矣安用博爲梁祖不悅而罷 臣謹按梁史廣王全昱傳曰昱樸野常呼帝爲三宮中博戲之事諱之夫梁祖弒二君弒一皇后名臣被害者不可勝紀及莊宗即位盡誅朱氏惟全昱先令終至道初知單州有稱廣王之後與尼訟田者豈以一言之善獨存其嗣耶

友諒全昱子初封衡王後嗣廣王 永樂大典卷一萬六千六百二十八 繼歷藩郡多行不法 册府元龜卷二百九十九 坐弟友能反廢囚京師唐師入汴與友能友誨同日遇害 永樂大典卷一萬六千六百二十八

友能全昱子封惠王後爲宋滑二州留後 永樂大典卷一萬六千六百二十八 案友能後以叛廢詳見末帝紀又通鑑云龍紀元年夏四月陳州刺史惠王友能反舉兵趨大梁詔陝州留後霍彥威宣義節度使王彥章控鶴指揮使張漢傑將兵討之友能至陳留兵敗走還陳州諸軍圍之秋七月惠王友能降庚子詔赦其死降封房陵侯

友誨全昱子封邵王 永樂大典卷一萬六千六百二十八 乾化元年以檢校兵部尚書充控鶴指揮使 册府元龜卷二百六十九 坐友能反廢後爲唐兵所殺 永樂大典卷一萬六千六百二十六 案通鑑云邵王友誨全昱之子也性頴悟人心多向之或言其誘致禁軍欲爲亂梁主召友誨與其兄友諒友能並幽于別第及唐師將至梁主疑諸兄弟乘危謀亂並皇弟賀王友雍建王友徽盡殺之考異曰薛史云友諒友能友誨莊宗入汴同日遇害按中都既敗均王親弟猶疑而殺之況其從弟嘗爲亂者豈得獨存云云考通鑑以友諒等爲末帝自殺考異祇以事理度之而不言所據何書歐陽史仍從薛史王禹偁五代史闕文亦云莊宗即位盡誅朱氏度當日事勢梁末帝自中都告敗救死不遑未必盡誅兄弟當以薛史爲得其實通鑑所載恐未足據也

安王友寧字安仁少習詩禮長喜兵法有倜儻之風太祖鎮汴累署軍職每因出師多命統驍果以從及擒秦宗權太祖令友寧轞送宗權西獻于長安詔加檢校右散騎常侍行右監門衛將軍自是繼立軍功累官至檢校司空兼龔柳二州刺史太祖駐軍岐下遣友寧領所部兵先歸梁苑以備守禦屬青帥王師範搆亂以關東諸兵悉在岐隴欲乘虛竊發自齊魯至于華下羅布姦黨皆詐以委輸貢奉爲名陰與淮夷幷門結好會有青人詣裴廸言其狀廸以事告友寧不俟命乃率兵萬餘人東討師範遣其弟將兵圍齊州友寧引兵救之青寇大敗奪馬四千蹄斬首數千級及昭宗歸長安朝廷議

迎駕功友寧授嶺南西道節度使加特進檢校司徒賜號迎鑾毅勇功臣時青寇數千越嶮潛伏欲入兗州友寧知之伏兵于兗南邀之大破賊衆無得免者自是兗壁危窘友寧督諸軍進逼營兵首攻博昌縣月餘未能拔太祖怒遣劉捍督戰友寧乃下俘民衆十餘萬各領負木石牽牛驢于城南爲土山既至合人畜木石排而築之冤枉之聲聞數十里俄而城陷盡屠其邑人清河爲之不流及進迫寇壘與淸人戰于石樓王師小却友寧旁自峻阜馳騎以赴敵所乘馬蹶而仆遂没于陣友寧將戰之前日有大白蛇蟠于帳中友寧心惡之既而果遇禍焉（永樂大典卷一萬八千一百二十六）

密王友倫幼聰悟喜筆札曉聲律及長好騎射有經度之智太祖每奇之曰吾家千里駒也年十九爲宣武軍校景福初充元從騎軍都將尋表爲右武軍將軍漸委戎事太祖征兗鄆友倫勒所部兵收聚糧穀以濟軍須幽滄軍至內黃友倫前鋒夜渡河擊賊奪馬千匹擒斬甚衆因引兵往八議關卒逢晉軍萬餘騎友倫乃分布兵士多設疑軍因聲鼓誓衆士伍奮躍追斬數十里其後李罕之請以上黨來歸爲晉軍所圍太祖遣友倫總步騎數萬越險救應遂大破晉軍唐朝加檢校司空守藤州刺史天復元年岐隴用兵晉人乘虛侵于北鄙友倫率徒兵三萬徑往礬山晉人望塵奔逸友倫與氏叔琮等躡其蹤追至太原摩壘挑戰獲牛馬萬餘二年領所部兵西赴鳳翔前後累接戰三年昭宗歸長安制授友倫寧遠軍節度使檢校司徒賜號迎鑾毅勇功臣及太祖東歸留友倫宿衛京師歲餘因會賓擊鞠墜馬而卒昭宗輟視朝一日詔贈太傅歸葬于碭山縣開平初有司上言曰東漢受命伯升預其始謀西周尙親叔虞荷其封邑故皇兄存凋零霜露綿歷歲時恩莫逮于陟岡禮方弘于事日皇姪故邕州節度使友寧故容州節度使使友倫頃因締構俱習韜鈐並以戰功殁于皇事永言帶礪合議封崇（案五代會要開平二年正月追封從子友寧爲安王友倫爲密王四皇四月追封皇兄存爲朗王是朗王之封實在安王密王之後據薛史有司上言又似一時並封未詳孰是又會要載四年六月追封皇伯義方爲穎王皇叔義譚爲韶王薛史闕載）于是存追封朗王友寧追封安王友倫追封密王（永樂大典卷一萬八千一百二十六）

郴王友裕字端夫太祖長子也幼善射御從太祖征伐性寬厚頗得士心唐中和中太祖會幷帥李克用攻圍華州賊將黃鄴固守甚堅俄有一人登陴大詈克用令蕃騎連射終不能中命友裕射之應弦而斃大軍喜譟聲振山谷克用因以良弓百矢遺焉太祖鎮汴表爲宣

武軍牙校及蔡賊殄滅朝廷議功加檢校左僕射尋爲牙內馬步都指揮使景福元年總大軍伐徐時朱瑾領兗鄆之衆爲徐戎外援陣于彭門南石佛山下友裕縱兵擊之斬獲甚衆瑾領殘黨宵遁（案通鑑朱友裕圍彭城時溥數出兵友裕閉壁不戰朱瑾宵遁友裕不追據薛史則友裕擊破朱瑾師斬獲甚衆未嘗閉壁與通鑑異歐陽史從薛史）時都虞候朱友恭羽書聞于太祖誣友裕按兵不追賊太祖大怒因驛騎傳符令裨將龐師古代友裕爲帥仍令按劾其事會使人誤致書于友裕友裕懼遂以數騎遁于山中（案通鑑作以二千騎逃入山中歐陽史從薛史作數騎）尋詣廣王于輝州以訴其寃賴元貞皇后聞而召之令束身歸汴力爲

營救太祖乃捨之令權知許州乾寧二年加檢校司空尋爲武寧軍節度留後四年太祖下東平改天平軍留後加檢校司徒光啓元年再領許州天復初爲奉國軍節度留後太祖兼鎮河中以友裕爲護國軍節度留後尋遷華州節度使加檢校太保興德尹天佑元年七月兼行營都統領步騎數萬經畧邠岐十月友裕有疾將校乃謀旋師尋卒于梨園歸葬東京開平初追贈郴王乾化三年又贈太師（永樂大典卷一萬八千一百一十六）

博王友文本姓康名勤太祖以爲子受禪後封爲王（永樂大典卷一萬六千六百二十六）爲東京留守嗜酒頗怠于爲政（冊府元龜卷二百九十六）友珪弑逆並殺友文末帝即位盡復官爵（永樂大典卷一萬六千六百二十八）

友珪小字遙喜母失其姓本亳州營妓也唐光啓中帝徇地亳州召而侍寢月餘將捨之而去以娠告是時元貞張后賢而有寵帝素憚之由是不果攜歸大梁因留亳州以別宅貯之及期伎以生男來告帝喜故字之曰遙喜後迎歸汴（通鑑注引薛史）受禪後封郢王（永樂大典卷一萬六千六百一十八）開平四年十月檢校司徒充左右控鶴都指揮使兼管四蕃將軍乾化元年充諸軍都虞候（冊府元龜卷二二百六十九）二年弑太祖簒位均王以兵討之自殺追廢爲庶人（永樂大典

卷一萬六千六百二十八　案五代會要郢王友珪開平元年五月九日封至乾化二年六月三日簒位僞改鳳歷元年三月十七日京城軍亂侍衞袁象先率兵入宮友珪自殺少帝即位追削爲庶人又載周廣順中張紹修實錄奏云梁末帝之上有郢王友珪簒弑君位未有紀錄請依宋書劉劭例書爲元凶友珪案梁實錄今無考）

福王友璋太祖第五子受禪後封（永樂大典卷一萬六千六百二十八）

賀王友雍太祖第六子受禪後封（永樂大典卷一萬六千六百二十八）

建王友徽太祖第七子受禪後封（永樂大典卷一萬六千六百二十八）

康王友孜太祖第八子末帝即位後封後以反誅（永樂大典卷一萬六千六百二十八　案友孜通鑑及五代會要俱作友敬歐陽史與薛史同）

舊五代史卷十二終

舊五代史卷十二攷證

密王友倫傳因引兵往入議闕　案入議原本訛作入識今據通鑑改正

于是存追封明王友寧追封安王友倫追封密王　案五代會要開平二年追封皇從子友寧爲安王友倫爲密王四年追封皇兄存爲明王據是書作一時並封未知孰是

郴王友裕傳遂以數騎遁於山中　案數騎通鑑作二千騎歐陽史與是書同

康王友孜傳　案友孜通鑑及五代會要作友敬惟歐陽史與是書同

舊五代史卷十二攷證

舊五代史卷十三

宋司空同中書門下平章事薛居正等撰

列傳第三　梁書十三

朱瑄宋州下邑人也父慶里之豪右以攻剽販鹽爲事吏捕之伏法瑄坐父罪以笞免因入王敬武軍爲小校唐中和二年諫議大夫張濬徵兵于青州敬武遣將曹全晸案新唐書及通鑑俱作曹存實舊唐書歐陽史與薛史同率軍赴之以瑄隸焉以戰功累遷列校賊敗出關全晸以本軍還鎮會鄆帥薛崇卒部將崔君預案舊唐書作崔君裕據城叛全晸攻之殺君預自爲留後瑄以功授濮州刺史鄆州馬步軍都將光啟初魏博韓允中攻鄆案新唐書作中和初魏博韓簡東窺曹鄆與薛史異考舊唐書韓允忠傳乾符元年十一月卒子簡起復爲節度觀察留後新唐書本紀亦云韓允中卒其子簡自稱留後是東窺曹鄆實韓簡非允中也薛史似微誤通鑑作中和二年韓簡擊鄆州當得其實全晸爲其所害案舊唐書韓簡傳云移軍攻鄆鄆帥曹全晸出戰爲簡所敗死之鄆將崔君裕收合殘衆保鄆州簡進攻其城半年不下朱瑄傳云崔君裕權知州事全晸知其兵寡襲君裕據韓簡傳全晸死而君裕保其城據朱瑄傳則君裕爲全晸所殺二傳自相矛盾新唐書本紀作韓簡寇鄆州天平軍曹全晸死之部將崔用自稱留後與舊書韓簡傳同惟崔用之名有異耳薛史定從舊書朱瑄傳通鑑與薛史同瑄據城自若三軍推爲留後允中敗案舊唐書韓簡傳云簡以憂憤疽發背而卒時中和元年十一月也諸葛爽傳云中和元年十一月簡以鄉兵八萬大敗明年正月簡爲牙將所殺新唐書本紀云中和三年二月魏博軍亂殺其節度使韓簡通鑑與新唐書同薛史誤作允中歷考諸書年月參差姓名舛異無可依據蓋唐末

典章散佚故傳聞失實如此朝廷以瑄爲天平軍節度使累加官至檢校太尉同平章事太祖初鎮大梁兵威未振連歲爲秦宗權所圍士不解甲危殆日數四太祖以瑄同宗早兄事之乃遣使求援于瑄光啟末宗權急攻大梁瑄與弟瑾率兗鄆之師來援大敗蔡賊解圍而遁太祖感其力厚禮以歸之先是瑄瑾駐于大梁覩太祖軍士驍勇私心愛之及歸厚懸金帛于界上以誘焉諸軍貪其厚利私遁者甚衆太祖移牒以讓之瑄來詞不遜由是始搆隙焉及秦宗權敗太祖移軍攻時溥于徐州時瑄方右溥乃遣使來告太祖曰巢權繼爲蛇虺毒螫中原與君把臂同盟輔車相依今賊已平殄人粗聊生吾弟宜念遠圖不可自相魚肉或行人之失辭疆吏之踰法可以理遣未得便睽和好投鼠忌器弟幸思之太祖方怒時溥通于孫儒不從其言及龐師古攻徐州瑄出師來援太祖深銜之徐既平太祖併兵以攻鄆自景福元年冬遣朱友裕領軍渡濟至乾寧三年宿軍齊鄆間大小凡數十戰語在太祖紀中自是野無人耕屬城悉爲我有瑄乃遣人求于太原李克用遣其將李承嗣史儼等援之尋爲羅弘信所扼援路既絕瑄瑾竟敗乾寧四年正月龐師古攻陷鄆州遁至中都北匿于民家爲其所

箠弁妻滎氏擒之來獻俱斬于汴橋下（永樂大典卷一千三十三）案舊唐書云瑄與妻滎氏出奔至中都爲野人所害傳首汴州滎氏至汴州爲尼與薛史異

朱瑾瑄從父弟雄武絶倫性頗殘忍光啟中瑾與兗州節度使齊克讓婚瑾自鄆盛飾車服私藏兵甲以赴禮會親迎之夜甲士竊發擒克讓自稱留後及蔡賊鴟張瑾與太祖連衡同討宗權前後屢捷以功正授兗州節度使既得士心有兼并天下之意太祖亦忌之瑾以厚利招誘太祖軍士以爲間諜及太祖攻鄆瑾出師來援累與太祖接戰乾寧二年春太祖令大將朱友恭攻瑾掘塹栅以環之朱瑄遣將賀瓌及蕃將何懷寶赴援爲友恭所擒十一月瑾從兄齊州刺史瓊以州降太祖令執賀瓌懷寶及瓊以徇于城下語曰卿兄已敗早宜效順瑾僞遣牙將瑚兒持書幣送降太祖自至延壽門外與瑾交語瑾謂太祖曰欲令大將送符印願得兄瓊來押領所貴骨肉盡布腹心也太祖遣瓊與客將劉捍取符笥瑾單馬立于橋上揮手謂捍曰可令兄來余有密款即令瓊往瑾先令驍士董懷進伏于橋下及瓊至懷進突出擒瓊而入俄而斬瓊首投于城外太祖乃班師及鄆州陷龐師古乘勝攻兗瑾與李承嗣方出兵求芻粟于豐沛間瑾之二子（案新唐書作子用貞）及大將康懷英判官

辛綰小校閻寶以城降師古瑾無歸即與承嗣將麾下士將保沂州刺史尹處賓（案新唐書作尹懷賓）拒關不納乃保海州爲師古所逼遂擁州民渡淮依楊行密（案新唐書刺史朱用芝以其衆與瑾奔楊行密）行密表瑾領徐州節度使龐師古渡淮行密令瑾率師以禦之清口之敗瑾有力焉自是瑾率淮軍連歲北寇徐宿大爲東南之患及行密卒子渭繼立以徐溫子知訓爲行軍副使寵遇頗深後楊溥僭號知訓爲樞密使知政事以瑾爲同平章事仍督親軍時徐溫父子恃寵專政慮瑾不附已（案陳彭年江南別錄云徐知訓初學兵法于朱瑾瑾悉心教之後與瑾有隙夜遣壯士殺瑾瑾手刃數人埋于舍後）貞明四年六月出瑾爲

淮寧軍節度使知訓設家宴以餞瑾瑾事之愈遜翌日詣知訓第謝留門久之知訓家僮私謂瑾曰政事相公此夕在白牡丹妓院侍者無得往瑾謂典謁曰吾不奈朝飢且歸既而知訓聞之愕然曰晚當過瑾瑾厚備供帳瑾有所乘名馬冬以錦帳貯之夏以羅幬護之愛妓桃氏（案九國志作妻陶氏）有絶色善歌舞及知訓至奉巵酒爲壽初以名馬奉知訓喜而言曰相公出鎮與吾暫別離恨可知願此盡歡瑾即延知訓于中堂出桃氏酒既醉瑾斬知訓首示其部下（馬令南唐書云知訓因求馬于瑾瑾不與遂有隙俄出瑾爲靜淮節度使瑾詣知訓別且願獻前馬知訓喜往謁瑾家瑾妻出拜知訓答拜瑾以笏擊踣遂斬知訓）因以其

衆急趨衙城知訓之黨已閫門矣唯瑾得獨入與衙兵戰案九國志翟虔傳云虔驅率散卒共閉闕瑾以是不得出復踰城而出傷足求馬不獲遂自刎案九國志米志誠傳志誠被甲親從十餘騎至天興門問瑾所向聞瑾已死乃歸暴其屍于市盛夏無蠅蛆徐溫令投之于江部人竊收葬之溫疾亟夢瑾被髮引滿將射之溫乃爲之禮葬立祠以祭之永樂大典卷二千三十一五代史補瑾之奔淮南也時行密方圖霸其爲禮待有加于諸將數等瑾感行密見知欲立奇功爲報但恨無入陣馬忽忽不樂一日晝寢夢老叟眉髮皓然謂瑾曰君長恨無入陣馬今馬生矣及廐隸報適退槽馬生一駒見卧未能起瑾驚曰何應之速也行往視之見骨目皆非常馬大喜日事辦矣其後破杜洪取鍾傳未嘗不得力焉初瑾之來也徐溫覩其英烈深忌之故瑾不敢預政及行密死子溥嗣位溫與張鎬爭權襲殺鎬自是事無大小皆決于溫既而溫復爲自安之計乃以子知訓自

代然後引兵出居金陵實欲控制中外知訓尤恣橫瑾居常嫉之一旦知訓欲得瑾所乘馬瑾怒遂擊殺知訓提其首請溥起兵誅溫溥素怯懦見之掩面而走瑾曰老婢兒不足爲計亦自殺中外大駭且懼溫至遽以瑾屍暴之市中時盛暑肌肉累日不壞至青蠅無敢輒泊人有病者或於暴屍處取土煎而服之無不愈

時溥徐州人初爲州之驍將唐中和初秦宗權據蔡州侵寇鄰藩節度使支詳命溥率師以討之徐軍屢捷軍情歸順以節鉞授之册府元龜卷四百一十二案薛史時溥傳永樂大典原闕今考册府元龜引梁時溥一條當係薛史原文謹爲補入又考舊唐書列傳云時溥彭城人徐之牙將黃巢據長安詔徵天下兵進討中和二年武寧軍節度使支詳遣溥與副將陳璠帥師五千赴難行至河陰軍亂剽河陰縣迴溥招合撫諭其衆復集懼罪屯于境上詳遣人迎犒悉恕之溥乃移軍向徐州既入軍人大呼推溥爲留後送詳於大彭館溥大出資裝遣陳璠援詳歸京詳宿七里亭其夜爲璠所殺舉家屠害溥以璠爲宿州刺史竟以違命殺詳溥誅璠又令別將帥軍三千赴難京師天子還宮授之節鉞及黃巢攻陳州秦宗權據蔡州與賊連結徐蔡相近溥出師討之軍鋒益盛每戰屢捷黃巢之敗也其將尚讓以數千人降溥後林言又斬黃巢首歸徐州時溥功居第一詔授檢校太尉中書令鉅鹿郡王宗權未平仍授溥徐州行營兵馬都統蔡賊平朱全忠與之爭功遂相嫌怨淮南亂朝廷以全忠遙領淮南節度以平孫儒行密之亂汴人應援路出徐方溥阻之全忠怒出師攻徐自光啓至大順六七年間汴軍四集徐泗三郡民無耕稼頻歲水災人喪十六七溥蹙求和于汴全忠曰移鎭則可朝廷以尚書劉崇望代溥以溥爲太子太師溥恐出城見殺不受代汴將龐師古陳兵于野溥求援于兗州朱瑾出兵救之值大雪糧盡而還城中守陴者飢甚加之疾疫汴將王重師牛存節夜乘梯而入溥與妻子登樓自焚而卒實景福二年也地入于汴

王師範青州人父敬武初爲平盧牙將唐廣明元年無棣人洪霸郎合群盜于齊棣間節度使安師儒遣敬武

討平之及巢賊犯長安諸藩擅易主帥敬武乃逐師儒自爲留後王鐸承制授以節鉞後以出師勤王功加太尉平章事龍紀中敬武卒師範年幼三軍推之爲帥棣州刺史張蟾叛于師範不受節度朝廷乃以崔安潛爲平盧帥師範拒命張蟾迎安潛至郡同討師範師範遣將盧洪將兵攻蟾弘復叛與蟾通謀僞旋軍將襲青州師範知之遣重賂迎謂之曰吾以先人之故爲軍府所推年方幼少未能幹事如公以先人之故令不乏祀公之仁也如以爲難與成事乞保首領以守先人墳墓亦惟命弘以師範年幼必無能爲不爲之備師範伏兵要

路迎而享之預謂紀綱劉鄩曰翌日盧弘至爾卽斬之酬爾以軍校鄩如其言斬弘于座上及同亂者數人因戒厲士衆大行頒賞與之誓約自率之以攻棣州擒張蟾斬之安潛遁還長安師範雅好儒術少負縱橫之學故安民禁暴各有方略當時藩翰咸稱之及太祖平兗鄆遣朱友恭攻之師範乞盟遂與通好天復元年冬李茂貞刼遷車駕幸鳳翔韓全誨矯詔加罪于太祖令方鎮出師赴難詔至青州師範承詔泣下曰吾輩爲天子藩籬君父有難略無奮力者皆強兵自衛縱賊如此使上失守宗祧危而不持是誰之過吾今日成敗以之乃發使通楊行密（案新唐書全忠圍鳳翔昭宗詔方鎮赴難以師範附全忠命楊行密部將朱瑾攻青州且欲代爲平盧軍節度使師範聞之哭曰吾爲國守藩君危不持可乎乃與行密連盟是師範之通行密乃因其將謀見代而始遣使也歐陽史因作因乞兵于楊行密殊失事實而薛史亦未詳載）遣將劉鄩襲兗州別將襲齊時太祖方圍鳳翔師範遣將張居厚部輿夫二百言有獻于太祖至華州城東華將婁敬思疑其有異剖輿視之乃兵仗也居厚等因呼殺敬思聚衆攻西城時崔胤在華州遣部下閉關拒之遂遁去是日劉鄩下兗州河南數十郡同日發太祖怒遣朱友寧率軍討之既而友寧爲青軍所敗臨陣被擒傳首于淮南天復三年七月太祖復令楊師厚進攻屯于臨朐

師厚累敗青軍遂進寨于城下師範懼乃令副使李嗣業詣師厚乞降（案師範之降薛史與新唐書異薛史則以爲兵臨城下而始降也新唐書云師厚圍青州敗師範兵于臨朐執諸將又獲其弟師克是時師範衆尚十餘萬諸將請決戰而師範以弟故乃請降歐陽史云弟師魯大敗遂傅其城而梁別將劉重霸下其棣州師範乃請降亦微有不同）太祖許之歲餘遣李振權典青州事因令師範舉家徙汴師範將至縞素乘驢請罪于太祖太祖以禮待之尋表爲河陽節度使會韓建移鎮青州太祖帳餞于郊師範預焉太祖謂建曰公頃在華陰政事之暇省覽經籍此亦士君子之大務今之青土政簡務暇可復修華陰之故事建撝謙而已太祖又曰公讀書必須精意勿錯用心太祖以師範好儒前以青州叛故以此言譏之及太祖卽位徵爲金吾上將軍開平初太祖封諸子爲王友寧妻號訴于太祖曰陛下化家爲國人人皆得崇封妾夫早預艱難粗立勞効不幸師範反叛亡夫橫屍疆埸寃讐尙在朝廷受陛下恩澤亡夫何罪太祖悽然泣下曰幾忘此賊卽遣人族師範于洛陽先掘坑于第側乃告之其弟師誨兄師悅及兒姪二百口咸盡戮焉時使者宣詔訖師範盛啓宴席令昆仲子弟列座謂使者曰死者人所不能免況有罪乎然予懼坑屍于下少長失序恐有愧于先人行酒之次令少長依次于坑所受戮人士

痛之後唐同光三年三月詔贈太尉（永樂大典卷一萬八千一百二十七）

劉知俊字希賢徐州沛縣人也姿貌雄傑倜儻有大志始事徐帥時溥爲列校溥甚器之後以勇略見忌唐大順二年冬率所部二千人來降即署爲軍校知俊被甲上馬輪劍入敵勇冠諸將太祖命左右義勝兩軍隸之尋用爲左開導指揮使故當時謂之劉開導從討秦宗權及攻徐州皆有功尋補徐州馬步軍都指揮使攻海州下之遂奏授刺史天復初歷典懷鄭二州從平青州以功奏授同州節度使天祐三年冬以兵五千破岐軍六萬于美原自是連克鄜延等五州乃加檢校太傅平章事開平二年春三月命爲潞州行營招討使知俊未至潞夾寨已陷晉人引軍方攻澤州聞知俊至乃退尋改西路招討使六月大破岐軍于幕谷俘斬千計李茂貞僅以身免三年五月加檢校太尉兼侍中封大彭郡王時知俊威望益隆太祖雄猜日甚會佑國軍節度使王重師無罪見誅知俊居不自安乃據同州叛（鑒戒錄云彭城王劉知俊鎮同州日因築營牆掘得一物重八十餘斤狀若油囊召賓幕將校問之劉源曰此是冤氣所結古來囹圄之地或有焉昔王充據洛陽修河南府獄亦獲此物源聞酒能忘憂奠以醇醪或可消釋耳然此物之出亦非吉徵也知俊命具酒饌祝酹復瘞之尋有叛城背主之事）送款于李茂貞又分兵以襲雍華雍州節度使劉捍被擒送鳳翔害之華

州蔡敬思被傷獲免太祖聞知俊叛遣近臣諭之曰朕待卿甚厚何相負也知俊報曰臣非背德但畏死耳王重師不負陛下而致族滅太祖復遣使謂知俊曰朕不料卿爲此昨重師得罪蓋劉捍言陰結邠鳳終不爲國家用我今雖知枉濫悔不可追致卿如此我心恨恨蓋劉捍悞予事也捍一死固未塞責知俊不報遂分兵以守潼關太祖命劉鄩率兵進討攻潼關下之時知俊弟知浣爲新衛指揮使聞知俊叛自洛奔至潼關爲鄩所擒害之尋而王師繼至知俊乃舉族奔于鳳翔李茂貞厚待之僞加檢校太尉兼中書令以土疆不廣無藩鎮以處之但厚給俸祿而已尋命率兵攻圍靈武且圖牧圉之地靈武節度使韓遜遣使來告急太祖令康懷英率師救之師次邠州長城嶺爲知俊邀擊懷英敗歸茂貞悅署爲涇州節度使復命率衆攻興元進圍西縣會蜀軍救至乃退（九國志王宗鐬傳云岐將劉知俊等領大軍分路來攻由階成路奪固鎮糧王宗侃唐襲等禦之至青泥嶺爲知俊所敗退保西縣會大雨漢江漲宗鐬自羅村得鄉導緣山而行數百里與宗播遇于鐵谷合軍出湯頭時知俊自斜谷山南直抵興州圍西縣軍人散掠巴中宗鐬與宗播襲之會王建亦至遂解西縣之圍）既而爲茂貞左右石簡顒等間之免其軍政寓于岐下掩關歷年茂貞猶子繼崇鎮秦州因來寧覲言知俊途窮至此不宜以讒嫉見疑茂貞乃誅簡顒等

以安其心繼崇又請令知俊挈家居秦州以就豐給茂貞從之未幾邠州亂茂貞命知俊討之時邠州都校李保衡納款于朝廷末帝遣霍彥威率衆先入于邠知俊遂圍其城半載不能下會李繼崇以秦州降于蜀知俊妻孥皆遷于成都遂解邠州之圍而歸岐陽以舉家入蜀終慮猜忌因與親信百餘人夜斬關奔蜀王建待之甚至即授僞武信軍節度使尋命將兵伐岐不克班師因圍隴州獲其帥桑弘志以歸久之復命爲都統再領軍伐岐時都將皆王建舊人多違節度不成功而還蜀人因而毀之先是王建雖加寵待然亦忌之嘗謂近侍

曰吾漸衰耗恆思身後劉知俊非爾輩能駕馭不如早爲之所又嫉其名者于里巷間作謠言云黑牛出圈棧繩斷知俊色黔而丑生棧繩者王氏子孫皆以宗承爲名故以此搆之僞蜀天漢元年冬十二月建遣人捕知俊斬于成都府之炭市及王衍嗣僞位以其子嗣禋尚僞峨眉長公主拜駙馬都尉後唐同光末隨例遷于洛卒知俊族子嗣彬幼從知俊征行累遷爲軍校及知俊叛以不預其謀得不坐貞明末大軍與晉王對壘于德勝久之嗣彬率數騎奔于晉具言朝廷軍機得失又以家世讎怨將以報之晉王深信之即厚給田宅仍賜錦衣玉帶軍中目爲劉二哥居一年復來奔當時晉人謂是刺客以晉王恩澤之厚故不竊發龍德三年冬從王彥章戰于中都軍敗爲晉人所擒晉王見之笑謂嗣彬曰爾可還予玉帶嗣彬惶恐請死遂誅之永樂大典卷九千九十八

楊崇本不知何許人幼爲李茂貞之假子因冒姓李氏名繼徽唐光化中茂貞表爲邠州節度使天復元年冬太祖自鳳翔移軍北伐駐旆于邠郊命諸軍攻其城崇本懼出城請降太祖復置爲邠州節度使仍令復其本姓名焉及師還遷其族于河中案舊唐書十一月乙亥邠州節度使李繼徽以城降全忠乃舍其孥于河中以繼徽從軍新唐書作辛未與舊唐書異其後太祖因統戎

往來由于蒲津以崇本妻素有姿色嬖之于別館其婦素剛烈私懷愧恥遣侍者讓崇本曰丈夫擁旄仗鉞不能庇其伉儷我已爲朱公婦今生無面目對卿期于刀繩而已崇本聞之但洒淚含怒及昭宗自鳳翔回京崇本之家得歸邠州崇本恥其妻見辱因茲復貳于太祖乃遣使告茂貞曰朱氏兆亂謀危唐祚父爲國家磐石不可坐觀其禍宜于此時畢命興復事苟不濟死爲社稷可也茂貞乃遣使會兵于太原時西川王建亦令大將出師以助之岐蜀連兵以攻雍華關西大震太祖遣郴王友裕帥師禦之會友裕卒于行乃班師天佑三年

冬十月崇本復領鳳翔邠涇秦隴之師會延州胡章之衆合五六萬屯于美原列柵十五兵勢甚盛太祖命同州節度使劉知俊及康懷英帥師拒之崇本大敗復歸于邠州自是垂翅久之乾化元年冬（秦原本作乾化四年今從歐陽校正）爲其子彥魯所毒而死彥魯自稱留後復領其軍事凡五十餘日爲崇本養子李保衡所殺保衡舉其城來降末帝命霍彥威爲邠帥由是邠寧復爲末帝所有（永樂大典卷一萬八千一百二十七）

蔣殷不知何許人幼孤隨其母適于河中節度使王重盈之家重盈憐之畜爲己子唐天復初太祖旣平蒲陝殷與從兄珂舉族遷于大梁太祖感王重榮之舊恩凡王氏諸子皆錄用焉殷由是繼歷內職累遷至宣徽院使殷素與庶人友珪善友珪篡立命爲徐州節度使乾化四年秋末帝以福王友璋鎭徐方殷自以爲友珪之黨懼不受代遂堅壁以拒命時華州節度使王瓚殷之從弟也懼其連坐上章言殷本姓蔣非王氏之子也末帝乃下詔削奪殷在身官爵仍令却還本姓命牛存節劉鄩等帥軍討之是時殷求救于淮南楊溥遣朱瑾率衆來援存節等迎擊敗之貞明元年春存節劉鄩攻下徐州殷舉族自燔而死于火中得其屍梟首以獻之（永樂

大典卷一萬八百三十一）

張萬進雲州人初爲本州小校亡命投幽州劉守光厚遇之任爲裨將滄州劉守文以弟守光四父而竊據其位自領兵問罪譸敗于雞蘇守光遂兼有滄景之地令其子繼威主留務繼威年幼未能政事以萬進佐之凡關軍政一皆委任繼威兇虐類父嘗淫亂于萬進之家萬進怒而殺之又遣使歸于晉旣而末帝遣楊師厚劉守奇潛兵掠鎭冀因東攻滄州萬進乞降（通鑑云乾化二年九月庚子萬進遣使奉表降于梁辛丑以萬進爲義昌留後甲辰改義昌爲順化軍以萬進爲節度使此傳疑有闕文）師厚表靑州節度使俄遷兗州仍賜名守進萬進性旣輕險專圖反側貞明四年冬據城叛命遣使送款于晉王末帝降制削其官爵仍復其本名遣劉鄩討之晉人不能救五年冬萬進危蹙小將邢師遇潛謀內應開門以納王師遂拔其城萬進族誅（永樂大典卷六千三百五十）

史臣曰夫雲雷構屯龍蛇起陸勢均者交鬬力敗者先亡故瑄瑾時溥之流皆梁之吞噬斯亦理之常也唯瑄始以竊發有土終以竊發亡身傳所謂君以此始必以此終者乎師範屬衰季之運以興復爲謀事雖不成忠則可尚雖貽族誅之禍亦可以與臧洪遊于地下矣知俊驍武有餘奔亡不暇六合雖大無所容身夫如是則

豈若義以爲勇者乎崇本而下俱以叛滅又何足以道哉 永樂大典卷六千二百五十

補遺

朱瑾傳 立祠以祭之 馬令南唐書云初宿衛將李球馬謙挾楊隆演登樓取庫兵以誅知訓與戰頻郤朱瑾適自外來以一騎前視其陣曰不足爲也因反顧一麾外兵爭進遂斬球謙亂兵皆潰瑾嘗有德於知訓者也反其內終人皆謂曲在知訓

劉知俊傳 懷英敗歸 九國志云李廷琦劉知俊自靈武班師塗經長城嶺梁帥率精英數萬邀其後彥琦與知俊同設方略擊敗之

舊五代史卷十三終

舊五代史卷十三攷證

梁列傳三朱瑄傳敬武遣將曹全晸 案新唐書及通鑑俱作曹存實舊唐書歐陽史與是書同

部將崔君預據城叛全晸攻之 案舊唐書韓簡傳云曹全晸爲簡所敗死之鄆將崔君裕收合殘衆保鄆州朱瑄傳云崔君裕權知州事全晸知其兵寡襲君裕據韓簡傳則全晸死而君裕保其城據朱瑄傳則君裕爲全晸所殺二傳自相矛盾是書從朱瑄傳又君預諸史俱作君裕

光啟初魏博韓允中攻鄆 案新唐書作中和初魏博韓簡東窺曹鄆攷舊唐書韓允中傳乾符元年十一月卒子簡起復爲節度觀察留後新唐書本紀亦云是攻鄆者韓簡非允中也通鑑作中和二年韓簡擊鄆州當得其實是書訛作允中與諸史年月人名舛異

朱瑾傳瑾從兄齊州刺史瓊以州降 齊州原本作濟州據通鑑及北夢瑣言改正

瑾之二子 案新唐書作瑾子用貞

刺史尹處賓 案新唐書作尹懷賓

出瑾爲淮寧軍節度使 淮寧原本作懷寧今據九國

志改正
愛妓桃氏　案九國志作妻陶氏
王師範傳棣州刺史張蟾叛于師範　張蟾原本作張
僭今據新唐書改正
劉知俊傳尋用爲左開道指揮使　開道原本作關道
今據歐陽史改正
楊崇本傳乾化元年　案原本作乾化四年今據歐陽
史改正
張萬進傳仍賜名守進　守進原本作方進今據本紀
改正

舊五代史卷十三攷證

舊五代史卷十四

宋司空同中書門下平章事薛居正等撰

列傳第四　梁書十四

羅紹威（案舊唐書紹威字端己）魏州貴鄉人父弘信本名宗弁初爲馬牧監事節度使樂彥貞光啟末彥貞子從訓驕盈太橫招聚兵甲欲誅牙軍牙軍怒聚謀攻之從訓出據相州牙軍廢彥貞囚于龍興寺逼令爲僧尋殺之推小校趙文建爲留後先是弘信自言于所居遇一白鬚翁謂之曰爾當爲土地主如是者再心竊異之（羅弘信遇白鬚翁本篝火狐鳴之故智唐書作鄰人相告新唐書作巫者傳言疑皆屬傳聞之誤薛史以爲弘信自言當得其實）

既而文建不洽軍情牙軍聚呼曰孰願爲節度使者弘信即應曰白鬚翁早以命我可以君長爾曹唐文德元年四月牙軍推弘信爲留後朝廷聞之即正授節旄乾寧中太祖急攻兗鄆朱瑄求援于太原時李克用遣大將李存信率師赴之假道于魏屯于莘縣存信御軍無法侵魏之芻牧弘信不平之太祖因遣使謂弘信曰太原志吞河朔迴戈之日貴道堪憂弘信懼乃歸款于太祖仍出師三萬攻李存信敗之（案弘信攻李存信舊唐書與薛史同新唐書則云李存信侵魏芻牧弘信已不平既而李瑭復壁莘弘信厭其暴及聞梁王遣使相告乃廻戈攻瑭也與薛史異）未幾李克用領兵攻魏營于觀音門外屬邑多拔

太祖遣葛從周援之戰于洹水擒克用男落落以獻太祖令送于弘信斬之晉軍乃退是時太祖方圖兗鄆慮弘信離貳每歲時賂遺必卑辭厚禮弘信每有答貺太祖必對魏使北面拜而受之曰六兄比予有倍年之長兄弟之國安得以常鄰遇之故弘信以爲厚己其後弘信累官至檢校太尉封臨清王（案舊唐書弘信先封豫章郡公進封北平王）光化元年八月薨于位紹威襲父位爲留後（案舊唐書紹威自文德初授左散騎常侍充天雄軍節度副使自龍紀至乾寧十年之中累加官爵）朝廷因而命之尋正授旄鉞累加檢校太尉兼侍中封長沙郡王昭宗東遷命諸道修洛邑紹威獨營太廟制加守侍中進封

鄴王初至德中田承嗣盜據相魏澶博衛貝等六州召募軍中子弟置之部下號曰牙軍皆豐給厚賜不勝驕寵年代寖遠父子相襲親黨膠固其凶戾者強買豪奪踰法犯令長吏不能禁變易主帥有同兒戲自田氏已後垂二百年長帥廢置出于其手如史憲誠何全皡韓君雄樂彥貞皆爲其所立優獎小不如意則舉族被誅紹威懲其往弊雖以貨賂姑息而心銜之紹威嗣世之明年正月幽州劉仁恭擁兵十萬謀亂河朔進陷貝州長驅攻魏紹威求援于太祖太祖遣李思安援之屯于洹水葛從周自邢洺引軍入魏州燕將劉守文單可及

與王師戰于內黃大敗之乘勝追躡會從周亦出軍掩擊又敗燕軍斬首三萬餘級三年紹威遣使會軍同攻滄州以報之自是紹威感太祖援助之恩深加景附紹威見唐祚衰凌羣雄交亂太祖兵強天下必知有禪代之志故傾心附結贊成其事每慮牙軍變易心不自安天祐初州城地無故自陷俄而小校李公佺謀變紹威愈懼乃定計圖牙軍遣使告太祖求爲外援太祖許之遣李思安會魏博軍再攻滄州先是安陽公主薨于魏太祖因之遣長直軍校馬嗣勳選兵千人伏兵仗于巨橐中肩舁以入魏州言助女葬事天祐三年正月五日

太祖親率大軍濟河聲言視行營于滄景牙軍頗疑其事是月十六日紹威率奴客數百與嗣勳同攻之時宿於牙城者千餘人遲明盡誅之凡八千家皆赤其族州城爲之一空翌日太祖自內黃馳至鄴時魏軍二萬方與王師同圍滄州聞城中有變乃擁大將史仁遇保于高唐六州之內皆爲勍敵太祖遣諸將分討之半歲方平自是紹威雖除其偪然尋有自弱之悔不數月復有浮陽之役紹威飛輓饋運自鄴至長蘆五百里疊跡重軌不絕于路又于魏州建元帥府署沿道置亭候供牲牢酒糗軍幕什器上下數十萬人一無闕者及太祖迴

自長蘆復過魏州紹威乘間謂太祖曰邠岐太原終有狂譎之志各以興復唐室爲詞王宜自取神器以絕人望天與不取古人所非太祖深感之及登極加守太傅兼中書令賜號扶天啟運竭節功臣車駕將入洛奉詔重修五鳳樓朝元殿巨木良匠非當時所有倏架于地泝流西立于舊址之上張設綈繡皆有副焉太祖甚喜以寶帶名馬賜之先是河朔三鎮司管鑰備洒掃皆有閹人紹威曰此類皆宮禁指使豈人臣家所宜畜也因搜獲三十餘輩盡以來獻太祖嘉之開平中加守太師兼中書令邑萬戶紹威嘗以臨淄海岱罷兵歲久儲庾

山積唯京師軍民多而食寡願于太行伐木下安陽淇門斵船三百艘置水運自大河入洛口歲漕百萬石以給宿衛太祖深然之會紹威遘疾革遣使上章乞骸骨太祖撫案動容顧使者曰亟行語而主爲我強飯如有不可諱當世世貴爾子孫以相報也仍命其子周翰監總軍府及訃至輟朝三日冊贈尚書令紹威在鎮凡十七年年三十四薨（永樂大典卷一萬八千一百二十六）有英傑氣工箋札曉音律性復精悍明敏服膺儒術明達吏理好招延文士聚書萬卷開學館置書樓每歌酒宴會與賓佐賦詩頗有情致（太平廣記引羅紹威傳云當時藩牧之中最獲文章

之譽每命幕客作四方書檄小不稱意壞裂抵棄自擘牋起草下筆成文雖無藻麗之風幕客多所不及江東人羅隱者佐錢鏐軍幕有詩名于天下紹威遣使賂遺敘南巷之敬隱乃聚其所爲詩投寄之紹威酷嗜其作因目己之所爲曰偷江東集至今鄴中人士諷詠之紹威嘗有公讌詩云簾前淡泊雲頭日座上蕭騷雨腳風雖深于詩者亦所歎伏紹威子三人長曰廷規位至司農卿尚太祖女安陽公主又尚金華公主早卒次曰周翰繼爲魏博節度使亦早卒通鑑攷異引梁功臣傳云周翰起復雲麾將軍充天雄軍節度留後尋檢校司徒正授魏博節度使季曰周敬歷滑州節度使別有傳開平四年夏詔金華公主出家爲尼居于宋州元靜寺蓋太祖推恩于羅氏令終其婦節也永樂大典卷五千六百七十八五代史補羅鄴王紹威俊邁有詞學有好戲判有常人向官街中鞴驢置鞍于地值車牛過急行碾破其鞍驢主怒毆駕車者爲廂司所擒紹威更不按問遂判其狀云鄴城大道甚寬何故駕車碾鞍領鞴驢漢子科決待駕車漢子喜歡詞雖俳諧理甚切當論者許之

趙犨其先天水人案歐陽史作其先青州人代爲忠武牙將曾祖賓祖英奇父叔文皆歷故職犨幼有奇智齠齔之時與鄰里小兒戲于道左恆分布行列爲部伍戰陣之狀自爲董率指顧如夙習焉羣兒皆稟而從之無敢亂其行者其父目而異之曰吾家千里駒也必大吾門矣及赴鄉校諷讀之性出于同輩弱冠有壯節好功名妙于弓劍

氣義勇果郡守聞之擢爲牙校唐會昌中壺關作亂隨父北征收天井關未幾從王師征蠻浹月方克惟忠武將士轉戰溪洞之間斬獲甚衆本道錄其勳陟爲馬步都虞候乾符中王僊芝起于曹濮大縱其徒侵掠汝鄭犨乃率步騎數千襲之賊黨南奔及黃巢陷長安天子幸蜀中原無主人心騷動于是陳州數百人相率告許州連帥願得犨知軍州事其帥即以狀聞于是天子下詔以犨守陳州刺史既視事乃謂將吏曰賊巢之虐徧于四方苟不爲長安市人所誅則必驅殘黨以東下況與忠武久爲仇讎凌我土疆勢必然也乃遣增垣墉濬溝洫實倉廩積薪芻凡四門之外兩舍之內民有資糧者悉令輓入郡中繕甲兵利劍矟弓弩矢石無不畢備又招召勁勇置之麾下以仲弟昶爲防遏都指揮使以季弟珝爲親從都知兵馬使長子麓次子霖皆分領銳兵黃巢在長安果爲王師四面掩束食盡人飢謀東奔之計先遣驍將孟楷擁徒萬人直入項縣犨引兵擊之賊衆大潰斬獲略盡生擒孟楷中和三年朝廷聞其功就加檢校兵部尚書俄轉右僕射不數月加司空進潁川縣伯巢黨知孟楷爲陳所擒大驚憤乃悉衆東來先據溵水後與蔡州秦宗權合勢以攻宛丘陳人懼焉犨

恐衆心攜離乃于衆中揚言曰忠武素稱義勇淮陽亦爲勁兵是宜戮力同心捍禦羣寇建功立節去危就安諸君宜圖之況吾家食陳祿久矣今賊衆閧逼衆寡不均男子當于死中求生又何懼也且死于爲國不猶愈于生而爲賊之伍耶汝當觀吾之破賊敢有異議者斬之由是衆心靡不踴躍無何開門與賊接戰每戰皆捷賊衆益怒巢于郡北三四里起八仙營如宮闕之狀又修百司廨署儲蓄山峙蔡人濟以甲冑軍無所闕焉凡圍陳三百日大小數百戰雖兵食將盡然人心益固犨因令間道奉羽書乞師于太祖太祖素多犨之勇果乃

許之四年四月太祖引大軍與諸軍會于陳之西北陳人望旗鼓出軍縱火急攻巢寨賊衆大潰重圍遂解獻捷于行在五年八月除犨爲蔡州節度使于時巢黨雖敗宗權益熾六七年間屠膾中原陷二十餘郡惟陳去蔡百餘里兵少力微日與爭鋒終不能屈文德元年蔡州平朝廷議勳以犨檢校司徒充泰寧軍節度使又改授浙西節度使不離宛丘兼領二鎮龍紀元年三月又以平巢蔡功就加平章事充忠武軍節度使仍以陳州爲理所由是中原塵靜唐帝復歸長安陳許流亡之民襁負歸業犨設法招撫又皆感之犨兄弟三人時稱雍睦一日念仲弟昶同心王事共立軍功乃下令盡以軍州事付于昶遂上表乞骸後數月寢疾卒于陳州官舍年六十六葬于宛丘縣之先域累贈太尉犨雖盡忠唐室保全陳州然默識太祖雄傑每降心託跡爲子孫之計故因解圍之後以愛子結親又請爲太祖立生祠于陳州朝夕拜謁數年之間悉力委輸凡所徵調無不率先故能保其功名長子麓位至列卿次子霖改名巖尚太祖女長樂公主開平初授衛尉卿駙馬都尉二年九月權知洺州軍州事俄轉天威軍使十二月授右羽林統軍改右衛上將軍充大內皇牆使三年七月出爲宿

州團練使旋移州刺史其後累歷近職連典禁軍預誅庶人友珪有功末帝即位用爲租庸使守戶部尚書巖以勳戚貨賂公行天下之賄半入其門又以身尚公主聞唐朝駙馬都尉杜琮位極將相以服御飲饌自奉務極華侈巖恥其不及由是豐其飲膳嘉羞法饌動費萬錢傲斂綱商其徒如市權勢熏灼人皆阿附及唐莊宗滅梁室巖踰垣而逸素與徐州溫韜相善巖往依之既至韜斬巖首送京師（永樂大典卷一萬六千九百九十）

昶字大東犨仲弟也弱冠習兵機沈默大度神形灑落臨事有通變之才及兄犨爲陳州刺史以昶爲防禦都

指揮使未幾巢將孟楷擁衆萬餘據項城縣昶與兄犨領兵擊破之擒楷以歸不數月巢黨悉衆攻陳以報孟楷之役又蔡寇合從凶醜百萬棲于陳郊陳人大恐一夕昶因巡警假寐于闉闍恍惚間如有陰助昶異而待之遲明開門決戰人心兵勢勇不可過若有陰兵前導是日擒賊將數人斬首千餘級羣凶氣沮其後連日交戰無不應機俘斬未嘗小衄以至重圍數月士心如一及賊敗圍解朝廷紀勳昶一門之中疊加爵秩當時方鎮之內言忠勇者言守禦者言功勳者言政事者皆以犨昶爲首焉及犨遙領泰寧軍節度以昶爲本州刺史檢校右僕射俄而犨有疾遂以軍州盡付于昶詔授兵馬留後旋遷忠武軍節度使亦以陳州爲理所時宗權未滅中原方受其毒陳蔡封疆相接昶每選精銳深入蔡境蔡賊雖衆終不能抗以至宗權敗焉（案上篇趙犨傳云蔡州平以犨爲忠武軍節度使據此傳則昶爲忠武節度使宗權未滅二傳自相矛盾見通鑑考異）朝廷賞勳加檢校司徒昶以大寇削平之後益留心于政事勸課農桑大布恩惠景福元年秋陳許將吏耆老錄其功詣闕以聞天子嘉之命文臣撰德政碑植于通衢以旌其功俄加同平章事昶自圍解之後恆曰梁王之恩不敢忘也自後太祖每有征伐昶訓練兵甲饋輓供億無

有不至乾寧二年寢疾薨于鎮年五十三追贈太尉（永樂大典卷一萬六千九百九十）

珝字有節犨季弟也（案新唐書以珝爲犨子據歐陽史及通鑑皆以珝爲犨弟與薛史同新唐書誤）幼而剛毅器宇深沈旣冠好書籍及壯工騎射尤精三略及犨爲陳州刺史以珝爲親從都知兵馬使時巢黨東出商鄧與蔡賊會聚至百餘萬攝長壕五百道攻陳陳人大懼珝與二兄堅心誓衆激厲將校約以死節珝以祖先松檟去郭數里慮爲羣盜穿發乃夜縱心膂之士遷柩入城府庫舊有巨弩數百枝機牙皆缺工人咸謂不可用珝即創意制度自調弦筈置之雉堞間矢激五百餘步凡中人馬皆洞達胸腋羣賊畏之不敢逼近自仲秋至于首夏軍食將竭士雖不飽而堅拒之志不移會太祖率大軍解其圍珝兄弟拉泣感謝其後朝廷議功加檢校右僕射遷領處州刺史犨薨昶爲忠武軍節度使珝遷爲行軍司馬檢校司空昶薨珝知忠武軍留後珝公幹之才播于遠邇至于符籍虛實財穀耗登備閱根本民之利病無不洞知庶事簡練公私俱濟太祖深加慰薦尋加特進檢校司徒充忠武軍節度使陳州土壤卑疎每歲壁壘摧圮公役不暇珝遂營度力用俾以甓周砌四墉自是無霖潦之虞光化二年加

檢校太保平章事明年檢校侍中進封天水郡公翊博通前古以陳州本伏羲所都南頓乃光武舊地遂稽考古制崇飾廟貌爲四民祈福之所又詢鄧艾故址決翟王河以溉稻粱大實倉廩民獲其利翊兄弟節制陳許繼擁節鉞共二十餘年陳人愛戴風化大行天復元年冬韓建爲忠武軍節度使乃徵翊知同州匡國軍節度留後時太祖統軍岐下翊輸輓調發旁午道途俄而昭宗還長安詔徵入覲錫迎鑾功臣之號翊因堅辭藩鎮遂加檢校太傅右金吾衛上將軍及扈從東遷歲餘以痼疾免官遂歸淮陽未幾薨于私第年五十五詔贈侍中陳人爲之罷市子穀仕至左驍衛大將軍宣徽北院使唐莊宗入汴與從兄巖皆族誅（永樂大典卷一萬六千九百九十）

王珂河中人祖縱鹽州刺史父重榮河東節度使破黃巢有大功封瑯琊郡王珂本重榮兄重建之子出繼重榮唐僖宗光啟三年重榮爲部將常行儒所害推重榮弟重盈爲蒲帥以珂爲行軍司馬及重盈卒軍府推珂爲留後時重盈子珙爲陝州節度使瑤爲絳州刺史由是爭爲部帥瑤珙連上章論列又與太祖書云珂非吾兄弟蓋余家之蒼頭也小字忠兒（案舊唐書忠作蟲）安得繼嗣珂亦上章云亡父有興復之功又遣使求援于太原李克用爲保薦于朝昭宗可之既而珙厚結王行瑜李茂貞韓建爲援三鎮互相表薦昭宗詔論之曰吾以太原與重榮有再造之功已俞其奏矣乾寧二年五月三鎮率兵入覲賊害時政請以河中授珙瑤又連兵以攻河中克用聞之出師以討三鎮瑤珙兵退晉師拔絳州擒瑤斬之及克用駐軍于渭北昭宗以珂爲河中節度使正授旄鉞克用因以女妻珂珂至太原謝婚成禮克用令李嗣昭將兵助珂攻珙于陝焉光化末太祖謂張存敬曰珂恃太原之勢侮慢鄰封爾爲我持一繩以縛之天復元年春存敬兵下晉絳令何絪守晉州以扼太原

援師二月大軍逼河中珂妻書告太原曰敵勢攻逼朝夕爲俘虜因乞食于大梁矣大人安忍不救克用曰前途既阻衆寡不敵救則與爾兩亡可與王郎歸朝廷珂復求救于李茂貞茂貞不答珂勢窮蹙卽登城謂存敬曰吾與汴王有家世事分公宜退舍俟汴王至吾自聽命存敬卽日退舍三月太祖自洛陽至先哭于重榮之墓蒲人聞之感悅珂欲面縛牽羊以見太祖曰太師阿舅之恩何時可忘郎君若以亡國之禮相見黃泉其謂我何（案新唐書全忠王出也始背賊事重榮約爲甥舅德其全己指日月曰我得志凡氏王者皆事之至是忘誓言過重榮墓僞哭而祭）及珂出迎于路握手歔欷聯轡而入乃

以居敬守河中珂舉家徙于汴後入覲被殺于華州傳
舍（永樂大典卷六千八百四十九）
珙少有俊氣才兼文武性甚驕虐屬世多故遂代伯父
重霸爲陝州節度使爲政苛暴且多猜忌殘忍好殺不
以生命爲意內至妻孥宗屬外則賓幕將吏一言不合
則五毒並施鞭笞剸斮無日無之沓縱聚斂民不堪命
由是左右惕懼憂在不測唐光化二年夏六月爲部將
李璠所殺璠自稱留後因是陝州不復爲王氏所有（永樂大典卷六千八百四十九）

史臣曰紹威始爲唐雄據魏地當土德之季運倡梁祖
以强禪在梁則爲佐命也在唐則豈得爲忠臣乎趙犨
以淮陽咫尺之地抗黃巢百萬之衆功成事立有足多
者巖穀非賢遽泯其嗣惜哉王珂奕世山河勢危被虜
乃魏豹之徒歟（永樂大典卷六千八百四十九）

補遺

王珂傳　黃泉其謂我何（歐陽史云太祖自同州降唐即依重榮以母王氏敬事重榮爲舅）

舊五代史卷十四終

舊五代史卷十四攷證

梁列傳四羅紹威傳其後宏信封臨淸王　案舊唐書宏信先封豫章郡公進封北平王與是書異

自田氏已後垂二百年　案吳縝歐陽史纂誤云魏博自田承嗣專據至羅紹威時共一百五十餘年歐陽史作二百年誤蓋歐陽史仍是書之誤也

太祖自內黃馳至鄴　至鄴原本作至葉今據歐陽史改正

歲漕百萬石以給宿衛太祖深然之　案通鑑攷異引梁功臣傳云紹威馳簡獻替意互合者十得五六太祖嘆曰竭忠力一人而已又引莊宗實錄曰紹威陰有覆溫之志而賂溫益厚溫怪其曲事慮蓄奸謀而莫之察乃賜紹威妓妾數人未半歲召還以此得其陰事其紀載互異如此竊謂紹威有謀慮得梁主信任宜也然以梁主雄險而紹威又因盡誅牙軍有自弱之悔則此時猜忌諒亦有之未可偏廢其說

趙犨傳父叔文　案叔文原本訛叔乂今據新唐書改正

王僊芝起于曹濮　僊芝原本作僊芘今據新舊唐書改正

文德元年　文德原本作大德今改正

充大內皇牆使　皇牆原本作皇城攷五代會要梁時

避諱改皇城使爲皇牆使今改正

趙昶傳假寐于闉闍　闉闍原本作闉闍今改正

時宗權未滅　案上篇趙犨傳云蔡州平以犨爲忠武

軍節度使據此傳則昶爲忠武節度使宗權未滅二

傳互異

趙珝傳珝犨季弟也　案新唐書以珝爲犨子是書及

歐陽史通鑑皆以珝爲犨弟新唐書應誤

王珂傳小字忠兒　忠兒舊唐書作蟲兒

令何絪守晉州　何絪原本作何縡今據通鑑改正

舊五代史卷十四攷證

舊五代史卷十五

宋司空同中書門下平章事薛居正等撰

列傳第五　梁書十五

韓建字佐時許州長社人父叔豐世爲牙校初秦宗權之據蔡州招合亡命建隸爲軍士累轉至小校唐中和初忠武監軍楊復光起兵于蔡宗權遣其將鹿宴弘赴之建與里人王建俱隸宴弘軍入援京師賊平復光暴卒時僖宗在蜀宴弘率所部赴行在路出南山因攻剽郡邑據有興元宴弘自爲留後以建爲屬郡刺史唐軍容使田令孜密遣人誘建啗以厚利建時懼爲宴弘所併乃率所部歸行在令孜補爲神策都校金吾將軍出爲潼關防禦使兼華州刺史河潼經大寇之後戶口流散建披荊棘闢污萊勸課農事植樹蔬果出入閭里親問疾苦不數年流亡畢復軍民充實建比不知書治郡之暇日課學習遣人于器皿牀榻之上各題其名建視之既熟乃漸通文字俄遷華商節度潼關守捉等使累加檢校太尉平章事乾寧二年建與鳳翔李茂貞邠州王行瑜舉兵赴闕迫昭宗請以王珙爲河中帥害大臣于都下河中王珂召晉軍以爲援及晉軍渡河昭宗幸石門三年四月昭宗遣延王通王率禁兵討李茂貞爲

茂貞所敗車駕幸渭橋翊日次富平將幸河中建奉表迎駕餓自至渭北懇乞東幸許之七月十五日昭宗至華百官士庶相繼而至建尋加中書令充京畿安撫制置等使又兼京兆尹京城把截使昭宗久在華州之境思還宮掖每花朝月夕遊宴西溪與羣臣屬詠歌詩歔欷流涕建每從容奏曰臣爲陛下修營大內結信諸侯一二年間必期興復乃以建兼領修創京城使建自華督役輦運工作復治大明宮四年二月有詔建告睦王已下八王謀殺建（案通鑑作防城將張行思等來告建惡諸王典兵故使行思等告之）建四八王于別宅放散隨駕殿後軍二萬人殺捧日都頭李筠自是天子益微宿衛之士盡矣八月建以兵圍十六宅通王以下十一王並遇害于石堤谷以謀逆聞又害太子詹事馬道殷將作監許巖士貶宰相朱朴皆昭宗寵昵者也（案新唐書昭宗紀正月乙酉韓建以兵圍行宮殺扈蹕都將李筠二月韓建殺太子詹事馬道殷將作監許巖士八月韓建殺通王滋沂王禋部王彭王嗣韓王嗣陳王嗣覃王嗣周王嗣延王戒丕嗣丹王允通鑑與新唐書同薛史以殺李筠爲正月事以殺馬道殷許巖士爲八月事蓋本于舊唐書昭宗紀宜可徵信云）建尋兼同州節度使光化元年升華州爲興德府以建爲尹八月車駕還京九月冊拜太傅進封許國公幷賜鐵券天復元年十一月宦官韓全誨迫天子幸鳳翔建亦預其謀太祖聞之自河中引軍而西前鋒至

同州建判官司馬鄴以城降遂移軍逼華州建懼乞降太祖責以務君之罪建拜伏稱從事李巨川之謀也太祖即誅巨川案北夢瑣言韓建曰某不識字凡朝廷章奏鄰封書檄皆巨川爲之因斬之通鑑所采即本于北夢瑣言與薛史同新唐書李巨川傳云巨川詣軍門納款因言當世利害全忠屬官敬翔以文翰事左右疑巨川用則全忠待己或衰乃詭說曰巨川誠奇才顧不利主人若何是日全忠殺之是巨川之死亦由于敬翔之譖不僅爲韓建所賣也太祖與建素有軍中昆弟之契及見其怒驟息尋表爲許州節度使昭宗東遷以建爲佑國軍節度使京兆尹車駕至陝召太祖與建侍宴宮妓奏樂何皇后舉觴以賜太祖建躡足太祖遽起曰臣醉不任僞若顛仆即去建私謂太祖曰上與宮人附耳而語幕下有兵仗聲恐圖王爾天祐三年改青州節度使及受禪徵爲司徒平章事充諸道鹽鐵轉運使開平二年加侍中充建昌宮使三年郊祀于洛以建爲大禮使建爲上宰每謁見時有直言太祖性剛嚴羣下將迎不暇待建稍異故優容之九月册拜太保罷知政事案五代會要開平三年十月詔曰太保韓建每月旦十五日入閣稱賀即令赴朝參餘時勿入見示優禮也四年三月除匡國軍節度使陳許蔡觀察使仍令中書不議除替案五代會要乾化元年正月敕許昌雄鎮太保韓建朕用以布政民耕盜止久居其位庶可勝殘矣宜令中書門下不計年月勿議替乾化二年六月朝廷新有內難人心動搖部將張厚因作亂害建于衙署案通鑑考異引莊宗實錄九月建遇害通

鑑從薛史時年五十八子從訓昭宗在華州時授太子侍學賜名文禮尋拜屯田員外郎國初爲都官郎中賜紫年未弱冠時朝廷命從訓告國哀于陳許至二日軍亂與建併命乾化三年追贈太師永樂大典卷三千六百七十五

李罕之陳州項城人父文世田家罕之拳勇趫捷力兼數人少學爲儒不成又落髮爲僧以其無賴所至不容曾乞食于酸棗縣自旦至晡無與之者乃擲鉢于地毀棄僧衣亡命爲盜案北夢瑣言云罕之即其僧名會黃巢起曹濮罕之因合徒作剽漸至魁首及賊巢渡江罕之因以兵將背賊歸于唐高駢錄其功表爲光州刺史歲餘爲蔡賊秦宗權寇逼不能守乃棄郡歸項城收合餘衆依河陽諸葛爽爽署爲懷州刺史光啓初僖宗以爽爲東南面招討以擊宗權爽乃表罕之爲副令將兵屯宋州蔡寇兇燄日熾兵鋒不敵中和四年爽表罕之爲河南尹東都留守是歲李克用脫上源之難斂軍西歸路由洛陽罕之迎謁供帳館待甚優因與克用厚相結託時罕之有衆三千以聖善寺爲府光啓元年蔡賊秦宗權遣將孫儒來攻罕之對壘數月以兵少備竭委城而遁西保于澠池蔡賊據京城月餘焚燒宮闕剽剝居民賊既退去鞠爲灰燼寂無雞犬之音罕之復引其衆築壘于市西

明年冬諸葛爽死其將劉經推爽子仲方爲帥經懼罕之難制自引兵鎭洛陽罕之部曲有李瑭郭瑑者情不相叶欲相圖害罕之怒誅瑑軍情由是不睦劉經因其有間掩擊罕之于澠池軍亂保乾壕經急攻之爲罕之所敗罕之乘勝追之洛陽時經保敬愛寺罕之保苑中飛龍廐罕之激勵其衆攻敬愛寺數日因風縱火盡燔之經衆奔竄追斬殆盡罕之進逼河陽營于鞏縣陳舟于汜水將渡諸葛仲方遣將張言（案張言後名全義）率師拒于河上時仲方年幼政在劉經諸將心多不附張言密與罕之修好經知其謀言懼引衆渡河歸罕之因合勢攻

河陽爲經所敗罕之與言退保懷州冬蔡將孫儒陷河陽仲方汎輕舟來奔孫儒遂自稱節度使俄而蔡賊爲我軍所敗孫儒棄河陽歸蔡罕之與言收合其衆求援于太原李克用遣澤州刺史安金俊率騎助之遂收河陽克用表罕之爲節度同平章事又表言爲河南尹東都留守罕之既與言患難交契刻臂爲盟永同休戚如張耳陳餘之義也罕之雖有膽決雄猜反復而撫民御衆無方略率多苛暴性復貪冒不得士心既得河陽出兵攻晉絳時大亂之後野無耕稼罕之部下以俘剽爲資啖人作食絳州刺史王友遇以城降罕之乃進攻晉

州河中王重盈遣使求援于太祖時張言治軍有法善積聚勤于播植軍儲不乏言輸粟于罕之以給其軍罕之求索無限言頗苦之力不能應罕之則錄河南府吏笞責之東諸侯修貢行在多爲罕之邀留王重盈苦其侵削密結張言請圖之文德元年春會罕之盡出其衆攻平陽言夜出師掩擊河陽罕之無備單步僅免舉族爲言所俘罕之奔于太原李克用表爲澤州刺吏仍領河陽節度使三月克用遣其將李存孝率師三萬助之來攻懷孟城中食盡備禦皆竭張言遣其孥入質且求救于太祖太祖遣葛從周牛存節赴之逆戰于沇河店

會晉將安休休以一軍奔于蔡存孝引軍而退罕之保于澤州自是罕之日以兵寇抄懷孟晉絳數百里內郡邑無長吏閭里無居民河內百姓相結屯寨或出樵汲卽爲俘馘雖奇峯絕磴梯危架險亦爲罕之部衆攻取先是蒲絳之間有山曰摩雲邑人立柵于上以避寇亂罕之以百餘人攻下之軍中因號罕之曰李摩雲自是數州之民屠啖殆盡荆棘蔽野烟火斷絕凡十餘年乾寧元年李存孝出師以拒邠鳳營于渭北天子以克用爲邠州行營四面都統克用乃表罕之爲副及誅王行瑜罕之以功授檢校太尉食邑千戶（案新唐書克用討王行瑜表罕之副）

都統檢校侍中行瑜誅封隴西郡王檢校太尉兼侍中所載爵位較薛史爲詳歐陽史仍薛史之舊罕之自以功多私謂晉將蓋寓曰余自河陽失守來依巨蔭歲月滋久功效未施比年以來倦于師旅所謂老夫耄矣無能爲也望吾王仁愍太傅哀憐與一小鎭休兵養疾一二年閒卽歸老菟裘幸也寓爲言之克用不對每藩鎭缺帥議所不及罕之私心鬱鬱蓋寓懼其它圖亟爲論之克用曰吾于罕之豈惜一鎭吾有罕之亦如董卓之有呂布雄則雄矣鷹鳥之性飽則颺去實懼翻覆毒余也光化元年十二月晉之潞帥薛志勤卒罕之乘其喪自澤州率衆徑入潞州自稱留後以狀聞于克用

曰聞志勤之喪將帥未至慮爲佗盜所窺不俟命已屯于潞矣克用怒遣李嗣昭討之罕之執其守將馬溉伊鐸何萬友案伊鐸歐陽史作伊鐔沁州刺史傅瑤等遣其子顥案歐陽史作遣子頎拘送于太祖以求援焉案新唐書全忠表罕之昭義軍節度使會罕之抱病不能視事明年六月病篤太祖令丁會代之移罕之爲河陽節度使行至懷州卒于傳舍時年五十八其子顥以舟載柩歸葬河陰縣開平二年春詔贈中書令永樂大典卷一萬三百八十七

馮行襲字正臣武當人也歷職爲本郡都校中和中僖宗在蜀有賊首孫喜者聚徒數千人欲入武當刺史呂煜惶駭無策略行襲伏勇士于江南乘小舟逆喜謂喜曰郡人得良牧衆心歸矣但緣兵多民懼擄掠若駐軍江北領肘腋以赴之使某前導以慰安士民可立定也喜然之旣渡江軍吏迎謁伏甲奮起行襲擊喜仆地伏劍斬之其黨盡殪賊衆在江北者悉奔潰案新唐書本紀光啓元年四月武當賊馮行襲陷均州逐其刺史李暐蓋行襲旣殪孫喜遂自據其郡也薛史作中和閒事與唐書異歐陽史仍從薛史山南節度使劉巨容以功上言尋授均州刺史州西有長山當襄漢蜀路羣賊屯據以邀劫貢奉行襲又破之洋州節度使葛佐奏辟爲行軍司馬請將兵鎭谷口通秦蜀道由是益知名李茂貞遣養子繼臻竊據

金州行襲攻下之因授金州防禦使時興元楊守亮將襲京師道出金商行襲逆擊大破之詔升金州爲節鎭以戎昭軍爲額卽以行襲爲節度使案舊唐書哀帝紀天祐二年金州馮行襲奏當道昭信軍額內一字與元帥全忠諱字同乃賜號戎昭軍是金州初賜軍額本名昭信至哀帝避朱全忠祖諱乃改稱戎昭也薛史于金州初賜軍額卽作戎昭蓋仍梁實錄之舊未及考正及太祖義旗西征行襲遣副使魯崇矩稟受制令會唐昭宗幸鳳翔太祖帥師奉迎久之未出中尉韓全誨遣中官郄文宴等二十餘人分命矯詔欲徵江淮兵屯于金州以脅太祖之軍行襲定策盡殺之收其詔勅送于太祖天祐元年兼領洋州節度使太祖之伐荆襄行襲令其子勗

以舟師會于均房預收復功案新唐書昭宣帝紀二年五月王建陷金州戎昭軍節度使馮行襲奔于均州六月行襲克金州舊唐書哀帝紀二年十二月戎昭軍奏收復金州兵火之後井邑殘破請移理所于均州從之仍改爲武定軍是行襲因金州嘗被陷乃改治軍州也薛史不載遷匡國軍節度使案舊唐書哀帝紀三年四月丙申勅曰天祐二年九月二十日于金州置戎昭軍割均房二州爲屬郡比因馮行襲叶贊元勳克宣丕績用奬濟師之效遂行割地之權今命帥得人酬庸有秩其戎昭軍額宜停其均房二州却還山南東道收管據此則戎昭軍額廢于天祐三年故行襲改鎭許州也到任誅大吏張澄暴其罪州人莫不惴懾在許三年上供外別追助軍羡糧二十萬石及太祖郊禋行襲請入覲貢獻巨萬恩詔殊厚尋詔翰林學士杜曉撰德政碑以賜之累官至兼中書令册拜司空開平中卒輟朝一日贈

太傅謚曰忠敬行襲性嚴烈爲政深刻然所至有天幸境內有大蝗尋有羣鳥啄食不爲害民或艱食必有穭穀出于隴畝雖威福在已而恆竭力以奉于王室故能保其功名行襲魁岸雄壯面有青誌當時目爲馮青面長子勗歷蘄沁二州刺史次子德晏仕至金吾將軍永樂大典卷四萬三

孫德昭鹽州五原縣人世爲州校父惟政有功于唐朝遙領荆南節度分判右神策軍事德昭藉父蔭累職爲右神策軍都指揮使案通鑑德昭由雄毅軍使爲左神策指揮使光化三年唐昭宗爲閹官所廢矯立德王時中外以權在禁闥莫能致討近藩朋附章表繼有至者丞相崔胤外與太祖申結輔佐之好內遣心腹密購忠義有以事諭德昭者案通鑑云德昭曾憤惋不平崔胤聞之遣判官石戩與之遊德昭每酒酣必泣戩知其誠乃密以胤意說之德昭感慨乃與本軍孫承誨董從實三人案新舊唐書俱作周承誨董彥弼據薛史則承誨自姓孫彥弼乃從實後改之名也通鑑從唐書歐陽史從薛史奮發應命誓圖返正崔又割衣手筆以通其志天復元年正月一日未旦逆豎左軍容劉季述早入德昭伏甲要路以俟追其前騶邀而斬之孫承誨分捕右軍容王仲先黨伍唐昭宗方幽辱東內聞外喧大恐德昭馳至扣閤曰逆賊劉季述伏誅矣請上皇開鑰復皇帝位皇后何氏呼

曰汝可進逆人首門乃可開俄而承誨從實俱以馘獻昭宗悲而嘉之于是丞相崔胤奉迎御丹鳳樓率百辟待罪泣且奏曰臣居大位不能討姦賴東平王全忠首奮忠貞誅殺邸吏遂致德昭等擒戮妖逆再清禁闈即日議功以德昭爲檢校太保靜海軍節度使承誨邕州節度使從實容州節度使並同平章事錫姓李賜號扶傾濟難忠烈功臣圖形凌烟閣俱留京師錫賚宴賞之厚恩寵權倖之勢近代罕比其年十一月閹官韓全誨縱火劫昭宗西幸鳳翔承誨從實並變節爲中官所誘始欲驅擁百寮將圖出令而德昭猶按兵與太祖親吏

婁敬思叶力衞丞相及文武百官與長安吏民保于街
東免爲所劫太祖遣從事相繼勞問遺以龍鳳劍鬭雞
紗委令制輯于是百官次華州連狀請太祖迎奉及大
旆入關德昭以軍禮上謁立道左太祖命左右扶騎控
至長安賜與甚厚署權知同知節度留後將赴任復徇
民請留充兩街制置使賜錢百萬德昭以本部兵八千
人獻于太祖由是愈見賞重又賜甲第一區俾先還洛
陽及昭宗東遷奏授左威衞上將軍以疾免歸于別墅
太祖受禪以左領衞上將軍徵赴闕開平四年拜左金
吾大將軍充街使末帝卽位俾將命于兩浙對見失儀

不果行尋改授右武衞上將軍俄復左金吾大將軍卒
于官詔贈太傅輟視朝一日天復初德昭與孫承誨董
從實以返正功時人呼爲三使相恩澤俱冠世及承誨
至鳳翔易名繼誨從實改名彥弼皆爲李茂貞所養後
閹官之敗俱戮于京師唯德昭克全終始有所稱云永樂大典卷一萬八千一百四十六

趙克裕河陽人也祖父皆爲軍吏克裕少爲牙將好讀
書謹儀範牧伯皆奇待之累居右職擢爲虎牢關使光
啟中蔡寇陷河陽克裕率所部歸于太祖隸于宣義軍
太祖東征徐鄆克裕屢受指顧無不如意數年之內繼
領亳鄭二州刺史時關東藩鎮方爲蔡寇所毒黎元流
散不能相保克裕妙有農戰之備復善于綏懷民賴而
獲安者衆太祖表爲河陽節度使檢校右僕射尋移理
許田案新唐書本紀景福元年已未朱全忠陷孟州逐河陽節度使趙克裕據通鑑則克裕之移鎮因梁祖欲以張全義領河陽也新唐書所紀疑非事實入爲金吾衞大將軍檢校司
空及太祖爲元帥以克裕爲元帥府左都押衙復統六
軍兗州平命權知泰寧軍留後數月暴疾而卒開平初
追贈太保永樂大典卷一萬八千一百二十六

張愼思清河人自黃巢軍來歸累授軍職歷諸軍都指
揮使從平巢蔡兗鄆皆著功表授檢校工部尙書兼宋

州長史光化中加檢校右僕射權知亳州天復三年昭
宗還長安以從太祖迎駕功賜號迎鑾毅勇功臣尋除
汝州防禦使天祐元年授左龍武統軍其冬除許州匡
國軍節度使明年十一月權知徐州武寧軍兩使留後
太祖受禪入爲左金吾大將軍開平二年除宋州刺吏
未幾復拜左金吾大將軍三年冬除蔡州刺史以貪貨
大失民情詔追赴闕未幾扈從北征還以疾臥洛陽之
私第馭家不肅爲其子所弒永樂大典卷六千三百五十

史臣曰韓建遇唐朝之衰運據潼關之要地不能藩屏
王室翻務斲喪宗枝雖有阜俗之能何補不臣之咎罕

之負驍雄之氣蓄嚮背之謀武皇比之呂布斯知人矣行襲厲納忠之節德昭立反正之功俱善其終固其宜矣克裕而下無譏可也永樂大典卷六千三百五十

舊五代史卷十五終

舊五代史卷十五攷證

梁列傳五韓建傳又害太子詹事馬道殷將作監許巖士　案新唐書昭宗紀正月乙酉韓建殺扈蹕都將李筠二月殺太子詹事馬道殷將作監許巖士八月殺通王滋沂王禋韶王彭王嗣韓王嗣陳王嗣覃王嗣周王嗣延王戒丕嗣丹王允通鑑與新唐書同是書以殺李筠爲二月事以殺馬道殷許巖士爲八月事蓋本于舊唐書昭宗紀

李罕之傳伊鐸　案歐陽史作伊鐔

遣其子顥　案歐陽史作遣子頎

馮行襲傳尋授均州刺史　案新唐書本紀光啟元年四月武當賊馮行襲陷均州逐其刺史呂燁蓋行襲旣殪孫喜遂自據其郡也是書作中和間事與唐書異歐陽史仍從是書

孫德昭傳父惟晸有功于唐朝　案惟晸歐陽史作惟最攷新唐書亦作惟最今仍其舊

乃與本軍孫承誨董從實三人　案孫承誨董從實新舊唐書並作周承誨董彥弼攷承誨姓周與孫未知孰是從實改名彥弼見本傳後文歐陽史與是書同

趙克裕傳謫移理許田　案克裕移理許田是書未明

言其故新唐書本紀朱全忠陷孟州逐河陽節度使
趙克裕據通鑑則克裕移鎮因梁祖欲以張全義領
河陽也新唐書所紀疑非事實

舊五代史卷十五攷證

舊五代史卷十六

宋司空同中書門下平章事薛居正等撰

列傳第六　梁書十六

葛從周字通美濮州鄄城人也曾祖阮祖遇賢父簡累贈兵部尚書從周少豁達有智畧初入黃巢軍漸至軍校唐中和四年三月太祖大破巢軍于王滿渡從周與霍存張歸霸兄弟相率來降七月從太祖屯兵于西華破蔡賊王夏寨太祖臨陣馬踣賊衆來追甚急從周扶太祖上馬與賊軍格鬬傷面矢中于肱身被數槍奮命以衛太祖賴張延壽迴馬轉鬬從周與太祖俱免退軍

溵水諸將並削職惟擢從周延壽爲大校其後入長葛靈井大敗蔡賊至斤溝洄河殺鐵林三千人獲九寨都虞候王涓太祖遣郭言募兵于陝州有黃花子賊據于溫谷從周擊破之又破秦賢之衆于滎陽尋佐朱珍收兵于淄青間時兖州齊克讓軍于任城從周敗之擒其將呂全眞淄人不受制復與之戰獲其驍將聳約會青州以步騎萬餘人列三寨于金嶺以阨要害從周與朱珍大殲其衆擒其將楊昭範五人而還至大梁不解甲徑至板橋擊蔡賊破盧瑭寨瑭自溺而死又于赤橋堈殺蔡軍二萬餘人從討謝殷于亳州擒之迴襲曹州擒刺史丘弘禮以歸與兖鄆軍遇于臨濮之劉橋殺數萬人朱瑄朱瑾僅以身免擒都將鄒務卿以下五十人從太祖攻范縣復與朱瑄戰虜尹萬榮等三人遂平濮州未幾與朱珍擊蔡賊于陳濮間獲都將石璠文德元年魏博軍亂樂從訓來告急從太祖渡河拔黎陽李固臨河等鎭至內黃破魏軍萬餘衆獲其將周儒等十人李罕之引并人圍張全義于河陽從周與丁會張存敬牛存節率兵赴援大破并軍殺蕃漢二萬人解河陽之圍以功表授檢校工部尚書從朱珍討徐州拔豐縣敗時溥于吳康得其輜重加檢校刑部尚書佐龐師古討孫

儒于淮南畧地至廬壽滁等州下天長高郵破邵伯堰迴軍攻濠州殺刺史魏勳得餉船十艘大順元年八月并帥圍潞州太祖遣從周率敢死之士夜銜枚犯圍而入會王師不利于馬牢川卽棄上黨而歸其年十二月與丁會諸將討魏州連收十邑明年正月大破魏軍于永定橋魏軍五敗斬首萬餘級十月佐丁會攻宿州從周壅水灌其城刺史張筠以郡降從討兖州破朱瑾之軍于馬溝景福二年二月與諸將大破徐兖之兵于石佛山八月與龐師古同攻兖州乾寧元年三月軍至新泰縣朱瑾令都將張約李胡椒率三千人來拒戰師古

遣從周張存敬掩襲生擒張約李胡椒等都將數十人
二年十月圍兗州兗人不出從周詐揚言并人鄆人來
救案通鑑十二月朱瑄朱瑾告急于河東李克用遣大史儼李承嗣將數千騎假道于魏以救之是河東實遣救河東非從周詐言也此蓋覘知兗人告急乘并師尚未至乃揚言已至多方以誤之耳又本紀作十二月此作十月辨此正見本紀即引軍趨高吳夜半却潛歸寨朱瑾果出
兵攻外壕我軍士突出掩殺千餘人生擒都將孫漢筠
從周累立戰功自懷州刺史歷曹宿二州刺史累遷檢
校左僕射三年五月并帥以大軍侵魏遣其子落落率
二千騎屯洹水從周以馬步二千人擊之殺戮殆盡擒
落落于陣并帥號泣而去遂自洹水與龐師古渡河擊

鄆四年正月下之從周乘勝伐兗會朱瑾出師在徐境
其將康懷英以城降以功授兗州留後檢校司空玉堂閒話云葛侍中鎮兗之日威名著于敵中河北諺曰山東一條葛無事莫撩撥復領兵萬餘人渡
淮討楊行密至壕州聞龐師古清口之敗遽班師案九國志侯瓚傳云破葛從周于壽陽沈其卒萬餘人于淮河與薛史異歐陽史兼采九國志光化元年四
月率師經略山東時并帥以大軍屯邢洺從周至鉅鹿
與并軍遇大破之并帥遁走我軍追襲至青山口數日
之內邢洺磁三州連下斬首二萬級獲其將吏一百五
十人即以從周兼領邢州留後十月復破并軍五千騎
于張公橋晉將李嗣昭急攻邢州陣于城門外從周大
破之擒蕃將賁金鐵慕容騰百餘人三年春幽州劉仁
恭率軍十萬寇魏州屠貝郡從周自邢臺馳入魏州燕
軍突上水關攻館陶門從周與賀德倫率五百騎出戰
謂門者曰前有敵不可返顧命闔其門從周等極力死
戰大敗燕人擒都將薛突厥王郃郎等翌日破其八寨
追擊至臨清劉仁恭走滄州從周授宣義軍行軍司馬
五月并人討李罕之于潞州太祖以丁會代罕之令從
周馳入上黨七月并人陷澤州太祖召從周令賀德倫
守潞州德倫等尋棄城而歸三年四月領軍討滄州先
攻德州下之及進攻浮陽幽州劉仁恭大舉來援時都

監蔣玄暉謂諸將曰吾王命我護軍志在攻取今燕帥
來赴不可外戰當縱其入壁聚食困廩力屈糧盡必可
取也從周對曰兵在機機在上將非督護所言也乃令
張存敬氏叔琮守其寨從周逆戰于乾寧軍老鴉堤大
破燕軍斬首三萬獲將佐馬愼交已下百餘人奪馬三
千匹八月并人攻邢洺從太祖破之從周追襲至青山
口斬首五千級獲其將王郃郎楊師悅等得馬千匹表
授檢校太保兼徐州兩使留後尋爲兗州節度使天復
元年三月與氏叔琮討太原從周以兗鄆之衆自土門
路入與諸軍會于晉陽城下以糧運不給班師頃之從

周染疾會青州將劉鄩陷兗州太祖命討之遂力疾臨戎三年十一月鄩舉城降以功授檢校太傅太祖以從周抱疾既久命康懷英代之授左金吾上將軍以夙恙不任朝謁改右衛上將軍致仕養疾偃師縣亳邑鄉之別墅頃之授太子太傅依前致仕末帝即位制授潞州節度使令坐食其俸加開府儀同三司檢校太師兼侍中封陳留郡王累食邑至七千戶命近臣齎旌節就墅以賜之貞明初卒于家冊贈太尉（永樂大典卷二萬一千二百九）

謝彥章許州人幼事從周爲養父從周憐其敏慧教以兵法常以千錢于大盤中布其行陣偏伍之狀示以出

沒進退之節彥章盡得其訣及壯事太祖爲騎將末帝嗣位用爲兩京馬軍都軍使累與晉軍接戰有功尋領河陽節度使及從周卒臨喪行服躬預葬事時人義之彥章後爲許州節度使檢校太傅貞明四年冬滑州節度使賀瓌爲北面招討使彥章爲排陣使同領大軍駐于行臺寨與晉人對壘彥章時領騎軍與之挑戰晉人或望我軍行陣整肅則相謂曰必兩京太傅在此也不敢以名呼其爲敵人所憚如此是時咸謂賀瓌能將步軍彥章能領騎士既名聲相軋故瓌心忌之一日與瓌同設伏于郊外瓌指一方地謂彥章曰此地岡阜隆起中央坦夷好列柵之所尋而晉人舍之故瓌疑彥章與晉人通又瓌欲速戰彥章欲持重以老敵人瓌益疑之會爲行營馬步都虞候朱珪所誣珪遂與瓌協謀因享士伏甲以殺彥章及濮州刺史孟審澄別將侯溫裕等于軍以謀叛聞晉王聞之喜曰彼將帥如是亡無日矣審澄溫裕亦善將騎軍然所領不過三千騎多而益辦惟彥章有焉將畧之外好優禮儒士與晉人對壘于河上恒褒衣博帶動皆由禮或臨敵御衆則肅然有上將之威每敦陣整旅左旋右抽雖風馳雨驟亦無以喻其迅疾也故當時騎士咸樂爲用及其遇害人皆惜之（永樂

大典卷一萬八千一百二十六）

胡眞江陵人也體貌洪壯長七尺善騎射少爲縣吏及在巢寇中寇推爲名將隨巢渉淮浙陷許洛入長安及太祖以衆歸唐時眞爲元從都將（案舊唐書中和二年朱溫與大將胡眞謝瞳來降通鑑云溫見巢兵勢日蹙知其將亡親將胡眞謝瞳勸溫歸國薛史謝瞳傳載瞳說溫之辭胡眞傳不言其勸溫歸國與通鑑異）從至梁苑表授檢校刑部尚書頻從破巢蔡于陳鄭間尋以奇兵襲取滑州乃署爲滑州節度留後復表爲鄭滑節度使檢校右僕射數年徵爲右金吾衞大將軍俄拜寧遠軍節度使容州刺史檢校太保卒贈太傅（永樂大典卷一萬八千一百二十六）

張歸霸字正臣淸河人祖進言陽穀令父實亦有宦績少倜儻好兵術唐乾符中寇盜蜂起歸霸率昆弟三人棄家投黃巢頗以勇畧聞巢陷長安遂署爲左番功臣中和中巢領徒走宛丘時太祖在汴奉詔南討巢黨日窘歸霸昆仲與葛從周李讜等相率來降尋補宣武軍劇職光啟二年與蔡將張存戰于盧氏三年夏又與蔡將盧瑭戰于商丘復與秦宗賢戰于萬勝皆敗而殲之翌日宗權遣將張晊來寇列寨于赤岡一日出騎將較勝歸霸爲飛戈所中（飛戈歐陽史作飛矢）卽拔馬却逸控弦一發卽洞頸而墜遂兼騎而還太祖時于高丘下瞰備見其

狀面加賞激厚以金帛及所獲馬錫之又嘗被命以控弦之士五百人伏于壕內太祖統數百騎稍逼其寨蔡人果以銳士摩壘來追歸霸發伏兵掩殺千餘人奪馬數十匹尋奏授檢校左散騎常侍其後從太祖伐鄆副李唐賓渡淮咸著奇績文德初大軍臨蔡州賊將蕭顥來斫寨歸霸與徐懷玉各以所領兵自東南二扉分出合勢殺賊蔡人大敗及太祖整衆離營寇塵已息太祖召至賞之曰昔耿弇不俟光武擊張步言不以賊遺君父弇之功爾其二焉大順中郭紹賓拔曹州歸霸率兵數千守之俄而朱瑾統大軍自至歸霸與丁會逆擊之

于金鄉瑾大敗擒賊將宗江等七十餘人曹州以寧明年破濮州生擒刺史邵儒又佐葛從周與晉軍戰于洹水生獲克用愛子落落復與燕人戰于內黃殺仁恭兵三萬餘衆戎績超特居諸將之右累官至檢校左僕射光化二年權知邢州事明年春李嗣昭以蕃漢五萬來寇歸霸堅壁設備晉軍不敢顧其城遂移軍攻洺州陷焉時太祖在滑頗慮邢之失守及葛從周復洺嗣昭北遁歸霸出兵襲之殺二萬餘衆捷至賞卹殊等旋以功奏加檢校司空天祐初遷萊州刺史秩滿授左衛上將軍又除曹州刺史其秋加檢校司徒副劉知俊禦邠鳳

之寇敗之太祖受禪拜右龍虎統軍改左驍衛上將軍充河陽諸軍都指揮使明年夏六月就除河陽節度使檢校太保尋加同平章事二年秋七月卒于位詔贈太傅梁末帝德妃張氏卽歸霸女也末帝嗣位以歸霸子漢鼎漢傑並爲近職漢鼎早亡漢傑貞明中爲控鶴指揮使領兵討惠王于陳州擒之當貞明龍德之際漢傑昆仲分掌權要藩鎭除拜多出其門段凝因之遂竊兵柄及莊宗入汴漢傑與兄漢倫弟漢融同日族誅于汴橋下（永樂大典卷六千三百五十）

張歸厚字德坤（案通鑑考異引梁功臣列傳云歸厚祖與父處讓薛史歸厚傳不言其父祖名）

號當是歸霸從弟少驍勇有機畧尤長于弓槊之用中和末與兄歸霸自巢軍相率來降太祖署爲軍校時淮西兵力方壯太祖之師尙寡歸厚以少擊衆往無不捷光啓三年春與秦宗賢戰于萬勝大破之其夏蔡將張晊以數萬衆屯于赤岡歸厚嘗與晊鬬于陣晊不能支而奔師徒乘此大捷太祖大悅立署爲騎軍長仍以鞍馬器幣錫之及佐朱珍討時溥寨于豐蕭之間歸厚乘徐壘如行坦途甚爲諸將歎伏龍紀初奏遷檢校工部尙書其年冬復伐徐歸厚以偏師徑進至九里山下與徐兵遇時我之叛將陳璠在賊陣中歸厚忽見之因瞋目大罵

單馬直往期于必取會飛矢中左目而退徐戎甚衆莫敢追之大順元年奏加檢校兵部尙書又命統親軍是歲郴王還寨未知所往忽逢兗鄆賊寇甚衆太祖亟登道左高阜以觀之命歸厚領所部廳子馬直突之出沒二十餘合賊大敗將北而救軍雲至歸厚卽綴賊苦戰請太祖以數十騎先還時歸厚所乘馬中流矢而踣乃持槊步鬬漸退賊不敢逼太祖至寨亟命張筠劉儒飛騎來迎然謂已歿矣歸厚體被二十餘箭尙復拒戰筠等旣至賊解乃歸太祖見之撫背泣下曰得歸厚身全縱廣喪戎馬何足計乎便令肩舁歸汴日降問賚恩旨甚厚尋遷中軍指揮使景福初從太祖伐鄆帝軍不利太祖爲寇所逼歸厚殿焉翼衞左右馳射矢發如雨賊騎千百披靡而退明年與葛從周禦晉軍于洹水殊績尤著詔加檢校右僕射其後討滄州復洺州咸以功聞太祖錄其勳命權知洺州事是郡嘗兩爲晉人所陷井邑蕭條歸厚撫之數月之內民庶翕然太祖自鎭定還覩其緝理之政大喜賞之天復元年冬眞拜洺州刺史加檢校右僕射尋授絳州刺史三年秋改晉州刺史仍檢校司空唐帝遷都洛陽除右神武統軍天祐二年改左羽林統軍與徐懷玉同守澤州時晉軍五萬來攻郡

中戎士甚寡歸厚竭力拒守并軍乃還太祖受禪加檢校司空開平二年夏劉知俊以同州叛歸厚副楊師厚劉鄩等討平之秋軍還授亳州團練使乾化元年拜鎭國軍節度使陝虢等州觀察處置等使明年夏以疾卒于位詔贈太師子漢卿 永樂大典卷一萬八千一百二十六

張歸弁字從晃始與兄歸霸歸厚同歸于太祖得署爲牙校時太祖初鎭宣武屢命歸弁結好于近境頗得行人之儀乾寧中以偏師佐葛從周禦并軍于洹水光啟中又佐張存敬與燕人戰于內黃積前後功表授檢校工部尙書大順初攻討兗鄆命歸弁佐衡王友諒屯單

父軍聲甚振尋爲齊州指揮使屬青帥王師範叛遣將詐爲賈人挽車數十乘匿兵器于其中將謀竊發歸弁察而擒之州城以寧明年春青寇大舉來伐州兵既寡民意頗搖有本郡都將康文爽等三人欲謀外應卽時擒獲誅之人心遂定歸弁又罄發私帑賞給士伍青人遂遁青州平超加檢校右僕射遥領愛州刺史從征荆襄迴轉檢校右僕射天祐三年春太祖入魏誅牙軍魏之郡邑多叛歸弁與諸將等分布攻討封境悉平而歸弁于高唐攻賊太猛飛矢中于臆太祖嘉之命賜鞍勒馬一匹金帶一條夏五月命權知晉州冬十一月眞授

晉州刺史加檢校司空太祖受禪改滑州長劍指揮使開平二年秋九月并軍圍平陽詔歸弁統兵救之軍至解其圍加檢校司徒三年春三月寢疾卒于滑州之私第子漢融 永樂大典卷六千三百五十

史臣曰從周以驍武之才事雄猜之主而能取功名于馬上啟手足于牖下靜而言之斯爲賢矣彥章蔚有將才死于讒口身既歿矣國亦隨之惜哉歸霸昆仲皆脫身于巨盜之流宣力于興王之運由介胄而析圭爵可不謂壯夫歟 永樂大典卷六千三百五十

舊五代史卷十六終

舊五代史卷十六攷證

梁書列傳六葛從周傳破蔡賊王夏寨 王夏原本作五夏今據通鑑改正

從周詐揚言并人鄆人來救 案通鑑朱瑄朱瑾告急于河東李克用遣大將史儼李承嗣將數千騎假道于魏以救之是河東實遣師來援非從周詐言也此蓋覘知兗人告急乘并師尚未至乃揚言已至多方以誤之耳又本紀作十二月此作十一辨正已見本紀

養疾偃師縣亳邑鄉之別墅 別墅原本作別埜今改

正

謝彥章傳必兩京太傅在此也 兩京原本作西京今據通鑑改正

張歸霸傳歸霸爲飛戈所中 飛戈歐陽史作飛矢

張歸厚傳命歸厚領所部廳子馬 廳子馬原本作屬子馬攷通鑑注廳子都係當時軍旅之名今改正

與葛從周禦晉軍于洹水 葛從周原本作郭從周今據通鑑改正

舊五代史卷十六攷證

舊五代史卷十七

宋司空同中書門下平章事薛居正等撰

列傳第七　梁書十七

成汭淮西人少年任俠乘醉殺人爲讎家所捕因落髮爲僧冒姓郭氏案新唐書云入蔡賊中爲賊帥假子更姓名爲郭禹亡匿久之及貴方復本姓永樂大典卷一萬八千八百二十唐僖宗朝爲蔡州軍校領本郡兵戍荊南帥以其兇暴欲害之遂棄本軍奔于秭歸一夕巨蛇繞其身幾至于殞乃祝曰苟有所負死生惟命逡巡蛇亦解去後據歸州招輯流亡練士伍得兵千餘人沿流以襲荊南遂據其地朝廷卽以旄鉞授之永樂大典卷五千九百四十是時荊州經巨盜之後居民才一十七家汭撫輯凋殘勵精爲理通商訓農勤于惠養比及末年僅及萬戶永樂大典卷一萬一千八百一十七汭性豪暴事皆意斷又好自矜伐騁辯凌人深爲識者所鄙永樂大典卷二千九百九十八初澧朗二州本屬荊南乾寧中爲土豪雷滿所據汭奏請割隸唐宰相徐彥若執而不行汭由是銜之及彥若出鎮南海路過江陵汭雖加延接而猶怏怏嘗因對酒語及其事彥若曰令公位尊方面自比桓文雷滿者偏州一草賊爾令公何不加兵而反怨朝廷乎汭赧然而屈永樂大典卷一萬一千一百二十八累官至檢校太尉封上谷郡王楊

行密以兵圍鄂州汭出師以援鄂淮寇乘之以火焚其艦汭投江而死天祐三年夏太祖以汭沒于王事上表于唐帝請爲汭立廟于荊門優詔可之永樂大典卷一萬一千八百三十七案成汭傳永樂大典闕全編今就散見六條篇次如右五代史補鄭準不知何許人性諒直能爲文章長于箋奏成汭鎮荊南辟爲推官汭嘗讎殺人爲吏所捕改姓郭氏及爲荊南節度使命準爲表乞歸本姓準援筆而成其詈云臣門非冠蓋家本軍戎親朋之內盱眙爲人報怨昆弟之間黠染無處求生背故國以狐疑望鄰封而鼠竄名非霸越乘舟難效于陶朱志切投秦出境遂稱于張祿又云成爲本姓郭乃冒稱本避犯禁之辜敢歸司寇別族受封之典誠愧諸侯伏乞聖慈許歸本姓云云其表甚爲朝廷所重後因汭生辰淮南楊行密遣使致禮幣之外仍貺初學記一部準忿然以爲不可謂汭曰夫初學記蓋訓童之書爾今敵國交聘以此書爲貺得非相輕之甚耶宜責讓汭不納準自嘆曰若然見輕敵國足彰幕府之無人也參佐無狀安可久遠請解職汭怒其去潛使人于途中殺之

杜洪者江夏伶人案新唐書洪鄂州人鍾傳者豫章小校案新唐書傳洪州高安人唐光啓中秦宗權兇焰颺起屢擾江淮郡將不能城守洪傳各爲部校因戰立威逐其廉使自稱留後朝廷因而命之案新唐書光啓二年洪乘虛入鄂自爲節度留後僖宗卽拜本軍節度使中和三年傳逐江西觀察使高茂卿遂有洪州僖宗擢傳江西團練使俄拜鎮南節度使及爲楊行密所攻洪傳首尾相應皆遣求援于太祖太祖遣朱友恭赴之大破淮寇于武昌二鎮稍寧及行密乘勝急攻洪鄂洪復乞師于太祖太祖命荊南成汭率荊襄舟師以赴之未至夏口汭敗溺死淮人遂陷鄂州洪爲其所擒械

害于廣陵市時唐天復二年也案九國志劉存傳存急焚鄂州城樓梁援兵將突圍而出諸將欲急擊之存曰擊之賊必復入復入則其城愈固矣不若聽其遁去諸將皆曰善是日城陷擒杜洪父子斬于廣陵市天祐三年夏太祖表請爲洪立廟于其鎮優詔可之太祖即位詔贈太傅先是鍾傳卒于江西其子繼之案九國志秦裴傳天祐三年洪州鍾傳卒州人立其子匡時江州刺史延規傳之養子忿不得立以其郡納款因授裴西南面行營招討使攻匡時城陷擒匡時以獻歐陽史采用九國志新唐書延規作匡範與九國志異尋爲楊行密所敗其地亦入于淮夷永樂大典卷四百九十一

五代史補鍾傳雖起于商販尤好學重士時江西上流有名第者多因傳薦四遠騰然謂之曰英明諸葛浩素有詞學嘗爲泗州營驛巡官仰傳之風因擇其所行事赫赫可稱者數十條列于啟事以投之十啟凡五千字皆文理典贍傳覽之驚嘆謂賓佐曰此啟事每一字可以千錢酬之遂以五千貫贈仍辟在幕下其激勸如此上藍和尚失其名居于洪州上藍院精究術數大爲鍾傳所禮一旦疾篤往省之且曰老夫于和尚可謂無間矣和尚或不諱得無一言相付耶上藍强起索筆作偈以授其末云但看來年二三月柳條堪作打鍾搥偈終而卒傳得之不能測洎明年春淮帥引兵奄至洪州陷江南遂爲楊氏有打鐘之偈人始悟焉

田頵本楊府之大校也案九國志頵字德臣廬州合肥人朱延壽不知何許人案九國志延壽廬州舒城人與新唐書同唐天祐初楊行密雄據淮海時頵爲宣州節度使延壽爲壽州刺史頵以行密專恣跋扈嘗移書諷之曰侯王守方以奉天子古之制也其或踰越者譬如百川不朝于海雖狂奔猛注澶漫遐廣終爲涸土不若恬然順流淼茫無窮也矧東南之鎮楊爲大塵賤刀布阜積金玉願公上恒賦頵將悉儲時

其單車從行密怒曰今財賦之行必由于汴適足以資于敵也不從時延壽方守壽春案九國志天復初北司擁駕西幸昭宗聞延壽有武幹遣李儼間道齎詔授延壽蔡州節度使直頵之事密遣人告于頵曰公有所欲爲者願爲公執鞭頵聞之頗會其志乃召進士杜荀鶴具述其意復語曰昌本朝奉盟主在斯一舉矣即遣荀鶴具述密議自間道至大梁太祖大悅遽屯兵于宿州以會其變不數月事微洩行密乃先以公牒徵延壽案新唐書行密妻延壽姊也遣辯士召延壽延壽疑不肯赴姊遣婢報故延壽疾走揚州次悉兵攻宣城頵戎力寡薄棄壁走不能越境爲行密軍所得案九國志行密別遣臺濛王茂章率步騎以往頵委舟師于汪建王壇自出廣德迎戰大爲濛所敗遂率殘衆遁保宛陵壇建聞其敗因盡以舟師歸款于行密十二月頵出外州構疾戰橋陷馬墜爲外軍所殺延壽飛騎赴命過揚州一舍行密使人殺之案九國志行迎至寢門使刺殺之新唐書從九國志當得其實薛史以爲過揚州一舍而見殺五代史補又以爲行密自奮鐵鎚殺之疑告屬傳聞之誤其後延壽部曲有逸境至者具言其事又云延壽之將行也其室王氏勉延壽曰今若得兵柄果成大志是吉凶繫乎時非繫于吾家也然願日致一介以寧所懷一日介不至王氏曰事可知矣乃部分家僕悉授兵器遽闔中扉而捕騎已至不得入遂集家屬皁私帑發百燎合州廨焚之既而稽首上告曰妾誓不以皎然之軀爲儺者所辱乃投火而死永樂大典卷四千八百五五代史補楊行密

據淮南以妻弟朱氏衆謂之朱三郎者行密署爲泗州防禦使泗州素屯軍朱氏驍勇到任恃衆自負行密雖悔度力未能制但姑息之時議以爲行密事勢去矣居無何行密得目疾雖痛且詐稱失明其出入皆以人扶策不爾則觸墻抵柱至于流血姬妾僕隸以爲實然往往無禮首尾僅三年朱氏聞之信而少懈弛行密度其計必中謂妻曰吾不幸臨老兩目如此男女卑幼苟不諱則國家爲他所有今晝夜思忖不如召泗州三男來使嘗勾軍府事則吾雖死無恨妻以爲然遽發使述其意而召之朱氏大喜倍道而去及入謁行密恐其覺坐于中堂以家人禮見朱氏頗有德色方設拜行密奮袖中鐵鎚以擊之正中其首然猶宛轉號叫久而方斃行密內外不測卽時升堂廳召將吏等謂之曰吾所以兩日失明者蓋爲朱三此賊今已擊殺兩目無事矣諸公知之否于是軍府大駭其僕妾嘗所無禮者皆自殺初行密之在民間也嘗爲合肥縣手力有過縣令將鞭之行密懼且拜會有客自外入見行密每拜則縣令之前皆叩地而令不之覺客知其非常乃遽升廳揖令于他處告以所見令驚遂恕之且勸事郡以自奮行密度本郡不足依乃投高駢駢死秦彥孫儒等作亂行密連誅之遂有淮南之地

趙匡凝案新唐書匡凝作光儀　蔡州人也父德諲初事秦宗權爲列校當宗權強暴時表爲襄州留後唐光啟四年夏六月德諲審宗權必敗乃舉漢南之地以歸唐朝仍遣使投分于太祖兼誓戮力同討宗權時太祖爲蔡州四面行營都統使乃表德諲爲副仍領襄州節度使蔡州平以功累加官爵封淮南王匡凝以父功爲唐州刺史兼七州馬步軍都校及德諲卒匡凝自爲襄州留後朝廷卽以旄鉞授之作鎮數年甚有威惠累官至檢校太尉兼中書令匡凝氣貌甚偉好自修飾每整衣冠必使人持巨鑑前後照之對客之際烏巾上微覺有塵卽令侍妓持紅拂以去之人有誤犯其家諱者往往遭其檟楚其方嚴也如是光化初匡凝以太祖有清口之敗密附于淮夷太祖遣氏叔琮率師伐之未幾其泌州刺史趙璠越墉來降隨州刺史趙匡璘臨陣就擒俄而康懷英攻下鄧州匡凝懼遣使乞盟太祖許之自是附庸于太祖及成汭敗于鄂州匡凝表其弟匡明爲荊南留後時唐室微弱諸道常賦多不上供唯匡凝昆仲雖強據江上然盡忠帝室貢賦不絕太祖將期受禪以匡凝兄弟並據藩鎮乃遣使先諭旨焉匡凝對使者流涕答以受

國恩深豈敢隨時妄有他志使者復命太祖大怒天祐二年秋七月遣楊師厚率師討之八月太祖親領大軍南征仍請削匡凝在身官爵及師厚濟江匡凝以兵數萬逆戰大爲師厚所敗匡凝乃燔其舟單舸急棹泝漢而遁於金陵後卒于淮南案新唐書云師厚繇陰谷伐木爲梁匡凝以兵二萬瀕江戰大敗乃燔舟單舸夜奔揚州行密見之曰君在鎮輕車重馬輸于賊今敗乃歸我邪匡明亦奔淮南子承規諫曰昔諸葛兄弟分仕二國若適揚州是自取疑也匡明喟然乃趨成都歐陽史云行密厚遇匡凝其後行密死楊渥稍不禮之渥方宴食青梅匡凝顧渥曰勿多食發小兒熱諸將以爲慢渥遷匡凝海陵後爲徐溫所殺　初匡凝好聚書及敗楊師厚獲數千卷于第悉以來獻匡凝弟匡明字贊堯幼以父貴一子出身爲江陵府

文學及壯以軍功歷𧂐峽二州刺史成汭之敗其兄匡凝表爲荆南留後未至鎭而朗陵之兵先據其城矣匡明領兵逐之遂鎭于渚宮天祐二年秋太祖既平襄州遣楊師厚乘勝以趨荆門匡明懼乃舉族上峽奔蜀王建待以賓禮及建稱帝用爲大理卿工部尚書久之卒于蜀永樂大典卷一萬六千九百九十一

張佶不知何郡人也案九國志佶京兆長安人乾寧初以明經中第累遷宣州從事復爲秦宗權行軍司馬後與劉建峯據湖南推建峯爲帥唐乾寧初劉建峯據湖南獨邵州不賓命都將馬殷討之期歲未尅而建峯爲部下所殺軍亂鄰寇且至是時佶爲行軍司馬屬潭人謀帥

曰張行軍卽所奉也佶不得已而視事旬日之間威聲大振寇亦解去案九國志建峯將吏推佶爲帥佶將入府常所乘馬忽嚙齧不止正中佶髀佶謂將吏曰吾非汝主當迎馬公爲之與薛史異新唐書劉建峯傳從九國志乃謂將吏曰佶才能不如馬公況朝廷重藩非其人不可因以牘召殷亦不疑稟命而至佶受拜謁禮畢命升階讓殷爲帥佶卽趨下率衆忭賀乃自請率師代殷攻邵州下之復爲行軍司馬垂二十年殷果立大勳甚德佶開平初殷表佶爲朗州永順軍節度使累加檢校太傅同平章事乾化元年夏四月卒于位案九國志乾化初移鎭桂林卒于治所詔贈侍中永樂大典卷六千三百五十

雷滿案新唐書滿字秉仁武陵洞蠻也始爲朗州小校唐廣明初王仙芝焚刼江陵是時朝廷以高駢爲節度使駢擢滿爲裨將以領蠻軍駢移鎭淮南復隸部曲以悍獷趫徤知名中和初擅率部兵自廣陵逃歸于朗沿江恣殘暴始爲荆人大患矣率一歲中三四移兵入其郛焚蕩驅掠而去唐朝姑務息兵卽以澧朗節度使授之案歐陽史云滿殺刺史崔翥遂據朗州請命于唐昭宗以澧朗爲武貞軍拜滿爲節度使新唐書則云詔授朗州兵馬留後進武貞軍節度使與薛史微有互異累官至檢校太傅案新唐書作檢校太尉同平章事滿貪穢慘毒蓋非人類又嘗于府署濬一深潭構大亭于其上每鄰道使車經由必召讌于中且言此水

府也中有蛟龍奇怪萬態唯余能游焉或酒酣對客卽取筵中寶器亂擲于潭中因自褫其衣裸露其文身遽躍入水底徧取所擲寶器戲弄于水面久之方出復整衣就座其詭誕如此及死子彥恭繼之案新唐書滿以天復元年卒子彥威自立弟彥恭結忠義節度使趙匡凝以逐彥威蠻蜑狡獪深有父風燼墟落榜舟楫上下于南郡武昌之間殆無人矣又與淮蜀結連阻絶王命太祖詔湖南節度使馬殷荆南節度使高季昌練精兵五千遣將倪可福統之下澧州與潭兵合先是滿塹沅江以周其壘門臨長橋勢不可入殷極其兵力攻圍周歲彥恭食盡兵敗間使求救于淮夷及淮

軍來援高季昌逆戰于治津馬頭岸大破之俄而攻陷朗州彥恭單棹遁去（案通鑑考異引梁太祖實錄云彥恭没溺于江通鑑從紀年錄作奔廣陵歐陽史與通鑑同）馬殷擒其弟彥雄及逆黨七人械送至闕皆斬于汴橋下時開平二年十一月也（永樂大典卷二千七百三十一）

史臣曰成汭鍾杜田朱之流皆因否運雄據大藩雖無濟代之勞且有勤王之節功雖不就志亦可嘉若較其誠明則田頵延壽斯爲優矣匡凝一門昆仲千里江山失守藩垣未克負荷斯乃劉景升之子之徒歟張佶有讓帥之賢雷滿辱俾侯之寄優劣可知矣（永樂大典卷二千七百三）

舊五代史卷十七終

舊五代史卷十七攷證

梁列傳七成汭傳唐宰相徐彥若　彥若原本作產若今據新唐書改正

舊五代史卷十七攷證

舊五代史卷十八

宋司空同中書門下平章事薛居正等撰

列傳第八　　梁書十八

張文蔚字右華河間人也父裼[案裼原本作錫考舊唐書張裼傳云字公表當以從衣爲是今改正]唐僖宗朝累爲顯官文蔚幼礪文行求知取友藹然有佳士之稱唐乾符初登進士第時丞相裴坦兼判鹽鐵解褐署巡官未幾以畿尉直館丁父艱以孝聞中和歲僖宗在蜀大寇未滅急于軍費移鹽鐵于揚州命李都就判之奏爲轉運巡官駕還長安除監察御史遷左補闕侍御史起居舍人司勳吏部員外郎拜司

勳郎中知制誥歲滿授中書舍人丁母憂退居東畿哀毀過禮服闋復拜中書舍人俄召入翰林爲承旨學士屬昭宗初還京闕皇綱寖微文蔚所發詔令靡失厥中論者多之轉戶部侍郎仍依前充職尋出爲禮部侍郎天祐元年夏拜中書侍郎平章事兼判戶部時柳璨在相位擅權縱暴傾陷賢儁宰相裴樞等五家及三省而下三十餘人咸抱冤就死搢紳以目不敢竊語其是非餘怒所注亦不啻十許輩文蔚殫其力解之乃止士人賴焉璨敗死文蔚兼度支鹽鐵使天祐四年天子以土運將革天命有歸四月命文蔚與楊涉等總率百寮奉禪位詔至大梁太祖受命文蔚等不易其位開平二年春暴卒于位詔贈右僕射文蔚沉邃重厚有大臣之風居家孝且悌雖位至淸顯與仲季相雜在太夫人膝下一不異布素弟濟美早得心恙[案舊唐書云文蔚弟濟美貽憲相繼以進士登第北夢瑣言云張裼尙書有五子文蔚彝憲濟美仁龜皆有名第至宰輔丞郎內一子亡其名少年聞壁魚食神仙字身有五色吞之可得仙因欲試之遂致心疾是得疾者別自一人非濟美也]文蔚撫視殆三十年士君子稱之子鑄周顯德中位至祕書監[永樂大典卷六千三百五十一]

薛貽矩字熙用河東聞喜人祖存父廷望咸有令名貽矩風儀秀聳其與游者皆一時英妙藉甚于文場間唐

乾符中登進士第歷度支巡官集賢校理拾遺殿中起居舍人召拜翰林學士加禮部員外郎知制誥轉司勳郎中其職如故乾寧中天子幸石門貽矩以私屬相失不及于行在罷之旋除中書舍人再踐內署歷戶部兵部侍郎學士承旨及昭宗自鳳翔還京大翦閹寺貽矩尙爲韓全誨等作畫賛悉紀于內侍省屋壁間坐是謫官天祐初除吏部侍郎不至太祖素重之嘗言之于朝即日拜吏部尙書俄遷御史大夫四年春唐帝命貽矩持詔赴大梁議禪代之事貽矩至盛稱太祖功德請就北面之禮太祖雖謙抑不納待之甚厚受禪之歲夏五

月拜中書侍郎平章事兼判戶部明年夏進拜門下侍郎監修國史判度支又遷弘文館大學士充鹽鐵轉運使累官自僕射至守司空在任綿五載案歐陽史梁本紀貽矩以開平元年同平章事至乾化二年薨統計貽矩居相位共六年歐陽史唐六臣傳貽矩為唐相五年卒尙仍薛史之誤然亦無顯赫事跡可紀扈從貝州還染時癘旬日卒于東京詔贈侍中永樂大典卷二萬一千三百六十七

張策字少逸燉煌人父同仕唐官至容管經略使策少聰警好學尤樂章句居洛陽敦化里嘗浚甘泉井得古鼎耳有篆字曰魏黃初元年春二月匠吉千且又製作奇巧同甚寶之策時在父傍徐言曰建安二十五年曹

公薨改年爲延康其年十月文帝受漢禪始號黃初則是黃初元年無二月明矣鼎文何謬歟同大驚亟遣啓書室取魏志展讀一不失所啟宗族奇之時年十三然而妙通因果酷奉空教未弱冠落髮爲僧居雍之慈恩精廬頗有高致唐廣明末大盜犯闕策遂返初服奉父母逃難君子多之及丁家艱以孝聞服滿自屏郊藪一無干進意若是者十餘載方出爲廣文博士改祕書郎王行瑜帥邠州辟爲觀察支使帶水曹員外郎賜緋及行瑜反太原節度使李克用奉詔討伐行瑜敗死邠州平策與婢肩輿其親南出邠境屬邊塞積雪爲行者所

哀太祖聞而嘉之奏爲鄭滑支使尋以內憂去職制闋除國子博士遷膳部員外郎不一歲華帥韓建辟爲判官及建領許州又爲掌記天復中策奉其主書幣來聘太祖見而喜曰張夫子且至矣卽奏爲掌記兼賜金紫案北夢瑣言云朱令公軍次于華用張濬計先取韓建其幕客張策擕印率副使李巨川同詣轅門請降張策本與張濬有分擕印而降協濬之謀是梁祖之喜張策由張濬有先入之言也天祐初表其才拜職方郎中兼史館脩撰俄召入爲翰林學士轉兵部郎中知制誥依前脩史未幾遷中書舍人職如故太祖受禪改工部侍郎加承旨其年冬轉禮部侍郎明年從征至澤州拜刑部侍郎平章事仍判戶部尋遷中書侍

郎以風恙拜章乞骸改刑部尙書致仕卽日肩輿歸洛居于福善里修篁嘉木圖書琴酒以自適焉乾化二年秋卒所著典議三卷制詞歌詩二十卷牋表三十卷存于其家永樂大典卷六千三百五十一

杜曉字明遠京兆杜陵人祖審權仕唐位至宰相父讓能官至守太尉平章事乾寧中邠鳳二鎭舉兵犯王畿讓能被其誣陷天子不得已賜死于臨皐驛曉居喪柴立幾至滅性憂遯服幅巾七升沈跡自廢者將十餘載光化中宰相崔胤判鹽鐵奏爲巡官兼校書郎尋除畿尉直弘文館稱疾不起及昭宗東遷宰相崔遠判戶部又

奏爲巡官兼殿中丞或語之曰稽中散死子紹埋沒不
自顯山濤以物理勉之乃仕吾子忍令杜氏歲時以鋪
席祭其先人同匹庶乎曉乃就官未幾拜左拾遺尋召
爲翰林學士轉膳部員外郎依前充職及崔遠得罪出
守本官居數月以本官知制誥俄又召爲學士遷郎中
充職太祖受禪拜中書舍人職如故開平三年轉工部
侍郎充承旨明年秋拜中書侍郎平章事仍判戶部庶
人友珪簒位遷禮部尚書平章事集賢殿大學士依前
判戶部及袁象先之討友珪禁兵大縱曉中重創而卒
末帝即位詔贈右僕射曉博贍有詞藻時論稱之兄光

乂（案新唐書表光乂字敬之）有心疹厥疾每作或溢喙縱詬或揮梃
追撲曉事之愈恭未嘗一日少怠居兩制之重祖述前
載甚得王言之體（案北夢瑣言云曉貌如削玉有制誥之才）及典秩尚書志
氣甚遠一旦非分而沒咸冤惜焉豈三世爲相道忌太
盛歟（永樂大典卷一萬四千七百三十）

敬翔字子振同州馮翊人唐神龍中平陽王暉之後也
曾祖琬綏州刺史祖忻同州掾父衮集州刺史翔好讀
書尤長刀筆應用敏捷乾符中舉進士不第及黃巢陷
長安乃東出關時太祖初鎮大梁有觀察支使王發者
翔里人也翔往依焉發以故人遇之然無由薦達翔久
之計窘乃與人爲牋刺往往有警句傳于軍中太祖比
不知書章檄喜淺近語聞翔所作愛之謂發曰知公鄉
人有才可與俱來及見應對稱旨即補右職每令從軍
翔不喜武職求補文吏即署館驛巡官俾專掌檄奏太
祖與蔡賊相拒累歲城門之外戰聲相聞機略之間翔
頗預之太祖大悅恨得翔之晚故軍謀政術一以諮之
蔡賊平奏授太子中允賜緋從平兗鄆改檢校水部郎
中太祖兼鎮淮南授揚府左司馬賜金紫乾寧中改光
祿少卿充職天復中授檢校禮部尚書遙領蘇州刺史
昭宗自岐下還長安御延喜樓召翔與李振登樓勞問

翔授檢校右僕射太府卿賜號迎鑾叶贊功臣太祖受
禪自宣武軍掌書記前太府卿授檢校司空依前太府
卿勾當宣徽院事尋改樞密院爲崇政院以翔知院事
開平三年夏四月太祖以邠岐侵擾遣劉知俊西討鄜
延深憂不濟因宴顧翔問以西事翔剖析山川郡邑虛
實軍糧多少悉以條奏如素講習左右莫不驚異太祖
歎賞久之乾化元年進位光祿大夫行兵部尚書金鑾
殿大學士知崇政院事平陽郡侯前朝因金鑾坡以爲
門名與翰林院相接故得爲學士者稱金鑾以美之今
殿名金鑾從嘉名也置太學士始以翔爲之（案五代會要云以金

鑿爲名非典也大學上與三館大學上同翔自釋褐東下遭遇霸王懷抱深沉有經濟之略起中和歲至鼎革大運其間三十餘年扈從征伐出入帷幄庶務叢委恒達旦不寢唯在馬上稍得晏息每有所裨贊亦未嘗顯諫上俛仰顧步間微示持疑儞而太祖意已察必改行之故裨佐之迹人莫得知及太祖大漸召至御牀前受顧託之命且深以并寇爲恨翔嗚咽不忍受命而退案通鑑乾化二年六月丁丑朔帝命敬翔出友珪爲萊州刺史即令之官已宣旨未行勅蓋即敬翔所受之命戊寅太祖被弒命未及行故薛史亦不爲詳載庶人友珪之篡位也以天下之望命翔爲宰相友珪以翔先朝舊臣有所畏忌翔亦多稱病不綜政事末帝即

位趙張之族皆處權要翔愈不得志及劉鄩失河朔安彥之喪楊劉翔奏曰國家連年遣將出征封疆日削不獨兵驕將怯亦制置未得其術陛下處深宮之中與之計事者皆左右近習豈能量敵之勝負哉先皇時河朔半在親御虎臣驍將猶不得志于敵人今寇馬已至鄆州陛下不留聖念臣所未諭一也臣聞李亞子自墨縗統衆于今十年每攻城臨陣無不親當矢石昨聞攻楊劉率先負薪渡水一鼓登城陛下儒雅守文未嘗如此俾賀瓌輩與之較力而望遠逐寇戎臣所未諭二也陛下所宜詢于黎老別運沉謀不然則憂未艾也臣雖駑

怯受國恩深陛下必若乏材乞于邊陲効試末帝雖知其懇惻竟以趙張讒言翔怨望不之聽及王彥章敗于中都晉人長驅而南末帝急召翔至謂之曰朕居常忽卿所奏果至今日事急矣勿以爲懟且使朕安歸翔泣奏曰臣受國恩僅將三紀從微至著皆先朝所遇雖名宰相實朱氏老奴耳事陛下如郎君以臣愚誠敢有所隱陛下初任段凝爲將臣已極言小人朋附致有今日晉軍即至段凝限水欲請陛下出居避狄陛下必不聽從欲請陛下出奇應敵陛下必不果決縱良平復生難以轉禍爲福請先死不忍見宗廟隕墜言訖君臣相向

慟哭及晉主陷都城有詔赦梁氏臣寮李振謂翔曰有制洗滌將朝新君翔曰新君若問其將何辭以對是夜翔在高頭里第宿于車坊欲曙左右報曰崇政李太保已入朝翔返室嘆曰李振謬爲丈夫耳朱氏與晉仇讎我等始同謀畫致君無狀今少主伏劍于國門縱新朝赦罪何面目入建國門也乃自經而卒數日并其族被誅初貞明中史臣李琪張袞郄殷象馮錫嘉奉詔修撰太祖實錄三十卷敘述非工事多漏略復詔翔補緝其闕翔乃別纂成三十卷目之曰大梁編遺錄與實錄偕行翔妻劉氏父爲藍田令廣明之亂劉爲巢將尙讓所

得巢敗讓擕劉降于時溥及讓誅時溥納劉于妓室太祖平徐得劉氏嬖之屬翔喪妻因以劉氏賜之及翔漸貴劉猶出入太祖卧內翔情禮稍薄劉于曲室讓翔曰卿鄙余曾失身于賊耶以成敗言之尙讓巢之宰輔時溥國之忠臣論卿門第辱我何甚請從此辭翔謝而止之劉恃太祖之勢（案原本下有缺文）太祖四鎭時劉已得國夫人之號車服驕侈婢媵皆珥珠翠其下別置爪牙典謁書幣聘使交結藩鎭近代婦人之盛無出其右權貴皆相附麗寵信言事不下于翔當時貴達之家從而效之敗俗之甚也（永樂大典卷一萬八千四百二十四五代史補敬翔應三傳數舉不第發憤投太祖願備行陣太祖問曰足下通春秋久矣今吾主盟共爲戰欲效春秋時可乎翔曰不可夫禮樂猶不相沿襲况兵行詭道宜其變化無窮若復如春秋時則所謂務虛名而喪其實效大王之事去矣太祖大悅以爲知兵遂延之幕府委以軍事竟至作相）

李振字興緒唐潞州節度使抱眞之曾孫也祖父皆至郡守振仕唐自金吾將軍改台州刺史會盜據浙東不克之任因西歸過汴以策略干太祖太祖奇之辟爲從事太祖兼領鄆州署天平軍節度副使湖南馬殷爲朗州雷滿所逼振奉命馳往和解殷滿皆禀命光啓三年十一月太祖遣振入奏于長安舍于州邸邸吏程巖白振曰劉中尉命其姪希貞來計大事欲上謁願許之既至巖乃先啓曰主上嚴急內官憂恐左中尉欲行廢黜之事巖等協力以定中外敢以事告振顧希貞曰百歲奴事三歲主亂國不義廢君不祥非敢聞也况梁王以百萬之師匡輔天子禮樂尊戴猶恐不及幸熟計之希貞大沮而去（案通鑑考異疑李振之拒希貞爲諛謂李振若已立異豈敢復入長安與崔胤謀反正平今考梁祖紀亦云李振自長安使迴當時季述懼汴梁兵力固不能阻李振之往來薛史所書宜可徵信）及振復命劉季述等果作亂程巖率諸道邸吏牽帝下殿以立幼主奉昭宗爲太上皇振至陝陝已賀矣護軍韓彝範言其事振曰懿皇初昇遐韓中尉殺長立幼以利其權遂亂天下今將軍復欲爾耶彝範郎文約孫也由是不敢言振東歸太祖方在邢洺遽還于汴大計未決季述遣養子希度以唐之社稷欲輸于太祖又遣供奉官李奉本副介支彥勳詐賫上皇誥諭至皆季述黨也太祖未及迎命振又言曰夫豎刁伊戾之亂所以資霸者之事也今閹豎幽辱天子不能討無以令諸侯時監軍使劉重楚季述兄也舊相張濬寓于河南緱氏亦來謂太祖曰同中官則事易濟且得所欲唯振堅執不改獨日行正道則大勳可立太祖英悟忽厲色曰張公勸我同敕使欲傾附自求宰相耶（案舊唐書昭宗紀崔胤與前左僕射張濬告難于全忠張濬傳亦云德王廢立之際濬致書諸藩請圖匡復薛史作張濬黨于季述爲梁祖所拒與舊唐

書異乃定策縶僞使李奉本支彥勳與希度等即日請振將命于京師與宰相謀反正未幾劉季述伏誅昭宗復帝位太祖聞之喜召振執其手謂之曰卿所謀是吾本志穹蒼其知之矣自是益重之天祐二年春正月太祖召振謂曰王師範來降易歲尚處故藩今將奏請徙授方面其爲我馳騎以茲意達之振至青州師範即日出公府以節度觀察二印及文簿管鑰授于振師範雖已受代而疑撓特甚屢揮泣求貸其族振因以切理諭之曰公不念張繡事耶漢末繡屢與曹公立敵豈德之耶及袁紹遣使招繡賈詡曰袁家父子自不相容何能主

天下英士曹公挾天子令諸侯其志大不以私讎爲意不宜疑之今梁王亦豈以私怨害忠賢耶師範洒然大悟是日以其族遷太祖乃表振爲青州留後未幾徵還唐自昭宗遷都之後王室微弱朝廷班行備員而已振皆頤指氣使旁若無人朋附者非次獎升私惡者沉棄振每自汴入洛朝中必有貶竄故唐朝人士目爲鴟梟天祐中唐宰相柳燦希太祖旨譖殺大臣裴樞陸扆等七人於滑州白馬驛時振自以咸通乾符中嘗應進士舉累上不第尤憤憤乃謂太祖曰此輩自謂清流宜投于黃河永爲濁流太祖笑而從之洎太祖受禪自宣義軍節度使檢校司徒授殿中監累遷戶部尚書庶人友珪簒立代敬翔爲崇政院使末帝即位趙張二族用事遂爲所間謀猷獻替多不見從振每稱疾避事龍德末閑居私第將葬矣晉主入汴振謁見首罪郭崇韜指振謂人曰人言李振乃一代奇才吾今見之乃常人耳會段凝等疏梁氏權要之臣振與敬翔等同日族誅永樂大典卷一萬三百八十卷

史臣曰文蔚貽矩皆唐朝之舊臣遇梁室之強禪奉君命以來使狎神器以授之逢時若斯亦爲臣者之不幸也抑不爲其相不亦善乎杜曉著文雅之稱張策有沖

淡之量咸登台席無忝士林敬翔李振始輔霸圖終成帝業及國之亡也一則殞命以明節一則覥息以偷生以此較之翔爲優矣振始有濁流之言終取赤族之禍報應之事固以昭然永樂大典卷一萬三百八十八

舊五代史卷十八終

舊五代史卷十八攷證

張策傳父同仕唐至容管經略使　父同唐摭言作父同文歐陽史與是書合今仍之

自屏郊藪一無干進意　案唐摭言云趙少師崇凝主文策求就貢籍崇凝庭譴之北夢瑣言載崇凝之辭曰張策衣冠子弟無故出家不能參禪訪道抗跡塵外乃于御簾前進詩希望恩澤是書謂張策無仕進意與摭言諸書異

杜曉傳祖審權仕唐位至宰相　審權原本作省權今據新舊唐書改正

沈跡自廢者將十餘載　案吳縝歐陽史纂誤云據新唐書宰相表杜讓能賜死至崔胤領鹽鐵前後止七年歐陽史作十餘年誤蓋歐陽史沿是書之誤

以鋪席祭其先人　鋪席原本作補席據歐陽史改正

敬翔傳因金巒坡以爲門名　金巒歐陽史作金鑾五代會要從是書今仍之

從嘉名也　案原本脫名字今從職官志增入

宿于車坊　車坊原本作中今據歐陽史及通鑑改正

李振傳劉中尉命其姪希貞來計大事　希貞原本作希直今據通鑑改正

又遣供奉官李奉本　案原本脫奉本二字據本傳增入

舊五代史卷十八攷證

舊五代史卷十九

宋司空同中書門下平章事事薛居正等撰

列傳第九　梁書十九

氏叔琮尉氏人也唐中和末應募爲騎軍初隸于龎師古爲伍長叔琮壯勇沈毅膽力過人太祖討巢蔡於陳許間叔琮奮擊首出諸校太祖壯之自行伍間擢爲後院馬軍都將時東伐徐鄆多歷年所叔琮身冒矢石奮不顧命觀者許焉累遷爲指揮使尋奏授許州刺史檢校右僕射太祖伐襄陽叔琮失利案舊唐書光化二年七月汴將氏叔琮陷趙匡凝之隨唐鄧等州考刺史康懷英傳云從氏叔琮伐襄漢懷英以一軍攻下鄧州趙匡凝傳云太祖遣氏

叔琮伐之匡凝懼乞盟是役也實以勝歸而薛史言其失利疑別有據歐陽史作攻襄陽戰數敗因薛史原文而增益其辭與唐書異降爲陽翟鎮遏使尋又捍禦晉軍于洹水有功遷曹州刺史天復元年春領大軍攻拔澤潞叔琮遂引兵北掠太原師還除晉州節度使明年太祖屯軍于岐下晉軍潛襲絳州前軍不利晉軍恃勝攻臨汾叔琮嚴設備禦乃于軍中選壯士二人深目虬鬚貌如沙陀者令就襄陵縣牧馬于道間蕃寇見之不疑二人因雜其行間俄而伺隙各擒一人而來晉軍大驚且疑有伏兵遂退據蒲縣時太祖遣朱友寧將兵數萬赴應悉委叔琮節制既至諸將皆欲休軍叔琮曰若然則賊必遁矣遁則何功焉因夜出潛師截其歸路遇晉軍遊騎數百盡殺之遂攻其壘拔之斬獲萬餘衆奪馬三百匹太祖聞之喜謂左右曰殺蕃賊破太原非氏老不可叔琮乃長驅收汾與晉人轉戰直抵并壘軍迴以其功奏加檢校司空自後累年晉軍不敢侵軼叔琮養士愛民甚有能政天復二年爲鄜州留後尋眞領保大軍節度使檢校司徒及昭宗東遷徵爲右龍虎統軍以衛洛陽天祐元年八月與朱友恭同受太祖密旨弑昭宗于大內既而責以軍政不理貶白州司戶案舊唐書哀帝紀叔琮貶貝州司戶歐陽史作流嶺南不言其地考當時賜叔琮等死其勅云請緣遐方安能塞責若貝州近在河北不得云遐方當從

薛史作白州爲是尋賜自盡叔琮將死呼曰賣我性命欲塞天下之謗其如神理何乾化二年詔許歸葬永樂大典卷一萬八千一百二十六

朱友恭壽春人本姓李名彥威丱角事太祖性穎利善體太祖意太祖憐之因畜爲己子賜姓初名讓後改之案通鑑云友恭幼爲全忠家僮全忠養以爲子時初建左長劍都以友恭董之從太祖四征稍立軍功累遷諸郡指揮使檢校左僕射乾寧中授汝州刺史加檢校司空光化初淮夷侵鄂渚武昌帥杜洪來乞師太祖遣友恭將兵萬餘濟江應援引兵至龍沙九江而還軍聲大振時淮寇據黃州友恭

攻陷其壁獲賊將瞿章俘斬萬計途經安陸因襲殺刺史武瑜盡收其衆以功爲潁州刺史加檢校司徒天復中爲武寧軍留後天祐初昭宗東遷洛邑徵拜左龍虎統軍以衛宮闕尋與氏叔琮同受太祖密旨弒昭宗于洛陽宮既而太祖自河中至責以慢于軍政貶崖州司戶案北夢瑣言云朱全忠以朱友諒氏叔琮扇動軍情請誅朱友諒氏叔琮以成濟之罪歸之友諒臨刑訴天曰天若有知他日亦當如我後全忠即位爲子友珪所弒如其言考歐陽史通鑑俱作友恭而北夢瑣言作友諒誤仍復其本姓名與氏叔琮同日賜死永樂大典卷二十三十一

王重師潁州長社人也案歐陽史潁州作許州材力兼人沈默大度臨事有權變劍矟之妙冠絕于一時唐中和末蔡寇陷許昌重師脫身而來太祖異其狀貌乃隸于拔山都每于軍前效用頗出儕類文德中令董左右長劍軍太祖伐上蔡重師力戰有功及討兗鄆擢爲指揮使奏授檢校右僕射重師枕戈擐甲五六年于齊魯間凡經百餘戰由是威震敵人尋授檢校司徒爲潁州刺史乾寧中太祖攻濮州縱兵壞其墉濮人因屯火塞其壞壘煙焰亘空人莫敢越重師方苦金瘡臥于軍次諸將或勉之乃躍起命壯士悉取軍中氈罽投水中擲于火上重師然後率精銳持短兵突入諸軍踵之濮州乃陷重師爲劍槊所傷身被八九創丁壯荷之還營且將斃矣太祖驚惜尤甚曰雖得濮州而失重師奈何亟命以奇藥療之彌月始愈尋知平盧軍留後加檢校司徒其後北伐幽滄鎮定屢與晉軍接戰頗得士心故多勝捷天祐中授雍州節度使加同平章事數年治戎卹民頗有威惠開平中爲劉捍所搆太祖深疑之然未有以發其事案通鑑佑國軍節度使王重師鎮長安數年帝怒其貢奉不時召重師入朝是重師之得罪由貢奉不時與薛史異無何擅遣裨將張君練縱兵深入邠鳳君練敗北太祖聞之怒其專擅因追而斬之永樂大典卷一萬八千一百二十六案通鑑不載張君練縱兵之事惟云劉捍至長安王重師不爲禮捍譖之帝曰重師潛與邠岐通甲申貶溪州刺史尋賜自盡夷其族此傳未經詳載據劉知俊傳太祖云王重師得罪劉捍誤予事也與通鑑合此傳不載蓋史家前後省文

朱珍徐州豐縣雍鳳里人也太祖初起兵珍與龐師古許唐李暉丁會氏叔琮鄧季筠王武等八十餘人以中涓從摧堅陷陣所向盪決及太祖鎮汴兼領招討使署珍爲宣武右職以總腹心於是簡練軍伍裁制綱紀平巢破蔡多珍之力也始尙讓以驍騎五千人至繁臺珍與龐師古齊奉國等擊退之及黃巢敗珍與并帥李克用追至寃句而還尋從太祖以汴宋亳之師入西華破王夏寨勇冠軍鋒以功加秩光啟元年署諸軍都指揮使始爲上將于是軍焦夷敗蔡師鐵林三千人盡俘其

將復西至汝鄭南過陳潁𣽏宋亳滑濮間與蔡賊交戰壘伏襲殺不知其數會滑州節度使安師儒戎政不治太祖命珍與李唐賓率步騎以經略之始入境遇大雪令軍士無得休息一夕馳至壁下百梯並升遂乘其墉滑州平時太祖方謀濟師乃遣珍往淄州募兵行次任縣東面都統齊克讓伏兵于孫師陂以邀珍珍大破之進軍至牙山都虞候張仁遇白珍曰軍有不齊者當先斬本都將後以狀聞願許之珍怒其專乃斬仁遇以徇軍由是諸將感懼兵至乾封與淄人戰于白草口敗之青人以步騎二萬列三寨于金嶺驛珍與戰連破之殲

其師盡獲軍器戎馬是夕博昌大獲兵衆其後破盧瑭張晊及朱瑄朱瑾之衆平定曹濮未嘗不在戰中梁山之役始與李唐賓不協珍在軍嘗私迎其室于汴而不先請太祖太祖疑之密令李唐賓察之二將不相下因而交爭唐賓夜斬關還汴以訴珍亦棄軍單騎而至太祖兩惜之故不罪俾還于師復以踏白騎士入陳亳間以邀蔡人遂南至斤溝破淮西石璠之師二萬擒璠以獻珍旋師自亳北趣靜戎濟舟于滑破黎陽臨河李固三鎮于內黃敗樂從訓萬餘人分命聶金范居實略澶州吔、魏師遇于臨黃魏軍有豹子軍二千人戮之無噍

類威振河朔復攻淮西至蔡夾河而寨敗賊將蕭皓之衆皆擁于洄溺死之進軍蔡州營其西南既破羊馬垣遇雨班師珍以兵援劉瓚赴楚州至襄山南遇徐戎扼其路珍乃攻豐下之時溥乃以全師會戰于豐南吳康里珍乃收豐破其三萬餘衆及蔡賊平珍比諸將功居多龍紀初與諸將屯于蕭縣以禦時溥珍慮太祖自至令諸軍葺馬廄以候巡撫李唐賓之裨將嚴郊獨慢焉軍候范權恃珍以督之唐賓素與珍不協果怒乃見以訴其事珍亦怒曰唐賓無禮遂拔劍斬之珍命騎列狀陳其事太祖初聞唐賓之死驚駭與敬翔謀詐令有司

收捕唐賓妻子下獄以安珍心太祖遂徑往蕭縣距蕭一舍珍率將校迎謁梁祖令武士執之責其專殺命丁會行戮案歐陽史作珍自縊死都將霍存等數十人叩頭以救太祖怒以坐牀擲之乃退永樂大典卷二千三十一

李思安陳留張亭里人也初事汴將楊彥洪為騎士好拳勇未弱冠長七尺超然有乘時自奮之意唐中和三年太祖鎮汴嘗大閱戎旅覩其材甚偉之因錫名思安字貞臣思安善飛矟所向披靡每從太祖征伐常馳馬出敵陣之後測其厚薄而還或敵人有恃猛自衒者多命取之必鷹揚飈卷擒馘于萬衆之中出入自若如蹈

無人之地太祖甚惜之命副王虔裕爲踏白將時巢蔡合從太祖每遣偵邏必率先獨往巢敗走思安領所部百餘人追賊殺戮掩奪衆莫敢當尋領軍襲蔡寇于鄭都將李唐賓馬躓而墜思安援槊刺追者唐賓復其騎而還又嘗與蔡人鬭當陣生擒賊將柳行實其後渡長淮下天長高郵二邑又拒孫儒迫濠州皆有奇績累遷爲諸軍都指揮使奏官至檢校左僕射尋拜亳州刺史練兵禦寇邊境肅然思安爲性勇悍每統戎臨敵不大勝必大敗開平元年春率兵伐幽州營于桑乾河擄獲甚衆燕人大懼及軍迴率諸軍伐潞累月不克師人多

逸太祖怒甚詔疏其罪盡奪其官爵委本郡以民戸係焉踰歲起之復令領兵亦無巨績可紀太祖嘗因命將授鉞謂左右曰李思安當敵果敢無出其右者然每遇藩方擇材吾將用之則敗聞必至如是者二三矣則知飛將數奇前史豈虛言哉乾化元年秋又以爲相州刺史思安自謂當擁旄仗鉞及是殊不快意但日循晏安無意爲政及太祖北征以候騎之誤落然無所具而復壁壘荒圮帑廩空竭太祖貶柳州司戸尋死于相州永樂大典卷一萬二百八十八　案通鑑開化元年丙午至相州刺史李思安不意帝猝至落然無具坐削官爵二年正月丁卯帝至獲嘉追思李思安去歲供饋有闕貶柳州司戸尋長流思安于崖州賜死據薛史則思安賜死郎在相州未嘗至貶所與通鑑異

鄧季筠宋州下邑人也少入黃巢軍隷于太祖麾下及太祖鎭汴首署爲牙將主騎軍伐鄆之役生擒排陣將劉嬌以獻唐大順初唐帝命丞相張濬伐太原太祖奉詔出師西至高平與晉人接戰軍既不利季筠爲晉人所擒克用見之甚喜釋縛待以賓禮俄典戎事季筠在并門凡四稔案通鑑考異引唐餘錄謂季筠與李存孝並賜死蓋傳聞之誤景福二年晉軍攻邢臺季筠領偏師預其後及邢人陳于郊兩軍酣戰之際季筠出陣飛馬來歸太祖大加獎歎賞賚甚厚時初置廳子都最爲親軍命季筠主之旋改統

親騎又遷將中軍天祐三年奉授登州刺史下車稱理登州舊無羅城及季筠至郡率丁壯以築之民甚安之因相與立碑以頌其績太祖受禪改鄭州刺史尋主兵于河中爲都指揮使時并人寇平陽季筠接戰于洪洞大克拜華州防禦使又繼領龍驤等諸軍騎士累官至檢校司空栢鄉之役季筠臨陣前却太祖亦未之罪乾化二年春太祖親伐鎭定駐于相州因閲馬怒其馬瘦與魏軍校何令稠陳令勳同斬于轅下永樂大典卷一萬八千一百二十六

黃文靖金鄉人少附于黃巢黨中巢敗歸于太祖累署

牙職繼遷諸軍指揮使從太祖南平巢蔡北定兗鄆皆有功唐大順中佐葛從周送朱崇節入潞會晉軍十餘萬近逼垣寨文靖慮孤軍難守乃與葛從周啟闘出師文靖爲殿命矢又皆外向持重而還晉人不敢逼其年冬與康懷英渡淮入壽春之境下安豐霍丘至光州而還光化初晉將李嗣昭周德威寇于山東文靖佐葛從周統大軍禦之至沙河敗晉軍五千餘騎遂逐之越張公橋乃止後旬日復與晉人戰于邢州之北擒蕃將賁金鐵慕容騰李存建等百餘人奪馬數千匹尋以功表授檢校左僕射耀州刺史天祐二年春命佐楊師厚深

入淮甸越壽春侵廬江軍至大獨山遇淮夷殺五千餘衆振旅而還改蔡州刺史加檢校司空又遷潁州刺史太祖受禪復爲蔡州刺史入爲左神武統軍又改左龍驤使乾化元年從太祖北征因閲馬得罪命斬之文靖驍果善戰諸將皆惜之（永樂大典卷一萬八千一百二十六）

胡規兗州人初事朱瑾爲中軍都校兗州平署爲宣武軍都虞候佐葛從周伐鎮定從張存敬收晉絳皆有功署爲河中都虞候權鹽務天復中太祖迎駕在岐下以規權知洛州昭宗還長安詔授皇城使及東遷以爲御營使駕至洛授內園莊宅使天祐三年佐李周彝討相州獨當州之一面頗以功聞軍還權知耀州事明年討滄州爲諸軍壕寨使太祖受禪除右羽林統軍尋佐劉鄩統兵收潼關擒劉知浣獻之乃以爲右龍虎統軍兼侍衛指揮使乾化元年詔修洛河堤堰軍士因之斬伐百姓園林太甚河南尹張宗奭奏之規得罪賜死（永樂大典卷一萬八千一百二十七）

李讜河中臨晉人少時遊秦雍間爲人勇悍多力甚有氣誼唐廣明初黃巢陷長安讜遂得仕于其間巢以讜爲內樞密使（案新唐書黃巢傳及通鑑皆言巢以費傳古爲樞密使不載李讜疑與傳古先後授僞官）蓋讜曾委質于宦者出入于宮禁間巢以此用焉也

其後巢軍既敗讜乃束身歸于太祖署爲左德勝騎軍都將從太祖討蔡賊頗立軍功及東伐兗鄆以所部士伍俘獲甚衆改元從騎將表授檢校右僕射郴王友裕領兵攻澤州時太祖駐大軍于盟津乃令讜將兵越太行授以籌謀讜頗違節度久而無功（案唐書李存孝傳云李讜收軍而遁存孝擊至馬牢川俘斬萬計此傳不載蓋前後省文）太祖遣追還廷責其罪戮之于河橋（永樂大典一萬三百八十八）

李重胤（案重原本作重裔蓋薛史沿避諱舊例今改畫一）宋州下邑人狀貌雄武初在黃巢黨中推爲剛鷙唐中和四年五月同尚讓李讜等率衆至繁與太祖之軍相距及巢寇漸衰乃率

衆來降太祖素識之拔用不次署爲先鋒步軍都頭與胡眞援河陽逼懷州重肩以部下兵突之射中蕃將安休休又令與李讜率騎宰至陝應接郭言迴次澠池破賊帥黃花子之衆改滑州夾馬指揮使蔡賊圍汴重肩以步兵攻下三寨擄獲甚多太祖大舉伐宗權俾重肩以滑兵爲先鋒及東討徐州下豐蕭二邑轉右廂馬步軍指揮使大順元年秋從郴王友裕收澤州與晉軍戰于馬牢川王師敗績迴守河陽太祖謂諸將曰李讜重肩違我節度不能立功頗辜任使于是與李讜並戮于河橋 永樂大典卷一萬三百八十八

范居實絳州翼城人事太祖初爲隊將從討巢蔡有功又從朱珍收滑州改左廂都虞候預破兗鄆功遷感義都頭鄭州馬軍指揮使幽州劉仁恭舉衆南下寇魏郡北鬭居實與葛從周張存敬率兵救魏大破幽滄之衆于內黃太祖迎昭宗于岐下以居實爲河中馬軍都指揮使及昭宗還京賜迎鑾毅勇功臣遙領錦州刺史又遷左龍驤馬軍都指揮使從征淮南迴改登州刺史轉左神勇軍使開平元年用軍于潞州命居寔統軍以解澤州之圍授耀州刺史令以郡兵屯因鎮尋除澤州刺史居寔拳勇善戰頗立軍功在郡以戎備不理詔追赴

闕暴其玩寇之罪而斬之 永樂大典卷一萬六千五百十七

史臣曰叔琮而下咸以鷹犬之才適遇雲龍之會勤勞王室踐履將壇然俱不得其死豈不惜哉得非鳥盡弓藏理當如是耶將梁祖之雄猜無漢高之大度歟乃知自古帝王能保全功臣者唯光武一人而已矣語曰弒父與君亦不從也而叔琮友恭從之何也既爲盜跖所噉豈免成濟之誅臨終之言益彰其醜也 永樂大典卷一萬六千五百十七

舊五代史卷十九終

舊五代史卷十九攷證

梁列傳九氏叔琮傳太祖伐襄陽叔琮失利　案舊唐書光化元年汴將氏叔琮陷趙匡凝之隨唐鄧等州是書趙匡凝傳亦云太祖遣氏叔琮伐之匡凝懼乞盟是役也實以勝歸而叔琮本傳獨言失利未知所據

今就襄陵縣牧馬于道間　案襄陵原本作襄陽今據歐陽史改正

與氏叔琮同日賜死　案此朱友恭事是書及歐陽史通鑑俱同北夢瑣言作友諒誤

太祖異其狀貌乃隸于拔山都　案拔山原本作技山歐陽史作拔山攷當時軍旅皆以都名如黑雲都銀槍都效節都橫街都之類今從歐陽史改正并增入都字

朱珍傳敗樂從訓萬餘人　案通鑑作樂從訓來告急遣都指揮使朱珍等分兵救從訓與此傳異

李重胤傳于是與李讜竝戮于河橋　案原本脫與字今增入

范居實傳與葛從周張存敬率兵救魏　案原本脫從字今增入

舊五代史卷十九攷證

舊五代史卷二十

宋司空同中書門下平章事薛居正等撰

列傳第十　　梁書二十

謝瞳字子明福州人唐咸通末舉進士因留長安三歲不中第廣明初黃巢陷長安遂投跡于太祖洎居門下未嘗一日不在左右及太祖據同州遂署右職其年秋太祖與河中交戰再不利連上章請兵于巢僞右軍督尉孟楷抑而不進瞳揣太祖有擇福意乃進說曰黃家以數十萬之師値唐朝久安人不習戰因利乘便遂下兩京然始竊僞號任用已失其所今將軍勇冠三軍力

戰于外而孟楷專務壅蔽奏章不達下爲庸才所制無獨斷之明破亡之兆必矣况土德未厭外兵四集澮運波注日以收復爲名惟將軍察之太祖曰我意素決爾又如是復何疑哉翌日遂定策戮僞監軍使悉衆歸順於河中王重榮表瞳爲檢校屯田員外郎賜緋令奉表于蜀唐僖宗大悅召入顧問錫賚甚厚以功授朝散大夫太子率更令賜紫爲陵州刺史治郡一歲改檢校右散騎常侍通刺史在任四考頗有政績秋罷詣蜀行在太祖遣人迎之龍紀二年至東京勞徠彌厚賜第墅各一區錢千緡表爲亳州團練使兼太淸宫副使加檢校

工部尚書是年冬太祖征淮南過郡因求侍府幕表爲宣義軍節度副使充兩使留後瞳在滑十三年部内增戸約五萬益兵數千人累遷至大中大夫檢校右僕射卒于滑開平初追贈司徒（永樂大典卷一萬八千一百二十八）

司馬鄴字表仁其先河内温人也祖德璋仕唐爲杞王傅父謹左武衛大　軍鄴資蔭出身頗知書累官至大列唐天復初韓建用爲同州節度留後（案韓建傳作判官司馬鄴）昭宗之幸鳳翔也太祖引兵入關前鋒至左馮翊鄴持印鑰迎謁道左太祖以兵圍華州命入城招諭韓建建果出降及大軍在岐下遣奏事于昭宗再入復出又使于

金州說其帥馮行襲俾堅攀附後歷宣武天平等軍從事開平元年拜右武衛上將軍三年使于兩浙時淮路不通乘驛者迂迴萬里陸行則出荆襄潭桂入嶺自番禺泛海至閩中達于杭越復命則備舟檝出東海至于登萊而揚州諸步多賊船過者不敢循岸必高帆遠引海中謂之入陽以故多損敗鄴在海逾年漂至躭羅國一行俱溺後詔贈司徒（永樂大典卷一萬八千一百二十八）

劉捍開封人父行仙宣武軍大將軍捍少爲牙職太祖初鎭夷門以捍聰敏擢副典客唐中和四年夏太祖以朱珍爲淄州刺史令收兵于淄靑間命捍監其兵路逢

大敵皆破之入博昌獲精兵三萬以歸四月合大軍敗蔡賊秦宗賢數萬衆于汴西文德元年十一月蔡將申叢折宗權足納款于太祖使捍奏其事加兼御史大夫光化三年六月太祖北伐鎮定至常山而王鎔危懼送款于太祖命捍入壁門傳諭時兩軍未整守門者戈戟千匝捍馳騎而入竟達其命又移師以攻中山至懷德驛大破定人五萬衆王處直乞降捍復單馬入州安撫而迴（案梁祖下鎮定服中山舊唐書作光化三年九月新唐書作十月薛史又繫于六月以後據通鑑自六月舉兵至九月始定中山也）太祖迎昭宗于岐下以捍爲親軍指揮天復三年正旦宋文通令客將郭啟奇使于太祖命

捍復命昭宗聞其至即召見詢東兵之事仍以錦服銀鞍勒馬賜之翌日授光祿大夫檢校司空登州刺史昭宗還京改常州刺史賜號迎鑾毅勇功臣四月太祖伐王師範于青州改左右長直都指揮使天祐三年正月授宋州刺史四月加檢校司徒太祖受禪授左龍虎統軍兼元從親軍馬步都虞候及上黨纏兵太祖親往巡撫以捍爲御營使大軍次昂車斥候來告蕃戎逼澤州命捍以兵千人赴之并軍遂遁車駕還京授捍侍衛親軍都指揮使晉人侵晉州從幸陜迴加檢校太保及從駕幸河中詔追王重師赴行在以捍爲雍州節度觀察

留後纔踰月劉知俊據同州反潛使人以厚利啗捍將校遂爲部下所執送于知俊知俊縶捍歸于鳳翔爲李茂貞所害開平四年贈太傅末帝即位又贈太尉捍便習賓贊善于將迎自司賓局及征討四出必預其間雖無決戰爭鋒之績而承命奔走敷揚命令勤幹涖職以至崇顯焉（永樂大典卷九千九十八）

王敬蕘潁州汝陰人世爲郡武吏唐乾符初敬蕘爲本州都知兵馬使中和初寇難益熾郡守庸怯不能自固敬蕘遂代之監郡俄眞拜刺史加檢校右散騎常侍時州境荒饉大寇繼至黃巢數十萬衆寨于州南敬蕘極

力抗禦踰旬而退俄又宗權之衆凌暴益甚合圍攻壁皆力屈而去蔡賊復遣將刁君務以萬衆來逼敬蕘列陣當之身先馳突殺敵甚多由是竟全郡壘遠近歸附及淮人不恭太祖屢以軍南渡路由州境敬蕘悉心供億太祖甚嘉之乾寧二年署爲沿淮上下都指揮使四年冬龐師古敗于清口敗軍逃歸者甚衆路出于潁時雨雪連旬軍士凍餒敬蕘自淮燎薪相屬于道郡中設糜粥餅餌以待之全活者甚衆由是表知武寧軍節度徐宿觀察留後數月眞拜武寧軍節度使（案文苑英華載授敬蕘武寧軍節度制有云襲淮流之積寇挺潛山之雄姿勇實兼人智能周物蓋因清口之役而加秩也）天復

二年入爲右龍武統軍天祐三年轉左衛上將軍開平元年八月以疾致仕尋卒于其第敬蕘魁傑沈勇多力善戰所持槍矢皆以純鐵鍛就槍重三十餘斤摧鋒突陣率以此勝雖非太祖舊臣而達輸懇款保境合兵以輔興王之運有足稱者（永樂大典卷一萬八千一百二十六）

高劭字子將淮南節度使駢之從子也父泰黔中觀察使唐僖宗避敵在蜀駢鎮淮南爲都統兼諸道鹽鐵使兵賦在己朝廷優假之以故劭幸而早官年十四遙領華州刺史光啓中以駢命謁晉公王鐸于鄭俄而州陷蔡劭爲賊所得使人守之戒四門曰無出高大夫劭伺守者稍惰佯爲乞食者過危垣取殍者衣坌身易服得侻兒抱之行出東郊門人以爲丐者不之及稍遠棄所抱兒疾趨至中牟遂達于汴太祖以客禮遇之尋表爲亳州團練副使知州事又數年辟爲宣武軍節度判官在幕下頗以氣直自許後監鄭州事復權知徐州留後唐昭宗之鳳翔太祖迎奉未出劭有疑謀遂令赴華州詣丞相府以議其事行至高陵爲盜所害（永樂大典卷一萬五千五百三十八）

馬嗣勳濠州鍾離人世爲軍吏嗣勳有口辨習武藝爲州客將唐景福元年三月太祖以壽州刺史江儒反下

蔡鎮使尋立率兵攻濠梁刺史張遂俾嗣勳持州印籍戶口以歸于太祖乾寧二年三月楊行密復攻濠州張遂遣嗣勳求援于太祖俄而郡陷（案九國志李簡傳乾寧二年從攻濠州濠水深濶簡手擐重甲口銜大刀先渡踰壘破其關鍵擒刺史張遂以獻新唐書楊行密傳與九國志畧同惟遂字新唐書作燧）嗣勳無所歸卽署爲元從押牙副典客頗稱任使光化元年三月太祖令往光州說刺史劉存背淮賊以向國（案新唐書本紀乾寧三年楊行密陷光州劉存死之九國志柴再用傳乾寧中從光延壽平劉存于弋陽授知光州軍事梁兵寇光州再用擊走之以功遷光州刺史與薛史異又九國志吳有兩劉存其一卽光州刺史其一陳州人後爲馬殷所害）又從李彥威復黃州及武昌縣獲刺史瞿章（案新唐書本紀乾寧四年五月壬子朱全忠陷黃州刺史瞿章死之九國志馬珣傳三年梁將朱友恭圍瞿章于黃州命珣率兵援之黃州陷戰不利而退薛史作光化元年與諸書互異）俄復使光州持幣馬以賜劉存會淮賊急攻光州存與嗣勳率兵大戰敗而走之又遣使于蜀及歸得其助軍貲實甚多天復中太祖迎昭宗于岐下軍至華之西闉使嗣勳人見韓建卽時同出迎謁及羅紹威將殺牙軍遣使告于太祖求爲外援時安陽公主初卒于魏太祖乃遣嗣勳率長直官千人實兵仗于槖中肩舁以入于魏聲言來致祭會葬牙軍不之覺天祐三年正月十六日夜嗣勳與紹威親軍同攻牙軍至曙盡殪之嗣勳重傷旬日而卒開平中累贈太保（永樂大典卷一萬八千一百二十八）

張存敬譙郡人也性剛直有膽勇臨危無所畏憚唐中和中從太祖赴汴以其折節頗見親昵首爲右騎都將從討巢蔡凡歷百戰多于危蹙之間顯有奇畧由是頻立殊効光啟中李罕之會晉軍圍張宗奭于盟津太祖遣丁會葛從周存敬同往馳救存敬引騎軍先犯敵將諸軍翼之敵騎大敗乃解河橋之圍大順二年爲諸軍都虞候佐霍存董大軍收宿州以功奏加檢校兵部尚書太祖東征徐兗存敬屢有俘斬之功凡授指顧皆與機會矢石所及必以身先太祖尤加優異以爲行營都指揮使檢校右僕射乾寧三年充武寧軍留後行潁州

刺史光化二年夏四月幽滄侵淩魏郡復以存敬爲都指揮使三年大舉與葛從周連統諸軍攻浮陽樹數十柵圍劉守文累月時幽州劉仁恭舉兵來援存敬潛軍擊之于乾寧軍南老鴉堤是日燕人大敗斬首五萬級生擒馬愼交已下一百餘人獲馬萬餘蹄（案舊唐書光化二年三月張存敬率師援魏州大敗燕軍仁恭父子僅免薛史作三年事與舊唐書異）其年秋九月引軍收鎭州存敬勒衆涉滹沱河師人鼓行而進逢鎭之遊兵數千因逐之直入鎭之壍門收鞍馬牛驢萬計翌日鎭人納質而旋尋爲宋州刺史踰年甚有能政復擁衆伐薊門數旬間連下瀛莫祁景四州擒俘不可勝紀白懷德驛與中山兵接戰枕屍數十里中山開壁請降天復元年春太祖以河中節度使王珂與太原結親憑恃驕恣命存敬統大軍討之卽日收絳州擒刺史陶建釗降晉州刺史張漢瑜二郡平連圍河中王珂請降太祖嘉之乃以存敬爲護國軍留後未幾檢校司空尋移宋州刺史將之任所寢疾踰旬卒于河中太祖聞之痛惜移晷開平初追贈太保乾化三年又追贈太傅子仁愿晉天福中仕至大理（永樂大典卷六千三百五十）

寇彥卿字俊臣大梁人也祖琯父裔皆宣武軍牙校太祖鎭汴以彥卿將家子擢在左右弱冠選爲通贊官太

祖爲元帥補元帥府押牙充四鎭通贊官行首兼右長直都指揮使累奏授檢校司徒領洺州刺史羅紹威將殺牙軍遣使告于太祖太祖命彥卿使于魏密與紹威謀之竟成其事彥卿之力也彥卿身長八尺隆準方面語音如鐘善騎射好書史復善伺太祖之旨凡所作爲動皆云合太祖每言曰敬翔劉捍寇彥卿蓋爲我而生其見重如此太祖有所乘烏馬號一丈烏嘗以賜彥卿天復中太祖迎昭宗于鳳翔累于岐軍對陣時彥卿爲諸道馬步軍都排陣使嘗躬擐甲冑乘其所賜烏馬馳騁于陣前太祖目之曰眞神王也昭宗還京賜迎鑾毅

勇功臣改邢州刺史尋遷亳州團練使案通鑑開平二年帝從吳越王錢鏐之請以亳州團練寇彥卿爲東南面行營都指揮使使擊淮南十一月彥卿帥衆二千襲霍丘爲土豪朱景所敗又攻廬壽二州皆不勝淮南遣滁州刺史李儼拒之九國志朱景傳梁祖聞景名命寇彥卿率勁騎三千襲霍丘圖取景且諭梁祖之意令降景率其徒戰于上壚林澤中射死者無數彥卿兵折力殫而去此事薛史及歐陽史皆不載太祖受禪爲華州節度使加檢校太保歲餘入爲左金吾衛大將軍充街使一日過天津橋有老人案歐陽史作民梁現悞衝其騶道者排之落橋而斃爲御史府所彈太祖不得已責授左衞中郎將案通鑑作遊擊將軍左衞中郎將不數月除相州防禦使案相州歐陽史作襄州依前行營諸將排陣使未幾授河陽節度使加檢校太傅及太祖遇弒彥卿追感舊恩圖御容以奠之每因對客言及先朝舊事即涕泗交流末帝嗣位遙領興元節度使東南面行營都招討使以拒淮寇尋改右金吾衞上將軍貞明初授鄧州節度使會淮人圍安陸彥卿奉詔領兵解圍大破淮賊而還四年卒于鎮時年五十七詔贈侍中彥卿貞幹明敏善事人主然怙寵作威多忌好殺雖顯立功名而猶爲識者之所鄙焉永樂大典卷一萬九千三百三十

史臣曰案原本有闕文存敬有提鼓之勞彥卿偶攀鱗之會俱爲藩后亦其宜哉永樂大典卷一萬九千三百三十

舊五代史卷二十終

舊五代史卷二十攷證

梁列傳十司馬鄴傳揚州諸步多賊船　諸步原本作諸走攷容齋隨筆云步者水傍之名今改正

馬嗣勳傳刺史張遂　案新唐書作張璲

張存敬傳擒刺史陶建釗　建釗原本作建鉦今據通鑑改正

舊五代史卷二十攷證

舊五代史卷二十一

宋司空同中書門下平章事薛居正等撰

列傳第十一　梁書二十一

龐師古曹州南華人初名從以中涓從太祖性端愿未嘗離左右及太祖鎭汴樹置戎伍始得馬五百匹卽以師古爲偏將援陳破蔡累有戰功及朱珍以罪誅遂用師古爲都指揮使乃渡淮饟軍于廬壽攻滁州破天長下高郵泝淮轉戰所至克捷尋代朱友裕領軍攻下徐州斬時溥首以獻遂移軍伐兗州入中都寨于梁山敗朱瑄之衆襲至壘下又破朱瑾于清河從討汝陽與朱瑄朱瑾及晉將史儼兒戰于故樂亭大捷而廻乾寧四年正月復統諸軍伐鄆拔之擒其帥朱瑄以獻始表爲天平軍節度留後尋授徐州節度使案文苑英華有授龐從武寧平南節度攺名師古制張玄晏之辭也中云自委之留事須我詔條惠愛行于鄉閭威望揚于士伍是宜錫以旂幢進其官秩奄有徐夷之四履爰撫大彭之故都是師古先爲留後繼授節度也通鑑止作留後誤官至檢校司空乾寧四年八月與葛從周分統大軍渡淮以伐楊行密十一月師古寨于清口寨地卑下玉堂閒話云龐從會軍五萬于清口所屯之地蓋兵書謂之絕地人不駕肩行一舍方至夷坦之處或請遷移弗聽俄有告淮人決上流者曰水至矣師古怒其惑衆斬之案九國志侯瓚傳時兵起倉卒加以陰寒士皆飲氷餐雪而行甫及梁營則豎戈植足闕志未決朱瑾與瓚率五十

騎潛濟淮入自壘北舞槊而馳譟聲雷沸梁兵皆殞眩不能舉遂斬龐從大將繼之死者大半是清口之戰因雪夜不備而敗也薛史以爲決淮上流與九國志異新唐書楊行密傳兼用之須臾我軍在淖中莫能戰而吳人襲焉故及于敗師古沒于陣永樂大典卷一萬八千一百二十六

霍存洺州曲周縣人性驍勇善騎射在黃巢中已爲將領唐中和四年太祖大破巢軍于王滿渡時存與葛從周張歸霸皆自巢軍來降太祖宥而納之其後破王夏寨擊殷鐵林並在戰中尋佐朱珍取滑臺攻淄州取博昌皆預戰立功時蔡賊張晊在汴北存以三千人夕犯其營破之用本部騎兵敗秦賢軍殺五千人連破四寨盡得其輜重從討盧瑭張晊殪萬餘人存功居多我軍之圍濮州也有賊升睥樓大詬太祖怒甚召存射之矢一發而死隕其下賞賚甚厚復佐朱珍擒石璠破魏師敗徐戎又佐龐師古至呂梁敗時溥二千餘衆以是累遷官初王師渡淮乏食不甚利惟存軍戰有功淮賊乃引退太祖之討宿州也葛從周以水壞其垣丁會以師乘其墉存戰壘外敗其軍宿人乃降明年佐郴王友裕擊時溥于碭山破之獲蕃將石君和等五十人歐陽史云存代李唐賓攻時溥溥敗碭山存獲其將石君和等五十人梁攻宿州葛從周引水浸之丁會與存戰城下遂下之是歲復與晉軍戰于馬牢川始入爲前鋒出則後拒晉

不敢逼乃渡河襲淇門殺三千餘人曹州刺史郭紹賓之來歸也存以師援之遂代其任始朱友裕以大軍伐鄆臨其壁既而師陷圍中以急來告存領二百騎馳赴擊退之太祖喜拔爲諸軍都指揮使景福二年春太祖親至曹州留騎軍數千令存將之且曰有急則倍道兼行以赴之俄聞朱瑾領兵二萬入援彭門存乃領騎軍馳赴之與徐兗之衆合戰于石佛山下大敗之存亦中流矢而卒時人稱其忠勇初朱珍李唐賓之殁龎師古代珍存代唐賓戰伐功積多與師古同始遷領韶州牧又敗賀州後用爲權知曹州刺史官至檢校右僕射及太

祖登極屢有征討因起猛士之歎一日幸講武臺閱兵謂諸將曰霍存在朕安有此勞苦耶諸君其思之他日語又如是累贈官至太保子彥威後唐明宗朝爲青州節度使（永樂大典卷一萬八千一百二十六）

符道昭淮西人性强敏有武略秦宗權用爲心膂使監督諸軍後爲騎將尤能布陣勇聞于時然剛而無操善迎人意一見若盡肺腑必甚愛其才而道昭之心腹颺矣秦宗權之將敗也有薛潛者支肇隊伍道昭謂所私曰蔡弱矣乃歸潛潛欲敗復奔洋州依葛佐攻興元軍不利復奔于岐宋文通愛之養爲己子名繼遠遂易其宗及得軍職悉超儕伍後爲巴州刺史又奏爲隴州防禦使兼中軍都指揮使太祖迎奉昭宗駐軍于岐下道昭頻領騎士敵鬭戰屢爲王師所敗遂來降太祖素聞其名待之甚厚昭宗反正奏授秦州節度使同平章事遣兵援宋不克而還先是李周彝棄鄜州自投歸國署爲元帥府行軍左司馬寵冠霸府及道昭至以爲右司馬使與周彝同領寇彥卿南大豐閻寶以下大軍伐滄州及太祖幸魏州討牙軍中軍前有魏博將山河營指揮使左行遷聞府中有變引軍還屯歷亭自稱留後從亂者數萬人道昭佐周彝與彥卿已下大破之殺四萬

餘人擒左行遷斬之有史仁遇亦聚徒數萬據高唐又破之擒仁遇以獻乘勝取澶博二州平之復殺萬餘人道昭性勇果多率先犯陣屢有摧失而周彝彥卿犄角繼進連以捷告護兵者上功不實皆以道昭爲首太祖陰知之俱不議賞及滄州之圍也不用騎士令道昭收馬于堂陽太祖受禪後委兵柄與康懷英等攻潞州以蚰蜒塹繚之飛鳥不度既踰歲晉人援至王師大敗道昭爲晉軍所殺（永樂大典卷一萬八千一百二十七）

徐懷玉本名琮亳州焦夷縣人少以雄傑自任隨太祖起軍唐中和末後至大梁光啟初蔡寇屯金堤驛懷玉

將輕騎連破之由是累遷親從副將改左長劍都虞候又從破蔡賊于板橋收秦宗權八寨奏加檢校右散騎常侍文德初同諸軍解河陽之圍復從破徐宿乾寧中奏加檢校刑部尚書太祖賜名懷玉破朱瑾于金鄉南擒宗江以獻表授金紫光祿大夫檢校右僕射乾寧四年龐師古失利于淸口懷玉獨全軍以退光化初轉滑州右都押牙兼右步軍指揮使俄奏授沂州刺史頃之王師範以青州叛屢出兵侵軼懷玉擊退之天復四年轉齊州防禦使加檢校司空從大軍迎鑾于岐下歸署華州觀察留後一年復領所部兵戍雍州尋召赴河中

補晉絳同華五州馬步都指揮使天祐三年授左羽林統軍轉右龍虎統軍領六軍之士赴澤州尋爲晉軍所攻晝夜衝擊穴地而入懷玉率親兵逆殺于隧中晉軍遂退開平元年授曹州刺史加檢校司徒明年除晉州刺史其秋晉軍大至已乘其墉懷玉選親兵五十餘人擁殺下城晉軍既退出家財以賞戰士歲中晉軍又至懷玉領兵敗之于洪洞三年制授鄜坊節度使特進檢校太保練兵繕壁人頗安之加檢校太傅乾化二年庶人友珪既簒立河中朱友謙拒命遣兵襲鄜州懷玉無備尋爲河中所虜囚于公館及友珪遣康懷英率師圍河中友謙慮懷玉有變遂害之懷玉材氣剛勇臨陣未嘗折退平生金瘡被體有戰將之名焉永樂大典卷一萬八千一百二十七

郭言太原人也家于南陽新野少以力穡養親鄉里稱之唐廣明中黃巢擁衆西犯秦雍言爲巢黨所執後從太祖赴汴初爲騎軍繼有戰功後擢爲裨校言性剛直有權畧勤于戎事或以家財分給將士之貧者由是頗得士心屢將兵與蔡寇戰于浚郊每以少擊衆出必勝歸太祖嘉其勇果謂賓佐曰言乃吾之虎侯也時宗權支黨數十萬太祖兵不過數十旅每恨其寡與之不敵

一日命言董數千人越河洛趨陝虢招召丁壯以實部伍言夏往冬旋得銳士萬餘遂遷步軍都將自是隨太祖掩襲蔡寇斬獲掠奪不可勝紀宗權以玆敗北太祖盡收其地因命言將兵導達貢奉以安鄆傳自汴鄭迄于潼關去奸恤弱甚得其所光啟中唐天子以太祖兵威日振命兼揚州節度使太祖遣幕吏李璠領兵赴維揚以制置爲名時言爲李璠前鋒深入淮甸破盱眙而還案通鑑云時溥以師襲之言力戰得免梁祖紀亦作不克進而還與傳異梁祖東伐徐鄆言將偏師略地千里頻逢寇敵言出奇決戰所向皆捷大挫東人之銳太祖錄其績以排陣斬斫之號委之尋

表爲宿州刺史檢校右僕射于時徐宿兵鋒日夕相接
控扼偵邏以言爲首景福初時溥大舉來攻宿州言勇
于野戰喜逢大敵自引銳兵擊溥殺傷甚衆徐戎乃退
言爲流矢所中一夕而卒（永樂大典卷二萬二千一百六十）
李唐賓陝州陝縣人也中和四年二月尙讓之寇繁臺
也唐賓與李讜霍存並爲巢將與太祖之軍戰于尉氏
門外三月太祖破瓦子寨唐賓與王虔裕來降時黃巢
壁于陳郊乃命唐賓摩其西閫焚焉王滿之師王夏之
陣唐賓悉在戰中後與朱珍趣淄州所向摧敵及取滑
平蔡前後破鄆淮徐之衆功與朱珍略等而驍勇絕倫

善用矛未嘗不率先陷陣其善于治軍行師之道亦與
珍齊名珍之擒石瑤也唐賓亦沿淮與郭言犄角下盱
眙其後渡河破黎陽李因等鎭攻澶州下內黃敗魏師
未嘗不與珍同暨攸蔡之役珍自西南破其外垣唐賓
亦壍壕坎墉摧其東北隅乃伐徐取豐時溥軍于吳康
珍亟遇之未能却唐賓引本軍擊敗之珍遂大勝每與
師必與珍偕用故往無不利然而剛中用壯遂爲珍所
害以謀叛聞太祖聞之痛惜累日及誅朱珍後令其妻
孥至軍收葬而加弔祭焉（永樂大典卷一萬三百六十）
王虔裕瑯琊臨沂人也家于楚丘少有膽勇多力善射
以弋獵爲事唐乾符中諸葛爽聚徒于靑棣間攻剽郡
縣虔裕依其衆及爽歸順乃以虔裕及其衆隸于宣武
軍太祖鎭汴四郊多事始議選將征討首以虔裕縮騎
兵恆爲前鋒及太祖擊巢蔡于陳州虔裕連拔數寨擒
獲萬計巢孽旣遁虔裕躡其迹追至萬勝戍賊衆饑乏
短兵纔接而潰太祖以其勞表授義州刺史蔡人日縱
侵掠陳鄭許亳之郊頻年大戰虔裕掩襲攻拒凡百餘
陣勦戮生擒不知紀極秦宗賢寇汴南鄙太祖令虔裕
邀擊于尉氏不利而還太祖怒命削職拘于別部踰年
邢州孟遷請降未幾晉人伐邢孟遷遣使來乞師太祖

先遣虔裕選勇士百餘人徑往赴之伺夜突入邢州明
日循堞樹立旗幟晉人不測乃退數月復來圍邢時太
祖大軍方討兗鄆未及救援（案通鑑考異云是時全忠方攻時溥未討兗鄆也傳誤）
邢人因而攜貳遷乃縶虔裕送于太原尋爲所害（永樂大典卷一萬八千一百二十七）
劉康乂壽州安豐縣人也以農桑爲業唐乾符中關東
羣盜並起江淮間偏羅其苦因爲巢黨所掠康乂沉默
有膂力善用矛槊然不樂爲暴中和三年從太祖赴鎭
委以心腹康乂枕戈擐甲夷險無憚其後累典親軍襲
巢破蔡斬獲尤多累以戰功遷元從都將從太祖連年

攻討徐兗鄆所向多捷尤善于營壘充諸軍壕寨使及太祖盡下三鎭議其功奏加檢校右僕射兼領軍衞尋遷密州刺史政甚簡靜時王師範叛據青州乞師于淮夷淮人遂攻密州密兵素少執銳者不滿千夫而淮賊踰萬康乂率老弱守陴自別領少壯日與接戰于密之四郊俘擒千計賊知密州虛弱援兵未至晝夜急攻遂陷康乂爲賊所害（永樂大典卷九千九十八）

王彥章字賢明（案歐陽史作字子明）鄆州壽張縣人也（案歐陽史作鄆州壽昌人）祖秀父慶宗俱不仕以彥章貴秀贈左散騎常侍慶宗贈右武衞將軍彥章少從軍隸太祖帳下以驍勇聞稍遷軍職累典禁兵從太祖征討所至有功常持鐵槍衝堅陷陣開平二年十月自開封府押牙左親從指揮使授左龍驤軍使三年轉左監門衞上將軍依前左龍驤軍使乾化元年改行營左先鋒馬軍使又加金紫光祿大夫檢校司空依前左監門衞上將軍二年庶人友珪篡位加檢校司徒三年正月授濮州刺史本州馬步軍都指揮使依前左先鋒馬軍使未幾改先鋒步軍都指揮使四年爲澶州刺史進封開國伯五年三月朝廷議割魏州爲西鎭慮魏人不從遣彥章率精騎五百屯鄴城駐于金波亭以備非常是月二十九日夜魏軍作

亂首攻彥章于館舍彥章南奔七月晉人攻陷澶州彥章舉家陷沒（案通鑑晉人夜襲澶州陷之刺史王彥章在劉鄩營晉人獲其妻子是當時澶州之陷因刺史他出而掩其不備非彥章力不能守也歐陽史極推重彥章而載澶州事不詳蓋未博考）晉王遷其家于晉陽待之甚厚遣細人間行誘之彥章卽斬其使以絕之數年其家被害九月授汝州防禦使檢校太保依前行營先鋒步軍都指揮使貞明二年四月改鄭州防禦使三年十二月授西南行營馬軍都指揮使加檢校太傅依前鄭州防禦使頃之授行營諸軍左廂馬軍都指揮使五年五月遷許州兩使留後軍職如故六年正月正授許州匡國軍節度使充散指揮都頭都軍使進封開國侯未幾授北面行營副招討使七年正月移領滑州三年四月晦晉師陷鄆州中外大恐五月以彥章代戴思遠爲北面招討使拜命之日促裝以赴滑臺遂自楊村砦浮河而下水陸俱進斷晉人德勝之浮梁攻南城拔之晉人遂棄北城併軍保楊劉彥章以舟師泝流而下晉人盡徹北城拆屋木編栰置步軍于其上與彥章各行一岸每遇轉灘水匯卽中流交鬬流矢雨集或舟栰覆沒比及楊劉凡百餘戰彥章急攻楊劉晝夜不息晉人極力固守垂陷者數四六月晉王親援其城彥章之軍重壕複壘晉人不能入晉王乃于博

州東岸築壘以應鄆州彥章聞之馳軍而至急攻其柵
自旦及午其城將拔會晉王以大軍來援彥章乃退七
月晉王至楊劉彥章軍不利遂罷彥章兵權詔令歸闕
以段凝爲招討使先是趙張二族撓亂朝政彥章深惡
之性復剛直不能緘忍及授招討之命因謂所親曰待
我立功之後回軍之日當盡誅奸臣以謝天下趙張聞
之私相謂曰我輩寧死于沙陀之手不當爲彥章所殺
因協力以傾之時段凝以賄賂交結自求兵柄素與彥
章不協潛害其功陰行逗撓遂至王師不利竟退彥章
而用段凝未及十旬國以之亡矣是歲秋九月朝廷聞

晉人將自兗州路出師末帝急遣彥章領保鑾騎士數
千于東路守捉案歐陽史從家傳作保鑾士五百人文作畫像記極辨舊史領數千人以往之
非今考通鑑云梁主命王彥章將保鑾士及他兵合萬人屯兗鄆之境是彥章所將且不止薛史所云數千矣
又考通鑑李嗣源敗彥章所將止于獲將士三百人斬首二百級使彥章所將止于五百是師徒盡喪單騎遁
還不應尚能再戰也彥章忠于所事百折不回不幸爲監軍張漢傑所制力竭而亡非戰之罪歐陽史必欲滅
其兵數恐轉非實錄且以鄆州爲敵人所據因圖進取令張漢傑
爲監軍一日彥章渡汶以略鄆境至遞坊鎮爲晉人所
襲彥章退保中都十月四日晉王以大軍至彥章以衆
拒戰兵敗爲晉將夏魯奇所擒魯奇嘗事太祖與彥章
素善及彥章敗識其語音曰此王鐵槍也揮矟刺之彥

章重傷馬踣遂擒晉王見彥章謂之曰爾常以孺子待
我今日服未又問我素聞爾善將何不保守兗州此邑
素無城壘何以自固彥章對曰大事已去非臣智力所
及晉王惻然親賜藥以封其創晉王素聞其勇悍欲全
活之令中使慰撫以誘其意彥章曰比是匹夫本朝擢
居方面與皇帝十五年抗衡今日兵敗力窮死有常分
皇帝縱垂矜宥何面目見人豈有爲臣爲將朝事梁而
暮事晉乎得死幸矣晉王又謂李嗣源曰爾宜親往諭
之庶可全活時彥章以重傷不能興嗣源至臥內以見
之謂嗣源曰汝非邈佶烈乎邈佶烈蓋嗣源小字也彥

章素輕嗣源故以小字呼之既而晉王命肩輿隨軍至
任城彥章以所傷痛楚堅乞遲留遂遇害時年六十一
彥章性忠勇有膂力臨陣對敵不顧身居嘗謂人曰李
亞子鬭鷄小兒何足顧畏初晉王聞彥章授招討使自
魏州急赴河上以備衝突至則德勝南城已爲所拔晉
王嘗曰此人可畏當避其鋒一日晉王領兵迫潘張寨
大軍隔河未能赴援彥章援槍登舟叱舟人解纜招討
使賀瓌止之不可晉王聞彥章至抽軍而退其驍勇如
此及晉高祖遷都夷門嘉彥章之忠款詔贈太師搜訪
子孫錄用永樂大典卷一萬八千一百二十七五代史補王彥章之應募也同時有數百人而彥章

嘗求爲長衆皆怒曰彥章何人一旦自草野中出便欲居我輩之上是不自量之甚也彥章聞之乃對主將指數百人曰我天與壯氣自度汝等不及故求作長耳汝等咄咄得非勝負將分之際耶且大凡健兒開口便言死死則未暇且共汝輩赤脚入蕀針地走三五遭汝等能乎衆初以爲戲既而彥章果然衆皆失色無敢效之者太祖聞之以爲神人遽擢用之

賀德倫其先河西部落人也父懷慶隸滑州軍爲小校德倫少爲滑之牙將太祖領四鎮德倫以本軍從繼立軍功累歷刺史留後遷平盧軍節度使及魏博楊師厚卒朝廷以德倫代其任貞明元年三月二十九日夜魏軍作亂執德倫四于別館盡殺其部衆爲亂首張彥所迫遣使歸款于太原晉王自黃澤嶺東下至臨清德倫遣從事司空頲密啟晉王訴以張彥陵辱之事晉王至永濟斬彥等八人然後入于魏德倫卽以符印上晉王通鑑晉王既入德倫上印節請王兼領天雄軍王固辭曰比聞汴寇侵逼貴道故親董師徒遠來相救又聞城中新罹塗炭故暫入存撫明公不垂鑒信乃以印節見推誠非素懷德倫再拜曰今寇敵密邇軍城新有大變人心未安德倫心腹紀綱爲張彥所殺殆盡形孤勢弱安能統軍一旦生事恐負大恩王乃受之尋授雲州節度使行次河東監軍張承業留之不遣頃之王檀以急兵襲太原德倫部下多奔逸承業懼其爲變遂誅德倫幷其部曲盡殺之永樂大典卷一萬七千四百六十七

舊五代史卷二十一終

舊五代史卷二十一攷證

梁列傳十一龐師古傳始表爲天平軍節度留後尋除授徐州節度使　案師古先爲留後繼授節度通鑑止作留後誤

霍存傳用本部騎兵敗秦賢軍　秦賢王虔裕傳作秦宗賢

有賊升眺樓大詬　眺樓原本作昭樓今據歐陽史改

符道昭傳符道昭淮西人　案歐陽史作蔡州人

徐懷玉傳授左羽林統軍　案歐陽史作右羽林統軍

郭言傳破盱眙而還　案通鑑作言力戰得免梁祖紀亦作不克而還與此傳異

李唐賓傳時溥軍于吳康　吳康原本訛吳唐今據歐陽史改正

王虔裕傳時太祖大軍方討兗鄆未及救援　案通鑑攷異云是時全忠方攻時溥未討兗鄆也傳誤

劉康乂傳尋遷密州刺史　密州原本訛宣州今據新唐書昭宗紀改正

王彥章傳彥章字賢明鄆州壽張縣人也　賢明歐陽史作子明壽張歐陽史作壽昌

舊五代史卷二十一攷證

舊五代史卷二十二

宋司空同中書門下平章事薛居正等撰

列傳第十二　　梁書二十二

楊師厚潁州斤溝人也爲李罕之部將以猛決聞尤善騎射及罕之敗退保澤州師厚與李鐸何絪等來降太祖署爲忠武軍牙將繼歷軍職累遷檢校右僕射表授曹州刺史唐天復三年從太祖迎昭宗于岐下李茂貞以勁兵出戰爲師厚所敗及王師範以青州叛太祖遣師厚率兵東討時淮賊王景仁以眾二萬來援師範師厚逆擊破之追至輔唐縣斬數百級授齊州刺史將之

任太祖急召見于鄆西境遣師厚率步騎屯于臨朐而聲言欲東援密州留輜重于臨朐師範果出兵來擊師厚設伏于野追擊至聖王山殺萬餘眾擒都將八十人未幾萊州刺史王師誨以兵救師範又大敗之自是師範不復敢戰師厚移軍寨于城下師範力屈竟降天復四年三月加檢校司徒徐州節度使天祐元年加諸軍行營馬步都指揮使二年八月太祖討趙匡凝于襄陽命師厚統前軍以進趙匡凝嚴兵以備師厚至穀城西童山刊材造浮橋引軍過漢水一戰趙匡凝敗散擕妻子沿漢遁去翌日表師厚爲山南東道節度留後（案唐書天祐三年六月甲申勑襄州近因趙匡凝作帥請別立忠義軍額既非往制固是從權忠義軍額宜停廢依舊爲山南東道節度使是山南東道復置于天祐三年而薛史于二年八月已云表師厚爲山南東道節度使留後蓋史家追書之意）卽令南討荊州留後趙匡明亦棄軍上峽不浹旬併下兩鎮乃正授襄州節度使先是漢南無羅城師厚始興板築周十餘里郛郭完壯開平元年加檢校太保同平章事明年又加檢校太傅三年三月入朝詔兼潞州行營都招討使無何劉知俊據同州叛師厚與劉鄩率軍西討至潼關擒知俊弟知浣以獻知俊聞師厚至卽西走鳳翔師厚進攻至長安時知俊已引岐寇據其城師厚以奇兵傍南山急行自西門而入賊將王

建驚愕不知所爲遽出降制加師厚檢校太尉頃之晉王與周德威丁會符存審等以大眾攻晉州甚急太祖遣師厚帥兵援之軍至絳州晉軍扼蒙阬之險師厚整眾而前晉人乃徹圍而遁（案通鑑考異引梁實錄云生擒賊將蕭萬通等賊由是棄寨而遁莊宗實錄云汴軍至蒙阬周德威逆戰敗之斬首二百級二軍各言勝捷其互異如此通鑑定從薛史及梁實錄）四年二月移授陝州節度使五年正月王景仁敗于柏鄉晉人乘勝圍邢州掠魏博南至黎陽師厚受詔以兵屯衛州晉軍攻魏州不克而退師厚追襲過漳河解邢州之圍改授滑州節度使明年太祖北征令師厚以大軍攻棗強逾旬不能克太祖屢加督責師厚晝夜

奮擊乃破之盡屠其城車駕還師厚屯魏州及庶人友珪簒位魏州衙內都指揮使潘晏與大將臧延範趙訓謀變有密告者師厚布兵擒捕斬之案歐陽史云師厚乘間殺魏牙將潘晏臧延範等逐出節度使羅周翰與薛史相異越二日又有指揮使趙賓夜率部軍擐甲俟旦爲亂師厚以衙兵圍捕賓不能起乃越城而遁師厚遣騎追至肥鄉擒其黨百餘人歸斬于府門友珪即以師厚爲魏博節度使檢校侍中未幾鎮人晉人侵魏之北鄙師厚率軍至唐店破之斬首五千級擒其都將三十餘人是時師厚握河朔兵威望振主友珪患之詔師厚赴闕師厚乃率精甲萬人至洛陽嚴兵

於都外自以十餘人入謁友珪懼厚禮而遣之及末帝將圖友珪遣使謀于師厚深陳款効且持書于侍衞軍使袁象先及主軍大將又遣都指揮使朱漢賓率兵至滑州以應禁旅友珪即誅末帝即位于東京首封師厚爲鄴王加檢校太師中書令每下詔不名以官呼之事無巨細必先謀于師厚師厚頗亦驕誕先是鎮人以我柏鄉不利之後屢擾邊境師厚總大軍直抵鎮州城下焚盪閭舍移軍掠藁城東鹿至深州而歸乾化五年三月卒于鎮廢朝三日贈太師師厚純謹敏幹深爲太祖知遇委以重兵劇鎮他莫能及然而末年矜功恃衆驟萌不軌之意于是專割財賦置銀槍效節軍凡數千人皆選摘驍銳縱恣豢養復故時牙軍之態時人病之摘異錄云槍材難得十全魏州石屋材多可用楊師厚時銀槍效節都皆采于此向時河朔之俗上元比屋夜游及師厚作鎮乃課魏人戶立燈竿千釭萬炬洞照一城縱士女嬉游復彩畫舟舫令女妓櫂歌于御河縱酒彌日又于黎陽採巨石將紀德政以鐵車負載驅牛數百以拽之所至之處丘墓廬舍悉皆毀壞百姓望之皆曰碑來及碑石纔至而師厚卒魏人以爲悲來之應末帝聞其卒也于私庭受賀乃議裂魏州爲兩鎮既而所樹親軍果爲叛亂以招外寇致使河朔淪陷宗社覆滅由師厚召之也永樂大典卷一萬八千一百二十六

牛存節字贊貞青州博昌人也本名禮太祖改而字之少以雄勇自負唐乾符末鄉人諸葛爽爲河陽節度使存節往從之爽卒存節謂同輩曰天下洶洶當擇英主而事以圖富貴遂歸于太祖初授宣義軍小將屬蔡寇至金隄驛犯酸棗靈昌存節日與之鬬凡二十餘往每往必執俘而還前後斬首二十餘級獲孳畜甚衆太祖擊蔡賊于板橋赤堈酸棗門封禪寺枯河北存節皆預其行與諸將于濮州南劉橋范縣大破鄆衆自此深爲太祖獎遇文德元年夏李罕之以幷軍圍張宗奭于河

陽太祖遣存節率軍赴之屬歲歉饑餽不至村民有儲糗糧者存節以器用錢帛易之以給軍食大破賊于浿河罕之引衆北走又預討徐宿有功及討河北存節前鋒下黎陽收臨河至內黃西以兵千餘人當魏人萬二千衆大破其陣殭仆蔽野太祖深所歎激謂有神兵之助大順元年改滑州左右廂牢城使與諸將討時溥累破賊軍景福元年秋改遏後都指揮使攻濮之役領軍先登遂拔其壘二年四月下徐州梟時溥存節力戰其功居多乾寧二年授檢校工部尚書三年夏太祖東討鄆州存節領軍夂故樂亭扼其要路都指揮使龐師古

屯馬頰存節密與都將王言謀入鄆壘十二月存節遣王言夜伏勇士于州西北以船踰濠率梯登陴既而王言不克入存節獨率伏軍負梯輴破其西甕城尋與濠橋諸軍俱進四年四月陷其城尋與葛從周降下兗州加檢校右僕射其年秋大舉以伐淮南至濠州東閭前軍失利于清口諸軍退至渒河無復隊伍存節遏其後諸將釋騎步鬭諸軍稍得濟收合所部並敗兵共八千餘人至于淮涘時不食已四日矣存節訓厲部分以禦追寇遂得旋師（案舊唐書昭宗紀葛從周自霍邱渡淮至濠州聞師古敗乃退軍信宿至渒河方渡而朱瑾至是日殺傷溺死殆盡還者不滿千人惟生存節一軍先渡獲免北至潁州大雪寒冬死者十五

六據舊唐書存節以渡得免而薛史以為存節遏其後蓋傳聞之異）五年除亳州刺史俄遷宣武軍都指揮使改宿州刺史明年淮賊大至彭城存節乃以部下兵夜發直趨彭城淮人訝其神速震恐而退諸將服其智識光化二年罷歸復為左衙都將兼馬步教練使天復元年授潞州馬步軍都指揮使法令嚴整士庶安之及追赴行在士卒泣送者不絕于道加金紫光祿大夫檢校司空改滑州左衙步軍指揮使知邢州軍州事天祐元年授邢州團練使時州兵纔及二百人晉人知之以大軍來寇太祖在鄴發長直兵二千人赴援存節率壯健出鬬以家財賞激戰士并軍急攻

七日不能克而去太祖召至勞慰久之厚賚金帛鞍馬加檢校司徒冬罷軍署為元帥府左都押衙四年太祖受禪除右千牛衛上將軍其秋攻潞州以存節為行營馬步軍都排陣使開平二年二月自右監門衛上將軍轉右龍虎統軍駐留洛下是歲王師敗于上黨晉人乘勝進迫澤州州城將陷河南留守張全義召存節謀遂以本軍及右龍虎羽林等軍往應接上黨師至天井關存節諸將曰是行也雖不奉詔旨然要害之地不可致失時晉人新勝其鋒甚盛存節引衆而前銜枚夜至澤州適遇守陴者已縱火鼓噪以應外軍刺史保衙城不

知所爲存節纔入晉軍已至矣乃分布守禦晉軍四面攻鬬開地道以入城存節亦以隧道應之逆戰于地中晉軍不能進又以勁弩射之中者人馬皆洞經十三日晉軍死傷者甚衆焚營而退郡以獲全太祖屢歎賞之五月遷左龍虎統軍充六軍馬步都指揮使十月授絳州刺史三年四月除鄜州留後六月劉知俊以同州叛尋授同州留後未幾加檢校太保同州節度使乾化二年加檢校太傅進封開國公存節戒嚴軍旅常若敵至先是州中井水鹹苦人不可飲及弁人岐人來逼州城或以爲兵士渴乏陷在旦夕存節乃齋拜虔祝擇地鑿

八十餘井其味皆甘淡由是人馬汲濯有餘（案八蝀集引薛史作存節鑿八十餘井其味皆甘淡病渴俱消疑引薛史而稍有移易也）衆以爲至誠之感自八月至三年春末人馬未嘗釋甲以至寇退尋加同平章事詔赴闕末帝召慰勉賞賜甚厚十一月加開府儀同三司食邑一千戸授鄆州節度使四年加淮南西北面行營招討使控扼淮濆邊境安之其冬蔣殷據徐州逆命存節方以大衆戍潁州得殷逆謀密以上聞遽奉詔與劉鄩同討之頓于埇上淮賊朱瑾以兵救殷距宿之兩舍聞存節兵大至卽委糧棄甲而遁竟平徐州詔加太尉夏中病渴且痟屬河北用軍末帝令率軍屯陽

留（案陽留卽楊劉見通鑑考異又考李重進碑作楊留蓋地名通用）以張劉鄩之勢存節忠憤彌篤未嘗言病料敵治戎旦夕愈厲病革詔歸汝陽翼日而卒將終戒其子知業知讓等以忠孝言不及他册贈太師存節武鷙慷慨有大節野戰壁守皆其所長威名聞其境外深爲末帝所重而木強忠厚有賈復之風焉（永樂大典卷八千八百六十一）

王檀字衆美京兆人也曾祖泚唐左金吾衛將軍隴州防禦使祖曜定難功臣渭橋鎭遏使父環鴻臚卿以檀貴累贈左僕射檀少英悟美形儀好讀兵書洞曉韜略唐中和中太祖鎭大梁檀爲小將四年汴將楊彦洪破

巢將尙讓李讜于尉氏門外檀在戰中摧鋒陷陣遂爲太祖所知稍蒙擢用預破蔡賊于斤溝淝河八角遷踏白都副將光啟二年從胡眞擊淮西之衆解河陽之圍蔡賊張存敢乘亂據洛陽檀與勇士數十人潛入賊柵邀其輜重存敢遁走胡眞至陝州開通貢路遣檀攻玉山寨降賊帥石令殷從擊秦宗賢于鄭州西北河灘之上于太祖馬前射賊將孫安應弦而斃三年佐都指揮使朱珍敗徐戎于孫師陂獲其將孫用和東翊以獻從擊蔡賊于板橋偏將李重胤追賊馬蹶爲蔡人所擒檀奪取而旋獲賊將薛注太祖破朱瑾于劉橋檀盡收其

軍實文德元年三月討羅弘信敗魏人于內黃檀獲其
將周孺邵神劍以歸補衡山都虞候（案原本作衡山今從歐陽史改正）
是歲與諸軍平蔡州明年佐朱珍大破時溥之衆檀獲
賊將何肱攻左踏白馬軍副將預征兗鄆累立戰功大
順元年從龐師古渡淮深入討孫儒之亂奪邵伯堰破
高郵軍檀奮命擊賊刃傷左臂未幾遷順義都將天復
中從太祖率四鎮之師圍鳳翔以迎昭宗屢立戎効遷
左踏白指揮使從攻王師範于青州檀以偏師收復密
郡（永陽志云張訓守密州刺史朱全忠至青州訓謂諸將曰汴人將至何以禦之諸將請焚城大掠而歸訓曰不可乃封府庫植旗幟于城上遣羸弱居前自以精兵殿其後而去全忠遣王檀攻密州數日乃敢入城）

遂權知軍州事充本州馬步軍都指揮使尋表授檢校
右僕射密州刺史郡接淮戎舊無壁壘乃率夫修築羅
城六旬而畢居民賴之加檢校司空開平二年六月授
邢州保義軍節度使檢校司徒三年加檢校太保充潞
州東北面行營招討使乾化元年正月王景仁與晉人
戰于栢鄉王師敗績河朔大震景仁餘衆爲敵騎所追
檀嚴設備應接敗軍助以資裝獲濟者甚衆俄而晉軍
大至重圍四合土山地穴晝夜攻擊太祖憂之檀密上
表請駕不親征而悉力枝梧竟全城壘三月以功就加
檢校太傅同平章事七月又加開府儀同三司檢校太
尉追封瑯琊郡王命宣徽使趙殷衡賚詔慰諭賜絹千
疋銀千兩賞守禦邢州之功也庶人友珪僭位授鄧州
宣化軍節度使檢校太尉兼侍中末帝卽位移授許州
匡國軍節度使加檢校太師五年蔡州刺史王彥溫作
亂檀受詔討平之加兼中書令貞明元年三月魏博軍
亂六月晉王入魏州分兵收下屬郡河北大擾檀受詔
與開府尹劉鄩犄角進師以援河北檀攻澶州魏縣下
之擒賊將李巖王開闢以獻頃之檀密疏請以奇兵西
趨河中自陰地關襲取晉陽末帝許之卽驅兵而去二
年二月師至晉陽晝夜急攻其壘幷州幾陷既而蕃將

石家才自潞州以援兵至檀引軍大掠而還尋授天平
軍副大使知節度使事充鄆齊曹等州觀察等使先
是檀招誘羣盜選其強悍者寘于帳下以爲爪牙至是
數輩竊發突入府第檀素不爲備遂爲所害時年五十
一節度副使裴彥聞變率府兵盡擒諸賊州城帖然尋
冊贈太師謚曰忠毅葬于開封縣之阜門原有子六人
皆升朝列（永樂大典卷六千八百五十）

史臣曰夫大都偶國春秋所非當師厚之據鄴城也綰
數萬之甲兵擅六州之輿賦名旣震主勢亦陷天逮其
喪亡須議分割由茲以失河朔因是以啟晉人詩所謂

生譙厲階者師厚之謂歟存節王檀俱出身事主扺力
圖功覩其方畧皆將帥之良者也永樂大典卷六千八百五十

舊五代史卷二十二終

舊五代史卷二十二攷證

梁列傳十二楊師厚傳晉軍扼蒙阬之險　阬原本作吭攷通鑑注云蒙阬在汾水之東東西三百餘里蹊徑不通卽此處也今攷正

晉人乃徹圍而遁　案通鑑攷異引梁實錄云生擒賊將蕭萬通等賊由是棄寨而遁莊宗實錄云汴軍至蒙阬周德威逆戰敗之二軍各言勝捷其互異如此通鑑從是書

牛存節傳牛存節字贊貞　贊貞原本作替貞夏文莊集引薛史又作潛眞今據歐陽史攷正

大破賊于溳河　溳河原本訛沢河今據歐陽史及通鑑攷正

舊五代史卷二十三

宋司空同中書門下平章事薛居正等撰

列傳第十三　梁書二十三

劉鄩密州安丘縣人也祖綬密州戶掾累贈左散騎常侍父融安丘令累贈工部尙書鄩幼有大志好兵畧涉獵史傳唐中和中事靑州節度使王敬武爲小校敬武卒三軍推其子師範爲留後朝廷命崔安潛鎭靑州州人拒命棣州刺史張蟾將襲師範師範遣都指揮使盧弘攻棣州弘反與蟾通僞旋軍以襲師範師範知之設伏兵以迎弘旣而享之先誡鄩曰弘至卽斬之鄩如約

斬弘于座上同亂者皆誅之師範以鄩爲馬步軍副都指揮使攻下棣州殺張蟾朝廷因授師範平盧軍節度使光化初師範表鄩爲登州刺史歲餘移刺淄州署行軍司馬天復元年昭宗幸鳳翔太祖率四鎭之師奉迎于岐下李茂貞與內官韓全誨矯詔徵天下兵入援師範覽詔慷慨泣下遣腹心乘虛襲取太祖管內州郡所在同日竊發其事多泄唯鄩以偏師陷兗州遂據其郡初鄩遣細人詐爲鬻油者覘兗城內虛實及出入之所覩羅城下一水竇可以引眾而入遂誌之鄩乃告師範請步兵五百宵自水竇銜枚而入（案金華子云鄩以大竹藏兵仗與薛史異）一夕而定軍城晏然市民無擾（金華子云鄩入據子城甲兵精銳城內人皆束手莫敢旅拒加以州將悍虐人情不附鄩因而撫治民皆安堵）大祖命大將葛從周攻之（案金華子作兗帥張姓疑傳聞之誤）時從周爲節度使領兵在外州城爲鄩所據家屬悉在城中鄩善撫其家移就外第供給有禮升堂拜從周之母及從周攻城鄩以板輿請母登城母告從周曰劉將軍待我甚至不異于兒新婦已下並不失所劉將軍與爾各爲其主爾其察之從周歔欷而退鄩乃簡城中老疾及婦人浮食百姓不足與守者悉出之于外與將士同甘苦分衣食以抗外軍戢兵禁暴居人泰然從周攻圍旣久鄩無外援人情稍有去就

之意一日節度副使王彥温踰城而奔守陴者從之而逸鄩之守兵禁之不可鄩卽遣人從容告彥温曰請副使少將人出非素遣者請勿帶行又揚言于眾曰素遣從副使行者卽勿禁其擅去者族之守民聞之皆惑奔逸者乃止外軍聞之果疑彥温有姦卽戮之于城下自是軍城遂固及王師範兵力漸窘從周以禍福諭鄩俾之革面鄩報曰俟靑州本使歸降卽以城池還納天復三年十一月師範告降且言先差行軍司馬劉鄩領兵入兗州請釋其罪亦以告鄩鄩卽出城聽命太祖嘉其節槩以爲有李英公之風鄩卽降從周具行裝服馬請

鄩歸大梁鄩曰未受梁王捨釋之旨乘肥衣裘非敢聞命卽素服跨驢而發及將謁見太祖令賜冠帶鄩曰纍囚負罪請就縶而入太祖不許及見慰撫移時且飲之酒鄩以量小告太祖曰取兗州量何大也旋授元從都押衙太祖牙下諸將皆四鎭舊人鄩一旦以羈旅之臣驟居衆人之右及與諸將相見並用階庭之禮太祖尤奇重之未幾表爲鄜州留後是時邠岐之衆屢寇其境鄩禦捍備至太祖以其地遠慮失鄩卽令棄郡引軍屯于同州天祐二年二月授右金吾衛大將軍充街使三年正月太祖授元帥之任以鄩爲元帥府都押牙執金吾如故開平元年授右金吾上將軍充諸軍馬步都指揮使其年秋與諸將征潞州遷檢校司徒三年二月轉右威衛上將軍依前諸軍馬步都虞候五月改左龍武統軍充侍衛親軍馬步軍都指揮使其年夏同州劉知俊反引岐人襲據長安分兵扼河潼太祖幸陝命鄩西討卽奮取潼關擒知俊弟知浣以獻遂引兵收復長安知俊棄郡奔鳳翔太祖以鄩爲佑國同州軍兩使留後尋改佑國軍爲永平軍以鄩爲節度使檢校司徒行大安尹金州管內觀察使是時西鄙未寧密邇寇境鄩練兵撫衆獨當一面四年加檢校太保同平章事庶

人友珪簒位加檢校太傅乾化三年正月丁內艱友珪命起復視事末帝卽位尤深倚重明年夏詔鄩歸闕授開封尹遙領鎭南軍節度使旋屬晉人寇河朔鄩奉詔與魏博節度使楊師厚禦之而退九月徐州節度使蔣殷據城叛時朝廷以福王友璋鎭徐方殷不受代末帝遣鄩與鄆帥牛存節率兵攻之殷求援于淮夷僞吳楊溥遣大將朱瑾領衆赴援鄩逆擊破之貞明元年春城陷殷舉族自燔于火中得其尸梟首以獻詔加檢校太尉三月魏博楊師厚卒朝廷分相魏爲兩鎭遣鄩率大軍屯南樂以討王鎔爲名既而魏軍果亂囚節度使賀德倫送款于太原六月晉王入魏州鄩以精兵萬人自洹水移軍魏縣晉王來覘鄩設伏于河曲叢木間俟晉王至大噪而進圍之數匝殺獲甚衆晉王僅以身免

案通鑑作晉王率騎馳突所向披靡自午至申乃得出亡其七騎而薛史以爲殺獲甚衆晉王僅以身免蓋當時梁唐二史各有夸張掩飾故所紀互異如此通鑑所載當是據唐實錄

是月鄩潛師由黃澤西趨太原將行慮爲晉軍所追乃結芻爲人縛旗于上以驢負之循堞而行數日晉人方覺軍至樂平會霖雨積旬師不克進鄩卽整衆而旋魏之臨清積粟之所鄩引軍將據之過晉將周陽五自幽州率兵至鄩乃取貝州與晉軍遇于堂邑鄩邀擊却之追北五十餘里遂軍

于莘縣增城壘浚池隍自莘及河築甬道以通饟路八
月末帝賜鄩詔曰閫外之事全付將軍河朔諸州一旦
淪沒勞師弊旅患難日滋退保河壖久無鬬志昨東面
諸侯奉章來上皆言倉儲已竭飛輓不充于役之人每
遭擒擄夙宵軫念惕懼盈懷將軍與國同休當思良畫
如聞寇敵兵數不多宜設機權以時翦撲則予之負荷
無累先人鄩奏曰臣受國深恩忝茲閫政敢不枕戈假
寐罄節輸忠昨者比欲西取太原斷其歸路然後東收
鎭冀解彼連鷄止于旬時再淸河朔豈期天方稔亂國
難未平纔出師徒積旬霖潦資糧殫竭軍士札瘥切慮

蒼黃乖于統攝乃詢部伍皆欲旋歸凡次舍經行每張
犄角又欲絕其饟道且據臨淸纔及宗城周陽五奄至
騎軍馳突變化如神臣遂領大軍保于莘縣深溝高壘
享士訓兵日夜戒嚴伺其進取偵視營壘兵數極多樓
煩之人皆能騎射最爲勁敵未可輕謀臣若苟得機宜
焉敢坐滋患難臣心體國天鑒且明末帝又遣使問鄩
決勝之策鄩曰臣無奇術但人給糧十斛盡則破敵末
帝大怒讓鄩曰將軍蓄米將療饑耶將破賊耶乃遣中
使督戰鄩集諸校而謀曰主上深居宮禁未曉兵機與
白面兒共謀終敗人事大將出征君命有所不受臨機

制變安可預謀今揣敵人未可輕動諸君更籌之時諸
將皆欲戰鄩默然他日復召諸將列坐軍門人具河水
一器因命飲之衆未測其旨或飲或辭鄩曰一器而難
若是滔滔河流可勝旣乎衆皆失色居數日鄩率萬餘
人薄鎭定之營時鄩軍奄至上下騰亂殺獲甚衆少頃
晉軍繼至乃退二年三月鄩自莘引軍襲魏州與晉王
戰于故元城王師敗績鄩脫身南奔自黎陽濟河至滑
州尋授滑州節度使詔屯黎陽三年二月晉王悉衆來
攻黎陽鄩拒之而退及鄩歸闕再授開封尹領鎭南軍
節度使其年河朔失守朝廷歸咎于鄩亦不自安上表

避位九月落平章事授亳州團練使屬淮人寇蔡潁亳
三郡鄩奉命渡淮至霍丘大殲賊黨五年兗州節度使
張萬進反北結晉人爲援末帝遣鄩攻之鄩爲兗州安
撫制置使是冬萬進危蹙小將邢師遇潛應王師遂拔
其城梟萬進首以獻十一月制授泰寧軍節度使檢校
太尉同平章事六年六月授河東道招討使與華州尹
皓攻取同州先是河中朱友謙襲取同州以其子令德
爲留後表請旄鉞末帝怒命鄩討之其年九月晉將李
嗣昭率師來援戰于城下王師不利敗兵走河南橋梁
陷溺死者甚衆鄩以餘衆退保華州羅文寨先是鄩與

河中朱友謙爲婚家及王師西討行次陝州鄩遣使賫檄與友謙諭以禍福大計誘令歸國友謙不從如是停留月餘尹皓段凝輩素忌鄩遂搆其罪言鄩逗留養寇俾侯援兵末帝以爲然及兵敗詔歸洛河南尹張宗奭承朝廷密旨逼令飲酖而卒案通鑑考異引莊宗實錄云憂恚發病卒通鑑從薛史時年六十四詔贈中書令子遂凝遂雍別有傳永樂大典卷一萬八千一百二十六

賀瓌字光遠濮陽人也曾祖延以瓌貴贈左監門上將軍祖華贈左散騎常侍父仲元贈刑部尚書瓌少倜儻負雄勇之志遇世亂入軍朱瑄爲濮州刺史兼鄆州馬

步軍都指揮使拔爲小將唐光啓初鄆州三軍推瑄爲留後以瓌爲馬步軍都指揮使表授檢校工部尚書及瑄與太祖搆隙瓌受瑄命數領軍于境上乾寧二年十月太祖親征兗鄆十一月瑄遣瓌與太原將何懷寶卒兵萬餘人以援朱瑾師次待賓館斷我糧運太祖偵知之自中都引軍夜馳百餘里遲明至鉅野東與瓌等接戰兗人大敗瓌竄于棘塚之上大呼曰我是鄆州都將賀瓌願就擒幸勿傷也太祖聞之騎馳至塚前遂擒之并獲何懷寶及將吏數十人徇于兗壁之下悉命戮之唯留瓌一人釋縛賓之麾下尋署爲教練使奏授檢校左僕射瓌感太祖全宥之恩私誓以身報國天復中預平青州王師範以功授曹州刺史兼先鋒都指揮使加檢校司空天祐二年與楊師厚從太祖平荆襄授荆南兩使留後未幾徵還爲行營左廂步軍都指揮使開平二年十月授左龍虎軍馬步都指揮使十二月改左衛上將軍充六軍馬步都虞候三年五月轉右龍虎統軍未幾加檢校司徒邢州團練使四年二月改澤州刺史充昭義軍節度使後檢校太保進封開國侯乾化二年七月授相州刺史尋加檢校太傅有頃轉左龍虎統軍案歐陽史太祖卽位累遷相州刺史末帝時遷左龍虎統軍據薛史瓌遷統軍不繫年月歐陽史特以太祖時左龍虎統軍有袁象先而揣度言之耳貞明二年慶州叛爲李繼陟所據

瓌以本官充西面行營馬步軍都指揮使兼諸軍都虞候與張筠破涇鳳衆三萬下寧衍二州三年秋慶州平十二月瓌以功授滑州宣義軍節度使依前檢校太傅加同平章事尋授北面行營招討使四年春晉人取楊劉城據之八月瓌與許州節度使謝彥章領大軍營于濮州之行臺村對壘數月一日晉王以輕騎挑戰瓌與彥章發伏兵奮擊晉王僅以身免先是瓌與彥章不協是歲冬十二月復爲諸軍都虞候朱珪所搆瓌乃伏甲士殺彥章及濮州刺史孟審澄別將侯温裕等于軍以

謀叛閏是月瓌與晉人大戰于胡栁坡晉人敗績臨陣斬晉將周陽五既晡瓌軍亦敗（案歐陽史瓌陣無石山日暮晉軍攻之瓌軍下山擊晉軍瓌大敗據薛史莊宗紀與王建及傳乃是山爲晉軍所奪晉軍下山擊瓌軍瓌大敗與歐陽史異）五年春正月晉人城德勝夾河爲柵四月瓌率大軍攻其南柵以艨艟戰艦扼其中流晉人斷我艨艟濟軍以援南柵瓌退軍于行臺尋以疾卒時年六十二詔贈侍中長子光圖仕後唐爲供奉官（永樂大典卷一萬八千一百二十七）

康懷英兗州人也本名懷貞避末帝御名故改之始以驍勇事朱瑾爲列校唐乾寧四年春太祖既平鄆命葛從周乘勝急攻兗州時朱瑾在豐沛間搜索糧饟留懷

英守其城及從周軍至懷英聞鄆失守乃出降太祖素聞其名得之甚喜署爲軍校光化元年秋從氏叔琮伐襄漢懷英以一軍攻下鄧州三年從征河朔佐張存敬敗燕軍于易水之上天復元年冬太祖率師迎昭宗于鳳翔時李茂貞遣大將符道昭領兵萬餘屯武功以拒太祖命諸軍擊之以懷英爲前鋒領衆先登一鼓而大破之虜甲士六千餘人奪馬二千匹翌日太祖方至顧左右曰邑名武功今首盪逆黨眞武功也乃召懷英大加獎激仍以駿馬珍器賜之二年四月符道昭復領大軍屯于虢縣之漠谷其建寨之所前臨巨澗後倚峻阜險不可升太祖遣懷英提騎數千急擊之道昭以懷英兵寡有俯視之意乃率甲士萬人絕澗以挑戰懷英始以千騎夜鬬戰酣發伏以擊之岐軍大敗秋八月鄜帥李周彝屯軍于三原以援鳳翔太祖命懷英討之周彝拔軍而遁追至梨園因攻下翟州擒其守來獻俄而岐軍屯奉天太祖令懷英寨于岐軍之東北以備敵人一夕岐軍大至急攻其營懷英以夜中不可驚動諸軍獨以二千餘人抗數萬之衆自乙夜至四鼓身被十餘創岐軍不勝而退昭宗還京賜迎鑾毅勇功臣是歲淮人聞青兗之叛遣兵數萬以寇宿州太祖命懷英馳騎以救之淮人遁去即以懷英爲權知宿州刺史天祐三

年冬佐劉知俊破邠鳳之衆五萬于美原收五十餘寨乘勝引軍攻下鄜州以功授陝州節度使太祖受禪加檢校太保開平元年夏命將大軍以伐潞州將行太祖謂懷英曰卿位居上將勇冠三軍向來破敵摧鋒動無遺悔至于高爵重祿我亦無負于卿夫忠臣事君有死無二韓信所謂漢王載我以車衣我以衣食我以食食人之祿死人之憂我每思韓信此言眞忠烈丈夫耳如丁會受我待遇之恩不謂不至懷黃掩紫列土分茅設令木石偶人須感恩義一朝反噬倒戈授人苟有天道

明神安能容此大凡辜恩負理忠良不爲我今掃境內委卿卿當勉思竭盡兒晉人新得上黨衆心未協和以十萬之師一舉可克予當置酒高會望卿歌舞凱旋懷英惶恐而退六月懷英領大軍至潞率衆晝夜攻城半月之間機巧百變懷英懼太祖之言期于必取乃築壘環城濬鑿池塹然而屢爲晉將周德威騎軍所撓懷英不敢即戰太祖乃以李思安代之降爲行營都虞候夏五月晉王率蕃漢大軍攻下夾城懷英逃歸詣銀臺門待罪太祖宥之改授右衞上將軍三年夏命爲侍衞諸軍都指揮使尋出爲陝州節度使兼西路行營副招討使及劉知俊奔鳳翔引岐軍以圖靈武太祖遣懷英率兵救之師次長城嶺爲知俊邀擊懷英敗歸案歐陽史云還至昇平知俊掩擊之懷英大敗據通鑑懷貞等還至三水知俊遣兵據險邀之左龍驤軍使壽張王彥章力戰懷貞等乃得過懷貞與裨將李得遇許從實王審權分道而行皆與援兵不相值至昇平劉知俊伏兵山口懷貞大敗僅以身免德遇等軍皆沒蓋懷英過長城嶺之險已爲邀擊後又敗于昇平也 四年春移華州節度使乾化二年秋命爲河中行營都招討使與晉軍戰于白徑嶺敗歸于陝末帝嗣位以岐軍屢犯秦雍命懷英爲永平軍節度使大安尹累加官至中書令貞明中卒于鎮永樂大典卷一萬八千一百二十六

王景仁案景仁本名茂章避梁諱改焉詳見通鑑注 廬州合淝人材質魁偉性暴率無威儀善用槊頗推驍悍在淮南累職爲都指揮使楊行密僞署宣州節度使行密死子渥自立忌其勇悍且有私憾欲害之案新唐書楊行密傳渥求茂章親兵不得宣葦帷弈以行茂章嫚罵不與踰年遣兵五千襲之茂章奔杭州與薛史異 景仁棄宛陵以腹心百人歸吳越王錢鏐鏐辟爲兩府行軍司馬具以狀聞太祖復命遥領宣州節度使檢校太傅同平章事鏐以淮寇終爲巨患欲速平之命景仁奉表至闕面陳水陸之計請合禁旅太祖異禮待之須賜殊厚顧曰待我平代北寇當盡以王師付汝南討于是留京師每預丞相行列劉知俊之叛也從駕至陝始佐楊師厚西入關兵未交知俊棄焉翊走進尅雍華降王建張君練頗預戰有功太祖嘉之時鎮定作逆朋附蕃醜遂擢爲上將付步騎十萬爲北面行營都招討使開平二年正月二日與晉軍戰于栢鄉王師敗績太祖怒甚拘之私第然以兩浙元勳所薦且欲收復其後劾止落平章事罷兵柄而已案歐陽史景仁與晉人戰大敗于栢鄉景仁歸訴于太祖太祖曰吾亦知之蓋韓勍李思安輕汝爲客而不從節度爾與薛史異 數月復其官爵末帝即位復用爲南面北面行營招討應接使以兵萬餘人伐壽州至霍丘接戰擒賊將袁藂王彥威王蕃等送京師俄而朱瑾以大軍至景仁力戰不屈常以數騎身先奮擊寇不敢逼乃引兵

還及濟淮復爲殿軍故不甚衂瑾亦不敢北渡案九國志朱景傳王茂章來寇度淮水可涉處立表識之景易置于深渾水中立表浮水之上茂章軍敗望表而涉溺死者大半積其尸爲京觀是景仁實以敗歸傳云歸不甚衂蓋薛史爲景仁諱言也及歸病疽而卒詔贈太尉永樂大典卷六千八百五十

史臣曰劉鄩以機略自負賀瓌以忠義見稱懷英以驍勇佐時景仁以貞純許國較其器業皆名將也然雖有善戰之勞亦有敗軍之咎則知兵無常勝豈虛言哉然鄩之據兗州也盡誠于師範比跡于英公方之歎侯加一等矣永樂大典卷六千八百五十

舊五代史卷二十三終

舊五代史卷二十三攷證

梁列傳十三劉鄩傳朝廷命崔安潛鎮青州 安潛原本訛守潛今據新唐書改正

鄩即出城聽命 案劉鄩叛附于梁新唐書昭宗紀作十月丁丑與是書作十一月異

以爲有李英公之風 英公原本訛殷公攷新唐書李勣封英國公今改正

賀瓌傳張筠破涇鳳之眾三萬 張筠原本訛張節今據通鑑攷異改正

別將侯温裕等 侯温裕玉堂閒話作侯温疑傳聞之異

舊五代史卷二十三攷證

舊五代史卷二十四

宋司空同中書門下平章事薛居正等撰

列傳第十四　　梁書二十四

李珽字公度隴西燉煌人五世祖忠懿公憕有大節見唐史父縠仕懿僖朝官至右諫議大夫珽聰悟有才學尤工詞賦僖宗朝晉公王鐸提兵柄鎭滑臺縠居賓席鐸見珽大賞歎之年二十四登進士第解褐授校書郎拜監察御史俄丁內艱先是父旅殯在遠家貧無以襄事與弟琪當臘雪以單縗扶杖銜哀告人由是兩克遷祔而珽日不過食一溢柩羸臥喪廬中不能興大爲時

賢所歎憂闋再徵爲御史以痔不起成汭之鎭荆州辟爲掌書記踰時乃就天復中淮寇大舉圍夏口逼巴陵太祖患之飛命成汭率水軍十萬援于鄂珽入言曰今舳艫容甲士千人載稻倍之緩急不可動吳人剽輕若爲所絆則武陵武安皆我之讎也將有後慮不如遣驍將屯巴陵大軍對岸一月不與戰則吳寇糧絕而鄂州圍解矣汭性剛決不聽淮人果乘風縱火舟盡焚兵盡溺汭亦自沉于江朗人澧人遂入荆渚一如所料未幾襄帥趙匡凝復奏爲掌記入爲左補闕又明年太祖爲元帥以襄陽貳于己率兵擊破之趙匡凝奔揚州太祖復署珽爲天平軍掌書記一日大會將佐指珽曰此眞書記也滄州節度使劉守文拒命太祖引兵十餘萬圍之久而未下乃召珽草檄珽即就外次筆不停綴登時而成大爲太祖嗟賞受禪之歲宰臣除爲考功員外郎知制誥珽揣太祖未欲首以舊僚超拜濟顯三上章固辭優詔褒允尋以本官監曹州事曹去京數舍吏民豪猾前後十餘政未有善罷者珽在任期歲衆庶以寧入爲兵部郎中崇政院學士未幾以許帥馮行襲疾甚出爲許州留後先是行襲有牙兵二千皆蔡人也太祖深爲憂乃遣珽馳往以伺察之珽至傳舍召將吏親加撫

慰行襲欲使人代受詔珽曰東首加朝服禮也乃于臥內宣詔令善自補養苟有不諱子孫俱保後福行襲泣謝遂解二印以授珽代掌軍府事太祖覽奏曰予固知珽必辦吾事行襲門戶不朽矣乃以珽爲匡國軍留後尋徵爲左諫議大夫兼宣徽副使從征至魏縣過內黃因侍立于行廐太祖顧曰此何故名內黃珽曰河南有外黃小黃故此有內黃又曰在何處對曰秦有外黃都尉理外黃有墉今在雍丘小黃爲高齊所廢其故墉今在陳留太祖稱獎數四及庶人友珪篡位除右散騎常侍充侍講學士內討之日軍士大擾珽其夕爲亂兵所

傷卒于洛陽珽性孝友與弟琪有敦睦之愛爲搢紳所稱（永樂大典卷一萬三百八十八　案歐陽史有裴廸韋震傳今原文已佚無可采補）

盧曾字孝伯其先范陽人也頗好書有所執守始爲齊州防禦使朱瓊從事（案新唐書通鑑與薛史梁紀皆稱朱瓊爲齊州刺史惟盧曾傳作防禦使疑有外誤）瓊降預其謀與之皆來瓊沒太祖辟爲宣義幕職曾性忠狷好貢直又不能取容于衆每動府譏語稍洽曾率然糺正輒又忤旨左長直軍使劉捍委任方重曾亦不能平冀王友謙初定陝府命曾往議事有使院小將從行嗜酒荒逸過度曾復命欲發其罪致疏于袖中累日未果言小將恐事泄先誣告曾使酒幾敗軍事

劉捍因證之由是罷職歸于齊之別墅俄而王師範起兵叛太祖促召曾謂之曰子能緩頰說青州使無背盟吾不負子矣曾持檄以往既至青師範囚之送于淮南遇害後太祖暴師範之罪曰喪我骨肉殺我賓僚遂族誅之因召曾二子皆授以官（永樂大典卷二千二百十二）

孫騭滑臺人嗜學知書微有辭筆唐光啟中魏從事公乘億以女妻之因教以牋奏程式時中原多難文章之士縮影竄跡不自顯億既死魏帥以章表牋疏淹積兼月不能發一字或以騭爲言卽署本職主奏記事累遷職自支使掌記至節度判官奏官自校書御史郎官中丞檢校常侍至兵部尚書太祖御天下念潛龍時騭奏其主好問往來數十返甚錄之開平三年除右諫議大夫滿歲遷左散騎常侍騭雅好聚書有六經漢史洎百家之言凡數千卷皆簡翰精至披勘詳定得暇卽朝夕躭翫曾無少怠乾化二年春太祖將議北巡選朝士三十餘人扈從二月甲子車駕發自洛陽禺中次白馬頓召文武官就食以從臣未集駐蹕以俟之命飛騎促于道而騭與諫議大夫張衍兵部郎中張儁等累刻方至太祖性本卞急因茲大怒並格殺于前墀（永樂大典卷三千五百六十）

張儁字彥臣祖父咸有聞于時儁少孤自修飭善爲五言詩其警句頗爲人所稱唐廣明中黃巢犯京師天子幸蜀士皆竄伏窟穴以保其生儁亦晦跡浮泛不失其道及僖宗還京師由校書郎西畿尉登朝爲御史補闕起居郎司勳員外萬年縣令以事黜官峽中將十年太祖卽位用宰臣薛貽矩爲鹽鐵使儁與貽矩同年登第甚知其才卽奏爲鹽鐵判官遷職爲禮部郎中兼職如故乾元二年二月扈從後至與孫騭張衍同日遇禍于白馬頓（永樂大典卷六千三百二十）

張衍字元用河南尹魏王宗奭之猶子也其父死于兵

閒衍業讀書爲儒始以經學就舉不中選時諫議大夫鄭徵退居洛陽以女妻之遂令應辭科不數上登第唐昭宗東遷以宗夷勳力隆峻衍由校書郎拜左拾遺旋召爲翰林學士太祖即位罷之特拜考功郎中俄遷右諫議大夫衍巧生業樂積聚太祖將北伐頗以扈從間廉耗力用繫意屢干託宰執求免是行太祖微聞之又屬應召稽晚與孫騭等同日遇禍（永樂大典卷六千三百五十）

杜荀鶴池州人（案辛文房唐才子傳荀鶴字彥之牧之微子也）善爲詩辭句切理爲時所許既擢第復還舊山（案唐才子傳荀鶴嘗謁梁王朱全忠與之坐忽無雲而雨王以爲天泣不祥命作詩稱意王喜之荀鶴寒進連敗文場甚苦至是遂春官大順二年裴贄侍郎放第八人登科正月十日放榜正荀鶴生朝也王希羽獻詩曰金榜曉懸生世日玉書潛記上昇時九華山色高千尺未必高于第八枝又唐新纂云荀鶴舉進士及第東歸過夷門獻梁太祖詩句云四海九州空第一不同諸鎮府封王是則荀鶴之受知于梁祖舊矣不待田頵之箋問而始被知遇也）時田頵在宣州甚重之頵將起兵乃陰令以箋問至太祖遇之頗厚及頵遇禍太祖以其才表之尋授翰林學士主客員外郎既而恃太祖之勢凡搢紳間己所不悅者日屈指怒數將謀盡殺之苞蓄未及泄丁重疾旬日而卒（永樂大典卷一萬五千七百三十　案唐才子傳荀鶴以天祐元年卒北夢瑣言又作受禪後拜翰林學士五日而卒未詳孰是）

羅隱餘杭人（案瀾泉日記作新城人）詩名于天下尤長于詠史然多所譏諷以故不中第大爲唐宰相鄭畋李蔚所知隱雖負文稱然貌古而陋畋女幼有文性嘗覽隱詩卷諷誦不已畋疑其女有慕才之意一日隱至第鄭女垂簾而窺之自是絕不詠其詩唐廣明中因亂歸鄉里節度使錢鏐辟爲從事（案唐新纂羅隱初爲吳令後以羅紹威薦爲錢鏐所辟據薛史則隱自歸里即爲鏐從事後復爲紹威薦也與新纂異）開平初太祖以右諫議大夫徵不至魏博節度使羅紹威密表推薦乃授給事中年八十餘終于錢塘（瀾泉日記云唐光啟三年吳越王表奏爲錢塘令遷著作郎辟掌書記天祐三年充判官梁開平二年授給事中三年遷發運使是年卒葬于定山鄉金部郎中沈崧銘其墓）有文集數卷行于世（永樂大典卷五千六百七十八　唐才子傳云隱所著讒書讒本淮海寓言湘南應用集甲乙集外集啟事等並行于世　五代史補羅隱在科場恃才傲物尤爲公卿所惡故六舉不第時長安有羅尊師者深于相術隱以貌陋恐爲相術所棄每與尊師接談常自大以沮之及其累遭黜落不得已始往問焉尊師笑曰貧道知之久矣但以吾子決在一第未可與語今日之事貧道敢有所隱乎且吾子之于一第也貧道觀之雖首冠羣英亦不過簿尉爾若能罷舉東歸霸國以求用則必富且貴矣兩途吾子宜自擇之隱憎然不知所措者數日鄰居有賣飯媼見隱驚曰何辭色之沮喪如此莫有不決之事否隱謂知之因盡以尊師之言告之媼歎曰秀才何自迷甚焉且天下皆知羅隱何須一第然後爲得哉不如急取富貴則老嫂之願也隱聞之釋然遂歸錢塘時錢鏐方得兩浙置之幕府使典軍中書檄其後官給事中初隱罷上中書之日費窘因抵魏謁鄴王羅紹威將入其境先貽書敘其家世鄴王爲姪幕府僚吏見其書皆怒曰羅隱一布衣爾而姪視大王其可乎紹威素重士且曰羅隱名振天下王公大夫多爲所薄今患然肯顧其何以勝得在姪行爲幸多矣敢不致恭諸公愼勿言于是擁旆郊迎一見即拜隱亦不讓及將行紹威贈以百萬他物稱是仍致書

于鏐謂叔父鏐首用之　曹唐郴州人少好道為大小遊仙詩各百篇又著紫府玄珠一卷皆敘三清十極紀勝之事其遊仙之句則有漢武帝宴西王母詩云花影暗迴三殿月樹聲深鎖九門霜又云樹底有天春寂寂人間無路月茫茫皆為士林所稱其後遊信州館于開元寺三學院一旦卧疾眾僧忽見二青衣緩步而至且四向顧視相謂曰祇此便是樹底有天春寂寂人間無路月茫茫言訖直入唐之卧室眾僧驚異亦隨之而入踰閾而青衣不復見但見唐已殂矣先時唐與羅隱相遇隱有題牡丹詩云若教解語應傾國任是無情亦動人唐因戲隱曰此非賦牡丹乃題女子障耳隱應聲曰猶勝足下鬼詩唐曰其詞安在隱曰只樹底有天春寂寂人間無路月茫茫得非鬼詩唐無言以對至是青衣亦援引此句而唐尋卒則唐之言豈偶然哉

仇殷不知何郡人也開平中仕至欽天監明于象緯歷數藝術精密近無其比光化中太祖在滑遣密王友倫以兵三萬禦幽州之師十餘萬深慮其不敵召殷問曰

陣可行乎曰其十四日過禺中乎又問之曰賊敗塗地又曰既望當見捷書果如其言不失晷刻太祖之在長蘆也諸將請攻壁號令軍中人負藁二圍寘千積俄而雲集殷曰何用或以所謀告之殷曰我占矣不見攻壁象無乃自退乎翌日有騎馳報丁會以潞州叛太祖令盡焚其藁而還不克攻開平中殷一日朝罷過崇政院使敬翔直閤翔問之曰月犯房次星其逼若綴是何祥也曰常度耳殷欲不言既過數步自度不可默乃反言曰三兩日當有不順語至無或驟恐宜先白上知既二日陝府奏同州劉知俊閉關作叛初王景仁之出師也殷上言太陰虧不利深入太祖遽遣使止之已敗于柏鄉矣案北夢瑣言云柏鄉狼狽梁祖亦自咎曰違犯天道不取仇殷之言也薛史以為太祖遽遣使止之與北夢瑣言異殷所見觸類如是不可備錄然而畏慎特甚居常寢默未嘗敢顯言縱言事跡唯其語音不可盡曉以故屢貽責罰後卒于官永樂大典卷一萬四千八百四

段深不知何許人開平中以善醫待詔于翰林時太祖抱疾久之其溲甚濁僧曉微侍藥有徵賜紫衣師號錫賚甚厚頃之疾發曉微剝服色去師號因召深問曰疾愈復作草藥不足恃也我左右粒石而效者眾矣服之如何深對曰臣常奉詔診切陛下積憂勤失調護脈代

芤而心益虛臣以為宜先治心心和平而溲變清當進飲劑而不當粒石也臣謹案太倉公傳曰中熱不溲者不可服石石性精悍有大毒凡餌毒藥如甲兵不得已而用之非有危殆不可服也太祖善之令進飲劑疾稍愈乃以幣帛賜之永樂大典卷二萬一千六百九

舊五代史卷二十四終

舊五代史卷二十四攷證

梁書列傳十四李珽傳河南有外黃小黃　小黃歐陽史作下黃攷困學紀聞云五代通錄李珽曰河南有外黃小黃漢地理志陳留有外黃小黃縣五代史記改小黃爲下黃誤也當從通錄

秦有外黃都尉　都尉原本作郡尉今據漢書地理志及歐陽史改正

充侍講學士　案歐陽史作侍講

盧曾傳始爲齊州防禦使朱瓊從事　案新唐書通錄與是書梁紀皆稱朱瓊爲齊州刺史惟此傳作防禦使疑有舛誤

孫隲傳並格殺于前墀　案通鑑攷異引梁實錄作賜死通鑑作撲殺于前墀

杜荀鶴傳旬日而卒　案唐才子傳荀鶴以天祐元年卒北夢瑣言作梁受禪後拜翰林學士五日而卒未知孰是

羅隱傳羅隱餘杭人　案澗泉日記作新城人

舊五代史卷二十四攷證

宋司空同中書門下平章事薛居正等撰

唐書一

武皇紀上

太祖武皇帝諱克用本姓朱耶氏其先隴右金城人也始祖拔野唐貞觀中爲墨離軍使從太宗討高麗薛延陀有功爲金方道副都護因家于瓜州太宗平薛延陀諸部于安西北庭置都護屬之分同羅僕骨之人置沙陀都督府蓋北庭有磧曰沙陀故因以爲名焉永徽中以拔野爲都督其後子孫五世相承曾祖盡忠貞元中繼爲沙陀府都督既而爲吐蕃所陷乃舉其族七千帳

徙于甘州盡忠尋率部衆三萬東奔俄而吐蕃追兵大至盡忠戰歿祖執宜即盡忠之長子也收合餘衆至于靈州德宗命爲陰山府都督元和初入爲金吾將軍遷蔚州刺史代北行營招撫使〔案新唐書沙陀傳元和三年盡忠款靈州塞詔處其部鹽州置陰山府以執宜爲府兵馬使朝長安授特進金吾衞將軍從攻鎭州進蔚州刺史破吳元濟授檢校刑部尚書長慶初破賊深州入朝留宿衞拜金吾衞將軍太和中授陰山府都督代北行營招撫使所載官爵詳略先後與薛史異〕莊宗即位追謚爲昭烈皇帝廟號懿祖烈考國昌本名赤心唐朔州刺史咸通中討龐勛有功入爲金吾上將軍賜姓李氏名國昌〔案代州有唐故龍武軍統軍檢校司徒贈太保隴西李公神道碑云公諱國昌字德興〕仍係鄭王房出爲振武節度使尋爲吐渾所襲退保于神武川及武皇鎭太原表爲代北軍節度使中和三年薨〔案新唐書沙陀傳光啟三年國昌卒與薛史異考舊唐書僖宗紀中和三年十月國昌卒與薛史同歐陽史亦從薛史〕莊宗即位追謚爲文皇號獻祖武皇即獻祖之第三子也母秦氏以大中十年丙子歲九月二十二日生于神武川之新城在娠十三月載誕之際母艱危者竟夕族人憂駭市藥于雁門遇神叟告曰非巫醫所及可馳歸盡率部人被甲持旄擊鉦鼓躍馬大譟環所居三周而止族人如其教果無恙而生是時虹光燭室白氣充庭井水暴溢武皇始言喜軍中語齠齔善騎射與儕類馳騁嬉戲必出其右年十三

見雙鳧翔于空射之連中衆皆臣伏新城北有毗沙天王祠祠前井一日沸溢武皇因持卮酒而奠曰予有尊主濟民之志無何井溢故未察其禍福惟天王若有神奇可與僕交談奠酒未已有神人被金甲持戈隱然出于壁間見者大驚走唯武皇從容而退繇是益自負獻祖之討龐勛也武皇年十五從征摧鋒陷陣出諸將之右軍中目爲飛虎子賊平獻祖授振武節度使武皇爲雲中牙將嘗在雲中宿于別館擁妓醉寢有俠兒持刃欲害武皇及突入曲室但見烈火熾赫于帳中俠兒駭異而退又嘗與達靼部人角勝達靼指雙鵰于空曰公

能一發中否武皇即彎弧發矢連貫雙鳧邊人拜伏及壯爲雲中守捉使事防禦使支謨與同列晨集廨舍因戲升郡閣踞謨之座謨亦不敢詰乾符三年朝廷以段文楚爲代北水陸發運雲州防禦使時歲薦饑文楚稍削軍食諸軍咸怨武皇爲雲中防邊督將部下爭訴以軍食不足邊校程懷素王行審蓋遇李存璋薛鐵山康君立等即擁武皇入雲州衆且萬人營于鬬雞臺城中械文楚出以應于外諸將列狀以聞請授武皇旄鉞朝廷不允徵諸道兵以討之案舊唐書懿宗紀咸通十三年十二月李國昌小男克用殺雲中防禦使段文楚據雲州自稱防禦留後新唐書懿宗紀乾符五年二月癸酉雲中守捉使李克用殺大

同防禦使段文楚歐陽史從舊唐書通鑑從新唐書薛史作乾符三年與諸書異據通鑑考異引趙鳳後唐太祖紀年錄正作乾符三年趙鳳爲唐宰相去武皇時不遠見聞較確宜可徵信云乾符五年黃巢渡江其勢滋蔓天子乃悟其事以武皇爲大同軍節度使案歐陽史作拜克用爲大同軍防禦使新唐書作以國昌爲大同軍防禦使通鑑作以國昌爲大同節度使俱與薛史異檢校工部尙書冬獻祖出師討党項吐渾赫連鐸乘虛陷振武舉族爲吐渾所虜武皇至定邊軍迎獻祖歸雲州雲州守將拒關不納武皇略蔚朔之地得三千人屯神武川之新城赫連鐸晝夜攻圍武皇昆弟三人四面應賊俄而獻祖自蔚州引軍至吐渾退走自是軍勢復振天子以赫連鐸爲大同軍節度使仍命進

軍以討武皇乾符六年春朝廷以昭義節度使李鈞充北面招討使將太原之師過石嶺關屯于代州與幽州李可舉會赫連鐸同攻蔚州獻祖以一軍禦之武皇以一軍南抵遮虜城以拒李鈞是冬大雪弓弩弦折南軍苦寒臨戰大敗奔歸代州李鈞中流矢而卒廣明元年春天子復命元帥李涿率兵數萬屯代州武皇令軍使傅文達起兵于蔚州朔州刺史高文集與薩葛安慶等部將縛文達送于李琢六月李涿引大軍攻蔚州獻祖戰不利乃率其族奔于達靼部居數月吐渾赫連鐸密遣人賂達靼以離間獻祖既而漸生猜阻武皇知之每

召其豪右射獵于野或與之百步馳射馬鞭或以懸樹葉爲的中之如神由是部人心伏不敢竊發俄而黃巢自江淮北渡武皇椎牛釃酒饗其酋首酒酣喻之曰予父子爲賊臣讒間報國無由今聞黃巢北犯江淮必爲中原之患一日天子赦宥有詔徵兵僕與公等南向而定天下是予心也人生世間光景幾何曷能終老沙堆中哉公等勉之達靼知無留意皆釋然無間是歲十一月黃巢寇潼關天子令河東監軍陳景思爲代北起軍使收兵破賊十二月黃巢犯長安僖宗幸蜀陳景思與李友金發沙陀諸部五千騎南赴京師友金即武皇之

族父也案通鑑友金初與高文集並降于李故得與陳景思南赴京師薛史不載琢中和元年二月友金軍至絳州將渡河刺史瞿正謂陳景思曰巢賊方盛不如且還代北徐圖利害四月友金旋軍雁門瞿正至代州半月之間募兵三萬營于崞縣之西其軍皆北邊五部之衆不閑軍法瞿正李友金不能制友金謂景思曰與大衆成大事當威名素著則可以伏人今軍雖數萬苟無善帥進亦無功吾兄李司徒父子去歲獲罪于國家今寄北部雄武之略爲衆所推若驃騎急奏召還代北之人一麾響應則妖賊不足平也景思然之促奏行在天子乃以武皇爲雁門節度使案新唐書表中和二年以河東忻代二州隸雁門節度使大同節度爲雁門節度治代州是中和二年以前雁門非鎮名也據舊唐書初赦克用拜代州刺史忻代兵馬留後二年擢雁門節度神策天寧軍鎮遏忻代觀察使是克用爲雁門節度實在二年薛史疑誤仍令以本軍討賊新唐書王重榮傳重榮懼黃巢復振憂之與楊復光計復光曰我世與李克用共憂患其人忠不顧難死義如已若乞師焉事蔑不濟乃遣使者約連和李友金發五百騎齎詔召武皇于達靼武皇即率達靼諸部萬人趨雁門五月整兵二萬南向京師太原鄭從讜以兵守石嶺關武皇乃引軍出他道至太原鄭從讜以兵守石嶺雁門中和二年八月獻祖自達靼部率其族歸代州十月武皇率忻代蔚朔達靼之軍三萬五千騎赴難于京師先移檄太原鄭從讜拒關不納武皇以

兵擊之進軍至城下遣人齎幣馬遺從讜從讜亦遣人饋武皇貨幣餼軍器武皇南去自陰地趨晉絳十二月武皇至河中中和三年正月晉國公王鐸承制授武皇東北面行營都統武皇令其弟克修領前鋒五百騎渡河視賊黃巢遣將米重威齎重賂及僞詔以賜武皇武皇納其賂以給諸將燔其僞詔是時諸道勤王之師雲集京畿然以賊勢尚熾未敢爭鋒及武皇將至賊帥相謂曰鴉兒軍至當避其鋒武皇以兵自夏陽濟河二月營于乾坑店黃巢大將尚讓林言王璠趙璋等引軍十五萬屯于梁田陂翌日大軍合戰自午及晡巢賊大敗是夜賊衆遁據華州武皇進軍圍之巢弟黃鄴黃揆固守三月尚讓引大軍赴援武皇率兵萬餘逆戰于零口巢軍大敗武皇進軍渭橋翌日黃揆棄華州而遁王鐸承制授武皇雁門節度使檢校尚書左僕射四月黃巢燔長安收其餘衆東走藍關武皇進收京師七月天子授武皇金紫光祿大夫檢校左僕射河東節度使案舊唐書僖宗紀五月制以雁門以北行營節度忻代蔚朔等州觀察處置等使檢校尚書左僕射代州刺史上柱國食邑七百戶李克用檢校司空同平章事兼太原尹北京留守充河東節度管內觀察處置等使新唐書沙陀傳云收京師功第一進同中書門下平章事隴西郡公未幾以克用領河東節度所載官爵與薛史詳略互異又武皇領河東薛史作七月舊唐書作五月通鑑作薛史是時武皇既收長安軍

勢甚雄諸侯之師皆畏之武皇一目微眇故其時號爲
獨眼龍是月武皇伏節赴鎮遣使報鄭從讜請治裝歸
朝武皇次于郊外因往赴雁門寧覲獻祖八月自雁門
赴鎮河東時年二十有八案舊唐書八月李克用赴鎮太原制以前振武節度檢校司空兼單于都護御史大夫李國昌爲檢校司徒代州刺史雁門以北行營節度蔚朔等州觀察使薛史作七月伏節赴鎮八月赴鎮河東蓋七月始離京師八月乃歸河東也通鑑統繫于七月似未詳考十一月
平潞州表其弟克修爲昭義節度使案通鑑克用表克修爲昭義軍節度使在四年八月與薛史異潞帥孟方立退保于邢州十二月許帥田
從異汴帥朱溫徐帥時溥陳州刺史趙犫各遣使來告
以巢蔡合從凶鋒尚熾請武皇共力討賊中和四年春

武皇率蕃漢之師五萬自澤潞將下天井關河陽節度
使諸葛爽辭以河橋不完乃屯兵于萬善數日移軍自
河中南渡趨汝洛案舊唐書四年二月河東節度使李克用將出師援陳許河陽節度使諸葛爽以兵屯澤州拒之三月甲戌克用移軍自河中南渡東下洛陽通鑑統作二月似未詳考四月武
皇合徐汴之師破尚讓于太康斬獲萬計進攻賊于西
華賊將黃鄴棄營而遁是夜大雨巢營中驚亂乃棄西
華之壘退營陳州北故陽里五月癸亥大雨震電平地
水深數尺賊營爲水所漂而潰戊辰武皇引軍營于中
牟大破賊于王滿渡庚午巢賊大至濟汴而北是夜復
大雨賊黨驚潰武皇營于鄭州賊衆分寇汴境武皇渡

汴遇賊將渡而南半濟擊之大敗之臨陣斬賊將李周
王濟安陽景彪等是夜賊大敗殘衆保于胙縣冤句大
軍躡之黃巢乃攜妻子兄弟千餘人東走武皇追賊至
于曹州是月班師過汴汴帥迎勞于封禪寺請武皇休
于府第乃以從官三百人及監軍使陳景思館于上源
驛是夜張樂陳宴席汴帥自佐饗出珍幣侑勸武皇酒
酣戲諸侍妓與汴帥握手敘破賊事以爲樂汴帥素忌
武皇案梁紀作克用乘醉任氣帝不平之通鑑從梁紀今考新唐書沙陀傳亦作全忠忌克用桀驁難制與唐紀合蓋全忠之攻上源驛實忌其威名而欲害之非徒以其乘醉任氣也宜從唐紀乃與其將
楊彥洪密謀竊發彥洪于巷陌連車樹柵以扼奔竄之

路時武皇之從官皆醉俄而伏兵竊發來攻傳舍武皇
方大醉譟聲動地從官十餘人捍賊侍人郭景銖滅燭
扶武皇以茵幕裹之匿于牀下以水洒面徐曰汴帥謀
害司空武皇方張目而起引弓抗賊有頃煙火四合復
大雨震電武皇得從者薛鐵山賀回鶻等數人而去雨
水如澍不辨人物隨電光登尉氏門縋城而出得還本
營監軍陳景思大將史敬思並遇害武皇既還營與劉
夫人相向慟哭詰旦欲勒軍攻汴夫人曰司空比爲國
家討賊赴東諸侯之急雖汴人謀害自有朝廷論列若
反戈攻城則曲在我也人得以爲辭乃收軍而去馳檄

于汴帥汴帥報曰竊發之夜非僕本心是朝廷遣天使與牙將楊彥洪同謀也武皇自武牢關西趨蒲陝而旋秋七月至太原武皇自以累立大功爲汴帥怨圖陷沒諸將乃上章申理及武皇表至朝廷大恐遣內臣宣諭尋加守太傅同平章事隴西郡王光啓元年三月幽州李可舉鎮州王景崇（案新唐書沙陀傳作王景崇與薛史同舊唐書作王鎔與薛史異考藩鎮傳景崇以中和二年卒子鎔繼立是光啓初寇定州者當爲王鎔非景崇也通鑑從舊唐書）連兵寇定州節度使王處存求援于武皇武皇遣大將康君立安老薛可郭啜率兵赴之五月鎮人攻無極武皇親領兵救之鎮人退保新城武皇攻之斬首萬餘級獲馬

千匹王處存亦敗燕軍于易州十一月河中王重榮遣使來乞師且言邠州朱玫鳳翔李昌符將加兵于己初武皇與汴人搆怨前後八表請削奪汴帥官爵自以本軍進討天子累遣內臣楊復恭宣旨令且全大體武皇不時奉詔天子頗右汴帥時觀軍容使田令孜君側擅權惡王重榮與武皇膠固將離其勢乃移重榮于定州重榮告于武皇武皇上章言李昌符朱玫挾邪忌正黨庇朱溫臣已點檢蕃漢軍五萬取來年渡河先斬朱玫李昌符然後平盪朱溫（新唐書王重榮傳詔克用將兵援河中重榮貽克用書且言奉密詔[illegible]到使我圖公此令孜朱全忠朱玫之惑上也因示僞詔[illegible]方與全忠有隙信之請討全忠及玫）

天子覽表遣使譬喻百端軺傳相望旣而朱玫引邠鳳之師攻河中王重榮出師拒戰朱玫軍于沙苑對壘月餘十二月武皇引軍渡河與朱玫決戰玫大敗收軍夜遁入于京師時京城大駭天子幸鳳翔武皇退軍于河中光啓二年正月僖宗駐蹕于寶雞武皇自河中遣使上章請車駕還京且言大軍止誅凶黨時田令孜請僖宗南幸興元武皇遂班師朱玫于鳳翔立嗣襄王熅爲帝以僞詔賜武皇武皇燔之械其使馳檄諸方鎮遣來使奉表于行在（案舊唐書僖宗紀楊復恭兄弟于河中太原有破賊連衡之舊乃奏遣諫議大夫劉崇望賫詔宣諭達復恭之旨王重榮李克用欣然聽命尋遣使貢奉獻縑十萬匹願殺朱玫自贖是克用

之奉僖宗因詔使宣諭而改圖也與薛史異新唐書沙陀傳云僞詔至太原克用燔之執其使間道奉表興元與薛史同歐陽史從舊唐書通鑑從薛史）九月武皇遣昭義節度使李克修討孟方立于邢州大敗方立之衆于焦岡斬首數千級以大將安金俊爲邢州刺史以撫其降人十月進攻邢州邢人出戰又敗之孟方立求援于鎮州鎮人出兵三萬以援方立克修班師光啓三年六月河中節度使王重榮爲部將常行儒所殺武皇表重榮兄重盈爲帥七月武皇以安金俊爲澤州刺史時張全義自河陽據澤州及李罕之收復河陽召全義令守洛陽全義乃棄澤州而去故以金俊守之文德元年二月僖宗自興元還

京三月僖宗崩昭宗卽位以武皇爲開府儀同三司檢校太師兼侍中隴西郡王食邑七千戶食實封二百戶河南尹張全義潛兵夜襲李罕之于河陽城陷舉族爲全義所虜罕之踰垣獲免來歸于武皇遣李存孝薛阿檀史儼兒安金俊安休休將七千騎送罕之至河陽汴將丁會牛存節葛從周將兵赴援李存孝率精騎逆戰于溫縣汴人旣扼太行之路存孝殿軍而退騎將安休休以戰不利奔于蔡武皇以罕之爲澤州刺史遙領河陽節度使十月邢州孟方立遣大將奚忠信將兵三萬寇遼州武皇大破之斬首萬級生擒奚忠信龍紀元年

五月遣李罕之李存孝攻邢州六月下磁州邢將馬溉率兵數萬來拒戰罕之敗之于琉璃陂生擒馬溉徇于城下孟方立恚恨飲酖而死三軍立其姪遷爲留後案舊唐書昭宗紀歐陽史莊宗紀皆以孟遷爲方立之弟新唐書孟方立傳作方立之子薛史武皇紀又作方立之姪未詳孰是使求援于汴汴將王虔裕率精甲數百入于邢州罕之等班師大順元年遣李存孝攻邢州孟遷以邢洺磁三州降執汴將王虔裕三百人以獻武皇徙孟遷于太原以安金俊爲邢洺團練使三月昭義軍節度使李克修卒以李克恭爲潞州節度使是月武皇攻雲州拔其東城赫連鐸求援于燕燕帥李匡威將兵三萬以

赴之戰于城下燕軍大敗時徐州時溥爲汴軍所攻遣使來求援武皇命石君和由兗鄆以赴之五月潞州軍亂殺節度使李克恭州人推牙將安居受爲留後南結汴將時潞之小將馮霸擁叛徒三千騎駐于沁水居受使人召之馮霸不至居受懼出奔至長子爲村胥所殺傳首于霸霸遂入潞州自爲留後武皇遣大將康君立李存孝等攻之汴將朱崇節葛從周率兵入潞州以固之是時幽州李匡威雲州赫連鐸與汴帥協謀連上表請加兵于太原宰相張濬孔緯贊成其事六月天子削奪武皇官爵以張濬爲招討使以京兆尹孫揆爲副華

州韓建爲行營都虞候以汴帥爲河東南面招討使幽州李匡威爲河東北面招討使雲州赫連鐸爲副汴將朱友裕將兵屯晉絳時汴軍已據潞州又遣大將李讜等率軍數萬急攻澤州武皇遣李存孝自潞州將三千騎以援之汴將鄧季筠以一軍犯陣存孝追擊擒其都將十數人獲馬千餘匹是夜李讜收軍而退大軍掩擊至馬牢關斬首萬餘級追襲至懷州而還存孝復引軍攻潞州八月存孝擒新授昭義節度使孫揆初朝廷授揆節鉞以本軍取刀黃嶺路赴任存孝偵知之引騎三百伏于長子縣崖谷間揆建牙持節褒衣大蓋擁衆而

行存孝哭出谷口遂擒揆及中使韓歸範並將校五百人存孝械揆等以組練繫之環于潞州遂獻于武皇武皇謂揆曰公搢紳之士安言徐步可至達官何用如是揆無以對令繫于晉陽獄武皇將用爲副使使人誘之揆言不遜遂殺之九月汴將葛從周棄潞州而遁武皇以康君立爲潞州節度使以李存孝爲汾州刺史十月張濬之師入晉州遊軍至汾隰武皇遣薛鐵山李承嗣將騎三千出陰地關營于洪洞遣李存孝將兵五千營于趙城華州韓建以壯士三百人冒犯存孝之營存孝追擊直壓晉州西門張濬之師出戰爲存孝所敗自是

閉壁不出存孝引軍攻絳州十二月晉州刺史張行恭棄城而奔韓建張濬由含山路遁去大順二年春正月武皇上章申理其略曰臣今身無官爵名是罪人不敢歸陛下藩方且欲于河中寄寓進退行止伏候聖裁天子尋就加守中書令（歐陽史復拜克用河東節度使隴西郡王加檢校太師兼中書令）是月魏博爲汴將葛從周所寇節度使羅弘信遣使來求援武皇出師以赴之三月邢州節度使安知建叛奔青州天子以知建爲神武統軍自棣州泝河歸朝鄆州朱瑄邀斬于河上傳首晉陽以李存孝爲邢州節度使四月武皇大舉兵討赫連鐸于雲州遣騎將薛阿檀率

前軍以進攻武皇設伏兵于御河之上大破之因塹守其城七月武皇進軍柳會赫連鐸力屈食盡奔于吐渾部遂歸幽州雲州平武皇表石善友爲大同軍防禦使邢州節度使李存孝以鎭州王鎔託附汴人謀亂河朔北連燕寇請乘雲代之捷平定燕趙武皇然之八月大蒐于晉陽遂南巡澤潞略地懷孟河陽趙克裕望風送款請修鄰好九月蒐于邢州十月李存孝董前軍攻臨城鎭人五萬營于臨城西北龍尾崗武皇令李存審李存賢以步軍攻之鎭人大敗殺獲萬計拔臨城進攻元氏幽州李匡威以步騎五萬營于鄗邑以援鎭州武皇

分兵大掠旋軍邢州（永樂大典卷一萬八千一百五十五）

舊五代史卷二十五終

舊五代史卷二十五攷證

唐武皇紀上中和三年薨　案新唐書沙陀傳作光啟三年國昌卒與是書異

鎮州王景崇　王景崇舊唐書作王鎔考藩鎮傳景崇以中和二年卒子鎔繼立是光啟初寇定州者當爲王鎔也通鑑從舊唐書

光啟元年三月節度使王處存求援于武皇武皇遣大將康君立安老薛可郭啜率兵赴之五月鎮人攻無極武皇親領兵救之　案曲陽天安廟李克用題名碑云李克用以幽鎮侵擾中山領蕃漢步騎五十萬

親來救援時中和五年二月二十一日也至三月十七日以幽州請就和斷遂卻班師考舊唐書中和五年三月丙辰朔丁卯駕至京師己巳御宣正殿大赦改元是三月之十四日已改光啟曲陽去京師遠故未知耳又克用親援處存與通鑑遣將康君立異今考是書武皇先遣康君立等與通鑑合繼乃親領兵救之與題名碑合惟是書作五月碑作三月微有互異耳

乃移重榮于定州　案歐陽史作徙重榮于兗州考新唐書王重榮傳亦云令孜徙重榮兗海節度使與是書異

武皇上章言李符朱玫挾邪忌正　李符歐陽史作李昌符蓋唐實錄避獻祖諱故去昌字

六月天子削奪武皇官爵　六月新唐書作五月

以張濬爲招討使　案新唐書本紀作張濬爲行營都招討宣慰使張濬傳作河東行營兵馬招討制置使歐陽史作太原四面行營兵馬都統

華州韓建爲行營都虞候　案歐陽史作韓建爲副使新唐書張濬傳作韓建爲供軍使

八月存孝擒新授昭義節度使孫揆　案新唐書作七

月戊申李克用執昭義節度使孫揆通鑑從是書作八月

張濬之師出戰爲存孝所敗　案新唐書帝紀作十一月張濬及李克用戰于陰地敗績歐陽史亦作十一月與是書先後互異

（補前武皇紀上）天子復命元帥李涿　案歐陽史作招討使李琢通鑑亦作琢俱與是書異

（補前武皇紀上）與薛葛安慶等部將　案新唐書作薩葛首領米海萬安慶

舊五代史卷二十五攷證

舊五代史卷二十六

宋司空同中書門下平章事薛居正等撰　唐書二

武皇紀下

景福元年正月鎭州王鎔恃燕人之援率兵十餘萬攻邢州之堯山案通鑑云景福元年正月王鎔李匡威合兵十餘萬攻堯山與薛史同舊唐書作大順二年王鎔援邢州屯于堯山考此時邢州未叛于晉不得有王鎔之援師蓋即景福元年事誤移于前一年耳歐陽史從薛史武皇遣李存信將兵應援李存孝素與存信不協遷延相猜貳留兵不進武皇又遣李嗣勳李存審將兵援之大破燕趙之衆斬首三萬收其軍實三月武皇進軍渡滹沱攻欒城下鼓城藁城四月燕軍寇雲代武皇班師案舊唐書云景福元年二月庚寅太原易定之兵合勢攻鎭州王鎔復告難于幽州李匡威率步騎三萬赴之時太原之衆軍于常山易定之衆堅守固鎭燕趙之卒分拒之三月克用處存斂軍而退是興師以二月至三月始旋師也通鑑云三月李克用王處存合兵攻王鎔癸丑拔天長鎭戊午鎔與戰于新市大破之殺獲三萬餘人辛酉克用退屯欒城是進師退師皆在三月也薛史作三月進軍四月班師與諸書異

八月赫連鐸誘幽州李匡威之衆八萬寇天威軍遂攻雲州營于州北連亘數里武皇潛軍入于雲州詰旦出騎軍以擊之斬獲數萬李匡威燒營而遁十月邢州李存孝叛納款于梁李存信搆之也案舊唐書云大順元年十一月癸丑朔太原將邢州刺史李存孝自恃擒孫揆功合爲昭義帥怨克用授康君立存孝自晉州率行營兵歸邢州據城上表歸朝仍致書張濬王鎔求援今考薛史大順二年存孝始爲邢州節度無由于元年冬得據邢州也舊唐書特因存孝攻澤潞而率連書之其年月則誤耳新唐書歐陽史通鑑並從薛史作景福元年十月

景福二年春大舉以伐王鎔以其通好于李存孝也二月攻天長鎭旬日不下王鎔出師三萬來援武皇逆戰于叱日嶺下鎭人敗斬首萬餘級時歲饑軍乏食脯屍肉而食之進軍下井陘李存孝將兵夜入鎭州鎭人乞師于汴汴帥方攻時溥不暇應之乃求援于幽州李匡威率兵赴之武皇乃班師七月武皇討李存孝于邢州遂攻平山渡滹水攻鎭州王鎔懼以帛五十萬犒軍請修舊好仍以鎭冀之師助擊存孝許之武皇進圍邢州十月武皇狩于近郊獲白兔有角長三寸乾寧元年三月邢

州李存孝出城首罪藁歸太原轘于市邢洺磁三州平武皇表馬師素爲邢州節度使案舊唐書作克用以大將馬師素權知邢洺團練事與薛史異五月鄆州節度使朱瑄爲汴軍所攻遣使來乞師武皇遣騎將安福順安福慶安福遷督精騎五百假道于魏州以應之案舊唐書云乾寧元年正月瑄瑾勢蹙求救于太原李克用出師援之薛史作五月與舊唐書異考朱瑄朱瑾自魚山之敗其勢始蹙當由正月遣使乞援至援師之出自在五月耳九月潞州節度使康君立以酖死十月武皇自晉陽率師伐幽州初李匡儔奪據兄位燕人多不義之安塞軍戍將劉仁恭挈族歸于武皇武皇遇之甚厚仁恭數進畫于蓋寓言幽州可取之狀願得兵一萬指期平定武

皇方討李存孝于邢州輟兵數千欲納仁恭不利而還匡儔由是驕怠數犯邊境武皇怒故率軍以討之是時雲州吐渾赫連鐸白義誠並來歸命皆笞而釋之案舊唐書昭宗紀六月壬辰克用攻陷雲州執赫連鐸新唐書昭宗紀六月壬辰與李克用戰于雲州死之通鑑從新唐書作李克用大破吐谷渾殺赫連鐸擒白義誠俱與薛史異考雲州諸部因討李匡儔而來歸自當在十月而諸書皆作六月恐未足據十一月進攻武州甲寅案甲寅字誤下文十二月有辛亥壬子甲寅則十一月不得有甲寅也據通鑑考異蓋薛史仍紀年錄之誤攻新州十二月李匡儔命大將率步騎六萬救新州武皇選精兵逆戰燕軍大敗斬首萬餘級生獲將領百餘人曳練狗于新州城下是夜新州降辛亥攻媯州壬子燕兵復合于居庸

關拒戰武皇命精騎以疲之令步將李存審由他道擊之自午至晡燕軍復敗甲寅李匡儔攜其族棄城而遁將之滄州隨行輜車贓獲妓妾甚衆滄帥盧彥威利其貨以兵攻匡儔于景城殺之盡虜其衆丙辰進軍幽州其守城大將請降武皇令李存審與劉仁恭入城撫勞居人如故市不改肆封府庫以迎武皇乾寧二年正月武皇在幽州命李存審劉仁恭徇諸屬郡二月以仁恭爲權幽州留後從燕人之請也案舊唐書元年十二月以李匡威故將劉仁恭爲幽州兵馬留後歐陽史亦作元年冬事皆因平幽州而終言之未嘗註其年月也通鑑從薛史作二年二月留腹心燕留德等十餘人分典軍政武皇遂班師凡駐

幽州四十日六月武皇率蕃漢之師自晉陽趨三輔討鳳翔李茂貞邠州王行瑜華州韓建之亂先是三帥稱兵向闕同弱王室殺害宰輔時河中節度使王重盈卒重榮之子珂即武皇之子壻也權典軍政其兄珙爲陝州節度使瑤爲絳州刺史與珂爭河中遂訴于岐邠華三鎭言珂本蒼頭不當襲位珂亦訴于武皇武皇上表保薦珂乞授河中旄鉞詔可之三帥遂以兵入覲大掠京師請授王珂同州節度使王瑤河東節度使天子亦許之武皇遂舉兵表三帥之罪復移檄三鎭三鎭大懼是月次絳州刺史王瑤登陴拒命武皇攻之旬日而拔

斬王瑤于軍門誅其黨千餘人七月次河中王珂迎謁于路己未同州節度使王行約棄城奔京師與左軍兵士劫掠西市都民大擾行約即行瑜弟也庚申樞密使駱全瓘以武皇之軍將至請天子幸右軍指揮使李繼鵬茂貞假子也本姓閻名珪與全瓘謀劫天子幸鳳翔左軍指揮使王行實亦行瑜之弟也與劉景宣欲劫天子幸邠州兩軍相攻縱火燒內門煙火蔽天天子急詔鹽州六都兵士令追殺亂兵左右軍退走王行瑜李茂貞聲言自來迎駕天子懼出幸南山駐驛于莎城是夜熒惑犯心壬戌武皇進取同州聞天子幸石門遣判官

王瓌奉表奔問天子遣使賜詔令與王珂同討邠鳳時武皇方攻華州俄聞李茂貞領兵士三萬至盩厔王行瑜領兵至興平欲往石門迎駕乃解華州之圍進營渭橋天子遣延王戒丕丹王允齎詔促武皇兵直抵邠鳳八月乙酉供奉官張承業齎詔告諭案舊唐書七月丁卯上遣內官張承業傳詔克用軍便令監太原行營兵馬發赴新平薛史作八月乙酉與舊唐書月日互異相隔久遠舊唐書又作八月乙酉朔延王至河中疑承業與延王同行據通鑑作壬午遣張承業詣克用軍蓋壬午遣使己酉始至軍耳涇帥張鐺已領步騎三萬于京西北扼邠岐之路武皇進營渭北遣史儼將三千騎往石門扈駕遣李存信李存審會鄜延之兵攻行瑜之梨園寨天子削奪行瑜官爵以武皇為天下兵馬都招討使以鄜州李思孝為北面招討使以涇州張鐺為西南面招討使天子又遣延王丹王賜武皇御衣及大將茶酒弓矢命二王兄事武皇延王傳天子密旨云曰昨非卿至此已為賊庭行酒之人矣所慮者二凶締合卒難翦除且欲姑息茂貞令與卿修好俟梟斬行瑜更與卿商量武皇上表請駕還京案舊唐書作壬寅李克用遣子存貞奉表行在請車駕還京考當時奉表者即後唐莊宗也莊宗未嘗名存貞舊唐書誤令李存節領二千騎于京西北以防邠賊奔突辛亥天子還宮加武皇守太師中書令邠寧四面行營都統時王行瑜弟兄固守梨園寨我師攻之甚急李

茂貞遣兵萬餘來援行瑜營于龍泉鎮茂貞自率兵三萬迫延陽武皇奏請詔茂貞罷兵兼請削奪茂貞官爵詔曰茂貞勒兵蓋備非常尋已發遣歸鎮又言茂貞已誅李繼鵬李繼晸卿可切戒兵甲無犯土疆武皇請賜河中王珂旌節三表許之又表李罕之為副都統十月丙戌李存信于梨園寨北遇賊軍斬首千餘級自是賊閉壁不出戊子天子賜武皇內弟子四人又降朱書御札賜魏國夫人陳氏是月王行瑜因敗衂之後閉壁自固武皇令李罕之晝夜急攻賊軍乏食拔營而去李存信與罕之等先伏軍于阨路俟賊軍之至縱兵擊之殺戮萬計是日收梨園等三寨生擒行瑜之子知進並毋巳氏大將李元福等二百人送赴闕庭庚寅王行納王行實燒刼寧州遁走寧州守將徐景乞降武皇表蘇文建為邠州節度使且于寧州為治所十一月丁巳案舊唐書作十一月癸未朔疑十一月不當有丁巳據薛史上文十月有丙戌戊子則十一月斷非癸未朔矣通鑑所定月日皆從薛史收龍泉寨時行瑜以精甲五千守之李茂貞出兵來援為李罕之所敗邠賊遂棄龍泉寨而去行瑜復入邠州大軍進逼其城行瑜登城號哭曰行瑜無罪昨殺南北司大臣是岐帥將兵脅制主上請治岐州行瑜乞束身歸朝武皇報曰王尚父何恭之甚耶僕受命討

三賊臣公其一也如能東身歸闕老夫未敢專命爲公
奏取進止行瑜懼棄城而遁武皇收其城封府庫遣以
捷聞既而慶州奏王行瑜將家屬五百人到州界爲部
下所殺傳首闕下武皇既平行瑜還軍渭北十二月武
皇營于雲陽案歐陽史晉軍渭北遇雨六十日考通鑑十二月乙酉李克用軍于雲陽辛亥引兵
東歸無緣得有六十日也歐陽史誤候討鳳翔進止乙未天子賜武皇爲
忠貞平難功臣進封晉王加實封二百戶武皇復上表
請討李茂貞天子不允武皇私謂詔使曰觀主上意疑
僕別有他腸復何言哉但禍不去胎憂患未已又奏臣
統領大軍不敢徑赴朝覲遂班師乾寧三年正月汴人

大舉以攻兗鄆朱瑄朱瑾再乞師于武皇假道于魏州
羅弘信許之乃令都指揮使李存信將步騎三萬與李
承嗣史儼會軍以拒汴人存信軍于莘與朱瑾合勢頻
挫汴軍汴帥患之乃間魏人存信御兵無法稍侵魏之
芻牧者弘信乃與汴帥通出師三萬攻存信軍存信揭
營而退保于洺州三月武皇大掠相魏諸邑攻李固洹
水殺魏兵萬餘人進攻魏州案舊唐書六月庚戌李克用率沙陀并汾之衆五萬
攻魏州及其郛大掠于其六郡陷成安洹水臨漳十餘邑報莘之怨也薛史作三月事蓋自三月興師至十月
始退耳五月汴將葛從周氏叔琮引兵赴援六月李茂貞
舉兵犯京師七月車駕幸華州是月武皇與汴軍戰于

洹水之上鐵林指揮使落落被擒落落武皇之長子也
既戰馬踣于坎武皇馳騎以救之其馬亦踣汴之追兵
將及武皇背射一發而斃乃退九月李存信攻魏之臨
清汴將葛從周等引軍來援大敗于宗城北存信進攻
魏州十月武皇敗魏軍于白龍潭追擊至觀音門汴軍
救至乃退十一月武皇徵兵于幽鎮定三州將迎駕于
華下幽州劉仁恭託以契丹入寇俟敵退聽命乾寧四
年正月汴軍陷兗鄆騎將李承嗣史儼與朱瑾同奔于
淮南三月陝帥王珙攻河中王珂來告難武皇遣李嗣
昭率二千騎赴之破陝軍于猗氏乃解河中之圍王是

天子遣延王戒丕至晉陽傳宣旨于武皇朕不取卿言
以及于此苟非英賢竭力朕何由再謁廟庭在卿表率
予所望也七月武皇復徵兵于幽州劉仁恭辭旨不遜
武皇以書讓之仁恭捧書謾罵抵之于地仍囚武皇之
行人八月大舉以伐仁恭九月師次蔚州戊寅晨霧晦
暝占者云不利深入辛巳攻安塞俄報燕將單可及領
騎軍至矣武皇方置酒高會前鋒又報賊至矣武皇曰
仁恭何在曰但見可及輩武皇張目怒曰可及輩何足
爲敵仍促令出師燕軍已擊武皇軍寨武皇乘醉擊賊
燕軍披靡時步兵望賊而退爲燕軍所乘大敗于木瓜

凋俄而大風雨震電燕軍解去武皇方醒甲午師次代州劉仁恭遣使謝罪于武皇武皇亦以書報之自此有檄十餘返光化元年春正月鳳翔李茂貞華州韓建皆致書于武皇乞修和好同獎王室兼乞助丁匠修繕秦宮武皇許之四月汴將葛從周寇邢洺磁等州旬日之內三州連陷汴人以葛從周爲邢州節度使大將李存信收軍自馬嶺而旋八月壬戌天子自華還宮是時車駕初復而欲諸侯輯睦賜武皇詔令與汴帥通好武皇不欲先下汴帥乃致書于鎭州王鎔令導其意明年汴帥遣使奉書幣來修好武皇亦報之自是使車交馳朝

野相賀九月武皇遣周德威李嗣昭率兵三萬出青山口以追邢洺十月遇汴將葛從周于張公橋既戰我軍大敗是月河中王珂來告急言王珙引汴軍來寇武皇遣李嗣昭將兵三千以援之屯于胡壁堡汴軍萬餘人來拒戰嗣昭擊退之十二月潞州節度使薛志勤卒澤州刺史李罕之以本軍夜入據城以叛罕之報武皇曰薛鐵山新死潞民無主慮軍城有變輒專命鎭撫武皇令人讓之罕之乃歸于汴武皇遣李嗣昭將兵討之下澤州收罕之家屬拘送晉陽光化二年春正月李罕之陷沁州三月汴將葛從周氏叔琮自土門陷承天軍又陷遼州進軍榆次武皇令周德威擊之敗汴軍于洞渦驛叔琮棄營而遁德威追擊出石會關殺千餘人汴人復陷澤州五月武皇令都指揮使李君慶將兵收澤潞爲汴軍所敗而還以李嗣昭爲都指揮使進攻潞州八月嗣昭營于潞州城下前鋒下澤州時汴將賀德倫張歸厚等守潞州是月德倫等棄城而遁潞州平九月武皇表汾州刺史孟遷爲潞州節度使光化三年汴軍大寇河朔幽州劉仁恭乞師武皇遣周德威帥五千騎以援之七月李嗣昭攻堯山至內丘敗汴軍于沙河進攻洺州下之九月汴帥自將兵三萬圍洺州嗣昭棄城而

歸葛從周設伏于青山口嗣昭之軍不利十月汴人乘勝寇鎭定鎭定懼皆納賂于汴是時周德威與燕軍劉守光敗汴人二萬于望都閻定州王郜來奔乃班師是月天子加武皇實封一百戶遣李嗣昭率步騎三萬攻懷州下之進攻河陽汴將閻寶率軍來援嗣昭退保懷州天復元年正月汴將張存敬攻陷晉絳二州以兵二萬屯絳州以扼援路二月張存敬迫河中王珂告急于武皇使者相望于路珂妻邠國夫人武皇愛女也亦以書至懇切求援武皇報曰賊阻道路衆寡不敵救爾即與爾兩亡可與王郎棄城歸朝珂遂送款于張存敬三

月汴帥自大梁至河中王珂遂出迎尋徙于汴天子以
汴帥兼鎮河中武皇自是不復能援京師霸業由是中
否四月汴將氏叔琮率兵五萬自太行路寇澤潞魏博
大將張文恭領軍自新口入葛從周領兗鄆之衆自土
門入張歸厚以邢洺之衆自馬嶺入定州王處直之衆
自飛狐入侯言以晉絳之兵自陰地入氏叔琮康懷英
營于澤州之昂車武皇令李嗣昭將三千騎赴澤州援
李存璋而歸賀德倫氏叔琮軍至潞州孟遷開門迎沁
州刺史蔡訓亦以城降于汴氏叔琮悉其衆趨石會關
是時偏將李審建先統兵三千在潞州亦與孟遷降于

汴及叔琮之入寇也審建爲其鄉導汴人營于洞渦別
將白奉國與鎮州大將石公立自井陘入陷承天軍及
攻壽陽遼州刺史張鄂以城降于汴都人大恐時霖雨
積旬汴軍屯聚旣衆芻糧不給復多痢瘧師人多死時
大將李嗣昭李嗣源每夜率驍騎哭營掩殺敵衆恐懼
五月汴軍皆退氏叔琮軍出石會周德威李嗣昭以精
騎五千躡之殺戮萬計初汴軍之將入寇也汾州刺史
李瑭據城叛以連汴人至是武皇令李嗣昭李存審將
兵討之是歲幷汾饑粟暴貴人多附瑭爲亂嗣昭悉力
攻城三日而拔擒李瑭等斬于晉陽市氏叔琮旣旋軍

過潞州虜孟遷以歸汴帥以丁會爲潞州節度使六月
遣李嗣昭周德威將兵出陰地攻慈隰二郡隰州刺史
唐禮慈州刺史張瓌並以城來降武皇以汴寇方盛難
以兵服伴降心以緩其謀乃遣牙將張特持幣馬書檄
以諭之陳當時利害請復舊好十一月壬子汴帥營于
渭濱甲寅天子出幸鳳翔（新唐書帝如鳳翔李茂貞韓全誨請召克用入衛克用問
道遣使者奔問並詒書全忠勸還汴全忠不答）武皇遣李嗣昭率兵三千自沁
州趨平陽遇汴軍于晉州北斬首五百級天復二年二
月李嗣昭周德威領大軍自慈隰進攻晉絳營于蒲縣
乙未汴將朱友寧氏叔琮將兵十萬營于蒲縣之南乙

巳汴帥自領軍至晉州德威之軍大恐三月丁巳有虹
貫德威之營戊午氏叔琮率軍來戰德威逆擊爲汴人
所敗兵仗輜重委棄殆盡朱友寧長驅至汾州慈隰二
州復爲汴人所據辛酉汴軍營于晉陽之西北攻城西
門周德威李嗣昭緣山保其餘衆而旋武皇驅丁壯登
陴拒守汴軍攻城日急武皇召李嗣昭周德威等謀將
出奔雲州嗣昭以爲不可李存信堅請且入北蕃徐圖
進取嗣昭等固爭之太妃劉氏亦極言于內乃止居數
日亡散之士復集軍城稍安李嗣昭與李嗣源夜入汴
軍斬將搴旗敵人扞禦不暇自相驚擾丁卯朱友寧燒

營而遁周德威追至白壁關俘斬萬計因收復慈隰汾
等三州天復三年正月天子自鳳翔歸京五月雲州都
將王敬暉殺刺史劉再立以城歸于劉仁恭武皇遣李
嗣昭討之仁恭遣將以兵五萬來援雲州嗣昭退保樂
安燕人虜敬暉棄城而去武皇怒笞嗣昭及李存審而
削其官是時親軍萬衆皆邊部人動違紀律人甚苦之
左右或以爲言武皇曰此輩膽略過人數十年從吾征
伐比年以來國藏空竭諸軍之家賣馬自給今四方諸
侯皆懸重賞以募勇士吾若束之以法急則棄吾吾安
能獨保此乎俟時開運泰吾固自能處置矣天祐元年

閏四月汴帥迫天子遷都于洛陽新唐書帝東遷詔至太原克用泣謂其下
曰乘輿不復西矣遣使者奔問行在五月乙丑天子制授武皇叶盟同力
功臣加食邑三千戶實封三百戶八月汴帥遣朱友恭
弒昭宗于洛陽宮輝王即位告哀使至晉陽武皇南向
慟哭三軍縞素天祐二年春契丹安巴堅舊作阿保機今改正始
盛武皇召之安巴堅領部族三十萬至雲州與武皇會
于雲州之東握手甚歡結爲兄弟旬日而去留馬千匹
牛羊萬計案東都事略契丹與晉王會在天祐三年遼史太祖紀與薛史同期以冬初
大舉渡河天祐三年正月魏博既殺牙軍魏將史仁遇
據高唐以叛遣人乞師于武皇武皇遣李嗣昭率三千
騎攻邢州以應之遇汴將牛存節張筠于青山口嗣昭
不利而還九月汴帥親率兵攻滄州幽州劉仁恭遣使
來乞師武皇乃徵兵于仁恭將攻潞州以解滄州之圍
仁恭遣掌書記馬郁都指揮使李博等將兵三萬會于
晉陽武皇遣周德威李嗣昭合燕軍以攻澤潞十二月
潞州節度使丁會開門迎降命李嗣昭爲潞州節度使
以丁會歸于晉陽天祐四年正月甲申汴帥聞潞州失
守自滄州燒營而遁四月天子禪位于汴帥奉天子爲
濟陰王改元爲開平國號大梁是歲四川王建遣使至
勸武皇各王一方俟破賊之後訪唐朝宗室以嗣帝位

然後各歸藩守武皇不從以書報之曰竊念本朝屯否
巨業淪胥攀鼎駕以長違撫彤弓而自咎默默終古悠
悠彼蒼生此厲階永爲痛毒視橫流而莫救徒誓檝以
興言別捧函題過垂獎諭省覽周既駭惕異常淚下霑
衿倍鬱申胥之素汗流浹背如聞蔣濟之言僕經事兩
朝受恩三代位叨將相籍係宗枝賜鐵鉞以專征徵苞
茅而問罪鏖兵校戰二十餘年竟未能斬新莽之頭顱
斷蚩尤之肩髀以至廟朝顚覆豺虎縱橫且授任分憂
叨榮冒寵龜玉毀櫝誰之咎歟俯閱指陳不勝慚恧然
則君臣無常位陵谷有變遷或箠塞長河泥封函谷時

移事改理有萬殊卽如周末虎爭魏初鼎據孫權父子不顯授于漢恩劉備君臣自微興于涿郡得之不謝于家世失之無損于功名適當逐鹿之秋何惜華蟲之服唯僕累朝席寵奕世輸忠忝佩訓詞粗存家法善博奕者唯先守道治蹊田者不可奪牛誓于此生靡敢失節仰憑廟勝早殄寇讎如其事與願違則共臧洪遊于地下亦無恨矣唯公社稷元勳嵩衡降祉鎭九州之上地負一代之弘才合于此時自求多福所承良訊非僕深心天下其謂我何有國非吾節也悽悽孤懇此不盡陳五月梁祖遣其將康懷英率兵十萬圍潞州懷英驅率士衆築壘環城城中音信斷絕武皇遣周德威將兵赴援德威軍于余吾率先鋒挑戰日有俘獲懷英不敢卽戰梁祖以懷英無功乃以李思安代之思安引軍將營于潞城周德威以五千騎搏之梁軍大敗斬首千餘級思安退保堅壁別築外壘謂之夾寨以抗我之援軍梁祖調發山東之民以供饋運德威日以輕騎掩之運路艱阻衆心益恐李思安乃自東南山口築夾道連接夾寨以通饋運自是梁軍堅保夾寨冬十月武皇有疾是時晉陽城無故自壞占者惡之天祐五年正月戊子朔武皇疾革辛卯崩于晉陽年五十三遺令薄葬發喪後

二十七日除服莊宗卽位追諡武皇帝廟號太祖陵在雁門

永樂大典卷七千一百五十四　五代史補太祖武皇本朱耶赤心之後沙陀部人也其先生于雕窠中酋長以其異生諸族傳養之遂以爺爲氏言非一父所養也其後言訛以諸爲朱以爺爲耶至太祖生耴一目長而驍勇善騎射所向無敵時謂之獨眼龍大爲部落所疾太祖恐禍及遂舉族歸唐授雲州刺史賜姓李名克用黃巢犯長安自北引兵赴難功成遂拜太原節度使封晉王　武皇之有河東也威聲大振淮南楊行密常恨不識其狀貌因使畫工詐爲商賈往河東既寫之畫工到未幾人有知其謀者擒之武皇初甚怒何而親謂曰且吾素耴一目試召之使寫觀其所爲如何及至武皇按膝厲聲曰淮南使汝來寫吾眞必畫工之尤也寫吾不及十分卽階下便是死汝之所矣畫工再拜下筆時方盛暑武皇執八角扇因寫扇角半遮其面武皇曰汝諂吾也遽使別寫之又應聲下筆畫其臂弓撚箭之狀仍微合一目以觀箭之曲直武皇大喜因厚賂金帛遺之　五代史闕文世傳武皇臨薨以三矢付莊宗曰一矢討劉仁恭汝不先下幽州河南未可圖也一矢擊契丹且曰安巴堅與吾把臂而盟結爲兄弟誓復唐家社稷今背約附賊汝必伐之一矢滅朱温汝能成吾志死無憾矣莊宗藏三矢于武皇廟庭及討劉仁恭命幕吏以少牢告廟請一矢盛以錦囊使親將負之以爲前驅凱旋之日隨俘馘納矢于太廟伐契丹滅朱氏亦如之又武皇耴一目謂之獨眼龍性喜殺左右有小過失必寘于死初諱耴人無敢犯者嘗令寫眞畫工卽爲撚箭之狀微瞑一目圖成而進武皇大悅賜予甚厚

史臣曰武皇肇跡陰山赴難唐室逐豺狼于魏闕殄氛祲于秦川賜姓受封奄有汾晉可謂有功矣然雖茂勳王之績而非無震主之威及朱鎮屯渭曲之師俾犨輦有石門之幸比夫桓文之輔周室無乃有所愧乎洎失援于蒲絳久垂翅于幷汾若非嗣子之英才豈有興王

之茂業矧累功積德未比于周文創業開基尚虧于魏
祖追謚爲武斯亦幸焉永樂大典卷七千一百五十四

舊五代史卷二十六終

舊五代史卷二十六攷證

三月武皇進軍渡滹沱攻欒城下鼓城稾城四月燕軍寇雲代武皇班師　案舊唐書作景福元年二月庚寅太原易定之兵合勢攻鎭州三月克用處存斂軍而退是興師以二月至三月始旋師也通鑑云三月克用王處存合兵攻王鎔癸丑拔天長鎭戊午鎔與戰於新市大破之辛酉克用退屯欒城是進師退師皆在三月也是書作三月進軍四月班師與諸書異

天祐二年春契丹安巴堅領部族三十萬至雲州與武皇會於雲州之東　案武皇會契丹於雲州通鑑作

開平元年新唐書作天祐元年與是書異歐陽史與是書同又契丹國志作晉王李存勗與契丹連和會於東城殊誤

梁祖以懷英無功乃以李思安代之　案李思安之代懷英通鑑作七月事與是書繫五月異

舊五代史卷二十六攷證

舊五代史卷二十七

宋司空同中書門下平章事薛居正等撰

莊宗紀第一　唐書三

莊宗光聖神閔孝皇帝諱存勗武皇帝之長子也母曰貞簡皇后曹氏以唐光啟元年歲在乙巳冬十月二十二日癸亥生帝于晉陽宮娠時曹后嘗夢神人黑衣擁扇夾侍左右載誕之辰紫氣出于牕戸及爲嬰兒體貌奇特沉厚不羣武皇特所鍾愛及武皇之討王行瑜帝時年十一從行初令入覲獻捷迎駕還宮昭宗一見駭之曰此兒有奇表因撫其背曰兒將來之國棟也勿忘忠孝于予家因賜鸂鶒酒巵翡翠盤（案北夢瑣言云昭宗曰此子可亞其父時人號曰亞子）賊平授檢校司空隰州刺史改汾晉二郡皆遥領之帝洞曉音律常令歌舞于前十三習春秋手自繕寫畧通大義及壯便射騎膽畧絕人其心豁如也武皇起義雲中部下皆北邊勁兵及破賊迎鑾功居第一由是稍優寵士伍因多不法或陵侮官吏豪奪士民白晝剽攘酒博喧競武皇緩于禁制唯帝不平之因從容啟于武皇武皇依違之及安塞不利之後時事多難梁將氏叔琮康懷英頻犯郊圻土疆日蹙城門之外鞠爲戰塲武皇憂形于色帝因啟曰夫盛衰有常理禍福繫

神道家世三代盡忠王室勢窮力屈無所愧心物不極則不反惡不極則不亡今朱氏攻逼乘輿窺伺神器陷害良善誣誑神祇以臣觀之殆其極矣大人當遵養時晦以待其衰何事輕爲沮喪太祖釋然因奉觴作樂而罷及滄州劉守文爲梁朝所攻其父仁恭遣使乞師武皇恨其翻覆不時許之帝白曰此吾復振之道也不得以嫌怨介懷且九分天下朱氏今有六七趙魏中山在佗廡下賊所憚者唯我與仁恭爾我之興衰繫此一舉不可失也太祖乃徵兵于燕攻取潞州既而丁會果以城來降天祐五年春正月武皇疾篤召監軍張承業大將吳珙謂曰吾常愛此子志氣遠大可付後事唯卿等所教及武皇歿代帝乃嗣王位于晉陽時二十有四汴人方寇潞州周德威宿兵於亂柳以軍城易帥竊議恟恟訛言播于行路帝方居喪將吏不得謁見監軍使張承業排闥至廬所言曰夫孝在不墜家業不同匹夫之孝且君父厭世嗣主未立竊慮兇猾不逞之徒有懷覬望又汴寇壓境利我凶衰苟或搖動則倍張賊勢訛言不息懼有變生請依顧命墨縗聽政保家安親此惟大孝帝于是始聽斷大事時振武節度使克寧即帝之季父也爲管內蕃漢馬步都知兵馬使典握兵柄帝以軍

府事讓季父曰兒年幼稚未通庶政雖承遺命恐未能彈壓季父勳德俱高衆情推伏且請制置軍府俟兒有立聽季父處分克寧曰亡兄遺命屬在我兒孰敢異議因率先拜賀初武皇獎勵戎功多畜庶孽衣服禮秩如嫡者六七輩比之嗣王年齒又長部下各綰强兵朝夕聚議欲謀爲亂及帝紹統或强項不拜鬱鬱憤惋託疾廢事會李存顥以陰計干克寧曰兄亡弟立古今舊事季父拜姪理所未安克寧妻素剛狠因激怒克寧陰圖禍亂存顥欲于克寧之第謀害張承業李存璋等以幷汾九州歸附于梁送貞簡太后爲質克寧意將激發乃

擅殺大將李存質請授己雲州節度使割蔚朔應三州爲屬命帝悉俞允然知其陰禍有日矣克寧俟帝過其第則圖竊發時幸臣史敬鎔者亦爲克寧所誘盡得其情乃來告帝帝謂張承業曰季父所爲如此無猶子之情骨肉不可自相魚肉予當避路則禍亂不作矣承業曰臣受命先帝言猶在耳存顥輩欲以太原降賊王欲何路求生不卽誅除亡無日矣因召吳珙李存璋李存敬朱守殷諭其謀衆咸憤怒二月壬戌命存璋伏甲以誅克寧遂靖其難是月唐少帝崩于曹州梁祖使人酖之也帝聞之舉哀號慟三月周德威尙在亂柳梁將李

思安屢爲德威所敗閉壁不出是時梁祖自將兵至澤州以劉知俊爲招討使以代思安以范君實劉重霸爲先鋒牛存節爲撫遏統大軍營于長子四月帝召德威軍歸晉陽汴人既見班師知我國禍以爲潞州必取援軍無俟再舉遂停斥候梁祖亦自澤州歸洛帝知其無備乃謂將曰汴人聞我有喪必謂不能興師又以我少年嗣位未習戎事必有驕怠之心若簡練兵甲倍道兼行出其不意以吾憤激之衆擊彼驕惰之師拉朽摧枯未云其易解圍定霸在此一役甲子軍發自太原己巳至潞州北黃碾所營五月辛未朔晨霧晦暝帝率親軍

伏三垂崗下詰旦天復昏霧進軍直抵夾城時李嗣源總帳下親軍攻東北隅李存璋王霸率丁夫燒寨劚夾城爲二道周德威李存審各分道進攻軍士鼓譟三道齊進李嗣源壞夾城東北隅率先掩擊梁軍大恐南向而奔投戈委甲噎塞行路斬萬餘級獲其將副招討使符道昭洎大將三百人芻粟百萬梁招討使康懷英得百餘騎出天井關而遁梁祖聞其敗也既懼而歎曰生子當如是李氏不亡矣吾家諸子乃豚犬爾初唐龍紀元年帝纔五歲從武皇校獵于三垂崗崗上有玄宗原廟在焉武皇于祠前置酒樂作伶人奏百年歌者陳其

衰老之狀聲調悽苦武皇引滿捋鬚指帝曰老夫壯心未已二十年後此子必戰于此及是役也果符其言焉是月周德威乘勝攻澤州刺史王班登城拒守梁將劉知俊自晉絳將兵赴援德威退保高平帝遂班師于晉陽告廟飲至賞勞有差乃下令于國中禁賊盜恤孤寡徵隱逸止貪暴峻隄防寬獄訟朞月之間其俗丕變帝每出于路遇饑寒者必駐馬而臨問之由是人情大悅王霸之業自茲而基矣六月鳳翔李茂貞邠州楊崇本合西川王建之師五萬以攻長安遣使會兵于帝帝遣張承業率師赴之九月邠岐蜀三鎮復大舉攻長安遣李嗣昭周德威將兵三萬攻晉州以應之德威與梁將尹皓戰于神山北梁人大敗是時晉之騎將夏侯敬受以一軍奔于梁德威乃退保隰州案歐陽史九月丁丑如懷州通鑑作周德威等聞梁帝將至乙未退保隰州是德威之退師因梁祖之親至也薛史唐紀不載天祐六年秋七月邠岐二帥及梁之叛將劉知俊俱遣使來告將大舉以伐靈夏兼收關輔請出兵晉絳以張兵勢八月帝御軍南征先遣周德威李存審丁會統大軍出陰地關攻晉州爲地道壞城二十餘步城中血戰拒守梁祖遣楊師厚領兵赴援德威乃收軍而退通鑑引莊宗實錄云汴軍至蒙阬周德威逆戰敗之斬首三百級師厚退保絳州是役也小將蕭萬通戰歿師厚進營平陽德威收軍而退天

祐七年秋七月鳳翔李茂貞邠州楊崇本皆遣使來會兵同討靈夏且言劉知俊三敗汴軍于寧州靈夏危蹙岐隴之師大舉決取河西帝令周德威將兵萬人西渡河以應之是役也劉知俊爲岐人所搆乃自退九月德威班師冬十月梁祖遣大將李思安楊師厚率師營于澤州以攻上黨十一月鎮州王鎔遣使來求援是時梁祖以羅紹威初卒全有魏博之地因欲兼幷鎮定遣供奉官杜廷隱丁延徽督魏軍三千人入于深冀鎮人懼故來告難帝集軍吏議之咸欲按甲治兵徐觀勝負唯帝獨斷堅欲救之乃遣周德威率軍屯于趙州是月行營都招討使丁會卒十二月丁巳朔梁祖聞帝軍屯趙州命寧國軍節度使王景仁爲北面行營招討使韓勍爲副相州刺史李思安爲前鋒會魏州之兵以討王鎔又令閻寶王彥章率二千騎會景仁于邢洺丁丑景仁營于柏鄉帝遂親征自贊皇縣東下辛巳至趙州與周德威兵合帝令史建瑭以輕騎嘗寇獲芻牧者二百人問其兵數精兵七萬是日帝觀兵于石橋南詰旦進軍距柏鄉一舍周德威史建瑭率蕃落勁騎以挑戰四面馳射梁軍閉壁不出乃退翌日進軍距柏鄉五里遣騎軍逼其營梁將韓勍李思安率步騎三萬鎧甲炫曜其

勢甚盛分道以薄帝軍德威且戰且退距河而止既而德威偵知梁人造浮橋乃退保高邑乙酉致師于栢鄉帝觀戰于光武廟栢鄉無芻粟之備梁軍以樵采爲給爲帝之游軍所獲由是堅壁不出剉屋茅坐席以秣其馬衆心益恐天祐八年正月丁亥周德威史建瑭帥三千騎致師于栢鄉設伏于村塢間遣三百騎直壓其營梁將怒悉其軍結陣而來德威與之轉戰至高邑南梁軍列陣橫亘六七里時帝軍未成列李存璋引諸軍陣于野河之上梁軍以五百人爭橋鎮定之師與血戰梁軍敗而復整者數四帝與張承業登高觀望梁人戈矛如東申令之後譟聲若雷王師進退有序步騎嚴整寂然無聲帝臨陣誓衆人百其勇短兵既接無不奮力梁有龍驤神威拱宸等軍皆武勇之士也每一人鎧仗費數十萬裝以組繡飾以金銀人望而畏之自巳及午騎軍接戰至晡梁軍欲抽退塵埃漲天德威周麾而呼曰汴人走矣帝軍齊譟以進魏人收軍漸退李嗣源率親軍與史建瑭安金全兼北部吐渾諸軍衝陣夾攻梁軍大敗棄鎧投仗之聲震動天地龍驤神威神捷諸軍殺戮殆盡自陣至栢鄉數十里殭屍枕籍敗旗折戟所在蔽地夜漏一鼓帝軍入栢鄉梁軍輜重帳幄貲財奴僕

皆爲帝軍所有梁將王景仁韓勍李思安等以數十騎夜遁是役也斬首二萬級獲馬三千匹鎧甲兵仗七萬輜車鍋幕不可勝計擒梁將陳思權以下二百八十五人帝號令收軍于趙州既而梁人棄深冀二州而遁初杜廷隱之襲深冀也聲言分兵就食時王鎔將石公立戍深州欲杜關不納鎔遽令啟關命公立移軍于外廷隱遂據其城公立既出指城闉而言曰開門納盜後悔何追此城數萬生靈生爲俘馘矣因投刃泣下數日廷隱閉城殺鎮兵數千人遂登陴扼守王鎔方命公立攻之卽有備矣及栢鄉之敗兩州之人悉爲奴擄老弱者皆坑之己亥遣史建瑭周德威徇地于邢魏先馳檄以諭之

案冊府元龜載晉王諭邢洺魏博衛滑諸郡縣檄天祐八年正月周德威等破賊狗地邢洺先馳檄諭邢洺魏博衛滑諸郡縣曰王室遇屯七廟被陵夷之酷昊天不弔萬民罹塗炭之災必有英主奮庸忠臣仗順斬長鯨而清四海靖祆祲以泰三靈予位忝維城任當分圖念茲顛覆詎可晏安故仗威文輔合之規問羿浞凶狂之罪逆溫碭山庸隸巢孽餘凶當僖宗奔播之初我太祖掃平之際東身泥首請命牙門苞藏姦詐之心惟示婦人之態我太祖俯憐窮鳥曲爲開懷特發表章請帥梁汴纔出萑蒲之澤便居茅社之尊殊不感恩遽行猜忍我國家祚隆周漢迹盛伊唐二十聖之鎡基三百年之文物外則五侯九伯內則百辟千官或代襲簪纓或門傳忠孝皆遭陷害永抱沉冤且鎮定兩藩國家巨鎮冀安民而保族咸屈節以稱藩遂溫唯伎陰謀專行不義欲全吞噬先據屬州趙州特發使車來求援助予情惟盪寇義切親仁躬率賦輿赴茲盟約賊將王景仁將兵十萬屯據栢鄉遂驅三鎮之師授以七擒之畧鸛鵝纔列梟獍大奔易如走坂之丸勢若燎原之火

僵尸仆地流血成川組甲雕戈皆投草莽謀夫猛將盡作俘囚羣凶既快于天誅大憝須垂于鬼錄今則選蒐兵甲簡練車徒乘勝長驅翦除元惡凡爾魏博邢洺之眾感恩懷義之人乃祖乃孫為聖唐赤子豈狗虎狼之黨遂忘覆載之恩蓋以封豕長蛇馮陵荐食毋月逃難遂被脅從空嘗膽以銜冤竟無門而雪憤既聞可遶想所慰懷今義旅徂征止于招撫昔耿純焚廬而向順蕭何舉族以從軍皆審料興亡能圖富貴殊勳茂業翼子貽孫轉禍見機決在今日若能詣轅門而效順開城堡以迎降長官則改補官資百姓則優加賞賜所經註誤更不推窮三鎮諸軍已申嚴令不得焚燒廬舍剽掠馬牛但仰所在生靈各安耕織予恭行天罰罪止元凶已外歸明一切不問凡爾士眾咸諒予懷

帝御親軍南征庚子至洺州梁祖令其將徐仁浦將兵五百夜入邢州張承業李存璋以三鎮步兵攻邢州遣周德威史建瑭將三千騎長驅至澶魏帝與李嗣源率親軍繼進二月戊午師次洹水周

德威進至臨河己未魏帥羅周翰出兵五千塞石灰窯口周德威以騎掩擊廼入觀音門是日王師廼魏州帝舍于狄公祠西周翰閉壁自固帝軍攻之其城幾陷帝歎曰予為兒童時從先王渡河今其忘矣方春桃花水滿思一觀之誰從予者癸亥帝觀河于黎陽是時梁祖發兵萬餘將渡河聞王師至棄舟而退黎陽都將張從楚曹儒以部下兵三千人來降立其軍為左右匡霸使乙丑周德威自臨清狥地貝郡攻博州下東武朝城時澶州刺史張可臻棄城而遁遂入黎陽下臨河淇門庚午梁祖在洛聞王師將攻河陽率親軍屯白馬坡壬申

帝下令班師帝至趙州王鎔迎謁翌日大饗諸軍壬午帝發趙州歸晉陽留周德威戍趙州三月己丑鎮定州各遣使言幽州劉守光凶僭之狀請推為尚父以稔其惡乙未帝至晉陽宮召監軍張承業諸將等議幽州之事乃遣牙將戴漢超齎墨制并六鎮書推劉守光為尚書令尚父守光由是凶熾日甚遂邀六鎮奉冊五月六鎮使至幽梁使亦集通鑑攷異引莊宗實錄云三月己丑鎮州遣押衙劉光業至言劉守光凶淫縱毒欲自尊大請稔其惡以咎之推為尚父乙未上至晉陽宮召張承業諸將等議討燕之謀諸將亦云宜稔其惡上令押衙戴漢超持墨制及六鎮書如幽州其辭曰天祐八年三月二十七日天德軍節度使宋瑤振武節度使周德威昭義節度使李嗣昭易定節度使王處直鎮州節度使王鎔河東節度使尚書令晉王

謹奉冊進盧龍橫海等軍節度檢校太尉中書令燕王為尚書令尚父五月六鎮使至汴使亦集六月守光令有司定尚父採訪使議是月梁祖遣都招討使楊師厚將兵三萬屯邢州帝令李嗣昭出師掠相衛而還秋七月帝會王鎔于承天軍鎔武皇之友也帝奉之盡敬捧巵酒為壽鎔亦捧酒醻帝鎔幼子昭誨從行因許為婚八月甲子幽州劉守光僭稱大燕皇帝年號應天九月庚子梁祖將親軍自洛渡河而北至相州聞帝軍未出乃止十月幽州劉守光殺帝之行人李承勳忿其不行朝禮也十一月辛丑燕人侵易定王處直來告難十二月甲子帝遣周德威劉光濬李嗣源及諸將率蕃漢之兵發晉陽

伐劉守光于幽州永樂大典卷七千一百五十五

舊五代史卷二十七終

舊五代史卷二十七攷證

唐莊宗紀一及武皇之討王行瑜帝時年十一　案歐陽史從是書作十一吳縝纂誤據徐無黨注莊宗年四十三逆推之當以甲辰年生乾寧二年破王行瑜時當云年十二今攷五代會要莊宗以光啟元年生年四十二北夢瑣言載莊宗獻王行瑜捷年十一薛歐二史俱同徐注作年四十三誤

汴將氏叔琮康懷英　案懷英本名懷貞後因避梁末帝諱始改名懷英是書前後統作懷英今仍其舊

周德威宿兵于亂柳　亂柳原本作亂楊攷歐陽史作亂柳胡三省通鑑注云亂柳在潞州屯留縣界今改正

以幷汾九州歸附于梁　案幷汾九州通鑑作河東九州胡三省注云河東領幷遼沁汾石忻代嵐憲九州附識于此

承業曰臣受命先王　案先王原本作先帝攷晉王嗣位之初武皇尚未追稱爲帝今改正

二月壬戌　壬戌原本作丙戌今據通鑑改正

至潞州北黃碾下營　黃碾原本作黃碾通鑑作黃碾胡三省注云黃碾村在潞州潞城縣今改正

初唐龍紀元年帝纔五歲　案歐陽史克用破孟方立于邢州還軍上黨置酒三垂岡時莊宗在側方五歲攷克用邢州之役在文德元年今以莊宗生年計之當從是書作龍紀元年

周德威乘勝攻澤州刺史王班登城拒守　案通鑑攷異引莊宗實錄云李存璋進攻澤州刺史王班棄城而去與是書異

距柏鄉五里　五里原本作七里今據歐陽史及通鑑改正

梁軍以五百人爭橋　案通鑑作梁軍横亙數里競前奪橋鎮定步兵禦之勢不能支與此微異

率親軍屯白馬坡　白馬坡通鑑作白馬阪

並六鎮書　六鎮原本作大鎮今據通鑑改正

十一月辛丑燕人侵易定　案通鑑作戊申燕主守光將兵二萬寇易定是書作辛丑與通鑑異

舊五代史卷二十七攷證

舊五代史卷二十八

宋司空同中書門下平章事薛居正等撰

莊宗紀第二　唐書四

天祐九年春正月庚辰朔周德威等自飛狐東下丙戌會鎭定之師進營祁溝庚子次涿州刺史劉知温以城歸順德威進廹幽州守光出兵拒戰燕將王行方等以部下四百人來奔二月庚戌朔梁祖大舉河南之衆以援守光以陝州節度使楊師厚爲招討使河陽李周彝爲副青州賀德倫爲應接使鄆州袁象先爲副甲子梁祖自洛陽趨魏州遣楊師厚李周彝攻鎭州之棗强命

賀德倫攻蓨縣三月壬午梁祖自督軍攻棗强甲申城陷屠之時李存審與史建瑭以三千騎屯趙州相與謀曰梁軍若不攻蓨城必西攻深冀吾王方北伐以南鄙之事付我輩豈可坐觀其弊乃以八百騎趨冀州扼下博橋令史建瑭李都督分道擒生翌日諸軍皆至獲芻牧者數百人盡殺之縱數人逸去且告晉王至矣建瑭與李都督各領百餘騎旗幟軍號類梁軍與芻牧者雜行暮及賀德倫營門殺守門者縱火大呼俘斬而旋又執芻牧者斷其手令廻梁軍乃夜遁蓨人持鉏耰白梃追擊之悉獲其輜重（通鑑後梁紀云帝燒營夜遁迷失道委曲行百五十里戊子旦乃至冀州蓨之耕者皆荷鉏奮梃逐之委棄軍資器械不可勝計）梁祖聞之大駭自棗强馳歸貝州殺其將張正言許從實朱彥柔以其亡師于蓨故也梁祖先抱痼疾因是愈甚辛丑滄州都將張萬進殺留後劉繼威自爲滄帥遣人送款于梁亦乞降于帝戊申周德威遣李存暉攻瓦橋關下之四月丁巳梁祖自魏南歸疾篤故也戊申李嗣源攻瀛州拔之五月乙卯朔周德威大破燕軍于羊頭岡擒大將單廷珪斬首五千餘級德威自涿州進軍于幽州營于城下閏月己酉攻其西門燕人出戰敗之六月戊寅梁祖爲其子友珪所弑友珪僭卽帝位于洛陽秋八月朱友珪遣其

將韓勍康懷英牛存節率兵五萬急攻河中朱友謙遣使來求援帝命李存審率師救之十月癸未帝自澤州路赴河中遇梁將康懷英于平陽破之斬首千餘級追至白徑嶺朱友謙會帝于猗氏梁軍解圍而去庚申周德威報劉守光三遣使乞和不報丁卯燕將趙行實來奔天祐十年春正月丁巳周德威攻下順州獲刺史王在思二月甲戌朔攻下安遠軍獲燕將一十八人庚寅梁朱友珪爲其將袁象先所殺均王友貞卽位于汴州丙申周德威報檀州刺史陳確以城降三月甲辰朔收盧臺軍乙丑收古北口時居庸關使胡令珪等與諸戍

將相繼挈族來奔丙戌武州刺史高行珪遣使乞降時劉守光遣愛將元行欽牧馬于山北聞行珪有變率戍兵攻行珪行珪遣其弟行溫爲質且乞應援周德威遣李嗣源李嗣本安金全率兵救武州降元行欽以歸四月甲申燕將李暉等二千餘人舉族來奔德威攻幽州南門壬辰劉守光遣使王遵化致書哀祈于德威德威戲遵化曰大燕皇帝尚未郊天何怯劣如是耶守光再遣哀祈德威乃以狀聞己亥劉光濬攻下平州獲刺史張在吉五月壬寅朔光濬進迫營州刺史楊靖以城降乙巳梁將楊師厚會劉守奇率大軍侵鎭州時帝之先

鋒將史建瑭自趙州率五百騎入眞定師厚大掠鎭冀之屬邑王鎔告急于周德威德威分兵赴援師厚移軍寇滄州張萬進懼遂降于梁六月壬申朔帝遣監軍張承業至幽州與周德威會議軍事秋七月承業與德威率千騎至幽州西守光遣人持信箭一隻乞脩和好承業曰燕師當令子弟一人爲質則可是日燕將司全爽等十一人並舉族來奔辛亥德威進攻諸城門壬子賊將楊師貴等五千人來降甲子五院軍使李信攻下莫州時守光繼遣人乞降將緩帝軍陰令其將孟脩阮通謀于滄州節度使劉守奇及求援于楊師厚帝之游騎

擒其使以獻是月帝會王鎔于天長九月劉守光率衆夜出遂陷順州冬十月己巳劉守光帥七百騎步軍五千夜入檀州庚午周德威自涿州將兵躡之壬申守光自檀州南山而遁德威追及大敗之獲大將李劉張景紹及將吏八百五十人馬一百五十四守光得百餘騎遁入山谷德威急馳扼其城門守光惟與親將李小喜等七騎奔入燕城己丑守光遣牙將劉化脩周遵業等以書幣哀祈德威庚寅守光乘城以病告復令人獻自乘馬玉鞍勒易德威所乘馬而去俄而劉光濬擒送守光僞殿直二十五人于軍門守光又乘城謂德威曰予

俟晉王至卽泥首俟命祈德威卽馳驛以聞十一月己亥朔帝下令親征幽州甲辰發晉陽（案歐陽史作十月劉守光請降王如幽州据薛史則帝發晉陽任十一月甲辰非十月也通鑑從薛史）己未至范陽辛酉守光奉禮幣歸款于帝帝單騎臨城邀守光辭以佗日蓋爲其親將李小喜所扼也是夕小喜來奔帝下令諸軍詰旦攻城壬戌梯衝竝進軍士畢登帝登燕丹冢以觀之有頃擒劉仁恭以獻癸亥帝入燕城諸將畢賀十二月庚午墨制授周德威幽州節度使癸酉檀州燕樂縣人執劉守光并妻李氏祝氏子繼祚以獻己卯帝下令班師自雲代而旋時鎭州王鎔定州王處直遣使請帝

由井陘而西許之庚辰帝發幽州携仁恭父子以行甲申次定州舍于關城翌日次曲陽與王處直謁北嶽祠是日次行唐鎭州王鎔迎謁于路天祐十一年春正月戊戌朔王鎔以履新之日與其子昭祚昭誨奉觴上壽置宴鎔啟曰燕主劉太師頃爲鄰國今欲拋其風儀可乎帝卽命主吏破械引仁恭守光至與之同宴鎔饋以衣被飲食己亥帝發鎭州因與王鎔畋于行唐之西壬子至晉陽以組繫仁恭守光號令而入是日誅守光遣大將李存霸拘送仁恭于代州刺其心血奠告于武皇陵然後斬之案遼史太祖紀七年正月晉王李存勗拔幽州擒劉守光考遼太祖七年卽天祐十

年莊宗以天祐十年冬始拔幽州十一年正月乃凱旋也遼史誤以次年事先一年書之是月鎭州王鎔定州王處直遣使推帝爲尚書令初王鎔稱藩于梁梁以鎔爲尚書令至是鎭定以帝南破梁軍北定幽薊乃共推崇焉使三至帝讓乃從之遂選日受册開霸府建行臺如武德故事秋七月帝親將自黃沙嶺東下會鎭人進軍邢洺梁將楊師厚軍於漳東帝軍次張公橋既而裨將曹進金奔于梁帝軍不利而退八月還晉陽天祐十二年三月梁魏博節度使賀德倫遣使奉幣乞盟時楊師厚卒于魏州梁主乃割相衛澶三州别爲一鎭以德倫爲魏博節度使以張筠爲相州節度使魏

人不從是月二十九日夜魏軍作亂囚德倫于牙署三軍大掠軍士有張彥者素實凶暴爲亂軍之首迫德倫上章請却復六州之地梁主不從遂迫德倫歸于帝且乞師爲援帝命馬步總管李存審自趙州帥師屯臨淸帝自晉陽東下與存審會通鑑晉王引大軍自黃澤嶺東下與存審會于臨淸猶疑魏人之詐按兵不進賀德倫遣從事司空頲至軍密啟張彥狂勃之狀且曰若不翦此亂階恐貽後悔帝默然遂進軍永濟張彥謁見以銀槍効節五百人從皆被甲持兵以自衛帝登樓諭之曰汝等在城濫殺平人奪其妻女數日以來迎訴者甚衆當斬汝等以謝鄴人遂令斬彥及同

惡者七人軍士服慄帝親加慰撫而退翌日帝輕裘緩策而進令張彥部下軍士被甲持兵環馬而從命爲帳前銀槍衆心大服梁將劉鄩聞帝至以精兵萬人自洹水趣魏縣帝命李存審帥師禦之帝率親軍于魏縣西北夾河爲栅六月庚寅朔帝入魏州賀德倫上符印請帝兼領魏州帝從之墨制授德倫大同軍節度令取便路赴任帝下令撫諭鄴人軍城畏肅民心大服是時以貝州張源德據壘拒命南通劉鄩又與滄州首尾相應聞德州無備遣别將襲之遂拔其城命遼州牙將馬通爲德州刺史以扼滄貝之路秋七月梁澶州刺史王彥

章棗城而遁畏帝軍之逼也以故將李巖爲澶州刺史帝至魏縣因率百餘騎覘梁軍之營是日陰晦劉鄩伏兵五千于河曲叢木間帝至伏兵忽起大譟而來圍帝數十重帝以百騎馳突奮擊梁軍辟易決圍而出有頃援軍至乃解帝顧謂軍士曰幾爲賊所笑是月劉鄩潛師由黃澤西趨晉陽至樂平而還遂軍于宗城初鄩在洹水數日不出寂無聲迹帝遣騎覘之無斥候者城中亦無烟火之狀但有鳥止于壘上時見旗幟循堞往來帝曰我聞劉鄩用兵一步百變必以詭計悞我使視城中乃縛旗于芻偶之上使驢負之循堞而行得城中羸

老者詰之云軍去已二日矣既而有人自鄩軍至者言兵已趨黃澤帝遽發騎追之時霖雨積旬鄩軍倍道兼行皆腹疾足腫加以山路險阻崖谷泥滑緣蘿引葛方得少進顛墜巖坂陷于泥淖而死者十二三前軍至樂平糗糧將竭聞帝軍追躡于後太原之衆在前羣情大駭鄩收合其衆還自邢州陳宋口渡漳水而東駐于宗城時魏之軍儲已乏臨清積粟所在鄩欲引軍據之周德威初聞鄩軍之西自幽州率千騎至土門及鄩軍東下急趨南宮知鄩軍在宗城遣十餘騎迫其營擒斥候者斷其腕令還德威至臨清鄩起軍駐貝州帝率親騎

次博州鄩軍于堂邑周德威自臨清率五百騎躡之是日鄩軍于莘縣帝營于莘西一舍城壘相望日夕交鬭八月梁將賀瓌襲取澶州帝遣李存審率兵五千攻貝州因塹而圍之冬十月有軍士自鄩軍來奔帝善待之乃劉鄩密令齎酖賂帝膳夫欲寘毒于食中會有告者索其黨誅之天祐十三年春二月帝知劉鄩將謀速戰乃聲言歸晉陽以誘之實勞軍于貝州也令李存審守其營鄩謂帝已臨晉陽將乘虛襲鄴三月鄩遣其將楊延直自澶州率兵萬人會于城下夜半至于南門之外城中潛出壯士五百人突入延直之軍譟聲動地梁軍

自亂遲明鄩自莘引軍至城東與延直兵會鄩之來也李存審率兵踵其後李嗣源自魏城出戰俄而帝自貝州至鄩卒見帝驚曰晉王耶因引軍漸却至故城西李存審大軍已成列矣軍前後爲方陣梁軍于其間爲圓陣四面受敵兩軍初合梁軍稍卻再合鄩引騎軍突西南而走帝以騎軍追擊之梁步軍合戰短兵既接帝軍鼓譟圍之數重埃塵漲天李嗣源以千騎突入其間衆皆披靡相蹈如積帝軍四面斬擊棄甲之聲聞數十里衆既奔潰帝之騎軍追及于河上十百爲羣赴水而死梁步兵七萬殲亡殆盡劉鄩自黎陽濟奔滑州是月梁

主遣別將王檀率兵五萬自陰地關趨晉陽急攻其城昭義李嗣昭遣將石嘉才率騎三百赴援時安金全張承業堅守于內嘉才救援于外檀懼乃燒營而遁追擊于陰地關時劉鄩敗于莘縣王檀遁于晉陽梁主聞之曰吾事去矣三月乙卯朔分兵以攻衛州壬戌刺史米昭以城降夏四月攻洺州下之五月帝還晉陽六月命偏師攻閻寶于邢州梁主遣捉生都將張溫率步騎五百爲援至內黃溫率衆來奔秋七月甲申朔帝自晉陽至魏州八月大閱師徒進攻邢州相州節度使張筠棄城遁去以袁建豐爲相州刺史依舊隸魏州邢州節度

使閻寶請以城降以忻州刺史蕃漢副總管李存審爲邢州節度使以閻寶爲西南面招討使遙領天平軍節使是月契丹入蔚州案歐陽史及通鑑俱從薛史作蔚州遼史太祖紀神册元年拔朔州擒節度使李嗣本與薛史異振武節度使李嗣本陷于契丹九月帝還晉陽梁滄州節度使戴思遠棄城遁去舊將毛璋入據其城李嗣源師師招撫璋以城降乃以李存審爲滄州節度使以李嗣源爲邢州節度使時契丹犯塞帝領親軍北征至代州北聞蔚州陷乃班師案遼史太祖紀十一月攻蔚新武嬀儒五州自代北至河曲踰陰山盡有其地其圍蔚州敵樓無故自壞衆軍大譟乘之不踰時而破蓋由朔州進破蔚州也通鑑作晉王自將兵救雲州契丹聞之引去與遼史異是月貝州平以滄

州降將毛璋爲貝州刺史自是河朔悉爲帝所有帝自晉陽復至于魏州天祐十四年二月帝聞劉鄩復收殘兵保守黎陽遂率師以攻之不克而還是月甲午新州將盧文進殺節度使李存矩叛入契丹遂引契丹之衆寇新州存矩帝之諸弟也治民失政御下無恩故及于禍帝以契丹王案巴堅舊作阿保機今改正與武皇屢盟于雲中約爲兄弟急難相救至是容納叛將違盟犯塞乃馳書以讓之契丹攻新州甚急刺史安金全棄城而遁契丹以文進部將劉殷爲刺史帝命周德威率兵三萬攻之營于城東俄而文進引契丹大至德威拔營而歸因爲

契丹追躡師徒多喪契丹乘勝冦幽州是時言契丹者或云五十萬或云百萬漁陽以北山谷之間氊車毳幕羊馬彌漫盧文進招誘幽州亡命之人教契丹爲攻城之具飛梯衝車之類畢陳于城下鑿地道起土山四面攻城半月之間機變百端城中隨機以應之僅得保全軍民困弊上下恐懼德威間道馳使以聞帝憂形于色召諸將會議時李存審請急救燕薊且曰我若猶豫未行但恐城中生事李嗣源曰願假臣突騎五千以破契丹閻寶曰但當蒐選銳兵控制山險强弓勁弩設伏待之帝曰吾有三將無復憂矣夏四月命李嗣源率師赴

援次于淶水又遣閻寶率師夜過祁溝俘擒而還周德威遣人告李嗣源曰契丹三十萬馬牛不知其數近日所食羊馬過半案巴堅責讓盧文進深悔其來契丹勝兵散布射獵案巴堅帳前不滿萬人宜夜出奇兵掩其不備嗣源具以事聞案遼史太祖紀四月圍幽州不克六月乙巳望城中有氣如烟火狀上曰未可攻也以大暑霖潦班師留盧國用守之是契丹主已于六月退師矣薛史及通鑑皆不載秋七月辛未帝遣李存審領軍與嗣源會于易州步騎凡七萬于是三將同謀銜枚束甲尋澗谷而行直抵幽州八月甲午自易州北循山而行李嗣源率三千騎爲前鋒庚子循大房嶺而東距幽州六十里契丹萬騎遽至存

審嗣源極力以拒之契丹大敗委棄毳幕氊廬弓矢羊馬不可勝紀進軍追討俘斬萬計辛丑大軍入幽州德威見諸將握手流涕翌日獻捷于鄴九月班師帝授存審檢校太傅嗣源檢校太保閻寶加同平章事十月帝自魏州還晉陽十一月復至魏州十二月帝觀兵于河上時梁人據楊劉城列柵相望帝率軍履河冰而渡盡平諸柵進攻楊劉城城中守兵三千人帝率騎軍環城馳射又令步兵持斧斬其鹿角負葭葦以堙塹帝自負一圍而進諸軍鼓譟而登遂拔其壘獲守將安彥之是夕帝宿楊劉天祐十五年春正月帝軍狗地至鄆濮時

梁主在洛將修郊禮聞楊劉失守狼狽而還二月梁將謝彥章帥眾數萬來廹楊劉築壘以自固又決河水瀰漫數里以限帝軍六月壬戌帝自魏州復至楊劉甲子率諸軍涉水而進梁人臨水拒戰帝軍小却俄而鼓譟復進梁軍漸退因乘勢而擊之交鬬于中流梁軍大敗殺傷甚眾河水如絳謝彥章僅得免去是月淮南楊溥遣使來會兵將致討于梁也秋八月辛丑朔大閱于魏郊河東魏博幽滄鎮定邢洺麟勝雲朔十鎮之師及奚契丹室韋吐渾之眾十餘萬部陣嚴肅旌甲照曜師旅之盛近代爲最己酉梁兗州節度使張萬進遣使歸款

帝自魏州率師次于楊劉畧地至鄆濮而還遂營于麻家渡諸鎮列營十數梁將賀瓌謝彥章以軍屯濮州行臺村結壘相持百餘日帝嘗以數百騎摩壘求戰謝彥章帥精兵五千伏于堤下帝以十餘騎登堤伏兵發圍帝十數重俄而帝之騎軍繼至攻于圍外帝于圍中躍馬奮擊決圍而出李存審兵至梁軍方退是時帝銳于接戰每馳騎出營存審必叩馬進諫帝伺存審有間即策馬而出顧左右曰老子妨吾戲耳至是幾危方以存審之言爲忠也十二月庚子朔帝進軍距梁軍柵十里而止時梁將賀瓌殺騎將謝彥章于軍帝聞之曰賊帥

自相魚肉安得不亡戊午下令軍中老幼令歸魏州悉兵以趣汴庚申大軍毀營而進辛酉次于臨濮梁軍捨營踵于後癸亥次胡柳陂遲明梁軍亦至帝率親軍出視諸軍從之梁軍已成陣橫亘數十里帝亦以橫陣抗之時帝與李存審總河東魏博之衆居其中周德威以幽薊之師當其西鎭定之師當其東梁將賀瓌王彥章全軍接戰帝以銀槍突入梁軍陣中斬擊十餘里賀瓌王彥章單騎走濮陽帝軍輜重在陣西望見梁軍旗幟皆驚走因自相蹈籍不能禁止帝一軍先敗周德威戰歿是時陂中有土山梁軍數萬先據之帝帥中軍至山

下梁軍嚴整不動旗幟甚盛帝呼諸軍曰今日之戰得山者勝賊已據山吾與爾等各馳一騎以奪之帝率軍先登銀槍步兵繼進遂奪其山梁軍紛紜而下復于土山西結陣數里時日已晡矣或曰諸軍未齊不如還營詰朝可圖再戰閻寶曰深入賊境逢其大敵期于盡銳以決雌雄況賊帥奔亡衆心方恐今乘高擊下勢如破竹矣銀槍都將王建及被甲橫槊進曰賊將先已奔亡王之騎軍一無所損賊衆晡晚大半思歸擊之必破王但登山縱觀責臣以破賊之效于是李嗣昭領騎軍自土山北以逼梁軍王建及呼士衆曰今日所失輜重並在山下乃大呼以奮擊諸軍繼之梁軍大敗時元城令吳瓊貴鄉令胡裝各部役徒萬人于山下曳柴揚塵鼓譟助其勢梁軍不之測自相騰籍棄甲山積甲子命行戰場收獲鎧仗不知其數時帝之軍士有先入大梁問其次舍者梁人大恐驅市人以守其殘衆奔歸汴者不滿千人帝軍遂拔濮陽永樂大典卷七千一百五十六

舊五代史卷二十八終

舊五代史卷二十八攷證

唐莊宗紀二梁祖自督軍攻褱强甲申城陷屠之　甲申通鑑作丙戌

周德威大破燕軍于羊頭岡　案通鑑作龍頭岡攷異引莊宗實錄作羊頭岡

遣使推帝爲尙書令　案通鑑攷異引唐實錄云天祐八年晉王已稱尙書令是書作天祐十一年與唐實錄異

是月二十九日夜　案通鑑攷異引莊宗實錄作二十七日今攷是書賀德倫傳作二十九日與此紀合

以故將李巖爲澶州刺史　李巖通鑑攷異引莊宗實錄作李巖

決圍而出　案通鑑作自午至申乃得出亡其七騎

遣將石嘉才　嘉才梁紀作家才唐列傳作家財

以袁建豐爲相州刺史依舊隸魏州　案通鑑作四月晉人拔洺州以魏州都廵檢使袁建豐爲洺州刺史

八月晉人復以相州隸天雄軍以李嗣源爲刺史與是書異

是月淮南楊溥遣使來會兵將致討于梁也　案十國春秋吳世家作七月晉王李存勗遣間使持帛書會兵伐梁王辭以虔州之難與是書異

舊五代史卷二十八攷證

舊五代史卷二十九

宋司空同中書門下平章事薛居正等撰

莊宗紀第三　唐書五

天祐十六年春正月李存審城德勝夾河爲栅帝還魏州命昭義軍節度使李嗣昭權知幽州軍府事三月帝兼領幽州遣近臣李紹宏提舉府事夏四月梁將賀瓌圍德勝南城百道攻擊復以艨艟扼斷津渡帝馳而往陣于北岸南城守將氏延賞告急且言矢石將盡帝以重賄召募能破賊艦者于是獻技者數十或言能吐火焚舟或言能禁呪兵刃悉命試之無驗帝憂形于色親

從都將王建及進曰臣請效命乃以巨索連舟十艘選效節勇士三百人持斧被鎧鼓櫂而進至中流梁樓船三層蒙以牛革懸板爲楯建及率持斧者入艨艟間斬其竹笮破其懸楯又于上流取甕數百用竹笮維之積薪于上灌以脂膏火發亘空又以巨艦載甲士令乘煙鼓譟梁之樓船斷紲而下沉溺者殆半軍旣得渡梁軍乃退命騎軍追襲至濮陽俘斬千計賀瓌由此飲氣遘疾而卒秋七月帝歸晉陽八月梁將王瓚帥衆數萬自黎陽渡河營于楊村造舟爲梁以通津路冬十月帝自晉陽至魏州發徒數萬以廣德勝北城自是日與梁軍接戰十二月戊戌帝軍于河南夜伏步兵于潘張村梁軍寨下以騎軍掠其餉運擒其斥候梁王瓚結陣以待帝軍以鐵騎突之諸軍繼進梁軍大奔赴水死者甚衆瓚走保北城天祐十七年春幽州民于田中得金印文曰關中龜印李紹宏獻于行臺秋七月梁將劉鄩尹皓寇同州先是河中節度使朱友謙取同州以其子令德主留務請梁主降節梁主怒不與遂請旄節于帝梁主乃遣劉鄩與華州節度使尹皓帥兵圍同州友謙來告難帝遣蕃漢總管李存審昭義節度使李嗣昭代州刺史王建及率師赴援九月師至河中朝至夕濟梁人不

意王師之至望之大駭明日約戰與朱友謙謀遲明進軍距梁壘梁人悉衆以出蒲人在南王師在北騎軍旣接蒲人小却李嗣昭以輕騎抗之梁軍奔潰追斬二千餘級是夜劉鄩收餘衆保營自是閉壁不出數日鄩遂宵遁王師追及于渭河所棄兵仗輜重不可勝計劉鄩尹皓單騎獲免未幾鄩憂恚發病卒（案梁書劉鄩傳作遇酖而卒與此紀異）王師畧地至奉先嗣昭因謁唐帝諸陵而還天祐十八年春正月魏州開元寺僧傳眞獲傳國寶獻于行臺驗其文卽受命于天子孫寶之八字也羣寮稱賀（案自開元寺至此三十三字原本闕佚今從册府元龜增入）傳眞師于廣明中遇京師喪

亂得之秘藏已四十年矣篆文古體人不之識至是獻
之時淮南楊溥西川王衍皆遣使致書勸帝嗣唐帝位
帝不從二月代州刺史王建及卒是月鎭州大將張文
禮殺其帥王鎔時帝方與諸將宴酒酣樂作聞鎔遇弒
遽投觶而泣曰趙王與吾把臂同盟分如金石何負于
人覆宗絕祀寃哉先是滹沱暴漲漂關城之半溺死者
千計是歲天西北有赤祲如血占者言趙分之災至是
果驗時張文禮遣使請旄節于帝帝曰文禮之罪期于
無赦敢邀予旄節左右曰方今事繁不欲與人生事帝
不得已而從之乃承制授文禮鎭州兵馬留後三月河

中節度使朱友謙昭義節度使李嗣昭滄州節度使李
存審定州節度使王處直邢州節度使李嗣源成德軍
兵馬留後張文禮遙領天平軍節度使閻寶大同軍節
度使李存璋新州節度使王郁振武節度使李存進同
州節度使朱令德各遣使勸進請帝紹唐帝位帝報書
不允自是諸鎭凡三上章勸進各獻貨幣數十萬以助
即位之費帝左右亦勸帝早副人望帝撝挹久之（九國志趙季良傳季良嘗夢手扶御座自謂輔佐之象由是頗述天時人事以諷莊宗深納其言）秋七月河
東節度副使盧汝弼卒八月庚申令天平節度使閻寶
成德兵馬留後符習率兵討張文禮于鎭州初王鎔令

偏將符習以本部兵從帝屯于德勝文禮既行弒逆思
鎔故將多被誅戮因遣使聞于帝欲以佗兵代習歸鎭
習等懼請留帝令傳旨于習及別將趙仁貞烏震等明
正文禮弒逆之罪且言爾等荷戟從征蓋君父之故銜
寃報恩誰人無心吾當給爾資糧助爾兵甲當試思之
於是習等率諸將三十餘人慟哭于牙門請討文禮帝
因授習成德軍兵馬留後以部下鎭冀兵致討于文禮
又遣閻寶以助之以史建瑭爲前鋒甲子攻趙州刺史
王鋋送符印以迎閻寶遂引軍至鎭州城下營于西北
隅是月張文禮病疽而卒其子處瑾代掌軍事九月前

鋒將史建瑭與鎭人戰于城下爲流矢所中而卒冬十
月己未梁將戴思遠攻德勝北城帝命李嗣源設伏于
戚城令騎軍挑戰梁軍大至帝御中軍以禦之時李從
珂僞爲梁幟奔入梁壘斧其眺樓持級而還梁軍愈恐
步兵漸至李嗣源以鐵騎三千乘之梁軍大敗俘斬二
萬計辛酉閻寶上言定州節度使王處直爲其子都幽
于別室都自稱留後（歐陽史王處直叛附于契丹其子都幽處直以來附）十一月
帝至鎭州城下張處瑾遣弟處琪幕客齊儉等候帝乞
降言猶不遜帝命囚之時王師築土山以攻其壘城中
亦起土山以拒之旬日之間機巧百變張處瑾令韓正

時以千騎夜突圍將入定州與王處直議事爲我游軍追擊破之餘衆保行唐賊將彭贇斬正時以降十二月辛未王郁誘契丹案巴堅（契丹國志王處直在定州以鎮定爲唇齒恐鎮亡而定孤乃潛使人語其子王郁使賂契丹令犯塞以救鎮州之圍王郁說太祖曰鎮州美女如雲金帛似山天皇速往則皆爲已物也不然則爲晉王所有矣太祖以爲然率衆而南）寇幽州遂引軍涿州陷之（案契丹陷涿州在天祐十八年李嗣源傳作天祐十九年紀傳互異）又寇定州王都遣使告急帝自鎮州率五千騎赴之天祐十九年春正月甲午帝至新城契丹前鋒三千騎至新樂是時梁將戴思遠乘虛以寇魏州軍至魏店李嗣源自領兵馳入魏州梁人知其有備乃西渡洹水陷成安而去時契丹渡

沙河而諸將相顧失色又聞梁人內侵鄴城危急皆請旋師唯帝謂不可乃率親騎至新城契丹萬餘騎遽見帝軍惶駭而退帝分軍爲二廣追躡數十里獲案巴堅之子時沙河水薄橋梁隘狹敵爭踐而過陷溺者甚衆案巴堅方在定州聞前軍敗退保望都帝至定州王都迎謁是夜宿于開元寺翌日引軍至望都契丹逆戰帝身先士伍馳擊數四敵退而結陣帝之徒兵亦陣于水次李嗣昭躍馬奮擊敵衆大潰俘斬數千追擊至易水獲氈裘毳幕羊馬不可勝紀時歲且北至大雪平地五尺敵乏芻糧人馬斃踣道路纍纍不絕帝乘勝追襲至

幽州（契丹國志晉王趨望都爲契丹所圍力戰出入數四不解李嗣昭引三百騎橫擊之晉王始得出因縱兵奮擊太祖兵敗遂北至易州會大雪彌旬平地數尺人馬死者相屬太祖乃歸）是月梁將戴思遠寇德勝北城築壘穿塹地道雲梯晝夜攻擊李存審極力拒守城中危急帝自幽州聞之倍道兼行以赴梁人聞帝至燒營而遁三月丙午王師敗于鎮州城下閻寶退保趙州時鎮州累月受圍城中艱食王師築壘環之又決滹沱水以絕城中出路是日城中軍出攻其長圍皆奮力死戰王師不能拒引師而退鎮人壞其營壘取其芻糧者累日帝聞失律即以昭義節度使李嗣昭爲北面招討使進攻鎮州夏四月嗣昭爲流矢所中

卒于師己卯天平節度使閻寶卒以振武節度使李存進爲北面招討使是月大同軍節度使李存璋卒五月乙酉李存進圍鎮州營于東渡八月梁將段凝陷衛州刺史李存儒被擒存儒本俳優也帝以其有膂力故用爲衛州刺史既而誅斂無度人皆怨之故爲梁人所襲（九國志趙季良傳莊宗入鄴時兵革屢興屬邑租賦逋久一日莊宗召季良切責之季良對曰殿下何時平河南莊宗正色曰爾掌輿賦而稽緩安問我勝負乎季良曰殿下方謀攻守復務急徵一旦衆心有變恐河南非殿下所有莊宗歛容前席曰微君之言幾失吾大計）梁將戴思遠又陷共城新鄉等邑自是澶淵之西相州之南皆爲梁人所據九月戊寅朔張處球悉城中兵奄至東垣渡急攻我之壘門時

騎軍已臨賊城不覺其出李存進惶駭引千餘人鬬于橋上賊退我之騎軍前後夾擊之賊衆大敗步兵數千殆無還者是役也李存進戰歿于師以蕃漢馬步總管李存審爲北面招討使以攻鎭州丙午夜趙將李再豐之子冲投縋以接王師諸軍登城遲明畢入鎭州平獲處球處瑾處琪幷其母及同惡高濛李翥齊儉等皆折足送行臺鎭人請醢而食之發張文禮尸磔于市帝以符習爲鎭州節度使烏震爲趙州刺史趙仁貞爲深州刺史李再豐爲冀州刺史鎭人請帝兼領本鎭從之乃以符習遙領天平軍節度使十一月河東監軍張承業

卒十二月以魏州觀察判官張憲權知鎭州軍州事

同光元年春正月丙子五臺山僧獻銅鼎三言於山中石崖間得之二月新州團練使李嗣肱卒是時以諸藩鎭相繼上牋勸進乃命有司制置百官省寺仗衞法物期以四月行卽位之禮以河東節度判官盧質爲大禮使三月己卯以橫海軍節度使內外蕃漢馬步總管李存審爲幽州節度使潞州留後李繼韜叛送款于梁是月築卽位壇于魏州牙城之南夏四月己巳帝升壇祭告昊天上帝遂卽皇帝位文武臣寮稱賀禮畢御應天門宣制改天祐二十年爲同光元年大赦天下自四月二十五日昧爽以前除十惡五逆放火行刼持杖殺人官典犯贓屠牛鑄錢合造毒藥外罪無輕重咸赦除之應蕃漢馬步將校並賜功臣名號超授檢校官已高者與一子六品正員官兵士並賜等第優給其戰歿功臣各加追贈仍定謚號民年八十已上與免一子役內外文武職官並可直言極諫無有隱諱貢選二司宜令有司速商量施行雲應蔚朔易定幽燕及山後八軍秋夏稅率量與蠲減民有三世已上不分居者與免雜徭諸道應有祥瑞不用聞奏赦書有所未該委所司條奏以聞云是歲自正月不雨人心憂恐宣赦之日澍雨溥降

初唐咸通中金水土火四星聚于畢昴太史奏畢昴趙魏之分其下將有王者懿宗乃詔令鎭州王景崇被衮冕攝朝三日遣臣下備儀注軍府稱臣以厭之其後四十九年帝破梁軍于栢鄉平定趙魏至是卽位于鄴宮是月以行臺左丞相豆盧革爲門下侍郎同中書門下平章事太清宮使以行臺右丞相盧澄（案原本作盧登今從通鑑攷異改正）爲中書侍郎平章事監修國史以前定州掌書紀李德休爲御史中丞以河東節度判官盧質爲兵部尚書充翰林學士承旨以河東掌書記馮道爲戶部侍郎充翰林學士以魏博鎭冀觀察判官張憲爲工部侍郎充

租庸使以中門使郭崇韜昭義監軍使張居翰並爲樞密使以權知幽州軍府事李紹宏爲宣徽使以魏博節度判官王正言爲禮部尚書行興唐尹以河東軍城都虞候孟知祥爲太原尹充西京副留守以澤潞節度判官任圜爲工部尚書兼眞定尹充北京副留守詔升魏州爲東京興唐府改元城縣爲興唐縣貴鄉縣爲廣晉縣以太原爲西京以鎭州爲北都是時所管節度一十三州五十閏月丁丑以李嗣源爲檢校侍中依前橫海軍節度使內外蕃漢副總管以幽州節度使李存審爲檢校太師兼中書令依前蕃漢馬步總管以河東節度

使朱友謙爲檢校太師兼尚書令安國軍節度使符習加同平章事定州節度使王都加檢校侍中是月追尊曾祖蔚州太保爲昭烈皇帝廟號懿祖夫人崔氏曰昭烈皇后追尊皇祖代州太保爲文景皇帝廟號獻祖夫人秦氏曰文景皇后追尊皇考河東節度使太師中書令晉王爲武皇帝廟號太祖詔于晉陽立宗廟以高祖神堯皇帝太宗文皇帝懿宗昭聖皇帝昭宗聖穆皇帝及懿祖以下爲七廟甲午契丹寇幽州至易定而還時有自鄆來者言節度使戴思遠領兵在河上州城無守兵可襲而取之帝召李嗣源謀曰昭義阻命梁將董璋

攻廹澤州梁志在澤潞不虞別有事生汶陽無備不可失也嗣源以爲然壬寅命嗣源率步騎五千銜枚自河趨鄆是夜陰雨我師至城下鄆人不覺遂乘城而入鄆州平制以李嗣源爲天平軍節度使梁王聞鄆州陷大恐乃遣王彥章代戴思遠總兵以來拒時朱守殷守德勝南城帝懼彥章奔衝遂幸澶州五月辛酉彥章夜率舟師自楊村浮河而下斷德勝之浮橋攻南城陷之帝令中書焦彥賓馳至楊劉固守其城令朱守殷徹德勝北城屋木攻具浮河而下以助楊劉是時德勝軍食芻茭薪炭數十萬計至是令人輦負入澶州事旣倉卒耗

失殆半朱守殷以所毀屋木編栰置步軍于其上王彥章以舟師沿流而下各行一岸每遇轉灘水匯卽中流交鬬流矢雨集或全舟覆沒一彼一此終日百戰比及楊劉殆亡其半己巳王彥章段凝率大軍攻楊劉南城焦彥賓與守城將李周極力固守梁軍晝夜攻擊百道齊進竟不能下遂結營于楊劉之南東西延袤十數柵六月已亥帝親御軍至楊劉登城望見梁軍重壕複壘以絕其路帝乃選勇士持短兵出戰梁軍于城門外連延屈曲穿掘小壕伏甲士于中候帝軍至則弓弩齊發師人傷矢不得進帝患之問計于郭崇韜崇韜請於下

流據河築壘以救鄆州又請帝日令勇士挑戰旬日之
內寇若不至營壘必成帝善之卽令崇韜與毛璋率數
千人中夜往博州濟河東晝夜督役居六日營壘將成
戊子梁將王彥章杜晏球領徒數萬晨壓帝之新壘時
板築雖畢牆仞低庳戰具未備沙城散惡王彥章列騎
環城虐用其人使步軍堙壕登堞又于上流下巨艦十
餘艘扼斷濟路自旦至午攻擊百端城中危急帝自楊
劉引軍陣于西岸城中望之大呼帝艤舟將渡梁軍遂
解圍退保鄒家口秋七月丁未帝御軍沿河而南梁軍
棄鄒家口夜遁委棄鍋甲芻糧千計戊午遣騎將李紹

貽直抵梁軍壘梁益恐又聞李嗣源自鄆州引大軍將
至巳未夜梁軍拔營而遁復保于楊村帝軍屯于德勝
甲子帝幸楊劉城巡視梁軍故壘八月壬申朔帝遣李
紹斌以甲士五千援澤州初李繼韜之叛也潞之舊將
裴約以兵戍澤州不徇繼韜之逆旣而梁遣董璋率眾
攻其城約拒守久之告急于帝故遣紹斌救之未至而
城已陷裴約被害帝聞之嗟痛不已甲戌帝自楊劉歸
鄆梁以段凝代王彥章爲帥戊子凝帥眾五萬結營于
王村自高陵渡河帝軍遇之生擒梁前鋒軍士二百人
戮于都市庚寅帝御軍至朝城戊戌梁左右先鋒指揮

使康延孝領百騎來奔帝虛懷引見賜御衣玉帶屏人
問之對曰臣竊觀汴人兵眾不少論其君臣將校則終
見敗亡趙巖趙鵠張漢傑居中專政締結宮掖賄賂公
行段凝素無武略一朝便見大用霍彥威王彥章皆宿
將有名翻出其下自彥章獲德勝南城梁主亦稍獎使
彥章立性剛暴不耐凌制梁主每一發軍卽令近臣監
護進止可否悉取監軍處分彥章悒悒形于顏色自河
津失利段凝彥章又獻謀欲數道舉軍令董璋以陝虢
澤潞之眾趨石會關以寇太原霍彥威統關西汝洛之
眾自相衛以寇鎮定段凝杜晏球領大軍以當陛下令

王彥章張漢傑統禁軍以攻鄆州決取十月內大舉又
自滑州南決破河堤使水東注曹濮之間至于汶陽瀰
漫不絕以陷北軍臣在軍側聞此議臣惟汴人兵力聚
則不少分則無餘陛下但待分兵領鐵騎五千自鄆州
兼程直抵于汴不旬日天下事定矣帝懌然壯之九月
壬寅朔帝在朝城凝兵至臨河南與帝之騎軍接戰是
時澤潞叛衛州黎陽爲梁人所據州以西相以南寇抄
日至編戶流亡計其軍賦不支半年又王都盧文進召
契丹南侵瀛涿及聞梁人將圖大舉帝深憂之召將吏
謀其大計或曰自我得汶陽以來須大將固守城門之

外元是賊疆細而料之得不如失今若馳檄告諭梁人
卻衛州黎陽以易鄆州指河爲界約且休兵我國力稍
集則議改圖帝曰嘻行此謀則無葬地矣時郭崇韜勸
帝親御六軍直趨汴州半月之間天下可定帝曰正合
朕意大丈夫得則爲王失則爲寇予行計決矣又問司
天監對曰今歲時不利深入必無成功帝弗聽戊辰梁
將王彥章率衆至汶河李嗣源遣騎軍偵視至遞公鎮
案永樂大典原本作遽公鎮今從通鑑考異所引薛史作遞公鎮通鑑從莊宗實錄作遞坊鎮 梁軍來

挑戰嗣源以精騎擊而敗之生擒梁將任釗田章等三
百人俘斬二百級彥章引衆保于中都嗣源飛驛告捷
帝置酒大悅曰是當決行渡河之策已已下令軍中將
士家屬並令歸鄴 永樂大典卷七千一百五十六

舊五代史卷二十九終

舊五代史卷二十九攷證

鎮州大將張文禮殺其帥王鎔 案歐陽史作正月趙
將張文禮弑其君鎔五代春秋作三月趙人張文禮
殺其君鎔與是書繫二月前後互異
行臺右丞相盧澄 盧澄歐陽史作盧程攷北夢瑣言
亦作澄今仍其舊
帝令中書焦彥賓馳至楊劉固守其城 案通鑑作帝
令宦者焦延賓急趨楊劉與鎮使李周固守其城
六月己亥帝親御軍至楊劉 案己亥通鑑作乙亥
帝艤舟將渡梁軍遂解圍 案歐陽史作六月及王彥

章戰于新壘敗之據是書則王彥章因救至而解圍
未嘗敗績也
遣騎將李紹貽 李紹貽通鑑作李紹榮

舊五代史卷二十九攷證

舊五代史卷三十

宋司空同中書門下平章事薛居正等撰

唐書六

莊宗紀第四

同光元年冬十月辛未朔日有蝕之是日皇后劉氏皇
子繼岌歸鄴宮帝送于離亭歔欷而別詔宣徽使李紹
宏宰相豆盧革租庸使張憲興唐尹王正言同守鄴城
壬申帝御大軍自楊劉濟河癸酉至鄆州是夜三鼓渡
汶時王彥章守中都甲戌帝攻之中都素無城守師既
雲合梁衆自潰是日擒梁將王彥章及都監張漢傑趙
廷隱劉嗣彬李知節康文通王山興等將吏二百餘人

斬馘二萬奪馬千匹時既獲中都之捷帝召諸將謀其
所向或言且狥兗州徐圖進取唯李嗣源曰宜急趨汴
州段凝方領大軍駐于河上假如便來赴援直路又阻
決河須自滑州濟渡十萬之衆舟檝焉能卒辦此去汴
城咫尺若晝夜兼程星宿即至段凝未起河壖夷門已
爲我有矣臣請以千騎前驅陛下御軍徐進鮮不克矣
帝嘉之是夜嗣源率前軍先進翌日車駕即路丁丑次
曹州郡將出降己卯遲明前軍至汴城嗣源令左右捉
生攻封丘門梁開封尹王瓚請以城降俄而帝與大軍
繼至王瓚迎帝自大梁門入梁朝文武官屬于馬前謁
見陳叙世代唐臣陷在僞廷今日再睹中興雖死無恨
帝諭之曰朕二十年血戰蓋爲卿等家門無足憂矣各
復乃位時梁末帝朱鍠已爲其將皇甫麟所殺獲其首
函之以獻是日賜樂工周匝幣帛周匝者帝之寵伶也
胡柳之役陷于梁帝每思之至是謁見欣然慰接周匝
因言梁教坊使陳俊保庇之恩垂泣推薦請除郡守帝
亦許之庚辰帝御元德殿梁百官于朝堂待罪詔釋之
壬午段凝所部馬步軍五萬解甲于封丘凝等率大將
先至請死詔各賜錦袍御馬金幣帝幸北郊撫勞降軍
各令還本營丙戌詔曰懲惡勸善務振紀綱激濁揚清

須明眞僞蓋前王之令典爲歷代之通規必按舊章以
令多士而有志朋僣竊位忝崇高累世官而皆受唐恩
貪爵祿而但從僞命或居台鉉或處權衡或列近職而
預機謀或當峻秩而掌刑憲事分逆順理合去留僞宰
相鄭珏等一十一人皆本朝簪組儒苑品流雖博識多
聞備明今古而修身慎行頗負祖先昧忠貞而不度安
危專利祿而全虧名節合當大辟無恕近親朕以纘嗣
丕基初平巨憝方務好生之道在行含垢之恩湯網垂
仁既務全族舜刑投裔兼貸一身爾宜自新我全大體
其爲顯列不並庶寮餘外應在周行悉仍舊貫凡居中

外咸體朕懷乃貶梁宰相鄭珏爲萊州司戶蕭頃爲登州司戶翰林學士劉岳爲均州司馬任贊房州司馬姚顗復州司馬封翹唐州司馬李懌懷州司馬竇夢徵沂州司馬崇政院學士劉光素密州司戶陸崇安州司戶御史中丞王權隨州司戶並員外置同正員是日以梁將段凝上疏奏梁朝權臣趙巖等並助成虐政結怨于人聖政惟新宜誅首惡乃下詔曰朕既殄僞庭顯平國患好生之令含弘雖切于予懷懲惡之規決斷難違于衆請況趙巖趙鵠等自朕收城數日布惠四方尚匿迹以潛形罔悛心而革面須行赤族以謝衆心其張漢傑

昨于中都與王彥章同時俘獲此際未詳行止偶示哀矜今既上將陳詞羣情激怒往日既彰于僭濫此時難漏于網羅宜寘國刑以塞羣論除妻兒骨肉外其他疎屬僕使並從釋放敬翔李振首佐朱溫共傾唐祚屠害宗屬殺戮朝臣既寰宇以皆知在人神而共怒敬翔雖聞自盡未豁幽寃宜與李振並族于市疎屬僕使並從原宥朱珪素聞狡蠹唯務讒邪鬬惑人情枉害良善將淸內外須切去除況衆狀指陳亦宜誅戮契丹沙喇鄂博（舊作撒刺阿撥今改正）既棄其母又背其兄朕比重懷來厚加恩渥看同骨肉錫以姓名兼分符竹之榮累被須宣之

渥而乃輙辜重惠復背明庭罔顧欺違竄歸僞室既同梟獍難貸刑章可并妻子同戮于市其朱氏近親趙鵠正身趙巖家屬仰嚴加擒捕其餘文武職員將校一切不問是日趙巖張希逸張漢傑張漢倫張漢融朱珪敬翔李振及契丹沙喇鄂博等并其妻孥皆斬于汴橋下又詔除毀朱氏宗廟神主僞梁二主幷降爲庶人天下官名府號及寺觀門額曾經改易者並復舊名時帝欲發梁祖之墓斲棺燔柩河南尹張全義上章申理乞存聖恩（通鑑張全義上言朱溫雖國之深讐然其人已死刑無可加屠滅其家足以爲報乞免焚斲以存聖恩）帝乃止令剗去闕室而已丁亥梁百官以誅凶族于

崇元殿立班待罪詔各復其位（洛陽縉紳舊聞記載張全義表云伏念臣誤棲惡木曾飲盜泉實有瑕疵未蒙昭雪因下詔雪之）以樞密使檢校太保守兵部尙書郭崇韜權行中書公事已丑御崇元殿制曰伏順討逆少康所以誅有窮纘業承基光武所以滅新莽咸以中興景命再造王猷經綸于草昧之中式遏于亂畧之際朕以欽承大寶顯荷鴻休雖繼前修固慙涼德誓平元惡期復本朝屬四海之阽危允萬邦之推戴近者親提組練徑掃氛祆振已墜之皇綱殄偷安之冠孽國讎方雪帝道爰開拯編甿覆溺之艱救率土倒懸之苦粵自朱溫搆逆友貞嗣凶篡殺二君釁殘九廟虺毒久

傷于宇宙狼貪肆噬于華夷剝喪元良陵辱神主帝里動黍離之嘆朝廷多棟橈之危棄德崇奸窮兵黷武戰士疲勞于力役烝民耗竭其膏腴言念于斯軫傷彌切今則已梟逆豎大豁羣情覩歷數之有歸實神靈之匪昧得不臨深表誡馭朽爲懷將引濟于艱難宜特行于赦宥應僞命流貶責授官等已經量移者並可復資徙流人放歸鄉里京畿及諸道見禁囚徒大辟罪降從流已下咸赦除之其鄭珏等一十一人未在移復之限應扈從征討將校及諸官員職掌節級馬步兵士及河北諸處屯駐守戍兵士等皆情堅破敵業茂平淮副予戡

定之謀顯爾忠勤之節並據等第續議獎酎其有歿于王事未經追贈者各與贈官如有子孫堪任使者並量材錄任應僞庭節度觀察防禦團練等使及刺史監押行營將校等並頒恩詔不議改更仍許且稱舊銜當俟別加新命理國之道莫若安民勸課之規宜從薄賦庶遂息肩之望冀諧鼓腹之謠應諸道戶口並宜罷其差役各務營農所係殘欠賦稅及諸務懸欠積年課利及公私債負等其汴州城內自收復日已前並不在徵理之限其諸道自壬午年十二月已前並放北京及河北先以祅祲未平配買征馬如有未請却官本錢及買馬

不迨者可放免應有本朝宗屬及內外文武臣寮被朱氏無辜屠害者並可追贈如有子孫及本身逃難于諸處潛寓者並令所在尋訪津置赴闕義夫節婦孝子順孫旌表門閭量加賑給或鰥寡惸獨無所告者仰所在各議拯救民年過八十者免一子從征其有先投過僞庭將校官吏等一切不問云甲午以樞密使檢校太保守兵部尚書太原縣男郭崇韜爲開府儀同三司守侍中監修國史兼眞定尹成德軍節度使依前樞密使太原郡侯仍賜鐵券乙未詔宰相豆盧革權判吏部上銓御史中丞李德休權判東西銓事丙申滑州留後檢校

太保段凝可依前滑州留後仍賜姓名紹欽以金紫光祿大夫檢校司空守輝州刺史杜晏球爲檢校司徒依前輝州刺史仍賜姓名紹虔詔處斬隨駕兵馬都監夏彥朗于和景門外時宦官怙寵廣侵占居人第舍郭崇韜奏其事乃斬彥朗以狥丁酉賜百官絹二千匹錢二百萬職事絹一千匹錢百萬戊戌以竭忠啟運匡國功臣天平軍節度使開府儀同三司檢校太傅兼侍中蕃漢馬步總管副使隴西郡侯李嗣源爲依前檢校太傅兼中書令天平軍節度使特進封開國公加食邑實封餘如故以開府儀同三司檢校太傅北都留守興聖宮

使判六軍諸衛事李繼岌爲檢校太尉同平章事充東京留守詔御史臺班行內有欲求外職或要分司各許於中書投狀奏聞已亥宴勳臣于崇元殿梁室故將咸預焉帝酒酣謂李嗣源曰今日宴客皆吾前日之勍敵一旦同會皆卿前鋒之力也梁將霍彥威戴思遠等皆伏陛叩頭帝因賜御衣酒器盡歡而罷齊州刺史孟璆上章請死詔原之璆初事帝爲騎將天祐十三年帝與劉鄩莘縣對壘璆領七百騎奔梁至是來請罪帝報之曰爾當吾急引七百騎投賊何面目相見璆惶恐請死帝恕之未幾移貝州刺史庚子帝畋于汴水之陽十一

月辛丑朔有司奏河南州縣見使僞印望追毀改鑄從之以光祿大夫檢校太傅左金吾上將軍兼領左龍武軍事汾州刺史李存渥爲滑州節度使加特進同平章事以雜指揮散員都部署特進檢校太傅忻州刺史李紹榮爲徐州節度使以滑州兵馬留後檢校太保李紹欽爲兗州節度使壬寅鳳翔節度使秦王李茂貞遣使賀收復天下癸卯河中節度使西平王朱友謙來朝乙巳賜友謙姓改名繼麟帝令皇子繼岌兄事之以捧日都指揮使博州刺史康延孝爲鄭州防禦使檢校太保賜姓名繼璨以宋州節度使檢校太尉平章事袁象先

依前爲宋州節度使仍賜姓名紹安以許州匡國軍節度使檢校太尉同平章事溫韜依前許州節度使仍賜姓名紹沖丁未日南至帝不受朝賀戊申中書門下上言以朝廷兵革雖寧支費猶闕應諸寺監各請置少卿少監祭酒司業各一員博士兩員餘官並停唯太常寺事關大禮大理寺關刑法除太常博士外許更置丞一員其王府及東宮官司天五官正奉御之屬凡關不急司存並請未議除授其諸司郎中員外應有雙曹者且置一員左右常侍諫議大夫給事中起居郎起居舍人補闕拾遺各置一半三院御史仍委御史中丞條理中

奏其停罷朝官仍各錄名銜具罷任時日留在中書候見任官滿二十五箇月並據資品却與除官其西班上將軍已下仍望宣示樞密院斟酌施行從之時議者以中興之朝事宜恢廓驟茲自弱頓失物情已酉詔應隨處官吏務局員寮諸軍將校等如聞前例各有進獻直貢章奏不唯褻黷于朝廷實且傍滋于誅斂並宜止絕以肅化風又詔左降均州司馬劉岳有母年踰八十近聞身故準故事許歸候三年喪服闋如未量移即却赴貶所壬子詔取今月二十四日幸洛京以十二月二十三日朝獻太微宮二十四日朝獻太廟二十五日有事

于南郊癸未中書門下奏應隨駕及在京有帶兼官者並望落下只守本官從之乙卯以特進檢校太傅開封尹判六軍諸衛事充功德使王瓚爲宣武軍節度副使權知軍州事丁巳以銀青光祿大夫尚書左丞趙光胤爲中書侍郎平章事集賢殿大學士以朝散大夫禮部侍郎韋說守本官同平章事以吏部侍郎史館修撰判館事盧文度爲兵部侍郎充翰林學士以右散騎常侍充弘文館學士判館事馮錫嘉爲戶部侍郎知制誥充翰林學士以翰林學士守尚書膳部員外郎劉昫爲比部郎中知制誥依前充職以扈鑾書制學士行尚書倉部員外郎趙鳳爲倉部郎中知制誥充翰林學士以左拾遺于嶠守本官充翰林學士戊午以中書侍郎平章事豆盧革判租庸使兼諸道鹽鐵轉運等使新羅王金朴英遣使貢方物己未以洛京留守判六軍諸衛事守太尉兼中書令河南尹魏王張全義爲檢校太師守中書令餘如故以荊南節度使檢校太師守中書令渤海王高季興爲依前檢校太師守中書令餘如故庚申以工部尚書眞定尹北都副留守知留守事任圜爲檢校吏部尚書兼御史大夫充成德軍節度使行軍司馬知軍府事安義軍節度使李繼韜入見待罪詔釋之辛酉

以宣化軍留後檢校太傅戴思遠權知靑州軍州事檢校司空左監門上將軍安崇阮並檢校舊官却復本任以鎭國軍留後檢校太傅霍彥威爲保義軍節度留後以權知威化軍留後檢校司徒高允貞權知鎭國軍留後以權知河陽留後檢校太保張繼業依前權知河陽留後以鄜延兩鎭節度使檢校太師兼中書令西平王高萬興依前鄜延節度使仍封北平王襄州節度使檢校太傅平章事孔勍依前襄州節度使餘如故以永平軍節度使行大安尹檢校太保張筠爲西都留守行京兆尹以晉州節度使檢校太保劉玘邠州節度使檢校太保韓恭安州節度使檢校太保朱漢賓並檢校舊官却復本任壬戌以左金吾衛大將軍史敬鎔爲左街使右金吾衛大將軍李存確爲右街使甲子車駕發汴州十二月庚午朔車駕至西京是日有司自石橋具儀仗法物迎引入于大內辛未以百官初到放三日朝參壬申以租庸使刑部侍郎太淸宮副使張憲爲檢校吏部尚書充北京副留守知留守事太原尹詔改取來年二月一日行郊禮戊寅詔德勝寨莘縣楊劉口通津鎭胡柳陂皆戰陣之所宜令逐處差人收掩戰士骸骨量備祭奠以慰勞魂詔改僞梁永平軍大安府復爲西京京

兆府改宋州宣武軍爲歸德軍汴州開封府復爲宣武軍華州感化軍爲鎭國軍許州匡國軍復爲忠武軍滑州宣義軍復爲義成軍陝府鎭國軍復爲保義軍耀州靜勝軍復爲順義軍潞州匡義軍復爲安義軍朗州武順軍復爲武貞軍延州爲彰武軍鄧州爲威勝軍晉州爲建雄軍安州爲安遠軍淮南楊溥遣使賀登極稱大吳國主書上大唐皇帝十國春秋吳世家云唐以滅梁來告始稱詔我國不受唐主隨易書用敵國禮曰大唐皇帝致書于吳國主王遣司農卿盧蘋獻金器二百兩銀器三千兩羅錦一千二百疋龍腦香五斤龍鳳綵䌫一百事于唐又遣使張景報聘稱大吳國主上書大唐皇帝辭禮如牋表己卯禁屠牛馬庚辰御史臺上言請行用本朝律令格式令

訪聞唯定州有本朝法書望下本州寫副本進納從之辛巳詔貶安義軍節度使李繼韜爲登州長史尋斬于天津橋下再謀叛故也甲申淮南楊溥奚首領李紹威並遣使朝貢乙酉以翰林學士承旨盧質權知汴州軍府事以禮部尚書崔沂爲尚書左丞判吏部尚書銓事以兵部侍郎崔協爲吏部侍郎以刑部侍郎充集賢殿學士判院事盧文紀爲尚書兵部侍郎依前充集賢殿學士判院事丁亥澤州刺史董璋上言潞州軍變李繼達領兵出城自刎而死節度副使李繼珂已安撫軍城己丑有司上言上辛祈穀于上帝請奉高祖神堯皇帝配孟夏雩祀請奉太宗文皇帝配季秋大享于明堂請奉太祖武皇帝配冬至日祀圜丘請奉獻祖文皇帝配孟冬祭神州地祇請奉懿祖昭聖皇帝配從之辛卯亳州太清宮道士上言聖祖玄元皇帝殿前枯檜再生一枝畫圖以進詔曰當聖祖舊殿生枯檜新枝應皇家再造之期顯大國中興之運同上林仆柳祥既叶于漢宣比南頓嘉禾瑞更超于光武宜標史册以示寰瀛云案五代會要云唐高祖神堯皇帝武德二年枯檜重華至安祿山僭號萎瘁玄宗自蜀歸京枝葉復盛至是再生一枝長二尺餘蓋一時誇詡之言也壬辰幸伊闕己巳以中書舍人崔居

儉爲刑部侍郎充史館修撰判館事甲午以租庸副使光祿大夫檢校司徒守衛尉卿孔謙爲鹽鐵轉運副使

永樂大典卷七千一百五十六

舊五代史卷三十終

舊五代史卷三十攷證

唐莊宗紀四以趙光允爲中書侍郎平章事集賢殿大學士　案歐陽史作趙光允爲中書侍郎不載大學士銜與是書詳畧異

甲子車駕發汴州十二月庚午朔車駕至西京　案歐陽史作甲子如洛京庚午至自汴州是書作西京蓋其時未改永平軍爲西京故尙仍梁制稱洛陽爲西京也又通鑑攷異云諸書但謂之洛京未嘗詔改西京爲洛京至同光三年始詔依舊以洛京爲東都或者以永平爲西京時卽改梁西京爲洛京而史脫其

文也歐陽史于元年冬卽書洛京未審所據

詔改僞梁永平軍大安府復爲西京京兆府　案歐陽史作十一月辛酉復永平軍爲西都與是書日月互異

賓喇鄂博舊作撒剌阿撥今改

舊五代史卷三十攷證

舊五代史卷三十一

宋司空同中書門下平章事薛居正等撰

莊宗紀第五　　唐書七

同光二年春正月庚子朔帝御明堂殿受朝賀仗衛如式壬寅南郊禮儀使太常卿李燕進太廟登歌酌獻樂舞名懿祖室曰昭德之舞獻祖室曰文明之舞太祖室曰應天之舞昭宗室曰永平之舞甲辰幽州上言契丹入冦至瓦橋（契丹國志時契丹日益强盛遣使就唐求幽州以處盧文進）以天平軍節度使李嗣源爲北面行營都招討使陝州留後霍彥威爲副率軍援幽州已已故宣武軍節度副使權知軍

州事檢校太傅王瓚贈太子太師丁未詔改朝元殿復爲明堂殿又改崇勳殿爲中興殿戊申以振武軍節度使檢校太傅同平章事李存霸權知潞州留後以知保大軍軍州事高允韜爲檢校太保庚戌以涇原節度使充秦王府諸道行軍司馬開府儀同三司檢校太尉兼侍中李從曮爲檢校太尉兼中書令依前涇原節度使充秦王府諸道行軍司馬詔改應順門爲永曜門太平門爲萬春門通政門爲廣政門鳳明門爲韶和門萬春門爲中興門解卸殿爲端明殿是日詔曰皇綱已正紫禁方嚴凡事內官不合更居外地詔諸道應有內官不

計高低並仰逐處并家口發遣赴闕不得輒有停滯帝龍潛時寺人數已及五百至是合諸道赴闕者約千餘人皆給賜優贍服玩華侈委之事務付以腹心唐時宦官爲內諸司使務諸鎮監軍出納王命造作威福昭宗以是亡國及帝奄有天下當知戒彼前車以爲殷鑒一朝復興茲弊議者惜之新羅王金朴英遣使朝貢辛亥中書門下奏準本朝故事諸王內命婦宰臣學士中書舍人諸道節度防禦團練使留後官告及中書帖官告院索綾紙褾軸下所司書寫印署畢進入宣賜其文武兩班及諸道官員并奏薦將校並合于所司送納朱膠

綾紙價錢伏自僞梁不分輕重並從官給今後如非前件事例諸官中不給告勑其內司大官侍衛將校轉官即不在此限從之壬子蜀主王衍致書于帝稱有詐爲天使馳報收復汴州者詔捕之不獲癸丑有司奏郊祀前二日迎祔高祖太宗懿祖獻祖太祖神主于太廟議者以中興唐祚不宜以追封之祖雜有國之君以爲昭穆自懿祖已下宜別立廟于代州如後漢南陽故事可也北面軍前奏契丹還塞詔李嗣源班師鳳翔節度使秦王李茂貞上表請行藩臣之禮帝優報之甲寅帝于中興殿面賜郭崇韜鐵券有司上言皇太后到闕皇帝

合于銀臺門內奉迎詔親至懷州奉迎中書奏自二十
三日後散齋內車駕不合遠出詔改至河陽奉迎以禮
部尙書與唐尹王正言依前禮部尙書充租庸使乙卯
渤海國遣使貢方物幽州奏嬀州山後十三寨百姓却
復新州戊午以前太子少師薛廷珪爲檢校戶部尙書
太子少師致仕以前太子賓客封舜卿爲太子少保致
仕以前太子賓客李文規爲戶部侍郎致仕詔鹽鐵度
支戶部並委租庸使管轄庚申四方館上言請今後除
隨駕將校及外方進奉專使文武班三品已上官可以
內殿對見其餘並詣正衙以申常禮從之車駕幸河陽

奉迎皇太后辛酉帝侍皇太后至文武百寮迎于上東
門是日河中府上言稷山縣割隸絳州以太僕卿李紓
爲宗正卿以衞尉卿楊遘爲太僕卿西京昭應縣華清
宮道士張中虛上言天尊院枯檜重生枝葉乙丑有司
上言南郊朝享太廟舊例親王充亞獻終獻行事乃以
皇子繼岌爲亞獻皇弟存紀爲終獻丙寅帝赴明堂殿
致齋丁卯朝饗于太微宮戊辰饗太廟是日赴南郊二
月己巳朔親祀昊天上帝于圜丘禮畢宰臣率百官就
次稱賀還御五鳳樓宣制大赦天下應同光二年二月
一日昧爽已前所犯罪無輕重常赦所不原者咸赦除

之十惡五逆屠牛鑄錢故殺人合造毒藥持杖行刦官
典犯贓不在此限應自來立功將校各與轉官仍加賞
給文武常參官節度觀察防禦刺史軍主都虞候指揮
使父母亡歿者並與追贈在者各與加爵增封諸藩鎮
各賜一子出身仍封功臣名號留後刺史官高者加階
爵一級官卑者加官一資應本朝內外臣寮被朱氏殺
害者特與追贈應諸州府不得令富室分外收貯見錢
禁工人鎔錢爲銅器勿令商人載錢出境近年已來婦
女服飾異常寬博倍費縑綾有力之家不許卑賤悉衣
錦繡宜令所在糾察應有百姓婦女曾經俘擄他處爲

婢妾者一任骨肉識認男子曾被刺面者給與憑據放
逐營生召天下有能以書籍進納者各等第酬獎仰有
司速檢勘天下戶口正額墾田實數待憑條理以息煩
苛是日風景和暢人胥悅服議者云五十年來無此盛
禮然自此權臣愎戾伶官用事吏人孔謙酷加賦斂赦
文之所原放謙復刻剝不行大失人心始于此矣庚午
租庸使孔謙奏諸道綱運客旅多于私路苟免商稅請
令所在關防嚴加捉搦從之癸酉宰臣豆盧革率百官
上尊號曰昭文睿武至德光孝皇帝凡三上表從之甲
戌詔曰汴州元管開封浚儀封丘雍丘尉氏陳留六縣

僞庭割許州鄢陵扶溝陳州太康鄭州陽武中牟曹州考城等縣屬焉其陽武匡城扶溝考城四縣宜令且隸汴州餘還本部丙子以隨駕參謀耿瑗爲司天監丁丑以光祿大夫檢校司徒李筠爲右騎衞上將軍戊寅幸李嗣源第作樂盡歡而罷已卯以河中節度使冀王李繼麟兼安邑解縣兩池榷鹽使辛巳以檢校太師守尚書令河南尹判六軍諸衞事魏王張全義爲守太尉兼中書令河陽節度使河南尹改封齊王以開府儀同三司守尚書令秦王李茂貞依前封秦王餘如故仍賜不拜不名案五代會要太常禮院奏李茂貞封册之命宜准故襄州節度使趙匡凝之例施行秦王受册

自備革輅一乘載册犢車一乘并本品鹵簿鼓吹如儀從之是日帝幸左龍武軍癸未宰臣豆盧革率百官上表請立中宮制以魏國夫人劉氏爲皇后仍令所司擇日備禮册命丁亥以天平軍節度使蕃漢總管副使開府儀同三司檢校太傅兼中書令李嗣源爲檢校太尉依前天平軍節度使加實封百戶兼賜鐵券以前安國軍節度副使檢校太保左衞上將軍李存乂爲晉州節度使檢校太傅以北京皇城留守檢校太保左威衞上將軍李存紀爲邢州節度使加檢校太傅以蕃漢馬步都虞候兼東京馬步軍都指揮使檢校太保朱守殷爲振武節度使加檢校太傅戊

子以前右龍武軍都虞候守左龍武大將軍李紹奇爲鄭州防禦使以楚州防禦使張繼孫爲汝州防禦使已丑以振武軍節度使權安義留後檢校太傅平章事李存霸爲潞州節度使以捧日都指揮使鄭州防禦使李紹琛爲陝州節度使以成德軍馬步軍都指揮使右監門衞大將軍毛璋爲華州節度使壬辰樞密使郭崇韜再上表請退樞密之職優詔不允癸巳詔曰皇太后母儀天下子視羣生當別建宮闈顯標名號冀因稱謂益表尊嚴宜以長壽宮爲名樞密使郭崇韜奏時務利便一十五件優詔褒美甲午奚王李紹威吐渾李紹魯皆

貢駞馬丁酉以武安軍衞內馬步軍都指揮使昭州刺史馬希範爲永州刺史檢校太保癸卯以光祿大夫檢校左僕射行太常卿李燕爲特進檢校司空依前太常卿以御史中丞李德休爲兵部侍郎以吏部侍郎崔協爲御史中丞三月甲辰故河陽節度使王師範贈太尉乙巳以滄州節度使檢校太傅同平章事符習爲青州節度使以北京衙內馬步軍都指揮使右領軍衞大將軍李紹斌爲滄州節度使鎭州奏契丹犯塞詔李嗣源率師屯邢州丙午以荊南節度使守中書令渤海王高季興依前檢校太師兼尚書令封南平王以幽州節度

行軍司馬李存賢依前檢校太保爲幽州節度使中書門下上言近以諸州奏薦令錄頗亂規程請今後節度使管三州已上每年許奏管內官三人如管三州已下只奏兩人仍須課績尤異方得上聞防禦使只許奏一人刺史無奏薦之例從之已酉以太子少保李琪爲刑部尙書庚戌幽州奏契丹冦新城是日詔諸軍將校自檢校司空已下宜賜叶謀定亂匡國功臣自檢校僕射尙書常侍及諫議大夫並賜忠果拱衞功臣初帶憲銜者並賜忠烈功臣節級長行並賜扈蹕功臣中書門下上言州縣官在任考滿即具闕申送吏部格式本道不

得差攝官替正官從之五代會要同光二年中書門下奏刺史縣令有政績尤異爲衆所知或招復戶口能增加賦稅者或辨雪寃獄能拯人命者或去害物之積弊立利世之新規有益時政爲衆所推者即仰本處逐件分明聞奏當議奬擢或在任貪猥誅戮生靈公事不治爲政怠惰亦加懲罰其州縣官任滿三考即具闕申送吏部格式候勅除銓注其本道不得差攝官替正授者從之有司上言皇帝四月一日御文明殿受册徽號合服袞冕御殿前一日散齋于內殿從之是日李嗣源上表乞退兵權詔不允是時伶人景進用事閹官競進故重臣憂懼拜章請退癸丑左諫議大夫竇專上言請廢租庸使名目事歸三司疏奏不報唐州奏木連理詔先省員官除已別授官外其左散騎常侍李文矩等三十人却復舊官太子

詹事石戩等五人宜以本官致仕將作少監岑保嗣等十四人續勅處分丙辰責授萊州司戶鄭珏等一十二人並量移近地尙書戶部侍郞知貢舉趙順卒以中書舍人裴皥權知貢舉禁用鉛錫錢丁巳中書門下奏懿祖陵請以永興爲名獻祖陵請以長甯爲名太祖陵請以建極爲名從之淮南楊溥遣使貢賀郊天禮物十國春秋吳世家王遣右衛上將軍許確進賀郊天銀二千兩錦綺羅一千二百疋細茶五百斤象牙四株犀角十株于唐戊午詔應南郊行事官並付三銓磨勘優與處分已未以大理卿張紹珪充制置安邑解縣兩池榷鹽使幸左龍武軍以皇子繼岌代張全義判六軍諸衞事故也

癸亥以彰武保大等軍節度使北平王高萬興可依前延州鄜州節度使檢校太保兼中書令北平王甲子幸東宅夏四月已巳朔帝御文明殿具袞冕受册尊號曰昭文睿武至德光孝皇帝壬申以成德軍節度行軍司馬權知府事任圜爲檢校右僕射權北面水陸轉運制置使甲戌以順義軍留後華温琪依前檢校太保充留後乙亥以天策上將軍武安等軍節度使守太師中書令楚王馬殷可依前守太師兼尙書令詔在京諸道節度使刺史令各歸本任丁丑以前幽州節度使內外蕃漢馬步總管檢校太師兼中書令李存審爲宣武軍節

度使餘如故已卯帝御文明殿册魏國夫人劉氏爲皇后庚辰賜郭彥威姓名曰紹眞癸未以宋州節度使李紹安依前檢校太尉同平章事宋州節度使以許州節度使李繼冲依前檢校太尉同平章事許州節度使以襄州節度使孔勍佐前檢校太傅同平章事襄州節度使甲申以樞密副使通議大夫行內侍省內侍宋唐玉爲左監門衞將軍同正依前樞密副使以內客省使通議大夫行內侍省內侍楊希朗爲右監門衞將軍同正依前內客省使並賜推忠匡佐功臣車駕幸龍門丙戌廻鶻遣使貢方物己丑以夏州節度使李仁福依前檢校太師兼中書令夏州節度使封朔方王以朔方河西等軍節度使韓洙依前檢校太傅兼侍中充朔方河西等軍節度使靈鹽威警雄凉甘肅等州觀察使辛卯以宣徽南院使判內侍省兼內局特進左監門將軍同正李紹宏爲右領軍衞上將軍癸巳以靜江軍節度使扶風郡王馬賨爲檢校太師兼中書令依前靜江軍節度使以鄜州節度使馬希振爲檢校太傅兼侍中依前鄜州節度使鳳翔節度使秦王李茂貞薨丙申潞州小校楊立據城叛（案歐陽作三月潞州將楊立反與薛史異五代春秋作四月盜據潞州與薛同）以李嗣源爲招討使陝州留後紹眞爲副率師以討之（永樂

大典卷七千一百五十六）

舊五代史卷三十一終

舊五代史卷三十一攷證

唐莊宗紀五開府儀同三司守尚書令秦王李茂貞　秦王通鑑作岐王

鎭州奏契丹犯塞詔李嗣源率師屯邢州　案通鑑詔橫海節度使李紹斌北京指揮使李從珂帥騎兵分道備之與是書異

靈鹽威警雄京甘肅等州觀察使　案威警疑當作威涇攷通鑑注云警州在涇原西今仍其舊

舊五代史卷三十一攷證

舊五代史卷三十二

宋司空同中書門下平章事薛居正等撰

唐書八

莊宗紀第六

同光二年夏五月己亥帝御文明殿册齊王張全義爲太尉禮畢全義赴尚書省領事左諫議大夫竇專不降階爲御史所劾專援引舊典宰相不能詰寢而不行庚子太常卿李燕卒壬寅以教坊使陳俊爲景州刺史內園使（案歐陽史作內園栽接使考五代會要內園栽接使係梁時雜使創置之官）儲德源爲憲州刺史皆梁之伶人也初帝平梁俊與德源皆爲寵伶周匝所薦帝因許除郡郭崇韜以爲不可伶官言之者衆帝密召崇韜謂之曰予已許除郡經年未行我慙見二人卿當屈意行之故有是命（清異錄同光既即位猶襲故態身預俳優尙方進御巾裹名品日新今伶人所頂尙有傳其遺製者）甲辰以兖州節度使李紹欽依前檢校太保兖州節度使進封開國侯以邠州節度使韓恭依前檢校太保邠州節度使進封開國伯丙午以福建節度使閩王王審知依前檢校太師守中書令福建節度使戊申幸郭崇韜第己酉詔天下收撤防城之具不得修濬池隍以西都留守京兆尹張筠依前檢校太保充西都留守甲寅以滄州節度使李紹斌充東北面招討使以兖州節度使李紹欽爲副招討使以

宣徽使李紹宏爲招討都監率大軍渡河而北時幽州上言契丹將寇河朔故也乙卯潞州叛將楊立遣使健步奉表乞行赦宥帝遣樞密副使宋唐玉賫敕書招撫幽州上言契丹營于州東南丙辰渤海國王大諲譔遣使貢方物以澶州刺史李審益爲幽州行軍司馬蕃漢內外都知兵馬使辛酉故澤潞節度使丁會贈太師詔割復州爲荆南屬郡壬戌以權知鳳翔軍府事涇州節度使李曮爲起復雲麾將軍右金吾大將軍同正依前檢校太尉兼中書令充鳳翔節度使乙丑以權知歸義軍留後曹義金爲歸義軍節度使沙州刺史檢校司空丙寅李嗣源奏收復潞州幽州上言新授宣武軍節度使李存審卒六月甲戌中書侍郎兼吏部尚書平章事弘文館大學士豆盧革加右僕射餘如故侍中監修國史兼樞密使鎮州節度使郭崇韜進爵邑加功臣號中書侍郎平章事集賢殿大學士趙光裔加兼戶部尚書禮部侍郎平章事韋說加中書侍郎宋州奏節度使李紹安卒丙子李嗣源遣使部送潞州叛將楊立等到闕並磔于市潞州城峻而隍深至是帝命剗平之因詔諸方鎮撤防城之備焉丁丑有司上言洛陽已建宗廟其北京太廟請停從之甲申以衞國夫人韓氏爲淑妃燕

國夫人伊氏爲德妃仍令所司擇日册命故河東節度
副使守左諫議大夫李襲吉贈禮部尙書故河東節度
副使禮部尙書蘇循贈左僕射故河東觀察判官檢校
右僕射司馬揆贈司空故河東留守判官工部尙書李
敬義贈右僕射丙戌以順義軍節度使李令錫爲許州
節度使以前保義軍留後李紹眞爲徐州節度使以徐
州節度使李紹榮爲宋州節度使戊子汝州防禦使張
繼孫賜死于本郡繼孫卽齊王張全義之假子也本姓
郝氏爲兄繼業訟其陰事故誅之案册府元龜載張繼業爲河陽兩使留後
莊宗同光二年六月繼業上疏稱弟繼孫本姓郝有母尙在父全義養爲假子令管衙內兵士自皇帝到京繼

孫私藏兵甲招置部曲欲圖不軌兼私家淫縱無別無義臣若不自陳恐累家族勅曰有善必賞所以勸忠孝
之方有惡必誅所以絕姦邪之迹其或罪狀騰于衆口醜行布于近親須舉朝章冀明國法汝州防禦使張繼
孫本非張氏子孫自小丐養以至成立備極顯榮而不能酬撫育之恩履謙恭之道擅行威福常恣姦兇侵奪
父權惑亂家事縱鳥獸之行畜梟獍之心有識者所不忍言無賴者寔爲其黨而又橫征暴斂虐法峻刑藏兵
器于私家殺平人于廣陌罔思悛改難議矜容宜竄逐于遐方仍歸還于姓氏俾我勳賢之族永除污穢之風
凡百臣寮宜體朕命可貶房州司戶參軍同正兼勒復本姓尋賜自盡仍籍沒資產巳丑以廻紇
可汗仁美爲英義可汗詔改輝州爲單州庚寅故左僕
射裴樞右僕射裴贄崔遠並贈司徒故靜海軍節度使
獨孤損贈司空故吏部尙書陸扆贈右僕射故工部尙
書王溥贈右僕射裴樞等六人皆前朝宰輔爲梁祖所

害于白馬驛至是追贈焉壬辰以天平軍節度使蕃漢
總管副使開府儀同三司檢校太尉兼中書令李嗣源
爲宣武軍節度使蕃漢馬步總管餘如故甲午以樞密
使特進左領軍衞上將軍知內侍省事張居翰爲驃騎
大將軍守左驍衞上將軍進封開國伯賜功臣號秋七
月戊戌朔故宣武軍節度使李存審男彥超進其父牙
兵八千七百人己亥中書門下奏每年南郊壇四祠祭
太微宮五薦獻並宰臣攝太尉行事惟太廟遣庶寮行
事此後太廟祠祭亦望差宰臣行事從之己巳汴州雍
丘縣大風拔木傷稼曹州大雨平地水三尺丙午以襄

州節度使孔勍爲潞州節度使李存霸爲鄆州節度使
乙酉幸龍門之雷山祭天神從北俗之舊事也辛亥以
鄆州副使李紹珙爲襄州留後以前澤州刺史董璋爲
邠州留後戊午西州王衍遣僞署戶部侍郎歐陽彬來
朝貢稱大蜀皇帝上書大唐皇帝庚申以應州爲雲州
屬郡升新州爲威塞軍節度使以嬀儒武等州爲屬郡
壬戌皇子繼岌妻王氏封魏國夫人幽州奏契丹案巴
堅（舊作阿保機今改）東攻渤海（案遼史太祖紀天贊三年五月渤海殺其刺史張秀實而掠其民于東攻渤海之事闕而不載考五代會要同光二年七月契丹東攻渤海國與薛史同）八月已巳
詔洛京應有隙地任人請射修造有主者限半年令本

主自修葺如過限不見屋宇許他人占射辛未北京副留守太原尹孟知祥加檢校太傅增邑賜功臣號帝畋于西苑癸酉以租庸副使守衛尉卿孔謙爲租庸使以右威衛上將軍孔循爲租庸副使甲戌以權知汴州軍州事翰林學士承旨戸部尚書盧質爲兵部尚書依前翰林學士承旨仍賜論思匡佐功臣丙子以雲州刺史雁門以北都知兵馬使安元信爲大同軍節度留後以隰州刺史張廷裕爲新州威塞軍節度留後丁丑樞密使郭崇韜上表請退不允戊寅租庸使守禮部尚書王正言罷使守本官辛巳詔諸道節度觀察防禦團練使刺史並于洛陽修宅一區中書門下上言請今後諸道除節度副使兩使判官外其餘職員并諸州軍事判官各任本處奏辟從之五代會要同光二年八月八日中書門下奏諸道除節度使及兩使判官除授外其餘職員并軍事判官伏以翹車著詠帛垂文式重弓旌以光尊俎由是副已知之薦成接士之榮必當備悉行藏習知才行允奉幕中之畫以稱席上之珍爰自僞梁頗乖斯義皆從除授以佐藩宣因緣多事之秋慮爽得人之選將期推擇式示更張今後諸道除節度副使判官兩使除授外其餘職員并諸州軍事判官等並任本道本州各當辟舉其軍事判官仍不在奏官之限汴州奏大水損稼癸未租庸使孔謙進封會稽縣男仍賜豐財贍國功臣淮南楊溥遣使貢方物宋州大水鄆曹等州大風雨損稼丁亥中書門下侍郎奏請差左丞崔沂吏部侍郎崔貽

孫給事中鄭韜光李光序吏部員外郎盧損等同詳定選司長定格行資格十道圖從之五代會要同光二年八月中書門下奏吏部三銓下省南曹廢置甲庫格式流外銓等司公事並繫長定格循資格十道圖等前件格文本朝創立檢制姦濫倫叙官資頗謂精詳久同遵守自亂離之後巧僞滋多兼同光二年八月車駕在東京權判工部員外郎盧重本司起請一卷並以興復之始務切懷來凡有條流多失根本以至冬集赴選人並南郊行事官及陪位宗子共一千三百餘人銓曹檢勘之時互有援引去留之際不絕爭論若又依違必長訛濫望差權判尚書省銓左丞崔沂吏部侍郎崔貽孫給事中鄭韜光李光序吏部員外郎盧損等同詳定舊長定格循資格十道圖務令簡要可久施行從之癸巳放朝參三日以霖雨故也陝州奏河水溢岸乙未中書門下上言諸靈臺令丞停請以本縣令知陵臺事從之九月癸卯畋于西北郊幽州上言契丹案巴堅自渤海國廻軍內園新殿成名曰長春殿戊申以中書舍人權知貢舉裴皞爲禮部侍郎以前鄭州防禦副使姜弘道爲太僕卿侍中郭崇韜奏應三銓注授官員等內有自無出身入仕買覔鬼名告勑今將骨肉文書揩改姓名或歷任不足妄稱失墜或假人蔭緒託形勢論屬安排參選所司隨例注官如有人陳告特議超獎其所犯人檢格處分若同保人同有僞濫者並當駮放應有人身死之處今後並須申報本州于告身上批書身死月日分明付子孫今後銓司公事至春末並須了畢從之銓綜之司僞濫日久入崇韜條奏之後

澄法甚嚴放棄者十有七八衆情亦怨之己酉司天臺請禁私曆日從之庚戌有司自契丹至者言女眞𢌿鶻黃頭室韋合勢侵契丹壬子有司上言八月二十二日夜熒惑犯星二度星周分也請依法禳之于京城四門懸東流水一罌兼令都市嚴備盜火止絕夜行從之甲寅幸郭崇韜第置酒作樂乙卯以前振武節度使安北都護馬存可依前檢校太尉兼侍中充甯遠軍節度容管觀察使存湖南馬殷之弟也丙辰黑水國遣使朝貢契丹寇幽州戊午宣宰臣于中書磨勘吏部選人謬濫者焚毀告勅冬十月戊辰帝畋于西北郊己巳故安義

節度使贈太尉隴西郡王李嗣昭贈太師庚午正衙命使册淑妃韓氏德妃伊氏以宰臣豆盧革韋說充册使辛未詔今後支郡公事須申本道膳狀奏聞租庸使各有徵催祇牒觀察使貴全理體契丹寇易定北鄙壬申故大同軍防禦使李存璋贈太尉鄆州奏淸河泛濫壞廬舍癸未畋于石橋甲戌河南尹張全義上言萬壽節日請于嵩山開琉璃戒壇度僧百人從之乙亥故守太師尚書令秦王李茂貞追封秦王賜謚曰忠敬丁丑皇后差使賜兗州節度使李紹欽湯藥時皇太后行誥命皇后劉氏行教命互遣使人宣達藩后紊亂之弊人不

敢言己卯汴鄆二州奏大水庚辰以前太僕卿楊遘爲大理卿党項進白驢奚王李紹威進駝馬幽州奏契丹人寇至近郊辛巳故天雄軍節度副使王緘贈司空壬午以天下兵馬都元帥尚父守尚書令吳越國王錢鏐可依前天下兵馬都元帥尚父守尚書令封吳越國王癸未幸小馬坊閱馬甲申以兩浙兵馬留後淸海軍節度嶺南東道觀察等使守太尉兼侍中廣州刺史錢元瓘爲檢校太師兼中書令充兩浙節度觀察留後餘如故以鎭東軍節度副大使江南管內都招討使建武軍節度嶺南西道觀察等使檢校太傅守侍中知蘇州中

吳軍軍州事行邕州刺史錢元璙爲檢校太尉兼中書令餘如故辛卯天平軍監軍使柴重厚可特進右領衞將軍同正充鳳翔監軍使甲午以宣武軍節度押牙李從溫李從璋李從榮李從厚李從璨並銀青光祿大夫檢校右散騎常侍兼御史大夫宣武軍節度押牙李從臻可檢校國子祭酒兼御史中丞自從溫而下皆李嗣源諸子也十一月丙申靈武奏甘州𢌿鶻可汗仁美卒其弟狄銀權主國事吐渾白都督族帳移于代州東南己亥幸六宅宴諸弟壬寅尚書左丞判吏部尚書銓事崔沂貶麟州司馬吏部侍郎崔貽孫貶朔州司馬給事

中鄭韜光貶甯州司馬吏部員外盧損貶府州司戶時有選人吳延皓取亡叔告身故舊名求仕事發延皓付河南府處死崔沂以下貶官宰相豆盧革趙元裔韋說詣閤門待罪詔釋之癸卯帝畋于伊闕侍衞金槍馬萬餘共從帝一發中大鹿是日命從官拜梁祖之陵物議非之其夕宿于張全義之別墅甲辰宿伊闕縣巳巳宿龕澗時騎士圍山會夜顚墜崖谷死傷甚衆丙午復命衞兵分獵殺獲萬計是夜歸京城六街火炬如晝丁未賜羣臣鹿肉有差庚戌制改節將一十一人功臣號辛亥以兵部侍郎李德林爲吏部侍郎壬子日南至百官拜表稱賀以昭儀侯氏爲汧國夫人昭容夏氏爲虢國夫人昭媛白氏爲沛國夫人出使美宣鄧氏爲魏國夫人御正楚眞張氏爲凉國夫人司簿德美周氏爲宋國夫人侍眞吳氏爲渤海郡夫人其餘並封郡夫人丁巳河中節度使守太師尚書令西平王李繼麟可依前守太師兼尚書令河中護國軍節度使西平王仍賜鐵券戊午幸李嗣源李紹榮之第縱酒作樂是日鎭州地震契丹寇蔚州十二月戊辰幸西苑校獵巳巳詔汴州節度使李嗣源歸鎭案通鑑作巳巳命宣武軍節度使李嗣源將宿衞兵三萬七千人赴汴州遂如幽州禦契丹是嗣源因出師而歸鎭也庚午帝與皇后劉氏幸張全義

第酒酣帝命皇后拜全義爲養父全義惶恐致謝復出珍貨貢獻翌日皇后傳制命學士草謝全義書學士趙鳳密疏陳國后無拜人臣之禮帝雖嘉之竟不能巳其事壬申以教坊使王承顔爲興州刺史丙子詔取來年正月七日幸魏州庚辰畋于近郊至夕還宮壬午契丹冦嵐州党項遣使貢方物乙酉幸龍門佛寺祈雪丙戌以徐州節度使李紹眞爲北面行營副招討使戊子李嗣源奏部署大軍自宣武軍北征淮南楊溥遣使貢獻巳丑幸龍門庚寅詔河南尹張全義爲洛京留守判在京諸軍事是日日傍有背氣凡十二

同光三年春正月甲午朔帝御明堂殿受朝賀仗衞如式丙申詔以昭宗少帝山陵未備宜令有司別選園陵改葬尋以年饑財匱而止契丹冦幽州戊戌詔起今後特恩授官及侍衞諸軍將校內諸司等官其告身官給舊例朱膠錢臺省禮錢並停其餘合徵臺省禮錢比舊數五分中許徵一分特恩者不徵兵吏部兩司逐月各支錢四十貫文充吏人食直少府監鑄錢造印文今後不得徵納銅炭價直其料物官給庚子車駕發京師幸鄴以前許州節度使李紹冲爲太子少保以前邠州節度使韓恭爲右金吾大將軍充兩街使以前安州節度

使朱漢賓爲左龍武統軍庚戌車駕至鄴命青州節度使符習修酸棗河隄先是梁末帝決河隄引水東注至鄆濮以限我軍至是方修之丙辰幽州上言節度使李存賢卒二月甲子朔詔興唐府管內有百姓隨絲鹽錢每兩與減五十文案五代會要作每兩與減放五文逐年所俵蠶鹽每斗與減五十文小菉豆稅每畝與減放三升都城內所徵稅絲永與除放丙寅定州節度使王都來朝丁卯畋于近郊己巳召從臣擊毬于鞠場辛未許州上言襄城葉縣準勅割隸汝州其扶溝等縣請卻隸當州從之甲戌以滄州節度使李紹斌爲幽州節度使依前檢校太

保以大同軍留後安元信爲滄州節度使乙亥幸王莽河射雁丙子李嗣源奏涿州東南殺敗契丹生擒首領三十人符習奏修隄役夫遇雪寒逃散樞密使郭崇韜上表辭兼鎮時帝命李紹斌鎮幽州以其時望未重欲以李嗣源爲鎮帥且爲紹斌聲援移郭崇韜兼領汴州召崇韜議之崇韜奏以爲當因懇辭兼領庚辰以宣武軍節度使李嗣源爲鎮州節度使辛巳以皇子繼潼繼嵩繼蟾繼嶢並檢校司徒皆冲幼未出閤突厥渤海國皆遣使貢方物帝幸近郊射雁甲申以樞密使郭崇韜爲依前守侍中監修國史兼樞密使加食邑實封廣南

劉巖遣使奉書于帝稱大漢國王致書上大唐皇帝乙酉帝射鴨于郭泊丙戌定州節度使檢校太尉兼侍中王都進封開國公加食邑實封戊子幸近郊射雁工部尚書崔梲卒贈右僕射三月癸巳朔賜扈從諸軍將士優給自二十千至一千甲午振武軍節度使洛京內外蕃漢馬步使朱守殷奏昨修月陂隄至德宮南獲玉璽一紐獻之詔示百官驗其文曰皇帝行寶四字方圓八寸厚二寸背紐交龍光瑩精妙守殷又于役所得古文錢四百六十六內二十六文曰得一元寶四百四十曰順天元寶上之案麗元英文昌雜錄云同光三年洛京積善坊得古文錢曰得一元寶順天元寶史不載何代鑄錢近見錢氏錢譜云史思明再陷洛陽鑄得一錢賊黨以謂得一非佳號乃改順天蓋史思明所鑄錢也

丙申寒食節帝與皇后出近郊遥饗代州親廟庚子詔取三月十七日車駕歸洛京壬寅符習奏修河隄畢功戊申帝召郭崇韜謂曰朕思在德勝寨時霍彥威段凝皆予之勍敵終日格鬬戰聲相聞安知二年之間在吾廡下吾無少康光武之才一旦重興基搆者良由二三勳德同心輔翼故也朕有時夢寢如在戚城思念曩時挑戰鏖兵勞則勞矣然而揚旌伐鼓差慰人心殘壘荒溝依然在目予欲按德勝故寨與卿再陳舊事崇韜曰此去澶州不遠陛下再觀戰地益知王業之艱

難豈不韙哉已酉車駕發鄴宮辛亥至德勝城（案五代春秋作庚子帝幸鄴都遂幸德勝故城据薛史則已酉發鄴宮辛亥至德勝城與五代春秋異蓋五代春秋祗以下詔之日爲据也）登城四望指戰陣之處以諭宰臣渡河南觀廢柵舊趾至楊村寨泝河至戚城置酒作樂而罷壬子淮南楊溥遣使朝貢東京副留守張憲奏諸營家口一千二百人逃亡以艱食故也時宮苑使王允平伶人景進爲帝廣採宮人不擇良家委巷殆千餘人車駕不給載以牛車纍纍于路焉庚辰車駕至自鄴（案原本作庚辰歐陽史作庚申疑永樂大典傳寫之譌考通鑑及五代春秋皆作庚辰又疑原本不誤据上文正月甲午朔二月甲子朔三月癸巳朔則三月不得有庚辰也蓋其誤始于薛史而通鑑五代春秋皆襲其誤耳今姑從原本仍爲辨正于此）

辛酉詔本朝以雍州爲西京洛州爲東都并州爲北都近以魏州爲東京宜依舊以洛京爲東都魏州改爲鄴都與北都並爲次府夏四月癸亥朔（案五代春秋作辛亥朔通鑑從薛史）日有蝕之以租庸副使孔循權知汴州軍州事丙寅淮南楊溥遣使貢方物壬申幸甘泉亭癸酉詔翰林學士承旨盧質覆試新及第進士（案五代會要時以新及第進士符蒙正等尚干浮議故命盧質覆試）租庸使奏時雨久愆請下諸道州府依法祈禱從之乙亥帝與皇后幸郭崇韜第又幸左龍武統軍朱漢賓之第戊寅以耀州爲團練州其順義軍額宜停庚辰帝侍皇太后幸會節園遂幸李紹榮之第辛巳以旱

甚詔河南府徙市造五方龍集巫禱祭癸未以兗州節度使李紹欽爲鄧州節度使丁亥以鎮州節度使李嗣源兼北面水陸轉運使以徐州節度使李紹眞爲副禮部貢院新及第進士四人其王澈改爲第一桑維翰第二符蒙正第三成僚第四禮部侍郎裴皥既無黜落時議寬容今後新及第人候過堂日委中書門下精加詳覆陝州奏木連理庚寅中書侍郎兼工部尚書平章事趙光胤卒廢朝三日五月壬辰朔淮南楊溥貢端午節物丁酉皇太妃劉氏薨于晉陽廢朝五日帝于興安殿行服時皇太后欲奔喪于晉陽百官上表請留乃止戊

戌以鎮州行軍司馬知軍府事任圜爲工部尚書戊申幸龍門廣化寺祈雨已酉黑水女貞皆遣使朝貢戊午以鳳州衙內馬步軍都指揮使李繼祀爲涇州節度使檢校太傅已未詔天下見禁罪人如無大過速令疏放幸玄元廟禱雨六月癸亥雲州上言去年契丹從磧北歸帳達靼因相掩擊其首領裕悅（舊作于越今改正）族帳自磧北以部族羊馬三萬來降已到南界今差使人來赴闕奏事甲子太白晝見丁卯以滄州節度使安元信充北面行營馬步軍都排陣使辛未以宗正卿李紓充昭宗少帝改卜園陵使壬申京師雨足自是大雨至于九月

晝夜陰晦未嘗澄霽江河漂溢隄防壞決天下皆訴水災丁丑詔吳越王錢鏐將行册禮準禮文合用竹册宜令所司修製玉册時郭崇韜秉政以爲不可樞密承旨段回贊其事故有是命癸丑以天德軍節度使管內蕃漢都知兵馬使劉承訓爲天德軍節度觀察留後丙戌詔曰關內諸陵頃因喪亂例遭穿穴多未掩脩其下宫殿宇法物等各令奉陵州府據所管陵園修製仍四時各依舊例薦饗每陵仰差近陵百姓二十戸充陵戸以備灑掃其壽陵等一十陵亦一例修掩量置陵戸戊子以刑部尚書李琪充昭宗少帝改卜園陵禮儀使己丑

以工部郎中李途爲京兆少尹充修奉諸陵使辛卯詔括天下私馬 案五代會要詔下河南河北諸州和市戰馬官吏除一匹外匿者坐罪蓋當時私馬之禁如此 將收蜀故也 永樂大典卷七千一百五十七

舊五代史卷三十二終

舊五代史卷三十二攷證

己酉車駕發鄴宮辛亥至德勝城　案五代春秋作庚子帝幸鄴都遂幸德勝故城據是書則己酉發鄴宮辛亥至德勝城與五代春秋異蓋五代春秋秖以詔下之日爲據也

庚辰車駕至自鄴　庚辰歐陽史作庚申攷通鑑及五代春秋皆作庚辰據上文正月甲午朔二月甲子朔三月癸巳朔則三月不得有庚辰也蓋其誤始于是書而通鑑五代春秋皆襲其訛耳今姑從原本仍爲辨正于此

夏四月癸亥朔　案五代春秋作辛亥朔通鑑從是書

中書侍郎兼工部尚書平章事趙光允卒　案是書二年六月光允加兼戸部尚書此處作工部前後互異未知孰是

安巴堅舊作阿保機今改　裕悅舊作于越今改

補許他人占射 五代會要載此詔云藩方侯伯內外臣僚于京邑之中無安居之所亦可請射前各自修營

舊五代史卷三十二攷證

舊五代史卷三十三

宋司空同中書門下平章事薛居正等撰

莊宗紀第七　唐書九

同光三年秋七月丁酉以久雨詔河南府依法祈晴滑州上言黄河决壬寅皇太后崩于長壽宫帝執喪于内出遺令以示于外癸卯帝于長壽宫成服百官于長壽宫幕次成服後于殿前立班奉慰乙巳宰臣上表請聽政不允表再上勅旨宜廢朝七日丁未弘文館上言請依六典改弘文館爲崇文館從之時樞密使郭崇韜亡父名弘亘盧革希崇韜指奏而改之（案五代會要載同光三年勅云崇文館比與弘文館並置今請改稱頗協舊典蓋亘盧革曲爲之說也）洛水泛漲壞天津橋以舟濟渡日有覆溺者己酉宰臣百官上表請聽政又請復常膳表凡三上以刑部尚書李琪充大行皇太后山陵禮儀使河南尹張全義充山陵橋道排頓使孔謙充監護使壬子河陽陝州上言河溢岸以禮部尚書王正言爲戸部尚書以御史中丞崔協爲禮部尚書以刑部侍郎史館修撰判館事崔居儉爲御史中丞以尚書左丞歸藹爲刑部侍郎陝州上言河漲二丈二尺壞浮橋入城門居人有溺死者乙卯汴州上言汴水泛漲恐漂没城池于州城東西權開壕口引水入古河澤潞上

言自今月一日雨至十九日未止戊午以刑部尚書判太常卿兼判吏部尚書銓事李琪爲吏部尚書依前判太常卿以兵部侍郎集賢殿學士判院事盧文紀爲吏部侍郎以給事中李光序爲尚書右丞許州滑州奏大水八月壬戌詔諸司人吏不許諸處奏薦如有勞績只許本司奏聞詔有司吳越王印宜以黄金鑄成其文曰吳越國王之印丁卯帝釋服百官奉慰于長壽宫戊辰客省使李嚴使蜀回初帝令往市蜀中珍玩蜀法嚴峻不許奇貨東出其許市者謂之入草物嚴不獲珍貨歸而奏之帝大怒曰物歸中夏者命之曰入草王衍寧免爲入草之人耶由是伐蜀之意鋭矣庚辰幸壽安山陵作所鄴都大水御河泛溢癸未河南縣令羅貫長流崖州尋委河南府决痛杖一頓處死坐部内橋道不修故也及死人皆寃之甲申山陵禮儀使奏山陵封域之内先有巨壙合令子孫改卜舊例給其所費無子孫者官爲瘞藏如是五品以上官所司仍以禮致祭從之鳳翔奏大水己酉中書門下上言據禮儀使狀準故事太常少卿定大行太后謚議太常卿署定訖告天地宗廟伏準禮文賤不得誄貴子不得爵母后必謚于廟者受成于祖宗今大行太后謚請太常卿署定後集百官連署

諡狀訖讀于太廟太祖皇帝室然後差丞郎一人撰册文別定日命太尉上諡册于西宮靈座同日差官告天地太微宮宗廟如常告之儀從之青州大水蝗己丑以襄州留後李紹珙爲襄州節度使以邠州留後董璋爲邠州節度使九月辛卯朔河陽奏黃河漲一丈五尺癸巳中書上言大行皇太后諡議合讀于太廟太祖室其日集兩省御史臺五品已上尚書省四品已上諸司三品已上官于太廟序立從之鎭州衞州奏水入城壞廬舍乙未制封第三子鄴都留守興聖宮使檢校太尉同平章事判六軍諸衞事繼岌爲魏王幸壽安陵庚子襄

州奏漢江漲溢漂溺廬舍是日命大舉伐蜀詔曰朕夙荷丕基乍平僞室非不欲寵綏四海協和萬邦庶正朔以遐同俾人倫之有序其或地居陬裔位極驕奢殊乖事大之規但蘊偷安之計則必徵諸典訓振以皇威爰興伐罪之師冀遏亂常之黨蠢茲蜀主世負唐恩間者父總藩宣任居統制屬朱溫東離汴水致昭皇西幸岐陽不務扶持反懷顧望盜據劍南之土宇全虧閫外之忱誠先皇帝早在幷門將興霸業彼旣會馳書幣此亦復展謝儀後又特發使人專持聘禮彼則更不迴一介之使答咫尺之書星歲俄移歡盟頓阻朕頃遵遺訓嗣

統列藩追昔日之來誠繼先皇之舊好累馳信幣皆絕酬還背惠食言棄同卽異今覩孽豎紹據山河委閹宦以持權憑阻修而僭號早者曾上秦王緘札張皇蜀地聲塵形侮黷之言辭謗親賢之勳德昨朕風驅銳旅電掃兇渠復已墜之宗祧纘中興之曆數捷音旋報復命仍稽使來而尚抗書題情動而先誇險固加以宋光葆輒陳狂計別啟奸媒將欲北顧秦川東窺荆渚人而無禮罪莫大焉昨客省使李嚴奉使銅梁近歸金闕凡于奏對備述端由其宋光嗣相見之時于坐上便有言說先問契丹強弱次數秦王是非度此苞藏可見情狀加

以疎遠忠直朋比奸雄內則縱恣輕華競貪寵位外則滋彰法令蠹耗生靈旣德力以不量在神祇之共憤今命興聖宮使魏王繼岌充西川四面行營都統命侍中樞密使郭崇韜充西川東北面行營都招討制置等使荆南節度使高季興充西川東南面行營都招討使鳳翔節度使李曮充供軍轉運應接等使同州節度使李令德充行營招討副使陝府節度使李紹琛充行營蕃漢馬步軍都排陣斬斫使西京留守張筠充西川管內安撫應接使華州節度使毛璋充行營左廂馬步都虞候邠州節度使董璋充行營右廂馬步都虞候客省使

李嚴充西川管內招撫使總領闕下諸軍兼四面諸道馬步兵事取九月十八日進發凡爾中外宜體朕懷辛丑授魏王繼岌諸道行營都統餘如故繼岌既受都統之命以梁漢顒充中軍馬步都虞候兼馬步軍都指揮使張廷蘊爲中軍步軍都指揮使牛景章充中軍左廂馬軍都指揮使沈斌充中軍右廂馬軍都指揮使卓瓌充中軍左廂步軍都指揮使王贇充中軍右廂步軍都指揮使供奉官李從襲充中軍馬步軍都監高品李廷安呂使柔充魏王衙通謁詔工部尚書任圜翰林學士李愚參魏王軍事丁未夕偏天陰雲北方有聲如雷野

雉皆鳴俗所謂天狗落戊申魏王繼岌樞密使侍中郭崇韜進發西征（案原本衍辛巳幸壽安陵甲寅八字今刪去）太子少師致仕薛廷珪卒贈右僕射甲寅幸壽安陵司天上言自七月三日大雨至九月十八日後方晴三辰行度不見丁巳幸尖山射雁冬十月庚申朔宰臣及文武三品以上官赴長壽宮上大行皇太后謚曰貞簡皇太后辛酉幸甘泉遂幸壽安陵壬戌魏王繼岌率師至鳳翔先遣使馳檄以諭蜀部丁卯奉皇太后尊謚寶冊赴西宮靈座宰臣豆盧革攝太尉讀冊文吏部尚書李琪讀寶文百官素服班于長壽宮門外奉慰淮南楊溥遣使進慰禮巳

巳中書上言貞簡太后陵請以坤陵爲名從之初卜山陵帝欲祔于代州武皇陵奏議天子以四海爲家不當分其南北乃于壽安縣界別卜是陵（案五代會要載中書門下奏議云人君以四海爲家不當分其南北洛陽是帝王之宅四時朝拜禮須便近不能遠幸代州今漢朝諸陵皆近秦雍國朝陵寢布列京畿後魏文帝自代遷洛之後園陵皆在河南兼勅功臣之家不許北葬今魏氏諸陵尚在京畿祔葬代州理未爲允從之）丙子以前翰林學士戶部侍郎馮道依前本官充職戊寅西征之師入大散關（九國志趙廷隱傳云自入敵境即禁兵士焚廬舍剽財物蜀人德之）僞命鳳州節度使王承捷故鎮屯駐指揮使唐景思次第迎降得兵一萬二千軍儲四十萬又下三泉得軍儲三十餘萬自是師無匱乏軍聲大振

辛巳僞興州刺史王承鑑成州刺史王承朴棄城遁去康延孝大破蜀軍于三泉時王衍將幸秦州以其軍五萬屯于利州聞我師至遣步騎三萬逆戰于三泉延孝與李嚴以勁騎三千擊之蜀軍大敗斬首五千級餘衆奔潰王衍聞敗自利州奔歸成都斷吉柏津浮梁而去丁亥文武百官上表以貞簡皇太后靈駕發引請車駕不至山陵所戊子葬貞簡太后于坤陵己丑魏王繼岌至興州僞東川節度使宋光葆以梓綿劍龍普五州來降武定軍使王承肇以洋蓬壁三州來降興元節度使王宗威以梁開通渠麟五州來降階州刺史王承岳納

符印請命秦州節度使王承休棄城自扶州路奔于西川（太平廣記引王氏見聞記云王承休擁銳兵于天水兵刃不舉旣知東軍入蜀遂擁麾下之師及婦女孩幼萬餘口金銀繒帛于西蕃買路歸蜀沿路爲西蕃擄奪凍餓相踐而死迨至蜀存者百餘人唯與田宗汭等脫身而至魏王使人問之曰親握重兵何得不戰曰畏大王神武不敢當其鋒曰何不早降曰蓋緣王師不入封部無門納款曰初入蕃部幾許人曰萬餘口今存者幾何曰纔及百數魏王曰汝可償萬人之命遂斬之）十一月庚寅朔帝幸壽安號慟于坤陵戊戌以振武節度使朱守殷爲兗州節度使徐州鄴都上言十月二十五日夜地大震康延孝至利州修吉柏津浮梁僞昭武軍節度使林思諤來降辛丑魏王過利州帝賜王衍詔諭以禍福甲辰魏王至劍州僞武信軍節度使王宗壽以遂合渝瀘忠五州來降（案九國志王宗壽傳王衍時爲武信軍節度使唐師入境郭崇韜遣使遺宗壽書宗壽不納聞衍降乃治裝赴闕据薛史則王衍未送款宗壽已降矣與九國志異）丁未高麗國遣使貢方物康延孝李嚴至漢州王衍遣人送牛酒請降李嚴遂先入成都戊申祔貞簡皇太后神主于太廟己酉魏王至綿州王衍遣使上牋歸命庚戌皇弟鄆州節度使存霸滑州節度使存渥左金吾大將軍晉州節度使存乂邢州節度使存紀並授起復雲麾將軍右金吾大將軍同正荊南節度使高季興奏收復歸夔忠等州辛亥魏王至德陽僞六軍使王宗弼報王衍舉家遷于西宅宗弼權稱西川兵馬留後又報僞樞

密使宋光嗣景潤澄宣徽使李周輅歐陽晃同有異謀惑亂蜀主已梟斬訖（案九國志王宗弼傳唐師陷鳳州衍遣三招討屯三泉以拒唐師未戰三招討俱遁走因令宗弼守綿谷而誅三招討宗弼遂與三招討同送款于魏王乃還成都斬宋光嗣等函首送于魏王遷衍及母妻于西宮通鑑作李嚴至成都宗弼猶乘城爲守備與九國志異）壬子王衍遣使上表請降癸丑以吳越國馬步統軍使檢校太傅錢元球爲檢校太尉守侍中充靜海軍節度使乙卯魏王至西川城北丙辰蜀主王衍出降語在衍傳（案王衍出降在十一月丙辰通鑑與薛史同歐陽史作己酉蓋據其上牋歸命之日而失書之其寔己酉唐師尚在綿州未入成都也五代春秋作十二月蜀王衍降尤誤）丁巳大軍入成都法令嚴峻市不易肆自興師凡七十五日蜀平得兵士三萬兵仗七百萬糧三百五十三萬錢一百九十二萬貫金銀共二十二萬兩珠玉犀象二萬紋錦綾羅五十萬得節度州十郡六十四縣二百四十九己丑禮儀使奏貞簡皇太后升祔禮畢一應宗廟伎樂及諸祀並請仍舊從之十二月壬戌以前雲州節度使李存敬爲同州節度使以同州節度使檢校太保同平章事李令德爲遂州節度使以邠州節度使檢校太保董璋爲劍南東川節度副大使知節度事以華州節度使毛璋爲邠州節度使以左金吾大將軍史敬鎔爲華州節度使丁卯以武甯軍節度副使李紹文爲兗州觀察留後庚午宴諸王武臣

于長春殿始用樂丙子以北京副留守事太原尹孟知祥爲檢校太傅同平章事成都尹劍南西川節度副大使知節度事西山八國雲南都招撫等使以戶部尙書王正言爲檢校吏部尙書守興唐尹充鄴都副留守以鄴都副留守興唐尹張憲檢校吏部尙書太原尹充北京副留守知留守事己卯以臘辰狩于白沙皇后皇子宮人畢從庚辰次伊闕辛巳次潭泊壬寅次龕澗癸未還宮是時大雪苦寒吏士有凍踣于路者伊汝之民飢乏尤甚衞兵所至責其供餉旣不能給因壞其什器撤其廬舍而焚之甚于剽刼縣吏畏恐竄避于山谷間甲

申出御札示中書門下以今歲水災異常所在人戶流徙以避征賦關市之征抽納繁碎宜令宰臣商量條奏丙戌第三姑宋氏封義寧大長公主長姊孟氏封瓊華長公主第十一妹張氏封瑤英長公主十二月甲午賜中書門下詔曰朕聞古先哲王臨御天下上則以無偏無黨爲至治次則以足食足兵爲遠謀緬維前修誠可師範朕纂承鳳曆嗣守鴻圖三載于茲萬機是總非不知五兵未弭兆庶多艱蓋賴卿等寅亮居懷康濟爲務冀盡敷輿之理洞詢葢徹之規今則稽案方區備聆謠俗或力役罕均其勞逸或賦租莫辨于後先但以督促

爲名煩苛不已被甲冑者何嘗充給趨朝省者轉困支持州閭之貨殖全踈天地之災祥屢應以至星辰越度旱澇不時農桑失業于巨闤道殣相望于郊野生靈及此寢食甯遑豈非朕德政未孚焦勞自拙者耶朕昨親援毫翰軫念瘡痍一則詢爾謀猷一則表予宵旰未被來奏轉撓于懷敢不冀翼罪躬乾乾軫慮咨爾四岳羣予一人何不舉賢才禪寡昧百辟之內羣后之間莫不有盡忠者被掩其能抱器者艱陳其力或草澤有遺逸之士山林多屈滯之人爾所不知吾將安訪卿等位尊調鼎名顯代天旣逢不諱之朝何惜由衷之說當宜歷

告中外急訪英髦應在仕及前資文武官已下至草澤之士有濟國治民除姦革弊者並宜各獻封章朕當選擇施行其近宣御札亦告諭內外體朕意焉是時兩河大水戶口流亡者十四五都下供饋不充軍士乏食乃有鬻子去妻老弱採拾于野殍踣於行路者州郡飛輓旋給京師租庸使孔謙日于上東門外佇望其來算而給之加以所在泥潦輦運艱難愁嘆之聲盈于道路四方地震天象乖越帝深憂之問所司濟贍之術孔謙比以吏進故無保邦濟民之要務唯以急刻賦斂爲事樞密承旨段徊奏曰臣見本朝時或遇歲時災歉國費不

足天子將求經濟之要則內出朱書御札以訪宰臣請陛下依此故事行之卽命學士草詞帝親札以訪宰臣非帝憂民之實也時宰相豆盧革等依阿狥旨竟無所陳但云陛下威德冠天下今西蜀平定珍寶甚多可以給軍水旱作沴天之常道不足以貽聖憂中官李紹宏奏曰侯魏王旋軍之後若兵額漸多饋輓難給請且幸汴州以便漕輓時羣臣獻議者亦多大較詞理迂闊不中時病唯吏部尚書李琪引古田租之法從權救弊之道上疏言之帝優詔以奬之丁酉詔僞蜀私署官員等惟名與器不可假人況是遐僻偏方僭竊僞署因時亂

而濫稱名位歸國體而悉合削除但恐當本朝屯否之時有歷代簪纓之士旣陷彼土遂授僞官又慮有曾受本朝渥恩當時已居班秩須爲升降不可通同應僞署官至太師太傅及三少并太尉司徒司空侍中中書令左右僕射已上並宜降至六尚書臨時更約僞署高低爲六行次第階至開府特進金紫者宜令交班降至朝散大夫武班降至銀靑爵僞署將相已下與開國男餘並不得更請封爵其有功臣削去（案此句疑有脫誤據五代會要作其有功臣名號並宜削去）如是僞署節鎭伐罪之初率先向化及立功効者宜委繼岌崇韜臨時奬任其刺史但許稱使君不

得更有檢校官其僞署班行正四品已上酌此降黜五品以下如不曾經本朝授官若材智有聞卽許于府縣中量材任使如無材智可錄止是蜀地土人並宜放歸田里如是西班有稱統軍上將軍者若是本朝功臣子孫及將相之嗣並據人材高下與諸衛小將軍府率中郎將次第授任如是小將軍已下據人材堪任使者宜委西川節度使銜前補押衙不堪任使者亦宜放歸田里應已前降官除軍前量事迹任使外餘並稱前銜候朝廷續據才行任使庚子彰武保大等節度使高萬興卒甲辰淮南楊溥遣使朝貢乙巳以晉州節度使李存

乂爲鄜州節度使以相州刺史李存確爲晉州節度使丙午兩省諫官上疏請車駕不恐幸汴州凡三上章乃允庚戌魏王繼岌奏遣秦州副使徐藹賫書招諭南詔蠻又奏點到兩川馬九千五百三十匹（淸異錄莊宗滅梁平蜀志頗自逸命蜀匠織十幅無縫錦爲被材被成賜名六合被）辛亥制皇第二弟存霸可封永王第三弟存美可封邕王第四弟存渥可封申王第五弟存乂可封睦王第六弟存確可封通王第七弟存紀可封雅王是歲日傍有背氣凡十三（永樂大典卷七千一百五十七）

舊五代史卷三十三終

舊五代史卷三十三攷證

唐莊宗紀七禮部尚書王正言　正言原本作直言今據歐陽史改正

其許市者謂之入草物　入草原本訛全草今據通鑑及册府元龜所引薛史改正

鎭州衞州奏　案原本脫鎭州二字今據册府元龜所引薛史增入

太子少師致仕薛廷珪卒　少師原本作少保今據列傳改正

斷吉柏津　吉柏通鑑作桔柏攷歐陽史亦作吉柏今

仍其舊

梁僞昭武軍節度使林思諤來降　思諤原本作世諤今據通鑑十國春秋改正

僞武信軍節度使王宗壽以遂合渝瀘忠五州來降　案九國志王宗壽傳唐師入境郭崇韜遣使遺宗壽書宗壽不納聞衍降乃治裝赴闕歐陽史蜀世家亦言宗壽獨不降聞衍已銜璧大慟從衍東遷據是書則王衍未送款宗壽已降疑傳聞之誤

丙辰蜀主王衍出降　案王衍出降在十一月丙辰通鑑與是書同歐陽史作已酉蓋據上牋歸命而先書之其實已酉唐師尚在綿州未入成都也五代春秋作十二月蜀王衍降尤誤

辛巳次潭泊壬午次龕澗　潭泊原本訛覃泊龕澗原本訛寵澗今並從通鑑改正

長姊孟氏封瓊華長公主　案通鑑以瓊華爲克讓女則莊宗之從姊也隆平集東都事畧孟昶傳並云父知祥尙唐莊宗妹俱與是書異

日于上東門外佇望其來　上東門原本作尙東門據通鑑注云洛城東面三門中曰建春左曰上東右曰永春今改正

如是西班有稱統軍上將軍者　西班原本作兩班今據五代會要改正

第七弟存紀可封雅王　雅王原本作睢王攷通鑑及歐陽史皆作雅王是書宗室傳亦作雅今改正

舊五代史卷三十三攷證

舊五代史卷三十四

宋司空同中書門下平章事薛居正等撰

莊宗紀第八　　唐書十

同光四年春正月戊午朔帝不受朝賀契丹寇渤海壬戌詔以去歲災沴物價騰涌自今月三日後避正殿減膳撤樂以答天譴應去年遭水災州縣秋夏稅賦並與放免自壬午年已前所欠殘稅及諸色課利已有勅命放免者尚聞所在却有徵收宜令租庸司切準前勅處分應京畿內人戶有停貯斛㪷者並令減價出糶如不遵行當令檢括西川王衍父子及僞署將相官吏除已

行刑憲外一切釋放天下禁囚除十惡五逆官典犯贓屠牛毀錢放火劫舍持刀殺人準律常赦不原外應合抵極刑者遞降一等其餘罪犯悉與減降逃背軍健並放逐便癸亥河中節度使李繼麟來朝諸州上言準宣爲去年十月地震集僧道起消災道場甲子魏王繼岌殺樞密使郭崇韜于西川夷其族丙寅百官上表請復帝膳凡三上表乃允之西川行營都監李廷安進西川樂官二百九十八人契丹寇女眞渤海戊寅契丹寇巴堅（舊作阿保機今改正）遣使貢良馬庚辰帝異母弟鄆州節度使存乂伏誅存乂郭崇韜之子壻也故亦及于禍是日以河中節度使守太師兼尚書令西平王李繼麟爲滑州節度使尋令朱守殷以兵圍其第誅之夷其族辛巳吐渾奚各遣使貢馬鎮州上言部民凍死者七千二百六十人又奏準宣進花菓樹栽及抽樂人梅審鐸赴京甲申以鄆州節度使永王存霸爲河中節度使以滑州節度使申王存渥爲鄆州節度使乙酉內人景姹上言昭宗遇難之時皇屬千餘人同時遇害爲三穴瘞于宮城西古龍興寺北請改葬從之仍詔河南府監護其事丙戌廻鶻可汗阿咄欲遣使貢良馬鎮州上言平棘等四縣部民餓死者二千五百人丁亥詔朱友謙同惡人史

武等七人已當國法並籍沒家產武等友謙舊將時皆爲刺史並以無罪族誅（案通鑑云友謙舊將史武等七人時爲刺史皆坐族誅蓋以薛史爲據于七人姓名不爲全載考歐陽史丁亥殺繼麟之將史武薛容周唐殷揚師太王景來仁白奉國可補薛史之所未備）二月已丑以宣徽南院使知內侍省兼內勾特進右領軍衞上將軍李紹宏爲驃騎大將軍守武衞上將軍知內侍省充樞密使甲午以鄭州刺史李紹奇爲河陽節度使以樂人景進爲銀青光祿大夫檢校右散騎常侍守御史大夫進以俳優嬖幸善采訪閭巷鄙細事以啓奏復密求妓媵以進恩寵特厚魏州錢穀諸務及招兵市馬悉委進監臨孔謙附之以希寵常呼爲八

哥諸軍左右無不託附至于士人亦有因之而求仕進者每入言事左右紛然屏退惟以陷害熒惑爲意焉是日帝幸冷泉校獵乙未宰臣豆盧革上言請支州縣官實俸以責課効丙申武德使史彥瓊自鄴馳報稱今月六日貝州屯駐兵士突入都城剽劫坊市初帝令魏博指揮使楊仁晸率兵戍瓦橋至是代歸有詔令駐于貝州上歲天下大水十月鄴地大震自是居人或有亡去他郡者每日族談巷語云城將亂矣人人恐悚皆不自安十二月以戶部尙書王正言爲興唐尹知留守事正言年耄風病事多忽忘比無經治之才武德使史彥瓊

者以伶官得幸帝待以腹心之任都府之中威福自我正言以下皆脅肩低首曲事不暇由是政無統攝姦人得以窺圖値郭崇韜伏誅人未測其禍始皆云崇韜已殺繼岌自王西川故盡誅郭氏先是有密詔令史彥瓊殺朱友謙之子澶州刺史建徽彥瓊夜半出城不言所往詰旦閽報正言曰史武德夜半馳馬而去不知何往是日人情震駭訛言云劉皇后以繼岌死于蜀已行弑逆帝已晏駕故急徵彥瓊其言播于鄴市貝州軍士有私甯親于都下者掠此言傳于貝州軍士皇甫暉等因夜聚蒱博不勝遂作亂劫都將楊仁晸曰我輩十有餘

年爲國家効命甲不離體已至吞併天下主上未垂恩澤翻有猜嫌防戍邊遠經年離阻鄉國及得代歸去家咫尺不令與家屬相見今聞皇后弑逆京邑已亂將士各欲歸府甯親請公同行仁晸曰汝等何謀之過耶今英主在上天下一家從駕精兵不下百萬西平巴蜀威振華夷公等各有家族何事如此軍人乃抽戈露刃環仁晸曰三軍怨怒咸欲謀反苟不聽從須至無禮仁晸曰吾非不知此但丈夫舉事須計萬全軍人即斬仁晸裨將趙在禮聞軍亂衣不及帶將踰垣而遁亂兵追及白刃環之曰公能爲帥否則頭隨刃落在禮懼即曰

吾能爲之衆遂呼譟中夜燔劫貝郡詰旦擁在禮趨臨清剽永濟館陶五日晚有自貝州來者言亂兵將犯都城都巡檢使孫鐸等急趨史彥瓊之第告曰賊將至矣請給鎧仗登陴拒守彥瓊曰今日賊至臨清計程六日方至爲備未晚孫鐸曰賊來寇我必倍道兼行一朝失機悔將何及請僕射率衆登陴鐸以勁兵千人伏于王莽河逆擊之賊旣挫勢須至離潰然後可以翦除如俟其凶徒薄于城下必慮奸人內應則事未可測也彥瓊曰但訓士守城何須即戰時彥瓊疑孫鐸等有他志故拒之是夜三更賊果攻北門彥瓊時以部衆在北門樓

閭賊呼譟即時驚潰彥瓊單騎奔京師遲明亂軍入城
孫鐸與之巷戰不勝携其母自水門而出獲免晡晚趙
在禮引諸軍據宮城署皇甫暉趙進等爲都虞候斬斫
使案九國志趙進傳云莊宗入洛猶行遣屯廩祿既薄又不時給士卒多怨憤思亂者十七同光末進與本
軍皇甫暉等共推趙在禮相率夜犯鄴城鄴中士卒莫有闕志進等因陷其城未踰旬兵數萬在禮署進衙內
都虞二城巡檢使通鑑作趙在禮據宮城署皇甫暉及軍校趙進爲馬步都指揮使與九國志異諸軍
大掠興唐尹王正言謁在禮望塵再拜是日衆推在禮
爲兵馬留後草奏以聞帝怒命宋州節度使元行欽率
騎三千赴鄴都招撫詔徵諸道之師進討丁酉淮南楊
溥遣使賀平蜀己亥魏王繼岌奏康延孝擁衆反廻寇

西川遣副招討使任圜率兵追討之庚子福建節度副
使王延翰奏節度使王審知委權知軍府事邢州左右
步直軍四百人據城叛推軍校趙太爲留後詔東北面
副招討使李紹眞率兵討之辛丑元行欽至鄴都進攻
南門以詔書招諭城中趙在禮獻羊酒勞軍登城遥拜
行欽曰將士經年離隔父母不取勑旨歸寧上貽聖憂
追悔何及儻公善爲敷奏俾從渙汗某等亦不敢不改
過自新行欽曰上以汝輩有社稷功必行赦宥因以詔
書諭之皇甫暉聚衆大詬即壞詔行欽以聞帝怒曰收
城之日勿遺噍類壬寅行欽自鄴退軍保澶州甲辰從

馬直宿衛軍士王温等五人夜半謀亂殺本軍使爲衛
兵所擒磔于本軍之門丙午以右散騎常侍韓彥惲爲
戶部侍郎丁未鄴都行營招撫使元行欽率諸道之師
再攻鄴都戊申以洋州留後李紹文爲夔州節度使詔
河中節度使永王存霸歸藩己酉以樞密使宋唐玉爲
特進左威衛上將軍充宣徽南院使庚戌諸軍大集于
鄴都進攻其城不克行欽又大治攻具城中知其無赦
晝夜爲備朝廷聞之益恐連發中使促繼岌西征之師
繼岌以康延孝據漢州中軍之士從任圜進討繼岌端
居利州不復東歸是日飛龍使顏思威部署西川宮人

至辛亥淮南楊溥遣使貢方物西京上言客省使李嚴
押蜀主王衍至本府壬子以守太尉中書令河南尹兼
河陽節度使齊王張全義爲檢校太師兼尚書令兗許
州節度使東川董璋奏準詔誅遂州節度使李令德于
本州夷其族癸丑湖南馬殷奏福建節度使王審知疾
甚副使王延翰已權知軍府事請降旌節司天監上言
自二月上旬後晝夜陰雲不見天象自二十六日方晴
至月終星辰無變以右衛上將軍朱漢賓知河南府事
甲辰命蕃漢總管李嗣源統親軍赴鄴都以討趙在禮
帝素倚愛元行欽鄴都軍亂即命爲行營招討使久而

無功時趙太據邢州王景戡據滄州自爲留後河朔郡
邑多殺長吏帝欲親征樞密使與宰臣奏言京師者天
下根本雖四方有變陛下宜居中以制之但命將出征
無煩躬御士伍帝曰紹榮討亂未有成功繼岌之軍尙
留巴漢餘無可將者斷在自行樞密使李紹宏等奏曰
陛下以謀臣猛將取天下今一州之亂而云無可將者
何也總管李嗣源是陛下宗臣創業以來艱難百戰何
城不下何賊不平威略之名振于夷夏以臣等籌之若
委以專征鄴城之寇不足平也帝素寬大容納無疑于
物自誅郭崇韜朱友謙之後閹宦伶官交相讒諂邦國

大事皆聽其謀繇是漸多猜惑不欲大臣典兵既聞奏
議乃曰予侍嗣源侍衞卿當擇其次者又奏曰以臣等
料之非嗣源不可河南尹張全義亦奏云河朔多事久
則患生宜令總管進兵如倚李紹榮輩未見其功帝乃
命嗣源行營是日延州知州白彥琛奏綏銀兵士剽州
城謀叛魏王繼岌傳送郭宗韜父子首函至闕下詔張
全義收瘞之乙巳以右武衞上將軍李肅爲安邑解縣
兩池榷鹽使以吏部尙書李琪爲國計使三月丁未朔
（案通鑑作丁巳朔與薛史異）李紹眞奏收復邢州擒賊首趙太等二
十一人徇于鄴都城下皆磔于軍門庚戌李紹眞自邢

州赴鄴都城下（案通鑑作庚申李紹眞引兵至鄴都營于城西北以太等徇于鄴城下而殺之與薛史異）辛亥以威武軍節度副使福建管內都指揮使檢
校太傅守江州刺史王延翰爲福建節度使依前檢校
太傅壬子李嗣源領軍至鄴都營于西南隅甲寅進營
于觀音門外下令諸軍詰旦攻城是夜城下亂軍迫嗣
源爲帝遲明亂軍擁嗣源及霍彥威入于鄴城復爲皇
甫暉等所脅嗣源以詭詞得出夜分至魏縣時嗣源遣
領鎭州詰旦議欲歸藩上章請罪安重誨以爲不可語
在明宗紀中翌日遂次于相州元行欽部下兵退保衞
州以飛語上奏嗣源一日之中遣使上章申理者數四

帝遣嗣源子從審（案從審歐陽史作從璟考通鑑從審自衞州歸莊宗賜名繼璟與歐陽史異）與中使白從訓賫詔以諭嗣源行至衞州從審爲元
行欽所械不得達是日西面行營副招討使任圜奏收
復漢州擒逆賊康延孝丙辰荊南高季興上言請割峽
內夔忠萬等三州却歸當道依舊管係又請雲安監初
將議伐蜀詔高季興令率本軍上峽自收元管屬郡軍
未進夔忠萬三州已降季興數請之因賂劉皇后及宰
臣樞密使內外叶附乃俞其請戊午詔河南府預借今
年秋夏租稅時年飢民困百姓不勝其酷京畿之民多
號泣于路議者以爲劉盆子復生矣庚申詔潞州節度

使孔勍赴闕以右龍虎統軍安崇阮權知潞州是日忠武軍節度使齊王張全義薨壬戌宰臣豆盧革率百官上表以魏博軍變請出內府金帛優給將士不報時知星者上言客星犯天庫宜散府藏又云流星犯天棓主御前有急兵帝召宰臣于便殿皇后出宮中妝匳銀盆各二并皇子滿哥三人謂宰臣曰外人謂內府金寶無數向者諸侯貢獻旋供賜與今宮中有者粧匳嬰孺而已可鬻之給軍革等惶恐而退癸亥以僞置昭武軍節度使林思諤爲閬州刺史是日出錢帛給賜諸軍兩樞密使及宋唐玉景進等各貢助軍錢幣是時軍士之家

乏食婦女掇蔬于野及優給軍人皆負物而詬曰吾妻子已殍矣用此奚爲甲子元行欽自衞州率部下兵士歸帝幸耀店以勞之西川輦運金銀四十萬至闕分給將士有差元行欽請車駕幸汴州帝將發京師遣中官向延嗣馳詔所在誅蜀主王衍仍夷其族乙丑車駕發京師戊辰遣元行欽將騎軍沿河東向壬申帝至滎澤以龍驤馬軍八百騎爲前軍遣姚彦温董之彦温行至中牟率所部奔于汴州時潘環守王村寨有積粟數萬亦奔汴州是時李嗣源已入于汴帝聞諸軍離散精神沮喪至萬勝鎭卽命旋師登路旁荒塚置酒視諸將流涕

俄有野人進雉因問塚名對曰里人相傳爲愁臺帝彌不悅罷酒而去是夜次汜水初帝東出關從駕兵二萬五千及復至汜水已失萬餘騎乃留秦州都指揮使張塘以步騎三千守關帝過罌子谷道路險狹每遇衞士執兵仗者皆善言撫之曰適報魏王繼岌又進納西川金銀五十萬到京當盡給爾等軍士對曰陛下賜與太晚今亦不感聖恩帝流涕而已又索袍帶賜從官內庫使張容哥對曰頒給已盡衞士叱容哥曰致吾君社稷不保是此閹豎抽刀逐之或救而獲免容哥謂同黨曰皇后惜物不散軍人歸罪于吾輩事若不測吾輩萬段

願不見此禍因投河而死（隆平集內臣李承進逮事唐莊宗太祖嘗問莊宗時事對曰莊宗好畋獵每次近郊衞士必控馬首曰兒郎輩寒冷望陛下與救接莊宗隨所欲給之如此者非一晚年蕭墻之禍由賞賚無節威令不行也太祖歎曰二十年夾河戰爭不能以軍法約束此輩誠兒戲）甲戌次石橋（案通鑑作甲申次石橋西與薛史異歐陽史作甲戌至自萬勝與薛史合）帝置酒野次悲啼不樂謂元行欽等諸將曰鄴下亂離寇盜蜂起總管迫于亂軍存亡未測今訛言紛擾朕實無聊卿等事余以來富貴急難無不共之今玆危蹙賴爾籌謀而竟默默無言坐觀成敗予在滎澤之日欲單騎渡河訪求總管面爲方略招撫亂軍卿等各吐胸襟共陳利害今日俾予至此卿等如何元行欽等百餘人垂泣而奏

曰臣本小入掌陛下撫養位極將相危難之時不能立
功報主雖死無以塞責乞申後效以報國恩于是百餘
人皆援刀截髮置髻于地以斷首自誓上下無不悲號
識者以爲不祥是日西京留守張篘部署西征兵士到
京見于上東門外晡晚帝還宮初帝在氾水衛兵散走
京師恐駭不甯及帝至人情稍安乙亥百官進名起居
安義節度使孔勍奏點校兵士防城準詔運糧萬石進
發次時勍已殺監軍使據城詭奏也丙子樞密使李紹
宏與宰相豆盧革韋說會于中興殿之廊下商議軍機
因奏魏王西征兵士將至車駕且宜控氾水以俟魏王

從之午時帝出上東門親閱騎軍誡以詰旦東幸申時
還宮四月丁丑朔案歐陽史及通鑑五代春秋俱作四月丁亥朔考遼史天顯元年即同光四年亦作四月丁亥朔唯薛史作丁丑與諸書異案是年正月係戊午朔三月係丁未朔則四月朔日自當爲丁丑蓋薛當時之寔錄其月日有可徵信也以永王存霸爲北都留守申王
存渥爲河中節度使是日駕將發京師從駕馬軍陳于
寬仁門外步兵陳于五鳳門外帝內殿食次從馬直指
揮使郭從謙自本營率所部抽戈露刃至興教門大呼
與黃甲兩軍引弓射興教門帝聞其變自宮中率諸王
近衛禦之逐亂兵出門既而焚興教門緣城而入登宮
牆譁譟帝御親軍格鬬殺亂兵數百俄而帝爲流矢所

中亭午崩于絳霄殿之廡下時年四十二琬琰集載宋實錄王全斌傳云同光末蕭牆有變亂兵逼宮城近臣宿將皆釋甲潛遁惟全斌與符彥卿等十數人居中拒戰莊宗中流矢扶掖歸絳霄殿全斌慟哭而去東都事略符彥卿傳云郭從謙之亂莊宗左右皆引去惟彥卿力戰殺十餘人莊宗崩彥卿慟哭而去是時帝之左右例皆奔散唯五坊人善友
歛廡下樂器簇于帝屍之上發火焚之及明宗入洛止
得其燼骨而已天成元年七月丁卯有司上謚曰光聖
神閔孝皇帝廟號莊宗是月丙子葬于雍陵永樂大典卷七千一百五十八五代史補莊宗之嗣位也志在渡河但恨河東地狹兵少思欲百練其衆以取必勝于天下乃下令曰凡出師騎軍不見賊不許騎馬或步騎前後已定不得越軍分以避險惡其分路並進期會有處不得違暑刻并在路敢言病者皆斬之故三軍懼怯而戮力皆一以當百故朱梁舉天下而不能禦卒爲所滅良有以

也初莊宗爲公子雅好音律又能自撰曲子詞其後凡用軍前後隊伍皆以所撰詞授之使揭聲而唱謂之御製至于八陣不論勝負馬頭纔轉則衆歌齊作故凡所鬬戰人忘其死斯亦用軍之一奇也莊宗好獵每出未有不蹂踏苗稼一旦至中牟合圍忽有縣令忘其姓名犯圍諫曰大凡有國家者當視民如赤子性命所繫陛下以一時之娛恣其蹂踏使比屋嚻然動溝壑之慮爲民父母豈其若是耶莊宗大怒以爲遭縣令所辱遂叱退將斬之伶官鏡新磨者知其不可乃舉衆伶齊進挽住令佯爲詬責曰汝爲縣令可以指麾百姓爲兒既天子好獵即合多留閑地安得縱百姓耕鋤妨天子鷹犬飛走耶而又不能自責更敢咄咄吾知汝當死罪諸伶亦皆嬉笑繼和于是莊宗默然其怒少霽頃之恕縣令罪五代史闕文莊宗嘗因博戲覩骰子采有暗相輪者心悅之乃自置暗箭格凡博戲並認采之在下者及同光末鄴都兵亂從謙以兵犯興教門莊宗禦之中流矢而崩識者以爲暗箭之應
史臣曰莊宗以雄圖而起河汾以力戰而平汴洛家讎

旣雪國祚中興雖少康之嗣夏配天光武之膺圖受命亦無以加也然得之孔勞失之何速豈不以驕于驟勝逸於居安忘櫛沐之艱難狥色禽之荒樂外則伶人亂政內則牝雞司晨靳恡貨財激六軍之憤怨徵搜輿賦竭萬姓之脂膏大臣無罪以獲誅衆口吞聲而避禍夫有一於此未或不亡矧咸有之不亡何待靜而言之足以爲萬代之炯誡也永樂大典卷七千一百五十八

舊五代史卷三十四終

舊五代史卷三十四攷證

唐莊宗紀八令朱守殷以兵圍其第　案圍其第歐陽史作圍其館胡三省云歐陽史蓋謂朱友謙無私第在洛陽也據雲谷雜記唐末藩鎭入朝館舍皆稱邸第似無庸更易其字通鑑仍從是書作第

三月丁未朔　丁未通鑑作丁巳

庚戌李紹眞自邢州赴鄴都城下　案通鑑作庚申李紹眞引兵至鄴都營於城西北以太等徇于鄴城下而殺之與是書異

甲寅進營于觀音門外下令諸軍詰旦攻城是夜城下軍亂　案通鑑作壬戌李嗣源至鄴都甲子夜軍亂攷異引莊宗實錄作壬戌至鄴都癸亥夜軍士張破敗作亂與是書異日通鑑從是書

帝遣嗣源子從審　從審歐陽史及通鑑俱作從璟是書本紀前後俱作從審未知何據

帝幸耀店以勞之　耀店通鑑作鷂店胡三省注云薛史作耀店今仍其舊

甲戌次石橋　甲戌通鑑作甲申

五坊人善友　案通鑑作鷹坊人善友胡三省注云鷹坊唐時五坊之一也善姓也

安巴堅舊作阿保機今改　阿都欲舊作阿咄欲今改

舊五代史卷三十四攷證

舊五代史卷三十五

宋司空同中書門下平章事薛居正等撰

唐書十一

明宗紀第一

明宗聖德和武欽孝皇帝諱亶初名嗣源及即位改今諱代北人也世事武皇及其賜姓也遂編于屬籍四代祖諱聿皇贈麟州刺史天成初追尊爲孝恭皇帝廟號惠祖陵曰遂陵高祖妣衞國夫人崔氏追諡爲孝恭昭皇后三代祖諱教案原本作諱敖今從五代會要改正皇贈朔州刺史追尊爲孝質皇帝廟號毅祖陵曰衍陵曾祖妣趙國夫人張氏追諡爲孝質順皇后皇祖諱琰皇贈蔚州刺史追

尊爲孝靖皇帝廟號烈祖陵曰奕陵皇祖妣秦國夫人何氏追謚爲孝靖穆皇后皇考諱霓皇贈汾州刺史追尊爲孝成皇帝廟號德祖陵曰慶陵皇妣宋國夫人劉氏追謚爲孝成懿皇后帝即孝成之元子也以唐咸通丁亥歲九月九日懿皇后生帝于應州之金城縣初孝成事唐獻祖爲愛將獻祖之失振武爲吐渾所攻部下離散孝成獨奮忠義解蔚州之圍武皇之鎮鴈門也孝成歸代帝年甫十三善騎射獻祖見而撫之曰英氣如父可侍吾左右每從圍獵仰射飛鳥控弦必中尋隸武皇帳下武皇遇上源之難將佐罹害者甚衆帝時年十

七翼武皇踰垣脫難于亂兵流矢之內獨無所傷武皇鎮河東以帝掌親騎時李存信爲蕃漢大將每總兵征討師多不利武皇遂選帝副之所向克振帝嘗宿于鴈門逆旅媼方娠不時具饌媼聞腹中兒語云大家至矣速宜進食媼異之遽起親奉庖爨甚恭帝詰之媼告其故案北夢瑣言云帝以媼前倨後恭詰之曰公貴不可言也問其故具道娠子腹語事帝曰老媼遜言懼吾辱耳後果如其言帝旣壯雄武獨斷謙和下士每有戰功未嘗自伐居常唯治兵仗持廉處靜晏如也武皇常試之召于泉府命恣其所取帝唯持束帛數緡而出凡所賜與分給部下嘗與諸將會諸將矜衒武勇帝徐曰公輩以

口擊賊吾以手擊賊衆慙而止景福初黑山戍將王弁據振武叛帝率其屬攻之擒弁以獻乾甯三年梁人急攻兗鄆鄆帥朱瑄求救于武皇武皇先遣騎將李承嗣史儼援之復遣李存信將兵三萬屯于莘縣聞汴兵益盛攻兗甚急存信遣帝率三百騎而往敗汴兵于任城遂解兗州之圍朱瑾見帝執手泣謝其年魏帥羅弘信背盟襲破李存信于莘縣帝奮命殿軍而還武皇嘉其功即以所屬五百騎號曰橫衝都侍于帳下故兩河間目帝爲李橫衝明年武皇遣大將李嗣昭率師下馬嶺鬭將復邢洺梁將葛從周以兵應援嗣昭兵敗退入青

山口梁軍扼其路步兵不戰自潰嗣昭不能制會帝本
軍至謂嗣昭曰步兵雖散若吾輩空迴大事去矣爲公
試決一戰不捷而死差勝被囚嗣昭曰吾爲卿副帝率
其屬解鞍礪鏃憑高列陣左右指畫梁人莫之測因呼
曰吾王命我取葛司徒他士可無併命卽徑犯其陣奮
擊如神嗣昭繼進梁軍卽時退去帝與嗣昭收兵入關
帝四中流矢血流被股武皇解衣授藥手賜巵酒撫其
背曰吾兒神人也微吾兒幾爲從周所笑自青山之戰
名聞天下天復中梁祖遣氏叔琮將兵五萬營于洞渦
是時諸道之師畢萃于太原郡縣多陷于梁晉陽城外

營壘相望武皇登陴號令不遑飲食屬大雨彌旬城壘
多壞武皇令帝與嗣昭分兵四出突入諸營梁軍由是
引退帝率偏師追襲復郡邑昭宗之幸鳳翔也梁祖率
衆攻圍岐下武皇奉詔應援遣李嗣昭周德威出師晉
絳營于蒲縣嗣昭等軍大爲梁將朱友寧氏叔琮所敗
梁之追兵直抵晉陽營于晉祠日以步騎環城武皇登
城督衆憂形于色攻城既急武皇與大將謀欲出奔雲
中帝曰攻守之謀據城百倍但兒等在必能固守乃止
居數日潰軍稍集率敢死之士日夜分出諸門掩襲梁
軍擒其驍將游昆崙等梁軍失勢乃燒營而退天祐五

年五月莊宗親將兵以救潞州之圍帝時領突騎左右
軍與周德威分爲二廣帝晨至夾城東北隅命斧其鹿
角負芻塡塹下馬乘城大譟時德威登西北隅亦譟以
應之帝先入夾城大破梁軍是日解圍其功居最柏鄉
之役兩軍卽成列莊宗以梁軍甚盛慮師人之怯欲激
壯之手持白金巨鍾賜帝酒謂之曰卿見南軍白馬赤
馬都否覩之令人膽破帝曰彼虛有其表耳翌日當歸
吾廐中莊宗撫髀大笑曰卿已氣吞之矣帝引鍾盡釂
卽屬鞬揮弭躍馬挺身與其部下百人直犯白馬都奮
檛舞矟生挾二騎校而廻飛矢麗帝甲如蝟毛焉由是

三軍增氣自辰及未騎軍百戰帝往來衝擊執訊獲醜
不可勝計是日梁軍大敗以功授代州刺史莊宗遣周
德威伐幽州帝分兵略定山後八軍與劉守光愛將元
行欽戰于廣邊軍凡八戰帝控弦發矢七中行欽酣戰
不解矢亦中帝股拔矢復戰行欽窮蹙面縛乞降帝酌
酒飲之撫其背曰吾子壯士也因厚遇之十三年二月
莊宗與梁將劉鄩大戰于故元城北帝以三千騎環之
鼓譟奮擊內外合勢鄩軍殆盡帝狥地磁洺四月相州
張筠遁走乃以帝爲相州刺史九月滄州節度使戴思
遠棄城歸汴小將毛璋據州納款莊宗命率兵慰撫既

入城以軍府乂安報莊宗書吏誤云巳至滄州禮上畢莊宗省狀怒曰嗣源反耶帝聞之懼歸罪于書吏斬之未幾承制授邢州節度使十四年四月契丹按巴堅舊作何保機今卽改正率眾攻幽州周德威間使告急莊宗召諸將議進取之計諸將咸言敵勢不能持久野無所掠食盡自還然後躡而擊之可也帝奏曰德威盡忠于家國孤城被攻危亡在卽不宜更待敵衰願假臣突騎五千為前鋒以援之莊宗曰公言是也卽命帝與李存審閻寶率軍赴援帝為前鋒會軍于易州帝謂諸將曰敵騎以馬上為生不須營壘況彼眾我寡所宜銜枚箝馬潛行溪澗襲其不備也八月師發上谷陰晦而雨帝仰天祈祝卽時晴霽師循大房嶺緣澗而進翌日敵騎大至每遇谷口敵騎扼其前帝與長子從珂奮命血戰敵卽解去我軍方得前進距幽州兩舍敵騎復當谷口而陣我軍失色帝曰為將者受命忘家臨敵忘身以身狥國正在今日諸君觀吾父子與敵周旋因挺身入于敵陣以邊語諭之曰爾輩非吾敵吾當與天皇較力耳舞撾奮擊萬眾披靡俄挾其酋帥而還我軍呼躍奮擊敵眾大敗勢如席卷委棄鎧仗羊馬殆不勝計是日解圍大軍入幽州周德威迎帝執手歔欷九月班師于魏州莊宗

親出郊勞進位檢校太保十八年十月從莊宗大破梁將戴思遠于戚城斬首二萬級莊宗以帝為蕃漢副總管加同平章事二十年代李存審為滄州節度使四月莊宗卽位于鄴宮帝進位檢校太傅兼侍中尋命帝率步騎五千襲鄆州下之授天平軍節度使五月梁人陷德勝南城圍楊劉以扼出師之路帝孤守汶陽四面拒寇久之莊宗方解楊劉之圍九月梁將王彥章以步騎萬人廹鄆州自中都渡汶帝遣長子從珂率騎逆戰于遞坊鎮獲梁將任釗等三百人彥章退保中都莊宗聞其捷自楊劉引軍至鄆以帝為前鋒大破梁軍于中都生擒王彥章等是日諸將稱賀莊宗以酒屬帝曰昨朕在朝城諸君多勸朕棄鄆州以河為界賴副總管與傳于前崇韜畫謀于內若信李紹宏輩大事巳掃地矣莊宗與諸將議兵所向諸將多云青齊徐兗皆空城耳王師一臨不戰自下惟帝勸莊宗徑取汴州語在莊宗紀中莊宗嘉之帝卽時前進莊宗繼發中都十月巳卯遲明帝先至汴州攻封丘門汴將王瓚開門迎降帝至建國門聞梁主巳殂乃號令安撫迴軍于封禪寺辰時莊宗至帝迎謁路側莊宗大悅手引帝衣以首觸帝曰吾有天下由公之血戰也當與公共之尋進位兼中書令

二年正月契丹犯塞帝受命北征二月莊宗以郊天禮畢賜帝鐵券四月潞州小將楊立叛帝受詔討之五月擒楊立以獻六月進位太尉移鎮汴州代李存審爲蕃漢總管十二月契丹入塞三年正月帝領兵破契丹於涿州移授鎮州節度使先是帝領兵過鄴鄴庫素有御甲帝取五百聯以行是歲莊宗幸鄴知之怒甚無何帝奏請以長子從珂爲北京內衙都指揮使莊宗愈不悅曰軍政在吾安得爲子奏請吾之細鎧不奉詔旨强取其意何也令留守張憲自往取之左右說諭乃止帝憂恐不自安上表申理方解十二月帝朝于洛陽是時莊

宗失政四方饑饉軍士匱乏有賣兒貼婦者道路怨咨帝在京師頗爲謠言所屬洎朱友謙郭崇韜無名被戮中外大臣皆懷憂懼諸軍馬步都虞候朱守殷奉密旨伺帝起居守殷陰謂帝曰德業震主者身危功蓋天下者不賞公可謂震主矣宜自圖之無與禍會帝曰吾心不負天地禍福之來吾無所避付之于天卿勿多談也四年二月初六日趙在禮據魏州反莊宗遣元行欽將兵攻之行欽不利退保衛州初帝善遇樞密使李紹宏及帝在洛陽羣小多以飛語謗毀紹宏每爲庇護會行欽兵退河南尹張全義密奏請委帝北伐紹宏贊成之

遂遣帝將兵渡河三月六日帝至鄴都趙在禮等登城謝罪出牲餼以勞師帝亦慰納之營于鄴城之西南下令以九日攻城八日夜軍亂從馬直軍士有張破敗者號令諸軍各殺都將縱火焚營讙譟雷動至五鼓亂兵逼帝營親軍搏戰傷痍者殆半亂兵益盛帝叱之責其狂逆之狀亂兵對曰昨貝州戍兵主上不垂原宥又聞鄴城平定之後欲盡坑全軍某等初無叛志直畏死耳已共諸軍商量與城中合勢擊退諸道之師欲主上帝河南請令公帝河北帝泣而拒之亂兵呼曰令公欲何之不帝河北則爲他人所有苟不見幾事當不測抽戈

露刃環帝左右安重誨霍彥威躡帝足請詭隨之因爲亂兵迫入鄴城懸橋已發共扶帝越濠而入趙在禮等歡泣奉迎（通鑑亂兵擁嗣源及李紹眞等入城城中不受外兵皇甫暉逆擊張破敗斬之外兵皆潰趙在禮等率諸校迎拜嗣源）是日饗將士于行宮在禮等不納外兵軍衆流散無所歸向帝登南樓謂在禮曰欲建大事非兵不能集事吾自于城外招撫諸軍帝乃得出夜至魏縣部下不滿百人時霍彥威所將鎮州兵五千人獨不亂聞帝既出相率歸帝詰朝帝登城掩泣曰國家患難一至于此來日歸藩上章徐圖再舉安重誨霍彥威等曰此言非便也國家付以閫外之事不幸師徒逼橈爲

賊驚奔元行欽狂妄小人彼在城南未聞戰聲無故棄
甲如朝天之日信其奏陳何所不至若歸藩聽命便是
强據要君正墮讒慝之口也正當星行歸闕面叩玉階
讒間沮謀庶全功業無便于此者也帝從之十一日發
魏縣至相州獲官馬二千匹始得成軍元行欽退保衞
州果以飛語上奏帝上章申理莊宗遣帝子從審及內
官白從訓齎詔諭帝從審至衞州爲行欽所械帝奏章
亦不達帝乃趨白皐渡駐軍于河上會山東上供綱載
絹數船適至乃取以賞軍軍士以之增氣及將濟以渡
船甚少帝方憂之忽有木栰數隻沿流而至卽用以濟

師故無留滯焉二十六日至汴州莊宗領兵至滎澤遣
龍驤都校姚彥温爲前鋒是日彥温率部下八百騎歸
于帝具言主上爲行欽所惑事勢已離難與共事帝曰
卿自不忠言何悖也乃奪其兵仍下令曰主上未諒吾
心遂致軍情至此宜速赴京師旣而房知温杜晏球自
北面相繼而至四月丁亥朔至甖子谷聞蕭墻釁作莊
宗晏駕帝慟哭不自勝詰旦朱守殷遣人馳報京城大
亂燔剽不息請速至京師己丑帝至洛陽止于舊宅分
命諸將止其焚掠百官弊衣旅見帝謝之歛袵泣涕時
魏王繼岌征蜀未還帝謂朱守殷曰公善巡撫以待魏

王吾當奉大行梓宮山陵禮畢卽歸藩矣是日羣臣諸
將上牋勸進帝面諭止之樞密使李紹宏張居翰宰相
豆盧革韋說六軍馬步都虞候朱守殷青州節度使符
習徐州節度使霍彥威宋州節度使杜晏球兗州節度
使房知温等頓首言曰帝王應運蓋有天命三靈所屬
當協冥符禍之所鍾不可以謙遜免道之已喪不可以
智力求前代因敗爲功殷憂啟聖少康重興于有夏平
王再復于宗周其命維新不失舊物今日廟社無依人
神乏主天命所屬人何能爭光武所謂使成帝再生無
以讓天下願殿下俯徇樂推時哉無失軍國大事望以

教領令施行帝優答不從壬辰文武百寮三拜牋請行
監國之儀以安宗社答旨從之旣而有司上監國儀注
甲午幸大內興聖宮始受百寮班見之儀所司議卽位
儀注霍彥威孔循等言唐之運數已衰不如自創新號
因請改國號不從土德帝問藩邸侍臣左右奏曰先帝
以賜姓宗屬爲唐雪寃以繼唐祚今梁朝舊人不願殿
下稱唐請更名號帝曰予年十三事獻祖以予宗屬愛
幸不異所生事武皇三十年排難解紛櫛風沐雨冒刃
血戰體無完膚何艱險之不歷武皇功業卽予功業先
帝天下卽予天下也兄亡弟紹于義何嫌且同宗異號

出何典禮運之衰隆吾自當之衆之莠言吾無取也時羣臣集議依違不定唯吏部尚書李琪議曰殿下宗室勳賢立大功于三世一朝雨泣赴難安定宗社撫事因心不失舊物若別新統制則新朝便是路人煢煢梓宮何所歸往不唯殿下追感舊君之義羣臣何安請以本朝言之則睿宗文宗武宗皆以弟兄相繼卽位柩前如儲后之儀可也于是羣議始定河中軍校王舜賢奏節度使李存霸以今月三日出奔不知所在乙未勅曰寡人允副羣情方監國事外安黎庶內睦宗親庶諧敦敘之規永保隆平之運昨京師變起禍難薦臻至于戚屬之間不測驚奔之所慮因藏竄濫被傷痍言念于茲自然流涕宜令河南府及諸道應諸王眷屬等昨因驚擾出奔所至之處卽時津送赴闕如不幸物故者量事收瘞以聞北夢瑣言莊宗諸弟存紀存確匿于南山民家人有以報安重誨者重誨曰主上以下詔尋訪帝之仁德必不加害不如密令殺之果併命于民家後明宗聞之切讓重誨傷惜久之以中門使安重誨爲樞密使以鎭州別駕張延朗爲樞密副使以客將范延光爲宣徽使進奏官馮斌爲內客省使丙申下敕今年夏苗委人戶自供通頃畝五家爲保本州具帳送省州縣不得差人檢括如人戶隱欺許人陳告其田倍徵已亥命石敬瑭權知陝州兵馬留後皇子從珂

權知河南府兵馬留後庚子淮南楊溥進新茶以權知汴州軍州事孔循爲樞密副使以陳州刺史劉仲殷爲鄭州留後以鄭州防禦使王思同爲同州留後勅曰租庸使孔謙濫承委寄專掌重權侵剝萬端姦欺百變遂使生靈塗炭軍士饑寒成天下之瘡痍極人間之疲弊載詳衆狀側聽輿詞難私降黜之文合正誅夷之典宜削奪在身官爵按軍令處分雖犯衆怒特貸全家所有田宅並從籍沒是日謙伏誅勅停租庸名額依舊爲鹽鐵戶部度支三司委宰臣豆盧革專判中書門下上言請停廢諸道監軍使內勾司租庸院大程官出放豬羊柴炭戶括田竿尺一依朱梁制度仍委節度刺史通申三司不得差使量檢州使公廨錢物先被租庸院管係今據郡還州府州府不得科率百姓百姓合散蠶鹽每年秪二月內一度俵散依夏稅限納錢夏秋苗稅子除元徵石斗及地頭錢餘外不得紐配先遇赦所放逋稅租庸違制徵收並與除放今欲曉告河南府及諸道準此施行從之是日宋州節度使元行欽伏誅壬寅以樞密副使孔循爲樞密使永樂大典卷七千一百六十四

舊五代史卷三十五終

唐明宗紀一三代祖諱教　教原本作敎今據五代會要改正

皇考諱霓　歐陽史云父霓未知孰是

襲破李存信於莘縣　莘縣原本作華縣今據新唐書藩鎭傳改正

柏鄉之役　柏鄉原本訛松鄉今據通鑑改正

吾當與天皇較力耳　天皇原本作人皇攷遼史太祖稱爲天皇讓宗追稱人皇莊宗初年侵幽州者乃太祖非讓宗也今改正

十二月契丹入寇三年正月帝領兵破契丹于涿州　案歐陽史云冬契丹侵漁陽嗣源敗之于涿州入寇破敵皆作冬間事蓋順文併敘之耳當以是書爲徵實

請令公帝河北　河北原本作河中今據通鑑改正

獲官馬二千匹　案歐陽史作掠小坊馬二千匹

四月丁亥朔　案丁亥朔與莊宗紀異據莊宗紀三月丁未朔則四月當作丁丑據此紀下文有巳丑甲午則當作丁亥前後參差未詳孰是

己丑　案通鑑作乙丑疑傳寫之訛歐陽史從是書作巳丑

以樞密副使孔循爲樞密使　案歐陽史作左驍衛大將軍孔循爲樞密使吳縝纂誤云孔循傳作左衛大將軍爲樞密使俱與是書異

安巴堅舊作阿保機今改

舊五代史卷三十攷證

舊五代史卷三十六

宋司空同中書門下平章事薛居正等撰

明宗紀第二　唐書十二

天成元年夏四月丙午帝自興聖宮赴西宮文武百僚縞素于位帝服斬衰親奉攢塗設奠哭盡哀乃于柩前卽皇帝位百官易吉服班于位帝御袞冕受册訖百僚稱賀丁未羣官縞素赴西宮臨以樞密使安重誨爲檢校司空守左領軍大將軍依前充樞密使宰臣豆盧革等三上表請聽政從之遣使往諸道及淮南告哀辛亥帝始聽政于興聖殿壬子西南面副招討使工部尚書

任圜率步騎二萬六千人入見甲寅帝御文明殿受朝制改同光四年爲天成元年大赦天下後宮內職量留一百人內官三十人教坊一百人鷹坊二十人御厨五十人其餘任從所適諸司使務有名無實者並停分遣諸軍就食近畿以減饋送之勞秋夏稅子每斗先有省耗一升今後祗納正數其省耗宜停天下節度防禦使除正至端午降誕四節量事進奉達情而已自于州府圓融不得科斂百姓其刺史雖遇四節不在貢奉諸州雜稅宜定合稅物色名目不得邀難商旅租庸使先將係省錢物與人廻圖宜令盡底收納以塞倖門云乙卯

渤海國王大諲譔遣使朝貢是月北京副留守知留守事張憲賜死以其失守故也五月丙辰朔帝不視朝臨于西宮宰相豆盧革進位左僕射韋說進位門下侍郎兼戶部尚書監修國史並依舊平章事兗州節度使檢校太傅朱守殷加同平章事充河南尹判六軍諸衞事滄州節度使檢校太傅安元信加同平章事移鎭徐州邠州節度使檢校太保毛璋加同平章事以太子賓客鄭珏爲中書侍郎兼刑部尚書同中書門下平章事以工部尚書任圜爲中書侍郎兼工部尚書同中書門下平章事判三司徐州節度使李紹眞貝州刺史李紹英

齊州防禦使李紹虔河陽節度使李紹奇洺州刺史李紹能等上言前朝寵賜姓名今乞還舊內李紹虔上言臣本姓王後移杜氏蒙前朝賜今姓名乞復本姓詔並可之李紹眞復曰霍彥威李紹英復曰房知溫李紹虔復曰王晏球李紹奇復曰夏魯奇李紹能復曰米君立青州節度使檢校太傅同平章事符習加兼侍中徐州節度使檢校太傅霍彥威加兼侍中移鎭鄆州丁巳初詔文武百僚正衙常參外五日一度內殿起居（案五代會要載天成元年五月三日勅令後宰臣文武百官除常朝外每五日一度入內起居其中書非時有急切公事請開延英不在此限）麟州奏指揮使張延寵作亂焚剽市民已殺戮

訖戊午河陽節度使夏魯奇加檢校太傅以貝州刺史房知溫爲兗州節度使以齊州防禦使王晏球爲宋州節度使以洺州刺史米君立爲邢州節度使己未賜文武百官各一馬一驢西都知府張籛進魏王繼岌打毬馬七十二疋北京馬步都指揮使李從溫奉準詔誅宦官初莊宗遇內難宦者數百人竄匿山谷落髮爲僧奔至太原七十餘人至是盡誅于都亭驛辛酉詔華州放散西川宮人各歸骨肉壬戌以前襄州刺史北京左右廂都指揮使安金全爲安北都護振武節度使同平章事甲子前西都留守京兆尹張筠加檢校太傅充山南

西道節度使以夔州節度使李紹文爲遂州節度使以前鄧州留後戴思遠爲洋州節度使丁卯以金吾將軍張實爲金州防禦使戊辰以金紫光祿大夫檢校司空趙在禮爲滑州節度使加檢校太保制下在禮以軍情不順爲辭不之任以許州留後陶玘爲鄧州留後以諸道馬步副都指揮使安審通爲齊州防禦使庚午以權知北京軍府事汾州刺史符彥超爲晉州留後以前陳州刺史劉仲殷爲陝州留後癸卯以前磁州刺史劉彥琮爲同州留後甲戌福州節度使檢校太傅王延翰加檢校太尉同平章事乙亥翰林學士戶部侍郎知制誥

馮道翰林學士中書舍人趙鳳俱以本官充端明殿學士端明之職自此始也案五代會要云明宗初登位四方書奏多令樞密使安重誨讀之不曉文義于是孔循獻議因唐室侍讀之號卽創端明學士之名命馮道等爲之丙子詔故西道行營都招討制置等使守侍中監修國史兼樞密使郭崇韜宜許歸葬其世業田宅並還與骨肉故萬州司戶朱友謙可復護國軍節度使守太師兼尚書令河中尹西平王所有田宅財產並還與骨肉丁丑西都衙內指揮使張籛進納僞蜀主王衍犀玉帶各兩條馬一百五十匹初莊宗遣中宮向延嗣就長安之殺王衍也旋屬蕭墻之禍延嗣藏竄不知所之而衍之資裝妓樂並

爲籛所有復懼事泄故聊有此獻戊寅以樞密使安重誨兼領襄州節度使制下重誨之黨謂重誨曰襄州地控要津不可乏帥無宜兼領重誨卽自陳退許之以左金吾大將軍張遵誨爲西京副留守知留守事辛巳以衞尉卿李愕爲中書舍人充翰林學士壬午以前蔚州刺史張溫爲振武留後以左右廂突陣指揮使康義誠爲汾州刺史以左右廂馬軍都指揮使索自通爲忻州刺史尙父吳越國王錢鏐遣使進金器五百兩銀萬兩綾萬疋謝恩賜玉册金印初同光季年鏐上疏密求玉册金印郭崇韜進議以爲不可而樞密承旨段佪受其

重賂覬成其事莊宗卽允其請至是故有貢謝甲申幽
州節度使檢校太保李紹斌加檢校太傅同平章事復
姓名爲趙德鈞乙酉詔百官朔望入閤賜廊下食自亂
離已前常參官每日朝退賜食于廊下謂之廊餐乾符
之後百司經費不足無每日之賜至是遇入閤卽賜之
案五代會要云明宗初卽位命百官五日一起居李琪以爲非故事請罷之惟每月朔望日合入閤賜食至是宣旨朔望入閤外仍五日一起居遂爲定式
六月戊子前襄州節度使李紹
琪起復依前襄州節度使仍復本姓名曰劉訓以皇子
河中留後從珂爲河中節度使百寮表賀以翰林承旨
兵部尚書知制誥盧質爲檢校司空充同州節度使己

丑以吏部尚書判太常卿事李琪爲御史大夫以禮部
尚書崔協爲太常卿判吏部尚書銓事以御史中丞崔
居儉爲兵部侍郞以太子賓客蕭頃爲禮部尚書中書
奏請以九月九日皇帝降誕日爲應聖節休假三日從
之故忠武軍節度使檢校太師兼尚書令齊王張全義
贈太師以前尚書右丞崔沂爲尚書左丞丙申新州留
後張廷裕雲州留後高行珪並正授本軍節度使丁酉
詔曰四夷來王歷代故事前後各因强弱無制互有典
儀大蕃須示于威容卽于正衙引對小蕃但推于恩澤
仍于便殿撫懷憲府奏論禮院詳酌皆徵故實或有明

文正衙威容未可全虧內殿恩澤且可常行若遇大蕃
入朝卽准舊儀于正殿排比鋪陳立仗百官排班于正
門引入對見時百寮入閤班退後却引對朝貢蕃客御
史大夫李琪奏論之下禮院檢討而降是命焉戊戌樞
密使安重誨加檢校太保行兵部尚書事如故以太子
詹事劉岳爲兵部侍郞以太子右庶子王權爲戶部侍
郞以太子左庶子任贊爲工部侍郞庚子荆南節度使
檢校太師兼尚書令南平王高季興加守太尉兼尚書
令澤潞節度使檢校太傅同平章事孔勍加兼侍中汴
州屯駐控鶴指揮使張諫等謀叛伏誅以樞密使孔循

權知汴州軍州事甲辰樞密使孔循加檢校太保守秘
書監依前充使己巳秘書少監姚顗爲左散騎常侍以
太子左諭德陸崇爲右散騎常侍以兵部郞中蕭希甫
爲左諫議大夫前幽州節度判官呂夢奇爲右諫議大
夫以鄴都副留守孫岳爲潁州團練使詔曰古者酌禮
以制名懼廢于物取其難犯而易避貴便于時况徵在
二名抑有前例以太宗文皇帝自登寶位不改舊稱時
卽臣有世南官有民部靡闕曲避止禁連呼朕猥以眇
躬託于人上止遵聖範非敢自尊應文書內所有二字
但不連稱不得迴避如有臣下之名不欲與君親同字

者任自攺更丁未中書門下奏京城潛龍舊宅望以至德宮爲名從之戊申夏州節度使開府儀同三司檢校太師兼中書令朔方王李仁福加食邑一千戶以延州留後高允韜爲延州節度使以利州節度觀察留後張敬詢爲利州節度使劔南西川節度副大使知節度使事孟知祥加檢校太傅兼侍中劔南東川節度副大使知節度事董璋加檢校太傅壬子鳳翔節度使檢校太尉兼中書令李從曮加檢校太師兼中書令汴州知州孔循奏召集謀亂指揮使趙虔已下三千人並誅族訖甲寅以晉州留後符彥超爲北京留守以鎭州副使王

建立爲鎭州留後以右龍武統軍安崇阮爲晉州留後荆南節度使高季興上言夔忠萬三州舊是當道屬郡先被西川侵據今乞却割隸本管詔可之其夔州僞蜀先曾建節宜依舊除刺史（通鑑攷異引十國紀年荆南史天成元年二月壬辰請忠夔萬州及雲安監隸本道莊宗許之詔命未下莊宗遇弒六月壬辰王表求三州明宗許之）秋七月乙卯朔以太原舊宅爲積慶宮庚申契丹渤海國俱遣使朝貢甲子詔割韓城郃陽兩縣屬同州誅滑州左右崇牙及長劒等軍士數百人夷其族作亂故也其都校于可洪等相次到闕亦斬于都市丁卯以僞蜀守司空門下侍郎平章事晉國公王鍇爲檢校司空守陵州刺

史以夔州刺史石潭爲耀州團練使辛未詔諸道節度刺史文武將吏舊進月旦起居表今後除節度留後團練防禦使惟正至進賀表其四孟月並且止絕甲戌中書門下上言宣旨令進納新授諸道判官州縣官告敕牒祇應宣賜準往例除將相外並不賜官誥郎因梁氏起例凡宣授官並特恩賜臣等商量自兩使判官令錄在京除授者即于內殿謝恩便辭赴任不更進納官誥判司主簿不合更許朝對敕下後望準舊例處分從之乙亥莊宗皇帝梓宮發引帝縗服臨送于樓前是日葬莊宗于雍陵鎭州留後王建立奏涿州刺史劉殷肇

不受代謀叛昨發兵收掩擒劉殷肇及其黨一十三人見折足勘詰己卯以比部郎中知制誥楊凝式爲給事中充史館修撰判館事以僞蜀吏部尚書楊玢爲給事中充集賢殿學士判院事升應州爲彰德軍節度仍以興唐軍爲寰州隸彰國軍宰相豆盧革貶辰州刺史韋說貶敘州刺史仍令所在馳驛發遣爲諫議大夫蕭希甫疏奏故也制略曰革則縱田客以殺人說則侵鄰家而奪井選元亨之上第改王參之本名或主掌三司季元隨之務局或陶鎔百里受長吏之桑田咸屈塞于平人互阿私于愛子任官匪當黷貨無厭謀人之國若斯

致主之方安在既迷理亂又昧營舒而府司案牘爰來諫署奏章疊至備彰醜迹深污明庭是宜約以三章投之四裔其河南府文案及蕭希甫論疏並宜宣示百寮庚辰賜蕭希甫衣段二十疋銀器五十兩賞疏革說之罪也宰相鄭珏任圜再見安重誨救解革說請不復追行後命又三上表救解俱留中不報辛巳以捧聖嚴衛左廂馬步軍都指揮使李從璋領饒州刺史充大內皇城使中書門下奏條制檢校官各納尚書省禮錢舊制太師太尉納四十千後減落至二十千太傅太保元納錢三十千減至十五千司徒司空元納二十千減至一

十千僕射尚書元納一十五千減納七千員外郎中元納一十千今納三千四百者詔曰會府華資皇朝寵秩凡霑新命各納禮錢爰自近年多隳舊制遂致紀綱之地遽成廢墜之司况累條流就從減省方當提舉宜振規繩但緣其間翊衛勳庸藩宣將佐自軍功而遷陟示恩澤以獎酬須議從權不在其例其餘自不帶平章事節度使及防禦團練刺史使府副使行軍已下三司職掌監務官州縣官凡關此例並可徵納其檢校官自員外郎至僕射祇初轉一任納錢若不改呼不在徵納仍委尚書省部司專切檢舉置曆逐月具數申中書門下

癸未詔辰州刺史豆盧革可責授費州司戶參軍欽州刺史韋說可責授夷州司戶參軍皆員外置同正員仍令馳驛發遣甲申又詔曰責授費州司戶參軍豆盧革夷州司戶參軍韋說等自居台輔累換星華負先皇倚注之恩失大國燮調之理朕自登宸極常委鈞衡略無謙遜之辭但縱貪饕之意除官受賂樹黨徇私每虧敬于朕前徒自尊于人上道路之諠騰不已諫臣之條疏頗多罪狀顯彰典刑斯舉合從極法以塞羣情尚緣臨御之初含弘是務特軫墜泉之慮爰施解網之仁曲示優恩俯寬後命革可陵州長流百姓說可合州長流百

姓仍委逐處長知所在同州長春宮判官朝請大夫檢校尚書禮部郎中賜紫金魚袋豆盧昇將仕郎守尚書屯田員外郎崇文館學士賜緋魚袋韋濤等各因權勢驟列班行無才業以可稱竊寵榮而斯久比行貶謫以塞尤違朕以纂襲之初含容是務父既寬于後命子宜示于特恩並停見任昇濤即革說之子也永樂大典卷七千一百六十三

舊五代史卷三十六終

舊五代史卷三十六攷證

唐明宗紀二西都知府張籛　張籛原本作張鏐今據通鑑改正

故萬州司戶朱友謙　萬州原本作萬州今據歐陽史改正

樞密承旨段佪　段佪九國志作段懷攷歐陽史及通鑑並作段佪今仍其舊

正衙威容　正衙原本訛王衙今據册府元龜改正

是日葬莊宗于雍陵　雍陵原本作永陵攷徐無黨五代史注莊宗陵名雍陵石晉時避諱稱伊陵原本永

字誤今改正又莊宗葬日通鑑從哀册文作丙子是書從實錄作乙亥

改王參之本名　案王參疑有舛誤據册府元龜引薛史亦作王參今無可攷姑仍其舊

舊五代史卷三十六攷證

舊五代史卷三十七

宋司空同中書門下平章事薛居正等撰

明宗紀第三　　唐書十三

天成元年秋八月乙酉朔日有食之有司上言莊宗廟室酌獻請奏武成之舞從之鄆州節度使霍彥威移鎮青州丁亥莊宗神主祔廟有司請祧懿祖室從之詔陵州合州長流百姓豆盧革韋說等可並自長流後縱逢恩赦不在原宥之限豆盧昇韋濤仍削除自前所受官秩壬辰以久雨放百僚朝參詔天下疏理繫囚甲午汴州奏舊管曹州乞却歸當道從之是日詔曰承前使府奏請判官率皆隨府除移停罷近年流例有異前規使府隨已除移判官元安舊職起今後若是朝廷除授者即不計使府除移如是使府奏請即皆隨府移罷舊例藩侯帶平章事者所奏請判官殿中已上許奏緋中丞已上許奏紫今不帶平章事亦許同帶平章事例處分如防禦團練使奏請判官員外郎已下不在奏緋之限其所奏判官州縣官並須將歷任告身隨奏至京如未有官假稱試攝亦奏狀內分明署出如藩鎮留後權知軍州事並不在奏請判官之限如刺史要奏州縣官須申本道請發表章不得自奏近日州使奏請從事本無

官緋妄結虛銜不計職位高卑多是請兼朱紫不惟紊亂寶敢擾求宜令諸道州府切準敕命處分丁酉內出象笏三十四面賜百官之無笏者己亥帝御文明殿百官入閤月望如月朔之儀從新議例也荊南高季興上言峽州內三州請朝廷不除刺史幽州奏契丹寇邊詔齊州防禦使安審通率師禦之辛丑以前青州節度使符習爲鄆州節度使以前華州節度使史敬鎔爲安州節度使乙巳禁鎔錢爲器仍估定生銅器價斤二百熟銅器斤四百如違省價買賣者以盜鑄錢論丁未樞密使院條奏諸道節度使刺史內有不守部條公行科斂須行止絕州使所納軍糧不得更邀加耗節度使刺史所置牙隊許于軍都內抽取便結省司衣糧况人數已多訪問倘有招致諸色人多有抵罪亡命便于州府投名爲使下元隨邀求職務凌壓平人及有力戶人于諸處行賂希求事務亦有州使妄稱修葺城池廨宇科賦于人及營私宅諸縣鎮所受州使文符如涉科斂人戶不得稟受州府不得賒買行人物色兼行科率已前條件州使如敢犯違許人陳告勘詰不虛量行獎賞宜令三京諸道州府準此處分新授青州節度使霍彥威奏處斬新登州刺史王公儼及同謀拒命指揮使李謹王

居厚等八人訖初同光中符習爲青州節度使宦官楊希望爲監軍專制軍政趙在禮之據魏州習奉詔以本軍進討俄而帝爲亂軍所刼習卽罷歸希望遣兵邀之習懼而還至滑州帝遣人招之習至乃從帝入汴希望聞魏軍亂遣兵圍守習家欲盡殺之公儼素受希望奬愛謂希望曰内侍宜分腹心之兵監四面守陴者則誰敢異圖希望從之公儼乘其無備圍希望之第擒而殺之公儼遂與州將李謹等謀據州城以邀符節卽令軍府飛章留巳兼揚言符習在鎮人不便其政帝乃除公儼爲登州刺史公儼不時赴任卽以霍彦威代符習聚

兵淄州以圖進取彦威至淄川會詔使至青州告諭公儼卽赴所任彦威懲其初心遣人擒公儼于北海縣與同黨斬于州東有司上言莊宗祔廟懿祖祧遷準例捨故而諱新懿祖例不諱忌日不行香從之壬子襄州節度使劉訓加檢校太傅以僞蜀右僕射中書侍郎平章事趙國公張格爲太子賓客充三司副使從任圜請也九月乙卯朔詔汴州扶溝縣復隸許州以前絳州刺史婁繼英爲冀州刺史充北面水陸轉運制置使己未幸至德宮遂幸前隰州刺史袁建豐之第帝常爲太原内衙親將建豐爲副至是建豐風疾沉廢故親幸其第以撫之庚申以都官郎中庾傳美充三州搜訪圖籍使傳美爲蜀王衍之舊寮家在成都便于歸計且言成都具有本朝實錄及傳美使廻所得纔九朝實錄及殘缺雜書而巳癸亥應聖節百寮于敬愛寺設齋召緇黄之衆于中興殿講論從近例也戊辰以僞蜀檢校太師兼中書令右金吾街使張貽範爲兵部尚書致仕都官員外郎于鄴奏稱指揮不得書契券鬻賣良人從之癸酉天策上將軍湖南節度使開府儀同三司守太師兼尚書令楚王馬殷加檢校太師守尚書令兩浙節度留後靜海軍節度嶺南西道觀察處置等使檢校太尉兼中書

令錢元瓘加食邑中吳建武等軍節度嶺南東道觀察處置等使檢校太尉兼中書令錢元璙加開府階進食邑甲戌以前代州刺史馬溉爲左衛上將軍致仕己卯以光祿卿羅周敬爲右金吾衛大將軍充街使辛巳以前復州刺史袁義爲唐州刺史詔曰鳳翔節度使李曮世聯宗屬任重藩宣慶善有稱忠勤顯著既任維城之列宜新定體之文是降寵光以隆敦敘俾煥成家之美貴崇猶子之親宜于本名上加從字癸未文武百寮至張全義私第柩前立班辭以來月二日葬故也冬十月甲申朔詔賜文武百寮冬服綿帛有差近例十月初寒

之始天子賜近侍執政大臣冬服帝顧謂判三司任圜
曰百寮散未圜奏曰臣聞本朝給春冬服徧及百寮喪
亂已來急于軍旅人君所賜未能周給今止近臣而已
外臣無所賜帝曰外臣亦吾臣也卿宜計度圜遂與安
重誨據品秩之差以定春冬之賜其後遂以爲常右拾
遺曹琮上疏內一件百寮朔望入閤及五日內殿起居
請許三署寺監官輪次轉對奏事從之刑部員外郎孔
莊上言自兵興以來法制不一諸道州縣常行枷杖多
不依格律請以舊制曉諭改而正之丙戌吏部侍郎盧
文紀上言請內外文武官寮每歲有司明定考校將相

乞廻御筆以行黜陟疏下中書門下商量宰臣奏請施
行從之丁亥雲南嶲州山後兩林百蠻都鬼主右武衞
大將軍李卑晚遣大鬼主傳能阿花等來朝貢帝御文
明殿對之百寮稱賀庚寅以客省使李嚴領泗州防禦
使以河中節度副使李鏻爲太子賓客壬辰邠州節度
使毛璋移鎭潞州巴州進嘉禾合穗甲午以前隰州刺
史袁建豐遙領洪州節度使庚子幽州奏契丹平州守
將僞署幽州節度使盧文進率戶口歸明百寮稱賀辛
丑契丹遣使來告哀言國王案巴堅（舊作阿保機今改正）以今年
七月二十七日卒詔曰朕近纘皇圖恭修帝道務安夷
夏貴洽雍熙契丹主世預歡盟禮交聘問遽聞凶訃倍
軫悲懷可輟今月十九日朝參丙午以嶲州山後兩林
百蠻都鬼主李卑晚爲寧遠將軍大渡河山前邛川六
姓都鬼主懷安郡王勿鄧摽莎爲定遠將軍丁未幽州
奏盧文進所率降戶孳畜人口在平州西首尾約七十
里庚戌以吏部侍郎盧文紀爲御史中丞時御史大夫
李琪三上表求解任故也以兵部侍郎劉岳爲吏部侍
郎以戶部侍郎充端明殿學士馮道爲兵部侍郎以中
書舍人充端明殿學士趙鳳爲戶部侍郎並依前充職
壬子靜江軍節度使桂州管內觀察使檢校太師兼中

書令扶風郡王馬賨加食邑實封澧朗觀察使檢校太
傅兼侍中馬希振加檢校太尉盧文進至幽州遣軍吏
奉表來上十一月戊午以滄州留後王景戡爲邢州節
度使青州奏得登州狀申契丹先攻逼渤海國自案巴
堅身死雖已抽退尙留兵馬在渤海扶餘城今渤海王
弟領兵馬攻圍扶餘城內契丹次已未以翰林學士尙
書戶部郎中知制誥劉昫爲中書舍人充職辛酉以前
祕書少監溫輦爲太子詹事壬戌以前房州刺史朱罕
爲潁州團練使是日詔曰應今日已前修蓋得寺院無
令毀廢自此以後不得輒有建造如要願在僧門並須官

壇受戒不得衷私剃度癸丑日南至帝御文明殿受朝賀仗衛如式禮部侍郎裴皡上言諸州刺史經三考方請替移詔曰有政聲者就加恩澤無課最者卽便替移密州獻芝草庚午河陽節度使夏魯奇移鎭許州留後梁漢顒爲邠州節度使淮南楊溥遣使貢獻賀登極乙亥以前振武留後張溫爲利州昭武軍留後以果州刺史孫鐸爲漢州刺史充西川馬步軍都指揮使壬午靜海軍節度安南管內觀察等使檢校太尉兼侍中錢元球加開府階進食邑癸未鎭州奏準詔盧文進所率歸業戶口蠲放租稅三年仍每口給糧五斗十二月戊子

盧文進及將吏四百人見賜鞍馬玉帶衣被器玩錢帛有差詔曰朕中興寶祚復正皇綱萬國駢羅俱在照臨之內八紘遼敻咸居覆載之間矧彼雲南素歸正朔洎乎僞蜀思錫舊恩于乃眷以雖深欲霈覃而未暇百蠻都首領李卑晚六姓蠻都首領勿鄧摽莎等天資智勇世稟忠勤梯航之道路纔通琛賮之貢輸已至率其種落竭乃悃誠備傾向化之心深奬來庭之意今則各頒國寵別進王封其嶲州刺史李及大鬼主離吠等或遙貢表函或躬趨朝闕亦宜特授官資各遷階秩勉敦信義無墜册書示爾金石之盟保我山河之誓欽承休命

永保厥終壬辰帝狩于近郊臘故也甲午以契丹盧龍軍節度使盧文進爲檢校太尉同平章事充滑州節度使戊戌詔嚴禁鑞錢庚子皇第二子金紫光祿大夫檢校司徒從榮加檢校太保同平章事天雄軍節度使鄴都留守以武安軍馬步軍都指揮使馬希範爲澧州刺史鐵林都知事馬希杲爲衡州刺史王寅潁州刺史孫岳加檢校太保奬能政也丙午中書門下奏故事藩鎭節度觀察使帶平章事于都堂上事刊石記壁合納禮錢三千貫以充中書及兩省公使今欲各納禮錢五百千于中書立石亭子鐫勒宰臣使相官氏授上年月餘

充修葺中書及兩省公署部堂什物從之庚戌御史臺奏京城坊市士庶工商之家有婢僕自經投井非理物故者近者以來凡是死亡皆是臺司左右巡舉勘檢施行巳久仍恐所差人吏及街市胥徒同于民家因事邀脅臣詢訪故事凡京城民庶之家死喪委府縣檢舉軍家委軍巡商旅委戶部然諸司檢舉後具事由申臺其間或枉濫情故臺司訪聞卽行舉勘如是文武兩班官吏之家卽是臺司檢舉臣請自今以後並準故事施行者詔曰今後文武兩班及諸道商旅凡有喪亡卽準臺司所奏施行其坊市民庶軍士之家凡死喪及婢僕非

理物故依臺司奏委府縣軍巡同檢舉仍不得縱其吏卒于物故之家妄有邀脅或恐暑月屍柩難停若待申聞檢舉縱無邀脅亦須經時日今後仰本家喚四鄰檢察若無他故遂便葬埋如後別聞枉濫妄有保證官中訪知勘詰不虛本戶隣保並行科罪如聞諸道州府坊市死喪取分巡院檢舉頗致淹停人多流怨亦仰約京城事例處分（永樂大典卷七千一百六十四）

舊五代史卷三十七終

舊五代史卷三十七攷證

唐書明宗紀三內出象笏三十四面　三十四歐陽史作三十二

僞蜀右僕射中書侍郎平章事趙國公張格　張格原本作張裕攷舊唐書張濬傳濬次子格仕蜀爲平章事今改正

僞署幽州節度使盧文進　盧文進遼史作盧國用蓋文進在遼改名國用耳

國王安巴堅以七月二十七日卒　案遼史太祖紀作七月辛巳上崩

可輟今月十九日朝參　案歐陽史作廢朝三日

契丹次　案契丹次猶言契丹方即次也是書前後如攻城次鎮州次多單用次字疑即當時案牘之文今仍其舊附識于此

安巴堅舊作阿保機今改

補前本紀擒公儼於北海縣斬於州東（通鑑彦威聚兵淄州以圖進取公儼懼乙未始之官丁酉彦威至青州追擒之）

舊五代史卷三十七攷證

舊五代史卷三十八

宋司空同中書門下平章事薛居正等撰

明宗紀第四　　唐書十四

天成二年春正月癸丑朔帝御明堂殿受朝賀仗衛如常儀制曰王者祇敬宗祧統臨寰宇必順體元之典特新制義之文朕以眇躬獲承丕構襲三百年之休運繼二十聖之耿光馭朽納隍夕惕之心罔怠法天師古日躋之道惟勤今則載戢干戈渾同書軌荷玄穹之睠祐契兆庶之樂推檢玉泥金非敢期于薄德耕田鑿井誠有慕于前王將陳享謁之儀郎備郊丘之禮宜更稱謂

永耀簡編今改名爲亶凡在中外宜體朕懷宣制訖百寮稱賀有司告郊廟社稷案楊文公談苑云唐時避諱最重人君郎位多更名後唐尚沿其例明宗初名嗣源後改名亶于是楊檀改稱光遠其金壇及檀州諸州縣皆從改更則并偏旁字面亦改之當時明宗在御臣下避諱之嚴如此今考薛史楊光遠傳云初名檀唐天成中以明宗改御名爲亶始改名光遠與談苑合然閔帝紀尚稱北都護楊檀在天成中未嘗改名又明宗紀前後皆稱檀州則地名亦不改疑談苑所紀不能無誤薛史紀傳異文亦未畫一丙辰詔端明殿學士班位宜在翰林學士之上今後如有轉改只于翰林學士內選任先是端明殿學士班在翰林學士之下又如三館例官在職上趙鳳轉侍郎日諷宰相府移之旣而禁林序列有不可之言安重誨奏行此敕時論便之癸亥宰臣

鄭珏加特進門下侍郎兼太微宮使崇文館大學士任圜加光祿大夫門下侍郎監修國史以端明殿學士尚書兵部侍郎馮道爲中書侍郎平章事集賢殿大學士以太常卿崔協爲中書侍郎平章事戊辰以前鄧州節度使劉玘卒廢朝左拾遺李同上言天下繫囚請委長吏逐旬親自引問質其罪狀眞虛然後論之以法庶無枉濫從之辛未皇子河中節度使從珂加同平章事以鎭州留後檢校司徒王建立爲鎭州節度使檢校太傅癸酉第三子金紫光祿大夫檢校司徒從厚加檢校太保同平章事河南尹判六軍諸衛事北面副招討房知

温奏營州界奚陁羅支內附乙亥以監門衛大將軍傅璉爲右武衛上將軍丙子詔曰頃自本朝多難雅道中微皆上浮華罕持廉讓其有除官蘭省命秩柏臺或以人事相疎或以私讐見訐稍乖敬奉遽至棄捐蓋司長之振威處君恩而何地今後應新授官朝謝後可準例上事司長不得輒以私事阻滯其本官亦不得因遭抑挫託故請假戊寅皇子從厚領事于河南府宰相鄭珏已下會送非例也己卯樞密使光祿大夫檢校太保行兵部尚書安重誨加開府儀同三司檢校太傅兼侍中樞密使檢校太保守秘書監孔循加檢校太傅同平章

事詔崇文館依舊爲弘文館初同光中宰相豆盧革以同列郭崇韜父名弘希其意奏改之今乃復焉辛巳詔曰亂離斯久法制多隳不有舉明從何禁止起今後三京及州使職員名目是押衙兵馬使騎馬得有暖坐諸都軍將衙官使下係名糧者只得衣紫皂庶人商旅只著白衣此後不得參雜兼有富戶或投名于勢要以求影庇或希假于攝貴以免丁徭仰所在禁勘以肅奸欺二月壬午朔新羅遣使朝貢丁亥以北京皇城使李繼朗爲龍武大將軍北京都指揮使李從臻爲左衛大將軍捧聖都指揮使李從璨爲右監門衛大將軍戊子以

前北面水陸轉運招撫使守冀州刺史烏震領宣州節度使庚寅陝州節度使檢校司徒石敬瑭加檢校太傅兼六軍諸衞副使壬辰西川節度使孟知祥奏泗州防禦使充西川兵馬都監李嚴扇搖軍衆尋已處斬以穎州刺史孫岳爲耀州團練使丙申以從馬直指揮使郭從謙爲景州刺史尋令中使誅之夷其族以其首謀大逆以弒莊宗也以尙書左丞崔沂爲太子少保致仕壬寅制曰荊南節度使開府儀同三司守太尉兼尙書令南平王高季興可削奪官爵仍令襄州節度使劉訓充南面招討使知荊南行府事許州節度使夏魯奇爲副

招討使統蕃漢馬步四萬人進討以其叛故也又命湖南節度使馬殷以湖南全軍會合以東川節度使董璋充東南面招討使新授夔州刺史西方鄴爲副招討使共領川軍下峽州三面齊進（通鑑考異梓夔皆在荊南之西南而云東南面者蓋據夔梓所向言之）甲辰兗州節度使房知溫加同平章事宋州節度使王晏球加檢校太傅丁未以禮部尙書蕭頃爲太常卿戊申以御史大夫李琪爲右僕射以太子賓客李璘爲戶部尙書以吏部侍郎李德休爲禮部尙書以前吏部侍郎崔貽孫爲吏部侍郎以端明殿學士戶部侍郎趙鳳爲兵部侍郎依前充職庚戌詔諸道節度使男

及親嫡骨肉未沾恩命者特許上聞河南府新安縣宜爲次赤以雍陵在其界故也辛亥以刑部侍郎歸藹爲戶部侍郎三月壬子朔以中書舍人馬縞爲刑部侍郎幸會節園宰相樞密使及在京節度使共進錢絹請開宴癸丑遣供奉官賈俊使淮南甲寅以西川節度副使李敬周爲遂州武信軍留後乙卯開府儀同三司司徒致仕趙光逢進太保致仕仍封齊國公以武信軍節度使李紹文卒廢朝丙辰宰相判三司任圜奏諸道藩府請依天復三年已前許貢綾絹金銀隨其土產折進馬之直又請選孳生馬分置監牧並從之（五代會要任圜奏[illegible]京留守諸

道節度觀察諸州防禦使刺史每年應聖節及正至等節貢奉或討伐勝捷各進獻馬伏見本朝舊事雖以獻馬爲名多將綾絹金銀折充馬價蓋跋涉之際護養稍難因此羣方俱爲定制自今後伏乞除蕃部進駝馬外諸州所進馬許依天復三年已前事例隨其土產折進價直冀貢輸之稍易又誠敬之獲申兼欲于諸處揀孳生馬準舊制分置監牧仍委三司使別具制置奏聞 太常丞段顒請國學五經博士各講本經以申橫經齒胄之義從之庚申以前澤潞節度使檢校太傅兼侍中孔勍爲河陽節度使壬戌幸甘水亭甲子靑州節度使霍彥威加檢校太尉兼中書令以大內皇城使守饒州刺史李從璋爲應州節度使丁卯詔所在府縣糾察殺牛賣肉犯者準條科斷其自死牛卽許貨賣肉斤不得過五錢鄉村民家死牛但報

本村所由準例輸皮入官癸酉以戶部侍中知制誥盧詹爲中書舍人夏四月辛巳朔房知溫奏前月二十一日盧臺戍軍亂害副招討寗國軍節度使烏震尋與安審通斬殺亂兵訖帝聞之廢朝一日贈震太傅新羅國遣使貢方物丁亥以華州留後劉彥琮爲本州節度使是日幸會節園宴近臣己丑以兵部侍郎崔居儉權知尙書左丞以戶部侍郎王權爲兵部侍郎以禮部侍郎裴皞爲戶部侍郎以翰林承旨守中書舍人李愚爲禮部侍郎充職庚寅御史臺奏今月三日廊下食百官坐定兩省官方來自五品下輒起詔曰每赴廊餐如對御

宴若行私禮是失朝儀各罰半月俸五代會要長興三年五月詔文武兩班每遇入閤賜食從前御史臺官及諸朝官皆在敷政門外兩廊食惟北省官于敷政門內別坐既爲隔門各不相見致行坐不齊雖于肅整今後每遇入閤賜食北省官亦宜于敷政門外東廊下設席以北首爲上待班齊一時就坐 詔盧臺亂軍龍晊所部鄴都奉節等九指揮三千五百人在營家口骨肉並可全家處斬龍晊所部之衆卽梁故魏博節度使楊師厚之所招置也皆天下雄勇之士目其都爲銀鎗効節僅八千人師厚卒賀德倫不能制西迎莊宗入魏從征河上所向有功莊宗一統之後雖數頒賞而驕縱無厭同光末自貝州劫趙在禮據有魏博及帝纘位在禮冀脫其禍潛奏願赴朝覲遂

除皇子從榮爲帥乃令北禦契丹是行也不支甲胄唯幟于長行表隊伍而已故俛首遄征在途聞李嚴爲孟知祥所害以爲劍南阻絕互相煽動及屯于盧臺會烏震代房知溫爲帥轉增浮說震與房知溫博于東寨日亭午大譟于營外知溫上馬出門爲甲士所擁且曰不與兒郎爲主更何處去知溫紿之曰馬軍皆在河西步卒獨何爲也遂得躍馬登舟濟于西岸安審通戢騎軍不動知溫與審通謀伺便攻之令亂兵卷甲南行騎軍徐進部伍嚴整叛者相顧失色列炬宵行疲于荒澤遲明潛令外州軍別行知溫等遂擊亂軍橫尸于野餘衆

復趨舊寨至則已焚之矣翌日盡戮之脫于叢草溝塍者十無二三迨夜竄于山谷稍奔于定州及王都之敗乃無噍類矣癸巳兗州節度使房知温加侍中齊州防禦使安審通加檢校太傅並賞盧臺之功也丁酉僞吳楊溥遣移署右威衛將軍雷現貢端午禮幣辛丑以前利州節度使張敬詢爲雲州節度使遣樞密使孔循赴荆南城下時招討使劉訓有疾故也甲辰以戶部侍郎韓彥惲爲秘書監是日幸石敬瑭安重誨第丙午故振武節度使李嗣恩贈太尉以司封郎中充樞密院直學士閻至爲左諫議大夫充職右諫議大夫梁文矩上言

平蜀以來軍人剽略到西川人口甚多骨肉阻隔恐傷和氣請許收認帝仁慈素深因文矩之奏詔河南河北舊因兵火擄隔者並從識認是日鄆州進白鵲五月癸丑以福建留後檢校太傅舒州刺史王延鈞爲檢校太師守中書令充福建節度使瑯琊郡王以太常卿蕭頃爲吏部尚書是日懷州進白鵲戊午以三司副使守太子賓客張格卒廢朝以翰林學士駕部郎中知制誥竇夢徵爲中書舍人充職癸亥遣宣徽使張延朗調發郡縣糧運赴荆南城下仍以軍法從事以右龍武統軍崔公實爲左龍武統軍以前復州刺史高行周爲右龍武統軍割果州屬郡乙丑僞吳楊溥貢新茶滄州進白鵲庚午詔罷荆南之師既而令軍士散掠居民而廻詔文武臣寮及諸道節度使刺史有父母在者各與恩澤宰臣任圜表辭三司事乃以樞密院承旨孟鵠充三司副使權判六月壬午華州邢州進兩岐麥兗州進三足烏丙戌宰相任圜落平章事守太子少保丁亥詔天下除併無名額寺院以宣徽北院使張延朗爲右武衛大將軍判三司依前宣徽使檢校司徒辛卯大理少卿王鬱上言凡决極刑準敕合三覆奏近年以來全廢此法伏乞今後决前一日許一覆奏從之壬辰南面招討使知

荆州南行府事襄州節度使檢校太傅劉訓責授檢校右僕射守檀州刺史訓南征無功故有是譴詔喪葬之家送終之禮不得過度乙未戶部尚書李璘上言請朝班自四品以上官各許薦令錄兩人五品官各薦簿尉兩人（案五代會要作五品六品官各許薦簿尉兩人原本疑脫六品二字）功過賞罰與舉者同之詔從之其所舉人仍于官告內標所舉姓名或有不公（案原本脫公字今從五代會要增入）連坐舉主仍令三品已上各舉堪任兩使判官者丙申以天策上將軍湖南節度使開府儀同三司檢校太師守尚書令楚王馬殷爲守太師尚書令封楚國王庚子幸白司馬陂祭突厥神從北

俗之禮也秋七月庚戌朔以宋州節度使王晏球充北面行營副招討使癸丑以左金吾將軍烏昭遠爲左衞上將軍充入蠻國信使中書奏馬殷封楚國王禮文不載國王之制請約三公之儀用竹册從之壬戌西川節度副大使知節度事孟知祥加檢校太尉兼侍中東川董璋加爵邑以左効義指揮使元習爲資州刺史右効義指揮使盧密爲雅州刺史癸亥幸冷泉宮甲子以檢校工部尚書謝洪爲宿州團練使夔州刺史西方鄴奏殺敗荆南賊軍收峽內三州丙寅升夔州爲甯江軍以鄴爲節度使戊辰詔曰頃因本朝親王遙領方鎮遂有

副大使知節度事年代已深相沿未改其東川西川今後落副大使只云節度使庚午遂州留後李敬周鄜州留後劉仲殷並正授本州節度使壬申兗州節度使房知温移鎮徐州徐州節度使安元信移鎮襄州滄州節度使趙在禮移鎮兗州以齊州防禦使安審通爲滄州節度使是日詔陵州合州長流百姓豆盧革韋說等宜令逐處刺史監賜自盡其骨肉並放逐便是日逐段凝于遼州劉訓于濮州温韜于德州甲戌太子少保任圜上表乞致仕仍于外地尋醫詔從之丁丑以左金吾大將軍曹廷隱爲齊州防禦使八月己卯朔日有食之辛

巳以右諫議大夫孔昭序爲給事中以祕書少監崔憓爲右諫議大夫壬午以右驍衞大將軍劉衞爲左領衞上將軍以鄴都副留守趙敬怡爲右衞上將軍判興唐府事乙酉昆明大鬼主羅殿王普露靜王九部落各差使隨牂牁清州八郡刺史宋朝化等一百五十三人來朝進方物各賜官告繒綵銀器放還蕃丙戌以御史中丞盧文紀爲工部尚書以左諫議大夫梁文矩爲御史中丞鄧州留後陶玘貶嵐州司馬以其爲內鄉縣令盛歸仁所訟稅外科率故也仍賜歸仁緋袍魚袋癸巳幸皇子從榮第宣禁中伎樂觀宴從榮進馬及器幣帝因

以伎樂賜之華州上言渭河泛濫害稼丁酉以吏部郎中襲文宣公孔邈爲左諫議大夫史館修撰趙熙上言應內中宮事及詔書奏對應不到中書者請委內臣一人抄錄月終送史館詔差樞密直學士錄送青州進芝草新州奏契丹乞置互市癸卯汴州節度使朱守殷加兼侍中鄆州節度符習加檢校太尉甲辰皇子從榮娶鄜州節度使劉仲殷女是夕禮會百寮表賀九月辛亥義武軍節度使檢校太尉兼中書令王都加食邑實封幽州節度使趙德鈞加檢校太尉鎮州節度使王建立加同平章事僞吳楊溥遣使以應聖節貢獻己未以前

雲州節度使高行珪爲鄧州節度使是日出御札曰歷代帝王以時巡狩一則遵于典禮一則按察方區矧彼夷門控茲東夏當先帝戡平之始爲眇躬殿守之邦俗尙貞純兵懷忠勇自元臣鎭靜庶事康和兆民咸樂于有年閭境彌堅於望幸事難違衆義在省方朕取十月七日親幸汴州庚申以衛尉卿李延光爲大理卿北京留守李彥超上言先父存審本姓符氏蒙武皇賜姓乞却還本姓從之乙丑夏州節度使李仁福鳳翔節度使李從曮朔方節度使韓洙並加食邑改賜功臣以汝州防禦使趙延壽爲河陽節度使以比部郎中知制誥劉

贊爲中書舍人以河陽掌書記程遜爲比部員外郎知誥以代州刺史李德珫爲蔚州刺史丙寅樞密使孔循兼東都留守襄州夏魯奇上言荆南高季興遣使持書乞修貢奉詔魯奇不納詔諸州錄事參軍不得兼使府賓職已巳鄧州節度使史敬鎔加檢校太保同州節度使盧質加檢校司徒御史臺奏每遇入閤舊例只一員侍御史在龍墀邊祗候彈奏公事或有南班失儀點檢不及今欲依常朝例差殿中侍御史二員押鐘鼓樓位仍各綴供奉班出入從之以靑州節度使副使淯于晏爲亳州團練使契丹遣使摩琳孟袞（舊作梅老鼓骨今改正）已下

朝貢戊寅西川奏據黎州狀雲南使趙和于大渡河南起舍一間留信物十五籠并雜牋詩一卷遞至闕下冬十月己卯朔帝御文明殿視朝癸未亳州刺史李鄴貶郴州司戶又貶崖州長流百姓所在賜自盡判官樂文紀配祁州責其違法黷貨也乙酉駕發西京詔留宰相崔協以奉祠祭丁亥帝宿于滎陽汴州朱守殷奏都指揮使馬彥超謀亂已處斬訖戊子次京水知朱守殷反帝親統禁軍倍程前進翌日至汴州攻其城拔之守殷伏誅丙申磁州刺史藥縱之上言今月十二日供奉官王仁鎬至稱制殺太子少保致仕任圜契丹遣使持書

求碑石欲爲其父表其葬所戊戌詔曰諸道州府自同光三年已前所欠秋夏稅租并主持務局敗闕課利并沿河舟船折欠天成元年殘欠夏稅並特與除放時重誨既搆任圜之禍恐人非之思沛恩于衆以掩已過乃奏曰三司積欠約二百萬貫虛係賬額請並蠲放帝重違其意故有是詔時議者以蠲隔年之賦猶或惠民場院課利一概除之得不啟奸倖之門乎已亥詔曰太子少保致仕任圜早推勳舊曾委重難旣退免于劇權俾優閑于外地而乃不遵禮分潛附守殷緘題罔避于嫌疑情旨頗彰于怨望自收汴壘備見蹤由若務含弘是

孤典憲尙全大體止罪一身已令本州私第自盡其骨肉親情僕使等並皆放罪辛丑詔曰后來其蘇動必從于人欲天監厥德靜宜布于國恩近者言幸浚郊暫離洛邑蓋逢歲稔共樂時康不謂奸臣遽彰逆狀爲厲之階旣甚覆宗之禍自貽以致近輔生靈遘此多端紛擾永言軫惻無綴寐興宜覃雨露之恩式表雲雷之澤應汴州城內百姓旣經驚劫宜放二年屋租諸處有曾受逆人文字者隨處焚毀應天下禁囚徒除十惡五逆殺人放火劫盜合造毒藥官典犯贓僞行印信屠牛外罪無輕重並從釋放應有民年八十已上及家長者有廢

疾者免一丁差役云以山南西道節度使張筠爲西京留守行京兆尹青州節度使霍彥威差人走馬進箭一對賀誅朱守殷帝卻賜彥威箭一對傳箭蕃家之符信也起軍令衆則使之彥威本非蕃將以臣傳箭于君非禮也癸卯以權知汴州事陝州節度使石敬瑭爲汴州節度使兼六軍諸衞副使侍衞親軍馬步都指揮使鳳翔奏地震丙午威武軍節度副使檢校太尉守建州刺史王延稟加同平章事守建州刺史充奉國軍節度副使兼威武軍節度副使詔割施州卻屬黔南十一月己酉帝祭蕃神于郊外庚戌以皇城使行袁州刺史李從敏爲陝州節度使乙卯青州霍彥威鄆州符習來朝以太子詹事溫輦爲吏部侍郎徐州房知溫來朝戊午黔南節度使李紹義加檢校太保庚申皇子河中節度使檢校太保同平章事從珂鄴都留守檢校太保同平章事從榮河南尹判六軍諸衞事檢校太保同平章事從厚並加檢校太傅進爵邑貝州刺史竇廷琬上言請制置慶州青白兩池逐年出絹十萬疋米萬石詔升慶州爲防禦所以廷琬爲使壬申詔霍彥威等歸藩詔太宗朝左僕射李靖可册贈太保鄭州僕射陂可改爲太保陂時議者以僕射陂者後魏孝文帝賜僕射李沖故因

以爲名及是命之降以爲李靖蓋誤也契丹遣使摩琳舊作梅老今改正等來乞通和十二月戊寅朔以前鳳翔留後高允貞爲右監門大將軍詔以施州爲夔州屬郡以其便近故也遣飛勝指揮使于契丹賜契丹主錦綺銀器等兼賜其母繡被纓絡己卯蔚州刺史周令武得代歸闕帝問北州事令武奏曰山北甚安諸蕃不相侵擾鴈門已北東西數千里斗粟不過十錢帝悅顧謂左右曰須行善事以副天道居數日帝延宰臣于元德殿言及民事馮道奏曰莊宗末年不撫軍民惑于聲樂遂致人怨國亂陛下自膺人望歲時豐稔亦湇化所致也更願

居安思危帝然之許州地震庚辰皇子鄴都留守從榮移鎮太原以北京留守符彥超爲潞州節度使乙酉以彰國軍節度使李從璋昧于政理詔歸闕敕新及第進士有聞喜宴逐年賜錢四十萬己丑兗州節度使趙在禮來朝詔出潛龍宅米以賙百官壬辰以太傅致仕齊國公趙光逢卒輟朝丙申許州節度使夏魯奇移鎮遂州庚子幸石敬瑭公署及康義誠私第甲辰狩于東郊獵也丙午追尊四廟以應州舊宅爲廟（永樂大典卷七千一百六十四）

舊五代史卷三十八終

舊五代史卷三十八攷證

唐明宗紀四遣供奉官賈俊使淮南　賈俊九國志作賈進攷册府元龜所引薛史亦作俊今仍其舊

房知溫奏前月二十一日盧臺戍軍亂害副招討甯國軍節度使烏震尋與安審通斬殺亂兵訖　案五代春秋盧臺戍軍亂房知溫討平之據是書房知溫傳及通鑑知溫初誘戍軍爲亂繼恐事不濟乃與安審通謀討亂兵也五代春秋所書殊非事實

所舉姓名或有不公　案原本脫公字今據五代會要增入

夔州刺史西方鄴奏殺敗荆南賊軍收峽內三州　案通鑑六月西方鄴敗荆南水軍于峽中復取夔忠萬三州是書繫七月甲子蓋以奏聞之日爲據歐陽史與是書同

詔陵州合州長流百姓豆盧革韋說等宜令逐處刺史監賜自盡　案五代春秋作元年七月殺豆盧革韋說攷歐陽史元年七月貶豆盧革爲辰州刺史韋說漵州刺史甲申流革于陵州說于合州二年七月殺豆盧革韋說與是書同五代春秋統繫于元年誤也

今月十二日供奉官王仁鎬至稱制殺太子少保致仕

任圜　案安重誨害任圜五代春秋及通鑑俱不書日歐陽史作乙未殺太子少保致仕任圜據是書作十二日是年十月爲己卯朔十二日乃庚寅也與歐陽史異日

美稜瑪古舊作梅老没骨今改　摩琳舊作梅老今改

舊五代史卷三十八攷證

舊五代史卷三十九

宋司空同中書門下平章事薛居正等撰

明宗紀第五　唐書十五

天成三年春正月戊申朔帝御崇元殿受朝賀仗衛如式辛亥前河陽節度使檢校太傅兼侍中孔勍以太子太傅致仕癸丑詔取今月十七日幸鄴都甲寅以國子祭酒朱守素卒廢朝丙辰以鎮南軍節度使袁建豐卒廢朝詔贈太尉丁巳詔曰朕聞堯舜有恤刑之典貴務好生禹湯申罪己之言庶明知過今月十七日據巡檢軍使渾公兒口奏稱有百姓二人以竹竿習戰鬭之事朕初聞奏報實所不容率爾傳宣令付石敬瑭處置今旦重詢敷奏方知悉是幼童爲戲載聆讜議方覺失刑循揣再三愧惕非一亦以渾公兒誑誣頗甚石敬瑭詳覆稍乖致人枉法而殂處朕有過之地令減常膳十日以謝幽冤其石敬瑭是朕懿親合施極諫既茲錯誤宜示省循可罰俸一月渾公兒決脊杖二十仍銷在身職銜配流登州小兒骨肉賜絹五十匹粟麥各百石便令如法埋葬兼此後在朝及諸道州府凡有極刑並須子細裁遣不得因循百寮進表稱賀己未中書門下奏國子祭酒望令宰相兼判乃詔崔協判之（五代會要載原奏云祭酒之貴歷朝所貴爰從近代不重此官況屬聖朝方勤庶政須宏雅道以振時風望令宰臣一員兼判國子祭酒）辛酉以前潞州節度使毛璋爲右金吾上將軍以左驍衛上將軍華温琪爲右金吾大將軍以春州刺史張虔釗爲鄭州防禦使契丹陷平州詔應廟諱文字只避正文其偏旁文字不用虧缺點畫契丹遣使特蘇巴摩琳（舊作禿汭悲梅老今改正）等貢獻帝遣指揮使奔托山押國信賜契丹主妻戊辰以隨駕馬軍都指揮使富州刺史康義誠兼領鎮南軍節度使以隨駕步軍都指揮使潮州刺史楊漢章遙領甯國軍節度使中書上言舊制遇二月十五日玄元皇帝降聖節休假三日準會昌元年二月敕休假一日請準近敕從之吐蕃野利延孫等六人迴鶻米里都督等四人並授歸德懷遠將軍放還蕃庚午冊贈故瀛州刺史李嗣穎爲太尉壬申冊贈故皇子檢校司空從璟爲太保甲戌制以楚國夫人曹氏爲淑妃以韓國夫人王氏爲德妃仍令所司擇日冊命二月丁丑朔有司上言太陽合虧既而有雲不見羣官表賀詔巡幸汴京事宜停庚辰僞吳楊溥遣使貢獻賀誅朱守殷帝以荊南拒命通連淮夷不納其使遣還壬午以光祿卿韋寂卒廢朝贈禮部尚書癸未工部尚書盧文紀貶石州司馬員外安置文紀私諱業時新除于鄴爲工部郎

中書例寮屬名與長官諱同或改其任文紀素與宰相崔協有隙故中書未議改官于鄴授官之後文紀自請連假鄴尋就位及差延州官告使副未行文紀參告且言候鄴迴日終請换曹鄴其夕自經而死故文紀貶官以倉部郎中何澤爲吏部郎中獎伏閤諫巡幸鄴都也丁亥天德軍節度使郭彥豐加檢校司徒辛卯以山南西道節度使張筠爲左驍衛上將軍詔中外羣臣父母亡沒者並與追封贈癸巳以禮部尚書崔貽孫卒輟朝甲午以吐渾寧朔奉化兩府都知兵馬使李紹魯爲吐渾寧朔府都督乙未以樞密使兼東都留守孔循爲許

州節度使兼東都留守鄧州節度使高行珪移鎮安州應州節度使李從璋移鎮滑州節度使盧文進移鎮鄧州丁酉以責授檀州刺史劉訓爲右龍武大將軍己亥廻鶻可汗行喻遣都督李阿三等貢獻壬寅以左金吾大將軍羅周敬爲同州節度使甲辰以威塞軍節度使張廷裕卒廢朝詔贈太保以耀州團練使孫岳爲閬州團練使以左監門上將軍高允貞爲右金吾衛大將軍以右金吾衛大將軍華温琪爲左金吾衛大將軍三月丁未朔以久雨詔文武百辟極言時政得失丁巳以邢州節度使王景戡爲華州節度使以前北京副留守李從

温爲邢州節度使己未以宰臣鄭珏爲開府儀同三司左僕射致仕加食邑五百戶庚辰以前復州刺史翟章爲新州威塞軍留後中書奏孟夏薦饗合宰相行事在朝只有宰相二員今東都留守孔循帶平章事宜令攝太尉行事孔循稱使相有戎機不司祠祭重事癸亥以前鎮州節度使王建立爲右僕射兼中書侍郎平章事集賢殿大學士判三司西方鄴上言收復歸州以前鄭州刺史楊漢賓爲洋州武定軍留後戊辰以前彰國軍節度副使陳皐爲鳳州武興軍留後以前蔡州刺史孫漢韶爲應州彰國軍留後以宣徽南院使范延光爲樞

密使以宣徽北院使判三司張延朗爲宣徽南院使以前冀州刺史婁繼英爲耀州團練使以懷州刺史張廷蘊爲金州防禦使己巳命范延光權知鎮州軍府事西方鄴奏于歸州殺敗荆南賊軍太白山道士解元龜自西川至對于便殿稱年一百一歲既而上表乞西都留守兼西川制置使要修西京宮闕帝謂侍臣曰此人老耄自遠來朝方期別有異見反爲身名甚可笑也賜號知白先生賜紫放歸山甲戌册廻鶻可汗仁喻爲順化可汗夏四月戊寅以汴州節度使石敬瑭爲鄴都留守充天雄軍節度使加同平章事以樞密使權知鎮州軍

府事檢校太保范延光爲鎭州節度使兼北面水陸轉運使以司農卿鄭積爲太僕卿壬午夔州節度使東南面副招討使西方鄴加檢校太保甲申皇第三女石氏封永甯公主第十三女趙氏封興平公主仍令所司擇日册命幽州上言契丹有書求樂器乙酉韃靼遣使朝貢以隨駕馬軍都指揮使康義誠爲侍衛親軍馬步軍都指揮使丙戌樞密使安重誨兼河南尹以皇子河南尹判六軍諸衛事從厚爲汴州節度使判六軍如故丁亥復州奏湖南大破淮賊于道人磯以西川馬步軍都指揮使趙廷隱兼漢州刺史從孟知祥之請也九國志趙廷隱傳知祥至蜀康延孝陷漢州遣延隱率兵擊破之擒延孝檻送闕下知祥奏加檢校司空漢州刺史遂留屯成都洋州上言重開入蜀舊路三百餘里比今官路較二十五程而近癸巳殿中少監石知納貶憲州司戶坐扇惑軍鎭也北面副招討宋州節度使王晏球以定州節度使王都反狀聞案遼史作三月王都以定州來歸五代春秋及通鑑並從薛史作四月庚子制義武軍節度使檢校太尉兼中書令太原王王都削奪官爵壬寅以王晏球爲北面行營招討使知定州行軍州事以滄州節度使兼北面行營馬軍都指揮使安審通爲副招討使兼諸道馬軍都指揮使以左散騎常侍蕭希甫兼判大理卿事西京奏前樞密使張居

翰卒五月乙巳朔廻鶻可汗仁喻封順化可汗丁未鄴都留守天雄軍節度使石敬瑭河陽節度使趙延壽並加駙馬都尉以右僕射李琪爲太子少傅辛亥沙州節度使曹義金加爵邑王晏球上言收奪得定州北西二關城癸丑湖南馬殷奏二月中大破淮寇二萬生擒將士五百人中書上言諸道薦人宜酌定員數今後節度使每年許薦二人帶使相者許薦三人團練防禦使各一人節度觀察判官並聽指授書記以下即許隨府從之以六軍判官尚書司封郎中史圭爲右諫議大夫充樞密直學士詔州縣官以三十月爲考限刺史以二十五月爲限以到任日爲始己未幽州奏契丹塔納舊作禿餒今改正領二千騎西南趨定州以前同州節度使盧質行兵部尙書判太常卿事辛酉以天雄軍節度副使判興唐府事趙敬怡爲樞密使詔曰上柱國勳之極也近代以來文臣官階稍高便授柱國歲月未深便轉上柱國武資初官便授上柱國今後凡加勳先自武騎尉十二轉方授上柱國永作成規不令踰越丁卯鎭州奏今月十八日王師不利于新樂壬申王晏球奏今月二十一日大破定州賊軍及契丹于曲陽斬獲數千人王都與塔納以數十騎復入于定州己卯以右金吾上將軍毛

璋爲左金吾上將軍以前安州節度使史敬鎔爲右金吾上將軍以前華州節度使劉彥琮爲左武衞上將軍壬午放內園鹿七頭于深山乙酉皇子故金槍指揮使檢校左僕射從璟贈太保己丑幽州趙德鈞奏殺契丹千餘人于幽州東獲馬六百匹壬辰宰臣馮道率百寮上表請上尊號曰聖明神武文德恭孝皇帝詔報不允丙申馮道等再上尊號不允戊戌以西京副留守知留守事張遵誨行京兆尹秋七月乙巳詔故僞蜀主王衍追封順正公以諸侯禮葬丙午以前武信軍節度使李敬周爲邠州節度使丁未以滄州節度使安審通卒于

師輟朝壬子以朔方節度使韓洙卒廢朝甲寅王晏球奏六月二十二日進攻逆城將士傷者三千人時晏球知城中有備未欲急攻朱宏昭張虔釗切于立功促攻賊壘晏球不得已而進兵遂致傷痍者衆乙卯以太子少保李茂勳卒輟朝己未詔弛麴禁許民間自造于秋苗上徵納麴價畝出五錢時孔循以麴法殺一家于洛陽或獻此議以爲愛其人便于國故行之宗正卿李紓除名刑部侍郎馬縞貶綏州司馬刑部員外郎李愼儀貶階州司戶初李紓差攝陵臺令張保嗣等各虛稱試銜爲奉先令王延朗所訟大理寺斷以詐假官論刑部

詳覆稱非假詐大理執之召兩司廷議刑部理屈故有是貶紓續敕配隴州徒一年未幾詔曰天下州府例是攝官皆結試銜或因勘窮便關詐假己前或有稱試銜一切不問此後並宜禁止曹州刺史成景宏貶綏州司戶參軍續敕長流宥州尋賜自盡坐受本州倉吏錢百緡也壬戌齊州防禦使曹廷隱以奏舉失實配流永州續敕賜自盡甲子王晏球奏今月十九日契丹七千騎來援定州王師逆戰于唐河北大破之（案通鑑壬戌王晏球破契丹于唐河北甲子追至易州所推長曆與薛史異）戊辰福建節度使王延鈞可依前檢校太師守中書令進封閩王己巳王晏球奏此月

二十一日追契丹至易州掩殺四十里擒獲甚衆故朔方節度使韓洙贈太尉以兵部侍郎王權御史中丞梁文矩並爲吏部侍郎以左諫議大夫呂夢奇爲御史中丞八月癸酉朔以翰林學士守中書舍人李懌劉昫並爲戶部侍郎充職以吏部侍郎劉岳守秘書監以吏部侍郎韓彥惲守禮部尚書以戶部侍郎歸藹守太子賓客以戶部侍郎裴皞守兵部侍郎以中書舍人張文寶守刑部侍郎詔凡有姓犯廟諱者以本望爲姓丁丑以檢校尙書右僕射守龍武大將軍劉訓爲晉州節度使檢校太傅壬午幽州趙德鈞奏于府西邀殺契丹敗黨

數千人生擒首領特哩袞舊作惕隱今改正等五十餘人是時官軍襲殺契丹屬秋雨繼降泥濘莫進人饑馬乏散投村落所在村民持白梃毆殺之德鈞出兵接于要路幾無噍類帝致書喻其本國案通鑑作八月壬戌趙德鈞奏擊契丹據薛史八月係癸酉朔不得有壬戌疑通鑑誤 辛卯以朔方軍留後韓璞爲朔方軍節度使靈武雄警甘肅等州觀察使檢校司徒帝聞隨鄧復郢均房之民父母骨肉有疾以長竿遙致粥食而餉之出嫁女夫家不遣來省疾乃下詔委長吏嚴加禁察房州奏新開山路四百里南通夔州畫圖以獻以前洋州節度使臧思遠爲太子太保致仕庚子詔今後翰林

學士入院以先後爲班次承旨一員不計官資先後在學士之上閏月丁未兩浙節度觀察留後淸海軍節度使檢校太師兼中書令錢元瓘可杭州越州大都督府長史充鎭東鎭海等軍節度使戊申趙德鈞獻戎俘于闕下其蕃將特哩袞等五十人留于親衛餘契丹六百人皆斬之乙卯升楚州爲順化軍以明州刺史錢元珦爲本州節度使以吏部尙書蕭頃爲太子少保契丹遣使來貢獻契丹平州刺史張希崇歸順乙丑陝州節度使李從敏移鎭滄州以宣徽南院使張延朗爲陝州節度使詔在京遇行極法日宜不舉樂兼減常膳諸州遇

行極法日禁聲樂己巳滑州掌書記孟昇匿母服大理寺斷處流特敕孟昇賜自盡觀察使觀察判官錄事參軍失其糾察各行殿罰襄邑縣民閻威父爲人所殺不雪父寃有狀和解特敕處死是月二十七大水河水溢絳州地震九月乙亥以捧聖左右廂副都指揮使索自通爲雲州節度使丁丑以太府卿判四方館事李郁爲宗正卿壬午以晉州節度使安崇阮爲左驍衛上將軍甲申吐蕃廻紇各遣使貢獻壬辰宰臣王建立進玉杯上有文曰傳國萬歲杯乙未詔德州流人溫韜遼州流人段凝嵐州司戶陶玘憲州司戶石知納原州司馬聶

嶼並宜賜死于本處暴其宿惡而誅之也丙申以邠州節度使梁漢顒爲右威衛上將軍丁酉河陽節度使駙馬都尉趙延壽爲檢校司徒己亥詔徐州節度使房知溫兼判南行營招討使知判南行府事冬十月甲辰制瓊華長公主孟氏可册爲福慶長公主丙午以滄州節度使李從敏兼北面招討使戊申帝臨軒命禮部尙書韓元惲工部侍郎任贊往應州奉册四廟詔邠州節度使李敬周攻慶州以刺史竇廷琬拒命故也戊午契丹平州刺史張希崇已下八十餘人見于元德殿頒賜有差奚厥首領張慕進等來朝貢甲子安州節度使高行

珪奏屯駐左神捷左懷順軍士作亂已逐殺出城詔升壽州爲忠正軍戊辰以雲州節度使索自通領壽州節度使以前雲州節度使張温復爲雲州節度使庚午夜西南有彗星長丈餘在牛星五度十一月癸酉日南至帝御崇元殿受朝賀甲戌捧聖指揮使何福進招收到安州作亂兵士五百人自指揮使已下至節級四十餘人並斬餘衆釋之壬午房知温奏荆南高季興卒中書舍人劉贊奏請節度使及文班三品已上謝見通喚從之是日以契丹所署平州刺史光祿大夫檢校太保張希崇爲汝州刺史加檢校太傅己丑中書奏今後或有

封册請御正衙從之青州奏節度使霍彥威卒輟朝三日詔宰臣王建立權知青州軍州事庚寅禮部員外郎和凝奏應補齋郎並須引驗正身以防僞濫舊例使蔭一任官補一人今後改官須轉品即可如無子許以親姪繼限念書十卷試可則補從之甲午以尚書左僕射同平章事集賢殿大學士判三司王建立爲青州節度使檢校太尉同平章事丙申帝謂侍臣曰古鐵券如何趙鳳對曰帝王誓文許其子孫長享爵祿帝曰先朝所賜唯朕與郭崇韜李繼麟三人爾崇韜繼麟尋已族滅朕之危疑慮在旦夕于是嗟嘆久之趙鳳曰帝王執信故不必銘金鏤石矣吏部郎中何澤奏流外官請不試書判之類從之吐蕃遣使朝貢戊戌前安州節度副使范延榮并男皆斬于軍巡獄爲高行珪誣奏故也十二月壬寅朔詔眞定府屬縣宜準河中鳳翔例升爲次畿眞定縣升爲次赤甲辰邠州節度使李敬周奏收下慶州刺史竇廷琬族誅永樂大典卷七千一百六十四

舊五代史卷三十九終

舊五代史卷三十九攷證

唐明宗紀五契丹陷平州　案契丹陷平州歐陽史作丁巳通鑑不書日攷平州自梁開平中劉守光以賂契丹天成元年盧文進舉其地以歸于唐至三年復爲遼人所取自是平州遂屬于遼宋人論石晉賂遼故地兼及平州葢未詳攷今附識于此

爲左驍衛上將軍　案通鑑作左衛上將軍歐陽史從是書作左驍衛

巳亥回鶻可汗仁喻遣都督李阿爾珊等貢獻　案李阿爾珊來貢歐陽史作戊戌

北面副招討宋州節度使王晏球以定州節度使王都反狀聞　案遼史王都以定州來歸作三月事五代春秋及通鑑並從是書作四月

壬戌齊州防禦使曹廷隱以奏舉失實配流永州續勅賜自盡　案歐陽史作己未殺齊州防禦使曹廷隱己未在壬戌前三日不應發配在後賜死轉在前也歐陽史疑訛

壬午幽州趙德鈞奏于府西邀殺契丹　案通鑑作八月壬戌趙德鈞邀擊契丹據是書八月係癸酉朔不得有壬戌疑通鑑誤

邠州節度使李敬周　李敬周通鑑作李敬通是書前後並作敬周歐陽史亦作敬周疑通鑑傳刻之訛

以刺史竇廷琬拒命故也　案竇廷琬反通鑑從是書作十月歐陽史繫于十月以前與是書異

突厥首領張慕進等來朝貢　慕進歐陽史作慕晉

壬午房知溫奏荊南高季興卒　案高季興卒通鑑作十二月丙辰詳見通鑑攷異

檢校太保張希崇爲汝州刺史　案歐陽史作汝州防禦使通鑑從是書作刺史

托諾巴摩哩舊作禿訥悲梅老今改　伊埒雅遜舊作

野利延孫今改　阿爾珊舊作阿山今改　託諾舊作禿餒今改　特里袞舊作惕隱今改

舊五代史卷三十九攷證

舊五代史卷四十

宋司空同中書門下平章事薛居正等撰

明宗紀第六　唐書十六

天成四年春正月壬申朔帝御崇明殿受朝賀仗衛如
儀幽州節度使趙德鈞奏臣孫贇年五歲默念論語孝
經舉童子于汴州取解就試詔曰都尉之子太尉之孫
能念儒書備彰家訓不勞就試特與成名宜賜别敕及
第附今年春榜戊子放元年應欠秋稅以左衛上將軍
安崇阮爲黔南節度使壬辰廻鶻入朝使掣撥等五人
各授懷化司戈放還以北京副留守馮贇爲宣徽使判

三司戊戌禁天下虛稱試攝銜西川孟知祥奏支屬刺
史乞臣本道自署二月乙巳王晏球奏此月三日收復
定州獲王都首級生擒契丹塔納舊作秃餒今改正等二千餘
人百官稱賀詔取今月二十四日車駕還東京辛亥以
北面行營招討使宋州節度使王晏球爲鄆州節度使
加兼侍中以北面行營副招討使滄州節度使李從敏
爲定州節度使以北面行營兵馬都監鄭州防禦使張
虔釗爲滄州節度使幽州節度使趙德鈞加兼侍中乙
卯以樞密使趙敬怡權知汴州軍州事丙辰邢州奏定
州送到僞太子李繼陶已處置訖辛酉帝御咸安樓受

定州俘馘百官就列宣露布于樓前禮畢以王都首級
獻于太社王都男四人弟一人塔納父子二人並磔于
市五代會要尚書兵部宣露布于樓前宣訖尚書刑部侍郎張文寶奏曰逆賊王都首級請付所司大理卿
蕭希甫受之以出獻于郊社其王都男弁蓄將等磔于開封橋時露布之文類制敕之
體蓋執筆者誤頗爲識者所嗤樞密使趙敬怡卒贈太
傅以端明殿學士趙鳳權知汴州軍州事甲子車駕發
汴州丙寅至鄭州賜左僕射致仕鄭珏錢二十萬丁卯
宰相崔協卒詔贈尚書左僕射東都留守太子少傅李
琪等奏至偃師縣奉迎時琪奏章中有敗契丹之凶黨
破眞定之逆城之言詔曰契丹卽爲凶黨眞定不是逆

城李琪罰一月俸庚午車駕至自汴州三月甲戌馮道
進表乞命相丙戌詔皇城使李從璨貶授房州司戸叅
軍仍令盡命從璨帝之諸子也先是帝巡幸汴州留從
璨以警大內從璨因遊會節園酒酣戲登御榻安重誨
奏之故寘于法焉壬辰中書奏今後羣臣內有乞假覲
省者請量賜茶藥從之乙未以前鄆州節度使符習爲
汴州節度使丙申詔鄴都幽鎭滄邢易定等州管內百
姓除正稅外放免諸色差配以討王都之役有輓運之
勞也夏四月庚子朔禁鐵鑞錢壬寅重修廣壽殿成有
司請以丹漆金碧飾之帝曰此殿經焚不可不修但務

宏壯不勞華侈湖南奏敗荆南賊軍于石首鎮詔沿邊置場買馬不許蕃部直至闕下先是党項諸蕃凡將到馬無駑良並云上進國家雖約其價以給之及計其館穀賜賚所費不可勝紀計司以爲耗蠹中華遂止之壬子以皇子北京留守河東節度使從榮爲河南尹判六軍諸衛事以皇子河南尹判六軍諸衛事從厚爲北京留守以河陽節度使趙延壽爲宋州節度使以侍衛親軍都指揮使鎮南軍節度使康義誠爲河陽節度使契丹冦雲州癸丑契丹遣紐赫美稜（舊作捺括梅里今改正）等來朝貢稱取塔納等骸骨並斬于北市甲寅以端明殿學士

趙鳳爲門下侍郎兼工部尚書平章事丙辰諫議大夫致仕襲文宣公孔邈卒庚申以王建立孔循帶中書直省吏歸藩並追廻壬戌幽州節度使趙德鈞兼北面行營招討使鎮州節度使范延光加檢校太傅戊辰中書奏五月一日應在京九品以上官及諸道進奉使請準貞元七年敕就位起居永爲恆式從之五月己巳朔帝御文明殿受朝丙子以夔州節度使西方鄴卒輟朝丁丑大理卿李保殷卒己卯以忠武軍節度使索自通爲京兆尹充西京留守以左威衛上將軍朱漢賓爲潞州節度使乙酉以黔州節度使安崇阮爲夔州節度使以

左驍衛上將軍張溫爲洋州節度使以黔州留後楊漢章爲本州節度使中書奉太常寺定少帝謚昭宣光烈孝皇帝廟號景宗伏以少帝今不入廟難以言宗只云昭宣光烈孝皇帝從之（案舊唐書哀帝紀云中書奏少帝行事不合稱宗今考五代會要天成二年博士呂朋龜議引君不逾年不入宗廟之禮請別立廟于園陵故不稱景宗非議其行事有失也舊唐書誤）丁亥以鳳州武興軍留後陳皐爲武興軍節度使以新州威塞軍留後翟璋爲威塞軍節度使壬辰以權知尚書右丞崔居儉爲尚書右丞詔葺天下廨宇丙申襄州奏荆南高從誨乞歸順雲州奏契丹犯塞六月辛丑以左散騎常侍姚顗爲兵部侍郎壬寅夔州節度使

楊漢章移鎮雲州以北京馬步軍都指揮使兼欽州刺史張敬達爲鳳州節度使癸卯以前西京副留守事張遵誨行衛尉事充客省使國子博士田敏請葺四郊祠祭齋室丙午以沂州刺史張萬進爲安北都護充振武軍節度使戊申以宿州團練使康思立爲利州節度使登州刺史孫元停任坐在任無名科率故也詔鄴都仍舊爲魏府廳魏府汴州益州宮殿悉去鴟尾賜節度使爲衙署辛亥以權知朔方軍留後定難軍都知兵馬使韓澄爲朔方留後癸丑以前潞州節度使符彥超爲左驍衛上將軍詔諸道節度使行軍司馬名位雖高或帥

臣不在其州事宜委節度副使權知又詔藩郡所請幕賓及主事親從者恐以名聞丙辰權知荆南軍府事高從誨上章首罪乞修職貢仍進銀三千兩贖罪壬戌幸至德宮詔京城空地課人蓋造如無力者許人請射營構秋七月庚午以前西京留守判官張鑄爲司農卿王申貶前左金吾上將軍毛璋爲儒州長流百姓尋賜自盡以其在藩鎭陰蓄奸謀故也甲戌御史中丞呂夢奇責授太子右贊善大夫坐會借毛璋馬故也己卯以工部侍郎任贊爲左散騎常侍以樞密直學士左諫議大夫充匭使閻至爲工部侍郎充職遂州進嘉禾一莖九穗壬午以給事中判大理卿事許光儀爲御史中丞史官上言所編修莊宗一朝事迹欲名爲實錄太祖獻祖懿祖名爲紀年錄從之五代會要天成三年十二月史館奏據左補闕張昭遠狀嘗讀國書伏見懿祖昭烈皇帝自元和之初獻祖文皇帝于太和之際立功王室陳力國朝太祖武皇帝自咸通後來勤王戮力翦平多難頻立大功三換節旄再安京國莊宗皇帝終平大憝奄有中原俯閱編修遂成湮墜伏請與當館修撰參序條綱撰太祖莊宗實錄四年七月監修國史趙鳳奏奉敕修懿祖憲祖太祖莊宗四帝實錄自今年六月一日起手旋具進呈伏以凡關纂述務合品題承乾御宇之君行事方云實錄追尊册號之帝約文祇可紀年所修前件史書今欲自莊宗一朝名爲實錄其太祖以上並目爲紀年錄從之甲申以前荆南行軍司馬檢校太傅高從誨起復授檢校太傅兼侍中充荆南節度使丙戌涇州節度使李從昶移鎭

華州以冀州刺史李金全爲涇州節度使戊子中書奏今後新及第舉人有曾授正官及御署者欲約前任資序與除一官從之壬辰詔取來年二月二十一日有事于南郊八月丁酉朔大理正路阮奏切見春秋釋奠于文宣王而武成王廟久曠時祭請復常祀從之戊戌中書奏太子少傅李琪所撰進霍彥威神道碑文不分眞僞是混功名望令改撰從之琪梁之故相私懷感遇叙彥威在梁歷任不欲言僞梁故也辛丑詔亂離以來天下諸軍所掠生口有主識認卽勒還之以前清河縣令襲鄴國公食邑三千戸楊仁矩爲秘書丞御史臺奏主簿朱穎是前中丞奏請合隨罷任詔曰主簿既爲正秩況入選門顯自朝恩合終考限宜令仍舊守官甲辰以宰臣馮道爲南郊大禮使兵部尚書盧質爲禮儀使御史中丞許光義爲儀仗使兵部侍郎姚顗爲鹵簿使河南尹從榮爲橋道頓遞使客省使衞尉卿張遵誨爲修裝法物使乙巳黑水朝貢使骨至來朝授歸德司戈放還蕃丁未以翰林學士承旨禮部侍郎知制誥李愚爲兵部侍郎職如故以中書舍人盧詹爲禮部侍郎以兵部侍郎裴皥爲太子賓客吐渾首領念公山由來朝貢戊申服袞冕御文明殿追册昭宣光烈孝皇帝庚戌

以宰臣兼修國史趙鳳兼判集賢院事以左散騎常侍
任贊判大理卿事己未高麗王王建遣使貢方物辛酉
詔準往例節度使帶平章事侍中中書令並列銜于敕
牒側書使字今錢鏐是元帥尚父與使相名殊馬殷守
太師尚書是南省官資不合署敕尾今後敕牒內並落
下乙卯党項首領朝貢甲子幸金真觀改賜建法大師
紫尾智願爲圓惠大師卽武皇夫人陳氏也丙寅達靼
來朝貢京城內有南州北州乃張全義光啓中所築是
詔許人依街巷請射城壕任使平填蓋造屋宇九月丁
亥中書奏據宗正寺申懿祖永興陵獻祖長甯陵太祖

建極陵並在代州鴈門縣皇帝追尊四廟在應州金城
縣詔應州升爲望州金城鴈門並升爲望縣辛酉太常
博士段顒奏切見大祠則差宰相行事中祠則卿監行
事小祠則委太祝奉禮並不差官今後請差五品官行
事從之癸巳制天下兵馬元帥尚父吳越國王錢鏐可
落元帥尚父吳越國王授太師致仕責無禮也先是上
將軍烏昭遇使于兩浙以朝廷事私與吳人仍目鏐爲
殿下自稱臣謁鏐行拜蹈之禮及廻使副劉玫具述其
事故停削鏐官爵令致仕烏昭遇下御史臺尋賜自盡
後有自浙中使還者言昭遇無臣鏐之事爲玫所誣人

煩以爲寃乙未詔諸道承勘兩浙綱運進奉使並下巡
獄冬十月丙申朔併吏部三銓爲一銓宜令本司官員
同商量注擬連署申奏仍不得于私第注官戊戌以襄
州兵馬都監守磁州刺史康福爲朔方河西等節度使
靈威雄警涼等州觀察使時朔方將吏請帥于朝廷故
命福往鎭之庚子以右金吾上將軍史敬鎔爲左金吾
上將軍以左驍衛上將軍符彥超爲右金吾上將軍以
前黔州節度使李承約爲左驍衛上將軍以雲州節度
使張敬詢爲右驍衛上將軍以前華州節度使王景戡
爲右驍衛上將軍癸卯太常少卿蕭愿責授太子洗馬

奪緋愿南郊行事與祠官同飲詰旦猶醉不能行禮爲
御史所劾也詔新授朔方節度使康福將兵萬人赴鎭
己酉制復故荆南節度使高季興官爵辛亥升閬州爲
保甯軍壬子以內省使左衛大將軍李仁矩爲閬州節
度使幸七星亭丙辰夏州進白鷹重誨奏曰夏州違詔
進貢臣已止約帝曰善朝退帝密令左右進焉是日幸
龍門十一月丁卯洛州水暴漲壞居人垣舍戊辰以刑
部侍郞張文寶爲右散騎常侍己巳以尚書右丞李光
序爲刑部侍郞癸酉升曹州濟陰縣爲次赤以昭宣光
烈孝皇帝溫陵所在故也甲戌奉國軍節度使王延禀

加兼侍中從福建節度使王延鈞請也車駕出近郊試
夏州所進白鷹戒左右勿令重誨知己卯日南至帝御
文明殿受朝賀癸未秘書少監于嶠配振武長流百姓
永不齒任爲宰臣趙鳳誣奏也史官張昭遠等以新修
獻祖懿祖太祖紀年錄共二十卷莊宗實錄三十卷上
之賜器帛有差五代會要監修趙鳳修撰張昭遠呂咸休各賜繒綵銀器等十二月
丁酉靈武康福奏破野利大蟲兩族三百餘帳于方渠
獲牛羊三萬戊戌詔應授官及封贈官誥舉人冬集等
所費用物一切官破壬戌中書奏今後宰臣致齋內不
押班不知印不赴內殿起居或遇國忌行事官已受戒
誓不赴行香并不奏刑殺公事大祠致齋內請不開宴
每遇大忌前一日請不坐朝從之永樂大典卷七千一百六十五

舊五代史卷四十終

舊五代史卷四十攷證

唐明宗紀六贊年五歲默念論語孝經　案宋史作贊七歲誦書二十七卷

宜賜別勅及第附今年春牓　案宋史云特賜童子及第附長興三年禮部春牓是書作天成四年春牓與宋史異

二月乙巳王晏球奏此月三日收復定州　案歐陽史作二月癸卯王晏球克定州與是書合通鑑作癸丑攷癸丑非二月三日也疑傳寫之誤

禁鐵鑞錢　鐵鑞錢通鑑作鐵錫錢攷胡三省注云馬殷得湖南鑄錫爲錢本用之境內其後遂流入中國疑原本鑞字誤攷冊府元龜亦作鐵鑞錢今仍其舊

以端明殿學士趙鳳爲門下侍郎兼工部尚書平章事　案歐陽史本紀作端明殿學士尚書兵部侍郎趙鳳爲門下侍郎兼工部尚書同平章事趙鳳傳作禮部侍郎與本紀異見吳縝纂誤

伏以少帝今不入廟難以言宗　案舊唐書哀帝紀云中書奏少帝行事不合稱宗攷五代會要天成二年博士呂朋龜議引君不逾年不入宗廟之禮請別立廟于園陵故不稱景宗非議其行事有失也舊唐書

誤

丙辰權知荆南府事高從誨上章首罪　丙辰通鑑作庚申

使副劉玫　劉玫通鑑作韓玫

徹伯爾舊作掣撥今改　托諾舊作秃餒今改　紐赫美稜舊作捺括梅里今改　郭濟舊作骨至今改

舊五代史卷四十攷證

舊五代史卷四十一

宋司空同中書門下平章事薛居正等撰

唐書十七

明宗紀第七

長興元年春正月丙寅朔帝御明堂殿受朝賀仗衛如常儀乙亥國子監請以監學生束脩及光學錢備監中修葺公用從之丙子帝謂宰臣曰時雪未降如何馮道曰陛下恭行儉德憂及烝民上合天心必有春澤是夜降雪其夕右散騎常侍蕭希甫封狀申樞密稱得河堰衙官狀告本都將校二十餘人欲謀不軌至旦追問無狀斬所告人是日幸至德宮辛卯中書奏郊天有日合差太內留守詔以宣徽南院使朱宏昭充二月戊戌幸稻田莊己亥黑水國主兀兒遣使貢方物翰林學士劉昫奏新學士入院舊試五題請今後停試詩賦祇試麻制答蕃書批答共三道仍請內賜題目定字數付本院召試從之案五代會要載劉昫原奏云舊例學士入院除中書舍人不試餘官皆先試麻制各蕃批答各一道詩賦各一道號曰五題並於當日呈納從前每遇召試多預出五題潛令宿搆其無黨援者即日起草罕能成功今請權停詩賦祇試三道仍內賜題目兼定字數從之有司奏皇帝致齋於明堂按舊服通天冠絳紗袍文武五品已上著袴褶近例祇著朝服從之乙巳中書奏皇帝朝獻太微宮太廟祭天地於圜丘準禮例親王為亞獻行事受誓戒從之

以天雄軍節度使石敬瑭為御營使壬子帝宿齋于明堂殿癸丑朝獻太微宮是日宿齋于太廟詰旦請行饗禮甲寅赴南郊齋宮是夜微雨三鼓後晴明如晝乙卯祀昊天上帝於圜丘柴燎禮畢郊宮受賀是日御五鳳樓宣制改天成五年為長興元年大赦天下除十惡五逆放火劫舍屠牛官典犯贓僞行印信合造毒藥外罪無輕重咸赦除之天成四年終諸道所欠殘稅及場院欠折並特放免羣臣職位帶平章事侍中中書令並與改鄉名里號朝臣及藩侯郡守亡父母及父母在并妻室未沾恩命者並與恩澤應私債出利已經倍者祇許徵本已經兩倍者本利並放河陽管內人戶每畝舊徵橋道錢五文今後不徵諸道州府每畝先徵麴錢五文今特放二文云商州吏民以刺史郭知瓊善政聞詔褒之三月丁卯幸會節園遂幸河南府靈武奏殺戮蕃賊二千人壬申鳳翔節度使李從曮進封岐國公移鎮汴州甲戌延州節度使高允韜移鎮邢州丙子以宣徽使朱弘昭為鳳翔節度使朱漢賓加檢校太傅移鎮晉州徐州節度使房知溫移鎮鄆州鄆州節度使王晏球移鎮青州宰臣馮道率寮拜表請上尊號曰聖明神武文德恭孝皇帝詔報不允壬午許州節度使孔循移鎮滄

州陝州節度使張延朗移鎭許州加檢校太傅滄州節度使張虔釗移鎭徐州加檢校太保癸未詔貶右散騎常侍集賢殿學士判院事蕭希甫爲嵐州司戶參軍仍馳驛發遣坐誣告之罪也宰臣馮道等再請上尊號詔允之丙戌以侍衞親軍馬步軍都指揮使河陽節度使康義誠爲襄州節度使檢校太傅以左武衞上將軍劉彥琮爲陝州節度使檢校太保庚寅制淑妃曹氏可立爲皇后仍令擇日册命夏四月甲午朔國子司業張溥奏請復八館以廣生徒按六典監有六學國子太學四門律學書學算學是也而溥云八館謬矣丁酉前汴州節度使檢校太尉兼侍中符習加太子太師致仕進封衞國公戊戌遂州節度使夏魯奇加同平章事皇子河中節度使從珂進位檢校太尉封開國公自是諸道節鎭皆次第加恩以郊禋覃慶澤故也己亥幸會節園壬寅以樞密使安重誨爲留守太尉兼中書令使如故青州節度使王建立加侍中移鎭潞州皇子河中節度使從珂奏臣今月五日閱馬於黃龍莊衙內指揮使楊彥溫據城叛臣尋時詰問稱奉宣命胡三省通鑑注云樞密院用宣三省用堂帖臣見在虞鄉縣帝遣西京留守索自通侍衞步軍都指揮使藥彥稠等攻之仍授彥溫絳州刺史冀誘而擒

之也詔從珂赴闕丁未以戶部尚書李鏻爲兗州行軍司馬坐引淮南覘人貽安重誨寶帶也戊申宰臣馮道加右僕射趙鳳加吏部尚書乙酉以左龍武統軍劉君鐸卒廢朝癸丑索自通藥彥稠等奏收復河中斬楊彥溫傳首來獻初彥稠出師帝戒之曰與朕生致彥溫吾將自訊之及收城斬首傳送帝怒彥稠等時議皆以爲安重誨方弄權從榮諸王皆敬事不暇獨忌從珂威名每于帝前屢言其短巧作窺圖冀能傾陷彥溫既誅從珂歸清化里第重誨謂馮道等曰蒲帥失守責帥之義法當如何翌日道等奏合行朝典帝不悅趙鳳堅奏故事有責帥之義所以儆勵藩守帝曰皆非公等意也後數日帝于中興殿見宰臣趙鳳承重誨意又再論列帝默然翌日重誨復自論奏帝極言以拒之語在末帝紀中帝又曰卿欲如何制置重誨曰于陛下父子之間臣不合言一稟聖旨帝曰從佗私第間坐何煩奏也乃止丙辰以西京留守檢校司徒索自通爲河中節度使丁巳雲州奏掩襲契丹獲頭口萬計戊午帝御文明殿受册徽號册曰維長興元年歲次庚寅四月甲午朔二十五日戊午金紫光祿大夫守尚書左僕射兼門下侍郎

同中書門下平章事充太微宮使弘文館大學士上柱
國始平郡開國侯食邑一千五百戶食實封一百戶臣
馮道銀青光祿大夫門下侍郎兼吏部尚書同中書門
下平章事監修國史判集賢院事上柱國天水郡開國
伯食邑七百戶臣趙鳳及文武百官特進太子少傅上
柱國酒泉郡開國侯食邑一千戶臣李琪等五千八百
九十七人言臣聞天不稱高而體尊地不矜厚而形大
厚無不載高無不覆四時行于內萬物生其間總神祇
之靈叶帝王之運日出而星辰自戢龍飛而雷雨皆行
元氣和而天下和庶事正而天下正伏惟皇帝陛下天

授一德時歷多艱翊太祖以興邦佐先皇而定難拯嗣
昭于潞困救德威于燕危過思遠而全鄴都誅彥章而
下梁苑成再造之業由四征之功洎纂鴻圖每敷皇化
去內庫而省庖膳出宮人而減伶官輕寶玉之珍却鷹
鷂之貢滔風既洽嘉瑞自臻故登極之前人皆不足改
元之後時便有年遐荒旋斃於戎王重譯徑來于蠻子
東巡而守殷殪北討而王都殲破契丹而燕趙無虞控
靈武而瓜沙並復近以饗上元而薦太廟就吉土而配
昊天輅已降而雨霑事欲行而月見燔柴禮畢作解恩
覃帝命咸均人情普悅非陛下有道有德至聖至明動

不疑人靜惟恭已常敦孝禮每納忠言則何以臨御五
年澄清四海時久纏於災害民驟見于和平休徵備載
于簡編徽號過持于謙讓三年不允眾志皆堅天不以
上帝自崇日不以大明自貴于烝民有惠于元后同符
列聖皆然舊章斯在今以明庭百辟列土諸侯中外同
詞再三瀝懇臣等不勝大願謹奉玉寶玉冊上號曰聖
明神武文德恭孝皇帝伏惟皇帝陛下體堯舜之至道
法日月于太虛威于夷狄恩及蟲魚奉國者繼加榮寵
違天者咸就誅戮典禮當告成之後夙夜思卽位之初
千秋萬歲永混車書宰臣馮道之詞也庚申以左金吾

上將軍史敬鎔爲鄧州節度使以右金吾上將軍符彥
超爲兗州節度使以驍衛上將軍張敬詢爲滑州節度
使以閬中防禦使孫岳爲鳳州節度使詔改鳳翔管內
應州爲匡州信州爲晏州改新州管內武州爲毅州五
月乙丑鄭州防禦使張進副使咸繼威並停任以盜掠
城中居人故也丙寅以少府監韋肅爲洺州刺史以潞
州節度使王建立爲太傅致仕建立素與安重誨不協
因其入朝乃言建立自鎭歸朝過鄴都日有扇搖之言
以是罪之故令致仕丁卯以前興元節度使劉仲殷權
知潞州軍州事戊辰以安州節度使高行珪卒輟朝有

司上言皇后受册內外命婦並合奉賀今未有命婦準例上表稱賀中書諸道節度使但進表上言皇帝外命婦上皇后賀牋表進呈訖無報應皇親或有慶賀及起居章表內中進呈後祇宣示來使並不合答復從之壬申以權知昭義軍軍州事劉仲殷爲潞州節度使檢校太傅丁丑帝臨軒命使册淑妃曹氏爲皇后禮院上言百官上疏于皇后日皇后殿下及六宮及率土婦人慶賀祇呼殿下不言皇后中書覆奏若祇呼殿下恐與皇太子無所分别凡上中宮表章呼皇后殿下若不形文字尋常祇呼皇后從之癸未太子少傅蕭頃卒廢朝甲

申迴鶻可汗仁裕遣使貢方物辛卯以翰林承旨兵部侍郎李愚爲太常卿壬辰以前靑州節度使李從璋爲右驍衛上將軍六月丁酉以護駕馬軍都指揮使貴州刺史安從進爲宣州節度使充護駕馬軍都指揮使以護駕步軍都指揮使澄州刺史藥彥稠爲壽州節度使兼護步軍都指揮使甲辰以皇城使安崇緒爲河陽留後重誨子也鳳翔奏所管良晏匡三州並無屬縣請却改爲縣從之仍舊爲軍鎭前振武節度使安金全卒壬子中書門下奏詳覆到禮部院今年及第進士李飛樊吉夏侯珙吳洄王德柔李穀等六人望放及第其盧價等七人及賓貢鄭朴望許令將來就試知貢舉張文寶試士不得精當望罰一季俸從之丁巳皇子北京留守河東節度使從厚移領鎭州以左武衛上將軍李從溫爲許州節度使秋七月甲子以宣徽南院使行右衛上將軍判三司馮贇爲北京留守太原尹己巳以鄧州節度使史敬鎔卒廢朝甲戌以左威衛上將軍梁漢顒爲鄧州節度使前兗州節度使趙在禮爲左驍衛上將軍庚辰奉國軍節度使兼威武軍節度使　使檢校太尉兼侍中王延禀加兼中書令詔諸州得替防禦團練使刺史並宜于班行比擬如未有員闕可隨常參官逐日

立班新例也辛巳詔揀年少宮人及西川宮人並還其家無家可歸者任從所適甲申以前齊州防禦使孫璋爲鄜州節度使戊子以右散騎常侍陸崇卒廢朝崇爲福建册使卒於明州贈兵部尚書宿州進白兔安重誨謂其使曰豐年爲上瑞兔懷狡性雖白何爲命退歸八月甲午以前鄧州節度使盧文進爲左衛上將軍北京奏吐渾千餘帳內附於天池川安置禁在京百司影射州縣稅戶乙未捧聖軍使李行德十將張儉告密人邊彥温並族誅以其誣告安重誨私市兵仗故也以前許州節度使張延朗爲檢校太傅行兵部尚書充三司使

三司之有使額自延朗始也初中書覆奏授延朗諸道鹽鐵轉運等使兼判戶部度支事奏入宣旨曰會計之司國朝重事將總成其事額俾專委于近臣貴便一時何循往例兼移內職可示新規張延朗可充三司使班在宣徽使下癸卯北京奏生吐渾內附欲于嵐州安族帳都官員外郞知制誥張昭遠奏請依國朝舊例選郞官御史分行天下宣問風俗興利除害不報壬寅皇子河南尹判六軍諸衛事從榮封秦王仍令所司擇日册命五代會要長興元年九月太常禮院奏草定秦王儀注博士段顒議曰據開元禮臨軒册禮命諸王大臣其日受册者朝服從第鹵簿與百官俱集朝堂就次受册訖通事舍人引不載謁朝還第之儀自開元以後册

拜諸王皆正衙命使詣延英進册皇帝御內殿高品引王入立于位高品宣制讀册王受册訖歸院亦無乘輅謁朝之禮臣按五禮精義云古者皆因禘嘗而頒爵祿所以示無自專稟之于祖宗也今雖册命不在烝嘗然拜大官封大邑必至殿廷敬慎之道也今當司欲準開元禮其日秦王服朝服自理所乘輅車備鹵簿與羣臣俱集朝堂就次受册訖至應天門外奉册置于載册之車秦王升輅出謁太廟訖歸理所儀仗鹵簿如來時之儀從之戊申兗州奏淮南海州都指揮使王傳拯殺本州刺史陳宣焚燒州城以所部兵士及家口五千人歸國至沂州帝遣使慰納之庚戌正衙命使册福慶長公主孟氏以前雄武軍節度使王思同爲左武衛上將軍以前鳳州節度使陳皐爲右威衛上將軍壬子正衙命使赴太原册永甯公主石氏乙卯以左監門衛上將軍陳

延福卒廢朝丙辰皇子鎭州節度使從厚封宋王仍令擇日册命九月乙丑階州刺史王宏贄上言一州主客戶纔及千數並無縣局臣今檢括得新舊主客已及三千二百欲依舊額立將利福津二縣請置令佐從之丁丑詔天下諸州府不得奏荐着紫衣官員爲州縣官戊寅升尚書右丞爲正四品癸未利閬遂三州奏東川節度使董璋謀叛結連西川孟知祥甲申以鎭州節度使范延光爲檢校太傅守刑部尚書充樞密使利州閬州進納東川檄書言將兵擊利閬責以間諜朝廷爲名乙酉以左驍衛上將軍趙在禮爲同州節度使兼四面行

營馬步軍都指揮使樞密院直學士守工部侍郎閻至樞密院直學士守尚書右丞史圭並轉戶部侍郎依前充職以翰林學士守戶部侍郎李懌爲尚書右丞以翰林學士戶部侍郎劉昫爲兵部侍郎以翰林學士中書舍人竇夢徵爲工部侍郎依前充職以中書舍人劉贊爲御史中丞以御史中丞許光義爲兵部侍郎以兵部侍郎姚顗爲吏部侍郎丙戌詔東川節度使董璋可削奪在身官爵仍徵兵進討丁亥以西川節度使孟知祥兼西南面供饋使天雄軍節度使石敬瑭兼東川行營都招討使以遂州節度使夏魯奇兼東川行營招討副

使庚寅以右衛上將軍王思同爲京兆尹充西京留守兼西南行營馬步都虞候冬十月壬辰以太子少傅李琪卒廢朝癸巳以鄜州節度使米君立卒廢朝詔凡賻贈布帛言段不言端匹段者二丈也宜令三司依此給付甲午正衙命使册興平公主于宋州節度使駙馬都尉趙延壽之私第己亥以左驍衛上將軍李從璋爲陝州節度使陝州節度使劉彥琮移鎮邠州尚書博士田敏請依舊典藏冰頒冰以消陰陽愆伏之沴詔從之（五代會要載原敕云藏冰之制載在前經獻廟之儀廢于近代既朝臣之特舉案典禮以宜行田敏所奏祭司寒獻羔事宜依其桃弧棘矢事久不行理難備創其諸侯亦宜準往制藏冰）乙巳供奉官張仁

暉自利州回奏董璋攻陷閬州節度使李仁矩舉家遇害丁未宮苑使董光業并妻子並斬于市董璋之子也辛亥以武安軍節度副使洪鄂道行營副都統檢校太尉馬希聲爲武安軍節度使加兼侍中時湖南馬殷奏久病不任軍政乞以男希聲爲帥故有是命中書奏吏部流內銓諸色選人所試判兩節度欲委定其等第文優者超一資其次者次資又次者以同類道理全疏者于同類中少人戶處注擬從之十一月庚申朔帝御文明殿册皇子秦王仗衛樂懸如儀甲子正衙命使册皇子宋王于鎮州是日幸龍門翌日馮道奏曰陛下宮中

無事遊幸近郊則可矣若涉歷山險萬一馬足蹉跌則貽臣下之憂臣聞千金之子坐不垂堂百金之子立不倚衡況貴爲天子豈可自輕哉帝斂容謝之退令小黃門至中書問道垂堂倚衡之義道因注解以聞帝深納之己巳故太子少保致仕封舜卿贈太子少傅庚午應州節度使張敬達移雲州以捧聖都指揮使守恩州刺史沙彥詢爲應州節度使以潁州團練使高行周爲安北都護充振武節度使壬申黔南節度使楊漢章棄城奔忠州爲董璋所攻也乙亥制西川節度使孟知祥削奪官爵以其同璋叛也丙子以前同州節度使羅周敬

爲左監門上將軍丁丑故兵部侍郎許光義贈禮部尚書辛巳西面軍前奏今月十三日階州刺史王弘贄瀘州刺史馮暉自利州取山路出劍門關外倒下殺敗董璋守關兵士三千餘人收復劍州甲申日南至帝御文明殿受朝賀丙戌以給事中鄭韜光爲左散騎常侍青州奏得登州狀契丹案巴堅（舊作阿保機今改正）男東丹王托允（舊作突欲今改正）越海來歸國（契丹國志時東丹王失職怨望因率其部四十餘人越海歸唐）十二月乙未荊南奏湖南節度使楚國王馬殷薨廢朝三日庚子以前襄州節度使安元信爲宋州節度使辛丑幸苑中丁未以二王後秘書丞龔鄴國公楊仁矩卒

輟朝贈工部郎中庚戌湖南節度使馬希聲起復加兼中書令壬子以樞密院直學士戶部侍郎閻至爲澤州刺史樞密院直學士戶部侍郎史圭爲貝州刺史甲寅遣樞密使安重誨赴西面軍前時帝以蜀路險阻進兵艱難潼關已西物價甚賤百姓輓運至利州率一斛不得一斗謂侍臣曰關西勞擾未有成功誰能辦吾事者朕須自行安重誨曰此臣之責也臣請行帝許之言訖而辭翌日遂行甲寅故西川兵馬都監泗州防禦使李嚴贈太傅丙辰車駕畋于西山獵也丁巳迴鶻遣使來朝貢戊午故荊南節度使檢校太尉兼尚書令南平王高季興贈太尉永樂大典卷七千一百六十五

舊五代史卷四十一終

舊五代史卷四十一攷證

唐明宗紀七癸丑索自通藥彥稠等奏收復河中　案通鑑作辛亥索自通拔河中斬楊彥溫癸丑傳首來獻歐陽史亦作辛亥自通執彥溫殺之較是書爲詳審

張延朗可充三司使班在宣徽使下　案宋史職官志三司使在宣徽使後蓋仍後唐之制

淮南海州都指揮使王傳拯　王傳拯歐陽史作傳極攷是書列傳及通鑑並作傳拯疑歐陽史傳刻之訛

乙巳供奉官張仁暉自利州迴奏董璋攻閬州　案董璋陷閬州通鑑作九月庚辰歐陽史作十月乙巳蓋以奏聞之日爲據也

辛巳西面軍前奏今月十三日階州刺史王宏贄瀘州刺史馮暉自利州取山路出劍門關外倒下殺敗董璋守關兵士三千人收復劍州　案通鑑攷異引唐實錄作今月十三日大軍進攻入劍門次十七日收下劍州是書統繫于十三日疑有舛誤

安巴堅舊作阿保機今改　托雲舊作哭欲今改

舊五代史卷四十一攷證

舊五代史卷四十二

宋司空同中書門下平章事薛居正等撰

明宗紀第八　唐書十八

長興二年春正月庚申朔帝御明堂殿受朝賀仗衛如儀乙丑詔曰故天策上將軍守太師尚書令楚國王馬殷品位俱高封崇已極無官可贈宜賜謚及神道碑文仍以王禮葬壬申契丹東丹托允（舊作突欲今改正）自渤海國率衆到闕帝慰勞久之賜賚加等百寮稱賀丙子以沙州節度使曹義金兼中書令丁丑東丹托允進本國印三紐庚辰以靜江軍節度使馬賨卒廢朝贈尚書令丙

戌荊南節度高從誨落起復加兼中書令二月己丑朔以宋州節度使趙延壽爲左武衛上將軍充宣徽北院使癸巳詔貢院舊例夜試進士今後晝試排門齊入即日試畢丁酉幸至德宮又幸安元信東丹托允之第辛丑以鴻臚卿致仕賈馥卒廢朝以樞密院使守太尉兼中書令安重誨爲檢校太師兼中書令充河中節度使進封沂國公己酉以右威衛上將軍陳皐爲洋州節度使詔諸府少尹上任以二十五日爲限諸州刺史諸道行軍司馬副使兩使判官已下賓職團防軍事判官推官府縣官等俱以三十日爲限幕職隨府者不在此例

癸丑邠州節度使李敬周移鎮徐州詔禁天下不得開發無主墳墓三月辛酉詔渤海國人皇王托允宜賜姓東丹名慕華仍授檢校太保安東都護充懷化軍節度瑞鎮等州觀察等使其從慕華歸國部校各授懷化歸德將軍中郎將先於定州擒獲蕃將特哩袞宜賜姓狄名懷惠哲爾格宜賜姓列名知恩並授檢校右散騎常侍錫里扎拉宜賜姓原名知感英格宜賜姓服名懷造奚王副使竭失訖宜賜姓乙名懷宥三人並授檢校太子賓客甲子以前鴻臚卿王瓊爲太僕卿丙寅以皇子從珂爲左衛大將軍從珂自河中失守歸清化里第至

是安重誨出鎮河中帝召見泣而謂之曰如重誨意爾安得更相見耶因有是命壬申以滄州節度使孔循卒廢朝乙亥以西京留守權知興元軍府事王思同爲山南西道節度使充西面行營馬步軍都虞候庚辰以少府監聶延祚爲殿中監以前雲州節度使楊漢章爲安州節度使乙酉太師致仕錢鏐復授天下兵馬都元帥尚父吳越國王以其子兩浙節度使元瓘等上表首罪故有是命丁亥以太常卿李愚爲中書侍郎平章事集賢殿大學士夏四月辛卯制德妃王氏進位淑妃詔錢鏐依舊賜不名誅內官安希倫以其受安重誨密指令

于內中伺帝起居故也丁酉幸會節圜宴羣臣因幸何南府詔罷州縣官到任後率歛爲地圖又禁人毀廢所在碑碣戊戌詔今年四月禘饗太廟故昭義節度使李嗣昭故幽州節度使周德威故汴州節度使符存審並配饗莊宗廟庭巳亥以前徐州節度使張虔釗爲鳳翔節度使癸卯以汴州節度副使藥縱之爲戶部侍郎前宗正卿李諧爲將作監甲辰以宣徽北院使左衛上將軍趙延壽爲檢校太傅行禮部尚書充樞密使乙巳潞州節度使劉仲殷移鎭秦州帝幸龍門佛寺祈雨己酉天雄軍節度使石敬瑭兼六軍諸衛副使辛亥以前鳳

翔節度使朱弘昭爲左武衛上將軍充宣徽南院使壬子以兵部尚書盧質爲河陽節度使甲寅以遂州節度使夏魯奇歿於王事廢朝案通鑑正月庚午李仁罕陷遂州夏魯奇自殺歐陽史作四月甲寅董璋陷遂州武信軍節度使夏魯奇死之與通鑑異以薛史考之歐陽史蓋誤以奏聞之日爲城陷之日宜從薛史五月戊午朔帝御文明殿受朝庚申以三司使行工部尚書張延朗爲兗州節度使辛酉詔近聞百執事等或親居內職或貴列廷臣或宣達君恩或勾當公事經由列鎭干撓諸侯指射職員安排親昵或潛示意旨或顯發書題自今後一切止絕有所犯者發薦人貶官薦人流配如逐處長吏自徇人情只仰被替人詣闕

上訴長吏罰兩月俸發薦人更加一等被替人却令依舊甲子都官郎中知制誥崔棁上言請搜訪宣宗已來野史以備編修從之丁卯詔諸州府城郭內依舊禁麴其麴官中自造減舊價之半貨賣應田畝上所徵麴錢並放鄉村人戶一任私造時甚便之戊辰中書奏應朝臣丁憂者望加頒賚從之丁丑以秘書監劉岳爲太常卿巳卯以武德使孟漢瓊爲右衛大將軍知內侍省充宣徽北院使辛巳以前相州刺史孟鵠爲左驍衛大將軍充三司使甲申以權知朗州軍州事守永州刺史馬希範爲洪州節度使檢校太傅以權知桂州軍府事富

州刺史馬希舜爲鄂州節度使檢校司徒乙酉以左金吾大將軍薄文爲胥州留後鴻臚卿柳膺將齋郎文書賣與同姓人柳居則伏罪大理寺斷當大辟緣經赦減死追奪見任官終身不齒詔應見任前資守選官等所有本朝及梁朝出身歷任告身並仰送納委所在磨勘換給公憑只以中興已來官誥及近受文書敘理其諸色蔭補子孫如非虛假不計庶嫡並宜敘錄如實無子孫別立人繼嗣已補得身名者只許敘蔭一人其不合敘使文書限百日內焚毀須絕此後更敢將合焚文書參選求仕其所犯之人並傳者並當極法應合得資蔭

出身人並須依格依令施行閏月庚寅制河中節度使
檢校太師兼中書令安重誨可太子太師致仕是日重
誨男崇緒等潛歸河中以右散騎常侍張文寶爲兵部
侍郎䕫州節度使安崇阮棄城歸闕待罪於閤門詔釋
之時董璋寇峽內諸州崇阮望風遁走壬辰陝州節度
使李從璋移鎮河中癸巳升盧州爲昭順軍甲午以衛
州刺史姚彥章爲昭順軍節度使丁酉安重誨奏男崇
贊崇緒等到州臣已拘送赴闕崇緒至陝州詔令下獄
已亥詔安重誨宜削奪在身官爵並妻阿張男崇贊崇
緒等並賜死其餘親不問壬寅以尚書左丞崔居儉爲

工部尚書以吏部侍郎王權爲尚書左丞丙午以隨駕
馬軍都指揮使宜州節度使安從進爲陝州節度使丁
未以前中書舍人楊凝式爲左散騎常侍戊申以右龍
武統軍王景戡爲新州節度使己酉以右領軍上將軍
李肅爲左金吾大將軍壬子以隨駕步軍都指揮使藥
彥稠爲邠州節度使癸丑以邠州節度使劉行琮卒廢
朝贈太傅詔有司及天下州縣于律令格式六典中錄
本局公事書于庭壁令其遵行六月丁巳朔復置明法
科同開元禮乙丑以皇子左衛大將軍從珂依前檢校
太傅加同平章事行京兆尹充西都留守庚午以邠州

節度使張溫爲右龍武統軍甲戌以魏徵八代孫韶爲
安定縣主簿乙亥以鎮州節度使宋王從厚爲興唐尹
以石敬瑭爲河陽天雄軍節度使以天雄軍節度使石
敬瑭爲河陽節度使依前六軍諸衛副使丙子詔諸道
觀察使均補苗稅將有力人戶出剩田苗補貧下不逮
頃畝有剩者排改檢括自今年起爲定額乙卯定州節
度使李從敏移鎮州節度使盧質爲滄州節度使庚辰
皇孫太子舍人重美授司勳員外郎重眞已下六人並
授同正將軍及檢校官壬午以前秦州節度使李德珫
爲定州節度使兼北面行營副招討使太原地震詔天

下州府斷獄先于案牘之上坐所該律令格式及新勅
然後區分乙酉以前黔州節度使楊漢賓爲羽林統軍
詔止絕諸射係省店宅莊園秋七月庚寅以權侍衛馬
軍都指揮使登州刺史張從賓爲壽州節度使兼侍衛
步軍都指揮使壬辰福建王延鈞上言當境廟七所乞
封王號勅如諸史傳有名宜封爲閩越富義王其餘任
自於境內祭享乙未詔諸道奏薦州縣官使相先許一
年薦三人今許薦五人不帶使相先許薦二人今許薦
三人直屬京防禦團練使先許薦一人今許薦二人詔
應州縣官內有曾在朝行及曾佐幕府罷任後準前資

朝官賓從別處分其帶省銜並內供奉裏行及諸色出選門者或降授令錄罷任日並依出選門例處分便與除官更不再赴常調州縣官其間書得十六考者準格敘加朝散階亦準出選門例處分三司奏先許百姓造麴不來官場收買伏恐課額不逮請復已前麴法鄉戶與在城條法一例指揮仍據已造到麴納官量支還麥本從之甲辰前晉州節度使朱漢賓授太子少保致仕庚戌大理正劇可久責授登州司戶刑部員外郎裴選責授衛尉寺丞刑部侍郎李光序判大理卿事任贊各降一官罰一季俸坐斷罪失入也八月丙寅詔天下州府商稅務並委逐處差人依省司年額勾當納官以故鎮州節度使趙王王鎔男昭誨爲朝議大夫司農少卿賜紫金魚袋繼絕也辛丑升虔州爲昭信軍癸亥以太常少卿盧文紀爲秘書監以秘書馬縞爲太子賓客左監門上將軍羅周敬爲右領軍上將軍前懷州刺史婁繼英爲左監門上將軍乙丑詔大理寺官員宜同臺省官例升進法直官比禮直官任使仍于諸道贓罰錢內每月支錢一百貫文賜刑部大理兩司其刑部於所賜錢三分與一分丙寅以武平軍節度使馬希振依前檢校太尉兼侍中充虔州昭信軍節度使詔百官職吏應

選授外官者考滿日並委本州申奏追還本司依舊職行公事已巳太傅致仕王建立太子少保致仕朱漢賓皆上章求歸鄉里詔外內致仕官凡要出入不在拘束之限辛未以翰林學士兵部侍郎劉昫守本官充端明殿學士以左拾遺直樞密院李崧充樞密直學士壬申以左龍武統軍李承約爲潞州節度使癸酉詔文武百官五日內殿起居仍舊其輪次轉對若有封事許非時上表朔望入閤待制候對一依舊制乙亥翰林學士工部侍郎竇夢徵卒丁丑以前西京副留守梁文矩爲兵部尚書乙卯詔不得薦銀青階爲州縣官壬午詔應有朝臣藩侯郡守凡欲營葬未曾封贈許追封贈禮部尚書致仕李德休卒九月丙戌以前兗州節度使符彥超爲左龍武統軍已亥懷化軍節度使東丹慕華賜姓名李贊華改封隴西縣開國公應有先配諸軍契丹並賜姓名詔天下營田務只許耕無主荒田各召浮客不得留占屬縣編戶辛丑樞密使檢校太傅刑部尚書范延光加同平章事使如故壬寅以中書舍人封翹爲禮部侍郎禮部侍郎盧澹爲戶部侍郎癸卯許州節度使李從溫移鎮河東詔天下州縣官不得與部內富民於公廳同坐辛亥詔五坊見在鷹隼之類並可就山林解放

今後不許進獻冬十月戊午以前北京留守太原尹馮贇爲許州節度使辛酉左補闕李祥上疏以北京地震多日請遣使臣往彼慰撫察問疾苦祭祀山川從之先是太原留後密奏無敢言者及祥有是奏帝甚嘉之改賜章服丙寅詔應在朝臣寮藩侯郡守準例合得追贈者新授命後便於所司投狀旋與施行封妻蔭子準格合得者亦與施行外官曾任朝班據在朝品秩格例合得封贈敘封者並與施行其補蔭據資蔭合得者先受官者先與收補後受官者據月日次第施行從之十一月甲申朔日有蝕之己丑日南至帝御文明殿受賀丁

酉以翰林學士起居郎張礪爲兵部員外郎知制誥充職以汝州防禦使張希崇爲靈州兩使留後庚子以左威衛上將軍華溫琪爲華州節度使福州節度使王延鈞奏誅建州節度使王延禀及其子繼雄壬寅詔今後諸道兩使判官罷任一年與比擬書記支使防禦團練判官二年推巡軍事判官並三年後與比擬仍每遇除授量與改轉官資或階勳職次云云以御史中丞劉贇爲刑部侍郎以鳳州節度使孫岳充西面閤道使壬子鄆州奏黃河暴漲漂溺四千餘戶癸丑以給事中崔衍爲御史中丞十二月甲寅朔詔開鐵禁許百姓自鑄農器什器之屬於秋夏田畝上每畝輸農器錢一文五分乙卯畋於西郊丁巳以彰武軍節度使劉訓卒廢朝庚午以前利州節度使康思立爲陝州節度使秦州地震丁丑詔三司所過西川兵士家屬常令贍給（永樂大典卷七千一百六十五）

舊五代史卷四十二終

舊五代史卷四十二攷證

唐明宗紀八壬申契丹東丹王托雲自渤海國率其衆到闕　案托雲歸唐五代春秋作二年正月蓋以到闕之日爲據歐陽史作四年十一月丙戌蓋以奏聞之日爲據

以沙州節度使曹義金兼中書令　沙州原本作汝州今據通鑑改正

見禁囚徒除死罪外並放　案歐陽史作乙卯以旱赦流罪以下四與是書作壬子異

詔安重誨宜削奪在身官爵並妻阿張男崇贊崇緒等並賜死　案重誨見殺是書作閏月己亥歐陽史作閏五月丁酉五代春秋作五月

以前黔州節度使楊漢賓爲羽林統軍　漢賓原本作漢章攷上文有雲州節度作楊漢章不應黔州節度使與之同名今據通鑑改正

辛亥詔五坊見在鷹隼之類並可就山林解放　辛亥歐陽史作丁亥通鑑從是書

扎雲舊作奚欲今改　特哩究舊作惕隱今改　扎古舊作則骨今改　錫里扎拉舊作舍利則剌今改

裕勒古舊作褫骨今改　格斯齊舊作竭失訖今改

舊五代史卷四十二攷證

舊五代史卷四十三

宋司空同中書門下平章事薛居正等撰

明宗紀第九　唐書十九

長興三年春正月癸未朔帝御明堂殿受朝賀仗衛如式丁亥陝州節度使安從進移鎮延州己丑遣邠州節度使藥彥稠靈武節度使康福率步騎七千往方渠討党項之叛者庚寅以前北京副留守呂夢奇為戶部侍郎辛卯以前彰國軍留後孫漢韶為利州節度使充西面行營副部署兼步軍都指揮使庚子契丹遣使朝貢辛丑秦王從榮加開府儀同三司兼中書令戊申詔選

人文辭不合式樣罪在發解官吏舉人落第次年免取文解中書門下奏請親王官至兼侍中中書令則與見任宰臣分班定位宰臣居左親王居右如親王及諸使守侍中中書令亦分行居右其餘使相依舊從之渤海廻鶻吐蕃遣使朝貢大理正張居琛上言所頒諸州新定格式律令請委諸處各差法直官一人專掌檢討從之二月乙卯制晉國夫人夏氏追册為皇后丙辰幸龍門詔故皇城使李從璨可贈太保詔出選門官能任後周年方詳擬自丁所司投狀磨勘送中書又詔罷城南稻田務以其所費多而所收少欲復其水利資于民

間碾磑故也秦州奏州界三縣之外別有一十一鎮人戶係鎮將徵科欲隨其便宜復置隴城天水二縣以隷之詔從之甲子幸至德宮以右衛大將軍高居貞為右監門衛上將軍庚午以前華州節度使李從昶為左驍衛大將軍以前夔州節度使安崇阮為右驍衛上將軍以前新州節度使翟璋為右領軍上將軍以右領軍上將軍羅周敬為右威衛上將軍辛未中書奏請依石經文字刻九經印板從之案五代會要長興三年二月中書門下奏請依石經文字刻九經印板勑令國子監集博士儒徒將西京石經本各以所業本經多為抄寫仔細看讀然後僱召能雕字匠人各部隨帙刻印板廣頒天下如諸色人要寫經書並請依所印刻本不得更使雜本交錯盖刻板之流行寔始

於此愛日齋叢鈔云通鑑載後唐長興三年二月辛未初令國子監校定九經雕印賣之又曰自唐末以來所在學校廢絕蜀毋昭裔出私財百萬營學館且請板刻九經蜀主從之由是蜀中文學復盛又曰唐明宗之世宰相馮道李愚請令判國子監田敏校定九經刻板印賣從之後周廣順三年六月丁巳板成獻之由是雖亂世九經傳佈甚廣　王仲言揮麈錄云毋昭裔貧賤時嘗借文選于交遊間其人有難色發憤異日若貴當板以鏤之遺學者後仕王蜀為宰相遂踐其言刊之印行書籍創見于此事載陶岳五代史補後唐平蜀明宗命太學博士李鍔書五經倣其製作刊板于國子監為監中刻書之始　猗覺寮雜記云雕印文字唐以前無之唐末益州始有墨板後唐方鏤九經悉收人間所有經史以鏤板為正見兩朝國史此則印書已始自唐末矣案柳氏家訓序中和三年癸卯夏鑾輿在蜀之三年也余為中書舍人旬休閱書于重城之東南其書多陰陽雜記占夢相宅九宮五緯之流又有字書小學率雕板印紙浸染不可盡曉葉氏燕語正以此證刻書不始于馮道而沈存中又謂板印書籍唐人尚未盛行為之自馮瀛王始印五經已後典籍皆為板本大槩唐末漸有

卯書特未盛行後人遂以爲始于蜀也當五季亂離之
際經籍方有託而流布于四方天之不絕斯文信矣
甲戌靈武奏都指揮使許審環等謀亂伏誅藥彥稠奏
誅党項阿埋等十族與康福入白魚谷追襲叛黨獲大
首領六人諸羌二千餘人孳畜數千及先刼掠到廻鶻
物貨詔彥稠軍士所獲並令自收勿得箕歛己卯以前
河中節度使索自通爲鄜州節度使懷化軍節度使李
贊華進契丹地圖詔司天臺除密奏留中外應奏歷象
雲物水旱及十曜細行諸州災祥宜並報史館以備編
修壬午藥彥稠進廻鶻可汗先送秦王金裝胡䩮爲党
項所掠至是得之以獻帝曰先詔所獲令軍士自收今

何進也令彥稠却與獲者三月甲申契丹遣使朝貢靈
武軍將裴昭隱等二人與進奏官阮順之隱官馬一匹
有司論罪合抵法帝曰不可以一馬殺三人命笞而釋
之丙申西京奏百姓侯可洪於楊廣城內掘得宿藏玉
四團進納賜可洪二百緡絹二百疋庚子以前鄜州節
度使孫璋卒廢朝癸卯帝顧謂宰臣曰春雨稍多久未
晴霽何也馮道對曰水旱作沴雖是天之常道然季春
行秋令臣之罪也更望陛下廣敷恩宥久雨無妨于聖
政也丁未以神捷神威雄武廣捷已下指揮改爲左右
羽林軍置四十指揮每十指揮立爲一軍軍置都指揮

使一人庚戌帝觀稼于近郊民有父子三人同挽犂耕
者帝閔之賜耕牛三頭高麗國遣使朝貢以右領軍上
將軍翟璋爲右羽林統軍以前安州留後周知裕爲左
神武統軍夏四月甲寅詔諸道節度使未帶使相及防
禦團練使刺史班位居檢校官高者爲上加檢校官同
以先授者爲上前資在見任之下新羅王金溥遣使貢
方物戊午中書奏準勑重定三京諸州府地望次第者
舊制以王者所都之地爲上今都洛陽請以河南道爲
上關內道爲第二河東道爲第三餘依舊制其五府按
十道圖以鳳翔爲首河中成都江陵興元爲次中興初

升魏州爲興唐府鎮州爲眞定府望升二府在五府之
上合爲七府餘依舊制又天下舊有八大都督府以靈
州爲首陝幽魏揚潞鎮徐爲次其魏鎮已升爲七府兼
具員內相次升越杭福潭等州爲都督望以十大都督
府爲額仍據升降次第以陝爲首餘依舊制十道圖有
大都護請以安東大都護爲首防禦團練等使自來升
降極多今具現在具員依新定十道圖以次其第爲定
從之契丹累遣使求歸扎剌特里衮（舊作則剌惕隱今改正）等幽
州趙德鈞奏請不俞允帝顧問侍臣亦以爲不可與帝
意欲歸之會冀州刺史楊檀罷郡至闕帝問其事奏曰

此輩來援王都謀危社稷陛下寬慈貸其生命苟若歸之必復向南放箭旣知中國事情爲患深矣帝然之旣而只遣哲爾格錫里舊作則骨舍利今改正隨來使歸蕃不欲全拒其請也詔贈皇后曹氏曾祖父母以下爲太傅太尉太師國夫人淑妃王氏曾祖父祖父母爲太子太保太傅太師國夫人壬戌前樞密使驃騎大將軍馬紹宏卒癸亥以懷化軍節度使李贊華爲滑州節度使初帝欲以贊華爲藩鎭范延光等奏以爲不可帝曰吾與其先人約爲兄弟故贊華來附吾老矣倘後世有守文之主則此輩招之亦不來矣由是近臣不能抗議甲子以太子賓

客蕭蘧爲戸部尚書致仕乙丑以天雄軍節度使宋王從厚兼中書令辛未以幽州節度使趙德鈞兼中書令五月壬午朔帝御文明殿受朝詔禁網羅彈射弋獵丁亥以二王後前詹事府司直楊延紹爲右贊善大夫仍襲封鄘國公食邑二千戸丁酉以太子太師致仕孔勍卒廢朝興元奏東西兩川各舉兵相持甲辰以文宣王四十三代孫曲阜縣主簿孔仁玉爲兗州龔邱令襲文宣公戊申襄州奏漢江大漲水入州城壞民廬舍樞密使奏近知兩川交惡如令一賊兼有兩川撫衆守險恐難討除欲令王思同以興元之師伺便進取詔從之六

月壬子朔幽州趙德鈞奏新開東南河自王馬口至淤口長一百六十五里闊六十五步深一丈二尺以通漕運舟勝千石畫圖以獻甲寅以權知高麗國事王建爲檢校太保封高麗國王丁巳衛州奏河水壞堤東北流入御河戊午荆南奏東川董璋領兵至漢州西川孟知祥出兵逆戰璋大敗得部下人二十餘走入東川城尋爲前陵州刺史王暉所殺孟知祥已入梓州辛酉范延光奏曰孟知祥兼有兩川彼之軍衆皆我之將士料其外假朝廷形勢以制之然陛下苟不能屈意招攜彼亦無由革面帝曰知祥予故人也以賊臣間諜故茲阻隔

今因而撫之何屈意之有由是遣供奉官李瓌使西川賚詔以賜知祥詔以霖雨積旬久未晴霽京城諸司繫囚並宜釋放甲子以大雨未止放朝參兩日洛水漲泛二丈廬舍居民有溺死者以前濮州刺史武延翰爲左領軍上將軍前階州刺史王宏贊爲左千牛上將軍金徐安穎等州大水鎭州旱詔應水旱州郡各遣使人存問秋七月辛巳朔以天下兵馬元帥尚父吳越國王錢鏐薨廢朝三日丙戌詔賜諸軍救接錢有差戊子正衙命使册高麗國王王建靈武奏夏州界党項七百騎侵擾當道出師擊破之生擒五十騎追至賀蘭山下巳丑

兩浙節度使錢元瓘起復加守尙書令靑州節度使王晏球加兼中書令泰鳳兗宋亳潁鄧大水漂邑屋損苗稼夔州赤甲山崩壬辰以前太僕卿鄭續爲鴻臚卿以前兗州行軍司馬李鏻爲戶部尙書乙未福建節度使王延鈞進絹表云吳越王錢鏐薨乞封臣爲吳越王湖南馬殷官是尙書令殷薨請授臣尙書令不報戊戌太子賓客李光憲以禮部尙書致仕乙亥以前靈武節度使康福爲涇州節度使幽州衙將潘杲上言知故使劉仁恭于大安山藏錢之所樞密院差人監往發之竟無所得以皇子西京留守京兆尹從珂爲鳳翔節度使廢

鳳州武興軍節制爲防禦使並所管興文二州並依舊隸興元府丁未以門下侍郎兼吏部尙書同平章事監修國史趙鳳爲檢校太傅同平章事充邢州節度使詔諸州府遭水人戶各支借麥種及等第賑貸八月辛亥靑州節度使王晏球卒廢朝二日以利州節度使孫漢韶兼西面行營招討使甲寅以前振武節度使張萬進爲鄧州節度使己未以鄆州節度使房知溫兼中書令移鎭靑州丙寅以宰臣李愚爲門下侍郎平章事監修國史己亥以湖南節度使馬希聲卒廢朝乙卯吐蕃遣使朝貢九月壬午以鎭南軍節度使檢校太傅馬希範爲湖南節度使檢校太尉兼侍中甲申荆南節度使檢校太傅兼中書令高從誨加檢校太尉兼中書令壬辰供奉官李瓌自西川回節度使孟知祥附表陳敘隔絕之由並進物先賜金器等瓌知祥甥也母在蜀故令瓌往焉瓌至蜀具述朝廷厚待之意知祥稱藩如初奏福慶長公主以今年正月十二日薨又奏五月三日大破東川董璋之衆於漢州收下東川又表立功將校趙季良等五人乞授節鉞部內刺史令錄已下官乞許墨制補授帝遣閤門使劉政恩充西川宣諭使乙丑契丹遣使自幽州進馬秦州地震冬十月己酉朔再遣供奉官

李瓌使西川兼押賜故福慶長公主祭賻絹三千匹并賜知祥玉帶先是兩川隔遠朝廷兵士不下三萬人至是知祥上表乞發遣兵士家屬入川詔報不允知祥所奏兩川部內文武將吏乞許權行墨制除補訖奏詔從之知祥所奏立功大將趙季良等五人正授節鉞續有處分襄州奏漢水溢壞民廬舍癸丑以太常卿劉岳卒廢朝乙未以兵部侍郎張文寶爲吏部侍郎以戶部侍郎藥縱之爲兵部侍郎庚申幸至德宮因幸石敬瑭李從昶李從敏之第壬申大理少卿康澄上疏曰臣聞安危得失治亂興亡誠不係于天時固非由於地利童謠

非禍福之本妖祥豈隆替之源故雊雉昇鼎而桑穀生朝不能止殷宗之盛神馬長嘶而玉龜告兆不能延晉祚之長是知國家有不足懼者五有深可畏者六陰陽不調不足懼三辰失行不足懼小人訛言不足懼山崩川涸不足懼蟊賊傷稼不足懼此不足懼者五也賢人藏匿深可畏四民遷業深可畏上下相徇深可畏廉恥道消深可畏毀譽亂眞深可畏直言蔑聞深可畏此深可畏者六也伏惟陛下尊臨萬國奄有八紘蕩三季之澆風振百王之舊典設四科而羅俊彥提兩柄而御英雄所以不軌不物之徒咸思革面無禮無儀之輩相率悛心然而不足懼者願陛下存而勿論深可畏者願陛下修而靡忒加以崇三綱五常之教敷六府三事之歌則鴻基與五岳爭高盛業共磐石永固優詔獎之澄言可畏六事寔中當時之病識者許之癸酉湖南馬希範荊南高重誨並進銀及茶乞賜戰馬帝還其直各賜馬有差丁丑帝謂范延光曰如聞禁軍戍守多不稟藩臣之命緩急如何驅使延光曰承前禁軍出戍便令逐處守臣管轄斷決近似簡易帝曰速以宣命條舉之十一月辛巳以三司使左武衛大將軍孟鵠爲許州節度使以前許州節度使馮贇爲宣徽使判三司以宣徽北院

使孟漢瓊判院事壬午史館奏宣宗已下四廟未有實錄請下兩浙荊湖購募野史及除目報狀從之

五代會要載十一月四日史館奏當館昨爲大中以來迄于天祐四朝實錄尚未纂修尋具奏聞謹行購募勅命雖頒于數月圖書未貢于一編蓋以北土州城久罹兵火遂成滅絕難可訪求切恐歲月漸深耳目不接長爲闕典過在攸司伏念江表列藩湖南奧壤至于閩越方屬勳賢戈鋋自擾于中原屏翰悉全于外府固多奇士富有羣書其兩浙福建湖廣伏乞詔旨委各于本道采訪宣宗懿宗僖宗昭宗以上四朝野史及逐朝日歷銀臺事宜內外制詞百司沿革簿籍不限卷數據有者抄錄上進若民間收得或隱士撰成卽令各列姓名請議爵賞

癸未以左僕射致仕鄭珏卒廢朝丁亥以河陽節度使兼六軍諸衛副使石敬瑭爲河東節度使兼大同彰國振武威塞等軍蕃漢馬步總管時契丹帳族在雲州境上與羣臣議擇威望大臣以制北方故有是命乙丑樞密使趙延壽加同平章事詔在京臣寮不得進奉賀長至馬及諸物甲午日南至帝御文明殿受朝賀乙亥河中節度使李從璋加檢校太傅以右散騎常侍楊凝式爲工部侍郎庚子以秘書監盧文紀爲工部尚書以工部尚書崔居儉爲太常卿以工部侍郎鄭韜光爲禮部侍郎乙巳雲州奏契丹王在黑榆林南造攻城之具帝遣使賜契丹王銀器綵帛十二月戊申朔供奉官丁延徽倉官田繼勳並棄市坐擅出倉粟數百斛故也教坊伶官敬新磨受賄爲人告帝令御史臺徵還其錢而後撻

之癸丑幸龍門觀脩伊水石堰賜丁夫酒食後數日有司奏丁夫役限十五日已滿工未畢請更役五日帝曰不唯時寒且不可失信于小民即止其役甲寅以太子賓客歸藹卒廢朝戊午以前宣徽使朱弘昭爲襄州節度使康義誠爲河陽節度使充侍衛親軍馬步軍都指揮使壬戌以吏部侍郎姚顗爲尚書左丞以尚書左丞王權爲禮部尚書以兵部侍郎藥縱之爲吏部侍郎以翰林學士中書舍人程遜爲戸部侍郎依前充職戊辰帝畋於近郊射中奔鹿是冬無雪 永樂大典卷七千一百六十六

舊五代史卷四十三終

舊五代史卷四十三攷證

唐明宗紀九遣邠州節度使藥彥稠 邠州歐陽史作靜難軍

藥彥稠奏誅党項阿埋等十族與康福入白魚谷 白魚谷歐陽史作牛兒谷

戊午荊南奏東川董璋領兵至漢州西川孟知祥出兵逆戰璋大敗 案通鑑孟知祥克東川在五月五代春秋歐陽史俱作六月蓋以薛史奏聞之日爲據

供奉官李瓌 李瓌通鑑作李存瓌唐人避莊宗諱故去存字

秋七月辛巳朔以天下兵馬元帥尚父吳越王錢鏐薨廢朝三日 案五代春秋七月吳王錢鏐薨蓋秪以薛史廢朝之日爲據也通鑑作三月庚戌與九國志異

丙戌詔賜諸軍救接錢有差 案救接錢疑有舛誤攷册府元龜亦作救接今仍其舊

癸亥以湖南節度使馬希聲卒廢朝 案通鑑馬希聲卒在七月辛卯五代春秋從是書作八月

扎拉特哩袞舊作則剌惕隱今改 哲爾格錫里舊作則骨舍利今改 納喇泊舊作捺剌泊今改

舊五代史卷四十三考證

舊五代史卷四十四

宋司空同中書門下平章事薛居正等撰

明宗紀第十　唐書二十

長興四年春正月戊寅朔帝御明堂殿受朝賀仗衛如式是日雪盈尺戊子秦王從榮加守尙書令兼侍中依前河南尹判六軍諸衛事庚寅以端明殿學士尙書兵部侍郎劉昫爲中書侍郎平章事甲午正衙命使冊故福慶長公主孟氏爲晉國雍順長公主遣太常卿崔居儉赴西川行冊禮突厥內附庚子以前河東節度使李從溫爲鄆州節度使二月癸丑朔帝于便殿問范延光

內外見管馬數對曰三萬五千疋帝嘆曰太祖在太原騎軍不過七千先皇自始至終馬纔及萬今有鐵馬如是而不能九州混一是吾養士練將之不至也吾老矣馬將奈何延光奏曰臣每思之國家養馬太多試計一騎士之費可贍步軍五人三萬五千騎抵十五萬步軍旣無所施虛耗國力臣恐日久難繼帝曰誠如卿言肥騎士而瘠吾民何益哉五代會要上問見管馬數樞密使范延光奏天下常支草粟者近五萬匹見今西北諸道蕃賣馬者往來如市其郵傳之費中估之直日以四十五貫以臣計之國力十耗其七馬無所使財賦漸消朝廷甚非所利上善之十月敕沿邊藩鎭或有蕃部賣馬可擇其良壯給券具數以聞丁巳以虔州節度使檢校太尉兼侍中馬希振爲洪州節度使以鄂州節度使馬希廣爲檢校太尉同平章事充桂州節度使以廬州節度使兼武安軍副使姚彥章爲檢校太尉同平章事以靜江節度副使馬希範爲鄂州節度使故潞州節度使檢校太保康君立贈太傅巳未宋州節度使安元信加兼侍中濮州進重修河堤圖沿河地名歷歷可數帝覽之愀然曰吾佐先朝定天下於此提塢間小大數百戰又指一邱曰此吾擐甲臺也時事如昨奄忽一紀令人悲嘆耳癸亥以西川節度使孟知祥爲劍南東西兩川節度使封蜀王三司奏當省有諸道鹽鐵轉運使衙職員都押衙正押衙同押衙通

引衙前虞候子弟今欲列爲三司職名從之庚午以御史中丞崔衍爲兵部侍郎以右諫議大夫龍敏爲御史中丞三月巳卯幸龍門延州節度使安從進奏夏州節度使李仁福卒其子彝超自稱留後甲申鎭州奏行軍司馬趙環節度判官陸浣元從押衙高知柔等並棄市坐受賂枉法殺人也節度使李從敏罰一季俸乙酉以西川節度副使知武泰軍節度兵馬留後趙季良爲檢校太保黔南節度使以西川諸軍馬步都指揮使知武信軍節度兵馬留後李仁罕爲檢校太傅遂州節度使以西川左廂馬步指揮使知保甯軍節度兵馬留後趙

廷隱爲檢校太保閬州節度使以西川右廂馬步都指揮使知寧江軍兵馬留後張知業爲檢校司徒夔州節度使以西川衙內馬步都指揮使知昭武軍兵馬留後李肇爲檢校太保利州節度使從孟知祥之請也丙戌賜宰相李愚絹百匹錢十萬鋪陳物一十三件時愚病帝令近臣翟光鄴宣問所居寢室蕭然四壁病榻敝氈而已光鄴具言其事故有是賜戊子以延州節度使安從進爲夏州留後以夏州左都押衙四川防遏使李彝超爲延州留後仍命邠州節度使藥彥稠宮苑使安重益帥師援送從進赴鎮以左衛上將軍盧文進爲潞州

節度使以右龍武統軍張溫爲雲州節度使庚寅以鳳翔行軍司馬李彥琮爲鹽州防禦使時范延光等奏請因夏州之師制置鹽州故有是命癸巳以右威衛上將軍安重霸爲同州節度使己亥以左龍武統軍符彥超爲安州節度使詔除放京兆秦岐邠涇延慶同華興元十州長興元年二月係欠夏秋稅物及營田莊宅務課利以其曾輦運供軍糧料也甲辰故晉國夫人夏氏追册皇后有司上謚曰昭懿從之夏四月戊申李彝超奏奉詔除延州留後已受恩命訖三軍百姓擁隔未遂赴任帝遣閤門使蘇繼顏賫詔促彝超赴任癸丑以刑部

侍郎劉贊爲秘書監秦王傅（按五代會要長興四年四月以秘書監劉贊爲秦王傅前忠武軍節度判官孫贊爲秦王友前襄州觀察使魚崇遠爲秦王府記室參軍時言事者請爲秦王置師傅上顧問近臣皆以秦王名勢隆盛不敢置議請自選擇乃降是命）甲寅前鄧州節度使梁漢顒以太子少師致仕太子賓客裴皞以兵部尚書致仕戊午追册昭宗皇后何氏爲宣穆皇后祔饗太廟百寮進名奉慰廢朝三日己巳以左散騎常侍任贊爲戶部侍郎以吏部侍郎藥縱之爲曹州刺史癸酉延州奏蕃部刼掠餉運及攻城之具守蘆關兵士退守金明鎮五月丙子朔帝御文明殿受朝戊寅皇子鳳翔節度使從珂封潞王新授戶部侍郎任贊改刑部侍郎贊訴

以所授官是丁憂闕故改焉皇子從益封許王鄆州節度使李從溫封兗王河中節度使李從璋封洋王鎮州節度使李從敏封涇王甲申帝避暑于九曲池既而登樓風毒暴作聖體不豫翌日而愈（北夢瑣言上聖體乖和馮道對寢膳之間動思調衛因指御前果實曰如食桃不康翼日見李而思戒可也初上因御李暴得風虛之疾馮道不敢斥言因奏事諷悟上意）丙戌契丹遣使朝貢丁酉安從進奏大軍已至夏州攻外城以其不受命也庚子以靈武留後張希崇爲本州節度使辛丑故夏州節度使朔方郡王李仁福追封虢王壬寅以前晉州留後薄文爲本州節度使六月丙午朔文武百寮宰臣馮道等拜章請于尊號內

加廣運法天四字凡拜二章詔允之詔宮西新園宜名永芳園其間新殿宜名和慶殿丙辰秦王從榮加食邑至萬戶寔封二千戶丁巳以右驍衛上將軍李從昶爲左龍武統軍以前邢州節度使高允韜爲右龍武統軍以右驍衛上將軍羅周敬爲左羽林統軍以右監門上將軍婁繼英爲金州刺史戊午宋王從厚加食邑至萬戶寔封一千戶壬戌以前涇州節度使李金全爲滄州節度使癸亥詔御史中丞龍敏等詳定大中統類甲子第十四女封壽安公主第十五女封永樂公主丙辰以前利州節度使孫漢韶爲洋州節度使壬申永甯軍節

度使容州管內觀察使檢校太尉兼侍中馬存加食邑實封甲戌帝復不豫秋七月丁丑以著作佐郎尹拙爲左拾遺直史館國朝舊制皆以畿赤尉直史館今用諫官自拙始從監修李愚奏也巳卯東岳三郎神贈威雄大將軍初帝不豫前淄州刺史劉遂清荐泰山僧一人云善醫及召見乃庸僧耳問方藥僧曰不工醫嘗于泰山中親覩嶽神謂僧曰吾第三子威靈可愛而未有爵秩師爲我請之宮中神其事故有是命識者嫉遂清之妖佞焉詔應臺官出行須令人呵引使軍巡職掌等規避壬午詔安從進班師時王師攻夏州無功故也乙酉

以許州節度使孟鵠卒廢朝贈太傅詔賜在京諸軍將校優給有差時帝疾未痊軍士有流言故也丁亥兩浙節度使檢校太傅守中書令錢元瓘封吳王八月戊申帝被袞冕御明堂殿受冊徽號曰聖明神武廣運法天文德恭孝皇帝禮畢制大赦天下常赦所不原者咸赦除之巳酉賜侍衛諸軍優給有差時月內再有頒給自茲府藏無餘積矣辛亥以晉州節度使薄文卒廢朝丁巳以右龍武統軍李從昶爲許州節度使戊午以秘書監高輅卒廢朝辛酉以太子太師致仕符習卒廢朝贈太師辛未秦王從榮以本官充天下兵馬大元帥加食

邑萬戶實封三千戶以右羽林統軍翟璋爲晉州節度使以太子賓客馬縞爲戶部侍郎壬申幸至德宮九月甲戌以戶部尚書李鏻爲兵部尚書以前戶部尚書韓彥惲爲戶部尚書丙子幸至德宮戊寅樞密使范延光趙延壽並加兼侍中依前充使中書奏元帥儀注諸道節度使以下帶兵權者階下具軍禮參見其帶使相者初見亦展一度公禮天下軍務公事元帥府行帖指揮其判六軍諸衛事則公牒往來其官屬軍職委元帥府奏請從之癸未以兵部侍郎盧詹爲吏部侍郎丙戌宰臣馮道加左僕射李愚加吏部尚書劉昫加刑部尚書

戊子河陽節度使兼侍衛親軍都指揮使康義誠山南
西道節度使檢校太傅張虔釗並加同平章事宣徽南
院使判三司馮贇依前檢校太傅同平章事中書門下
同二品充三司使贇亡父名章故改平章事爲同二品
壬戌永甯公主石氏進封魏國公主興平公主趙氏進
封齊國公主皇孫重光重哲並授銀靑光祿大夫檢校
工部尚書秦王宋王子也前洋州節度使梁漢顒以太
子少傅致仕丁酉以右龍武統軍高允韜爲滑州節度
使以韶州刺史檢校司空王萬榮爲華州節度使萬榮
王妃之父也戊戌以樞密使趙延壽爲汴州節度使以

襄州節度使朱弘昭爲檢校太尉同平章事充樞密使
時范延光趙延壽相繼辭退樞密務及朱弘昭有樞密
之命又面辭訴帝叱之曰爾輩皆欲離朕左右怕在眼
前素養爾輩將何用也弘昭退謝不復敢言吏部侍郎
張文寶卒庚子淸海軍節度使錢元璹加檢校太傅同
平章事中吳建武等軍節度使錢元璙加檢校太師兼
中書令以前滑州節度使李贊華遙領虔州節度使辛
丑詔天下兵馬大元帥秦王從榮班宜在宰臣之上案五代會要秦王從榮加兼中書令與宰臣分班左右定位及爲天下兵馬元帥勅曰秦王位隆將相望重磐維委任旣崇等威合異班位宜在宰臣之上
壬寅以北面行營都指揮使易州

刺史楊檀爲振武軍節度使冬十月丙午以前同州節
度使趙在禮爲襄州節度使丁未以前滑州節度使張
敬詢卒廢朝以刑部侍郎任贊爲兵部侍郎充元帥府
判官戊午以前鳳翔節度使孫岳爲三司使庚申以樞
密使范延光爲鎭州節度使以三司使馮贇爲樞密使
辛酉以前潞州節度使李承約爲左龍武統軍以前威
塞軍節度使王景戡爲右龍武統軍以左驍衛上將軍
安崇阮爲左神武統軍以右監門上將軍高允貞爲右
神武統軍壬戌以權知夏州事檢校司空李彝超爲夏
州節度使檢校司徒丙寅詔在朝文武臣寮並與加恩

以受册尊號也戊辰以前安州節度使楊漢章爲兗州
節度使以前雲州節度使張敬達爲徐州節度使庚午
以前兗州節度使張延朗爲秦州節度使壬申秦州節
度使劉仲殷移鎭宋州十一月丙子以前滄州節度使
盧質爲右僕射庚辰改愼州懷化軍爲昭化軍升洮州
爲保順軍辛巳以保大軍節度使檢校太尉鮑君福爲
保順軍節度洮鄯等州觀察等使以彰義軍節度使檢
校太尉同平章事杜建徽爲昭化軍節度愼瑞司等州
觀察使乙酉以前汴州節度使李從曮爲鄆州節度使
以鄆州節度使李從溫爲定州節度使丙戌新授右僕

射盧質奏臣忝除官合赴省上事若準舊例左右僕射
上事儀注所費極多欲從權務簡只取尚書丞郎上事
例止集南省屬寮及兩省官送上亦不敢輙援往例有
費官用自量力排比兼不敢自臣隳廢前規他時任行
舊制從之戊子帝不豫己丑大漸自廣壽殿移居雍和
殿是夜四鼓後帝自御榻蹶然而興顧謂知漏宮女曰
今夜漏幾何對曰四更因奏曰官家省事否帝曰省因
唾出肉片如肺者數片便溺升餘六宮皆至慶躍而奏
曰官家今日寔還魂也已食粥一器侍醫進湯膳至曙
帝小康壬辰天下大元帥守尚書令兼侍中秦王從榮

領兵陣於天津橋內出禁軍拒之從榮敗奔河南府遇
害帝聞之悲駭幾落御榻氣絕而蘇者再由是不豫有
加癸巳馮道率百寮見帝于雍和殿帝雨泣哽噎曰吾
家事若此慚見卿等百寮皆泣下霑襟甲午賜宰臣樞
密使御衣玉帶康義誠已下錦帛鞍馬有差遣宣徽使
孟漢瓊召宋王于鄴都乙未以三司使孫岳爲亂兵所
害廢朝丁酉勅秦王府官屬除諮議參軍高輦已處斬
外元帥府判官兵部侍郎任贊配武州秘書監兼秦王
傅劉贊配嵐州河南少尹劉陟配均州並爲長流百姓
縱逢恩赦不在放還河南少尹李蕘配石州河南府判

官司徒詡配甯州秦王友蘇瓚配萊州記室參軍魚崇
遠配慶州河南府推官王説配隨州並爲長流百姓河
南府推官尹誨六軍巡軍董裔張九思河南府巡官張
沆李瀚江文蔚並勒歸田里應長流人並除名六軍判
官殿中監王居敏責授復州司馬六軍推官郭晙責授
坊州司戶並員外置所在馳驛發遣時宰相樞密使共
議任贊等已下罪馮道等曰任贊前在班行比與從榮
無舊除官未及月餘便逢此禍王居敏司徒詡疾病請
假將近半年近日之事計不同謀從榮所欵昵者高輦
劉陟王説三人昨從榮稱兵指闕之際沿路只與劉陟

高輦並轡耳語至天津橋南指日影謂諸判官曰明日
如今已誅王居敏矣則知其冗泛之徒不可一例從坐
朱弘昭意欲盡誅任贊已下馮贇力爭之乃已戊戌帝
崩于大內之雍和殿壽六十七十二月癸卯朔遷梓宮
於二儀殿宋王從厚自鄴都至是日發哀百寮縞素于
位中書侍郎平章事劉昫宣遺制宋王從厚于柩前即
皇帝位服紀以日易月一如舊制云明年四月太常卿
盧文紀上謚議曰聖智仁德欽孝皇帝廟號明宗宰臣
馮道議請改聖智仁德四字爲聖德和武欽孝皇帝宰
臣劉昫撰謚册文宰臣李愚撰哀册文是月二十七日

葬于徽陵永樂大典卷七千一百六十六五代史補明宗之在位也一日幸倉場觀納時主者以車駕塲臨懼得其罪較量甚輕明宗因謂之曰且朕自省事以來倉塲給散動經一二十年未畢今輕量如此其後稍折將何以償之對曰竭盡家產不足則繼之以身命明宗愴然曰只聞百姓養一家未聞一家養百姓今後每石加二斗耗以備鼠雀侵蠹謂之鼠雀耗倉粮起自此也五代史闕文明宗出自邊地老于戰陣即位之歲年已六旬純厚仁慈本乎天性每夕宮中焚香仰天禱祝云某蕃人也遇世亂為衆推戴事不獲已願上天早生聖人與百姓為主故天成長興間比歲豐登中原無事言于五代粗為小康

史臣曰明宗戰伐之勳雖高佐命潛躍之事本不經心會王室之多艱屬神器之自至諒由天贊匪出人謀及應運以君臨能力行于王化政皆中道時亦小康近代已來亦可宗也倘使重誨得房杜之術從榮有啟誦之賢則宗祧未至于危亡載祀或歸于綿遠矣惜乎君親可輔臣子非才遽泯烝嘗良可深嘆矣永樂大典卷七千一百六十六

舊五代史卷四十四終

舊五代史卷四十四攷證

唐明宗紀十以端明殿學士尚書兵部侍郎劉昫為中書侍郎平章事　案歐陽史劉昫傳作長興三年拜中書侍郎兼刑部尚書同中書門下平章事與本紀繫年先後互異見吳縝纂誤

二月癸丑朔　案上文正月為戊寅朔則二月不得為癸丑朔原文疑有舛誤

帝于便殿問范延光內外見管馬數　案錦繡萬花谷引薛史作范延慶疑傳寫之訛

以刑部侍郎劉贊為秘書監　刑部侍郎通鑑作兵部侍郎歐陽史從是書

以著作佐郎尹拙為左拾遺直史館　案五代會要尹拙為左拾遺王慎徽為右拾遺並直史館是書闕載王慎徽

戊子帝不豫　案歐陽史本紀十月壬申幸上和亭得疾家人傳十一月戊子雪明宗幸宮西上和亭得傷寒疾紀傳互異見吳縝纂誤

壬辰天下大元帥守尚書令兼侍中秦王從榮領兵陣于天津橋內出禁軍拒之從榮敗奔河南府遇害　案五代春秋作壬午誅從榮蓋傳寫之訛歐陽史及

通鑑並從是書作壬辰

舊五代史卷四十四攷證

舊五代史卷四十五

宋司空同中書門下平章事薛居正等撰

閔帝紀　唐書二十一

閔帝諱從厚小字菩薩奴明宗第三子也（案歐陽史作明宗第五子册府元龜嘗辨其誤今考五代會要亦作第三子與薛史同）母昭懿皇后夏氏以天祐十一年歲在甲戌十一月二十八日庚申生帝于晉陽舊第帝髫齔好讀春秋畧通大義貌類明宗尤鍾愛天成元年授金紫光祿大夫檢校司徒二年四月加檢校太保同平章事河南尹判六軍諸衛事十一月加檢校太傅三年三月授汴州節度使四年移鎮河東長興元

年改授鎮州節度使尋封宋王二年加檢校太尉兼侍中移鎮鄴都三年加中書令秦王從榮帝同母兄也以帝有德望深所猜忌帝在鄴宮恒憂其禍然善于承順竟免間隙四年十一月二十日秦王誅翌日明宗遣宣徽使孟漢瓊馳驛召帝二十六日明宗崩二十九日帝至自鄴十二月癸卯朔發喪于西宮帝于柩前即位丁未羣臣上表請聽政表再上詔允己酉中外將士給賜有差庚戌帝縗服見羣臣于廣壽門之東廡下宰臣馮道進曰陛下久居哀毀臣等咸願一覩聖顏朱弘昭前舉帽羣臣再拜而退御光政樓存問軍民辛亥賜司衣王氏死坐秦王事也癸丑以前鎮州節度使涇王從敏權知河南府事尋以盧質代之乙卯賜司衣康氏死事連王氏也丙辰以天雄軍節度判官唐汭爲諫議大夫掌書記趙象爲起居郎元從都押衙宋令詢爲磁州刺史丁巳以左僕射平章事馮道爲山陵使戶部尚書韓彥惲爲副中書舍人王延爲判官禮部尚書王權爲禮儀使兵部尚書李鏻爲鹵簿使御史中丞龍敏爲儀仗使右僕射權知河南府盧質爲橋道頓遞使庚申以前相州刺史郝瓊爲右驍衛大將軍充宣徽北院使以光祿卿充三司副使王玫爲三司使癸亥故檢校太尉右

衛上將軍充三司使孫岳贈太尉齊國公丁卯帝釋縗服羣臣三上表請服常膳御正殿從之辛未帝御中興殿羣臣列位馮道升階進酒帝曰比于此物無愛除賓友之會不近鐏斝況在沉痛之中安事飲啖命徹之

應順元年春正月壬申朔帝御廣壽殿視朝百寮詣閤門奉慰時議者云月首以常服臨不視朝可也乙亥契丹遣使朝貢（遼史太宗紀天顯九年閏月戊午唐遣使來告哀即日遣使祭弔）丁丑以太常卿崔居儉爲秘書監以前蔡州刺史張繼祚爲左武衛上將軍充山陵橋道頓遞副使戊寅御明堂殿仗衛如儀宮懸樂作羣臣朝服就位宣制大赦天下改長

興五年爲應順元年時議者以梓宮在殯宮懸樂作非
禮也懸而不作可也迴鶻可汗仁美遣使貢方物故可
汗仁裕進遺留馬是日命中使三十五人以先帝鞍馬
衣帶分賜藩位庚辰宰臣馮道加司空李愚加左僕射
劉昫加吏部尚書餘並如故壬午侍衛親軍馬步軍都
指揮使河陽節度使康義誠加檢校太尉兼侍中判六
軍諸衛事甲申以侍衛馬軍都指揮使寧國軍節度使
安彥威爲河中節度使以侍衛步軍都指揮使忠正軍
節度使張從賓爲涇州節度使並加檢校太傅以捧聖
左右廂都指揮使欽州刺史朱洪實爲寧國軍節度使

加檢校太保充侍衛馬軍都指揮使以嚴衛左右廂都
指揮使巖州刺史皇甫遇爲忠正軍節度使檢校太保
充侍衛步軍都揮使戊子樞密使檢校太尉同平章事
朱弘昭樞密使檢校太尉同中書門下二品馮贇並加
兼中書令北京留守河東節度使兼大同彰國振武威
塞等軍蕃漢馬步總管石敬瑭加兼中書令幽州節度
使檢校太尉兼中書令趙德鈞加檢校太師兼中書令
樞密使馮贇表堅讓中書令制改兼侍中封邠國公庚
寅鳳翔節度使潞王從珂加兼侍中青州節度使檢校
太尉兼中書令房知溫加檢校太師辛卯以翰林學士

承旨尚書右丞李懌爲工部尚書以秘書監盧文紀爲
太常卿充山陵禮儀使壬辰荆南節度使檢校太尉兼
中書令高從誨封南平王湖南節度使檢校太尉兼中
書令馬希範封楚王甲午兩浙節度使檢校太師守中
書令吳王錢元瓘進封吳越王前洺州團練使皇甫立
加檢校太保充鄜州節度使前彰義軍節度使康福加
檢校太傅充邠州節度使劍南東西兩川節度使檢校
太尉兼中書令蜀王孟知祥加檢校太師制下知祥辭
不受命丙申鎭州節度使檢校太尉兼侍中范延光汴
州節度使檢校太尉兼侍中趙延壽並加檢校太師戊

戌山南西道節度使檢校太傅同平章事張虔釗襄州
節度使趙在禮並加檢校太尉辛丑以振武軍節度使
安北都護楊檀兼大同彰國振武威塞等軍都虞候充
北面馬軍都指揮使閏月壬寅朔羣臣赴西宮臨癸卯
御文明殿入閤以前右僕射權知河南府事盧質爲太
子少傅兼河南尹以諫議大夫唐汭膳部郎中知制誥
陳乂並爲給事中充樞密院直學士通鑑汭以文學從帝歷三鎮在幕府及即位將佐之有才者朱馮皆斥逐之汭性迂疎朱馮恐帝含怒有時而發乃引汭于密近以其黨陳乂監之
宣徽南院使驃騎大將軍左衛上將軍知內侍省孟漢
瓊加開府儀同三司賜忠貞扶運保泰功臣丙午正衙

命使册皇太后曹氏戊申以前雄武軍節度使劉仲殷爲右衛上將軍邢州節度使趙鳳加爵邑自是諸藩鎭文武臣寮皆次第加恩帝嗣位覃恩澤也以翰林學士中書舍人崔梲爲工部侍郎依前充職以給事中張鵬爲御史中丞以御史中丞龍敏爲兵部侍郎以太僕少卿竇維爲大理卿甲寅正衙命使册皇太妃王氏集賢院上言準赦書修創凌烟閣尋奉詔問閣高下等級謹按凌烟閣都長安時在西內三清殿側畫像皆北面閣中有隔隔內面北寫功高宰輔南面寫功高諸侯王隔外面次第圖畫功臣題贊自西京板蕩四十餘年舊日

主掌官吏及畫像工人並已淪喪集賢院所管寫眞官畫眞官人數不少都洛後廢職今將起閣望先定佐命功臣人數請下翰林院預令寫眞本及下將作監興功次序間架修建乃詔集賢御書院復置寫眞官畫眞官各一員餘依所奏丁巳安州奏此月七日夜節度使符彥超爲部曲王希全所害廢朝一日戊午以前振武軍節度使安北都護高行周爲彰武節度使辛酉以前鄆州口使范政爲少府監丙寅幸至德宮車駕至興教門有飛鳶自空而墜斃于御前是日大風晦冥二月乙亥以前鎭州節度使涇王從敏爲宋州節度使巳卯以前

徐州節度使檢校太傅李敬周爲安州節度使是日宣授鳳翔節度使潞王從珂爲權北京留守以北京留守石敬瑭權知鎭州軍州事以鎭州范延光權知鄴都留守事以前河中節度使洋王從璋權知鳳翔軍軍府事庚寅幸山陵工作所是日西京留守王思同奏鳳翔節度使潞王從珂拒命丁酉王思同加同平章事充西面行營都部署以前邠州節度使藥彥稠爲副部署以河中節度使安彥威爲西面兵馬都監以前定州節度使李德琉爲權北京留守山陵使奏伏覩御札皇帝親奉靈駕至園陵伏見累朝故事人君無親送葬之儀請車

駕不行不從乙未樞密使馮贇起復視事時贇丁母憂也巳亥以司農卿張鑄爲殿中監庚子殿直楚匡祚上言（案原本避宋諱作楚祚今從通鑑增匡字）監取亳州團練使李重吉至宋州繫於軍院重吉潞王之長子及幽于宋州帝猶以金帛賜之及聞西師咸叛方遣使殺之三月甲辰以前太僕少卿魏仁鍔爲太僕卿興元節度使張虔釗奏會合討鳳翔丙午以右領衛上將軍武延翰爲郢州刺史丁未洋州孫漢韶奏至興元與張虔釗同議進軍巳酉以鎭州節度使范延光依前檢校太師兼侍中行興唐尹充天雄軍節度使北面水陸轉運制置使以北京留守

河東節度使石敬瑭依前檢校太尉兼中書令其眞定尹充鎭州節度使大同彰國振武威塞等軍蕃漢馬步總管如故辛亥以前定州節度使李德珫爲北京留守充河東節度使許王從益加檢校太保前河中節度使洋王從璋加檢校太傅詔藩侯帶平章事以上薨許立神道碑差官撰文未帶平章事及刺史準令式合立碑者具文任自製撰不在奏聞乙卯興元張虔釗奏自鎭將兵赴鳳翔收大散關宗正寺奏準故事諸陵有令丞各一員近例更委本縣令兼之緣河南洛陽是京邑兼令丞不便詔特置陵臺令丞各一員乙未以前金吾大將軍李肅爲左衛上將軍充山陵修奉上下宮都部署庚申西面步軍都監王景從等自軍前至奏今月十五日大軍進攻鳳翔十六日嚴衞右廂都指揮使尹暉引軍東面入城右羽林都指揮使楊思權引軍西面入城山南軍潰帝聞之謂康義誠等曰朕幼年嗣位委政大臣兄弟之間必無榛梗諸公大計見告朕獨難違事至于此何方轉禍朕當與左右自往鳳翔迎兄主社稷朕自歸藩於理爲便朱弘昭馮贇不對義誠曰西師驚潰蓋由主將失策今禦下甲兵尚多臣請自往關西振其兵威扼其衝要義誠累奏請行帝召侍衞都將以下宣

曰先皇帝棄萬國朕于兄弟之中無心爭立一旦被召主喪便委社稷岐陽兄長果致猜嫌卿等頃從先朝千征萬戰今日之事寧不痛心今據府庫悉以頒賜卿等勉之乃出銀絹錢厚賜于諸軍是時方事山陵復有此賜府藏爲之一空軍士猶負賞物揚言于路曰到鳳翔更請一分其驕誕無畏如是辛酉幸左藏庫視給將士金帛是日誅馬軍都指揮使朱弘實坐與康義誠忿爭故也癸亥以康義誠爲鳳翔行營都詔討使餘如故以王思同爲副詔討使以安從進爲順化軍節度使充侍衞馬軍都指揮使詔左右羽林軍四十指揮改爲嚴衞左右龍武神武軍改爲捧聖甲子陝州奏潞王至潼關害西面都部署王思同乙亥宣諭西面行營將士俟平鳳翔日人賞二百千府庫不足以宮闈服翫增給詔侍衞馬軍都指揮使安從進京城巡檢是日從進已得潞王書檄潛布腹心矣丁卯潞王至陝州戊辰帝急召孟漢瓊不至召朱弘昭弘昭懼投于井安從進尋殺馮贇于其第是夜帝以百騎出玄武門（案契丹國志愍帝領五十騎自隨出奔衞州與薛史異）謂控鶴指揮使慕容遷曰爾誠有馬控鶴從予及駕出即闔門不行遷乃帝素親信者也臨危如是人皆惡之是月二十九日夜帝至衞州東七八里遇騎從

自東來不避左右叱之乃曰鎭州節度使石敬瑭也帝喜敬瑭拜舞于路帝下馬慟哭諭以潞王危社稷康義誠以下叛我無以自庇長公主見教逆爾于路謀社稷大計敬瑭曰衞州王宏贄宿舊諳事且就宏贄圖之敬瑭卽馳騎而前見宏贄曰主上播遷至此危廹吾戚屬也何以圖全弘贄曰天子避冦古亦有之然于奔廹之中亦有將相國寶法物所以軍長瞻奉不覺其亡也今宰執近臣從乎寶玉法物從乎詢之無有弘贄曰大樹將顚非一繩所維今以五十騎奔竄無將相一人擁從安能興復大計所謂蛟龍失雲雨者也今六軍將士總在潞邸矣公縱以戚藩念舊無奈之何遂與弘贄同謁于郵亭宣坐謀之敬瑭以弘贄所陳以聞弓箭庫使沙守榮賁洪進前謂敬瑭曰主上卽明宗愛子公卽明宗愛壻富貴既同受休戚合共之今謀于戚藩欲期安復反索從臣國寶欲以此爲辭爲賊算天子耶乃抽佩刀刺敬瑭敬瑭親將陳暉扞之守榮與暉單戰而死洪進亦自刎是日敬瑭盡誅帝之從騎五十餘輩獨留帝于驛乃馳騎趨洛四月三日潞王入洛五日卽位七日廢帝爲鄂王遣弘贄子殿直王巒之衞州時弘贄已奉帝幸州廨九日巒至帝遇鴆而崩時年二十一案契丹國志王巒至衞州進鴆于愍帝愍帝不飮巒縊殺之與薛史異歐陽史同薛史 皇后孔氏與其四子並遇害晉高祖卽位謚曰閔與秦王及末帝子重吉並葬于徽陵域中封纔數尺路人觀者悲之永樂大典卷七千一百七十四

史臣曰閔帝爰自冲年素有令問及徵從代邸入踐堯階屬軒皇之弓劍初遺吳王之几杖未賜遽生猜間遂至奔亡蓋輔臣無安國之謀非少主有不君之咎以至越在草莽失守宗祧斯蓋天命之難諶士德之將謝故也永樂大典卷七千一百七十四

舊五代史卷四十五終

舊五代史卷四十五攷證

唐閔帝紀閔帝諱從厚小字菩薩奴明宗第三子也

案歐陽史作明宗第五子吳縝嘗辨其誤今攷五代會要亦作第三子與是書同

十二月癸卯朔　案五代春秋作癸亥朔蓋傳寫之訛歐陽史通鑑俱從是書作癸卯

節度使符彥超爲部曲王希全所害　案彥超被害通鑑從是書作閏月五代春秋繫于正月殊誤

丁酉王思同加同平章事充西面行營都部署以前邠州節度使藥彥稠爲副部署　案歐陽史辛卯西京留守王思同爲西面行營都部署靜難軍節度使藥彥稠爲副是書作丁酉與歐陽史異據通鑑則思同以辛卯充都部署丁酉加同平章也蓋宋薛歐二史而兼用之

殿直楚匡祚上言　楚匡祚原本作楚祚今從通鑑增匡字

陝州奏潞王至潼關害西面都部署王思同　歐陽史作思同奔歸于京師死之與是書異

是夜帝以百騎出元武門　案契丹國志愍帝領五十騎自隨出奔衛州宋史李洪信傳又作少帝東奔捧聖軍數百騎從行與是書異據下文王宏贄曰今以五十餘騎奔竄則作五十騎者是也

舊五代史卷四十五攷證

宋司空同中書門下平章事薛居正等撰

末帝紀上　　唐書二十二

末帝諱從珂本姓王氏鎭州人也母宣憲皇后魏氏以光啟元年歲在乙巳正月二十三日生帝于平山景福中明宗爲武皇騎將略地至平山遇魏氏虜之帝時年十餘歲明宗養爲己子案通鑑考異引唐廢帝實錄云廢帝諱從珂明宗之元子也母曰宣憲皇后魏氏鎭州平山人中和末明宗徇地山東留宿平山得魏后帝以光啟元年正月二十三日生于外舍屬用兵不息音問阻絕帝甫十歲方得歸宗今考五代會要歐陽史諸書皆作養子惟實錄作元子疑因太后令稱爲皇長子而傳會也通鑑仍從薛史小字二十三帝幼謹重寡言及莊長七尺餘方頤大體材貌雄偉以驍果稱明宗甚愛之在太原嘗與石敬塘因擊毬同入于趙襄子之廟見其塑像屹然起立帝秘之私心自負及從明宗征討以力戰知名莊宗嘗曰阿三不惟與我同齒敢戰亦相類莊宗與梁軍戰于胡柳陂兩軍俱撓帝衞莊宗奪土山擢驍陣其軍復振時明宗先渡河莊宗不悅謂明宗曰公當爲吾死渡河安往明宗待罪莊宗以帝從戰有功由是解愠天祐十八年莊宗營于河上議討鎭州留守符存審在德勝砦未行梁人謂莊宗已北乃悉眾攻德勝莊宗命明宗存審爲兩翼以抗之自以中軍前進梁

軍退却帝以十數騎雜梁軍而退至壘門大呼斬首數級斧其望櫓而還莊宗大噱曰壯哉阿三賜酒一器同光元年四月從明宗襲破鄆州九月莊宗敗梁將王彥章于中都急趨汴州明宗將前軍帝率勁騎以從晝夜兼行卒先下汴城莊宗勞明宗曰復唐社稷卿父子之功也二年以帝爲衞州刺史時有王安節者昭宗朝相杜讓能之宅吏也安節少善賈得相術于奇士因事見帝于私邸退謂人曰眞北方天王相也位當爲天子終則我莫知也三年明宗奉詔北禦契丹以家在太原表帝爲北京內衙指揮使莊宗不悅以帝爲突騎都指揮使遣戍石門四年魏州軍亂明宗赴洛時帝在横水率部下軍士由曲陽盂縣趨常山與王建立會倍道兼行渡河而南由是明宗軍聲大振天成初以帝爲河中節度使明年二月加檢校太保同平章事十一月加檢校太傅長興元年加檢校太尉先是帝與樞密使安重誨在常山因杯盤失意帝以拳擊重誨脇中其楯走而獲免帝雖悔謝然重誨終銜之及帝鎭河中重誨知其出入不時因矯宣中旨令牙將楊彥温遇出郭則閉門勿納是歲四月五日帝閱馬于黃龍莊彥温閉城拒帝帝聞難遽還遣問其故彥温曰但請相公入朝此城不可

入也帝止虞鄉以聞明宗詔帝歸闕遣藥彥稠將兵討
彥温令生致之面要鞫問十一月收城彥温已死明宗
以彥稠不能生致彥温甚怒之後數日安重誨以帝失
守諷宰相論奏行法明宗不悅重誨又自論奏明宗曰
朕爲小將校時家徒衣食不足賴此兒荷石灰收馬糞
存養以至今貴爲天子而不能庇一兒卿欲行朝典朕
未曉其義卿等可速退從他私第閑坐遂詔歸淸化里
第不預朝請帝尙懼重誨多方危陷但日諷佛書陰禱
而已二年安重誨得罪帝卽授左衞大將軍未幾復檢
校太傅同平章事行京兆尹充西京留守三年進位太

尉移鳳翔節度使四年五月封潞王閔帝卽位加兼侍
中旣而帝子重吉出刺亳州女尼入宮帝方憂不測應
順元年二月移帝鎭太原是時不降制書唯以宣授而
已帝聞之召賓佐將吏以謀之皆曰主上年幼未親庶
事軍國大政悉委朱弘昭等王必無保全之理判官馬
裔孫曰君命召不俟駕行焉諸君凶言非令圖也是夜
帝令李專美草檄求援諸道欲誅君側之惡朝廷命王
思同率師來討三月十五日外兵大集九國志李彥琦傳潞王守岐下諸道將急攻其壘彥琦時在圍中罄家財以給軍用十六日大將督衆攻城帝登
城垂泣諭于外曰我年未二十從先帝征伐出生入死

金瘡滿身樹立得社稷軍士從我登陣者多矣今朝廷
信任賊臣殘害骨肉且我有何罪因慟哭聞者哀之時
羽林都指揮使楊思權謂衆曰大相公吾主也遂引軍
自西門入嚴衞都指揮使尹暉亦引軍自東門而入外
軍悉潰十七日率居民家財以賞軍士是日帝整衆而
東二十日次長安副留守劉遂雍以城降率京兆居民
家財犒軍二十三日次靈口誅王思同二十四日次華
州收藥彥稠繫獄二十五日次閿鄉王仲皐父子迎謁
命誅之二十六日次靈寶河中節度使安彥威來降待
罪宥之遣歸鎭陝州節度使康思立奉迎二十七日次

陝州下令告諭京城二十八日康義誠軍前兵士相繼
來降義誠詣軍門請罪帝宥之駕下諸軍畢至誅宣徽
南院使孟漢瓊于路左是夜閔帝與帳下親騎百餘出
元武門而去夏四月壬申帝至蔣橋文武百官立班奉
迎教旨以未拜梓宮未可相見俟會于至德宮時六軍
勳臣及節將內職已累表勸進是日帝入謁太后太妃
至西宮伏梓宮慟哭宰相與百寮班見致拜帝答拜馮
道等上牋勸進帝立謂羣臣曰予之此行事非獲已當
俟主上歸闕園陵禮終退守藩服諸公言遽及此信無
謂也衞州刺史王弘贄奏閔帝以前月二十九日至州

癸酉皇太后下令降閔帝爲鄂王又太后令曰先皇帝誕膺天眷光紹帝圖明誠動于三靈德澤被於四海方期偃革遽歎遺弓自少主之承祧爲奸臣之擅命猜忌骨肉離間磐維既輒易于藩垣復驟興于兵甲遂致輕離社稷大撓軍民萬世鴻基將墜于地皇長子潞王從珂位居冢嗣德茂沖年乃武乃文惟忠惟孝前朝廓清多難有戰伐之大功纘紹丕圖有夾輔之盛業今以宗祧乏祀園寢有期須委親賢俾居監撫免萬機之壅滯慰兆庶之推崇可起今月四日知軍國事權以書詔印施行是日監國在至德宮宰臣馮道等率百官班于宮

門待罪帝出于庭曰相公諸人何罪請復位乃退甲戌太后令曰先皇帝櫛風沐雨平定華夷嗣洪業于艱難致蒼生于富庶鄂王嗣位奸臣弄權作福作威不誠不信離間骨肉猜忌磐維鄂王輕捨宗祧不克負荷洪基大寶危若綴旒須立長君以紹丕構皇長子潞王從珂日躋孝敬天縱聰明有神武之英姿有寬仁之偉畧先朝經綸草昧廓靜寰區辛勤有百戰之勞忠貞纘一統之運臣誠子道冠古超今而又克己化民推心撫士率土之謳歌有屬上蒼之眷命攸臨一日萬機不可以暫曠九州四海不可以無歸況因山有期同軌斯至永言

嗣守屬任元良宜即皇帝位乙亥監國赴西宮柩前告奠即位攝中書令李愚宣册書曰維應順元年歲次甲午四月庚午朔六日乙亥文武百僚特進守司空兼門下侍郎同中書門下平章事充太微宮使弘文館大學士上柱國始平郡公食邑二千五百戶臣馮道等九千五百九十三人上言帝王興運天地同符河出圖而洛出書雲從龍而風從虎莫不恢張八表覆育兆民立大定之基保無疆之祚人謡再洽天命顯歸須登宸極之尊以奉祖宗之祀伏惟皇帝陛下天資仁知神助機權奉莊宗于多難之時從先帝于四征之際凡當決勝無

不成功洎正皇綱每嚴師律爲國家之志大守臣子之道全自泣遺弓常悲易月欲期同軌親赴因山而自鄂王承祧奸臣擅命致神祇之乏享激朝野以歸心使屈者伸令否者泰人情大順天象至明聚東井以呈祥拱北宸而應運由是文武百辟岳牧羣賢至于比屋之倫盡祝當陽之位今則承太后慈旨守先朝遺圖撫四海九州享千齡萬祀臣等不勝大願謹奉寶册稟太后令奉皇帝踐祚臣等誠慶誠忭謹言帝就殿之東楹受羣臣稱賀先是帝在鳳翔日有瞽者張濛自言知術數事太白山神其神祠即元魏時崔浩廟也時之否泰人之

休告濛告于神即傳吉凶之言帝親校房暠酷信之一日濛至府聞帝語聲駭然曰非人臣也暠詢其事即傳神語曰三珠并一珠驢馬没人驅歲月甲庚午中興戊已土暠請解釋曰神言予不知也長興四年五月府廨諸門無故自動人頗駭異遣暠問濛曰僑署小異勿怪不出三日當有恩命至是夜報至封潞王及帝移鎮河東甚懼問濛濛曰王保無患王思同兵至又詰之濛曰王有天下不能獨力朝廷兵來迎王也王若疑臣臣惟一子請致之麾下以質臣心帝乃以濛攝館驛巡官至是帝受册册曰維應順元年歲次甲午四月庚午朔帝回視房暠曰張濛神言甲庚午不亦異乎帝令暠共術士解三珠一珠事言三珠三帝也驢馬没人驅失位也帝即位之後以濛爲將作少監同正仍賜金紫以酬之帝初封潞王言事者云潞字一足已入洛矣案原本作一足已入潞矣今據册府元龜改正又帝在鳳翔日有何叟者年踰七十暴卒見陰官凴几告叟曰爲我言于潞王來年三月當爲天子二十三年叟既甦懼不敢言逾月復卒陰官見而叱之曰安得違吾旨不違其事再放汝還退見廊廡下簿書以問主者曰朝代將易此即昇降人爵之籍也及甦詣帝親校劉延朗告之帝召而問之叟曰請賞之此言

無徵驗之可也後人云二十三蓋帝之小字也又石濠人胡杲通善天文帝召問之曰王貴不可言若舉動宜以乙未年及舉兵又問之杲通曰今歲蔀首王者不宜建功立事若俟來歲入朝則福祚永遠矣其後皆驗夫如是則大寶之位必有冥數可輕道哉丙子詔河南府率京城居民之財以助賞軍丁丑又詔預借居民五個月房課不問士庶一槩施行帝素輕財好施自岐山爲諸軍推戴告軍士曰候入洛人賞百千至是以府藏空匱于是有配率之令京城庶士自絕者相繼己卯衛州奏此月九日鄂王薨庚辰以宰臣劉昫判三司辛巳邢州奏磁州刺史宋令詢自經而卒令詢鄂王在藩時都押牙也故至于是甲申帝以鄂王薨行服于內園羣臣奉慰癸未太后太妃出宮中衣服器用以助賞軍乙酉帝服袞冕御明堂殿文武百僚朝服就位宣制改應順元年爲清泰元年大赦天下常赦不原者咸赦除之丁亥以宣徽北院使郝瓊爲宣徽南院使權判樞密院以前三司使王玫爲宣徽北院使以隨駕牙將宋審虔爲皇城使劉延朗爲莊宅使鳳翔節度判官韓昭裔爲左諫議大夫充端明殿學士觀察判官馬裔孫爲翰林學士掌書記李專美爲樞密院直學士戊子侍衛親軍都

指揮使康義誠伏誅是日詔曰樞密使朱弘昭馮贇宣徽南院使孟漢瓊西京留守王思同前邠州節度使藥彥稠共相朋煽妄舉干戈互興離間之謀幾構傾亡之禍宜行顯戮以快羣情仍削奪官爵云庚寅鳳翔奏西川孟知祥僭稱大蜀年號明德有司上言皇帝以五月朔日御明堂殿受朝三日夏至祀皇地祇前二日奏告獻祖室不坐比正旦冬至是日有祀事則次日受朝今祀在五鼓前質明行禮畢御殿在旦後請比例行之詔曰日出御殿畢祀事無妨宜依常年例史館奏凡書詔及處分公事臣下奏議望令近臣錄付當館詔端明殿

學士韓昭胤樞密直學士李專美錄送辛卯以左諫議大夫盧損爲右散騎常侍壬辰詔賜禁軍及鳳翔城下歸明將校錢帛各有差通鑑云禁軍在鳳翔歸命者自楊思權尹暉等各賜二馬一駝錢七十緡下至軍人錢二十緡其在京者各十緡初帝離岐山諸軍皆望以不次之賞及從至京師不滿所望相與謠曰去卻生菩薩扶起一條鐵其無厭如此案通鑑作除去菩薩扶立生鐵胡三省注云閔帝小字菩薩丙申葬明宗皇帝于徽陵丁酉奉神主于太廟戊戌山陵使司空兼門下侍郎平章事馮道上表納政不允五月庚子朔御文明殿受朝賀乙巳以左龍武指揮使安審琦爲左右捧聖都指揮使以右千牛上將軍符彥

饒爲左右嚴衛都指揮使丙午以端明殿學士韓昭胤爲樞密使以莊宅使劉延朗爲樞密副使以權知樞密事房暠爲宣徽北院使以成德軍節度使大同彰國振武威塞等軍蕃漢馬步都部署檢校太尉兼中書令駙馬都尉石敬瑭爲北京留守河東節度使加檢校太師兼中書令都部署如故汴州節度使檢校太師兼侍中駙馬都尉趙延壽進封魯國公戊申中書門下奏太常禮院狀明宗以此月二十日祔廟宰臣攝太尉行事緣馮道在假李愚十八日私忌在致齋內劉昫又奏判三司免祀事詔禮官參酌有司上言李愚私忌在致齋內

諸私忌日遇大朝會入閤宣召皆赴朝參今祔廟事大忌日屬私請比大朝會宣召例案五代會要載此奏下有差李愚從事五字薛史刪去從之以陝州節度使康思立爲邢州節度使以同州節度使安重霸爲西京留守以羽林右第一軍都指揮使春州刺史楊思權爲邠州節度使己酉左監門衞將軍孔知鄴右驍衞將軍華光裔並勒停見任時差知鄴應州告廟稱疾辭命改差光裔復稱馬墜傷足故俱罷之庚戌以司空兼門下侍郎平章事馮道爲檢校太尉同平章事充同州節度使以天雄軍節度使范延光爲樞密使封齊國公鄆州節度使李從曮爲鳳翔節度

使辛亥以嚴衛都指揮使尹暉爲齊州防禦使甲寅以侍衛馬軍都指揮順化軍節度使安從進爲河陽節度使典軍如故太常卿盧文紀奏明宗一室酌獻舞曲請名雍熙之舞從之丁巳以皇子銀青光祿大夫檢校工部尚書重美爲檢校司徒守左衛上將軍自是諸道節度使刺史文武臣僚相繼加檢校官或階爵封邑以帝登位覃慶也戊午以隴州防禦使相里金爲陝州節度使初帝以檄書告藩鄰唯金遣判官薛文遇往來計事故以節鎮獎之宣徽北院使檢校工部尚書房暠加檢校司空行左威衛大將軍事如故以樞密使左諫議大

夫韓昭胤爲刑部尚書使如故己未太白晝見以樞密副使劉延朗爲左領軍大將軍職如故庚申左僕射門下侍郎平章事監修國史李愚加特進充太微宮使弘文舘大學士餘如故中書侍郎兼吏部尚書同平章事集賢院大學士判三司劉昫加門下侍郎兼吏部尚書平章事監修國史判三司癸亥秦州奏西川孟知祥出軍廹陷成州以宣徽南院使右驍衛大將軍郝瓊爲左驍衛上將軍職如故以前義州刺史張承祐爲武勝軍留後戊辰以前右龍武統軍王景戡爲右驍衛上將軍六月庚午朔改侍衛捧聖軍爲彰聖改嚴衛軍爲甯衛

壬申封吳岳成德公爲靈應王禮秩同五岳帝初起遣使祭岳以求祐及登祚故有是報幽州節度使趙德鈞進封北平王青州節度使房知温進封東平王癸酉以前鄜州節度使索自通爲右龍武統軍甲戌皇子左衛上將軍重美加檢校太保同平章事充鎮州節度使兼河南尹判六軍諸衛事丁丑詔天下見禁罪人委所在長吏躬親慮問疾速疏決庚辰幸至德宮因幸房知温安元信范延光索自通李從敏第壬午以檢校太子太傅致仕王建立爲檢校太尉兼侍中鄆州節度使以前宋州節度使安元信爲檢校太尉兼侍中潞州節度使

癸未三司使劉昫奏天下戶民自天成二年括定秋夏田稅迨今八年近者相次有百姓詣闕訴田不均累行蠲放漸失稅額望差朝臣一槩檢視不報甲申帝爲故皇子亳州刺史重吉皇長女尼惠明大師幼澄舉哀行服羣臣詣閤門奉慰帝起兵之始重吉幼澄俱爲閔帝所害乙酉以戶部侍郎韓彥惲爲絳州刺史以左武衛上將軍李肅爲單州刺史丙戌襄州節度使趙在禮加同平章事甲午以武勝軍留後張承祐爲華州節度使以皇城使宋審虔爲壽州節度使充侍衛步軍都指揮使以右衛上將軍劉仲殷爲宋州節度使以侍衛步軍

都指揮使壽州節度使皇甫遇爲鄧州節度使以前華
州節度使華温琪爲太子太傅致仕丁酉左神武統軍
周知裕卒贈太傅是月京師大旱熱甚暍死者百餘人
秋七月庚子太子少保致仕崔沂卒癸卯鳳翔進僞蜀
孟知祥來書稱大蜀皇帝獻書于大唐皇帝且言見廹
羣情以今年四月十二日郎皇帝位云帝不荅以前武
州刺史鄭琮爲右衛上將軍甲辰幸龍門佛寺禱雨乙
巳皇子故亳州團練使重吉贈太尉仍于宋州置廟丁
未鳳翔節度使李從曮封西平王是日宰臣李愚劉昫
因論公事于政事堂相詬辭甚鄙惡帝令樞密副使劉
延朗宣諭曰卿等輔弼之臣不宜如是今後不得更然
辛亥以太常卿盧文紀爲中書侍郎平章事是日中書
門下三上章請立中宮從之丁巳制立沛國夫人劉氏
爲皇后庚申太子少傅陳皐卒乙丑史官張昭遠以所
撰莊宗朝列傳三十卷上之八月庚午詔錮放長興四
年十二月以前天下所欠殘稅辛未以前尚書左丞姚
顗爲中書侍郎平章事詔應曾受御署官逐攝同一任
正官依期限赴選（按徐無黨五代史注云御署官疑是廢帝初舉兵時所置之官以其非吏部正授故須有旨方得選）判南奏僞蜀孟知祥卒其子昶嗣僞位壬
申以尚書禮部侍郎鄭韜光爲刑部侍郎以前工部侍

郎楊凝式爲禮部侍郎甲戌以前金州防禦使婁繼英
爲右神武統軍以右神武統軍高允貞爲左神武統軍
乙亥以翰林學士承旨工部尚書知制誥李懌爲太常
卿以翰林學士戶部侍郎知制誥程遜爲學士承旨甲
申以兵部侍郎龍敏爲吏部侍郎以秘書監崔居儉爲
工部尚書乙酉以右武衛上將軍張繼祚爲右衛上將
軍以右驍衛上將軍王景戡爲右衛上將軍以右領衛
上將軍劉衛爲左武衛上將軍以右千牛上將軍王陟
爲右領軍上將軍以司農卿兼通事舍人判四方館事
王景崇爲鴻臚卿依前通事舍人判四方館丁亥右龍
武統軍索自通卒辛卯禮部尚書致仕李光憲卒甲午
以太子少傅盧質爲太子少師乙未以前邢州節度使
趙鳳爲太子太保詔文武百官差使宜合依倫次中書
置簿不得重疊若當使者自䋲有事或不欲行者注簿
便當一使自長興三年正月後已曾奉使者便爲簿首
已後差者次第注之有司上言皇后受册內外命婦上
牋無荅教從之丙申御文明殿册皇后命使攝太尉宰
臣盧文紀使副攝司徒右諫議大夫盧損詣皇后宮行
禮畢恩賜有差九月己亥以久雨分命朝臣禜都城門
告宗廟社稷辛丑夜有星如五斗器西南流尾迹長數

丈屈曲如龍形叉衆星亂流不可勝數京師大雨雹如彈丸曹州刺史藥縱之卒甲辰以霖霪甚詔都下諸獄委御史臺慮錄問諸州縣差判官令錄親自錄問晝時疏理壬子中書門下舉行長興三年勑常年薦送舉人州郡行鄉飲酒之時帖太常草定儀注奏聞甲寅以前潞州節度使檢校太尉同平章事盧文進爲安州節度使己未雲州奏契丹寇境冬十月辛未有雉金色止于中書政事堂中書門下奏請以正月二十三日皇帝誕慶日爲千春節從之戊寅宰臣李愚劉昫罷相以愚守左僕射昫守右僕射契丹寇雲應州詔河東節度使石

敬瑭率兵屯代州戊子宰臣姚顗奏吏部三銓近年併爲一司望今依舊分銓從之辛丑以左衛上將軍李宏元卒廢朝贈司徒癸巳以禮部郎中知制誥呂琦守本官充樞密院直學士十一月辛丑以刑部侍郎鄭韜光爲尚書右丞以光祿少卿烏昭遠爲少府監秦州節度使張延朗奏率師伐蜀中書門下奏二十六日明宗忌陛下初遇忌辰不同常歲請于忌辰前後各一日不坐朝從之御史臺奏前任節度使刺史行軍副使雖每日于便殿起居每遇五日起居亦合綴班從之丙午以前興州刺史馮暉配同州衙前安置暉爲興州刺史屯乾渠蜀人來侵暉自屯所奔歸鳳翔故有是責丁未詔振武新州河東西北邊經契丹蹂踐處放免三年兩稅差配時契丹初退故也癸丑以前華州節度使王萬榮爲左驍衛上將軍致仕甲寅以振武節度使楊光遠充大同彰國振武威塞等軍兵馬都虞候以前右金吾大將軍穆延暉爲右武衛上將軍壬戌以禮部侍郎楊凝式爲戶部侍郎甲子以中書舍人盧導爲禮部侍郎十二月丁卯朔詔修奉本朝諸帝陵寢己巳以北面馬軍都指揮使易州刺史安叔千爲安北都護振武節度使以齊州防禦使尹暉爲彰國軍節度使庚午詔葬庶人從

榮有司上言依貞觀中庶人承乾以公禮葬從之乙亥以秦州節度使張延朗爲中書侍郎同平章事判三司以中書侍郎平章事盧文紀爲門下侍郎平章事監修國史以中書侍郎平章事姚顗兼集賢殿大學士以前邠州節度使康福爲秦州節度使丙戌夜有白氣東西亘天庚寅幸龍門祈雪自九月至是無雨雪故也（永樂大典卷一千七百七十四）

舊五代史卷四十六終

二十三日次靈口　靈口通鑑唐紀作零口攷册府元龜亦作靈口今仍其舊

二十七日次陝州　案歐陽史作己巳次陝州是書閔帝紀作丁卯通鑑從是書

夏四月壬申帝至蔣橋文武百官立班奉迎　案通鑑四月庚午朔太后令內諸司至乾壕迎潞王攷異引廢帝實錄作三月三十日

癸酉皇太后下令降閔帝爲鄂王　案通鑑攷異引閔帝實錄七日廢帝爲鄂王廢帝實錄作癸酉薛歐二

史從廢帝實錄

潞字一足巳入洛矣　洛原本訛潞今據册府元龜改正

甲申　案甲申疑當作壬午以下文當作癸未也

補前本紀劉昫又奏判三司免祀事　五代會要清泰元年宰相劉昫奏中書以近敕祠祭行事官致齋內唯祀事得行其餘悉斷又宰臣行事致齋內不押班不赴內殿起居不知印臣緣判三司公事其祀事國忌行香伏乞特免從之

補前本紀及登祚故有是報　五代會要載中書門下奏天寶十載正月封吳山爲成德公與沂山會稽醫巫閭同封至德二載十二月改吳山爲岳祠享官屬一同五岳今國家以祈禱靈應宜示殊禮臣等商量請加封爲靈應王從之

補前本紀張延朗爲中書侍郎同平章事判三司　五代會要二年三月宰臣張延朗奏臣判三司公事每日內殿祗候其合綴前班押班伏乞特免從之

舊五代史卷四十六攷證

舊五代史卷四十七

宋司空同中書門下平章事薛居正等撰

末帝紀中　唐書二十三

清泰二年春正月丙申朔帝御明堂殿受朝賀仗衛如式乙巳中書門下奏遇千春節凡刑獄公事奏覆候次月施行今後諸重繫者即候次月輕繫者即節前奏覆決遣從之戊申宗正寺奏北京應州曹州諸陵望差本州府長官朝拜[案五代會要載宗正寺原奏云北京永興長寧建極三陵應州遂衍奕三陵准曹州溫陵例下本州府官朝拜是曹州先以府官朝拜北京應州後從其例也薛史刪併原文似未分晰]雍坤和嶽四陵差太常宗正卿朝拜從之己酉北京奏光祿卿致仕周元豹卒庚申鄴都進天王甲帝在藩時有相士言帝如毗沙天王帝知之竊喜及即位選軍士之魁偉者被以天王甲俾居宿衛因詔諸道造此甲而進之三司奏添徵蠶鹽錢及增麴價先是麴斤八十文增至一百五十文乙丑雲州節度使張溫移鎮晉州以西京留守安重霸爲雲州節度使二月庚午定州節度使兗王從溫移鎮兗州振武節度使楊檀移鎮定州兼北面行營馬步都虞候甲戌以安州節度使李周爲京兆尹充西京留守以樞密使天雄軍節度使范延光爲檢校太師兼中書令充汴州節度使皇子鎭州節度使兼

河南尹判六軍諸衛事左右街坊使重美加檢校太尉同平章事充天雄軍節度使餘如故辛巳以右諫議大夫盧損爲御史中丞以御史中丞張鵬爲刑部侍郎壬午寧遠軍節度使馬存加兼侍中鎭南軍節度使馬希振加兼中書令詔順義軍節度使姚彥璋加兼侍中己丑宰臣盧文紀等上皇妣魯國太夫人尊諡曰宣憲皇太后請擇日册命從之三月戊戌故太子太保趙鳳贈太傅辛丑以前汴州節度使趙延壽爲許州節度使兼樞密使以夏州行軍司馬李彝殷爲本州節度使兄彝超卒故也癸卯以靜海軍節度使檢校太師兼中書令安南都護錢元錄爲留守太保餘如故丙午以給事中趙光輔爲右散騎常侍戊申皇妹魏國夫人石氏封晉國長公主齊國公主趙氏封燕國長公主己酉有司上言宣憲皇后未及山陵權於舊陵所建廟從之辛亥功德使奏每年誕節諸州府奏薦僧道其僧尼欲立講論科講經科表白科文章應制科持念科禪科聲贊科道士欲立經法科講論科文章應制科表白科聲贊科焚修科以試其能否從之丙辰以右龍武統軍李德珫爲涇州節度使庚申以鎭州節度使知軍府事董溫琪爲鎭州節度使檢校太保壬戌以左右彰聖都指揮使富

州刺史安審琦領楚州順化軍節度使軍職如故審琦受閔帝命西征至鳳翔而降故有是命是月太常丞史在德上疏言事其畧曰朝廷任人率多濫進稱武士者不閑計策雖被堅執銳戰則棄甲窮則背軍稱文士者鮮有藝能多無士行問策謀則杜口作文字則倩人所謂虛設其員枉耗國力逢陛下維新之運是文明革弊之秋臣請應內外所管軍人凡勝衣甲者請宣下本部大將一一考試武藝短長權謀深淺居下位有將才者便拔爲大將居上位無將畧者移之下軍其東班臣寮請內出策題下中書令宰臣面試如下位有大才者便

拔居大位處大位無大才者卽移之下僚其疏大約如此盧文紀等見其奏不悅班行亦多憤悱故諫官劉濤楊昭儉等上疏請出在德疏辨可否宣行中書覆奏亦駁其錯誤帝詔學士馬裔孫謂曰史在德語太凶其實難容朕初臨天下須開言路若朝士以言獲罪誰敢言者爾代朕作詔勿加在德之罪詔曰左補闕劉濤等奏太常丞史在德所上章疏中書門下駁奏未奉宣論乞特施行分明黜陟朕常覽貞觀故事見太宗之治理以貞觀昇平之運太宗明聖之君野無遺賢朝無闕政盡善盡美無得而名而陜縣丞皇甫德參輒上封章恣行訕謗人臣無禮罪不容誅賴文貞之彌縫恕德參之狂瞽魏徵奏太宗曰陛下思聞得失只可恣其所陳若所言不中亦何損于國家朕每思之誠要言也遂得下情上達德盛業隆太宗之道彌光文貞之節斯著朕惟寡昧獲奉宗祧業業兢兢懼不克荷思欲率循古道簡拔時材懷忠抱直之人虛心渴見便佞詭隨之說杜耳惡聞史在德近所獻陳誠無避忌中書以文字紕繆比類僭差改易人名觸犯廟諱請歸憲法以示戒懲蓋以中書既委參詳合盡事理朕纘承前緒誘勸將來多言數窮雖聖祖之所戒千慮一得冀愚者之可從因覽文貞

之言遂寬在德之罪已令停寢不遣宣行劉濤等官列諫垣宜陳讜議請定短長之理以行黜陟之文昔魏徵則請賞德參今濤等請黜在德事同言異何相遠哉將議允俞恐虧開納方朝廷粗理俊乂畢臻留一在德不足爲多去一在德未足爲少苟可懲勸朕何憂焉但緣情在傾輸理難黜責濤等數奏朕亦優容宜體含弘勉思竭盡凡百在下悉聽朕言夏四月辛己宰相判三司張延朗奏州縣官徵科條格其令錄在任徵科依限了絕一年加階兩年與試銜三年皆及限了絕與服色攝任者一年內了絕及攝二年三年內皆及限與眞命其

主簿同縣令條本判官一年加階二年改試銜三年轉官本曹官省限內了絕與試銜諸節級三年內並了絕者與賞錢三十貫其責罰依天成四年五月五日勅施行從之癸未御史中丞盧損等進淸泰元年以前十一年制勅堪悠久施行者三百九十四道編爲三十卷其不中選者各令所司封閉不得行用詔其新編勅如可施行付御史臺頒行以宰相盧文紀兼太微宮使弘文館大學士姚顗加門下侍郎監修國史張延朗兼集賢殿大學士以樞密使韓昭胤爲中書侍郎兼兵部尚書平章事充樞密使乙酉以前武勝軍節度使張萬進爲

鄜州節度使辛卯以宣徽南院使劉延皓爲刑部尚書充樞密使以司天監耿瑗爲太府卿以僞蜀右衞上將軍胡杲通爲司天監以宣徽北院使房暠爲左衞上將軍充宣徽南院使以樞密副使劉延朗爲左領軍上將軍充宣徽北院使兼樞密副使五月丙申新州張武奏契丹寇境乙巳詔天下見禁囚徒自五月十二日以前除十惡五逆放火燒舍持杖殺人官典犯贓僞行印信合造毒藥并見欠省錢外罪無輕重一切釋放庚戌詔不得貢奉寶裝龍鳳雕鏤刺作組織之物庚戌中書奏準勅凡廟諱但廻避正文其偏旁文字不在減少點畫

今定州節度使楊檀檀州金壇等名酌情制宜並請改之其表章文案偏旁字闕點畫凡臣寮名涉偏旁亦請改名詔曰偏旁文字音韻懸殊止避正呼不宜全改楊檀賜名光遠餘依舊甲寅以戶部侍郎楊凝式爲秘書監以尚書禮部侍郎盧導爲尚書右丞以尚書右丞鄭韜光爲尚書左丞丙辰以端明殿學士李專美爲兵部侍郎以端明殿學士李崧爲戶部侍郎以翰林學士馬裔孫爲禮部侍郎以禮部郎中充樞密院直學士呂琦爲給事中並充職如故太子少保致仕任圜贈尚書右僕射以順化軍節度使兼彰聖都指揮使北面行營排

陣使安審琦爲邢州節度使庚申以兵部尚書李璘爲太常卿以禮部尚書王權爲戶部尚書以太常卿李懌爲禮部尚書癸亥以六軍諸衞判官給事中張允爲右散騎常侍六月甲子朔新州上言契丹入寇乙丑有司上言宣憲皇太后陵請以順從爲名從之振武奏契丹二萬騎在黑榆林丁卯以太子少保致仕朱漢賓卒廢朝壬申命史館修撰明宗實錄契丹寇應州以新州節度使楊漢賓爲同州節度使以前晉州節度使翟璋爲新州節度使庚辰北面招討使趙德鈞奏行營馬步軍都虞候定州節度使楊光遠行營排陣使邢州節度使

安審琦帥本軍至易州見進軍追襲契丹次河東節度使石敬瑭奏邊軍乏芻糧其安重榮巡邊兵士欲移振武就糧從之尋又奏懷孟租稅請指揮於忻代州輸納朝廷以邊儲不給詔河東戶民積粟處量事抄借仍于鎭州支絹五萬匹送河東充博采之直是月北面轉運副使劉福配鎭州百姓車子一千五百乘運糧至代州時水旱民飢河北諸州困于飛輓逃潰者甚衆軍前使者繼至督促糧運由是生靈咨怨辛己詔諸州府署醫博士丙戌以前許州節度使李從昶爲右龍武統軍以前彰國軍節度使沙彥珣爲右神武統軍秋七月丙申

石敬瑭奏斬挾馬都指揮使李暉等三十六人以謀亂故也時石敬瑭以兵屯忻州一日軍士喧譟遽呼萬歲乃斬暉等以止之契丹國志契丹屢攻北邊時石敬瑭將大兵屯忻州潞王遣使賜軍士夏衣傳詔撫諭軍士呼萬歲者數四敬瑭懼幕僚段希堯請誅其倡者敬瑭命劉知遠斬三十六人以徇潞王聞益疑之御史中丞盧損奏準天成二年七月勅每月首十五日入閤罷五日起居臣以爲中旬排仗有勞聖躬請只以月首入閤五日起居依舊又準天成三年五月長興二年七月勅許諸州節度使帶使相歲薦寮屬五人餘薦三人防禦團練使薦二人今乞行釐革又長興二年八月勅州縣佐官差充馬步判官仍同一任乞行止絕依舊銜前選補詔曰今後藩臣帶使相許薦三人餘薦二人直屬京防禦團練使薦一人餘並從之丁酉回紇可汗仁美遣使貢方物西京弓弩指揮使任漢權奏六月二十一日與川軍戰于金州之漢陰王師不利其步下兵士除傷痍外己至鳳翔先是盩厔鎭將劉贇引軍入川界爲蜀將全師郁所敗金州都監崔處訥重傷諸州屯兵潰散金州防禦使馬全節收合州兵固守獲全以樞密使劉延皓爲天雄軍節度使甲辰以右神武統軍沙彥珣權知雲州乙己以徐州節度使張敬達充北面行營副總管時契丹入邊石敬瑭屢請益兵朝廷

軍士多在北鄙俄聞忻州諸軍呼譟帝不悅乃命敬達爲北軍之副以減敬瑭之權也丁巳宰臣盧文紀等上疏其畧曰臣近蒙召對面奉天旨凡軍國庶事利害可否卿等合盡言者臣等謬處台衡奉行制勅但緣事理互有區分軍戎不在于職司錢穀非關于局分苟陳異見卽類侵官況才不濟時識非經遠因五日起居之例于兩班旅見之時畧獲對敭兼承顧問衞士周環于階陛庶臣羅列于殿廷四面聚觀十手所指臣等苟欲各申愚短此時安敢敷陳韓非昔懼于說難孟子亦憂于言責臣竊奉本朝政事肅宗初平寇難再復寰瀛頗經

涉于艱難尤勤勞于委任每正衙奏事則泛咨訪于羣臣及便殿詢謀則獨對歟于四輔自上元年後于長安東內置延英殿宰臣如有奏議聖旨或有特宣皆于前一日上聞對御之時祇奉冕旒旁無侍衞獻可替否得曲盡于討論捨短從長故無虞于漏洩君臣之際情理坦然伏望聖慈俯循故事或有事關軍國謀繫否臧未果決于聖懷要詢訪于臣輩則請依延英故事前一日傳宣或臣等有所聽聞切關利害難形文字須面敷歟臣等亦依故事前一日請開延英當君臣奏議之時祇請機要臣寮侍立左右兼乞稍霽威嚴恕臣荒拙雖乏鷹鸇之効庶盡葵藿之心詔曰卿等濟代英才鎮時碩德或締搆于興王之日或經綸于纘聖之時鹽梅之任俱崇藥石之言並切請復延英之制以申議政之規而況列聖遺芳皇朝盛事載詳徵引良切歎嘉恭惟五日起居先皇垂範俟百寮之俱退召四輔以獨昇接以溫顏詢其理道計此時作事之意亦昔日延英之流朕叨獲嗣承切思遵守將成其美不爽兼行其五日起居仍令仍舊尋常公事亦可便舉奏聞或事屬機宜理當秘密量事緊慢不限隔日及當日便可于閤門祇候具牓子奏聞請面敷揚即當盡屏侍臣端居便殿佇聞高議

以慰虛懷朕或要見卿時亦令當時宣召但能務致理之實何必拘延英之名有事足可以討論有言足可以陳述宜以沃心爲務勿以逆耳爲虞勉罄謀猷以裨寡昧帝性仁恕聽納不倦嘗因朝會謂盧文紀等曰朕在藩時人說唐代爲人主端拱而天下治蓋以外恃將校內倚謀臣故端拱而事辦朕荷先朝鴻業卿等先朝舊臣每一相見除承奉外畧無社稷大計一言相救坐視朕之寡昧其如宗社何文紀等引咎致謝因奏延英故事故有是詔八月庚午滑州節度使高允韜卒壬申以右衞上將軍王景戡爲左衞上將軍以右神武統軍婁繼英爲右衞上將軍己卯以西上閤門使行少府少監兼通事舍人蘇繼顏爲司農卿職如故辛巳以權知雲州右神武統軍沙彥珣爲雲州節度使鄴都殺人賊陳延嗣并母妹妻等並棄市延嗣父子相承與其妹妻子諸州郡誘人殺之而奪其財前後被殺者數百人至是事泄而誅之癸未以前潞州行軍司馬陳元爲將作監以元善醫故有是命丁亥以洺州團練使李彥舜爲義武軍節度使檢校太傅太原奏達靼部族于靈邱安置己丑以太子少保致仕戴思遠卒廢朝庚寅以前兗州節度使楊漢章爲左神武統軍以前邢州節度使康思

立爲右神武統軍潞州奏前雲州節度使安重霸卒九月己亥以河陽節度使侍衛馬軍都指揮使安從進爲襄州節度使以襄州節度使趙在禮爲宋州節度使癸卯以忠正軍節度使侍衛步軍都指揮使宋審虔爲河陽節度使典軍如故己酉禮部貢院奏進士請夜試童子依舊表薦重置明算道舉舉人落第後別取文解五科試紙不用中書印用本司印並從之以宣徽南院使房暠爲刑部尚書充樞密使以宣徽北院使充樞密副使劉延朗爲宣徽南院使充樞密副使丙辰以左僕射李愚卒廢朝冬十月丁卯幸崇道宫甘泉亭己巳以左

衛上將軍李頊爲左領軍上將軍北面行營總管石敬瑭奏自代州歸鎮庚午以晉州節度使張溫卒廢朝甲戌幸趙延壽張延朗第丁丑以端明殿學士兵部侍郎李專美爲秘書監充宣徽北院使庚寅以左諫議大夫唐汭爲左散騎常侍十一月庚子以左驍衛上將軍郝瓊爲左金吾上將軍以光祿卿王玫爲太子賓客以徐州節度使張敬達爲晉州節度使依前充大同振武威塞彰國等軍馬兵副總管丁未以秘書少監丁濟爲太子詹事乙卯以前金州防禦使馬全節爲滄州留後（通鑑劉延朗欲除全節絳州刺史羣議沸騰帝聞之以爲橫海留後）渤海國遣使朝貢十二月戊辰禁用鉛錢壬申以中書侍郎兼兵部尚書充樞密使韓昭胤爲檢校司空同平章事充河中節度使甲戌以宗正少卿李延祚爲將作監致仕丁丑故武安軍州節度使累贈太傅劉建峯贈太尉從湖南之請也戊寅太常奏來年正月一日上辛祀昊天上帝于圜丘依禮大祠不朝詔曰祀事在質明前儀仗在日出後事不相妨宜常年受朝壬午以翰林學士承旨戶部侍郎程遜爲兵部侍郎翰林學士工部侍郎崔梲爲戶部侍郎翰林學士中書舍人和凝爲工部侍郎並依前充職乙酉以前秘書監楊凝式爲兵部侍郎己丑以前同州節

度使馮道爲司空以尚書右僕射劉昫爲左僕射以太子少師盧質爲左僕射以兵部侍郎馬縞兼國子祭酒

永樂大典卷七千一百七十四

舊五代史卷四十七終

舊五代史卷四十七攷證

唐末帝紀中枉耗國力　枉耗通鑑注引薛史作枉費

攷册府元龜亦作枉耗今仍其舊

辛卯以宣徽南院使劉延皓爲刑部尚書充樞密使

案劉延皓充樞密使歐陽史作五月與是書繫四月

異通鑑從是書

侍衛步軍都指揮使宋審虔　宋審虔原本脫虔字今

據通鑑增入

渤海國遣使朝貢　案歐陽史作九月乙卯渤海遣使

者來五代會要作十二月渤海遣使列周卿等入朝

貢方物俱與是書作十一月異

翰林學士工部侍郎崔梲　崔梲原本訛崔櫓今據歐

陽史改正

舊五代史卷四十七攷證

宋司空同中書門下平章事薛居正等撰

末帝紀下　唐書二十四

清泰三年春正月辛卯朔帝御文明殿受朝賀仗衛如式乙未百濟遣使獻方物戊戌幸龍門佛寺祈雪癸卯以給事中充樞密院直學士呂琦爲端明殿學士以六軍諸衛判官尚書工部郎中薛文遇爲樞密院直學士乙巳以上元夜京城張燈帝微行置酒於趙延壽之第丁未皇子河南尹判六軍諸衛事重美封雍王己未以前司農卿王彥鎔爲太僕卿二月戊辰吐渾寧朔兩府

留後李可久加檢校司徒可久本姓白氏前朝賜姓庚午監脩國史姚顗史官張昭遠李詳吳承範等修撰明宗實錄三十卷上之（五代會要同脩撰官中書舍人張昭遠李詳直館左拾遺吳承範右拾遺楊昭儉等各頒賚有差）以大理卿寶維爲光祿卿以前許州節度判官張登爲大理卿丁丑以太常卿李鏻爲兵部尚書以兵部尚書梁文矩爲太常卿庚辰以前鄜州節度使皇甫立爲潞州節度使辛巳以前均州刺史仇暉爲左威衛上將軍保順軍節度使鮑君福加檢校太尉同平章事丁亥以昭義節度使安元信卒廢朝三日庚子中書門下奏準閤門分析內外官辭見謝規例諸州判官軍將進奉到闕舊例門見門辭今後只令朝見依舊門辭新除諸道判官書記以下無例中謝並放謝辭得替到京無例見今後兩使判官許中謝赴任卽門辭其書記以下並依舊例朝臣文五品武四品以上舊例中謝其以下無例對謝今請依天成四年正月勅凡升朝官並許中謝諸道都押衙馬步都指揮虞候鎮將諸色場院無例謝辭並進牓子放謝放辭得替到闕無例入見在京鹽麴稅官兩官巡卽許中謝新除令錄並中謝次日門辭兼有口勅誡文武兩班所差弔祭使及告廟祠祭只正衙辭不赴內殿諸道進奏官到闕見得假

進牓子門辭從之辛丑權知福建節度使王昶奏節度使王延鈞以去年十月十四日卒是時延鈞父子僭竊於閩嶺猶稱藩於朝廷故有是奏甲辰以右神武統軍楊漢章爲彰武軍節度使丙午以翰林學士禮部侍郎馬裔孫爲中書侍郎同平章事丁巳以端明殿學士呂琦爲御史中丞（案通鑑呂琦與李崧建和親契丹之策爲薛文遇所沮改爲御史中丞蓋疏之也）戊午御史中丞盧損責授右贊善大夫知雜侍御史韋稅責授太僕寺丞侍御史魏遜責授太府寺主簿侍御史王岳責授司農寺主簿初延州保安鎮將白文審聞兵興岐山專殺郡人趙思謙等十餘人已伏其罪

復下臺追繫推鞫未竟會去年五月十二日德音除十惡五逆放火殺人外並放盧損輕易卽破械釋文審帝大怒收文審誅之臺司稱奉德音釋放不得追領祗證中書詰云德音言不在追窮枝蔓無不得追領祗證六字擅改勑語大理斷以失出罪人論故有是命是月有蛇鼠鬬于師子門外鼠生而蛇死夏四月己未朔以左衛上將軍王景戡爲左神武統軍以右領軍上將軍李頊爲華清宮使戊辰以太子詹事盧演爲工部尚書致仕辛未以中書舍人史館修撰張昭遠爲禮部侍郎以前滄州節度使李金全爲右領軍上將軍是月有熊入

京城搏人五月辛卯以河東節度使兼大同彰國振武威塞等軍蕃漢馬步總管檢校太師兼中書令駙馬都尉石敬瑭爲鄆州節度使進封趙國公以河陽節度使充侍衛馬步軍都指揮使宋審虔爲河東節度使甲午以前晉州節度使大同彰國振武威塞等軍蕃漢副總管張敬達充西北面蕃漢馬步都部署落副總管乙未詔諸州兩使判官畿赤令有闕取省郎遺補丞博少列宮寮選擇擢任（案以上疑有脫誤）以忠正軍節度使侍衛步軍都指揮使張彥琪爲河陽節度使充侍衛馬軍都指揮使以彰聖都指揮使饒州刺史符彥饒爲忠正軍節度

使充侍衛步軍都指揮使丙申以雍王重美與汴州節度使范延光結婚詔兗王從溫主之丁酉以國子祭酒馬縞卒廢朝戊戌昭義奏河東節度使石敬瑭叛以鴻臚卿兼通事舍人判四方館王景崇爲衞尉卿充引進使壬寅削奪石敬瑭官爵便令張敬達進軍攻討乙卯以晉州節度使張敬達爲太原四面兵馬都部署尋改爲招討使以河陽節度使侍衛馬軍都指揮使張彥琪爲太原四面馬軍都指揮使以陝州節度使相里金爲太原四面步軍都指揮使以右監門上將軍武廷翰爲壕寨使以陝州節度使相里金爲太原四面步軍都指

揮使丙辰以定州節度使楊光遠爲太原四面兵馬副部署兼馬步都虞候尋改爲太原四面副招討使都虞候如故以前彰武軍節度使高行周爲太原四面招撫兼排陳使初帝疑河東有異志與近臣語及其事帝曰石郎與朕近親在不疑之地流言毀譽朕心自明萬一失歡如何和解左右皆不對翌日欲移石敬瑭於鄆州房暠等堅言不可司天監趙延義亦言星辰失度尤宜安靜由是稍緩其事會薛文遇獨宿于禁中帝召之論以太原之事文遇奏曰臣聞作舍于道三年不成國家利害斷自宸旨以臣料之石敬瑭除亦叛不除亦叛不

如先事圖之帝喜曰聞卿此言豁吾憤氣先是有人言國家明年合得一賢佐主謀平定天下帝意亦疑賢佐者屬在文遇卽令手書除目子夜下學士院草制翌日宣制之際兩班失色居六七日敬瑭上章云明宗社稷陛下纂承未契輿情宜推令辟許王先朝血緒養德皇闈儻循當璧之言免負鬩牆之議帝覽奏不悅手攘抵地召馬裔孫草詔報曰父有社稷傳之於子君有禍難倚之于親卿于鄂王故非疎遠往歲衛州之事天下皆知今朝許王之言人誰肯信英賢立事安肯如斯云戊申張敬達奏西北面先鋒都指揮使安審信率雄義左

第二指揮二百二十七騎并部下共五百騎剽刧百井叛入太原又奏大軍已至太原城下詔安審信及雄義兵士妻男並處斬家產沒官先是雄義都在代州屯戍其指揮使安元信謀殺代州刺史張朗事洩戍兵自潰奔安審信軍審信與之入太原太常奏於河南府東權立宣憲太后寢宮從之己酉振武節度使安叔千奏西北界廵檢使安重榮驅掠戍兵五百騎叛入太原以新授河東節度使宋審虔爲宣州節度使充侍衛馬軍都指揮使壬子鄴都屯駐捧聖都虞候張令昭逐節度使劉延皓據城叛翌日令昭召副使邊仁嗣已下逼令奏

請節旄六月辛酉天雄軍節度使劉延皓削奪官爵勒歸私第癸亥以天雄軍守禦右捧聖第二軍都虞候張令昭爲檢校司空行右千牛將軍權知天雄軍府事丙寅御敷政殿遣工部尚書崔居儉奉宣憲皇太后寶册于寢宮時陵園在河東適會兵興故權于京城修奉寢宮上謚焉己巳以西上閤門副使少府監兼通事舍人劉頎爲鴻臚卿職如故庚午詔曰時雨稍愆頗傷農稼分命朝臣祈禱辛未工部尚書致仕許寂卒以權知魏府事右千牛將軍張令昭爲齊州防禦使以捧聖右第三指揮使邢立爲德州刺史以捧聖第五指揮使康福

進爲鄭州刺史甲戌以汴州節度使范延光爲天雄軍四面招討使知行府事丙子以西京留守李周爲天雄軍四面副招討使兼兵馬都監詔河東將佐節度判官趙塋以下十四人並籍沒家產秋七月戊子范延光奏領軍至鄴都攻城己丑誅右衛上將軍石重英皇城副使石重裔皆敬瑭之子也時重英等匿于民家井中獲而誅之并族所匿之家奚首領達剌干遣通事介老奏奚王李素姑謀叛入契丹已處斬訖達剌干權知本部落事辛卯沂州奏誅都指揮使石敬德并族其家敬瑭之弟也乙未以前彰武軍節度使高行周爲潞州節度

使充太原四面招撫排陣使以潞州節度使皇甫立爲華州節度使丁酉雲州節度使沙彥珣奏此月二日夜步軍指揮使桑遷作亂以兵圍子城彥珣突圍出城就西山據雷公口三日招集兵士入城誅亂軍軍城如故辛丑以將作監丞介國公宇文頡爲汝州襄城令乙巳以衛尉卿聶延祚爲太子賓客戊申范延光奏此月二十一日收復鄴都羣臣稱賀己酉以禮部侍郎張昭遠爲御史中丞以御史中丞呂琦爲禮部侍郎充端明殿學士庚戌中書奏劉延皓賓佐等帥臣既已削奪其行軍司馬李延筠副使邊仁嗣以下望命放歸田里奏入

帝大怒詔大理曰帥臣失守已行削奪其寮佐合當何罪既而竟依中書所奏壬子詔范延光誅張令昭部下五指揮及忠銳忠肅兩指揮繼范延光奏追兵遣龔張令昭部下敗兵至邢州沙河斬首三百級并獻張令昭邢立李貴等首級又奏獲張令昭同惡捧聖指揮使米全以下諸指揮使都頭凡十三人并磔于府門癸丑左衛上將軍仇暉卒洺州奏擒獲魏府作亂捧聖指揮使馬彥柔以下五十八人邢磁州相次擒獲亂兵並送京師彰聖指揮使張萬廸以部下五百騎叛入太原詔誅家屬于懷州本營八月戊午契丹遣使美稜舊作梅里今改正

入朝己未以汴州節度使范延光爲天雄軍節度使守太傅兼中書令以西京留守李周爲汴州節度使檢校太尉同平章事癸亥應州奏契丹三千騎迫城詔端明殿學士呂琦往河東忻代諸屯戍所犒軍以左龍武大將軍袁義爲右監門上將軍以振武軍節度使安叔千充代北兵馬都部署己巳雲州沙彥珣奏供奉官李讓勳送夏衣到州縱酒淩轢軍都行劫殺兵馬都監張思慇都指揮黨行進其李讓勳已處斬訖張敬達奏造五龍橋攻太原城戊寅以鎮州節度使董温琪充東北面副招討使己卯洺州獻野繭二十斤辛巳張敬達奏

賊城內出騎軍三十隊步卒三千人衝長連城高行周龔殺入壕溺死者大半擒賊將安小喜以下百餘人甲馬一百八十匹九月甲辰張敬達奏此月十五日與契丹戰于太原城下王師敗績時契丹主自率部族來援太原高行周符彥卿率左右廂騎軍出鬭蕃軍引退已時後蕃軍復成列張敬達楊光遠安審琦等陣于賊城西北倚山橫陣諸將奮擊蕃軍屢却至晡我騎軍將移陣蕃軍如山而進王師大敗投兵仗相籍而死者山積是夕收合餘衆保于晉祠南晉安寨蕃軍塹而圍之自是音問阻絕朝廷大恐是日遣使侍衛步軍都指揮使

符彥饒率兵屯河陽詔范延光率兵由青山路趨榆次詔幽州趙德鈞由飛狐路出敵軍後輝州防禦使潘環合防戍軍出磁隰以援張敬達以前絳州刺史韓彥惲爲太子賓客契丹主移帳于柳林乙巳詔取二十二日幸北面軍前戊申帝發京師路經徽陵帝親行謁奠夕次河陽召羣臣議進取盧文紀勸帝駐河橋庚戌樞密使趙延壽先赴潞州辛亥幸懷州召吏部侍郎龍敏訪以機事敏勸帝立東丹王贊華爲契丹主以兵援送入蕃則契丹主有後顧之患不能久駐漢地矣深以爲然竟不行其謀遼史義宗傳云倍雖在異國常思其親問安之使不絕後明宗養子從珂弒其君自

立倍密報太宗曰從珂弒君盍討之是東丹王實啟兵端唐君臣或知其陰謀故龍敏之說不行帝自是酣飲悲歌形神慘沮臣下勸其親征則曰卿勿說石郎使我心膽墮地其怯懦也如此冬十月丁巳夜彗星出虛危長尺餘壬戌詔天下括馬又詔民十戶出兵一人器甲自備案契丹國志云唐發民爲兵每七戶出征夫一人自備鎧仗謂之義軍凡得馬二千餘匹征夫五千人民間大擾與薛史互有詳畧今附錄于此戊辰代州刺史張朗超授檢校太保以其屢殺敵眾故以是命獎之癸酉幽州趙德鈞以本軍三千騎與鎮州董溫琪由吳兒谷趨潞州十月戊子以趙德鈞爲諸道行營都統以趙延壽爲河東道南面行營招討使以劉延朗副之庚寅以范延

光爲河東道東南面行營招討使以李周副之帝以呂琦嘗佐幽州幕乃命賚都統官告以賜德鈞兼犒軍士琦至從容宣帝委任之意德鈞曰既以兵相委焉敢惜死德鈞志在併范延光軍奏請與延光會合帝以詔諭延光延光不從丁酉延州上言節度使楊漢章爲部眾所殺以前坊州刺史劉景巖爲延州留後庚子趙德鈞奏大軍至團柏谷前鋒殺蕃軍五百騎范延光奏軍至榆次蕃軍退入河東川界潘環奏隰州逐退蕃軍壬寅趙德鈞奏軍出谷口蕃軍漸退契丹主見駐柳林砦時德鈞累奏乞授延壽鎮州節制帝怒曰德鈞父子堅要

鎮州苟能逐退蕃戎要代予位亦甘心矣若翫寇要君但恐犬兔俱斃德鈞聞之不悅閏月丙辰日南至羣臣稱賀于行宮帝曰晉安寨內將士應思家國矣因泣下久之丁巳以嵐軍爲勝州辛酉以右龍武統軍李從昶爲左龍武統軍以前邠州節度使楊思權爲右龍武統軍壬戌丹州刺史康承詢停任配流鄧州時承詢奉詔率義軍赴延州義軍亂承詢奔鄜州故有是責甲子太原行營副招討使楊光遠殺招討使張敬達于晉安寨以兵降契丹時契丹圍寨自十一月以後芻糧乏絕軍士毀居屋茅掏馬糞削松柿以供秣飼馬尾鬣相食俱

盡楊光遠謂敬達曰少時人馬俱盡不如奮命血戰十得三四猶勝坐受其弊敬達曰更少待之一日光遠伺敬達無備遂殺之與諸將同降契丹時馬猶有五千匹戎王並以漢軍與石敬瑭其馬及甲仗卽竄驅出塞丁卯戎王立石敬瑭爲大晉皇帝約爲父子之國改元爲天福戎王與晉高祖南行趙德鈞父子與諸將自團栢谷南奔王師爲蕃騎所蹙投戈棄甲自相騰踐擠于巖谷者不可勝紀已巳帝聞晉安寨爲敵所陷詔移幸河陽時議以魏府軍尚全戎王必憚山東未敢南下車駕可幸鄴城帝以李崧與范延光相善召入謀之薛文遇

不知而繼至帝變色崧躡文遇足乃出帝曰我見此物肉顫肉顫適欲抽刀刺之崧曰文遇小人致誤大事刺之益醜崧因請帝歸京壬申車駕至河陽甲戌晉祖與戎王至潞州戎王遣蕃將大詳袞（舊作相溫今改正）率五千騎送晉高祖南行丁丑車駕至自河陽時左右勸帝固守河陽居數日符彥饒張彥琪至奏帝不可守城是日晚至東上門小黃門鳴鞘於路索然無聲己卯帝遣馬軍都指揮使宋審虔率千餘騎至白馬坡言踏陣地時諸將謂審虔曰何地不堪交戰誰人肯立于此審虔乃請帝還宮庚辰晉高祖至河陽辛巳辰時帝舉族與皇太后曹氏自燔于玄武樓晉高祖入洛得帝燼骨于火中來年三月詔葬于徽陵之封中帝在位共二年年五十三（永樂大典卷七千一百七十四　五代史闕文晉高祖引契丹圍晉安寨降楊光遠清泰帝至自覃懷京師父老迎帝于上東門外帝垂泣不止父老奏曰臣等伏聞前唐時中國有難帝王多幸蜀以圖進取陛下何不且入西川帝曰本朝兩川節度使皆用文臣所以玄宗僖宗避寇幸蜀今孟氏已稱尊矣吾何歸乎因慟哭入內舉族自焚）

史臣曰末帝負神武之才有人君之量由尋戈而踐阼慙德應深及當宁以居尊政經未失屬天命不祐人謀匪臧坐俟焚如良可悲矣稽夫衽金甲于河壖之際斧眺樓于梁壘之時出沒如神何其勇也及乎駐革輅于

覃懷之日絕羽書于汾晉之辰涕淚沾襟何其怯也是知時之來也雕虎可以生風運之去也應龍不免爲醢則項籍悲歌于帳下信不虛矣（永樂大典卷七千一百七十四）

舊五代史卷四十八終

舊五代史卷四十八攷證

唐末帝紀下五月辛卯以河東節度使兼大同彰國振武威塞等軍蕃漢馬步總管檢校太師兼中書令駙馬都尉石敬瑭爲鄆州節度使進封趙國公　案歐陽史廢帝紀于五月以前即書石敬瑭反與晉本紀自相矛盾據是書五月辛卯始移敬瑭于鄆州戊戌始聞拒命也五代春秋通鑑俱與是書同

戊戌昭義奏河東節度使石敬瑭叛　案通鑑作昭義節度使皇甫立奏石敬瑭叛

乙卯以晉州節度使張敬達爲太原四面兵馬都部署

尋改爲招討使　案通鑑乙巳以張敬達兼太原四面排陣使丙午以爲太原四面都部署丁未又知太原行府事不言其爲招討使歐陽史又作都招討使與是書微異

捧聖第五指揮使康福進　康福進疑當作康福據册府元龜引薛史亦作康福今姑仍其舊

詠右衞上將軍石重英皇城副使石重裔皆敬瑭之子也　案重英通鑑作重殷又通鑑攷異引廢帝實錄作姪男尚食使重乂供奉官重英並與是書不同

九月甲辰張敬達奏此月十五日與契丹戰于太原城下　案張敬達及契丹戰于太原是書晉紀作辛丑蓋辛丑日戰越四日甲辰乃奏到也通鑑亦作辛丑遼史作庚午與是書異歐陽史作甲辰戰于太原殊誤

詔范延光率兵由青山路趨榆次　范延光遼史避太宗諱作范延廣

甲子太原行營副招討使楊光遠殺招討使張敬達于晉安寨以兵降契丹　案楊光遠降契丹歐陽史通鑑俱作閏十一月甲子五代春秋作十一月誤

契丹主以漢軍與石敬瑭其馬及甲仗即齎驅出塞

案遼史云所降軍士及馬五千匹以賜晉帝與是書異通鑑從是書

丁卯契丹立石敬瑭爲大晉皇帝　案契丹立晉是書晉高祖紀作十一月丁酉此紀作閏月丁卯前後互異據通鑑攷異引廢帝實錄亦作丁卯蓋契丹立晉在十一月丁酉唐人至閏十一月丁卯始奏聞也實錄誤以奏聞之日爲立晉之日是書唐紀亦仍其誤

達喇罕舊作達剌千今改　摩哩舊作梅里今改　大詳袞舊作大相溫今改

舊五代史卷四十八攷證

宋司空同中書門下平章事薛居正等撰

后妃列傳第一　唐書二十五

武皇帝貞簡皇后曹氏莊宗之母也太原人以良家子
嬪于武皇姿質閑麗性謙退而明辯雅爲秦國夫人所
重常從容謂武皇曰妾觀曹姬非常婦人王其厚待之
武皇多內寵乾寧初平燕薊得李匡儔妻張氏姿色絕
代嬖倖無雙時姬侍盈室罕得進御唯太后恩顧不衰
武皇性嚴急左右有過必峻于譴罰無敢言者唯太后
從容救諫即爲解顏及莊宗載誕體貌奇傑武皇異而
憐之太后益寵貴諸夫人咸出其下后亦恭勤內助左
右稱之武皇薨莊宗嗣晉王位時李克甯李存顥謀變
人情危懼太后召監軍張承業指莊宗謂之曰先人把
臂授公此兒如聞外謀欲孤付託公等但置予母子有
地毋令乞食于汴幸矣承業因誅存顥克甯以清內難
莊宗善音律喜伶人讒浸太后嘗提耳誨之天祐七年
鎮定求援莊宗促命治兵太后曰予齒漸衰兒但不墜
先人之業爲幸矣何事櫛風沐雨離我晨昏莊宗曰稟
先王遺旨須滅仇讎山東之事機不可失及發太后餞
于汾橋悲不自勝莊宗平定趙魏駐于鄴城每一歲之

內馳駕歸寧者數四民士服其仁孝太后初封晉國夫
人莊宗即位命宰臣盧損奉册書上皇太后尊號其年
平定河南西幸洛陽令皇弟存渥皇子繼岌就太原迎
奉莊宗親至懷州迎歸長壽宮太后素與劉太妃善分
訣之後悒然不樂俄聞太妃寢疾尙醫中使問訊結轍
旣而謂莊宗曰吾與太妃恩如伯仲彼經年抱疾但見
吾面差足慰心吾暫至晉陽旬朔與之俱來莊宗曰時
方暑毒山路崎嶇無煩往復可令存渥輩迎侍太妃乃
止及凶問至太后慟哭累旬由是不豫尋崩于長壽宮
同光三年冬十月上謚曰貞簡皇太后葬于壽安陵永樂大典卷一萬九千三百四

太妃劉氏武皇之正室也永樂大典卷一千二百六十六　案劉太妃傳永樂大典闕全篇考北夢瑣言云晉王李克用妻劉夫人常隨軍行至于軍機多所弘益先是汴州上源驛有變晉王憤恨欲回軍攻之夫人曰公爲國討賊而以杯酒私忿必若攻城卽曲在于我不如回師自有朝廷可以論列於是班退天復中周德威爲汴軍所敗三軍潰散汴軍乘我晉王危懼與李存信議欲出保雲州夫人曰存信本北方牧羊兒也焉顧成敗王常笑王行瑜棄城失勢被人屠割今復欲效之何也王頃歲避難塞外幾遭陷害賴遇朝廷多事方得復歸今一旦出城便有不測之變焉能遠及晉王止行居數日亡散之士復集軍城安定夫人之力也五代會要云同光元年四月册爲皇太妃歐陽史云莊宗卽位册尊曹氏爲皇太后而以嫡母劉氏爲皇太妃太妃往謝太后太后有慚色太妃曰吾願兒享國無窮使吾獲沒于地以從先君幸矣復何言哉莊宗滅梁入洛使人迎太后歸洛居長壽宮而太妃獨留晉陽同光三年五月太妃薨

魏國夫人陳氏襄州人本昭宗之宮嬪也乾寧二年武
皇奉詔討王行瑜駐軍于渭北昭宗降朱書御札出陳
氏及內妓四人以賜武皇陳氏素知書有才貌武皇深
加寵重及光化之後時事多艱武皇常獨居深念嬪媵
鮮得侍謁唯陳氏得召見陳氏性既靜退不以寵侍自
侈武皇常呼爲阿婍及武皇大漸之際陳氏侍醫藥垂
泣言妾爲王執掃除之役十有四年矣王萬不幸妾將
何託既不能以身爲殉願落髮爲尼爲王讀一藏佛經
以報平昔武皇爲之流涕及武皇薨陳氏果落髮持經
法名智願後居于洛陽佛寺莊宗賜號建法大師天成

中明宗幸其院改賜圓惠大師晉天福中卒于太原追
謚光國大師塔以惠寂爲名也永樂大典卷二千九百六十九
莊宗神閔敬皇后劉氏永樂大典卷一萬三千三百五十二　案劉后傳永樂大典原
闕考北夢瑣言云莊宗劉皇后魏州成安人家世寒微
太祖攻魏州取成安得后時年五六歲歸晉陽宮爲太
后侍者教吹笙及笄姿色絕衆聲伎亦所長太后賜莊
宗爲韓國夫人侍者後誕皇子繼岌寵待日隆他日成
安人劉叟詣鄴宮見上稱夫人之父有內臣劉建豐認
之即昔日黃鬚丈人后之父也劉氏方與嫡夫人爭寵
皆以門族誇尚劉氏恥爲寒家白莊宗曰妾去鄉之時
妾父死于亂兵是時環屍而哭妾固無父是何田舍翁
詐僞及此乃于宮門笞之其實后即叟之長女也莊宗
好俳優宮中暇日自負蓍囊藥篋令繼岌相隨以后父
劉叟以醫卜爲業也后方晝眠岌造其臥內自稱劉衙
推訪女后大恚笞繼岌然爲太后不禮復以韓夫人居
正無以發明大臣希旨請冊劉氏爲皇后議者以后出
于寒賤好興利聚財初在鄴都令人設法稗販所鬻樵

蘇果茹亦以皇后爲名正位之後凡貢奉先入後宮惟
寫佛經施尼師他無所賜闕下諸軍困乏以至妻子飢
李宰相請出內庫俵給后將出粧具銀盆兩口皇子滿
喜等三人令鬻以贍軍一旦作亂亡國滅族與夫褒姒
妲己無異也先是莊宗自爲俳優名曰李天下雜于塗
粉優雜之間時爲諸優扑扶摑搭竟爲嚚婦恩倫之傾
玷有國者得不以爲前鑒劉后以囊盛金合犀帶四欲
于太原造寺爲尼沿路復通皇帝存渥同寶而寢明宗
聞其穢即令自殺案歐陽史作禆將袁建豐得后納之
晉宮而北夢瑣言作內臣劉建豐亦傳聞之異辭也
淑妃韓氏莊宗正室永樂大典卷一千二百六十六　案韓淑妃傳永樂大典原闕考五
代會要云同光二年十二月冊以宰臣豆盧革韋說爲
冊使出應天門登路車鹵簿鼓吹前導至于永福門降車
入右銀臺門至淑妃宮受冊
于內文武百官立班稱賀
德妃伊氏莊宗次室永樂大典卷一千二百六十六　案伊德妃傳永樂大典原闕考北
夢瑣言云莊宗皇帝嫡夫人韓氏後爲淑妃伊氏爲德
妃契丹入中原石氏乞降宰相馮道奉契丹主大張

宴席其國母后妃列坐同宴王嬙蔡姬之比也夫人夏
氏最承恩寵後嫁李贊華所謂東丹王即按巴堅長子
先歸朝後除滑州節度使性酷毒侍婢微過即以刀割
火灼夏氏少長宮掖不忍其凶求離婚歸河陽節度使
夏魯奇家後爲尼也案歐陽史家人傳夏氏在天成初
以先朝宮人出歸夏魯奇家後賜李贊華與北夢瑣言
微異又案五代會要莊宗朝內職又有昭儀侯氏封
汧國夫人昭媛白氏封沂國夫人出使美宣鄧氏封魏
國夫人御正楚眞張氏封涼國夫人司簿德美周氏封
宋國夫人侍眞吳氏封延陵郡夫人懿才王氏封太原郡
夫人懿德王氏封琅琊郡夫人宣一馬氏封扶風郡夫
人並同光二年十一月敕　按巴堅舊作阿保機今改
明宗昭懿皇后夏氏生秦王從榮及閔帝同光初后以
疾崩明宗即位追封爲晉國夫人長興中明宗以秦宋
二王位望既隆因思從貴之義乃下制曰故晉國夫人
夏氏素推仁德久睦宗親嘗施內助之方不見中興之

盛子當御極子並爲王有鵲巢之高無翬衣之貴貞魂永逝懿範常存考本朝之文沿追册之制將慰懷於九族冀叶慶于四星宜追册爲皇后兼定懿號旣有司上諡曰昭懿永樂大典卷一萬三千五百五十二

和武顯皇后曹氏永樂大典卷一萬三千五百五十五 案曹后傳永樂大典原闕考五代會要云天成三年正月册爲淑妃長興元年正月二十四日册爲皇后應順元年正月册爲皇太后至清泰三年閏十一月隨末帝崩于後樓晉高祖使人護葬至天福五年正月二十八日追册曰和武顯皇后

宣憲皇后魏氏永樂大典卷一萬三千五百五十五 案通鑑考異引唐廢帝實錄云宣憲皇后魏氏鎮州平山人中和末明宗徇地山東留戍平山得魏后又云明宗爲裨將性闊達不能治生曹后亦疏于畫略生計所資惟宣憲而已五代會要云初封魯國太夫人清泰二年二月中書門下奏臣聞漢昭帝承祚御歷奉尊諡于雲陽魏明帝繼體守文思外家于甄館而皆追從嶶號祔饗廟庭克隆敬本之文式叶愛親之道臣又覽國史竊見玄宗皇帝册曰昭成太后竇氏代宗皇帝母曰章敬太后吳氏始嬪朱邸俄閟玄宮鴻圖既屬于明君尊號咸追于聖母伏以魯國夫人發祥沙麓貽慶河洲三后最賢周母允成于天統四妃有子唐宮先啟于帝基仰惟當亡之情彌軫寒泉之思久虛殷薦慮損皇猷臣等謹上尊諡曰宣憲皇太后請依昭成皇太后故事擇日備禮册命又臣等伏聞先太后舊陵永祔先祠則都下難崇别廟旣追尊諡合祔閟宮按漢朝故事園寢不在王畿或就陵所便立寢祠今商量上諡後權立同廟以申告獻配祠之禮請俟他年從之據歐陽史云議建陵寢而太原石敬瑭反乃于京師河南府東立寢宮 又案五代會要所載明宗時內職德妃王氏天成三年正月册立長興二年四月進號淑妃應順元年正月十三日册爲太妃至周廣順元年四月追諡賢妃昭儀王氏封齊國夫人昭容葛氏封周國夫人昭媛劉氏封趙國夫人孫氏封楚國夫人御正張氏封曹國夫人司寶郭氏封魏國夫人司贊于氏封鄭國夫人尚服王氏封衛國夫人司記崔氏封蔡國夫人司膳翟氏封滕國夫人司醞吳氏封莒國夫人婕妤高氏封渤海郡夫人美人沈氏封太原郡夫人順御朱氏封吳郡夫人司飾聊氏封潁川郡夫人司衣劉氏封彭城郡夫人司藥孟氏封咸陽郡夫人梳篦張氏封清河郡夫人司服王氏封太原郡夫人櫛篦傳氏封潁川郡夫人知客張氏賜號尚書故江氏追封濟陽郡夫人以上皆長興三年九月勅其名號皆中書門下按六典內職倣而行之內人李氏封隴西縣君崔氏封清河縣君李氏封成紀縣君田氏封咸陽縣君白氏封南陽縣君並長興四年二月勅前代內職皆無封君之禮此一時之制

閔帝哀皇后孔氏永樂大典卷一萬三千五百五十五 案孔后傳永樂大典原闕據通鑑云孔循陰遣人結王德妃求納其女德妃請娶循女爲從厚妃帝許之庚寅皇子從厚納孔循女爲妃五代會要云初封魯國夫人應順元年四月爲末帝所害晉天福五年正月二十八日追諡爲哀皇后

末帝劉皇后應州人也天成中封爲沛國夫人清泰初百官三上表請立中宮遂立爲皇后后性強戾末帝甚憚之故其弟延皓自鳳翔牙校環歲之間歷樞密使出爲鄴都留守皆由后內政之力也及延皓爲張令昭所逐執政請行朝典后力制之止從罷免而已晉高祖入洛后與末帝俱就燔焉永樂大典卷一萬九千三百四

史臣曰昔三代之興亡雖由于帝王亦繫于妃后故夏之興也以塗山及其亡也以妹喜商之興也以簡狄及其亡也以妲已周之興也以文母及其亡也以褒姒觀夫貞簡之爲人也雖未偕于前代亦無虧于懿範而劉后以牝雞之晨皇業斯墜則與夫三代之興亡同矣餘無進賢輔佐之德又何足以道哉永樂大典卷一萬九千三百四 案五代

史無外戚傳據五代會要武皇長女瓊華長公主降孟知祥同光二年十二月封第二女瑤英長公主降張廷釗同光三年二月封明宗長女永寧公主降晉高祖第十三女興平公主降趙延壽天成三年四月封至長興四年九月改封齊國公主至清泰三年二月進封燕國長公主第十四女壽安公主長興四年六月封第十五女永樂公主長興四年六月封今攷會要所載亦多舛互如瓊華公主十國春秋諸書作太祖弟克讓之女會要以爲武皇長女此傳聞之異辭也莊宗女義寧公主降宋廷浩廷浩仕至房州刺史晉初爲汜水關使張從賓之叛戰死見東都事略及宋史又王禹偁小畜集有宋渥神道碑云母義寧公主天福中晉祖以嘗事莊宗有舊君之禮每貴主入見聽其不拜時兵戎方熾經費不充惟公主之家賜予甚厚盡而復取亦無倦色一日晉祖從容謂貴主曰朕于主家無所愛惜但朝廷多事府庫甚虛主所知矣今輦轂之下桂玉爲憂可命遲分司西京以豐就養因厚遣之且勅留司具晨昏伏臘之用至于醯醢率有備焉會要不載莊宗女幾人是其闕略也惟明宗諸女記之稍詳然攷薛史趙延壽傳其娶明宗小女爲繼室歐陽史亦云耶律德光爲延壽娶從益妹是爲永安公主而會要不載則其闕漏者亦多矣

舊五代史卷四十九終

舊五代史卷四十九攷證

唐列傳一貞簡皇后曹氏傳得李匡儔妻張氏　李匡儔原本避宋諱作李傳今據新唐書藩鎮傳增入

太后餞于汾橋　汾橋原本作渭橋今據通鑑注改正

安巴堅舊作阿保機今改

補前伊德妃　德妃伊氏莊氏夾室　五代會要咸一韓才封昌黎夫人瑤華張氏封清河郡夫人

舊五代史卷五十

宋司空同中書門下平章事薛居正等撰

宗室列傳第二　唐書二十六

克讓武皇之仲弟也少善騎射以勇悍聞咸通中從討龐勛以功爲振武都校乾符中王仙芝陷荊襄朝廷徵兵克讓率師奉詔賊平以功授金吾將軍留宿衛初懿祖歸朝憲宗賜宅於親仁坊自長慶以來相次一人典衛兵武皇之起雲中殺段文楚朝議罪之命加兵于我懼將逃歸天子詔巡使王處存夜圍親仁坊捕克讓詰旦兵合克讓與紀綱何相溫安文寬石的歷十餘騎彎弧躍馬突圍而出官軍數千人追之比至渭橋死者數百克讓自夏陽掠船而濟歸於鴈門明年武皇昭雪克讓復入宿衛黃巢犯闕僖宗幸蜀克讓時守潼關爲賊所敗案僖宗幸蜀以前武皇未嘗昭雪克讓無由復入宿衛出守潼關通鑑考異嘗辨其誤今考新唐書黃巢傳巢攻潼關齊克讓以其軍戰關外時士飢甚潛燒克讓營走入關疑當時因齊克讓之名與李克讓同遂致傳聞輾轉失實耳歐陽史祇據薛史原文不爲辨正今無可復考姑附識于此以部下六七騎伏於南山佛寺夜爲山僧所害克讓既死紀綱渾進通冒刃獲免歸於黃巢中和二年冬武皇入關討賊屯沙苑黃巢遣使米重威齎賂修好因送渾進通至兼擒送害克讓僧十人武皇燔僞詔還其使盡誅諸僧爲克

讓發哀行服悲慟久之永樂大典卷一萬三百八十八

克修字崇遠武皇從父弟也案歐陽史家人傳云太祖四弟曰克讓克修克恭克寧皆不知其父母名號據薛史則克修父名德成未嘗無名號也父德成初爲天寧軍使從獻祖討龐勛以功授朔州刺史克修少便弓馬從父征討所至立功武皇節制鴈門以克修爲奉誠軍使從入關爲前鋒破黃揆于華陰敗尚讓于梁田坡釁黃巢于光順門每戰皆摧勇懾諸軍賊平以功授檢校刑部尚書左營軍使其年十月潞州牙將安居受來乞師請復昭義軍武皇遣大將賀公雅李筠安金俊等以兵從與孟方立戰于銅鞮不利武皇乃令克修將兵繼進是月平潞州斬其刺史李殷銳乃表克修爲昭義節度使案新唐書僖宗紀中和三年十月李克用陷潞州刺史李殷銳死之與薛史李克修傳同薛史武皇紀又作十一月平潞州紀傳自相矛盾通鑑從克修傳作十月歐陽史從武皇紀作十一月光啟二年九月克修出師山東收復邢洺十一月拔故鎮孟方立遣將呂臻來援戰于焦崗大敗之擒呂臻俘斬萬計進拔武安臨洺諸屬縣乘勝進圍邢州方立求援于鎮州王鎔出師三萬援之克修軍退及李罕之來歸武皇授以澤州刺史與克修合勢進攻河陽連歲出師以苦懷孟十月孟方立遣將奚忠信將兵三萬襲我遼州克修設伏于遼之東山大敗賊軍擒忠信以獻龍紀元年武皇

大舉以伐邢洺及班師因撫封于上黨克修性儉嗇不事華靡供帳饔膳品數簡陋武皇怒其菲薄笞而詬之克修慙憤發疾明年三月卒于潞之府第時年三十一莊宗卽位追贈太師克修子二人長曰嗣弼次曰嗣肱嗣弼初授澤州刺史歷昭義橫海節度副使改海州刺史天祐十九年契丹犯燕趙陷涿郡案遼史太祖紀十二月癸亥圍涿州有白兎緣壘而上是日破其郛嗣弼舉家被俘遷于幕庭永樂大典卷一萬三百八十八

嗣肱少有膽畧屢立戰功夾城之役從周德威爲前鋒時兄嗣弼爲昭義副使與嗣昭守城兄弟內外奮戰忠

力威壯感動三軍潞圍既解以功授檢校左僕射入爲三城巡檢知衙內事天祐七年周德威援靈夏党項阻道音驛不通嗣肱奉命自麟州渡河應接德威與党項轉戰數十里合德威軍栢鄉之戰嗣肱爲馬步都虞候明年從莊宗會友謙于猗氏改教練使與存審援河中敗汴軍于胡壁堡獲將麗讓十年與存審屯趙州擊汴人于觀津時梁祖新屠棗強其將賀德倫急攻蓨縣率師五萬合勢于蓨之西嗣肱自下博率騎三百薄晚與梁之樵芻者相雜日既晡入梁軍營門諸騎相合大譟弧矢星發虓闞馳突汴人不知所爲營中擾既暝斂騎而退是夜梁祖燒營而遁解蓨縣之圍以功特授蔚州刺史鴈門以北都知兵馬使從平劉守光十二年改應州刺史累遷澤代二州刺史石嶺以北都知兵馬使十九年新州刺史王郁叛入契丹嗣肱進兵定嬀儒武等三州授山北都團練使二十年春卒于新州時年四十五永樂大典卷一萬八千一百二十六

克恭武皇之諸弟也案薛史不言克恭父爲何人然明著其爲諸弟所以別于母弟也歐陽史與克讓克寧牽連而書疑未詳考龍紀中爲決勝軍使大順初潞帥李克修卒克恭代爲昭義節度使性驕橫不法未閑軍政潞人素便克修之簡正惡克恭之恣縱又以克修非

罪暴卒人士離心時武皇初定邢洺三州將有事于河朔大蒐軍實潞州有後院軍兵之雄勁者克恭選其五百人獻于武皇軍使安居受惜其兵不悅克恭令裨校李元審安建紀綱馮霸部送太原行次銅鞮縣馮霸刼衆謀叛殺都將劉杲縣令戴勞謙循山而南北及沁水有衆三千武皇令李元審將兵擊之與霸戰于沁水不利元審戰傷收軍于潞五月十五日克恭視元審于孔目吏劉崇之第是日州將安居受引兵攻克恭因風縱火克恭元審並遇害州民推居受爲留後初孟方立之亂居受以澤潞歸于武皇至是孟遷以邢洺納降復

任爲牙將居受懼其圖己乃叛殺克恭以結汴人居受遣人召馮霸于沁水霸不受命居受懼將奔歸朝廷至長子爲野人所殺傳首馮霸霸乃引軍據潞州自稱留後求援於汴武皇令康君立討之汴將葛從周來援霸九月李存孝急攻潞州汴軍夜遁獲霸等誅之武皇乃以康君立爲昭義節度使（永樂大典卷一萬三百八十八）

克寧武皇之季弟也初從起雲中爲奉誠軍使赫連鐸之攻黃花城也克寧奉武皇及諸弟登城血戰三日力盡備竭殺賊萬計燕軍之攻蔚州克寧昆仲嬰城拒敵晝夜輟寢食者旬餘後從達靼入關逐黃寇凡征行無不衛從於昆弟之間最推仁孝小心恭謹武皇尤友愛之及鎭太原授遼州刺史累至雲州防禦使乾寧初政忻州刺史從入關討王行瑜充馬步軍都將以功授檢校司徒天祐初授內外都制置管內蕃漢都知兵馬使檢校太保充振武節度使凡軍政皆決于克寧五年正月武皇疾篤克寧等侍疾垂泣辭訣克寧曰王萬一不諱後事何屬因召莊宗侍側謂克寧張承業曰亞子累公等言終棄代將發哀克寧紀綱軍府中外無譁初武皇獎勸軍戎多畜庶孽衣服禮秩如嫡者六七輩比之嗣王年齒又長各有部曲朝夕聚謀皆欲爲亂莊宗英

察懼及于禍將嗣位讓克寧曰兒年孤稚未通庶政雖承遺命恐未能彈壓大事季父勳德俱高衆情推伏且請制置軍府俟兒有立聽季父處分克寧曰亡兄遺命屬在我兒孰敢異議者兒但嗣世中外之事何憂不辦視事之日率先拜賀莊宗嗣位軍民政事一切委之權柄既重趨向者多附之李存顥者（案歐陽史作養子存顥存實）以陰計干克寧曰兄亡弟及古今舊事季父拜姪理所未安富貴功名當宜自立天與不取後悔無及克寧曰公毋得不祥之言我家世立功三代父慈子孝天下知名苟吾兄山河有託我亦何求公無復言必斬爾首以徇克寧雖慈愛因心而日爲凶徒惑亂羣凶之妻復以此言干克寧妻孟夫人說激百端夫人懼事洩及禍屢讓克寧由是愈惑會克寧因事殺都虞候李存質又請兼領大同節度使以蔚朔爲屬郡又數怒監軍張承業李存璋繇是知其有貳近臣史敬鎔素與存顥善盡知其事敬鎔告貞簡太后曰存顥與管內太保陰圖叛亂俟嗣王過其第卽擒之并太后子母欲送于汴州竊發有日矣莊宗召張承業李存璋謂曰季父所爲如此無猶子之情骨肉不可自相魚肉吾卽避路則禍亂不作矣承業曰老夫親承遺託言猶在耳存顥輩欲以太原降賊

王乃何路求生不即討除亡無日矣因令吳珙存璋爲之備二月二十日會諸將於府第擒存顥克寧于坐莊宗垂泣數之曰兒初以軍府讓季父季父不忍棄先人遺命今已事定復欲以兒子母投畀豺虎季父何忍此心克寧泣對曰蓋讒夫交構吾復何言是日與存顥俱伏法克寧仁而無斷故及于禍（永樂大典卷一萬三百八十八）案薛史李嗣昭傳云武皇母弟代州刺史克柔之假子也是克柔爲武皇母弟新唐書沙陀傳武皇有弟克勤通鑑引紀年錄又有兄克儉而薛史俱無傳疑有闕文

史臣曰昔武皇發跡于陰山莊宗肇基于河朔雖奄有天下而享國日淺眷言枝屬空秀棣華固未及推帝堯敦叙之恩廣成王封建之義自克讓而下不獲就魯衞之封懋間平之德也況夭橫相繼亦良可悲哉（永樂大典卷一萬三百八十八）

舊五代史卷五十終

舊五代史卷五十攷證

唐列傳二宗室克讓傳比至渭橋　渭橋歐陽史作滑橋疑傳刻之訛據通鑑攷異引薛史亦作渭橋今仍其舊

天祐十九年契丹犯燕趙陷涿郡　十九年歐陽史作十一年

克寧傳李存顥者　案歐陽史作養子存顥存實

懋間平之德　間平原本作開平繹其文義當是用漢時河間獻王東平憲王今改正

舊五代史卷五十攷證

舊五代史卷五十一

宋司空同中書門下平章事薛居正等撰

宗室列傳第三 案薛史唐宗室傳武皇諸子莊宗諸子末帝諸子永樂大典中僅存數語其全篇已佚明宗子唯許王從益有全傳秦王從榮傳尚存一百一十二字蓋永樂大典割截以歸各韻其全篇當即在失去諸卷之中今無可復考謹據册府元龜所載以補其闕復考五代會要通鑑諸書分註于下用備後唐諸王之始末焉

唐書二十七

永王存霸武皇子莊宗第二弟同光三年封莊宗敗爲軍卒所殺 永樂大典卷一萬六千六百二十八 案歐陽史云存霸歷昭義天平河中三軍節度使居京師食俸祿而已趙在禮反乃還存霸于河中莊宗再幸汜水徙存霸北京留守通鑑云李紹榮欲奔河中就永王存霸從兵稍散存霸亦帥衆千人棄鎮奔晉陽又云存霸至晉陽從兵逃散俱盡存霸削髮僧服謁李彥超願爲山僧幸垂庇護軍士爭欲殺之彥超曰六相公來當奏取進止軍士不聽殺之于府門之碑下

邕王存美武皇子莊宗第三弟同光三年封莊宗敗不知所終 永樂大典卷一萬六千六百二十八 案通鑑云存美以病風偏枯得免居于晉陽

薛王存禮武皇子 案薛史不言存禮爲武皇第幾子據五代會要太祖第二子存美第三子存霸第四子存禮第五子存渥第六子存乂第七子存確第八子存紀與薛史所敘微有異同 同光三年封莊宗敗不知所終 永樂大典卷一萬六千六百二十八

申王存渥莊宗第四弟 案歐陽史存渥與存霸存紀皆莊宗同母弟 同光三年封莊宗敗與劉皇后同奔太原爲部下所殺 永樂大典卷一萬六千六百二十八 案通鑑云存渥至晉陽李彥超不納走至風谷爲其下所殺

睦王存乂莊宗第五弟同光三年封 永樂大典卷一萬六千六百二十八 歷鄜州刺史 册府元龜卷二百五 後以郭崇韜壻爲莊宗所殺 永樂大典卷一萬六千六百二十八 案北夢瑣言云莊宗異母弟存乂以郭崇韜女壻伏誅先是郭崇韜既誅之後朝野駭惋議論紛然莊宗令閹人察訪外事言存乂于諸將坐上訴郭氏之無罪其言怨望又于妖術人楊千郎家飲酒聚會攘臂而泣楊千郎者魏州賤民自言得墨子術于婦翁能役使陰物帽下名食物果實之類又蒱博必勝人有奉握之物以法必取又說煉丹乾汞易人形破扃鐍貴要間神奇之官至尚書郎賜紫其出入宮禁承恩用事皇弟存乂常朋淫于其家至是與存乂並羅其禍

通王存確莊宗第六弟雅王存紀莊宗第七弟同光三年封莊宗敗並爲霍彥威所殺 永樂大典卷一萬六千六百二十八 案薛史及五代會要皆止言莊宗有六弟考梁紀太祖有子庭鸞落落盧文進傳莊宗又有弟存矩薛史宗室傳皆不載

魏王繼岌莊宗子也 案莊宗紀稱繼岌爲第三子然莊宗長子次子之名薛史與五代會要皆不載 莊宗即位于魏州以繼岌充北都留守及以鎮州爲北都又命爲留守 册府元龜卷二百八十一 案五代會要三年九月二十三日封爲魏王 三年伐蜀以繼岌爲都統郭崇韜爲招討使十月戊寅至鳳州武興軍節度使王承捷以鳳興文扶四州降甲申至故鎮康延孝收興州時僞蜀主王衍率親軍五萬在利州令步騎親軍三萬逆戰于三泉康延孝李嚴以勁騎三千犯之蜀軍大敗斬首五千級餘各奔潰王衍聞其敗也棄利州奔歸西川斷吉柏津浮梁而去己丑繼岌至興州僞蜀東川節度使宋光葆以梓綿劍龍普等州來降武定軍節度使王承肇以洋蓬壁三州

符印降興元節度使王宗威以梁開通渠麟等五州符印送降階州王承岳納符印秦州節度使王承休棄城而遁辛丑繼岌過利州戊申至劍州己酉至綿州王衍遣使上牋乞降丁巳入成都自興師出洛至定蜀計七十五日走丸之勢前代所無（冊府元龜卷二百九十一）師回至渭南聞莊宗敗師徒潰散自縊死繼潼繼嵩繼蟾繼嶢並莊宗子同光三年拜光祿大夫檢校司徒未封莊宗敗並不知所終（永樂大典卷一萬六千六百二十八）

從璟明宗長子性忠勇沉厚摧堅陷陣人罕偕焉（冊府元龜卷二百七十一）從莊宗于河上累有戰功莊宗器賞之用為金鎗指揮使（冊府元龜卷二百九十一）明宗在魏府為軍士所逼莊宗詔從璟曰爾父于國有大功忠孝之心朕自明信今為亂兵所刼爾宜自去宣朕旨無令有疑從璟行至中途為元行欽所制復與歸洛下莊宗改其名為繼璟以為已子命再往從璟固執不行願死于御前以明丹赤從莊宗赴汴州明宗之親舊多策馬而去左右或勸從璟令自脫終無行意尋為元行欽所殺天成初贈太保（冊府元龜卷二百八十六）

秦王從榮明宗第二子也明宗踐阼天成初授鄴都留守天雄軍節度使三年移北京留守充河東節度使四

年入為河南尹（冊府元龜卷二百八十一）一日明宗謂安重誨曰近聞從榮左右有詐宣朕旨令勿接儒生儒生多懦恐鈍志相染朕方知之頗駭其事余比以從榮方幼出臨大藩故選儒雅賴其裨佐今聞此姦憸之言豈朕之所望也鞫其言者將戮之重誨曰若遽行刑又慮賓從難處且望嚴誡遂止（永樂大典卷六千七百六十）從榮為詩與從事高輦等更相唱和自謂章句獨步于一時有詩千餘首號曰紫府集（冊府元龜卷二百七十）長興中以本官充天下兵馬大元帥（冊府元龜卷二百九十九）從榮乃請以嚴衞捧聖步騎兩指揮為秦府衙兵每入朝以數百騎從行出則張弓挾矢馳騁盈巷既受元帥之命即令其府屬僚佐及四方遊士各試檄淮南書一道陳已將廓清宇內之意初言事者請為親王置師傅明宗顧問近臣執政以從榮名勢既隆不敢忤旨即奏云王官宜委從榮乃奏刑部侍郎劉贊為王傅又奏翰林學士崔梲為元帥府判官明宗曰學士代子詔令不可擬議從榮不悅退謂左右曰既付以元帥之任而阻予請僚佐又未諭制旨也復奏刑部侍郎任贊從之（冊府元龜卷二百九十九）後舉兵犯宮室敗死廢為庶人（永樂大典卷一萬六千六百二十八　案通鑑明宗紀云己丑大漸秦王從榮入問疾帝俛首不能舉王淑妃曰從榮在此帝不應從榮出聞宮中皆哭從榮意帝已殂明旦稱疾不入是夕帝實小愈而從榮不知從

榮自知不爲時論所與恐不得爲嗣與其黨謀欲以兵入侍先制權臣壬辰從榮自河南府常服將步騎千人陳于天津橋孟漢瓊被甲乘馬召馬軍都指揮使朱洪實使將五百騎討從榮從榮方據胡床坐橋上遣左右召康義誠端門已閉叩左掖門從門隙窺之見朱洪實引騎兵北來走白從榮從榮大驚命取鐵掩心擐之坐調弓矢俄而騎兵大至從榮走歸府僚佐皆竄匿牙兵掠嘉善坊潰去從榮與妃劉氏匿林下皇城使安從益就斬之以其首獻丙申追廢從榮爲庶人五代會要云清泰元年十二月敕故庶人重榮獲罪先帝貽禍厥身已歷歲時未營宅兆雖軫在原之念宜從有國之規且令中書門下商量葬禮尋據太常禮院狀奏請准唐貞觀中庶人承乾死黜州仍葬以公禮從之　五代史補秦王從榮明宗之愛子好爲詩判河南府辟高輦爲推官輦尤能爲詩賓主相遇甚歡自是出入門下者當時名士有若張杭高文蔚何仲舉之徒莫不分廷抗禮更唱迭和時干戈之後武夫用事睹從榮所爲皆不悅于是康知訓等竊議曰秦王好文交遊者多詞客此子若一旦南面則我等轉死溝壑不如早圖之高輦知其謀因勸秦王託疾此輩以所就之間須來問候請大王伏壯士出其不意皆斬之庶幾免禍矣從榮曰至尊在上一旦如此得無危乎輦曰子弄父兵罪當笞爾不然則悔無及矣從榮猶豫不決未幾及禍高輦棄市初從榮之敗也高輦竄于民家且落髮爲僧旣擒獲知訓以其毀形難認復使巾幘著緋驗其眞僞然後用刑輦神色自若厲聲曰朱衣纔脫白刃難逃觀者笑之

從璨明宗諸子案五代會要以從璨爲明宗第四子册府元龜作諸子與明宗紀同今仍其舊性剛直好客疏財意豁如也天成中爲右衞大將軍時安重誨方秉事權從璨亦不之屈重誨常以此忌之明宗幸汴留從璨爲大內皇城使一日名賓友於會節園酒酣之後戲登于御榻安從誨奏請誅之詔曰皇城使從璨朕巡幸汴州使警大內乃全乖委任但恣遨遊于予行從之園頻恣歌歡之會仍施峻法顯辱平人致彼

喧嘩達于聞聽方當立法固不黨親宜貶授房州司戶參軍仍令盡命長興中重誨之得罪也命復舊官仍贈太保册府元龜卷二百九十五

許王從益明宗之幼子也宮嬪所生明宗命王淑妃母之嘗謂左右曰惟此兒生于皇宮故尤所鍾愛長興末封許王晉高祖即位以皇后即其姊也乃養從益于宮中晉天福中以從益爲二王後改封郇國公食邑三千戶其後與母歸洛陽守陵開運末契丹主至汴以從益遙領曹州節度使復封許王與王妃尋歸西京會契丹主死其汴州節度使蕭翰謀歸北地慮中原無主軍民大亂則己亦不能案轡徐歸矣乃詐稱契丹主命遣人迎從益于洛陽令知南朝軍國事從益與王妃逃于徽陵以避之使者至不得已而赴焉從益于崇元殿見羣官蕭翰率部衆列拜于殿上羣官趨拜于殿下乃僞署王松爲左丞相趙上交爲右丞相李式翟光鄴爲樞密使王景崇爲宣徽使餘官各有署置又以北來燕將劉祚爲權侍衞使充在京巡檢翰北歸從益餞于北郊及漢高祖將離太原從益召高行周武行德欲拒漢高祖行周等不從且奏其事漢高祖怒車駕將至闕從益與王妃俱賜死于私第時年十七時人哀之永樂大典卷六千七百六

十五代宋史闕文漢高祖自太原起軍建號至洛陽命郭從義先入京師受密旨殺王淑妃與許王從益淑妃臨刑號泣曰吾家子母何罪吾既爲契丹所立非敢與人爭國何不且留吾兒每年寒食使持一盂飯灑明宗陵寢聞者無不泣下臣謹案隱帝朝詔使臣修漢祖實錄敘淑妃從益傳但云臨刑之日焚香依命蓋諱之耳

重吉末帝長子爲控鶴都指揮使閔帝嗣位出爲亳州團練使末帝兵起爲閔帝所害永樂大典卷一萬六千六百二十八　案通鑑云詔遣殿直楚匡祚執亳州李重吉幽于宋州又云遣楚匡祚殺李重吉于宋州匡祚榜捶重吉責其家財清泰元年昭贈太尉仍令宋州選隙地置廟册府元龜卷二百七十五　案閔帝有子重哲授銀青光祿大夫檢校工部尚書見明宗紀歐陽史家人傳闕而不載今附載于此

雍王重美末帝第二子清泰三年封晉兵入與末帝俱自焚死永樂大典卷一萬六千六百二十八　案通鑑云洛陽自閔兵敗衆心大震居人四出逃竄山谷門者請禁之雍王重美曰國家多難未能爲百姓主徒增惡名耳不若聽其自便事寧自還乃出令任從所適衆心差安又云皇后積薪欲燒宮室重美諫曰新天子至必不露居他日重勞民力死而遺怨將安用之乃止案重美傳永樂大典原本有闕佚今附錄通鑑于此疑通鑑所用即本薛史原文也

史臣曰繼岌以童騃之歲當統帥之任雖成功于劍外尋求死于渭濱蓋運盡天亡非孺子之咎也從璟感厚遇之恩無苟免之意死于君側得不謂之忠乎從榮以狂躁之謀賈覆亡之禍謂爲大逆則近厚誣從璨爲權臣所忌從益爲强敵所脅俱不得其死亦良可傷哉重美聽洛民之奔亡止母后之燔爇身雖燼于紅燄言則燿乎青編童年若斯可謂賢矣永樂大典卷六千七百六十

舊五代史卷五十一終

舊五代史卷五十一攷證

唐列傳三宗室薛王存禮傳武皇子　案是書不言存禮爲武皇第幾子據五代會要太祖第二子存美第三子存霸第四子存禮第五子存渥第六子存乂第七子存確第八子存紀與是書所敘微有異同

魏王繼岌傳莊宗子也　案莊宗紀稱繼岌爲第三子然莊宗長子次子之名是書及五代會要俱不載

從璨傳從璨明宗諸子　案五代會要以從璨爲明宗第四子冊府元龜作諸子與明宗紀同今仍其舊

許王從益傳從益召高行周武行德欲拒漢高祖　案是書但載從益拒漢事攷宋史趙上交傳云漢祖將至從益遣上交馳表獻款蓋獻款乃淑妃從益本意也歐陽史兩存之其事始備

補前魏王繼岌傳師徒潰散自縊死　太平廣記引王氏見聞云魏王繼岌伐蜀迴軍在道而有鄴都之變莊宗與劉后命內臣張漢賓齎急詔所在催魏王歸闕張漢賓乘驛倍道急行至興元西縣逢魏王宣傳詔旨王以本軍方討漢州康延孝相次繼來欲候之出山以陳凱歌漢賓督之有軍謀陳岷比事梁與漢賓熟密問張曰天子改換且是何人張色莊曰我當面奉宣詔魏王況大軍在行談何容易陳岷曰久忝知聞故敢諮問兩日來有一信風新人已即位矣復何形迹張乃說來時聞李嗣源過河未知近事岷曰魏王且請盤桓以觀其勢未可前邁張以莊宗命嚴不敢遷延督令進發魏王至渭南遇害矣　清異錄唐福慶公主下降孟知祥長興四年明宗晏駕唐室亂莊宗諸兒削髮爲苾芻間道走蜀時知祥新稱帝爲公主厚待猶子賜予千計

補前秦王從榮傳復奏刑部侍郎任贊從之　宋史趙上交傳秦王從榮開府兼判軍衛以上交爲虞部員外郎充六軍諸衛推官李澣張沆魚崇遠皆白衣在秦府悉與上交友善累遷司封郎中充判官從榮素豪邁不遵禮法好昵群小上交從容言曰王位尊嚴當修令德以慰民望王忍爲此獨不見恭世子戾太子之事乎從榮怒出之歷涇泰二鎮節度判官從榮及禍僚屬皆坐斥上交由是知名

舊五代史卷五十一攷證

舊五代史卷五十二

宋司空同中書門下平章事薛居正等撰

列傳第四　唐書二十八

李嗣昭字益光武皇母弟代州刺史克柔之假子也小字進通（案原本作通進今從歐陽史改正）不知族姓所出（案歐陽史作本姓韓氏汾州太谷縣民家子）少事克柔頗謹愿雖形貌眇小而精悍有膽畧沈毅不羣初嗜酒好樂武皇微伸儆戒乃終身不飲少從征伐精練軍機乾甯初王珂王珙爭帥河中珙引陝州之軍攻珂珂求救于武皇乃令嗣昭將兵援之敗珙軍於猗氏獲賊將李璠等四年改衙內都將復援河

中敗汴軍于胡壁堡擒汴將滑禮以功加檢校僕射及王珂請婚武皇以女妻之珂赴禮於太原以嗣昭權典河中留後事李罕之襲我潞州也嗣昭率師攻潞州汴將丁會戰于含口俘獲三千執其將蔡延恭代李君慶爲蕃漢馬步行營都將進攻潞州遣李存質李嗣本以兵扼天井關汴將澤州刺史劉玘棄城而遁乃以李存璋爲刺史梁祖聞嗣昭之師大至召葛從周謂曰幷人若在高平當圍而取之先須野戰勿以潞州爲敵及聞嗣昭軍韓店梁祖曰進通扼入議路此賊決于我閫公等臨事制機勿落姦便賀德倫閉壁不出嗣昭日以鐵騎環城汴人不敢芻牧援路斷絕八月德倫張歸厚棄城遁去我復取潞州三年汴人攻滄州劉仁恭求救遣嗣昭出師邢洺以應之嗣昭遇汴軍于沙河擊敗之獲其將胡禮進攻洺州下之獲其郡將朱紹宗九月梁祖自率軍三萬至臨洺葛從周設伏于青山口嗣昭聞梁祖至斂軍而退從周伏兵發爲其所敗偏將王郃郎楊師悅等被擒十月汴人大寇鎮定王郜告急于武皇乃遣嗣昭出師下太行擊懷孟汴將侯信守河陽不意嗣昭之師至既無守備驅市人登城嗣昭攻其北門破其外垣俄而汴將閻寶救軍至乃退天復元年河中

王珂爲汴人所擄河中晉絳諸郡皆陷四月汾州刺史李瑭謀叛納款于汴嗣昭討之三日而拔斬瑭是月汴人初得蒲絳乃大舉諸道之師來逼太原汴將葛從周陷承天軍氏叔琮營洞渦驛太原四面汴軍雲合武皇憂迫計無從出嗣昭朝夕選精騎分出諸門掩擊汴營左俘右斬或燔或擊汴軍疲于奔命又屬霖雨軍多足腫腹疾糧運不繼五月氏叔琮引退嗣昭以精騎追之汴軍委棄輜重兵仗萬計六月嗣昭出師陰地攻慈隰降其刺史唐禮張瓌是時天子在鳳翔汴人攻圍有密詔徵兵十一月嗣昭出師晉絳屯吉上堡遇汴將王友

通于平陽一戰擒之明年正月嗣昭進兵蒲縣十八日
汴將朱友甯氏叔琮將兵十萬來拒二十八日梁祖自
率大軍至平陽嗣昭之師大恐三月十一日有白虹貫
周德威之營候者云不利宜班師翌日氏叔琮犯德威
之營汴軍十餘萬列陣四合德威嗣昭血戰解之乃保
軍而退汴軍因乘之時諸將潰散無復部伍德威引騎
循西山而遁朱友甯乘勝陷慈隰汾等州武皇聞其敗
也遣李存信率牙兵至清源應接復爲汴軍所擊汴軍
營于晉祠嗣昭德威收合餘衆登城拒守汴人治攻具
于西北隅四面營柵相望時鎮州河中皆爲梁有孤城

無援師旅敗亡武皇晝夜登城憂不遑食召諸將欲出
保雲州嗣昭曰王勿爲此謀兒等苟存必能城守李存
信曰事勢危急不如且入北蕃別圖進取朱溫兵師百
萬天下無敵關東河北受他指揮今獨守危城兵亡地
蹙儻彼築室反耕環塹深固則亡無日矣武皇將從之
嗣昭亟爭不可猶豫未決賴劉太妃極言于內武皇且
止數日亡散之衆復集嗣昭晝夜分兵四出斬將搴旗
汴將保守不暇二十一日朱友甯燒營退去嗣昭追擊
復收汾慈隰等州五月雲州都將王敬暉據城叛振武
石善友亦爲部將契苾讓所逐嗣昭皆討平之天祐三

年汴人攻滄景劉仁恭遣使求援十一月嗣昭合燕軍
三萬進攻潞州降丁會武皇乃以嗣昭爲昭義節度使
案舊唐書天祐三年十二月戊辰李克用與幽州之衆同攻潞州全忠守將丁會以澤潞降太原克用以其子嗣昭爲留後甲戌全忠燒長蘆營旋軍聞潞州陷故也考嗣昭本克柔養子舊唐書以爲武皇子殊誤始
嗣昭未到之前上黨有占者見一人家舍上常有氣如
車蓋視之但一貧媪而已占者謂媪有子乎曰有見爲
軍士出戍于外占者心異之以爲其子將來有土地之
兆也未幾丁會既降嗣昭領兵入潞以媪家四面空缺
乃駐于是舍丁會既歸太原武皇遣使命嗣昭爲帥乃
自媪舍而入理所其氣尋息聞者異之四年六月汴將

李思安將兵十萬攻潞州乃築夾城深溝高壘內外重
複飛走路絕嗣昭撫循士衆登城拒守梁祖馳書說誘
百端嗣昭焚其僞詔斬其使者城中固守經年軍民乏
絕含鹽炭自生以濟貧民嗣昭嘗享諸將登城張樂賊
矢中足嗣昭密拔之坐客不之覺酣飲如故以安衆心
五年五月莊宗敗汴軍破夾城嗣昭知武皇棄世哀慟
幾絕時大兵攻圍歷年城中士民飢死大半廛里蕭條
嗣昭綏法寬租勸農務稽一二年間軍城完集三面鄰
於敵境寇鈔縱橫設法枝梧邊鄙不聳胡柳之戰周德
威戰沒師無行列至晚方集汴人四五萬登無石山我

軍懼形于色或請收軍保營詰旦復戰嗣昭曰賊無營壘去臨濮地遠日已晡晚皆有歸心但以精騎逗撓無令返旆晡後追擊破之必矣我若收軍拔寨賊入入臨濮俟彼整齊復來即勝負未決莊宗曰非兄言幾敗吾事軍校王建及又陳方畧嗣昭與建及分兵於土山南北為犄角汴軍懼下山因縱軍擊之俘斬三萬級由是莊宗之軍復振十六年嗣昭代周德威權幽州軍府事九月以李紹宏代嗣昭出薊門百姓號泣請留截鞍韂嗣昭夜遁而歸十七年六月嗣昭自德勝歸藩莊宗帳餞於戚城莊宗酒酣泣而言曰河朔生靈十年饋輓引領鶴望俟彼破汴軍今賦不充寇孽猶在坐食軍賦有愧蒸民嗣昭曰臣忝急難之地每一念此寢不安席大王且持重謹守惠養士民臣歸本藩簡料兵賦歲末春首即舉衆復來莊宗離席拜送如家人禮是月汴將劉鄩攻同州朱友謙告急嗣昭與李存審援之九月破汴軍于馮翊乃班師十九年莊宗親征張文禮于鎮州冬契丹三十萬奄至嗣昭從莊宗擊之敵騎圍之數十重良久不解嗣昭號泣赴之引三百騎橫擊重圍馳突出沒者數十合契丹退翼莊宗而還是時閻寶為鎮人所敗退保趙州莊宗命嗣昭代寶攻真定七月二十四

日王處球之兵出至九門嗣昭設伏于故營賊至發伏擊之殆盡餘三人匿于牆墟間嗣昭環馬而射之為賊矢中胸嗣昭箙中矢盡拔賊矢于胸射賊一發而殪之嗣昭日暮還營所傷血流不止是夜卒嗣昭節制澤潞官自司徒太保至侍中中書令莊宗即位贈太師隴西郡王長興中詔配饗莊宗廟庭嗣昭有子七人長曰繼儔澤州刺史次繼韜繼忠繼能繼襲繼遠皆夫人楊氏所生案嗣昭有子七人薛史僅言其六歐陽史仍薛史之舊據繼韜附傳有弟繼達合數之恰得七人也楊氏治家善積聚設法販鬻致家財百萬永樂大典卷一萬三百八十九

繼韜小字留得少狡獪無賴嗣昭既卒莊宗詔諸子扶喪歸太原襄事諸子違詔以父牙兵數千擁喪歸潞莊宗令李存渥馳騎追諭兄弟俱忿欲害存渥存渥遁而獲免繼韜兄繼儔嗣昭長嫡也當襲父爵然柔而不武方在苫廬繼韜詐令三軍刦已為留後囚繼儔于別室以事聞奏莊宗不得已命為安義軍兵馬留後時軍前糧餉不充租庸計度請潞州轉米五萬貯于相州繼韜辭以經費不足請轉三萬有幕客魏琢牙將申蒙者因入奏公事每揣陰事報繼韜云朝廷無人終為河南吞噬正遲速間耳由是陰謀叛計內官張居翰時為昭義

監軍莊宗將即位詔赴鄴都潞州節度判官任圜時在鎭州亦奉詔赴鄴魏琢申蒙謂繼韜曰國家急召此二人情可知矣弟繼遠年十五六謂繼韜曰兄有家財百萬倉儲十年宜自爲謀莫受人所制繼韜曰定哥以爲何如曰申蒙之言是也河北不勝河南不如與大梁通盟國家方事之殷焉能討我無如此算乃令繼遠將百餘騎詐云于晉絳擒生遂至汴梁主見之喜因令董璋將兵應接營于潞州之南加繼韜同平章事改昭義軍爲匡義軍繼韜令其愛子二人入質于汴及莊宗平河南繼韜惶恐計無所出將脫身于契丹會有詔赦之乃

齎銀數十萬兩隨其母楊氏詣闕冀以賂免將行其弟繼遠曰兄往與不往利害一也以反爲名何面更見天下不如深溝峻壁坐食積粟尚可苟延歲月往則亡無日矣或曰君先世有大功于國主上季父也弘農夫人無恙保獲萬全及繼韜至厚賂宦官伶人言事者翕然稱留後本無惡意奸人惑之故也嗣昭親賢不可無嗣楊夫人亦于宮中哀訴劉皇后后每于莊宗前泣言先人之功以動聖情由是原之在京月餘屢從畋遊寵待如故李存渥深訶詆之繼韜心不自安復賂伶閹求歸本鎭莊宗不聽繼韜潛令紀綱書諭繼遠欲軍城更變

望天子遣已安撫事泄斬于天津橋南二子鄉年質于汴莊宗收城得之撫其背曰爾幼如是猶知能佐父造反長復何爲至是亦誅仍遣使往潞州斬繼遠函首赴闕命繼儔權知軍州事繼達充軍城巡檢未幾詔繼儔赴闕時繼儔以繼韜所畜婢僕玩好之類悉爲已有每日料選算校不時上路繼達怒謂人曰吾仲兄被罪父子誅死大兄不仁略無動懷而便烝淫妻妾詰責貨財慙耻見人生不如死繼達服縗麻引數百騎坐于戟門呼曰爲我反乎即令人斬繼儔首投于戟門之內副使李繼珂聞其亂也募市人千餘攻子城門繼達登城樓

知事不濟啟子城東門至其第盡殺其孥得百餘騎出潞城門將奔契丹行不十里麾下奔潰自剄于路隅天成初繼能爲相州刺史母楊氏卒于太原繼能繼襲奔喪行服繼能笞掠母主藏婢責金銀數因笞至死家人告變言聚甲爲亂繼能繼襲皆伏誅嗣昭諸子自相屠害幾于殄盡惟繼忠一人僅保其首領焉（永樂大典卷一萬三百八十九）

裴約潞州之舊將也初事李嗣昭爲親信及繼韜之叛約方戍澤州因召泣而諭之曰余事故使已餘二紀每見分財享士志在平讎不幸薨殁今郎君父喪未葬即背君親余可傳刃自殺不能送死與人衆感泣既而

梁以董璋爲澤州刺史率衆攻城約拒久之告急于莊宗莊宗知其忠懇謂諸將曰朕于繼韜何薄于裴約何厚裴約能分逆順不附賊黨先兄一何不幸生此鴟梟乃顧李紹斌曰爾識機便爲我取裴約來朕不藉澤州彈丸之地卽遣紹斌率五千騎以赴之（案歐陽史作李存審據薛史莊宗紀亦作李紹斌疑歐陽史誤）紹斌自遼州進軍未至城已陷約被害時同光元年六月也帝聞之嗟痛不已（永樂大典卷一萬八千一百二十八）

李嗣本雁門人本姓張父準銅冶鎭將嗣本少事武皇爲帳中紀綱漸立戰功得補軍校乾甯中從征李匡儔爲前鋒與燕人戰得居庸關以功爲義兒軍使因賜

姓名從討王行瑜受檢校刑部向書改威遠甯塞等軍使五年討羅弘信于魏州嗣本爲前鋒師還改馬軍都將從李嗣昭討王暉于雲州論功加檢校司空汴將李思安之圍潞州也從周德威軍于余吾嗣本率騎軍日與汴人轉鬬前後獻俘千計遷代州刺史六年從攻晉絳爲蕃漢副使都校及武皇喪事有日嗣本監護其事改雲中防禦使雲蔚應朔等州都知兵馬使加特進檢校太保九年周德威討劉守光嗣本率代北諸軍生熟吐渾收山後八軍得納降軍使盧文進武州刺史高行珪以獻幽州平論功授振武節度使號威信可汗十二年莊宗定魏博劉鄩據莘縣命嗣本入太原巡守都城十三年從破劉鄩于故元城收洺磁衛三城郡六月還鎭振武八月契丹案巴堅（舊作阿保機今改正）傾塞犯邊其衆三十萬攻振武嗣本嬰城拒戰者累日契丹爲火車地道晝夜急攻城中兵少禦備罄竭城陷嗣本舉族入契丹有子八人四人陷于幕庭嗣本性剛烈有節義善戰多謀然治郡民頗傷苛急人以此少之也（永樂大典卷一萬三百八十九）

李嗣恩本姓駱（案歐陽史嗣恩本吐谷渾部人而薛史不載疑有闕文）年十五能騎射侍武皇于振武及鎭太原補鐵林軍小校從征王行瑜奉表獻捷加檢校散騎常侍漸轉突陣指揮使賜

姓名天祐四年逐康懷英于河西解汾州之圍加檢校司空充左廂馬軍都將戰王景仁有功加檢校司徒救河中府與梁人接戰應弦斃者甚衆而矟中其口及退莊宗親視其傷深加慰勉轉內衙馬步都將遼州刺史十二年從莊宗入魏擊劉鄩有功轉天雄軍都指揮使劉鄩之北趨樂平也嗣恩襲之倍程先入晉陽時城中無備得嗣恩兵至人百其勇鄩聞其先過乃遁莘之戰以功轉代州刺史充石嶺關以北都知兵馬使稍遷振武節度使十五年追赴行在卒于太原天成初明宗敦念舊勳詔贈太尉有子二人長曰武八騎射推于軍中

嘗有時輩臂鞲鷹矜其搏擊武八持鳴鏑一隻賭其狩
獲暮乃多之戰契丹于新州歿焉案遼史太祖紀二年三月合戰于新州東殺李嗣本之子武八考武八本嗣恩子而遼史以爲嗣本子蓋傳聞之誤幼曰從郎累爲行
軍司馬永樂大典卷一萬三百八十九

史臣曰嗣昭以精悍勤勞佐經綸之業終歿王事得以爲忠然其後嗣皆不免于刑戮者何也蓋殖貨無窮多財累愚故也抑苟能以清白遺子孫安有斯禍哉裴約以偏裨而效忠烈尤可貴也嗣本嗣恩皆以中涓之効參再造之功故可附于茲也永樂大典卷一萬三百八十九

舊五代史卷五十二終

舊五代史卷五十二攷證

唐列傳四李嗣昭傳初嗜酒　案歐陽史作初喜嗜酒吳縝纂誤云喜即嗜也疑贅喜字

武皇乃以嗣昭爲昭義節度使　案舊唐書作太原李克用以其子嗣昭爲留後攷嗣昭本克柔養子舊唐書以爲武皇子殊誤

李繼韜傳命爲安義軍兵馬留後　案通鑑注云後唐改昭義爲安義蓋爲嗣昭避諱也歐陽史仍作昭義

安巴堅舊作阿保機今改

舊五代史卷五十二攷證

舊五代史卷五十三

宋司空同中書門下平章事薛居正等撰

列傳第五　　唐書二十九

李存信本姓張父君政回鶻部人也大中初隨懷化郡王李思忠內附因家雲中之合羅川存信通黠多數會四夷語別六蕃書善戰識兵勢初爲獻祖親信從武皇入關平賊始補軍職賜姓名太原中屢遷至馬步都校與李存孝擊張濬軍于平陽時存孝驍勇冠絕軍中皆下之唯存信與爭功由是相惡有同水火及平定潞州存孝以功領節度使既而康君立授旄鉞存孝怒大剽

潞民燒邑屋言發涕流疑存信擠已故也明年存孝得邢洺武皇與之節鉞存孝慮存信離間欲立大功以勝之屢請兵于武皇請兼并鎭冀存信間之不時許大順二年武皇大舉略地山東以存信爲蕃漢馬步都校存孝聞之怒武皇令存質代之存孝乃謀叛既誅以存信爲蕃漢都校從討李匡儔降赫連鐸白義誠以功檢校右僕射從入關討王行瑜加檢校司空領郴州刺史乾寧三年兗鄆乞師于武皇武皇遣存信營于莘縣與朱瑄合勢以抗梁人梁祖患之遣使謂羅弘信曰河東志在吞食河朔迴軍之日貴道堪憂而存信戢兵無法稍侵魏之芻牧弘信怒翻然結于梁祖乃出兵三萬以攻存信存信斂衆而退爲魏人所薄委棄輜重退保洺州軍士喪失者十二三武皇怒大出師攻魏博屠陷諸邑五月存信軍于洹水汴將葛從周氏叔琮來援魏人存信與鐵林都將落落遇汴人于洹水南汴人爲陷馬坎以待之存信戰敗落落被擒九月存信敗葛從周于宗城乘勝至魏州之北門明年閏兗鄆皆陷乃班師八月從討劉仁恭師次安塞爲燕軍所敗武皇怒謂存信曰昨吾醉不悟賊至公不辨耶古三敗公始二矣存信懼泥首謝罪幾至不測自光化以後存信多稱病武皇以

兵權授李嗣昭以存信爲右校而已天復二年十月以疾卒於晉陽時年四十一　永樂大典卷一萬三百八十九

李存孝本姓安名敬思　案新唐書存孝飛狐人歐陽史同薛史闕載　少于俘囚中得隸紀綱給事帳中及壯便騎射驍勇冠絕常將騎爲先鋒未嘗挫敗從武皇救陳許逐黃寇及遇難上源每戰無不克捷張濬之加兵于太原也潞州小校馮霸殺其將李克恭以城叛時汴將朱崇節入潞州梁祖令張全義攻澤州李罕之告急于武皇武皇遣存孝率騎五千援之初汴人攻澤州呼罕之曰相公常恃太原輕絕大國今張相公圍太原葛司空已入潞府旬日之

內沙陀無穴自處相公何路求生耶存孝闘其言不遜選精騎五百繞汴營呼曰我沙陀求穴者俟爾肉饌軍可令肥者出鬬汴將有鄧季筠者亦以驍勇聞乃引軍戰存孝激勵部衆舞矟先登一戰敗之獲馬千匹生擒季筠于軍中是夜汴將李讜收軍而遁存孝追擊至馬牢山俘斬萬計遂退攻潞州時朝廷命京兆尹孫揆爲昭義節度使令供奉官韓歸範送旌節至平陽揆乃仗節之潞梁祖與揆牙兵三千爲紀綱時揆爲張濬副招討所部萬人八月自晉絳踰刀黃嶺趨上黨存孝引三百騎伏于長子西厓間揆褒衣大蓋擁衆而行俟其軍

前後不屬存孝出騎橫擊之擒揆與歸範及俘四五百獻于太原存孝乃急攻潞州九月葛從周棄城夜遁存孝收城武皇乃表康君立爲潞帥存孝怒不食者累日十月存孝引收潞州之師圍張濬于平陽營于趙城華州韓建遣壯士三百夜犯其營存孝諜知設伏以擊之盡殪進壓晉州西門獲賊三千自是閉壁不出存孝引軍攻絳州十一月刺史張行恭棄城而去張濬韓建亦由含口而遁存孝收晉絳以功授汾州刺史大順二年三月邢州節度使安知建叛入汴軍武皇令存孝定邢洺因授之節鉞時幽州李匡威與鎮州王鎔屢弱中山

將中分其疆土定州王處存求援于武皇武皇命存孝侵鎮趙之南鄙又令李存信李存審率師出井陘以會之併軍攻臨城柏鄉李匡威救至且議旋師李存信與存孝不協因搆于武皇言存孝望風退衄無心擊賊恐有私盟也存孝知之自恃戰功鬱鬱不平因致書通王鎔又歸款于汴（案舊唐書以存孝據邢州爲大順元年事考存孝至大順二年始領邢州節鉞在元年無由得據邢州也舊唐書蓋因平潞州事而牽連書之耳新唐書與歐陽史並從薛史）明年武皇自出井陘將逼眞定存孝面見王鎔陳機武皇暴怒誅先獲汴將安康八方旋師七月復出師討存孝自縛馬關東下攻平山渡滹水擊鎮州四關城王鎔懼遣使乞平請以兵三萬助擊存孝許之（新唐書王鎔失幽州助因乞盟進幣五十萬歸糧二十萬請出兵助討存孝）武皇蒐于欒城李存信屯琉璃坡九

月存孝夜犯存信營奉誠軍使孫考老被獲存信軍亂武皇進攻邢州深溝高壘以環之旋爲存孝衝突溝塹不成有軍校袁奉韜者密令人謂存孝曰大王俟塹成卽歸太原如塹壘未成恐無歸志尙書所畏唯大王耳料諸將孰出尙書右王若西歸雖限以黃河亦可浮渡況咫尺之溝安能沮尙書銳哉存孝然之縱兵成塹居旬日深溝高塹飛走不能及由是存孝至敗城中食盡乾寧元年三月存孝登城首罪泣訴于武皇曰兒蒙

王深恩位至將帥苟非讒慝離間曷欲捨父子之恩轉附仇讎之黨兒雖褊狹設計實存信搆陷至此若得生見王面一言而死誠所甘心武皇憫之遣劉太妃入城慰勞太妃引來謁見存孝泥首請罪曰兒立微勞本無顯過但被人中傷申明無路迷昧至此武皇叱之曰爾與王鎔書狀罪我萬端亦存信教耶縶歸太原車裂于市然武皇深惜其才存孝每臨大敵被重鎧櫜弓坐矟僕人以二騎從陣中易騎輕捷如飛獨舞鐵檛挺身陷陣萬人辟易蓋古張遼甘寧之比也存孝死武皇不視事旬日私憾諸將久之（永樂大典卷一萬三百八十九）

李存進振武人本姓孫名重進（案歐陽史太祖破朔州得之賜以姓名養爲子）父佺世吏單于府（案九國志孫漢昭傳云祖昉嵐州刺史父存進振武軍節度使據薛史則存進父自名佺未嘗爲刺史與九國志異）重進初仕嵐州刺史湯羣爲部校獻祖誅羣乃事武皇從入關還鎮太原署牙職景福中爲義兒軍使賜姓名從討王行瑜以功授檢校常侍與李嗣昭同破王珙于河中光化三年契丹犯塞寇雲中改永州軍使雁門以北都知兵馬使天復初破氏叔琮前軍于洞渦三年授石州刺史莊宗初嗣位入爲步軍右都檢校司空師出井陘授行營馬軍都虞候破汴軍于柏鄉論功授邢州刺史轉檢校司徒俄兼西南面行營招討使出師收慈州授慈沁二州刺史十二年定魏博授天雄軍都巡按使時魏人初附有銀槍効節軍彊傑難制專謀騷動存進沈厚果斷犯令者梟首屍于市諸軍無不惕息靡然向風十四年權蕃漢馬步副總管從攻楊劉戰胡柳十六年以本職兼領振武節度使時王師據德勝渡汴軍據楊村渡在上流汴人運洛陽竹木造浮橋以濟軍王師以船渡緩急難濟存進率意欲造浮橋軍吏曰河橋須竹笮大緪兩岸石倉鐵牛以爲固今無竹石切慮難成存進曰吾成算在心必有所立乃課軍造葦笮維大艦數十艘作土山植巨木于岸以纜之初軍中以爲戲月餘橋成制度條直人皆服其勤智莊宗舉酒曰存進吾之杜預也賜寶馬御衣進檢校太保兼魏博馬步都將與李存審圖德勝十九年汴將王瓚率衆逼北城爲地穴火車百道進攻存進隨機拒應或經日不得食汴軍退加檢校太傅王師討張文禮于鎮州閻寶李嗣昭相次不利而歿七月存進代嗣昭爲招討進營東垣渡夾滹沲爲壘沙土散惡垣壁難成存進斬伐林樹版築旬日而就賊不能寇九月王處球盡率其衆乘其無備奄至壘門存進聞之得部下數人出鬬驅賊于橋下俄而賊大至後軍不繼血戰而歿

時年六十六同光時贈太尉存進行軍出師雖無奇迹然能以法繩其驕放營壘守戰之備特推精力議者稱之有子四人長曰漢韶（永樂大典卷一萬三百八十九）

漢韶字亨天幼有器局風儀峻整初事莊宗爲定安軍使遷河東牢城指揮使時孟知祥權知太原軍府事會契丹侵北鄙表令漢韶率師進討旣而大破契丹以功加檢校右僕射同光中爲蔡州刺史天成初復姓孫氏尋授彰國軍留後累加檢校太保長興中爲洋州節度使末帝之起于鳳翔也漢韶與興元張虔釗各帥部兵會王師于岐山下及西師俱叛漢韶逃歸本鎭（案九國志閔帝嗣位加特進漢韶以其父名上表讓之改檢校左僕射制曰改會稽之字抑有前文換環寶之文非無故事）聞末帝卽位心不安乃與張虔釗各舉其城送款于蜀洎至成都孟知祥以漢韶舊人尤善待之（案九國志漢韶與知祥敘汾上舊事及洛中更變相對感泣知祥曰豐沛故人相遇于此何樂如之于是賜第宅金帛供帳什物悉官給之）僞命永平軍節度使孟昶嗣僞位歷興元遂州兩鎭連帥累僞官至中書令封樂安郡王年七十餘卒于蜀（永樂大典卷一萬八千二十八）

李存璋字德璜雲中人武皇初起雲中存璋與康君立薛志勤等爲奔走交從入關以功授國子祭酒累管萬勝雄威等軍從討李匡儔改義兒軍使光化二年授澤

州刺史入爲牢城使從李嗣昭討雲州叛將王暉平之改教練使檢校司空五年武皇疾篤召張承業與存璋授遺顧存璋爰立莊宗夷內難頗有力焉改河東馬步都虞候兼領鹽鐵初武皇稍寵軍士蕃部人多干擾鄽市肆其豪奪法司不能禁莊宗初嗣位銳于求理存璋得行其志抑强扶弱誅其豪首期月之間紀綱大振弭羣盜務耕稼去奸宄息倖門當時稱其材幹從破汴軍于夾城轉檢校司徒柏鄉之役爲三鎭排陣使十一年從盟朱友謙于猗氏受汾州刺史汴將尹皓攻慈州逆戰敗之十三年王檀逼太原存璋率汾州之軍入城固守授大同防禦使應蔚朔等州都知兵馬使秋契丹攻蔚州拔巴堅（舊作阿保機今改正）遣使馳木書求賂存璋斬其使契丹逼雲州存璋據守城中有古鐵車乃鎔爲兵仗以給軍士敵退以功加檢校太傅大同軍節度使應蔚等州觀察使十九年四月以疾卒于雲州府第同光初追贈太保平章事晉天福初追贈太師有子三人彥球爲裨校戰歿于鎭州（永樂大典卷一萬三百八十九）

李存賢字子良本姓王名賢許州人祖啟忠父惲賢少遇亂入黃巢軍武皇破賊陳許存賢來歸景福中典義兒軍爲副兵馬使因賜姓名天祐三年從周德威赴援

上黨營于交口五年權知蔚州刺史以禦吐渾六年權沁州刺史先是州當賊境不能保守乃于州南五十里據險立柵爲治所已歷十餘年矣存賢至郡乃移復舊郡剗闢荊棘特立廨舍州民完集莊宗嘉之轉檢校司空眞拜刺史九年汴人乘其無備來攻其城存賢擊退之十一年授武州山北團練使十二年移刺慈州七月汴將尹皓攻州城存賢督軍據戰汴軍攻擊百端月餘遁去十八年河中朱友謙來求援命存賢師赴之十九年汴將段凝軍五萬營臨晉蒲人大恐咸欲歸汴或問于存賢曰河中將士欲拘公降于汴存賢曰吾奉命河

中死王事固其所也汴軍退以功加檢校司徒同光初授右武衞上將軍十一月入覲洛陽二年三月幽州李存審疾篤求入覲議擇帥代之方內宴莊宗曰吾披榛故人零落殆盡所存者存審耳今復裹疾北門之事知付何人因目存賢曰無易于卿卽日授特進檢校太保充幽州盧龍節度使五月到鎭時契丹強盛城門之外烽塵交警一日數戰存賢性忠謹周慎晝夜戒嚴不遑寢食以至憂勞成疾卒于幽州時年六十五詔贈太傅存賢少有材力善角觝初莊宗在藩邸每宴私與王郁角觝鬬勝王郁頻不勝莊宗自矜其能謂存賢曰與爾一博如勝賞爾一郡卽時角觝存賢勝得蔚州刺史（永樂大典卷一萬三百八十九　按存賢蔚州刺史在天祐五年蓋因角觝而得郡也歐陽史改薛史賞爾一郡爲與爾一鎭以爲盧龍節度使殊非實事）

史臣曰昔武皇之起于并汾也會鹿走于中原期龍戰于大澤蓄驍果之士以備鷹犬之用故自存信而下皆錫姓以結其心授任以責其效與夫董卓之畜呂布亦何殊哉惟存孝之勇足以冠三軍而長萬夫苟不爲叛臣則可謂良將矣（永樂大典卷一萬三百八十九）

舊五代史卷五十三終

舊五代史卷五十三攷證

唐列傳五李存信傳李存信本姓張　案梁紀作張污落蓋本名污落賜名存信

李存孝傳位至將帥　案歐陽史作位至將相吳縝纂誤云存孝本傳止爲邢州留後未嘗爲平章事何故云位至將相耶

李存賢傳李存賢字子良本姓王名賢許州人祖啟忠父惲　案九國志李奉虔傳奉虔太原人本姓王氏祖欽唐隰州刺史父存賢佐唐武皇累著功賜姓李氏攷是書作許州人又作父惲不載其官爵與九國

志異

十八年河中朱友謙來求援　案吳縝纂誤據梁末帝紀及莊宗本紀當作十七年

汴軍退　案歐陽史作擊走梁兵吳縝纂吳云朱友謙符存審劉鄩傳載鄩討友謙存審救之而鄩敗其事始末甚明無存賢擊走梁兵之事況大將自是存審安得隱其姓而存賢獨有功乎今攷是書止作汴軍退不言存賢擊退較歐陽史爲得其實

即日授特進檢校太保充幽州盧龍節度使　案九國志梁人攻上黨莊宗親總大軍以援之存賢先登陷敵以功授盧龍軍節度使與是書異

舊五代史卷五十三攷證

舊五代史卷五十四

宋司空同中書門下平章事薛居正等撰

列傳第六　唐書三十

王鎔其先回鶻部人也遠祖沒諾干唐至德中事鎮州節度使王武俊爲騎將武俊嘉其勇幹畜爲假子號王五哥其後子孫以王爲氏四代祖廷湊事鎮帥王承宗爲牙將長慶初承宗卒穆宗命田弘正爲成德軍節度使既而鎮人殺弘正推廷湊爲留後朝廷不能制因以旄鉞授之廷湊卒子元逵尚文宗女壽安公主元逵卒子紹鼎立紹鼎卒子景崇立（案新唐書藩鎮傳紹鼎卒子幼未能事以元逵次子紹懿爲留後紹懿卒乃復授紹鼎子景崇與薛史異）皆世襲鎮州節度使並前史有傳景崇位至太尉中書令封常山王中和二年卒鎔即景崇之子也年十歲三軍推襲父位大順中武皇將李存孝既平邢洺因獻謀于武皇欲兼并鎮定乃連年出師以擾鎮之屬邑鎔苦之遣使求救于幽州（舊唐書云時天子蒙塵九州鼎沸河東節度使李克用虎視山東方謀吞據鎔以重賂結納請以修和好晉軍討孟方立于邢州鎔常奉以芻糧及方立平晉將李存孝侵鎔南部鎔求援于幽州）自是燕帥李匡威頻出軍以爲鎔援時匡威兵勢方盛以鎔沖弱將有窺圖之志景福二年春匡威帥精騎數萬再來赴援會匡威弟匡儔奪據兄位匡威退無路鎔乃延入府第館于寶壽佛寺鎔以匡威因已而失國又感其援助之力事之如父五月鎔謁匡威于其館匡威陰遣部下伏甲刼鎔抱持之鎔曰公戒部人勿造次吾國爲晉人所侵垂將覆滅賴公濟援之力幸而獲存今日之事本所甘心即並轡歸府舍鎔軍拒之竟殺匡威鎔本疏瘦時年始十七當與匡威並轡之時電雨驟作屋瓦皆飛有一人于缺垣中望見鎔就之遽挾于馬上肩之而去翌日但覺項痛頭偏蓋因爲有力者所挾不勝其苦故也既而訪之則曰墨君和乃鼓刀之士也遂厚賞之（太平廣記引劉氏耳目記云眞定墨君和幼名三旺眉目稜岸肌膚若鐵年十五六趙王鎔初即位曾見之悅而問曰此中何得崑崙兒也問其姓與形質相應即呼爲墨崑崙因以皁衣賜之是時常山縣邑屢爲并州中軍所侵掠趙之將卒疲于戰敵告急于燕王李匡威率師五萬來救之并人攻陷數城燕王聞之躬領五萬騎徑與晉師戰于元氏晉師敗績趙王感燕王之德椎牛灑酒大犒于槀城輦金二十萬以謝之燕王歸國比及境上爲其弟匡儔所拒趙人以其有德于我遂營東圃以居之燕王自以失國又見趙王之幼乃圖之遂伏甲俟趙王旦至即使擒之趙王請曰某承先代基構主此山河每被鄰寇侵漁困于守備賴大王武略累挫戎鋒獲保宗祧實資恩力顧惟幼懦夙有卑誠望不匆匆可伸交讓願與大王同歸衙署即軍府必不拒違燕王以爲然遂與趙王並轡而進俄有大風并黑雲起于城上大雨雷電至東角門內有勇夫袒臂旁來拳毆燕之介士即挾負趙王踰垣而走遂得歸公府問其姓名君和恐其難記但言曰硯中之物王心志之左右軍士既見主免難遂逐燕王王退走于東圃趙人圍而殺之趙王召墨生以千金賞之兼賜上第一區良田萬畝仍恕其十死奏授光祿大）

夫鎔既失燕之援會武皇出師以逼眞定鎔遣使謝罪

出絎二十萬匹及具牛酒犒軍自是與鎔修好如初洎梁祖兼有山東虎視天下鎔卑詞厚禮以通和好新唐書羅紹威諷鎔絕太原共尊全忠鎔依違全忠不悅光化三年秋梁祖將吞河朔乃親征鎮定縱其軍燔鎮之關城鎔謂賓佐曰事急矣謀其所向判官周式者有口辯出見梁祖梁祖盛怒逆謂式曰王令公朋附并汾違盟爽信敝賦業已及此期于無捨式曰公爲唐室之桓文當以禮義而成霸業反欲窮兵黷武天下其謂公何新唐書李嗣昭攻洺州全忠自將擊走之得鎔與嗣昭書全忠怒引軍攻鎔周式請見全忠全忠卽出書示式曰嗣昭在者宜速遣式曰王公所與和者息人鋒鏑間耳況繼奉天子詔和解能一番紙墜北路乎太原與趙本無恩嗣昭庸肯入耶梁祖喜引式袂

而慰之曰前言戲之耳卽送牛酒貨幣以犒軍式請鎔子昭祚及大將梁公儒李弘規子各一人往質于汴梁祖以女妻昭祚及梁祖稱帝鎔不得已行其正朔其後梁祖常慮河朔悠久難制會羅紹威卒因欲除移鎮定先遣親軍三千分據鎔深冀二郡以鎮守爲名又遣大將王景仁李思安帥師七萬營于栢鄉鎔遣使告急莊宗莊宗命周德威率師應之鎔復奉唐朝正朔稱天祐七年及破梁軍于高邑我軍大振自是遣大將王德明率三十七都從莊宗征伐收燕降魏皆預其功然鎔未嘗親軍違出八年七月鎔至承天軍與莊宗同宴合盟

奉觴獻壽以申感慨莊宗以鎔父友曲加敬異爲之聲歌鎔亦報之謂莊宗爲四十六舅中飲莊宗抽佩刀斷衿爲盟許女妻鎔子昭誨因茲堅附于莊宗矣鎔自幼聰悟然仁而不武征伐出于下特以作藩數世專制四州高屏塵務不親軍政多以閹人秉權出納決斷悉聽所爲皆雕靡第舍崇飾園池植奇花異木遞相誇尚人士皆褒衣博帶高車大蓋以事嬉遊藩府之中當時爲盛案新唐書云鎔母何有婦德訓鎔嚴至母亡鎔始黷貨財此事薛史不載鎔宴安既久惑于左道專求長生之要常聚緇黃合鍊仙丹或講說佛經親授符籙西山多佛寺又有王母觀鎔增置館宇雕

飾土木道士王若訥者誘鎔登山臨水訪求仙迹每一出數月方歸百姓勞弊王母觀石路既峻不通輿馬每登行僕妾數十人維錦繡牽持而上有閹人石希蒙者姦寵用事爲鎔所嬖恆與之臥起天祐十八年冬十二月鎔自西山迴宿于鶻營莊將歸府第希蒙勸之他所宦者李弘規謂鎔曰方今晉王親當矢石櫛沐風雨王殫供軍之租賦爲不急之遊盤世道未夷人心多梗久虛府第遠出遊從如樂禍之徒翻然起變拒門不納則王欲何歸鎔懼促歸希蒙譖弘規專作威福多畜猜防鎔由是復無歸志弘規聞之怒使親事偏將蘇漢衡率

兵環甲至鎔前抽戈露刃謂鎔曰軍人在外已久願從
王歸弘規進曰石希蒙說王遊從勞弊士庶又結搆陰
邪將爲大逆臣已偵視情狀不虛請王殺之以除禍本
鎔不聽弘規因命軍士聚譟斬希蒙首抵于前鎔大恐
遂歸是日令其子昭祚與張文禮以兵圍李弘規及行
軍司馬李藹宅並族誅之詿誤者凡數十家又殺蘇漢
衡收部下偏將下獄窮其反狀親軍皆恐復不時給賜
衆益懼文禮因其反側密諭之曰王此夕將坑爾曹宜
自圖之衆皆掩泣相謂曰王待我如是我等焉能効忠
是夜親軍十餘人自子城西門踰垣而入鎔方焚香授

籙軍士二人突入斷其首袖之而出遂焚其府第煙焰
亘天兵士大亂鎔姬妾數百皆赴水投火而死軍校有
張友順者率軍人至張文禮之第請爲留後遂盡殺王
氏之族鎔于昭宗朝賜號敦睦保定久大功臣位至成
德軍節度使守太師中書令趙王梁祖加尚書令初鎔
之遇害不獲其屍及莊宗攻下鎮州鎔之舊人于所焚
之府第灰間方得鎔之殘骸莊宗命幕客致祭葬于王
氏故塋鎔長子昭祚亂之翌日張文禮索之斬于軍門
次子昭誨當鎔被禍之夕昭誨爲軍人攜出府第置之
地穴十餘日乃髠其髮被以僧衣屬湖南綱官李震南

還軍士以昭誨託于震震置之于茶褚中旣至湖湘乃
令依南嶽寺僧習業歲給其費昭誨年長思歸震卽齎
送而還時鎔故將符習爲汴州節度使會昭誨來投卽
表其事曰故趙王王鎔小男昭誨年十餘歲遇禍爲人
所匿免今尙爲僧名崇隱謹令赴闕明宗賜衣一襲令
脫僧服頂之昭誨稱前成德軍中軍使檢校太傅詣中
書陳狀特授朝議大夫檢校考功郎中司農少卿賜金
紫符習因以女妻之其後累歷少卿周顯德中遷少府
監永樂大典卷一萬八千一百二十八

王處直案薛史王處直傳永樂大典止存王都廢立之事而處直事鈌佚今考舊唐書列傳云處直字允明處存母弟也初爲定州後院軍都知兵馬使汴人入寇處存拒

戰不利而退三軍大譟推處直爲帥乃權知留後事汴將張存敬攻城梯衝雲合處直登城呼曰敝邑于朝廷未嘗不忠于藩鄰未嘗失禮不虞君之涉吾地何也朱溫使人報之曰何以附太原而弱鄰道處直報曰吾兄與太原同時立勳王室地又親鄰修好往來常道也請從此改圖溫許之仍歸罪于孔目吏梁問出絹十萬疋牛酒以犒汴軍存敬修盟而退溫因表授旄鉞檢校左僕射天祐元年加太保封太原王後仕僞梁授北平王檢校太尉不數歲復歸于莊宗後十餘年爲其子都廢歸私第尋卒年六十一

都本姓劉小字
雲郎中山陘邑人也初有妖人李應之得于村落間養
爲已子及處直有疾應之以左道醫之不久病間處直
神之待爲羽人始假幕職出入無間漸署爲行軍司馬
軍府之事咸取決焉處直時未有子應之以都遺于處
直曰此子生而有異因是都得爲處直之子其後應之

閱白丁于管內別置新軍起第于博陵坊面開一門動
皆鬼道處直信重日隆將校相慮變在朝夕欲先事爲
難會燕師假道伏甲于外城以備不虞昧旦入郭諸校
因引軍以圍其第處之死于亂兵咸云不見其屍衆不
解甲乃遍牙帳請殺都處直堅靳之久乃得免翌日賞
勞籍其兵于卧內自隊長以上記于別簿漸以佗事孥
戮迨二十年別簿之記畧無孑遺都旣成長總其兵柄
奸詐巧佞生而知之處直愛養漸有付託意時處直諸
子尚幼乃以都爲節度副大使王郁者亦處直之孽子
也（案以下有闕文）天祐十三年莊宗親征鎭州敗契丹于沙河

明年正月乘勝追敵過定州都馬前奉迎莊宗幸其府
第曲宴都有愛女十餘歲莊宗與之論婚許爲皇子繼
岌妻之自是恩寵特異奏請無不從同光三年莊宗幸
鄴都都來朝覲留宴旬日錫賚鉅萬遷太尉侍中時周
玄豹見之曰形若鯉魚難免刀匕及明宗嗣位加中書
令然以其奪據父位心深惡之初同光中祁易二州刺
史都奏部下將校爲之不進戶口租賦自贍本軍天成
初仍舊旣而安重誨用事稍以朝政釐之時契丹犯塞
諸軍多屯幽易間大將往來都陰爲之備屢廢迎送漸
成猜間和昭訓爲都籌畫曰主上新有四海其勢易離

可圖自安之計會朱守殷據汴州反鎭州節度使王建
立與安重誨不協心懷怨嫉都陰知之乃遣人說建立
謀叛建立僞許之密以狀聞都又與青徐岐潞梓五帥
蠟書以離間之三年四月制削都在身官爵遣宋州節
度使王晏球率師討之都急與王郁謀引契丹爲援洎
王師攻城契丹伊塔納（舊作禿餒禿餒作伊塔利今作託諾今改正）率騎萬
人來援都與契丹合兵大戰于嘉山爲王師所敗惟塔
納以二千騎奔入定州都仗之守城呼爲諾王屈身瀝懇冀
其盡力孤壘周年亦甚有備諸校或思歸欵以其訪察
嚴密殺人相繼人無宿謀故數搆不就都好聚圖書自

常山始破梁國初平令人廣將金帛收市以得爲務不
責貴賤書至三萬卷名畫樂器各數百皆四方之精妙
者萃于其府四年三月晏球拔定州時都校馬讓能降
于曲陽門都巷戰而敗奔馬歸于府第縱火焚之府庫
妻孥一夕俱盡惟擒塔納并其男四人弟一人獻于行
在李繼陶者莊宗初畧地河朔俘而得之收養于宮中
故名曰得得天成初安重誨知其本末付段佪養之爲
兒佪知其不稱許其就便王都素蓄異志潛取以歸呼
爲莊宗太子及都叛遂僭其服裝時俾乘墉欲惑軍士
人咸知其僞競詬辱之城陷晏球獲之拘送于闕下行

至邢州遣使戮焉（永樂大典卷六千八百五十）

史臣曰王鎔據鎭冀以稱王治將數世處直分易定以爲帥亦旣重侯一則惑佞臣而覆其宗一則孽子而失其國其故何哉蓋貴富斯久仁義不修目眩于妖妍耳惑于絲竹故不能防奸于未兆察禍于未萌相繼敗亡又誰咎也（永樂大典卷六千八百五十）

舊五代史卷五十四終

舊五代史卷五十四攷證

自是燕帥李匡威頻歲出軍以爲鎔援　案太平廣記引劉氏耳目記趙王鎔方在幼冲而燕軍寇北鄙王選將拒之有勇士陳力劉幹投刺軍門願以五百人營寇翼日力卒于鋒刃之下幹唱凱而還據是書鎔方以燕帥爲援未嘗與燕軍戰疑耳目記傳聞之誤

館于寶壽佛寺　案歐陽史作館于梅子園

和昭訓爲都籌畫　和昭訓宋史趙上交傳作和少微

都又與青徐岐潞梓五帥蠟書以離間之　案通鑑作青徐潞益梓五帥胡三省注云是時青帥霍彥威徐帥房知溫潞帥毛璋益帥孟知祥梓帥董璋是書有岐帥而無益帥與通鑑異歐陽史從是書

托諾舊作禿餒今改

舊五代史卷五十四攷證

舊五代史卷五十五

宋司空同中書門下平章事薛居正等撰

列傳第七　　唐書三十一

康君立蔚州興唐人世爲邊豪乾符中爲雲州牙校事防禦使段文楚時羣盜起河南天下將亂代北仍歲阻飢諸部豪傑咸有嘯聚邀功之志會文楚稍削軍人儲給戍兵咨怨君立與薛鐵山程懷信王行審李存璋等謀曰段公懦人難與共事方今四方雲擾武威不振丈夫不能于此時立功立事非人豪也吾等雖權係部衆然以雄勁聞于時者莫若沙陁部復又李振武父子勇

冠諸軍吾等合勢推之則近北之地旬日可定功名富貴事無不濟也君立等乃夜謁武皇言曰方今天下大亂天子付將臣以邊事歲偶飢荒便削儲給我等邊人焉能守死公家父子素以威惠及五部當共除虐帥以謝邊人孰敢異議者武皇曰明天子在上舉事當有朝典公等勿輕議予家尊遠在振武萬一相迫俟予稟命君立等曰事機已泄遲則變生曷俟千里咨稟案通鑑考異引趙鳳紀年錄云邊校程懷信康君立等十餘帳日譁于太祖之門疑非事實新唐書作夜謁克用通鑑作潛詣蔚州說克用皆以薛史爲據衆因聚譟擁武皇比及雲州衆且萬人師營鬭雞臺城中械文楚以應武皇之軍既收城推武皇爲大同軍防禦留後衆狀以聞朝廷不悅詔徵兵來討俄而獻祖失振武武皇失雲州朝廷命招討使李鈞幽州李可舉加兵于武皇攻武皇于蔚州君立從擊可舉之師屢捷及獻祖入達靼君立保感義軍武皇授雁門節度以君立爲左都押牙從入關逐黃孽收長安武皇還鎮太原授檢校工部尚書先鋒軍使文德初李罕之既失河陽來歸於武皇且求援焉乃以君立充南面招討使李存孝副之帥師二萬助罕之攻取河陽三月與汴將丁會牛存節戰于沇河臨陣之次騎將安休休叛入汴軍君立引退八月授汾州刺史大順元年潞州

小校安居受反武皇遣君立討平之授檢校左僕射昭義節度使自武皇之師連歲畧地于邢洺攻孟方立君立常率澤潞之師以爲犄角景福初檢校司徒食邑千戶二年李存孝據邢州叛武皇命君立討之以功加檢校太保乾甯初存孝平班師存孝既死武皇深惜之怒諸將無解愠者初李存信與存孝不叶屢相傾奪而君立素與存信善九月君立至太原武皇會諸將酒博因語及存孝事流涕不已時君立以一言忤旨武皇賜酖而殂案通鑑考異引唐遺錄作君立被杖死與薛史異時年四十八明宗即位以念舊之故詔贈太傅永樂大典卷一萬八千一百一十八

薛志勤蔚州奉誠人小字鐵山初爲獻祖帳中親信乾符中與康君立共推武皇定雲中以功授右牙都校從入達靼武皇授節雁門志勤領代北軍使從入關收京城以功授檢校工部尚書河東右都押牙先鋒右軍使從武皇救陳許平黃巢武皇遇難于上源驛汴將楊彥洪連車樹柵遮絕巷陌時騎從皆醉宴席旣闌汴軍四面攻傳舍志勤虓勇冠絕復酒膽激壯因獨登驛樓大呼曰朱僕射負恩無行邀我司空圖之吾三百人足以濟事因彎弧發矢無虛發汴人斃者數十志勤私謂武皇曰事急矣如至五鼓吾屬無遺類矣可速行因扶武

皇而去雷雨暴猛汴人扼橋志勤以其屬血戰擊敗之得侍武皇還營由是恩顧益厚大順初張濬以天子之師來侵太原十月大軍入陰地志勤與李承嗣率騎三千抗之敗韓建之軍于蒙坑進收晉絳以功授忻州刺史二年從討鎭州收天長臨城志勤皆先登陷陣勇敢無前王暉據雲州叛討平之以志勤爲大同軍防禦使檢校司空乾甯初代康君立爲昭義節度使光化元年十二月以疾卒于潞時年六十二　永樂大典卷二萬一千三百六十六

史建瑭字國寶父敬思雁門人仕郡至牙校武皇節制雁門敬思爲九府都督從入關定京師及鎭太原爲裨將中和四年從援陳許爲前鋒敗黃巢于汴上追賊至徐兗常將騎挺身酣戰勇冠諸軍是時天下之師雲集軍中無不推服六月衞從武皇入汴州舍于上源驛是夕爲汴人圍攻敬思方大醉因蹶然而興操弓與汴人鬬矢不虛發汴人死者數百夜分冒雨方達汴橋左右扶武皇抉圍而去敬思後拒血戰而歿武皇還營知失敬思流涕久之建瑭以父蔭少仕軍門光化中典昭德軍與李嗣昭攻汾州率先登城擒叛將李瑭以獻授檢校工部尚書李思安之圍上黨也建瑭爲前鋒與總管周德威赴援時汴人夾城深固援斷絕建瑭日引精騎

設伏擒生夜犯汴營驅斬千計敵人不敢芻牧汴將王景仁營于柏鄉建瑭與周德威先出井陘高邑之戰日已晡晚汴軍有歸志建瑭督部落精騎先陷其陣夾攻魏滑之間遂長驅追擊夜入柏鄉俘斬數千計論功加檢校左僕射師旋留戍趙州汴將氏延賞數犯趙之南鄙建瑭設伏柏鄉獲延賞獻之九年梁祖親攻蓨縣時王師並攻幽州聲言汴軍五十萬將寇鎭定都將符存審謂建瑭曰梁軍倘以五十萬來我等何以待之裨將趙行實曰走入土門爲上策存審曰事未可知但老賊在東別將西來倘可徐圖不旬日楊師厚圍棗彊賀德

倫圍蓨縣梁祖自至攻城甚急存審曰吾王方事北面南鄙之事付我等數人今西道無兵坐滋賊勢何以爲謀賊若不下蓨阜必西攻深冀與公等料閱騎軍偵覘賊勢乃選精騎八百趨信都存審扼下博橋建瑭與李嗣肱分道擒生建瑭乃分麾下三百騎爲五軍案歐陽史建瑭分爲麾下五百騎爲五隊一之衡水一之南宮一之信都一之阜城而自將其一薛史作三百騎史異文也自將一軍深入各命俘掠梁軍之芻牧者還會下博橋翌日諸軍皆至獲芻牧者數百人聚而殺之縱數十令其逸去各曰沙陀軍大至矣梁軍震恐明日建瑭嗣肱爲梁軍服色與芻牧者相雜晡晚及賀德倫寨門殺守門者縱火大譟俘斬而去是夜梁祖燒營而遁北至貝州迷失道路委棄兵仗不可勝計十二年魏博歸款建瑭與符存審前軍屯魏縣十三年敗劉鄩于元城收澶州以建瑭爲刺史檢校司空外衙騎軍都將尋歷貝相二州刺史屯于德勝十八年與閻寶討張文禮爲馬軍都將八月收趙州獲刺史王鋋進逼鎮州爲流矢中卒于軍時年四十六案歐陽史作四十二永樂大典卷一萬一百八十三

李承嗣代州雁門人父佐方承嗣少仕郡補右職中和二年從武皇討賊關輔爲前鋒王師之攻華陰黃巢令僞客省使王汀會軍機于黃揆承嗣擒之以獻賊平以

功授汾州司馬改榆次鎮將光啟初從討蔡賊于陳許上源之難遣承嗣奉表行在陳訴其事觀軍容田令孜館而慰諭令達情于武皇姑務叶和仍授以左散騎常侍朱玫之亂遣承嗣率軍萬人援鄜州至渭橋迎扈車駕王行瑜既殺朱玫承嗣會鄜夏之師入定京城獲僞相裴澈鄭昌圖函送朱玫襄王首獻于行在駕還宮賜號迎鑾功臣檢校工部尚書守嵐州刺史賜犒軍錢二萬貫時車駕初還三輔多盜承嗣案兵警蹕輦轂乂安及還屯于鄜留別將馬嘉福五百騎宿衛孟方立之襲遼州也武皇遣承嗣設伏于榆社以待之邢人既至承嗣發伏擊其歸兵大敗之獲其將奚忠信以功授洺州刺史及張濬之加兵于太原也時鳳翔軍營霍邑承嗣率一軍攻之岐人夜遁追擊至趙城合大軍攻平陽旬有三日而拔師旋改教練使檢校司徒乾甯二年兗鄆爲汴人所攻勢漸危蹙使乞師于武皇遣承嗣帥三千騎假道于魏渡河援之時李存信屯于莘縣既而羅弘信背盟掩擊王師因茲隔絕及瑄瑾失守承嗣與朱瑾史儼同入淮南承嗣史儼皆驍將也淮人得之軍聲大振十國春秋吳列傳太祖署爲淮南行軍副使武皇深惜之如失左右乃遣邏岳間道使于淮南請歸承嗣等楊行密許之遣使陳

令存請修好于武皇其年九月汴將龐師古葛從周出師將收淮南朱瑾率淮南軍三萬與承嗣設伏于清口大敗汴人生獲龐師古行密嘉其雄才留而不遣仍奏授檢校太尉領鎭海軍節度使天祐九年淮人聞莊宗有柏鄉之捷乃以承嗣爲楚州節度使以張犄角十七年七月卒于楚州時年五十五（永樂大典卷二萬三百五十）

史儼代州雁門人以便騎射給事于武皇爲帳中親將驍果絕眾善擒生設伏望塵揣敵所向皆捷自武皇入定三輔誅黃巢每出師皆從乾甯中從討王行瑜攻渭北遣史儼率五百騎護駕石門時京城大擾士庶多散

布南山儼分騎警衛比駕還京盜賊不作以功檢校右散騎常侍屯于三橋者累月昭宗寵錫優異明年與李承嗣率騎渡河援兗鄆時汴軍雄盛自青徐兗鄆柵壘相望儼與騎將安福順等（案史儼援兗鄆在乾甯二年冬薛史梁太祖紀正月擒蕃將安福順然則安福順不當與史儼同行疑傳文有訛字）每以數千騎直犯營壘左俘右斬汴軍爲之披靡及朱瑾失守與李承嗣等奔淮南淮人比善水軍不閑騎射既得儼等軍聲大振尋挫汴軍于清口其後併鍾傳擒杜洪削錢鏐成行密之霸迹者皆儼與承嗣之力也淮人館遇甚厚妻孥第舍必推其甲故儼等盡其死力（十國春秋云儼累官滁州刺史）天祐十三年卒于廣陵（永樂大典卷一萬一百八十三）

蓋寓蔚州人祖祚父慶世爲州之牙將武皇起雲中寓與康君立等推轂佐佑之因爲腹心武皇節制雁門署職爲都押牙領嵐州刺史洎移鎭太原改左都押牙檢校左僕射武皇與之決事言無不從凡出征伐靡不衞從（案通鑑光啟二年駕幸興元大將蓋寓說克用曰鑾輿播遷天下皆歸咎于我今不誅朱玫黜李煴無以自湔洗克用從之又通鑑考異引紀年錄云僞使至太原太祖詰其事狀曰皆朱玫所爲將斬之以徇大將蓋寓等言云云太祖燔僞詔械其使馳檄喻諸鎭曰今月二十日得襄王僞詔及朱玫文字云田令孜脅遷鑾駕播越梁洋行至半途六軍變擾遂至蒼黃而宴駕不知弒逆者何人永念丕基不可無主昨四鎭藩后推朕纂承已于正殿受册畢改元大赦者李煴出自贅疣名汙藩邸智昏菽麥識昧機權李符撝之以塞詞朱玫賣之以爲利呂不韋之奇貨可見奸邪蕭世誠之土囊期于匪夕近者當道徑差健步奉表起居行朝現住巴梁宿衞比無騷動而朱玫脅其孤騃自號台衡敢首亂階明言晏駕熒惑藩鎭陵弱廟朝云云案此事甚有關係不知薛史何以不載今附錄于此）乾甯二年從入關討行瑜特受檢校太保開國侯食邑一千戶領容管觀察經略使光化初車駕還京授檢校太傅封成陽郡公寓性通黠多智數善揣人主情武皇性嚴急左右難事無委遇者小有違忤即寘于法唯寓承顏希旨規其趣向婉詞順意以盡參裨武皇或暴怒將吏事將不測寓欲救止必佯佐其怒以責之武皇怡然釋之有所諫諍必徵近事以爲喻自武皇鎭撫太原最推親信中外將吏無不景附朝廷藩

鄰信使結託先及武皇次入寓門旣總軍中大柄其名振主梁祖亦使奸人離間暴揚于天下言蓋寓已代李聞者寒心武皇畧無疑間初武皇既平王行瑜旋師渭北暴雨六十日諸將或請入覲且云天顏咫尺安得不行覲禮武皇意未決寓白曰車駕自石門還京寢未安席比爲行瑜兄弟警駭乘輿今京師未寧奸宄流議大王移兵渡渭必恐復動宸情君臣始終不必朝覲但歸藩守姑務勤王是忠臣之道也武皇笑曰蓋寓尚阻吾入覲況天下人哉即日班師天祐二年三月寓病篤武皇日幸其第手賜藥餌初寓家每事珍膳窮極海陸精

于府饌武皇非寓家所獻不食每幸寓第其往如歸恩寵之洽時無與比及其卒也哭之彌慟莊宗即位追贈太師（永樂大典卷一萬八千一百二十八）

伊廣字言（案原缺一字）元和中右僕射愼之後廣中和末除授忻州刺史遇天下大亂乃委質于武皇廣襟情灑落善占對累歷右職授汾州刺史時武皇主盟諸侯景附軍機締結聘遺旁午廣奉使稱旨累遷至檢校司徒乾甯四年從征劉仁恭武皇之師不利于成安寨廣歿于賊有女爲莊宗淑妃子承俊歷貝遼二州刺史（永樂大典卷一萬八千一百二十八）

李承勳者與廣同爲牙將善于奉使名聞軍中承勳累遷至太原少尹劉守光之僭號也莊宗遣承勳往使問其釁端承勳至幽州見守光如藩方聘問之禮謁者曰燕王爲帝矣可行朝禮承勳曰吾大國使人太原亞尹是唐帝除授燕主自可臣其部人安可臣我哉守光聞之不悅拘留于獄數日而出詰之曰臣我乎承勳曰燕君能臣我王則我臣之吾有死而已安敢辱命會王師討守光承勳竟歿于燕（永樂大典卷一萬八千一百二十八）

史敬鎔太原人事武皇爲帳中綱紀甚親任之莊宗初嗣晉王位李克甯陰搆異圖將害莊宗事發有日矣克

甯密引敬鎔以邪謀告旣而敬鎔上白貞簡太后愷駭名張承業李存璋等圖之克甯等伏誅以功累歷州郡同光初爲華州節度使移鎭安州天成中入爲金吾上將軍期年復授鄧州至鎭數月卒贈太尉（永樂大典卷一萬一百八十三）

舊五代史卷五十五終

舊五代史卷五十五攷證

唐列傳七康君立傳君立等乃夜謁武皇　案通鑑攷異引趙鳳紀年錄云邊校程懷信康君立等十餘帳日譁於太祖之門疑非事實新唐書作夜謁克用通鑑作潛詣蔚州說克用皆以是書爲據

武皇賜酖而殂　案通鑑攷異引唐遺錄以君立爲杖死與是書異

史建瑭傳建瑭乃分麾下三百騎爲五軍　案歐陽史作建瑭分其麾下五百騎爲五隊是書作三百騎史異文也

時年四十六　案歐陽史作四十二

史儼傳儼與騎將安福順等每以數千騎直犯宮壘　案史儼援兗鄆在乾甯二年冬是書梁太祖紀正月擒蕃將安福順然則安福順不當與史儼同行疑傳文有譌字

舊五代史卷五十五攷證

宋司空同中書門下平章事薛居正等撰

列傳第八　唐書三十二

周德威字鎭遠小字陽五朔州馬邑人也初事武皇爲帳中騎督驍勇便騎射膽氣智數皆過人久在雲中諳熟邊事望烟塵之警懸知兵勢乾寧中爲鐵林軍使從武皇討王行瑜以功加檢校左僕射移內衙軍副光化二年三月汴將氏叔琮率衆逼太原有陳章者以驍勇知名衆謂之夜叉言於叔琮曰晉人所恃者周陽五願擒之請賞以郡陳章嘗乘驄馬朱甲以自異武皇戒德威曰我聞陳夜叉欲取爾求郡宜善備之德威曰陳章大言未知鹿死誰手他日致師戒部下曰如陣上見陳夜叉爾等但走德威微服挑戰部下僞退陳章縱追之德威背揮鐵檛擊墮馬生獲以獻按通鑑作以戟擒之與薛史異由是知名天復中我師不利于蒲縣汴將朱友寧氏叔琮來逼晉陽時諸軍未集城中大恐德威與李嗣昭選募銳兵出諸門攻其壘擒生斬馘汴人枝梧不暇乃退天祐三年與李嗣昭合燕軍攻潞州降孚會以功加檢校太保代州刺史代嗣昭爲蕃漢都將李思安之寇潞州也德威軍于余吾晬汴軍十萬築夾城圍潞州內外斷絶

德威以精騎薄之屢敗汴人進營高河分遊騎邀其芻牧汴軍閉壁不出乃自東門山口築甬道樹栅以通夾城德威之騎軍倒牆堙塹日數十戰前後俘馘不可勝紀梁有驍將黃角鷹方骨崙皆生致之五年正月武皇疾篤德威退營亂柳武皇厭代四月命德威班師時莊宗初立德威外握兵柄頗有浮議內外憂之德威旣至單騎入謁伏靈柩哭哀不自勝由是羣情釋然是月二十四日從莊宗再援潞州二十九日德威前軍營橫碾距潞四十五里五月朔晨霧晦暝王師伏于三垂崗下翌日直趨夾城斬關破壘梁人大敗解潞州之圍初德威與李嗣昭有私憾武皇臨終顧謂莊宗曰進通忠孝不負我重圍累年似與德威有隙以吾命諭之若不解重圍殁有遺恨莊宗達遺旨德威感泣由是勵力堅戰竟破强敵與嗣昭歡愛如初以功加檢校太保同平章事振武節度使六年岐人攻靈夏遣使來求助德威渡河以應之師還授蕃漢馬步總管七年十一月汴人據深冀汴將王景仁軍八萬次柏鄉鎭州節度使王鎔來告難帝遣德威率前軍出井陘屯于趙州十二月帝親征二十五日進薄汴營距柏鄉五里營于野河上汴將韓勍率精兵三萬鎧甲皆被繒綺金銀炫曜望之森然

我軍懼形于色德威謂李存璋曰賊結陣而來觀其形勢志不在戰欲以兵甲耀威耳我軍人乍見其來謂其鋒不可當此時不挫其銳吾軍不振矣乃遣存璋諭諸軍曰爾見此賊軍否是汴州天武健兒皆屠沽傭販虛有表耳縱被精甲十不當一擒獲足以爲資德威自率精騎擊其兩偏左馳右決出沒數四是日獲賊百餘人賊渡河而退德威謂莊宗曰賊驕氣充盛宜按兵以待其衰莊宗曰我提孤軍救難解紛三鎮烏合之衆利在速戰卿欲持重吾懼其不可使也德威曰鎮定之士長于守城列陣野戰素非便習我師破賊惟恃騎軍平田

廣野易爲施功今壓賊營令彼見我虛實則勝負未可必也莊宗不悅退臥帳中德威患之謂監軍張承業曰王欲速戰將烏合之徒欲當劇賊所謂不量力也去賊咫尺限此一渠水彼若早夜以略彴渡之吾族其爲俘矣若退軍鄗邑引賊離營彼出則歸復以輕騎掠其芻餉不踰月敗賊必矣承業入言莊宗乃釋然德威得降人問之景仁下令造浮橋數日果如德威所料二十七日乃退軍保鄗邑八年正月二日德威率騎軍致師于柏鄉設伏于村塢間令三百騎以壓汴營王景仁悉其衆結陣而來德威轉戰而退汴軍因而乘之至于鄗邑

南時步軍未成列德威陣騎河上以抗之亭午兩軍皆陣莊宗問戰時德威曰汴軍氣盛可以勞逸制之遶攻輕力殆難與敵古者師行不踰一舍蓋慮糧餉不給士有飢色今賊遠來決戰縱挾糗糒亦不遑食晡晚之後飢渴內侵戰陣外迫士心卽倦將必求退乘其勞弊以生兵制之縱不大敗偏師必喪以臣所籌利在晡晚諸將皆然之時汴軍以魏博之人爲右廣宋汴之人爲左廣自未至申陣勢稍卻德威麾軍呼曰汴軍走矣塵埃漲天魏人收軍漸退莊宗與史建瑭安金全等因衝其陣夾攻之大敗汴軍殺戮殆盡王景仁李思安僅以身

免獲將校二百八十人八月劉守光僭稱大燕皇帝十二月遣德威率步騎三萬出飛狐與鎮州將王德明定州將程嚴等軍進討九年正月收涿州降刺史劉知溫五月七日劉守光令驍將單廷珪督精甲萬人出戰德威遇于龍頭崗初廷珪謂左右曰今日擒周陽五既臨陣見德威廷珪單騎持槍躬追德威垂及德威側身避之廷珪少退德威奮檛擊墮其馬生擒廷珪賊黨大敗斬首三千級獲大將李山海等五十二人十二日德威自涿州進軍良鄉大城守光既失廷珪自是奪氣德威之師屢收諸郡降者相繼十年十一月擒守光父子幽

州平十二月授德威檢校侍中幽州盧龍等軍節度使德威性忠孝威武皇獎遇嘗思臨難忘身（宋遼史周德威初至鎮盧文進引遼師攻之城幾陷以救得免此事薛史列傳不載）十二月汴將劉鄩自洹水乘虛將寇太原德威在幽州聞之徑以五十騎馳入土門聞鄩軍至樂平不進德威徑至南宮以候汴軍初劉鄩欲據臨清以扼眞定轉餉之路行至陳宋口德威遣將擒數十人皆傳及于背縶而遣之旣至謂劉鄩曰周侍中已據宗城矣德威其夜急騎扼臨清劉鄩乃入貝州是時德威若不至則勝負未可知也十四年三月契丹寇新州德威不利退保范陽（遼史太祖紀神册二年三月辛亥攻幽州節度使周德威以幽并鎮定魏五州兵拒戰于居庸關之西戰于新州東大破之斬首三萬級又通鑑契丹主帥眾三十萬德威眾寡不敵大爲契丹所敗）敵眾攻僅二百日外援未至德威撫循士眾晝夜乘城竟獲保守十五年我師營麻口渡將大舉以定汴州德威自幽州率本軍至十二月二十三日軍次胡柳陂詰旦騎報曰汴軍至矣莊宗使問戰備德威奏曰賊倍道而來未成營壘我營柵已固守備有餘旣深入賊疆須決萬全之策此去大梁信宿賊之家屬盡在其間人之常情孰不以家國爲念以我深入之眾抗彼激憤之軍不以方畧制之恐難必勝王但按軍保柵臣以騎軍疲之使彼不得下營際晚糧餉不給

進退無據因以乘之破賊之道也莊宗曰河上終日挑戰恨不遇賊今款門不戰非壯夫也乃率親軍成列而出德威不獲已從之謂其子曰吾不知其死所矣莊宗與汴將王彥章接戰大敗之德威之軍在東偏汴之游軍入我輜重眾駭奔入德威軍因紛擾無行列德威兵少不能解父子俱戰歿先是鎮星犯上將星占者云不利大將是夜收軍德威不至莊宗慟哭謂諸將曰喪我良將吾之咎也德威身長面黑笑不改容凡對敵列陣懍懍然有肅殺之風中興之朝號爲名將及其歿也人皆惜之同光初追贈太師天成中詔與李嗣昭符存審配饗莊宗廟廷晉高祖卽位追封燕王子光輔歷汾汝州刺史（永樂大典卷九千九百九十七）

符存審字德詳陳州宛邱人（案歐陽史義兒傳惟符存審不在其列別自爲傳蓋存審子彥卿有女爲宋太宗后故存其本姓也）舊名存父楚本州牙將存審少豪俠多智算言兵家事乾符末河南盜起存審鳩率豪右庇捍州里會郡人李罕之起自羣盜授光州刺史因往依之中和末罕之爲蔡寇所逼棄郡投諸葛爽存審從至河陽爲小校屢戰蔡賊有功諸葛爽卒罕之爲其部將所逼出保懷州部下分散存審乃歸于武皇武皇署右職令典義兒軍賜姓名存審性謹厚寵遇日隆自

是武皇四征存審常從所至立功從討赫連鐸冒及死
戰血流盈袖武皇手自封瘡日夕臨問乾寧初討李匡
儔存審前軍拔居庸關明年從討邠州時邠之勁兵屯
龍泉寨四面懸崖石壁險固存審奮力拔之師旋授檢
校左僕射副李嗣昭討李瑭于汾州擒之以功改左右
廂步軍都指揮使天祐三年授蕃漢馬兵副指揮使與
李嗣昭降丁會于上黨從周德威破賊于夾城加檢校
司徒授忻州刺史領蕃漢馬步都指揮使七年檢校太
保充蕃漢總管莊宗擊汴人于栢鄉留存審守太原三
月代李存璋戍趙州九年梁祖攻蓨縣存審與史建瑭

李嗣肱赴援屯下博橋汴人驚亂燒營而遁以功遥領
邢洺磁團練使十二年魏博歸款于莊宗遣存審率前
鋒據臨清以俟進取莊宗入魏存審屯魏縣以抗劉鄩
六月鄩營莘縣存審與貝定之師營莘西三十里一日
數戰八月率師攻張源德于貝州十三年二月劉鄩自
莘率眾來襲我魏州存審以大軍踵其後戰于故元城
大敗汴人從收澶衛磁洺等州秋邢州閻寶降授存審
安國軍節度邢洺磁等州觀察使十月戴思遠棄滄州
毛璋以城降授存審檢校太傅橫海軍節度使兼領魏
博馬步軍都指揮使明年就加平章事十四年八月將

兵援周德威于幽州敗契丹之眾冬敗汴將安彥之于
楊劉諸軍進營麻口時梁將謝彥章營行臺村莊宗勇
于接戰每以輕騎當之遇窘者數四存審每俟其出必
叩馬諫曰王將復唐宗社宜爲天下自愛搴旗挑戰一
劍之任無益聖德請責効於臣古人不以賊遺君父臣
雖不武敢不代君之憂莊宗卽時迴駕十二月戰于胡
柳晡晚之後存審引所部銀槍効節軍敗梁軍于土山
下是日辰巳間周德威戰歿一軍逗撓梁軍四集存審
與其子彥圖冒刃血戰出歿賊陣與莊宗軍合午後師
復集擊敗汴人十六年春代周德威爲內外蕃漢馬步

總管于德勝口築南北城以據之七月汴軍王瓚自黎
陽渡河寇澶州存審拒戰瓚退營于楊村渡控我上游
自是日與交鋒對壘經年大小凡百餘戰十七年汴將
劉鄩攻同州朱友謙求援于我遣存審與李嗣昭將兵
赴之九月次河中進營朝邑時河中久臣于梁眾持兩
端及諸軍大集芻粟暴貴嗣昭懼其翻覆將急戰以定
勝負居旬日梁軍逼我營會望氣者言西南黑氣如鬬
雞之狀當有戰陣存審曰我方欲決戰而形于氣象得
非天贊歟是夜閱其眾詰旦進軍梁軍來逆戰大敗之
追斬二千餘級自是梁軍保壘不出存審謂嗣昭曰吾

初懼劉鄩據渭河偏師既敗彼若退歸懼我躡之獸窮搏人勿謂無事可開其歸路然後追奔乃令王建及牧馬于沙苑劉鄩尹皓知之保衆退去遂解同州之圍歐陽史鄩以爲晉軍且懈乃夜遁去存審追擊于渭河又大敗之存審畧地至奉先謁諸帝陵乃班師十八年王師討張文禮于鎮州李嗣昭李存進相次戰殁十九年遣存審率師進攻叛帥于城下文禮之將李再豐陰送款于存審我師中夜登城擒文禮之子處球等露布以獻鎮州平以功加檢校太傅兼侍中二十年正月師旋于魏州莊宗出城迎勞就第宴樂無何契丹犯燕薊郭崇韜奏曰汴寇未平繼韜背叛

北邊捍禦非存審不可上遣中使諭之存審卧病羸瘠附奏曰臣効忠稟命靡敢爲辭但痾恙纏綿未堪祗役既而詔存審以本官充幽州盧龍節度使自鎮州之任同光初加開府儀同三司檢校太師中書令食邑千戸賜號忠烈扶天啟運功臣十月平梁遷都洛陽存審以身爲大將不得預收復中原之功舊疾愈作堅求入覲尋醫以情告郭崇韜時崇韜自負一時佐命之功無出己右功名事望素在存審之下權勢既隆人士輻湊不欲存審加于已上每有章奏求覲即陰沮之存審妻郭氏泣訴於崇韜曰吾夫于國粗効馳驅與公鄉里親舊公忍令死棄北荒何無情之如是崇韜益慙懟明年春疾甚上章懇切乞生覲天顔不許存審伏枕而歎曰老夫歷事二主垂四十年幸而遇今日天下一家違夷極塞皆得面覲彤墀射鈎斬袪之人孰不奉觴丹陛獨予壅隔豈非命哉漸增危篤崇韜奏請許存審入覲四月制授存審宣武軍節度使諸道蕃漢馬步總管詔未至五月十五日卒于幽州官舍時年六十三遺命葬太原存審遺奏陳敘不得面覲詞旨悽惋莊宗震悼久之廢朝三日贈尚書令存審少在軍中識機知變行軍出師法令嚴明決策制勝從無遺悔功名與周德威相匹皆

近代之良也常戒諸子曰予本寒家少小攜一劍而違鄉里四十年間位極將相其間屯危患難履鋒冒刃入萬死而無一生身方及此前後矢傷百餘乃出鏃以示諸子因以奢侈爲戒存審微時嘗爲俘因將就戮于郊外臨刑指危垣謂主者曰請就戮于此下冀得壞垣覆尸旅魂之幸也主者哀之爲移次焉遷延之際主將擁妓而飲思得歌者以助歡妓曰俘囚有符存審者妾之舊識每令擊節以贊歌令主將欣然馳騎而捨之豈非命也永樂大典卷一萬八千二百一十八

彥超存審之長子也少事武皇累歷牙職存審卒莊宗

以彥超爲汾州刺史同光末魏州軍亂詔彥超赴北京巡檢先是朝廷令內官呂鄭二人在太原一監兵一監倉庫及明宗入洛皇弟存霸單騎奔河東與呂鄭謀殺彥超與留守張憲彥超覺之密與憲謀未決部下大譟州兵畢集張憲出奔是夕軍士殺呂鄭存霸于衙城詰旦聞洛城禍變彥超告諭三軍（宋史張昭傳云昭爲張憲推官莊宗及難聞鄴中兵士推戴明宗憲部將符彥超合戍將應之憲死有害昭者執之以送彥超彥超曰推官正人無得害之又逼昭爲榜安撫軍民）明宗又令其弟龍武都虞候彥卿馳騎安撫六月彥超入覲明宗召見撫諭尋授晉州留後未行會其弟前曹州刺史彥饒平宣武亂軍明宗喜召彥超謂之曰吾得爾兄弟力餘更何憂爾爲我往河東撫育耆舊節授北京留守太原尹明年冬移授昭義節度使四年授驍衛上將軍改金吾上將軍長興元年授泰寧軍節度使尋移鎮安州彥超厮養中有王希全者小字佛留粗知書計委主貨財歲久耗失甚多彥超止于詗譴而已應順元年正月佛留聞朝廷多事因與任貨兒等謀亂一夕扣門言朝廷有急遞至彥超出自廳事佛留挾刃害之詰旦本州節度副使李端召州兵攻佛留等殺之餘衆奔淮南擒彥超部將趙温等二十六人誅之彥超贈太尉存審次子彥饒晉史有傳次彥卿皇朝歷官鳳翔

節度使守太師中書令封魏王令居于洛陽次彥能終于楚州防禦使次彥琳仕皇朝爲金吾上將軍卒于任

永樂大典卷一萬八千一百二十八

舊五代史卷五十六終

舊五代史卷五十六攷證

唐列傳八周德威傳有陳章者以虓勇知名衆謂之夜义言於叔琮曰晉人所恃者周陽五願擒之請賞以郡　案歐陽史作梁軍圍太原令軍中曰能生得周陽五者爲刺史與是書微異

德威前軍營橫磧　橫磧莊宗紀作黄展

德威自率精騎擊其兩偏獲賊百餘人賊渡河而退德威謂莊宗曰賊驕氣充盛宜按兵以待其衰　案歐陽史祇載德威勉諭其衆卽告莊宗曰賊兵甚銳未可與爭不載精騎擊退賊兵之事攷下文有去賊咫尺限此一渠水云云則賊渡河而退一節紀載殊不可闕

德威遣將擒數十人皆傳刃於背繫而遣之　案通鑑從莊宗實錄作擒其斥候者數十人斷腕而縱之

周侍中已據宗城矣　宗城通鑑作臨清攷異曰劉鄩見在宗城薛史云周侍中據宗城蓋臨清字誤耳

符存審傳以功遙領邢洺磁團練使　案歐陽史作遷領邢州團練使

秋邢州閻實降授存審安國軍節度　案五代會要同光元年始改邢州爲安國軍據是書此傳則晉人得

邢州卽改軍額疑會要誤也詳見通鑑攷異

符彥超傳皇弟存霸單騎奔河東與呂鄭謀殺彥超與留守張憲　案歐陽史作張憲欲納存霸是書作存霸謀殺張憲彥超兩史紀載微異

舊五代史卷五十六攷證

舊五代史卷五十七

宋司空同中書門下平章事薛居正等撰

列傳第九　　唐書三十三

郭崇韜字安時代州鴈門人也父弘正崇韜初爲李克修帳下親信克脩鎮昭義崇韜累典事務以廉幹稱克脩卒武皇用爲典謁奉使鳳翔稱旨署教練使崇韜臨事機警應對可觀莊宗嗣位尤器重之天祐十四年用爲中門副使與孟知祥李紹宏俱參機要俄而紹宏出典幽州留事知祥懇辭要職先是中門使吳珙張虔厚忠而獲罪知祥懼求爲外任妻瓊華公主泣請于貞簡太后莊宗謂知祥曰公欲避路當舉其代知祥因舉崇韜乃署知祥爲太原軍在城都虞候自是崇韜專典機務艱難戰伐靡所不從十八年從征張文禮于鎮州契丹引衆至新樂王師大恐諸將咸請退還魏州莊宗猶豫未決崇韜曰按巴堅舊作阿保機今改正祇爲王都所誘本利貨財非敦鄰好苟前鋒小衂遁走必矣況我新破汴寇威振北地乘此驅攘焉往不捷且事之濟否亦有天命莊宗從之王師果捷明年李存審收鎮州遣崇韜閱其府庫或以珍貨賂遺一無所取但市書籍而已莊宗卽位于魏州崇韜加檢校太保守兵部尚書充樞密使是

時衛州陷于梁澶相之間寇鈔日至民流地削軍儲不給羣情恟恟以爲霸業終不能就崇韜寢不安席俄而王彥章陷德勝南城敵勢滋蔓汴人急攻楊劉城明宗在鄆音驛斷絕莊宗登城四望計無所出崇韜啟曰段凝阻絕津路苟王師不南鄆州安能保守臣請于博州東岸立柵以固通津但慮汴人偵知往來薄我請陛下募敢死之士日以挑戰如三四日間賊軍未至則柵壘成矣崇韜率毛璋等萬人夜趨博州視矛戟之端有光崇韜曰吾聞火出兵刃破賊之兆也至博州渡河版築晝夜不息崇韜于葭葦間據胡牀假寢覺袴中冷左右視之乃蚰也其忘疲勵力也如是居三日梁軍果至城壘低痺沙土散惡戰具不完汴將王彥章杜晏球率衆攻擊軍不得休息崇韜身先督衆四面拒戰有急卽應城垂陷俄報莊宗領親軍至西岸梁軍聞之退走因解楊劉之圍未幾汴將康延孝來奔崇韜延于臥內訊其軍機延孝曰汴人將四道齊舉以困我軍莊宗憂之召諸將謀進取之策宣徽使李紹宏請棄鄆州與汴人盟以河爲界無相侵寇案歐陽史作諸將皆言隔河難守據薛史則請以河爲界者李紹宏一人耳與歐陽史異莊宗不悅獨臥帳中召崇韜謂曰計將安出對曰臣不知書不能徵比前古請以時事言之自陛下

十五年起義圖霸爲雪家讎國耻甲冑生蟣虱黎人困輸輓今纂崇大號河朔士庶日望蕩平纔得汶陽尺寸之地不能保守況盡有中原乎將來稅賦不充物議咨怨設若劃河爲界誰爲陛下守之臣自延孝言事以來晝夜籌度料我兵力算賊事機不出今年雌雄不決聞汴人決河自滑至鄆非舟檝不能濟又聞精兵盡在段凝麾下王彥章日寇鄆境彼旣以大軍臨我南鄙又憑恃決河謂我不能南渡志在收復汶陽此汴人之謀也臣謂段凝保據河壖苟欲持我臣但請留兵守鄴保固楊劉陛下親御六軍長驅倍道直指大梁汴城無兵

望風自潰若使僞主授首賊將自然倒戈半月之間天下必定如不決此計旁採浮談臣恐不能濟也今歲秋稼不登軍糧纔支數月決則成敗未知不決則坐見不濟臣聞作舍道邊三年不成帝王應運必有天命成敗天也在陛下獨斷莊宗蹶然而興曰正合吾意丈夫得則爲王失則爲虜行計決矣卽日下令軍中家口並還魏州莊宗送劉皇后與興聖宮使繼岌至朝城西野亭泣别曰事勢危蹙今須一決事苟不濟無復相見乃留李紹宏及租庸使張憲守魏州大軍自楊劉濟河是歲擒王彥章誅梁氏降段凝皆崇韜贊成其謀也莊宗至

汴州宰相豆盧革在魏州令崇韜權行中書事俄拜侍中兼樞密使及郊禮畢以崇韜兼領鎭冀州節度使進封趙郡公邑二千戸賜鐵劵恕十死崇韜旣位極人臣權傾內外謀猷獻納必盡忠規士族朝倫頗亦收獎人物內外翕然稱之初收汴洛稍通賂遺親友或規之崇韜曰余備位將相祿賜巨萬但僞梁之日賂遺成風今方面藩侯多梁之舊將皆吾君射鉤斬袪之人也一旦革面化爲吾人堅拒其請得無懼乎藏余私室無異公帑及郊禋崇韜悉獻家財以助賞給時近臣勸莊宗以貢奉物爲內庫珍貨山積公府賞軍不足崇韜奏請出

內庫之財以助莊宗沉吟有靳惜之意是時天下已定寇讐外息莊宗漸務華侈以逞已欲洛陽大內宏敞宮宇深邃宦官阿意順旨以希恩寵聲言宮中夜見鬼物不謀同辭莊宗駭異其事且問其故宦者曰見本朝長安大內六宮嬪御殆及萬人椒房蘭室無不充牣今宮室大半空閑鬼神尙幽亦無所怪繇是景進王允平等于諸道採擇宮人不擇良賤納之宮掖三年夏雨河大水壞天津橋是時酷暑尤甚莊宗嘗擇高樓避暑皆不稱旨宦官曰今大內樓觀不及舊時長安卿相之家舊日大明興慶兩宮樓觀百數皆雕楹畫栱干雲蔽日今

官家納涼無可御者莊宗曰余富有天下豈不能辦一樓即令宮苑使經營之猶慮崇韜有所諫止使謂崇韜曰今年惡熱朕頃在河上五六月中與賊對壘行宮卑濕介馬戰賊恆若清涼今晏然深宮不奈暑毒何也崇韜奏陛下頃在河上汴寇未平寢廢食忘心在戰陣祁寒溽暑不介聖懷今既寇平中原無事縱耳目之玩不憂戰陣雖層臺百尺廣殿九筵未能忘熱于今日也願陛下思艱難創業之際則今日之暑坐變清涼莊宗默然王允平等竟加營造崇韜復奏曰內中營造日有縻費屬當災儉且乞權停不聽初崇韜與李紹宏同爲內

職及莊宗即位崇韜以紹宏素在已上舊人難制即奏澤潞監軍張居翰同掌樞密以紹宏爲宣徽使紹宏大失所望涕泣憤鬱崇韜乃置內鉤使應三司財賦皆令勾覆令紹宏領之冀塞其心紹宏怏悵不已崇韜自以有大功河洛平定之後權位熏灼恐爲人所傾奪乃謂諸子曰吾佐主上大事了矣今爲羣邪排毀吾欲避之歸鎮常山爲菟裘之計其子廷說等曰大人功名及此一失其勢便是神龍去水爲螻蟻所制尤宜深察門人故吏又謂崇韜曰侍中勳業第一雖羣官側目必未能離間宜于此時堅辭機務上必不聽是有辭避之名塞其譏謗之口魏國夫人劉氏有寵中宮未正宜贊成冊禮上心必悅內得劉氏之助羣閹其如余何崇韜然之於是三上章堅辭樞密之位優詔不從崇韜乃密奏請立魏國夫人爲皇后復奏時務利害二十五條皆便于時取悅人心又請罷樞密院事各歸本司以輕其權然宦官造謗不已三年堅乞罷兼領節鉞許之〈案冊府元龜云同光中崇韜再表辭鎮批答曰朕以卿久司樞要常處重難或遲疑未決之機詢諸先見或憂撓不定之事訪之必成至于贊朕丕基登茲大寶衆興議論卿獨堅言天命不可違唐祚必須復請納家族明設誓文及其審取汶陽興師入不測之地潛通河口貢謀占必濟之津人所不知卿惟合意迨中都嘯聚羣黨窺陵朕決議平妖兼收後水雖云先定更審前籌果盡贊成悉諧沈算斯則何須旨及始顯殊庸況常山陸梁正虞未復卿能撫衆

其定羣心惟朕知卿他人寧表所以賞卿之寵實異等倫沃朕之心非虛沃澤今卿再三謙遜重疊退辭始納常陽請歸上將又稱梁苑不可兼權如此周身貴全名節古人操守未可比方既覽堅辭難沮來表其再讓汴州所宜依允〉會客省使李嚴使西川迴言王衍可圖之狀莊宗與崇韜議討伐之事方擇大將時明宗爲諸道兵馬總管當行崇韜自以宦者相傾欲立大功以制之乃奏曰契丹犯邊北面須藉大臣全倚總管鎮禦臣伏念興聖宮使繼岌德望日隆大功未著宜依故事以親王爲元帥付以討伐之權俾成其威望莊宗方愛繼岌即曰小兒幼稚安能獨行卿當擇其副崇韜未奏莊宗曰無踰于卿者乃以繼岌爲都統崇韜爲招討使是歲九月

十八日率親軍六萬進討蜀川崇韜將發奏曰臣以非才謬當戎事仗將士之忠力憑陛下之威靈庶幾克捷若西川平定陛下擇帥如信厚善謀事君有節則孟知祥有焉望以蜀帥授之如宰輔闕人張憲有披榛之勞爲人謹厚而多識其李琪崔居儉中朝士族富有文學可擇而任之莊宗御嘉慶殿置酒宴征西諸將舉酒屬崇韜曰繼岌未習軍政卿久從吾戰伐西面之事屬之于卿軍發十月十九日入大散關崇韜以馬箠指山險謂魏王曰朝廷興師十萬已入此中倘不成功安有歸路今岐下飛輓才支旬日必須先取鳳州收其儲積方

濟吾事乃令李嚴康延孝先馳書檄以諭僞鳳州節度使王承捷及大軍至承捷果以城降得兵八千軍儲四十萬次至故鎮僞命屯駐指揮使唐景思亦以城降得兵四千又下三泉得軍儲三十餘萬自是師無匱乏軍聲大振其招懷制置官吏補置師行籌畫軍書告諭皆出于崇韜繼岌承命而已莊宗令內官李廷安李從襲呂知柔爲都統府紀綱見崇韜幕府繁重將吏輻湊降人爭先賂遺都統府惟大將省謁牙門索然繇是大爲詬恥及六軍使王宗弼歸款行賂先招討府王衍以成都降崇韜居王宗弼之第宗弼選王衍之妓妾珍玩以

奉崇韜求爲蜀帥又與崇韜子廷誨謀令蜀人列狀見魏王請奏崇韜爲蜀帥繼岌覽狀謂崇韜曰主上倚侍中如衡華安肯棄元老于蠻夷之地況余不敢言此李從襲等謂繼岌曰郭公收蜀部人情意在難測王宜自備由是兩相猜察莊宗令中官向延嗣賫詔至蜀促班師詔使至崇韜不郊迎延嗣憤憤從襲謂之曰魏王貴太子也主上萬福郭公專弄威柄旁若無人昨令蜀人請己爲帥郭廷誨擁徒出入貴擬王者所與狎遊無非軍中驍果蜀中凶豪晝夜妓樂歡宴指天畫地父子如此可見其心今諸軍將校無非郭氏之黨魏王懸軍孤

弱一朝班師必恐紛亂吾屬未知暴骨之所因相向垂涕延嗣使還具奏皇后泣告莊宗乞保全繼岌莊宗復閱蜀簿曰人言蜀中珠玉金銀不知其數何如是之微也延嗣奏曰臣聞蜀人知蜀中寶貨皆入崇韜之門言崇韜得金萬兩銀四十萬名馬千匹王衍愛妓六十樂工百犀玉帶百廷誨自有金銀十萬兩犀玉帶五十藝色絕妓七十樂工七十他財稱是魏王府蜀人賂遺不過匹馬而已莊宗初聞崇韜欲留蜀心已不平又聞全有蜀之妓樂珍玩怒見顏色即令中官馬彥珪馳入蜀視崇韜去就如班師則已如實遲留則與繼岌圖之彥

珪見皇后曰禍機之發間不容髮何能數千里外復稟聖旨哉皇后再言之莊宗曰未知事之實否詎可便令果決皇后乃自爲教與繼岌令殺崇韜時蜀土初平山林多盜孟知祥未至崇韜令任圜張筠分道招撫慮師還後部曲不寧故歸期稍緩四年正月六日馬彥珪至軍決取十二日發成都赴闕令任圜權知留事以俟知祥諸軍部署已定彥珪出皇后教以示繼岌繼岌曰大軍將發他無釁端安得爲此負心事公輩勿復言從襲等泣曰聖上旣有口勅王若不行苟中途事泄爲患轉深繼岌曰上無詔書徒以皇后教令安得殺招討使從襲等巧造事端以間之繼岌旣無英斷僶俛從之詰旦從襲以繼岌之命召崇韜計事繼岌登樓避之崇韜入左右撾殺之崇韜有子五人廷信廷誨隨父死于蜀廷說誅于洛陽廷讓誅于魏州廷議誅于太原家產籍沒明宗卽位詔令歸葬仍賜太原舊宅廷誨廷讓各有幼子一人姻族保之獲免崇韜妻周氏攜養于太原崇韜服勤盡節佐佑王家草昧艱難功無與比西平巴蜀宣暢皇威身死之日夷夏冤之然議者以崇韜功烈雖多事權太重不能處身量力而聽小人誤計欲取太山之安如急行避跡其禍愈速性復剛戾遇事便發旣不知

前代之成敗又未體當時之物情以天下爲己任孟浪之甚也及權傾四海車騎盈門士人諂奉漸別流品同列豆盧革謂崇韜（案自漸別流品至此十二字原本闕佚今從册府元龜增入）曰汾陽王代北人徙家華陰侍中世在雁門得非祖德歟崇韜應曰經亂失譜牒先人常云去汾陽王四世革曰故祖德也因是旌別流品援引薄徒委之心腹佐命勳舊一切鄙棄舊寮有干進者崇韜謂之曰公雖代邸之舊然家無門閥深知公才技不敢驟進者慮名流嗤余故也及征蜀之行于興平拜尚父子儀之墓常從容白繼岌曰蜀平之後王爲太子待千秋萬歲神器在手宜盡去宦官優禮士族不惟疎斥閹寺騸馬不可復乘內則伶官巷伯怒目切齒外則舊寮宿將戟手痛心援其族滅之禍有自來矣復以諸子驕縱不法旣定蜀川輦運珍貨實于洛陽之第籍沒之日泥封尙濕雖莊宗季年爲羣小所惑致功臣不保其終亦崇韜自貽其災禍也

永樂大典卷二萬二千一百六十

史臣曰夫出身事主得位遭時功不可以不圖名不可以不立洎功成而名遂則望重而身危貝錦于是成文良玉以之先折故崇韜之誅蓋爲此也是知强吳滅而范蠡去全齊下而樂生奔苟非其賢孰免于禍明哲之

士當鑒于斯永樂大典卷二萬二千一百六十

舊五代史卷五十七終

舊五代史卷五十七攷證

唐列傳九郭崇韜傳如三四日間　案歐陽史作十日

居三日梁軍果至　案歐陽史作六日暨成彥章果引兵急攻之

崇韜許之　案通鑑作崇韜陽許之

騶馬不可復乘　騶馬通鑑作扇馬攷胡三省注引薛史亦作騶馬今仍其舊

安巴堅舊作阿保機今改

補前郭崇韜傳況余不敢議此九國志王宗弼傳宗弼送欵于魏王乃還成都盡輦內藏之寶貨歸于其家魏王遣使徵犒軍錢數千萬宗弼輒靳之魏王甚怒及王師至令其子承班齎衍況用直百萬錢獻于魏王并賂郭崇韜請以己爲西川節度使魏王曰此我家之物焉用獻爲翼日數其不忠之罪並其子斬之于市

舊五代史卷五十八

宋司空同中書門下平章事薛居正等撰

列傳第十　唐書三十四

趙光逢字延吉曾祖植嶺南節度使祖存約興元府推官父隱右僕射案舊唐書趙隱傳云隱字大隱京兆奉天人也大中三年應進士登第累加尙書左僕射廣明中卒考薛史作右僕射與舊唐書異光逢與弟光裔皆以文學德行知名案舊唐書光裔光啟三年進士擢第累遷司勳郎中弘文館學士改膳部郎中知制誥季述廢立之後旅遊江表以避患嶺南劉隱深禮之奏爲副使因家嶺外光逢幼嗜墳典動守規檢議者目之爲玉界尺案歐陽史時人稱其方直溫潤謂之玉界尺僖宗朝登進士第案原本作昭宗朝登進士第據舊唐書光逢係乾符五年進士當作僖宗今改正

踰月辟度支巡官歷官臺省內外兩制俱有能名轉尙書左承翰林承旨案舊唐書云釋褐鳳翔推官入朝爲監察御史丁父憂免僖宗還京授太常博士歷禮部司勳吏部三員外郎集賢殿學士轉禮部郎中景福中以祠部郎中知制誥尋召充翰林學士正拜中書舍人戶部侍郎學士承旨改兵部侍郎尙書左丞學士如故舊唐書所載光逢曾秩較薛史爲詳今備錄之昭宗幸石門光逢不從昭宗遣內養戴知權詔赴行在稱疾解官寓在華州拜御史中丞時有道士許巖士瞽者馬道殷出入禁庭驟至列卿宮相因此以左道求進者衆光逢持憲紀治之皆伏法自是其徒頗息改禮部侍郎知貢舉光化中王道寢衰南北司爲黨光逢素性愼靜慮禍及己因挂冠伊洛屏絕交遊凡五六年門人柳璨登庸案歐陽史柳璨與光逢有舊恩唐摭言云光化二年趙光逢放柳璨及第後三年不遷時璨自內廷大拜光逢始以左丞徵入除吏部侍郎太常卿入梁爲中書侍郎平章事累轉左僕射兼租庸使上章求退以太子太保致仕梁末帝愛其才徵拜司空平章事無幾以疾辭授司徒致仕同光初弟光胤爲平章事時謁問于私第嘗語及政事他日光逢署其戶曰請不言中書事其清淨寡慾端默如此嘗有女冠寄黃金一鎰于其家時屬亂離女冠委化于他土後二十年金無所歸納于河南尹張全義請付諸宮觀其傳封尙在兩登廊廟四退邱園百行五常不欺闇室搢紳咸仰以爲名教主天

成初遷太保致仕封齊國公卒于洛陽詔贈太傅永樂大典卷一萬八千九百九十一

趙光胤光逢之弟也案新舊唐書俱云趙隱子二人光逢光裔光胤爲後唐相者光胤也薛史原本避宋諱稱光胤爲光裔似混二人爲一今改正俱以詞藝知名亦登進士第案舊唐書云大順二年進士登第天祐初累官至駕部郎中光胤仕梁歷清顯伯仲之間咸以方雅自高北人聞其名者皆望風欽重及莊宗平定汴洛時盧程以狂妄免郭崇韜自勳臣拜議者以爲國朝典禮故實須訪前代名家咸曰光胤有宰相器薛廷珪李琪當武皇爲晉王時嘗因爲冊使至太原故皆有宿望當時咸謂宜處台司郭崇韜採言事者

云廷珪朽老浮華無相業琪雖文學高傾險無士風皆不可以相乃止同光元年十一月光胤與韋說並拜平章事光胤生于季末漸染時風雖欲躍鱗振翮仰希前輩然才力無餘未能恢遠朝廷每有禮樂制度沿革擬議以爲已任同列既非博通見其浮談橫議莫之測也豆盧革雖憑門地在本朝時仕進尙微久從使府朝章典禮未能深悉光胤每有發論革但唯唯而已後革奏議或當光胤謂羣官曰昨有所議前座一言粗當近日差近學者其可已乎其自負如此先是條制權豪强買人田宅或陷害籍没顯有屈塞者許人自理內官楊希朗者故觀軍容使復恭從子也援例理復恭舊業事下中書光胤謂崇韜曰復恭與山南謀逆顯當國法本朝未經昭雪安得論理崇韜私抑宦者因具奏聞希朗泣訴于莊宗莊宗令自見光胤言之希朗陳訴叔祖復光有大功于王室伯祖復恭爲張濬所搆得罪前朝當時强臣掣肘國命不行及王行瑜伏誅德音昭洗制書尙在相公本朝氏族諳練故事安得謂之未雪耶若言未雪吾伯氏彥博洎諸昆仲監護諸鎮何途得進漸至聲色俱厲光胤方恃名德爲其所折悒然不樂又以希朗幸臣慮摭他事危己心不自安三年夏四月病疽卒贈

左僕射 永樂大典卷一萬六千九百九十一

鄭珏昭宗朝宰相綮之姪孫父徽河南尹張全義判官光化中登進士第案歐陽史云珏少依全義居河南舉進士數不中全義以珏屬有司乃得及第歷弘文館校書集賢校理監察御史入梁爲補闕起居郎召入翰林累遷禮部侍郎充職珏文章美麗旨趣雍容自策名登朝張全義皆有力焉案歐陽史云梁諸大臣以全義故數薦之貞明中拜平章事莊宗入汴責授萊州司戶未幾量移曹州司馬張全義言于郭崇韜將復相之尋入爲太子賓客明宗即位任圜自蜀至安重誨不欲圜獨拜宰輔共議朝望一人共之孔循言珏貞明時久在中書性畏愼而長者美詞翰好人物重誨即奏與任圜並命爲相有頃珏以老病耳疾不任中書事四上章請明宗惜之久而方允乃授開府儀同三司行尙書左僕射致仕仍賜鄭州莊一區明宗自汴還洛陽遣中使撫問賜錢二十萬食羊百口長興初卒贈司空初珏應進士十九年方登第名姓爲第十九人自登第凡十九年爲宰相又昆仲之次第十九時亦異之案古今事類云鄭珏當唐昭宗時作相文章理道典贍華美小字十九郎應舉十九年方及第又第十九人至相亦十九年時皆異之考珏以光化中登第歷相梁唐而古今事類以爲唐昭宗時作相誤也子遘太平興國中任正郎 永樂大典卷一萬八千八百八十一

崔協字思化遠祖清河太守第二子寅仕後魏爲太子洗馬因爲清河小房至唐朝盛爲流品曾祖邠太常卿祖瓘吏部尚書父彥融楚州刺史彥融素與崔蕘善嘗爲萬年令蕘謁于縣彥融未出見案上有尺題皆賂遺中貴人蕘知其由徑始惡其爲人及除司勳郎中蕘爲左丞通刺不見蕘謂曰郎中行止鄙雜故未見宰相知之改楚州刺史卒于任誡其子曰世世無忘蕘故其子弟常云崔讐協即彥融之子也幼有孝行登進士第釋褐爲度支巡官渭南尉直史館歷三署入梁爲左司郎中萬年令給事中累官至兵部侍郎與中書舍人崔居

儉相遇于幕次協厲聲而言曰崔蕘之子何敢相見居儉亦報之左降太子詹事俄拜吏部侍郎同光初改御史中丞憲司舉奏多以文字錯誤屢受責罰協器宇宏爽高談虛論多不近理時人以爲虛有其表天成初遷禮部尚書太常卿因樞密使孔循保薦拜平章事初豆盧革韋說得罪執政議命相樞密使孔循意不欲河朔人居相位任圜欲相李琪而鄭珏素與琪不協孔循亦惡琪謂安重誨曰李琪非無藝學但不廉耳朝論莫若崔協重誨然之因奏擇相明宗曰誰可乃以協對任圜奏曰重誨被人欺賣如崔協者少識文字時人謂之沒字碑臣比不知書無才而進已爲天下笑何容中書之內更有笑端明宗曰易州刺史韋肅人言名家待我常厚置于此位何如肅苟未可則馮書記是先朝判官稱爲長者與物無競可以相矣道嘗爲莊宗霸府書記故明宗呼之朝退宰臣樞密使休于中興殿之廡下孔循拂衣而去曰天下事一則任圜二則任圜崔協暴死則已不死會居此位重誨私謂圜曰今相位缺人協且可乎圜曰朝廷有李琪者學際天人奕葉軒冕論才校藝可敵時輩百人而讒夫巧沮忌害其能必舍琪而相協如棄蘇合之丸取蛣蜣之轉也重誨笑而止然重誨與

循同職循日言琪之短協之長故重誨竟從之而協登庸之後廟堂代筆假手于人朝廷以國庠事重命協兼判祭酒事協上奏每歲補監生二百爲定物議非之北夢瑣言明宗問宰相馮道盧質近日喫酒否對曰質曾到臣居亦飲數爵臣勸不令過度事亦如酒過則患生崔協強言于坐曰臣聞食醫心鏡酒極好不加藥餌足以安心神左右見其膚淺不覺哂之四年春駕自夷門還京從至須水驛中風暴卒詔贈尚書左僕射謚曰恭靖子頎頌壽貞惟頌仕皇朝官至左諫議大夫終于鄜州行軍司馬永樂大典卷二千七百四十

李琪字台秀五代祖憕天寶末禮部尚書東都留守安祿山陷東都遇害累贈太尉謚曰忠懿憕孫宋元和朝

位至給事中宲子敬方文宗朝諫議大夫敬方子縠廣明中爲晉公王鐸都統判官以收復功爲諫議大夫琪即縠之子也年十三詞賦詩頌大爲王鐸所知然亦疑其假手一日鐸召縠讌于公署密遣人以漢祖得三傑賦題就其第試之琪援筆立成賦尾云得士則昌非賢罔共龍頭之友斯貴鼎足之臣可重宜哉項氏之敗亡一范增而不能用鐸覽而駭之曰此兒大器也將擅文價太平廣記琪總角謁鐸鐸顧曰適蜀中詔到用夏州拓跋思恭爲收復都統可作一詩否即秉筆立製云飛騎經巴棧洪恩及夏臺將從天上去人自日邊來此處金門遠何時玉輦迴叅平關右賊莫待詔書催鐸益奇之因執琪手曰此眞鳳毛也時年十四明年丁母憂因流寓青齊然糠照薪俾夜作書覽書數千卷間爲詩賦唐僖宗再幸梁洋竊賦云哀痛不下詔登封誰上書昭宗時李谿父子以文學知名琪年十八袖賦一軸謁谿谿覽賦驚異倒屣迎門出琪調啞鐘捧日等賦謂琪曰余嘗患近年文字辭賦皆數句之後未見賦題吾子入句見題偶屬典麗吁可畏也琪由是益知名舉進士第天復初應博學宏詞居第四等授武功縣尉辟轉運巡官遷左拾遺殿中侍御史自琪爲諫官憲職凡時政有所不便必封章論列文章秀麗覽之者忘倦琪兄珽亦登進士第才藻富贍兄弟齊名而尤爲梁祖所知以珽爲崇政學士琪自左補闕入爲翰林學士案北夢瑣言云梁李相國琪唐末以文學策名仕至御史昭宗播遷衣冠

蕩析琪藏跡于荊楚間自晦其跡號華原李長官其堂兄光符宰宜都嘗厭薄之琪寂寞每臨流踞石摘樹葉而試草制詞吁嗟怏悵而投葉水中梁祖受禪徵入拜翰林學士今考梁書李珽傳珽歷爲成汭趙匡凝掌書記蓋昭宗末年珽琪兄弟皆客荊楚後乃受知于梁祖也累遷戶部侍郎翰林承旨梁祖西抗邠岐北攻澤潞出師燕趙經畧四方暫無寧歲而琪以學士居帳中專掌文翰下筆稱旨寵遇踰倫自是琪之名播于海內琪重然諾憐才獎善家門雍睦貞明龍德中歷兵禮吏侍郎受命與馮錫嘉張充郄殷象同撰梁太祖實錄三十卷遷御史中丞累擢尚書左丞中書門下平章事時琪與蕭頃同爲宰相頃性畏慎深密琪倜儻負氣不拘小節中書奏覆多行其志而頃專掎摭其咎會琪除吏是試攝名銜改攝爲守爲頃所奏梁帝大怒將投諸荒裔而爲趙巖輩所援罷相爲太子少保莊宗入汴素聞琪名累欲大任同光初歷太常卿吏部尚書三年秋天下大水國計不充莊宗詔百寮許上封事陳經國之要琪因上疏曰臣聞王者富有兆民深居九重所重患者百姓凋耗而不知四海困窮而莫救下情不得上達羣臣不敢指言今陛下以水潦之災軍食乏闕焦勞罪己廹切疚懷避正殿以責躬訪多士而求理則何思而不獲何議而不臧止在改而行之足以擇其善者臣聞古人有言曰穀者人之司命也地

者穀之所生也人者君之所理也有其穀則國力備定其地則人食足察其人則徭役均知此三者爲國之急務也軒黄已前不可詳記自堯湮洪水禹作司空于時辨九等之田收什一之稅其時戶一千三百餘萬定墾地約九百二十萬頃最爲太平之盛及商革夏命重立田制每私田十畝種公田一畝水旱同之亦什一之義也洎乎周室立井田之法大約百里之國提封萬井出車百乘戎馬四百匹畿內兵車萬乘馬四萬匹以田法論之亦什一之制也故當成康之世比堯舜之朝戶口更增二十餘萬非他術也蓋三代以前皆量入以爲出

計農以立軍雖逢水旱之災而有凶荒之備降及秦漢重稅工商急關市之征倍舟車之算人戶旣以減耗古制猶以兼行按此時戶口尙有千二百餘萬墾田亦八百萬頃至乎三國並興兩晉之後則農夫少于軍衆戰馬多于耕牛供軍須奪于農糧秣馬必侵于牛草于是天下戶口只有二百四十餘萬洎隋文之代兩漢比隆及煬帝之年又三分去一我唐太宗文皇帝以四夷初定百姓未豐延訪羣臣各陳所見惟魏徵獨勸文皇力行王道由是輕徭薄賦不奪農時進賢良悅忠直天下粟價㪷直兩錢自貞觀至于開元將及一千九百萬戶

五千三百萬口墾田一千四百萬頃比之堯舜又極增加是知救人瘼者以重斂爲病源料兵食者以惠農爲軍政仲尼云百姓足君孰與不足臣之此言是魏徵所以勸文皇也伏惟深留宸鑒如以六軍方闕不可輕徭兩稅之餘猶須重斂則但不以折納爲事一切以本色輸官又不以紐配爲名止以正耗加納猶應感悅未至流亡況今東作是時羸牛將駕數州之地千里運糧有此差徭必妨春種今秋若無糧草何以贍軍臣伏思漢文帝時欲人務農乃募人入粟得拜爵及贖罪景帝亦如之後漢安帝時水旱不足三公奏請富人入粟得關

內侯及公卿以下散官本朝乾元中亦曾如此今陛下縱不欲入粟授官願明降制旨下諸道合差百姓轉倉之處有能出力運官物到京師五百石以上白身授以初任州縣官有官者依資遷授欠選者便與放選千石以上至萬石不拘文武明示賞酬免令方春農人流散斯亦救民轉倉贍軍之一術也莊宗深重之尋命爲國計使垂爲輔相俄遇蕭牆之難而止及明宗卽位豆盧革韋說得罪任圜陳奏請命琪爲相爲孔循鄭珏排沮乃相崔協琪時爲御史大夫安重誨于臺門前專殺殿直馬延雖曾彈奏而依違詞旨不敢正言其罪以是託

疾三上章請老朝旨不允除授尚書左僕射自是之後尤爲宰執所忌凡有奏陳靡不望風橫沮天成末明宗自汴州還洛琪爲東都留司官班首奏請至偃師奉迎時琪奏中有敗契丹之凶黨破真定之逆城之言詔曰契丹即爲凶黨真定不是逆城李琪罰一月俸又嘗奉勅撰霍彥威神道碑文琪梁之故相也敘彥威仕梁歷任不言其僞中書奏曰不分真僞是混功名望令改撰詔從之多此類也琪雖博學多才拙于遵養時晦知時不可爲然猶多岐取進動而見排由已不能鎮靜也以太子太傅致仕長興中卒于福善里第時年六十子貞

官至邑宰琪以在內署時所爲制詔編爲十卷目曰金門集大行于世（永樂大典卷一萬二百八十九）

蕭頃字子澄京兆萬年人故相倣之孫京兆尹廩之子頃聰悟善屬文昭宗朝擢進士第歷度支巡官太常博士右補闕時國步艱難連帥倔強率多奏請欲立家廟于本鎮頃上章論奏乃止累遷吏部員外郎先是張濬自中書出爲右僕射梁祖判官高劭使梁祖麾求一子出身官省寺皆稱無例濬曲爲行之指揮甚急吏徒惶恐頃判云僕射未集郎官赴省上指揮公事且非南宮舊儀濬聞之慙悚致謝頃由是知名梁祖亦奬之頃入梁歷給諫御史中丞禮部侍郎知貢舉咸有能名自吏部侍郎拜中書門下平章事與李琪同輔梁室事多矛盾莊宗入汴頃坐貶登州司戶量移濮州司馬數年遷太子賓客天成初爲禮部尚書太常卿太子少保致仕卒時年六十九輟朝一日贈太子少師（永樂大典卷五千二百二十五）

史臣曰夫輔相之才從古難得蓋文學政事履行謀猷不可缺一故也如數君子者皆互有所長亦近代之良相也如齊公之明簡李琪之文章足以圭表搢紳笙簧典誥陟之廊廟宜無愧焉（永樂大典卷二千七百四十）

舊五代史卷五十八終

舊五代史卷五十八攷證

唐列傳十趙光逢傳父隱右僕射　案舊唐書作左僕射

僖宗朝登進士第　僖宗原本作昭宗據舊唐書光逢係乾符五年進士當作僖宗今改正

時有道士許巖士　許巖士原本脫士字今據新唐書及通鑑增入

李琪傳敬方子穀廣明中爲晉公王鐸都統判官　案太平廣記引李琪集序作父敬佐王鐸滑州幕攷李琪祖名敬方其父不得名敬疑太平廣記傳寫之訛

戍馬四百匹　四百原本作四千今據漢書改正

以太子太傅致仕　案太傅歐陽史作少傅

補前趙光逢傳　授司徒致仕　唐摭言云光逢膺大用居重地十餘載七表乞骸守司空致仕居二年復徵拜上將

舊五代史卷五十八攷證

舊五代史卷五十九

宋司空同中書門下平章事薛居正等撰

列傳第十一　唐書三十五

丁會字道隱壽州壽春人父季會幼放蕩縱橫不治農產恆隨哀挽者學綿謳尤嗜其聲既長遇亂合雄兒爲盜有志功名黃巢渡渭會從梁祖爲部曲梁祖鎮汴會歷都押衙自梁祖誅宗權併時溥屠朱瑄走朱瑾會恆以兵從多立奇功文德中表授懷州刺史歷滑州留後河陽節度使檢校司徒自河陽以疾致政于洛陽梁祖季年猜忌故將功大者多遭族滅會陰有避禍之志稱疾者累年（案通鑑考異謂梁祖季年無誅戮大臣之事考朱珍李讜諸人先後爲梁祖所殺丁會蓋監于前事也）天復元年梁祖奄有河中晉絳乃起會爲昭義節度使昭宗幸洛陽加同平章事其年昭宗遇弒哀問至會三軍縞素流涕久之時梁祖親討劉守文於滄州駐軍于長蘆三年十二月王師攻會居旬日會以潞州歸于武皇（北夢瑣言梁祖雄猜疑忌功臣忽謂敬翔曰吾夢丁會在前祇候吾將乘馬欲出圉人以馬就臺忽爲丁會跨之以出時夢中怒叱喝數聲因驚覺甚惡之是月丁會舉潞州軍民歸河東矣）引見會泣曰臣非不能守潞但以汴王篡弱唐祚猜嫌舊將臣雖蒙保薦之恩而不忍相從今所謂吐盜父之食以見王也武皇納之賜甲第于太原位在諸將上五年汴

將李思安圍潞州以會爲都招討使檢校太尉莊宗嗣王位與會決謀破汴軍于夾城七年十一月卒于太原莊宗即位追贈太師有子七人知沆爲梁祖所誅餘皆歷內職（永樂大典卷一萬八千一百八十九）

閻寶字瓊美鄆州人父佐海州刺史寶以少事朱瑾爲牙將瑾之失守于兗也寶與瑾將胡規康懷英歸汴梁皆擢任之自梁祖陳師河朔爭霸關西寶與葛從周丁會賀德倫李思安各爲大將統兵四出所至立功歷洺隨宿鄭四州刺史天祐六年梁祖以寶爲邢洺節度使檢校太傅莊宗定魏北十三年攻相衛洺磁下之寶獨保邢州城孤援絕八月寶以邢州降莊宗嘉之進位檢校太尉同平章事遙領天平軍節度使東南面招討等使待以賓禮位在諸將上每有謀畫與之參決契丹之寇幽州也周德威危急寶與李存審從明宗擊契丹于幽州西北解圍而還胡柳之役諸軍逗撓汴軍登無石山其勢甚盛莊宗望之畏其不敵且欲保營寶進曰王深入敵竟偏師不利王彥章騎軍已入濮州山下唯列步兵向晚皆有歸志我盡銳擊之敗走必矣若今引退必爲所乘我軍未集更聞賊勝即不戰而自潰也凡決勝料情情勢已得斷在不疑今王之成敗在此一戰若

不決勝設使餘衆渡河河朔非王有也王其勉之莊宗聞之聳聽曰微公幾失計即引騎大譟奪稍登山大敗汴人十八年張文禮殺王鎔叛寶帥師進討八月收趙州進渡滹水擒賊黨張友順以獻九月進逼眞定結營西南隅掘塹柵以環之決大悲寺漕渠以浸其郛十九年正月契丹三十萬來援鎭州前鋒至新樂衆心憂之寶見莊宗指陳方畧軍情乃安敵退加檢校侍中三月城中饑王處瑾之衆出城求食寶縱其出伏兵截擊之飢賊大至諸軍未集爲賊所乘寶乃收軍退保趙州因慙憤成疾疽發背而卒時年六十同光初追贈太師晉天福追封太原郡王有子八人宏倫宏儒皆位至郡守〔永樂大典卷九千八百二

符習趙州慶縣人少從軍事節度使王鎔積功至列校自莊宗經畧河朔與鎔連衡常令習率師從莊宗征討鎔爲張文禮所害時習在德勝寨文禮上書請習等歸鎭習雨泣訴于莊宗曰臣本趙人家世事王氏故使嘗授臣以劍俾臣平蕩凶寇自聞變故徒懷寃憤欲以自到無益于營魂且張文禮乃幽滄叛將趙王知人不盡過意任使致被反噬臣雖不武願在霸府血戰而死不能委身于凶首莊宗曰爾旣懷舊君之愛可復讎乎吾

當助爾習等舉身投地號慟感激謝曰王必以故使輔翼之勞雪其寃耻臣不敢期師旅爲助但悉本軍可以誅其逆豎莊宗即令閻寶史建瑭助習討文禮乃以習爲成德軍兵馬留後及文禮誅將正授節鉞習不敢當其任辭曰臣緣故使未葬又無嗣息臣合服斬縗候臣禮制畢聽命及莊宗兼領鎭州乃割相魏二州置義寧軍以習爲節度使習奏曰魏博六州見係霸府不宜遽有割隸但授臣河南一鎭臣自攻取乃授天平軍節度東南面招討使習有器度性忠壯自莊宗十年沿河戰守習常以本軍從心無顧望諸將服其爲人同光初以習爲邢州節度明年移鎭青州四年二月趙在禮盜據魏州習受詔以淄青之師進討至則會軍亂習乃退軍渡河明宗自鄴赴洛遣使召之習不時而至旣至謁明宗于胙縣霍彥威謂習曰主人所知者十人公在其四何猶豫乎習乃從明宗入汴明宗即位加兼侍中令歸本鎭屬青州守將王公儼拒命復授天平軍節度使宋史顏衎傳天成初爲鄆平令符習初鎭天平習武臣之廉愼者以書告屬邑毋聚斂爲獻賀衎未領書以故規行之尋爲吏所訟習遽召衎咨之幕客軍吏咸以爲辱及正人習甚悔焉即表爲觀察判官且塞前事四年移汴州節度使安重誨素不悅習會汴人言習厚賦民錢以代納藁及納軍租多收加耗由是罷歸京師通鑑習自

侍宿將議論多抗安重誨故重誨求其過奏之授太子太師致仕求歸故里許之乃歸昭慶縣明宗以其子令謙為趙州刺史習飛揚痛飲周遊田里不集朋徒不過郡邑如此累年中風而卒贈太師子蒙嗣位至禮部侍郎（永樂大典卷一萬八千一百二十九）

烏震冀州信都人也少孤自勤于鄉校弱冠從軍初為鎮州隊長以功漸升部將與符習從征于河上頗得士心聞張文禮弒王鎔志復主讐雪泣請行兵及恆陽文禮執其母妻洎兒女十口誘之不廻攻城日急文禮忿之咸割鼻斷腕不絶于膚放至軍門觀者皆不忍正視震一慟而止憤激奮命爭先矢石鎮州平以功授震深

趙二州刺史其性純質以清直御下在河北獨有政聲移易州刺史兼南北面水陸轉運招撫等使契丹犯塞漁陽路梗震率師運糧三入薊門擢為河北道副招討遥領宣州節度使代房知温軍于盧臺及至軍會戍兵龍晊所部鄴都奉節等軍數千人作亂未及交印而遇害明宗聞之廢朝一日詔贈太傅震畧涉書史尤嗜左氏傳好為詩善筆札凡郵亭佛寺多有留題之跡及其遇禍燕趙之士皆歎惜之（永樂大典卷一萬八千一百二十九）

王瓚故河東節度使重盈之諸子也天復初梁祖既平河中追念王氏舊恩辟瓚為賓助梁祖即位歴諸衛大將軍兖華兩鎮節度使開封尹貞明五年代賀瓌統軍駐于河上時李存審築壘于德勝渡秋八月瓚率汴軍五萬自黎陽渡河將掩擊魏州明宗出師拒之瓚至頓丘而旋于陽村夾河築壘架浮航自滑饋運相繼瓚嚴于軍法令行禁止然機畧應變則非所長十一月瓚率其衆觀兵于戚城明宗以前鋒擊之獲其將李立十二月邏騎報汴之饋糧千計沿河而下可掩而取之莊宗遣徒兵五千設伏以待之使騎軍循河南岸西上俘獲饋役數千瓚結陣河曲以待王師既而合兵一戰敗之瓚衆走保南城瓚以小舟北渡僅免是日獲馬千餘匹

俘斬萬級王師乘勝徇地曹濮梁主以瓚失律令戴思遠代還及王師襲汴時瓚為開封府尹梁主聞王師將至自登建國門樓日夜垂泣時持國寶謂瓚曰吾終保有此者繫卿耳令瓚閱市人散徒登城為備洎明宗至封丘門瓚開門迎降翌日莊宗御玄德殿瓚與百官待罪及進幣馬詔釋之仍令收梁主屍備棺櫝權厝於佛寺漆首函送于郊社居數日段凝上疏奏梁朝掌事權者趙巖等並助成虐政結怨于人聖政惟新宜誅首惡以謝天下於是張漢傑張漢融張漢倫張希逸趙縠朱珪等並族誅家財籍沒瓚闔諸族當法憂悸失次每出

則與妻子訣別郭崇韜遣人慰譬之詔授宣武軍節度副使知府事檢校太傅如故（案歐陽史云瓚伏地請死莊宗勞而起之曰朕與卿家世婚姻然人臣各爲主耳復何罪耶因以爲開封尹遷宣武軍節度使據薛史則瓚以宣武軍節度副使知府事未嘗遷秩也）瓚心憂疑成疾十二月卒贈太子太師瓚雖爲治嚴肅而慘酷有家世風自歷守藩鎮頗能除盜而明不能照下及尹正京邑委政于愛壻牙將辛廷蔚曲法納賄因緣爲奸初汴人駐軍于河上軍計不足瓚請率汴之富戶出助軍錢賦取不均人靡控訴至有雉經者又有富室致賂幸而免率者及明宗即位素知廷蔚之奸乃勒歸田里然瓚能優禮搢紳抑挫豪猾故當時士流皆稱仰焉 永樂大典卷六千六百八十

袁象先宋州下邑人也自稱唐中宗朝中書令南陽郡王恕已之後曾祖進朝成都少尹梁以象先貴累贈左僕射祖忠義忠武軍節度判官累贈司空父敬初太府卿累贈司徒駙馬都尉敬初娶梁祖之妹初封沛郡太君開平中追封長公主貞明中追封萬安大長公主象先即梁祖之甥也性寬厚不忤于物幼遇亂慨然有憂時之意象先嘗射一水鳥不中箭落水中下貫雙鯉見者異之梁祖鎮夷門象先起家授銀青光祿大夫檢校太子賓客兼御史中丞景福元年自檢校左省常侍遷檢校工部尚書充元從馬軍指揮使兼左靜邊都指揮使乾寧五年再遷檢校右僕射左領軍衛將軍同正充宣武軍內外馬步軍都指揮使光化二年權知宿州軍州事天復元年表授刺史充本州團練埇橋鎮遏都知兵馬使會淮寇大至圍逼州城象先殫力禦備時援兵未至頗懷憂沮一日登北城憩其樓堞之上恍然若寢夢人告曰我陳璠也嘗版築是城舊第猶在今爲軍舍可爲我立廟即助公陰兵象先納之翌日淮寇急攻其壘梯衝角進是日州城幾陷頃之有大風雨居民望見城上兵甲無算寇不能進即時退去象先方信鬼神之

助乃爲之立祠至今里人禱祝不輟三年權知洺州軍州事天祐二年授陳州刺史檢校司空是歲陳州大水民飢有物生于野形類葡萄其實可食貧民賴焉梁開平二年授左英武軍使再遷左神武右羽林統軍三年轉右衛上將軍封汝南縣男四年權知宋州留後到任五月改天平軍兩使留後時鄆境再飢戶民流散象先即開倉賑䘏蒙賴者甚衆五年梁祖北征以象先爲鎮定東南行營都招討應接副使進封開國伯領兵攻蓨縣不克而還俄奉詔自鄆赴闕鄆人遮留毀石橋而不得進乃至他門而逸尋授左龍武統軍兼侍衛親軍都

指揮使乾化三年與魏博節度使楊師厚合謀誅朱友珪于洛陽梁末帝即位以功授檢校太保同平章事遙領洪州節度使行開封尹判在京馬步諸軍進封開國公四年授青州節度使加檢校太傅未幾移鎮宋州加檢校太尉象先在宋凡十年初梁祖領四鎮統兵十萬威震天下關東藩守皆其將吏方面補授由其保薦四方輿金輦璧駿奔結轍納賂于其庭如是者十餘年寖成風俗藩侯牧守下迨羣吏罕有廉白者率皆掊斂剝下以事權門象先恃甥舅之勢所至藩府侵刻誅求尤甚以此家財鉅萬莊宗初定河南象先率先入覲輦珍

幣數十萬遍賂權貴及劉皇后伶官巷伯旬日內外翕然稱之初梁將未復官資者凡上章奏姓名而已郭崇韜奏曰河南征鎮將吏昭洗之後未有新官每上表章但書姓名未頒綸制必負憂疑即日復以象先爲宋亳輝潁節度使依前檢校太尉平章事仍賜姓名紹安尋令歸鎮明年以郊禮象先復來朝是時制改宋州宣武軍爲歸德軍因侍宴莊宗謂象先曰歸德之名無乃著題否象先拜謝而退即命歸鎮其夏以疾卒于治所年六十一册贈太師周廣順中贈中書令追封楚國公象先二子長曰正辭歷衞雄二州刺史次曰襄至周顯德中終于滄州節度使　永樂大典卷五千一百十四

張温字德潤魏州魏縣人也始事梁祖爲步直小將改崇明都校貞明初蔣殷以徐州叛從劉鄩討平之改左右捉生都指揮使莊宗伐邢臺獲之用爲永清都校歷武州刺史山後八軍都將從莊宗襲契丹于幽州收新州歷銀槍效義都指揮使再任武州刺史同光初契丹陷嬀儒檀順平薊六州武州獨全改授蔚州刺史天成初歷振武昭武留後尋授利州節度使入爲右衞上將軍無幾授洋州節度使右龍武統軍改雲州節制清泰初屯兵鴈門逐契丹出塞移鎮晉州攖疾而卒詔贈太

尉　永樂大典卷六千六百六十

李紹文鄆州人本姓張名從楚少事朱瑄爲帳下瑄敗歸于梁祖爲四鎮牙校累典諸軍天祐八年從王景仁戰敗于栢鄉紹文與别將曹儒收殘衆退保相州王師之攻魏州也紹文率衆自黎陽將渡河時汴人大恐河無舟檝紹文懼爲王師所逼乃剽黎陽臨河內黃至魏州歸于莊宗莊宗嘉納之賜姓名分其兩將三千人爲左右匡霸軍旅仍令紹文曹儒分將之從周德威討劉守光進檢校司空移將匡衞軍十二年授博州刺史預破劉鄩于故元城歷貝隰代三州刺史領天雄軍馬步

副都將屯于德勝從閻寶討張文禮爲馬步軍都虞候明宗收鄆州以紹文爲右都押衙馬步軍都將從破王彥章于中都同光中歷徐滑二鎮副使知府事三年從郭崇韜討西川爲洋州節度留後領鎮江軍節度天成初爲武信軍節度使尋卒于鎮永樂大典卷一萬一百九十八

史臣曰昔丁會之事梁祖也功既隆矣禍將及矣挺身北首故亦宜然然食人之祿豈合如是哉閻寶再降于人夫何足貴焉符習雪故主之沉寃享通侯之貴位乃趙之奇士也烏震不惘其親仁斯鮮矣雖慕樂羊之跡豈事文侯之宜瓚洎象先而下皆降將也又何足以議焉永樂大典卷一萬一百八十九

舊五代史卷五十九終

舊五代史卷五十九攷證

閻寶傳梁祖以寶爲節度使檢校太傅 案歐陽史太祖時爲諸軍都虞候末帝時以寶爲保義軍節度使與是書詳畧先後互異

符習傳飛揚痛飲 飛揚原本作飛鷹今攷杜詩痛飲狂歌空度日飛揚跋扈爲誰雄鷹字蓋揚字之譌今改正

烏震傳移易州刺史 易州歐陽史作冀州

詔贈太傅 太傅歐陽史作太師

張温傳 案温于潼關擒劉浣見梁紀此傳不載

舊五代史卷五十九攷證

宋司空同中書門下平章事薛居正等撰

列傳第十二　唐書三十六

李襲吉（案北夢瑣言作李習吉）自言左相林甫之後父圖爲洛陽令因家焉襲吉乾符末應進士舉遇亂避地河中依節度使李都擢爲鹽鐵判官及王重榮代不喜文士時喪亂之後衣冠多逃難汾晉間襲吉訪舊至太原武皇署爲府掾出宰榆社（案北夢瑣言作攝榆次令）光啟初武皇遇難上源記室殁焉既歸鎮辟掌奏者多不如指或有薦襲吉能文召試稱指卽署爲掌書記襲吉博學多通尤諳悉國朝近事爲文精意練實動據典故無所放縱羽檄軍書辭理宏健自武皇上源之難與梁祖不協乾寧末劉仁恭負恩其間論列是非交相聘答者數百篇警策之句播在人口文士稱之三年遷節度副使從討王行瑜拜右諫議大夫及師還渭北武皇不獲入覲爲武皇作違離表中有警句云穴禽有異聽舜樂以猶來天路無梯望堯雲而不到昭宗覽之嘉歎洎襲吉入奏面詔諭之優賜特異（案北夢瑣言云習吉從李克用至渭南令其入奏帝重其文章授諫議大夫使上事北省以榮之據薛史則襲吉先授諫議非至入奏時始授也當由先徑奏授至入奏時復于本省上事耳北夢瑣言多傳聞之辭故有互異）其年十二月師還太原王珂爲浮梁于夏

陽渡襲吉從軍時笮斷航破武皇僅免襲吉墜河得大冰承足泝流七八里達岸而止救之獲免天復中武皇議欲脩好于梁命襲吉爲書以貽梁祖書曰一別清德十有餘年失意杯盤爭鋒劍戟山高水濶難追二國之歡雁逝魚沉久絕八行之賜比者僕與公實聯宗姓原忝恩知投分深情將期棲託論交馬上薦美朝端傾嚮仁賢未省疎闕豈謂運由奇特謗起奸邪毒手尊拳交相于暮夜金戈鐵馬蹂踐于明時狂藥致其失歡陳事止于堪笑今則皆登貴位盡及中年蘧公亦要知非君子何勞用壯今公貴先列辟名過古人合縱連衡本務家邦之計拓地守境要存子孫之基文王貴奔走之交仲尼談損益之友僕顧慚虛薄舊忝眷私一言許心萬死不悔壯懷忠力猶勝他人盟于三光願赴湯火公又何必終年立敵怨意相窺徇一時之襟靈取四郊之倦弊今日得其小衆明日下其危牆弊師無遺鏃之憂鄰壤抱剝床之痛又慮悠悠之黨妄瀆聽聞見僕韜勇枕威戢兵守境不量本末誤致窺覦且僕自壯歲以前業經陷敵以殺戮爲東作號兼弁爲永謀及其首陟師壇躬被公袞天子命我爲羣后明公許我以下交所以斂迹愛人蓄兵務德收燕薊則還其故將入蒲阪而不負

前言況五載休兵三邊校士鐵騎犀甲雲屯谷量馬邑兒童皆爲銳將鷲峰官闕咸作京坻問年猶少于仁明語地幸依於險阻有何覘覦便誤英聰況僕臨戎握兵粗有操斷屈伸進退久貯心期勝則撫三晉之民敗則徵五部之衆長驅席卷反首提戈但慮驟哭中原爲公後患四海羣謗盡歸仁明終不能見僕一夫得僕一馬鋭師儻失則難整齊請防後艱願存前好矧復陰山部落是僕懿親迴紇師徒累從外舍文靖求始畢之衆元海徵五部之師寬言虛詞猶或得志今僕散積財而募勇輩鞾寶貨以誘義戎徵其密親陷以美利控弦跨馬

寧有數乎但緣荷位天朝惻心疲瘵峩峩亭障未忍起戎亦望公深識鄙懷洞迴英鑒論交釋憾慮禍革心不聽浮談以傷霸業夫易惟忌滿道貴持盈儻恃勇以喪師如撃盤而失水爲蚍刻鶴幸賜徊翔僕少負褊心天與直氣間謀詭論誓不爲之唯將藥石之談願託金蘭之分儻愚衷未豁彼抱猶迷假令罄三朝之威窮九流之辯遣迴肝膈如俟河清今者執簡吐誠願垂保鑒僕自眷私睽阻翰墨往來或有鄙詞稍侵英德亦承嘉論每賜詈言敘歡睍罷于尋戈焚謗幸蠲其載筆窮因尙口樂貴和心願袪沉闕之嫌以復篪塤之好今者卜于褭分不欲因人轉遣使乎直詣鈴閤古者兵交兩地使在其間致命受辭幸存前志昔賢貴于投分義士難于屈讐若非仰戀恩私安可輕露肝膈悽悽丹慊炳炳血情臨紙鬱風千萬難述梁祖覽之至毒手尊拳之句怡然謂敬翔曰李公斗絕一隅安得此文士如吾之智算得襲吉之筆才虎傅翼矣又讀至馬邑兒童陰山部落之句梁祖怒謂敬翔曰李太原殘喘餘息猶氣吞宇宙可詬罵之及翔爲報書詞理非勝由是襲吉之名愈重（案通鑑考異引唐末見聞錄載全忠回書云前年洹水曾獲賢郎去年青山又擒列將蓋梁之書檄皆此類也）自廣明大亂之後諸侯割據方面競延名士以掌書檄是

時梁有敬翔燕有馬郁華州有李巨川荊南有鄭準（案唐新纂云鄭準士族末第時佐荊門上谷蓮幕飛書走檄不讓古人秉直去邪無慚往哲考準爲成汭書記汭封上谷郡王）鳳翔有王超（案北夢瑣言云唐末鳳翔判官王超推奉李茂貞挾曹馬之勢牋奏文檄恣意翱翔後爲興元留後遇害有鳳鳴集三十卷行于世）錢塘有羅隱魏博有李山甫皆有文稱與襲吉齊名于是襲吉在武皇幕府垂十五年視事之暇惟讀書業文手不釋卷性恬于榮利獎誘後進不以己能格物參決府事務在公平不交賂遺綽綽有士大夫之風概焉天祐三年六月以風病卒于太原同光二年追贈禮部尙書（永樂大典卷一萬三百八十）

王緘幽州劉仁恭故吏也少以刀筆直記室仁恭假以

幕職令使鳳翔還經太原屬仁恭阻命武皇留之緘堅辭復命書詞稍抗武皇怒下獄詰之謝罪聽命乃署爲推官歷掌書記契丹國志韓延徽傳延徽自契丹奔晉晉王欲置之幕府掌書記王緘嫉之延徽不自安求東歸省母遂復入契丹寓書于晉王敘所以北去之意且曰非不戀英主非不思故鄉所以不留正懼王緘之讒耳從莊宗經畧山東承制授檢校司空魏博節度副使緘博學善屬文燕薊多文士緘後生未知名及在太原名位驟達燕人馬郁有盛名于鄉里而緘素以吏職事郁及郁在太原謂緘曰公在此作文士所謂避風之鳥受賜于魯人也每於公宴但呼王緘而已十年從征幽州既獲仁恭父子莊宗命緘爲露布觀其旨趣

緘起草無所辭避義士以此少之胡柳之役緘隨輜重前行殁于亂兵際晚盧質還營莊宗問副使所在曰某醉不之知也既而緘凶問至莊宗流涕久之得其喪歸葬太原一永樂大典卷六千八百五十

李敬義本名延古太尉衛公德裕之孫初隨父燁貶連州遇赦得還嘗從事浙東自言遇涿道士謂之曰子方厄運不宜仕進敬義悚然對曰吾終老賤哉涿曰自此四十三年必遇聖主大任子其志之敬義以爲然乃無心仕宦退歸洛南平泉舊業爲河南尹張全義所知歲時給遺特厚出入其門欲署幕職堅辭不就初德裕之爲將相也大有勲于王室出藩入輔綿歷累朝及留守洛陽有終焉之志于平泉置别墅採天下奇花異竹珍木怪石爲園池之玩自爲家誡序錄志其草木之得處刊于石云移吾片石折樹一枝非子孫也洎巢蔡之亂洛都灰燼全義披榛而創都邑李氏花木多爲都下移掘樵人鬻賣園亭掃地矣有醒酒石德裕醉卽踞之最保惜者光化初中使有監全義軍得此石置于家園敬義知之泣謂全義曰平泉别業吾祖戒約甚嚴子孫不肖動違先旨因託全義請石于監軍他日宴會全義謂監軍曰李員外泣告言内侍得衛公醒酒石其祖戒堪

哀内侍能廻移否監軍忿然厲聲曰黄巢敗後誰家園池完復豈獨平泉有石哉全義始受黄巢僞命以爲詬已大怒曰吾今爲唐臣非曹賊也卽署奏笞斃之昭宗遷都洛陽以敬義爲司勲員外郎柳璨之陷裴趙諸族希梁祖旨奏云近年浮薄相扇趨競成風乃有卧邀軒冕辭王爵如土梗者司空圖李敬義三度除官養望不至咸宜屏黜以勸事君者翌日詔曰司勲員外郎李延古世荷國恩兩葉相位幸從筮仕累忝寵榮多歷歲時不趨班列而自還都卜洛紀律載張去明廷而非遐處别墅而無懼罔思報効故務便安爲臣之節如斯貽厥

之謀何在須加懲責以肅朝倫九寺勾稽尙謂寛典可責授衛尉寺主簿司空圖亦追停前詔任從閑適圖唐史有傳案舊唐書哀帝紀六月戊申勅前司勳員外郎賜緋魚袋李延古責授衛尉寺主簿九月壬寅勅前大中大夫尙書兵部侍郎賜紫金魚袋司空圖放還中條山蓋延古與司空圖同時被劾其降勅則有先後也時全義既不能庇護乃密託楊師厚令敬義潛往依之因挈族客居衛州者累年師厚給遺周厚十二年莊宗定河朔史建塘收新鄉敬義謁見是歲上遣使迎至魏州署北京留守判官承制拜工部尙書奉使王鎔敬義以遠祖趙郡見鎔展維桑之敬鎔遣判官李翥送賛皇集二卷令謁前代碑壠使還歸職太原監軍張承業

尤不悅本朝宰輔子孫待敬義甚薄或面折于公宴或指言德裕過惡敬義不得志鬱憤而卒同光二年贈右僕射永樂大典卷一萬三百八十九　五代史闕文司空圖字表聖自言泗州人少有俊才咸通中一舉登進士第雅好爲文躁於進取頗自矜伐端士鄙之初從事使府及登朝驟歷清要曹號之亂車駕播遷圖有先人舊業在中條山極林泉之美圖自禮部員外郎因避地焉日以詩酒自娛屬天下板蕩士多往依之互相推奬由是聲名藉甚昭宗反正以戶部侍郎徵至京師圖既負才慢世謂已當爲宰輔時要惡之稍抑其銳圖憤憤謝病復歸中條與人書疏不名官位但稱知非子又稱耐辱居士其所居日禎貽谿谿上結茅屋命日休休亭常自爲記云臣謹按圖河中虞鄉人少有文彩未爲鄉里所稱會王凝自尙書郎出爲絳州刺史圖以文謁之大爲凝所賞歎由是知名未幾凝入知制誥遷中書舍人知貢舉擢圖上第頃之凝出爲宣州觀察使辟圖爲從事既渡江御史府奏圖監察下詔追之圖感知已之恩不忍輕離幕府滿百日不赴闕爲臺司所劾遂

以本官分司久之徵拜禮部員外郎俄知制誥故集中有文曰戀恩稽命黜繫洛師于今十年方忝綸閣此豈躁於進取者耶舊史不詳一至于此圖見唐政多僻中官用事知天下必亂即棄官歸中條山尋以中書舍人徵又徵拜戶部侍郎告不起及昭宗播遷華下圖以密邇乘輿即時奔問復辭還山故詩日多病形容五十三誰憐借笏趁朝參此豈有意于相位焉河中節度使王重榮請圖撰碑得絹數千匹圖致于虞鄉市心恣鄉人所取一日而盡是時盜賊充斥獨不入王官谷河中士人依圖避難全者甚眾昭宗東遷又以兵部侍郎召至洛下爲柳燦所阻一謝而退梁祖受禪以禮部尙書徵辭以老疾卒時年八十餘臣又案梁室大臣如敬翔李振杜曉楊涉等皆唐朝舊族本當忠義立身重侯累將三百餘年一旦委質朱梁其甚者贊成弒逆惟圖以清直避世終身不事梁祖故梁史揭圖小瑕以泯大節者良有以也

盧汝弼案通鑑汝弼范陽人宣和書譜汝弼字子諧祖綸唐貞元年有詩名父簡求爲河東節度使汝弼少力學不喜爲世胄篤志科舉登進士第文彩秀麗一時士大夫稱之唐昭宗景福中擢

進士第歷臺省昭宗自秦遷洛陽時爲祠部郎中知制誥時梁祖凌弱唐室殄滅衣冠懼禍渡河由上黨歸于晉陽永樂大典卷一萬六千四百九十五初武皇平王行瑜天子許承制授將吏官秩是時藩侯偪强者多僞行墨制武皇恥而不行長吏皆表授及莊宗嗣晉王位承制置吏又得汝弼有若符契由是除補之命皆出汝弼之手既而畿內官吏考課議擬奔走盈門頗以賄賂聞士論少之永樂大典卷二千五百三十二洎帝平定趙魏汝弼每請謁迎勞必陳說天命顒傒中興帝亦以宰輔期之建國前卒于晉冊府元龜卷八百九十五

李德休字表逸趙郡贊皇人也祖絳山南西道節度使唐史有傳父璋宣州觀察使德休登進士第歷鹽鐵官渭南尉右補闕侍御史天祐初兩京喪亂乃寓迹河朔定州節度使王處直辟爲從事莊宗卽位于魏州徵爲御史中丞轉兵部吏部侍郎權知左丞以禮部尙書致仕卒時年七十四贈太子少保（永樂大典卷一萬二百八十九）

蘇循父特陳州刺史循咸通中登進士第累歷臺閣昭宗朝再至禮部尙書循性阿諛善承順苟容以希進取昭宗自遷洛之後梁祖凶勢日滋唐室舊臣陰懷主辱之憤名族之胄往往有違禍不仕者惟循希旨附會及

梁祖失律于淮南西屯于壽春要少帝欲授九錫朝臣或議是非循揚言云梁王功業顯大歷數有歸朝廷速宜揖讓當時朝士畏梁祖如虎罔敢違其言者明年梁祖逼禪循爲册禮副使梁祖旣受命宴于元德殿舉酒曰朕夾輔日淺代德未隆置朕及此者羣公推崇之意也楊涉張文蔚慚懼失對致謝而已循與張禕薛貽矩因盛陳梁祖之德業應天順人之美循自以奉册之勞旦夕望居宰輔而敬翔惡其爲人謂梁祖曰聖祚惟新宜選端士以鎭風俗如循等輩俱無士行實唐家之鴟梟當今之狐魅彼專賣國以取利不可立維新之朝初

循子楷乾寧二年登進士第中使有奏御者云今年進士二十餘人僥倖者半物論以爲不可昭宗命學士陸扆馮渥重試于雲韶殿及格者一十四人詔云蘇楷盧賡等四人詩句最卑蕪累頗甚曾無學業敢竊科名澆我至公難從濫進宜付所司落下不得再赴舉場楷以此慚恨長幸國家之災昭宗遇弑輝王嗣位國命出于朱氏楷始得爲起居郎柳燦陷害朝臣衣冠惕息無敢言者初梁祖欲以張廷範爲太常卿裴樞以爲不可柳燦懼梁祖之毒乃歸過于樞故裴趙罹白馬之禍楷因附燦復依廷範時有司初定昭宗謚號楷謂廷範曰謚

者所以表行實前有司之謚先帝昭宗所謂名實不副司空爲樂卿余忝史職典章有失安得不言乃上疏曰帝王御宇察理亂以審污隆祀享配天資謚號以定升降故臣下君上皆不得而私也先帝睿哲居尊恭儉垂化其於善美孰敢蔽虧然而否運莫興至理猶鬱遂致四方多事萬乘播遷始則宦豎凶狂受幽辱于東內終則嬪嬙悖亂罹夭閼于中闈其于易名宜循考行有司先定尊謚曰聖穆景文孝皇帝廟號昭宗敢言溢美似異直書今郊禋有日祫祭惟時將期允愜列聖之心更在詳議新廟之稱庶使叶先朝罪已之德表聖上無私

之明案舊唐書云蘇楷目不知書僅能執筆其文羅袞作也太常卿張廷範奏議
曰昭宗初實彰于聖德後漸減于休明致季述幽辱于
前茂貞刼幸于後雖數拘厄運亦道失始終違陵寢于
西京徙兆民于東洛輗輦輅未踰于寒暑行大事俄起
于宮闈謹聞執事堅固之謂恭亂而不損之謂靈武而
不遂之謂莊在國逢難之謂閔因事有功之謂襄今請
改謚曰恭靈莊閔皇帝廟號襄宗輝王答詔曰勉依所
奏哀咽良深楷附會幸災也如是及梁祖即位於汴楷
自以遭遇千載一時敬翔深鄙其行尋有詔云蘇楷高
貽休蕭聞禮等人才寢陋不可塵穢班行並勒歸田里

循楷既失所望懼以前過獲罪乃退歸河中依朱友謙
莊宗將即位于魏州時百官多缺乃求訪本朝衣冠友
謙令赴行臺時張承業未欲莊宗即尊位諸將賓僚無
敢贊成者及循至入衙城見府廨即拜謂之拜殿時將
吏未行蹈舞禮及循朝謁即呼萬歲舞抃泣而稱臣莊
宗大悅翌日又獻大筆三十管曰畫日筆莊宗益喜承
業聞之怒會盧汝弼卒即令循守本官代爲副使明年
春循因食蜜雪傷寒而卒同光二年贈左僕射以楷爲
員外郎天成中累歷使幕會執政欲糾其駁謚之罪竟
以憂慚而卒永樂大典卷二千三百九十

史臣曰昔武皇之樹霸基莊宗之開帝業皆旁求多士
用佐丕圖故數君子者或以書檄敏才或以搢紳舊族
咸登貴仕諒亦宜哉唯蘇循贊梁祖之强禪蘇楷駁昭
莊之舊謚士風臣節豈若是乎斯蓋文苑之豺狼儒林
之荆棘也永樂大典卷二千三百九十

舊五代史卷六十終

舊五代史卷六十攷證

乾符末應進士舉　案唐新纂作應廣文舉不第

出宰榆社　案北夢瑣言作攝榆次令

李敬義傳移吾片石　案原本脫移字今據册府元龜增入

李德休傳　德休原本作德林今案其字表逸林字蓋休字之訛今改正

補前盧汝弼傳建國前卒於晉宣和書譜贈兵部尚書

舊五代史卷六十攷證

舊五代史卷六十一

宋司空同中書門下平章事薛居正等撰

列傳第十三　唐書三十七

安金全代北人世爲邊將少驍果便騎射武皇時爲騎將屢從征討莊宗之救潞州及平河朔皆有戰功累爲刺史以老病退居太原（案遼史安金全以幽州戰敗故退廢不用此事薛史不載）天祐中汴將王檀率師三萬乘莊宗在鄴來襲幷州時城無備兵敵軍奄至監軍張承業大恐計無所出閱諸司丁匠登陴禦捍外攻甚急金全遽出謂承業曰老夫退居抱病不任軍事然吾王家屬在此王業本根之地如一旦爲敵所有大事去矣請以庫甲見授爲公備之承業即時授之金全被甲跨馬召率子弟及退閑諸將得數百人夜出北門擊賊於羊馬城內梁人驚潰由是退郤俄而石君立自潞州至汴軍退走微金全之奮命城幾危矣莊宗性矜伐凡大將立功不時行賞故金全終莊宗世名位不進明宗與之有舊及登極授金全同平章事充振武軍節度使在任二年治民爲政非所長詔赴闕俄而病卒廢視朝二日初南北對壘汴之游騎每出必爲金全所獲故梁之偵邏者咸懼目之爲安五道蓋比鬼將有五道之名也子審琦等皆位至方鎭別有傳（永樂大典卷一萬八千一百二十九）

審通金全之猶子也幼事莊宗累有戰功轉先鋒指揮使同光初爲北京右廂馬軍都指揮使屯奉化軍四年春赴明宗急詔軍趨夷門爲前鋒天成初授單州刺史改齊州防禦使兼諸道先鋒馬軍都指揮使奉詔北征從房知溫營于盧臺會龍眶部下兵亂審通脫身酒筵奪舩以濟促騎士介馬及亂兵南行盡戮之以功授檢校太傅滄州節度使圍王都于中山躬冒矢石爲飛石所中而卒贈太尉（永樂大典卷一萬二千五十四）

安元信字子言代北人父順琳爲降野軍使元信以將家子便騎射幼事武皇從平巢蔡光啓中吐渾赫連鐸寇雲中武皇使元信拒之元信兵敗于居庸關武皇性嚴急元信不敢還遂奔定州王處存待之甚厚用爲突騎都校乾寧中處存子郜嗣位時梁軍大攻河朔三鎭奔命不暇梁將張存敬軍奄至城下旣無宿備郜懼挈其族奔太原元信從之武皇待之如初用爲鐵林軍使梁將氏叔琮之攻河東也別將葛從周自馬嶺入元信伏于楡次挫其前鋒梁將李思安之攻上黨也王師將壁高河爲梁軍所逼別將秦武者尤爲難敵元信與鬭斃之繇是梁軍解去城壘得立武皇賜所乘馬及細鎧仗

遷突陣都將莊宗嗣晉王位元信從救上黨破夾寨復
澤潞以功授檢校司空遼州刺史賜玉鞭名馬栢鄉之
役日晚戰酣元信重傷莊宗自臨傅藥其年改檢校司
徒武州刺史充內衙副都指揮使山北諸州都團練副
使從莊宗定魏博移爲博州刺史與梁對壘德勝渡元
信爲右廂排陣使未幾爲大同軍節度使莊宗平定河
南移鎭橫海軍節度使時契丹犯邊元信與霍彥威從
明宗屯常山元信恃功每對明宗以成敗勇怯戲侮彥
威彥威不敢答明宗曰成由天地不由于人當氏叔琮
圍太原公有何勇今國家運興致我等富貴乃起謝元

信不復以彥威爲戲明宗卽位以元信嘗爲內衙都校
尤厚待之加同中書門下平章事明年移鎭徐州王師
之討高季興襄帥劉訓逗撓軍期移授元信山南東道
節度使以代訓歲餘改歸德軍節度使就加兼侍中明
宗不豫求入末帝卽位授潞州節度使加檢校太尉清
泰三年二月以疾卒于鎭時年七十四贈太師晉高祖
卽位以元信宿望令禮官定謚曰忠懿有子六人長曰
友權歷諸衛大將軍次曰友親仕皇朝爲滁州刺史卒
于任永樂大典卷一萬八千一百二十九
安重霸雲州人也性狡譎多智算初自代北與明宗俱

事武皇因負罪奔梁在梁復以罪奔蜀蜀以蕃人善騎
射因爲親將蜀後主王衍幼年襲位其政多僻宦官王
承休居中用事與成都尹韓昭內外相結專採擇聲色
以固寵幸武臣宿將居常切齒重霸諂事承休特見委
信梁末岐下削弱蜀人奪取秦成階等州重霸說承休
求鎭秦州仍于軍中選山東驍果得數千人號龍武軍
以承休爲軍帥重霸副焉俱在天水歲餘承休欲求旄
鉞乃以隴西花木入獻又稱秦州山水之美人物之盛
請後主臨幸而韓昭贊成之太平廣記引王氏見聞錄云承休請從諸軍揀選官
健得驍勇數千號龍武軍承休自爲統帥並特加衣糧日有優給因乞秦州節度使且云願與陛下于秦州採

擬美麗且說秦州風土多出國色仍請幸天水少主甚悅卽遣仗節赴鎭應所選龍武精銳並充衙隊從行
同光二年十月蜀主卒衆數萬由劍閣將出興鳳以游
秦州至興州遇魏王繼岌軍至狼狽而旋案九國志作王衍將之秦
州以王宗弼力諫而止與薛史異承休遽聞東師入討大恐計無從出
問於重霸對曰開府何患蜀中精兵不下十萬咫尺之
險安有不濟縱東軍盡如狼虎豈能入劍門然國家有
患開府特受主知不得失于奔赴此州制置事定無虞
得失重霸願從開府赴闕承休素信以爲忠赤重霸出
秦州以金帛賂羣羌買由文山路歸蜀案九國志作取路以歸蜀文義
較爲明晰承休擁龍武軍及招置僅萬人從行令重霸權握

部署州人祖送秦州軍亦列部隊承休登乘重霸馬前辭曰國家費盡事力收獲隴西若從開府南行隴州郎時疎失請開府自行重霸且爲國守藩承休既去重霸在秦州聞明宗起河北卽時遣使以秦成等州來降天成初用爲閬州團練使未幾召還爲左衛大將軍常以姦佞揣人主意明宗尤愛之長興末明宗謂侍臣曰安重霸朕之故人以秦州歸國其功不細酬以團練防禦恐非悽來之道范延光曰將校內有自河東河北從陛下龍飛故人尚有未及團防者今若遽授重霸方鎭恐爲人竊議明宗不悅未幾竟以同州節鉞授之淸泰初移授西京留守京兆尹先是秦雍之間令長設酒食私丐于部民者俗謂之擣蒜及重霸之鎭長安亦爲之故秦人目重霸爲擣蒜老其年冬改雲州節度居無何以病求代時家寄上黨及歸而卒重霸善悅人好賂遺時人目之爲俊弟重進尤兇惡事莊宗以試劍殺人奔淮南（玉堂閒話安重進性兇險莊宗潛龍時爲小校常佩劍列于翊衛後攜劍南馳投于梁主梁主壯之俾隸淮之鎭戍復以射殺掌庾吏逃竄江湖淮帥得之擢爲裨將）重霸在蜀聞之蜀主取之于吳用爲裨將隨重霸爲龍武小將戍長道又殺人奔歸洛陽（太平廣記蜀破重進東歸明宗補爲諸州馬步軍都指揮使後有過鞭背卒）重霸之子曰懷浦晉天福中爲禁軍指揮使契丹寇澶州以

臨陣忸怩爲景延廣所誅（永樂大典卷一萬八千一百二十九）

劉訓字遵範隰州永和人也出身行間初事武皇爲馬軍隊長漸至散將屬河中王氏昆仲有尋戈之役訓從史儼攻陝州武皇討王行瑜以訓爲前鋒後隸河中爲隰州防禦都將居無何殺陝州刺史以郡歸莊宗時歷瀛州刺史同光初拜左監衛大將三年授襄州節度使四年四月洛陽有變訓以私忿害節度副使胡裴族其家聞者寃之天成中荊南高季興叛詔訓爲南面行營招討使知荊南行府事是時湖南馬殷請以舟師會及王師至荊渚殷軍方到岳州仍傳意于訓許助軍儲弓甲之類久之略無至者（案通鑑劉訓至荊南楚王殷遣都指揮使許德勳等將水軍屯岳州高季興堅壁不戰求救于吳吳人遣水軍援之）荊渚地氣卑濕霖潦糧運不繼人多疾疫訓本無將略人咸苦之及孔循至得襄之小校獻竹龍之術及造竹龍二道傳于城下竟無所濟遂罷兵令將士散略居民而廻詔訓赴闕尋責授澶州刺史𢾺濮州安置未幾起爲龍武大將軍尋授建雄軍節度使移鎭延平卒贈太尉（永樂大典卷九千九十八）

張敬詢勝州金河縣人世爲振武軍牙校祖仲阮歷勝州刺史父漢環事武皇爲牙將敬詢當武皇時專掌甲坊十五年以稱職聞復以女爲武皇子存霸妻益見親

信莊宗卽位以爲沁州刺史秩滿復用爲甲坊使莊宗經略山東敬詢從軍歷博澤慈隰四州刺史同光末授耀州團練使郭崇韜之征蜀也以敬詢善督租賦乃表爲利州留後明宗卽位正授昭武軍節度使天成二年詔還京師復授大同節度使至鎭招撫室韋萬餘帳四年徵爲左驍衞上將軍明年授滑州節度使以河水連年溢堤乃自酸棗縣界至濮州廣堤防一丈五尺東西二百里民甚賴之三年秩滿歸京卒輟視朝一日永樂大典卷六千三百五十

劉彥琮字比德雲中人也事武皇累從征役先是絳州

刺史王瓘叛武皇言于彥琮意欲致之無幾從獵于汾晉之郊彥琮奔絳瓘以爲附己待之甚厚因命爲騎將會瓘出獵于馳驅之際彥琮及瓘之首來獻武皇甚奇之從莊宗解上黨之圍同光初稍遷至鐵林指揮使磁州刺史從明宗赴難京師授華州留後尋正授節旄天成三年改左武衞上將軍未幾改陝州節度使尋移鎭邠州卒于鎭時年六十四贈太傅永樂大典卷六千二十

袁建豐武皇破巢時得于華陰年方九歲愛其精神爽俊俾收養之漸長列于左右復習騎射補鐵林都虞候從破邠州王行瑜以功遷左親騎軍使轉突騎指揮使案歐陽史作突陣指揮使從莊宗解圍上黨破栢鄉陣累功遷右僕射左廂馬軍指揮使明宗爲內衙指揮使建豐爲副北討劉守光常身先士伍轉都教練使權蕃漢副總管莊宗入鄴以心腹幹能選爲魏府都巡檢使從征劉鄩下衞磁洺三郡有功加檢校司空授洺州刺史于臨洺西敗梁將王遷數千人生獲將領七十餘人俄拜相州刺史徵赴河上預戰于胡柳陂建豐領相州軍士行營在外委州事於小人失於撫馭指揮使孟守謙據城以叛建豐引兵討平之改隰州刺史染風痺于任明宗嗣位念及平昔副貳之舊詔赴洛下親幸其第撫問隆厚加檢

校太傅遙授鎭南節度使俾請俸自給後卒于洛陽年五十六廢朝二日贈太尉子可鈞任皇朝位至諸衞大將軍永樂大典卷一萬八千一百二十九

西方鄴定州滿城人也父再遇爲州軍校案歐史作汴州軍校疑原本脫一字鄴居軍中以勇力聞年二十南渡河游梁不見用復歸莊宗以爲孝義指揮使累從征伐皆有功同光中爲曹州刺史以州兵屯汴州明宗自魏反兵南渡河而莊宗東幸汴州汴州節度使孔循懷二志使北門迎明宗西門迎莊宗所以供帳委積如一曰先至者入之鄴因責循曰主上破梁而得公有不殺之恩奈何欲納總

管而貧國循不答鄴度循不可爭而石敬瑭妻明宗女也時方在汴鄴欲殺之以堅人心循知其謀取之藏其家鄴無如之何而明宗已及汴乃將麾下兵五百騎西迎莊宗見于汜水嗚咽泣下莊宗爲之嘘唏乃使以兵爲先鋒莊宗至汴西不得入還洛陽遇弑明宗入洛鄴請死于馬前明宗嘉歎久之明年荆南高季興叛明宗遣襄州節度使劉訓等招討而以東川董璋爲西南招討使乃拜鄴夔州刺史副璋以兵出三峽已而訓等無功見黜諸將皆罷璋未嘗出兵惟鄴獨取三州乃以夔州爲寧江軍拜鄴節度使已而又取歸州數敗季興之兵鄴武人所爲多不中法度判官譚善達數以諫鄴鄴怒遣人告善達受人金下獄善達素剛辭益不遜遂死于獄中鄴病見善達爲祟卒于鎮（永樂大典卷一萬八千一百二十九）

張遵誨魏州人也父爲宗城令羅紹威殺牙軍之歲爲梁軍所害遵誨奔太原武皇以爲牙門將莊宗定山東遵誨以典客從歷幽鎮二府馬步都虞候同光中爲金吾大將軍明宗卽位任圜保薦授西都副留守知留守事京兆尹天成四年入爲客省使守衛尉卿及將有事于南郊爲修儀仗法物使初遵誨自以歷位尹正與安重誨素亦相欵衷心有望于節鉞及郊禋畢止爲絳州刺史鬱鬱不樂離京之日白衣乘馬于隼旟之下至郡無疾翌日而卒（永樂大典卷六千三百五十）

孫璋齊州歷城人出身行間隸梁將楊師厚麾下稍補奉化軍使莊宗入鄴累遷澶州都指揮使明宗鎮常山擢爲裨校鄴兵之變從明宗赴難京師天成初歷趙登二州刺史齊州防禦使王都之據中山璋爲定州行營都虞候賊平加檢校太保長興初授鄜州節度使罷鎮于洛陽年六十一贈太尉（永樂大典卷三萬千四百六十三）

史臣曰夫天地斯晦則帝王于是龍飛雲雷搆屯則王侯以之蟬蛻良以適遭亂世得奮雄圖故金全而下咸以軍旅之功坐登藩閫之位垂名簡册亦可貴焉惟重霸以姦險而仗旄鉞蓋非數子之儔也（永樂大典卷二千四百六十二）

舊五代史卷六十一終

舊五代史卷六十一攷證

唐列傳十三安金全傳莊宗性矜伐凡大將立功不時行賞故金全終莊宗世名位不進　案遼史金全以幽州戰敗故退廢不用與是書異

安元信傳　案五代時唐晉俱有安元信是書並爲立傳今附識于此

安重霸傳蜀主率衆數萬由劍閣將出興鳳以遊秦州至興州遇魏王繼岌軍至狼狽而旋　案九國志作王衍將之秦州以王宗弼力諫而止與是書異

袁建豐傳轉突騎指揮使　突騎歐陽史作突陣

指揮使孟守謙據城以叛　孟守謙歐陽史作孟謙

加檢校太傅　太傅歐陽史作太尉

西方鄴傳父再遇爲州軍校　案歐陽史作汴州軍校疑原本脫汴字

已而又取歸州　案通鑑不載取歸州事歐陽史與薛史同近人撰十國春秋者謂他書不載取歸州之事疑歐陽史有誤蓋薛史世久失傳十國春秋所引悉本通鑑攷異殊不知歐陽史西方鄴傳本于薛史有可徵信也

舊五代史卷六十一攷證

舊五代史卷六十二

宋司空同中書門下平章事薛居正等撰

列傳第十四　唐書三十八

孟方立案歐陽史作邢州人通鑑作洺州人中和二年爲澤州天井關戍將黄巢犯闕輔州郡易帥有同博奕先是沈詢高湜相繼爲昭義節度使怠于軍政及有歸秦劉廣之亂方立見潞帥交代之際乘其無備率戍兵徑入潞州自稱留後案舊唐書僖宗紀九月高潯牙將劉廣擅還潞州是月潯天井關戍將攻廣殺之自稱留後與薛史異以邢爲府以審誨知潞州案此二句上下有脫文今無可復考六月李存孝下洺磁兩郡方立遣馬溉袁奉韜盡率其精鋭衆逆戰于琉璃陂存孝擊之盡殪生獲馬溉奉韜初方立性苛急恩不逮下攻圍累旬夜自巡城慰諭守陴者皆倨方立知其不可用乃飲酖而卒其從弟洺州刺史遷素得士心衆乃推爲留後求援于汴時梁祖方攻時溥援兵不出案通鑑云全忠遣大將王虔裕將精甲數百間道入邢州共守大順元年遷執王虔裕等乞降武皇令安金俊代之通鑑考異引薛史案薛史孟方立傳永樂大典闕佚今就通鑑考異所引用者錄之僅存梗概考新唐書列傳云孟方立邢州人始爲澤州天井戍將稍遷游奕使中和元年昭義節度使高潯擊黄巢戰石橋不勝保華州爲裨將成麟所殺還據潞州衆怒方立率兵攻麟斬之自稱留後擅裂邢洺磁爲鎭治邢爲府號昭義軍潞人請監軍使吳全勗知兵馬留後時王鐸領諸道行營都統以潞未定墨制假方立檢校左散騎常侍兼御史大夫知邢州事方立不受因全勗以

書請鐸願得儒臣守潞鐸使參謀中書舍人鄭昌圖知昭義留事欲遂爲帥僖宗自用舊宰相王徽領節度時天子在西河關雲擾方立擅地而李克用窺潞州徽度朝廷未能制乃固讓昌圖昌圖治不三月輒去方立更表李殷鋭爲刺史謂潞險而人悍數賊大帥爲亂欲銷懦之乃徙治龍岡州豪傑重遷有懟言會克用爲河東節度使昭義監軍祁審誨乞師求復昭義軍克用遣賀公雅李筠安金俊三部將擊潞州爲方立所破又使李克修攻取之殺殷鋭遂幷潞州表克修爲節度留後初昭義有潞邢洺磁四州至是方立自以山東三州爲昭義朝廷亦命克修以潞州舊軍昇之昭義有兩節自此始克修字崇遠克用從父弟精馳射常從征伐自左營軍使擢留後進檢校司空方立倚朱全忠爲助故克用擊邢洺無虛歲地爲鬬場人不能稼光啓二年克修擊邢州取故鎭進攻武安方立將呂臻馬爽戰焦岡爲克修所破斬首萬級執臻等拔武安臨洺邯鄲沙河克用以安金俊爲邢州刺史招撫之方立勾兵于王鎔鎔以兵三萬赴之克修還後二年方立督部將奚忠信兵三萬攻遼州以金啖赫連鐸與連和會契丹攻鐸師失期忠信三分其兵鼓而行克用伏兵于險忠信前軍沒旣戰大敗執忠信餘衆走脫歸者纔十二龍紀元年克用使李罕之李存孝擊邢攻磁洺方立戰琉璃陂大敗擒其二將被斧鑕徇邢壘呼曰孟公速降有能斬其首者假三州節度使方立力屈又屬州殘墮人心恐性剛急待下少恩夜自行陴兵皆倨告勞自顧不可復振乃還引酖自殺從弟遷素得士心衆推爲節度留後請援于全忠全忠方攻時溥不即至命王虔裕以精甲數百赴之假道羅宏信不許乃趨間入邢州大順元年存孝復攻邢遷挈邢洺磁三州降執王虔裕三百人獻之遂遷太原表安金俊爲邢洺磁團練使以遷爲汾州刺史歐陽史云天復元年梁遣氏叔琮攻晉出天井關遷開門降爲梁兵鄉道以攻太原不克叔琮軍還過潞以遷歸于梁梁太祖惡其反覆殺之

張文禮燕人也初爲劉仁恭裨將性凶險多姦謀辭氣庸下與人交言癖于不遜自少及長專蓄異謀及從劉守文之滄州委將偏師守文省父燕薊據城爲亂及敗

奔于王鎔鎔不親政事遂曲事當權者以求衒達每對鎔自言有將才孫吳韓白莫己若也鎔賞其言給遺甚厚因錄爲義男賜姓名德明由是每令將兵自栢鄉戰勝之後常從莊宗行營素不知書亦無方略唯于儒兵之中萋菲上將言甲不知進退乙不識軍機以此軍人推爲良將初梁將楊師厚在魏州文禮領趙兵三萬夜掠經宗因侵貝郡師厚先率步騎數千人設伏于唐店文禮大掠而旋士皆捲甲束兵夜凱歌行至唐店師厚伏兵四面圍合殺戮殆盡文禮單騎僅免自爾猶對諸將大言或譲之曰唐店之功不須多伐文禮大慙在

鎭州既久見其政荒人僻常蓄異圖酒酣之後對左右每泄惡言聞者莫不寒心唯王鎔略無猜間漸爲心腹乃以符習代其行營以文禮爲防城使自此專伺間隙及鎔殺李弘規委政于其子昭祚性偏戾未識人間情僞素養名持重坐作貴人既事權在手朝夕欲代其父向來附勢之徒無不族滅初李弘規李藹持權用事樹立親舊分董要職故奸宄之心不能搖動文禮頗深畏憚及弘規見殺其部下五百人懼罪將欲奔竄聚泣偶語未有所之文禮因其離心密以姦辭激之曰令公命我盡坑爾曹我念爾十餘年荷戈隨我爲家爲國我若

不卽殺汝則得罪于令公我若不言又負爾輩衆軍皆泣是夜作亂殺王鎔父子舉族灰滅惟留王昭祚妻朱氏通梁人尋間[illegible]梁曰王氏喪于亂軍普寧公主無恙文禮徇賊帥張友順所請因爲留後于潭城覩事以事上聞兼要節旄尋亦奉牋勸進莊宗姑示含容乃可其請文禮比厮役小人驟居人上行步動息皆不自安出則千餘人露刃相隨日殺不辜道路以目常慮我師問罪姦心百端南通朱氏北結契丹往往擒獲其使莊宗遣人送還文禮由是愈恐是歲八月莊宗遣閻寶史建塘及趙將符習等率王鎔本軍進討師興文禮病

疽腹及聞史建塘攻下趙州驚悸而卒其子處瑾處球秘不發喪軍府內外皆不知之每日于寢宮問安處瑾與其腹心韓正時參決大事同謀姦惡案遼史太祖紀天贊元年四月癸亥張文禮求援五月丁未張文禮卒其子處瑾遣人奉表來謝所紀月日與薛史異初文禮疽未發時舉家咸見鬼物昏暝之後或歌或哭又野河色變如血游魚多死浮于水上識者知其必敗十九年三月閻寶爲處瑾所敗莊宗以李嗣昭代之四月嗣昭爲流矢所中尋卒于師命李存進繼之存進亦以戰殁乃以符存審爲北面招討使攻鎭州是時處瑾危蹙日甚昭義軍節度判官任圜馳至城下諭以禍福處瑾登陴

以誠告乃遣牙將張彭送款于行臺俄而李存審師至城下是夜趙將李再豐之子冲投縋以接王師故諸軍登城遲明畢入獲處瑾處球處琪并其母及同惡人等皆折足送行臺鎮人請臠而食之又發文禮之尸磔之于市永樂大典卷六千三百五十

董璋本梁之驍將也幼與高季興孔循俱事豪士李七郎爲童僕李初名讓嘗以厚賂奉梁祖梁祖寵之因畜爲假子賜姓朱名友讓璋既壯得隸于梁祖帳下後以軍功遷爲列校梁龍德末潞州李繼韜送款于梁時潞將裴約方領兵戍澤州不徇繼韜之命據城以自固梁

末帝遣璋攻陷澤州遂授澤州刺史是歲莊宗入汴璋來朝莊宗素聞其名優以待之尋令却赴舊任歲餘代歸時郭崇韜當國待璋尤厚同光三年夏命爲邠州留後三年秋正授旄鉞九月大舉伐蜀以璋爲行營右廂馬步都虞候時郭崇韜爲招討使凡有軍機皆召璋參決是冬蜀平以璋爲劍南東川節度副大使知節度事天成初加檢校太傅二年加同平章事是時安重誨當國採人邪謀言孟知祥必不爲國家使惟董璋性忠義可特寵任令圖知祥又璋之子光業爲宮苑使在朝結託勢援爭言璋之善知祥之惡恩寵既優故璋益恣其暴戾初奉使東川者皆言璋不恭于朝廷四年夏時明宗將議郊天遣客省使李仁矩賫詔諭兩川又遣安重誨馳書于璋以徵貢奉約以五十萬爲數既而璋訴以地狹民貧許貢十萬而已翌日璋于衙署設晏以召仁矩日既中而不至璋使人偵之仁矩方擁娼婦與賓友酣飲于驛亭璋大怒遽領數百人執持戈戟驟入驛中令洞開其門仁矩惶駭走入閤中良久引出璋坐立仁矩于階下戟手罵曰當我作魏博都監爾爲通引小將其時去就已有等威今日我爲藩侯爾銜君命宿張筵席比爲使臣何敢至午不來自共風塵就酗豈于王事

如此不恭祇知西州解斬客省使李嚴謂我不能斬公耶因目肘腋欲令執拽仁矩仁矩涕淚拜告僅而獲免璋乃馳騎入衙竟徹饌而不召洎仁矩復命益言璋不法未幾重誨奏以仁矩爲閬州團練使尋升爲節鎮長興元年夏明宗以郊禋禮畢加璋檢校太尉時兩川刺史嘗以兵爲牙軍小郡不下五百人璋已疑間及聞除仁矩鎮閬州璋由是謀反乃決仍先與其子光業書曰朝廷割吾支郡爲節制屯兵三千是殺我必矣爾見樞要道吾言如朝廷更發一騎入斜谷則吾必反與汝訣矣光業以書呈樞密承旨李虔徽會朝廷再發中使荀

咸乂將兵赴閬州光業謂虔徽曰咸乂未至吾父必反吾身不足惜慮勞朝廷徵發請停咸乂之行吾父必保常曰重誨不從咸乂未至璋已擅追緜州刺史武虔裕囚于衙署虔裕安重誨之心腹也故先囚之五月璋傳檄于利閬遂等州責以間諜朝廷尋率其兵陷閬州擒節度使李仁矩軍校姚洪等害之先是璋欲謀叛先遣使持厚幣于孟知祥求爲婚家且言爲朝廷猜忌將有替移去則喪家住亦致討地狹兵少獨力不任願以小兒結婚愛女時知祥亦貳于朝廷因許以爲援旣而知祥出師以圍遂州故璋攻閬州得恣其毒焉其年秋詔

削奪璋在身官爵命天雄軍節度使石敬塘爲東川行營招討使率師以討之璋之子宮苑使光業幷其族並斬于洛陽及石敬塘率師進討以糧運不接班師明宗方務懷柔乃放西川進奏官蘇愿東川軍將劉澄各歸本道別無詔旨祇云兩務求安時孟知祥其骨肉在京師者俱無恙焉因遣使報璋欲連表稱謝璋怒曰西川存得弟姪遂欲再通朝廷璋之兒孫已入黃泉何謝之有自是璋疑知祥背己始搆隙矣三年四月璋率所部兵萬餘人以襲知祥案九國志李昊傳云昊嘗與知祥從容語曰璋性狠戾若堅守一城攻之難克及聞璋起兵知祥憂形于色昊曰璋不守巢穴此天以授公也旣而璋果敗知祥與諸將率師拒之戰于漢州之彌牟鎮璋軍大敗得數十騎復奔于東川案九國志趙廷隱傳董璋襲廣漢將攻成都時東川虓藏充賁部下多敢死之士其來也眾皆畏之知祥親督諸將與璋戰雞蹤橋前廷隱爲所挫廷隱僞遁璋逐之知祥與張公鐸繼進璋軍亂不成列廷隱整陣與知祥合擊之璋軍大敗先是前陵州刺史王暉爲璋所邀寓于東川至是因璋之敗率眾以害之傳其首于西川

永樂大典卷一萬八千一百三十

舊五代史卷六十二終

舊五代史卷六十二攷證

唐列傳十四孟方立傳方立見潞帥交代之際乘其無備率戍兵徑入潞州自稱留後　案舊唐書僖宗紀九月高潯牙將劉廣擅還潞州是月潯天井關戍將攻廣殺之自稱留後與是書異

張文禮傳文禮病疽腹及聞史建瑭攻下趙州驚悸而卒　案文禮之卒遼史太祖紀作五月丁未與是書作八月異

舊五代史卷六十二攷證

舊五代史卷六十三

宋司空同中書門下平章事薛居正等撰

列傳第十五　　唐書三十九

張全義字國維濮州臨濮人初名居言案新舊唐書作張言薛史李罕之傳亦作張言與此傳異賜名全義梁祖改爲宗奭莊宗定河南復名全義祖璉父誠世爲田農全義爲縣嗇夫嘗爲令所辱乾符末黃巢起寃句全義亡命入巢軍巢入長安以全義爲吏部尙書充水運使巢敗依諸葛爽于河陽累遷至裨校屢有戰功爽表爲澤州刺史光啓初爽卒其子仲方爲留後部將劉經與李罕之爭據洛陽罕之敗

經于聖善寺乘勝欲攻河陽營于洛口經遣全義拒之全義乃與罕之同盟結義反攻經于河陽爲經所敗收合餘眾與罕之據懷州乞師于武皇武皇遣澤州刺史安金俊助之進攻河陽劉經仲方委城奔汴罕之遂自領河陽表全義爲河南尹全義勤儉善撫軍民雖有賊寇充斥而勸耕務農由是倉儲殷積洛陽搢紳舊聞記王始至洛于麾下百人中選可使者一十八人命之曰屯將每人給旗一口榜一道于舊十八縣中令招農戶令自耕種流民漸歸王于百人中又選可使者十八人命之日屯副民之來者撫綏之除殺人者死餘但加杖而已無重刑無租稅流民之歸漸眾王又于麾下選書計一十八人命之日屯判官不一二年十八屯中每屯戶至數千農隙選丁夫授以弓矢槍劍爲坐作進退之法行之一二年每屯增戶大者六七千次者四千下之二三千共得丁夫閑弓矢槍劍者二萬餘人有賊盜即時擒捕之刑寬事簡遠近歸之如市五年之內號爲富庶于是奏每縣除令簿主之罕之貪暴不法軍中乏食每取給于全義二人初相得甚歡而至是求取無厭動加陵轢全義苦之案新唐書李罕之傳云張言善積聚罕之食乏士仰以給求之無涯言不能厭罕之掬河南官笞督之又東方貢輸行在者多爲罕之所邀與薛史互有異同文德元年四月罕之出軍寇晉絳全義乘其無備潛軍襲取河陽全義乃兼領河陽節度洛陽搢紳舊聞記罕之鎭三城知王專以教民耕織爲務常宣言于眾曰田舍翁何足憚王聞之蔑如也每飛尺書于王求軍食及縑帛王曰李太傳所要不得不奉之左右及賓席咸以爲不可與王曰第與之似若畏之者左右不曉罕之謂王畏己不設備因罕之舉兵收懷澤王乃密召屯兵潛師夜發遲明入三城罕之乃逃遁投河東朝廷即授王兼鎭三城罕之求援于武皇武皇遣兵助攻河陽會

汴人救至而退梁祖以丁會守河陽全義復爲河南尹檢校司空全義感梁祖援助之恩自是依附皆從其制初蔡賊孫儒諸葛爽爭據洛陽迭相攻伐七八年間都城灰燼滿目荊榛全義初至唯與部下聚居故市井邑窮民不滿百戶全義善于撫納課部人披榛種蓺且耕且戰以粟易牛歲滋墾闢招復流散待之如子每農祥勸耕之始全義必自立畞畝餉以酒食政寬事簡吏不敢欺數年之間京畿無閑田編戶五六萬乃築壘于故市建置府署以防外寇洛陽搢紳舊聞記王每喜民力耕織者某家今年蠶麥善去都城一舍之內必馬足及之悉召其家老幼親慰勞之賜以酒食茶綵丈夫遺之布袴婦人裙衫時民間尙衣青

婦人皆青絹爲之取其新麥新繭對之喜動顏色民間
有竊言者曰大王見好聲伎等閒不笑惟見好蠶麥即
笑爾其眞朴皆此類每觀秋稼見田中無草者必下馬
命賓客觀之召田主慰勞之賜之衣物若見禾中有草
地耕不熟立召田主集衆決責之若苗荒地生詰之民
訴以牛疲或闕人耕鋤則田邊下馬立召其鄰伴責之
曰此少人牛何不衆助之鄰伴皆伏罪即赦之自是洛
陽之民無遠近民之少牛者相率助之少人者亦然田
夫田婦相勸以耕桑爲務是以家有蓄積水旱無飢民
王誠信每水旱祈祭必具湯沐素食別寢至祠祭所儼
然若對至尊容如不足遇旱祈禱未雨左右必曰王可
開塔即無畏師塔也在龍門廣化寺王即依言而開塔
未嘗不澍雨故當時俚
諺云王禱雨買雨具 梁祖迫昭宗東遷命全義繕治
洛陽宮城累年方集昭宗至洛陽梁祖將圖禪代慮全
義心有異同乃以判官韋震爲河南尹移全義爲天平
節度使守中書令東平王 洛陽搢紳舊聞記齊王與梁祖互爲中書令尚書令及梁

祖兼四鎭齊王累表讓兼鎭蓋潛識梁祖姦雄避其權
位欲圖自全之計梁祖經營霸業外則干戈屢動內則
帑廪俱虛齊王悉心
盡力傾竭財貨助之 其年八月時昭宗遇弑輝王即位
十月復以全義爲河南尹兼忠武軍節度使判六軍諸
衞事梁祖建號以全義爲河陽節度使封魏王開平二
年册拜太保兼陝虢節度使河南尹四年册拜太傅河
南尹判六軍兼鄭滑等州節度使乾化元年册拜太師
二年朱友珪簒逆以全義爲守太尉河南尹宋亳節度
使兼國計使梁末帝嗣位于汴以全義爲洛京留守兼
鎭河陽未幾授天下兵馬副元帥梁帝季年趙張用事
段凝爲北面招討使驟居諸將之右全義知其不可遣

使啟梁末帝曰老臣受先朝重顧蒙陛下委以副元帥
之名臣雖遲暮尚可董軍請付北面兵柄庶分宵旰段
凝晚進德未服人恐人情不和敗亂國政不聽全義託
朱氏垂三十年梁祖末年猜忌宿將欲害全義者數四
全義單身曲事悉以家財貢奉洎梁祖河朔喪師之後
月獻鎧馬以補其軍又以服勤盡瘁無以加諸故竟免
于禍全義妻儲氏明敏有才略梁祖自柏鄉失律後連
年親征河朔心疑全義或左右讒間儲氏每入宮委曲
伸理有時怒不可測急召全義儲氏謁見梁祖厲聲言
曰宗奭種田叟耳三十餘年洛城四面開荒斵棘招聚

軍賦資陛下創業今年齒衰朽指景待盡而大家疑之
何也梁祖遽笑而謂曰我無惡心嫗勿多言莊宗平梁
全義自洛赴覲泥首待罪莊宗撫慰久之以其年老令
人掖而昇殿宴賜盡歡詔皇子繼岌皇弟存紀等皆兄
事之先是天祐十五年梁末帝自汴趨洛將祀于圜丘
時王師攻下楊劉狗地曹濮梁末帝懼急歸於汴其禮
不遂然其法物咸在至是全義乃奏曰請陛下便幸洛
陽臣已有郊禮之備翌日制以全義復爲尚書令魏王
河南尹明年二月郊禋禮畢 案歐陽史作全義再朝京師吳縝纂誤嘗辨正之
以全義爲守太尉中書令河南尹改封齊王 洛陽搢紳舊聞記梁

祖猜忌王慮爲後患前後欲殺之者數四夫人儲氏兼
面請梁祖得免梁祖遂以其子福王納齊王之女
領河陽先是朱梁時供御所費皆出河南府其後孔謙
侵削其權中官各領內司使務或豪奪其田園居第全
義乃悉錄進納四年落河南尹授忠武軍節度使檢校
太師尚書令會趙在禮據魏州都軍進討無功時明宗
已爲羣小間諜端居私第全義以臥疾聞變憂懼不食
案通鑑全義力請明宗出師及聞明宗兵變故憂懼與此微異薨于洛陽私第時年七
十五天成初册贈太師諡曰忠肅全義歷守太師太傅
太尉中書令封王邑萬三千戶凡領方鎮洛鄆陝滑宋
三莅河陽再領許州內外官歷二十九任尹正河洛凡

四十年位極人臣善保終吉者蓋一人而已全義朴厚
大度敦本務實起戰士而忘功名尊儒業而樂善道家
非士族而奬愛衣冠開幕府辟士必求望實屬邑補奏
不任吏人位極王公不衣羅綺奉釋老而不溺左道如
數者人以爲難自莊宗至洛陽趨向者皆由徑以希恩
寵全義不改素履盡誠而已言事者以梁祖爲我世讐
宜斵棺燔柩全義獨上章申理議者嘉之劉皇后嘗從
莊宗幸其第奏云妾孩幼遇亂失父母欲拜全義爲義
父許之全義稽首奏曰皇后萬國之母儀古今未有此
事臣無地自處莊宗敦逼再三不獲已乃受劉后之拜

既非所願君子不以爲非然全義少長軍中立性朴滯
凡百姓有詞訟以先訴者爲得理以是人多枉濫爲時
所非又嘗怒河南縣令羅貫因憑劉后譖于莊宗俾貫
非罪而死露屍于府門冤枉之聲聞于遠近斯亦良玉
之微瑕也永樂大典卷六千三百五十　五代史闕文梁乾化元年七月辛丑日梁祖幸全義私第
甲辰歸大內梁史稱上不豫厭秋暑幸宗奭私第數日宰臣視事于仁政亭崇政諸司並止于河南府廨署世
傳梁祖亂全義之家婦女悉皆進御其子繼祚不勝忿恥欲剸刃于梁祖全義止之曰吾頃在河陽遭李罕之
之難引太原軍圍閉經年啗木屑以度朝夕死在頃刻得他救援以至今日此恩不可負也其子迺止梁史云
云者諱國惡也臣謹案春秋莊二年經曰十有二月夫人姜氏會齊侯于禚傳曰書姦也夫經言會者諱惡禮
也傳書姦者暴其罪以垂誡也又莊二十二年傳書陳完飲桓公酒公曰以火繼之辭曰臣卜其晝未卜其夜

豈有天子幸人臣之家留止數日姦亂萌矣況全義本出巢賊敗依河陽節度使諸葛爽爽用爲澤州刺史及爽死全義事爽子仲方卽與李罕之同逐仲方罕之帥河陽全義爲河南尹未幾又逐罕之自據河陽其翻覆也如此自是托迹朱梁斵喪唐室雖勤課勸其實斂民附賊以固恩寵梁時月進鎧馬以補軍實及梁祖爲友珪所弒首進錢一百萬以助山陵莊宗平中原全義合與敬翔李振等族誅又通賂于劉皇后乘莊宗幸洛言臣已有郊天費用夫全義匹夫也豈能自殖財賦其剗下奉上也又如此晚年保證明宗欲爲子孫之福師方渡河鄴都兵亂全義憂恨不食終以餓死未死前其子繼業訟弟汝州防禦使繼孫莊宗貶房州司戶賜自盡其制略曰侵奪父權惑亂家事繼鳥獸之行畜梟獍之心其御家無法也又如此河南令羅貫方正文章之士事全義稍慢全義怒告劉皇后斃貫于枯木之下朝野冤之洛陽監軍使嘗收得李太尉平泉莊醒酒石全義求之監軍不與全義立殺之其附勢作威也又如此蓋亂世賊臣耳得保首領爲幸已多晉天福中其子繼祚謀反伏誅識者知餘殃在其子孫也臣讀莊宗實錄見史官敘全義傳盧美尤甚至今負俗無識之士尚以全

義爲名臣故因補闕文粗論事迹云

朱友謙字德光許州人本名簡祖巖父琮世爲陳許小校廣明之亂簡去鄉里事澠池鎮將栢夔爲部隸嘗爲盜于石壕三鄉之間剽掠行旅後事陝州節度使王珙積勞至軍校珙性嚴急御下無恩牙將李璠者珙所深倚愛小有違忤暴加箠擊璠陰銜之光化元年珙與弟河中節度使珂相持干戈日尋珙兵屢敗部伍離心二年六月璠殺珙歸附汴人梁祖表璠爲陝州節度使璠亦苛慘軍情不叶簡復攻璠璠冒刃獲免逃歸于汴 案新唐書王重榮傳李璠爲節度使凡五月爲部將朱簡所殺據薛氏則璠逃歸于汴未嘗見殺也通鑑從薛氏

三年梁祖表簡爲陝州留後九月天子授以旄鉞車駕在鳳翔梁祖往來簡事之益謹奏授平章事天復末昭宗遷都洛陽駐蹕于陝時朝士經亂簪裳不備簡獻裳百副請給百官朝容稍備以迎奉功遷檢校侍中簡與梁祖同宗乃陳情于梁祖曰僕位崇將相比無勳勞皆元帥令公生成之造也願以微生灰粉爲効乞以姓名肩隨宗室梁祖深賞其心乃名之爲友謙編入屬籍待遇同于己子友謙亦盡心叶贊功烈居多梁祖建號移授河中節度使檢校太尉累拜中書令封冀王及朱友珪弒逆友謙意不懌雖勉奉僞命中懷怏怏友珪徵之友謙辭以北面侵軼謂賓友曰友珪是先帝假子敢行大逆余位列維城恩踰父子論功校德何讓伊人詎以平生附託之恩屈身于逆豎之手遂不奉命其年八月友珪遣大將牛存節康懷英韓勍攻之友謙乞師于莊宗莊宗親總軍赴援與汴軍遇于平陽大破之 歐陽史晉王出澤潞以救之追懷英于解縣大敗之追至白逕嶺夜秉炬擊之懷英又敗 因與友謙會于猗氏友謙盛陳感慨願敦盟約莊宗歡甚友謙乘醉鼾寢于帳中莊宗熟視之謂左右曰冀王眞貴人也但恨其臂短耳及梁末帝嗣位以恩禮結其心友謙亦遜辭稱藩行其正朔天祐十七年友謙襲取同州以其子令德

爲帥請節鉞于梁不獲友謙卽請之于莊宗令幕客王正言以節鉞賜之梁將劉鄩尹皓攻同州友謙來告急莊宗遣李嗣昭李存審將兵赴之敗梁軍于滑北解圍而還初劉鄩兵至蒲中倉儲匱乏人心離貳軍民將校咸欲歸梁友謙諸子令錫等亦說其父曰晉王雖推心于我然懸兵赴援急難相應寧我負人擇福宜重請納款于梁侯劉鄩兵退後與晉王修好友謙曰晉王親赴予急夜半秉燭戰賊面爲盟誓不負初心昨聞吾告難命將星行助我資糧分我衣服而欲翻覆背惠所謂鄧祁侯云人將不食吾餘也及破梁軍加守太尉西平王

同光元年莊宗滅梁友謙覲于洛陽莊宗置宴饗勞寵錫無算親酌觴屬友謙曰成吾大業者公之力也旣歸藩請割慈隰二郡依舊隸河中不許詔以絳州隸之又請解縣兩池榷鹽每額輸省課許之及郊禮畢以友謙爲守太師尚書令進食邑至萬八千戶三年賜姓名繼麟編入屬籍賜之鐵券恕死罪以其子令德爲遂州節度使令錫爲許州節度使一門三鎮諸子爲刺史者六七人將校剖竹者又五六人恩寵之盛時無與比莊宗季年稍怠庶政巷伯伶官干預國事時方面諸侯皆行賂遺或求賂于繼麟雖僶俛應奉不滿其請且曰河中

土薄民貧厚貺難辦由是羣小咸怨遂加誣搆郭崇韜討巴蜀徵師于河中繼麟令其子令德率師赴之伶官景進與其黨搆曰昨王師初起繼麟以爲討已頗有拒命之意若不除移如國家有急必爲後患郭崇韜卽誅宦官愈盛遂搆成其罪謂莊宗曰崇韜强項于蜀蓋與河中響應繼麟聞之懼將赴京師面訴其事其部將曰王有大功于國密邇京城羣小流言何足介意端居奉職讒邪自銷不可輕行繼麟曰郭公功倍于我尚爲人搆陷吾若得面天顏自陳肝膈則流言者獲罪矣四年正月繼麟入覲景進謂莊宗曰河中人有告變者言繼麟與崇韜謀叛聞崇韜死又與李存乂搆逆當斷不斷禍不旋踵羣閹異口同辭莊宗駭惑不能決是月二十三日授繼麟滑州節度使是夜令朱守殷以兵圍其第擒之誅于徽安門外詔繼岌誅令德于遂州王思同誅令錫于許州命夏魯奇誅其族于河中初魯奇至友謙妻張氏率其家屬二百餘口(吳縝纂誤云伶官史彥瓊傳友謙有子建徽被殺傳中未載)見魯奇曰請疏骨肉名字無致他人橫死將刑張氏持先賜鐵券授魯奇曰皇帝所賜也是時百口塗地冤酷之聲行路流涕先是河中衙城閽者夜見婦人數十袨服靚粧僕馬炫燿自外馳騁笑語趨衙城閽者不

知其故不敢詰至門排騎而入旣而扃鎖如故復無人迹乃知妖鬼也又繼麟登逍遙樓聞哭聲四合詰曰訊之巷無喪者隔歲乃族誅及明宗卽位始下詔昭雪焉(永樂大典卷二千三十一)

史臣曰全義一逢亂世十領名藩而能免梁祖之雄猜受莊宗之厚遇雖由恭順亦繫貨財傳所謂貨以藩身者全義得之矣友謙向背爲謀二三其德考其行事亦匪純臣然全族之誅禍斯酷矣得非鬼神害盈而天道惡滿乎(永樂大典卷二千三十一)

舊五代史卷六十三終

舊五代史卷六十三攷證

歐陽史友珪遣招討使韓勍將康懷英等　擊友謙通鑑作九月丁未以感化節度使康懷貞爲副招討使吏以韓勍副之懷貞等與忠武節度使牛存節合兵五萬屯河中三書所載俱有異同

友謙襲取同州以其子令德爲帥請節鉞于梁不獲　案歐陽史末帝初不許已而許之制命未至友謙復叛通鑑從歐陽史

補前張全義傳 巢敗依諸葛爽於河陽屢有戰功爽表爲澤州刺史　案洛陽搢紳舊聞記齊王張令公外傳云王在巢軍中知其必敗遂翻身歸國唐授王澤州刺史攷是書則全義因巢敗始歸諸葛爽乃表爲澤州刺史也舊聞記殊失事實

補前張全義傳 詔皇子繼岌皇弟存紀等皆兄事之　案通鑑全義獻幣馬千計帝命皇子繼岌皇弟存紀等兄事之是全義之得幸於莊宗由幣馬也洛陽搢紳舊聞記齊王上表待罪莊宗降詔釋之及召見大喜開懷慰納若見平生故人盡魚水之契焉此蓋黨于全義者虛譽之辭

補前朱友謙傳 待遇同于己子　案歐陽史作錄以爲子

舊五代史卷六十三攷證

舊五代史卷六十四

宋司空同中書門下平章事薛居正等撰

列傳第十六　唐書四十

霍彥威字子重洺州曲周人也梁將霍存得之于村落間年十四從征討存憐其爽邁養爲已子案通鑑注以彥威爲霍存之子與薛氏異存梁史有傳彥威未弱冠爲梁祖所知擢在左右漸升戎秩亟立戰功嘗中流矢眇其一目開平二年自開封府押衙右親從指揮使檢校司空授右龍驤軍使三年自右監門衛將軍授左天武軍使遷右監門上將軍乾化三年與袁象先同誅朱友珪梁末帝授洺州

刺史轉河陽留後乾化末邠州留後李保衡背李茂貞以城歸梁梁以彥威爲邠州節度使其年五月茂貞遣將劉知俊率大軍攻之彥威固守踰年竟不能下或得其俘悉令放之秦人懷其惠遂無侵擾轉滑州節度使移鎮鄆州兼北面行營招討總大軍于河上師徒屢敗降授陝州留後莊宗入汴彥威自陝馳至請罪詔釋之一日莊宗于崇元殿宴諸將彥威與段凝袁象先等預會酒酣莊宗舉酒屬明宗曰此席宴客皆吾前歲之勁敵也一旦與吾同宴蓋卿前鋒之効也彥威等伏陛請罪莊宗曰與卿話舊無足畏也因賜御衣器幣盡歡而罷尋放歸藩明年從明宗平潞州授徐州節度使契丹犯塞莊宗以明宗爲北面招討使命彥威爲副彥威善言論頗能接奉明宗尤重之趙太叛于邢州奉詔討平之時趙在禮據魏州與明宗會兵于鄴下大軍夕亂明宗爲其所刼逼彥威從入魏州皇甫暉等尤忌彥威欲殺之彥威機辯開說竟免及出彥威部下兵士獨全護衛明宗至魏州縣時明宗欲北趨常山彥威與安重誨懇請赴闕從至洛陽彥威首率卿相勸進于至德宮旬日之間內外機事皆決于彥威擅收段凝溫韜下獄將寘于法安重誨曰溫段罪惡負于梁室衆所知矣今主

上克平內難冀安萬國豈爲公報仇耶至天成初除鄆州節度使値青州王公儼拒命改平盧軍節度至鎮擒公儼斬之明年冬肆覲于汴州明宗接遇甚厚累官至檢校太尉兼中書令三年冬卒于理所年五十七奏至之日明宗方出近郊忽聞奏訃掩泣歸宮輟朝三日至月終不舉樂册贈太師晉國公謚曰忠武子承訓弟彥珂累歷刺史皇朝乾德中立明宗廟于洺州詔以彥威配饗廟庭永樂大典卷一萬八千一百二十九

王晏球字瑩之自言洛都人少遇亂爲蔡賊所掠汴人杜氏畜之爲子因冒姓杜氏晏球少沉勇有斷倜儻不

羣梁祖之鎭汴也選富家子有材力者置之帳下號曰
廳子都清異錄宣武廳子都尤勇悍其弩張一大機則十二小機皆發用連珠大箭無遠不及晉人極畏此晏球預選從梁祖征伐所至立功累遷廳子都指揮
使梁開平三年自開封府押衙充左耀武指揮使授
右千牛衞將軍軍職如故朱友珪之篡位也懷州龍驤
守禦軍作亂欲入京城已至河陽友珪命晏球出騎迎
戰擊亂軍獲軍使劉重遇以功轉左龍驤第一指揮使
梁末帝嗣位以晏球爲龍驤四軍都指揮使貞明二年
四月十九日夜汴州捉生都將李霸等作亂縱火焚剽
攻建國門梁末帝登樓拒戰晏球聞亂先得龍驤馬五

百疋于鞠塲俄而亂兵以竿竪麻布沃油焚建國樓勢
將危急晏球隔門窺兵亂見無甲冑即出騎擊之奮力
血戰俄而羣賊走散梁末帝見騎軍討賊呼曰非吾龍
驤之士乎晏球奏曰亂者惟李霸一都陛下但守宮城
遲明臣必破之既而晏球盡㲹亂軍全營族誅以功授
單州刺史尋領軍于河上爲行營馬軍都指揮兼諸軍
排陣使莊宗入汴晏球率騎軍入援至封邱聞梁末帝
殂即解甲降于莊宗明年與霍彥威北捍契丹授齊州
防禦使北面行營馬軍都指揮使仍賜姓氏名紹虔鄴
之亂明宗入赴內難晏球時在瓦橋遣人招之明宗至

汴晏球率騎從至京師以平定功授宋州節度使上章
求還本姓名天成二年授北面行營副招討以兵戍滿
城是歲王都據定州通鑑遣人說北面副招討使王晏球晏球不從乃以金遺晏球帳下使圖之不克癸已晏球以都反狀聞壬寅以王晏球爲北面招討使權知定州行州事契丹遣塔
納舊作禿餒令改正率騎千餘來援都突入定州晏球引軍保
曲陽王都塔納出軍拒戰晏球督厲軍士令短兵擊賊
戒之曰囘首者死符彥卿以龍武左軍攻其左高行周
以龍武右軍攻其右奮劍揮撾應手首落賊軍大敗于
嘉山之下追襲至于城門俄而契丹首領特哩袞舊作惕隱令改正率勇騎五千至唐河是時大雨晏球出師逆戰特

哩袞復敗追至易州河水暴漲所在陷没俘獲二千騎
而還特哩袞以餘衆北走幽州趙德鈞令牙將武從諫
以騎邀擊德鈞分扼諸要路旬日之內盡獲特哩袞已
下酋長七百餘人契丹遂弱晏球圍城既久帝遣使督
攻城晏球曰賊壘堅峻但食三州租稅撫恤黎民愛養
軍士彼自當魚潰帝然其言晏球能與將士同其甘苦
所得祿賜私財盡以饗士日具飲饌與將校筵宴待軍
士有禮軍中無不敬伏其年冬平賊自初戰至于城拔
不戮一士上下歡心物議以爲有將帥之畧以功授天
平軍節度使未幾移鎭青州就加兼中書令長興三年

卒于鎮時年六十贈太尉子徵位至懷州刺史〔永樂大典卷一萬八千一百二十九〕

戴思遠本梁之故將也初事梁祖以武幹知名開平元年自右羽林統軍加檢校司徒出爲晉州刺史二年授右監門上將軍尋改華州防禦使三年自左天武使復授右羽林統軍郢王友珪簒位授洛州團練使貞明中爲鄆州留後遷本州節度使屬燕將張萬進殺滄州留後劉繼威以城歸梁末帝命思遠鎮之莊宗平定魏博以兵臨滄德思遠棄鎮渡河歸汴累遷天平軍節度使兼北面招討使將兵與莊宗對壘久之莊宗討張文禮

于鎮州契丹來援莊宗追襲契丹至幽州思遠聞之總兵以襲魏州至魏店遇明宗騎軍適至思遠乃涉洹水陷成安復歸楊村砦盡率其衆攻德勝北城城中危急符存審晝夜乘城以拒之莊宗自劃五日馳至魏州思遠聞之解去及明宗襲下鄆州思遠罷軍權降授宣化軍留後其年莊宗入汴思遠自鄧州入朝復令歸鎮明宗即位移授洋州節度使及西州俱叛思遠以董璋故人避嫌請代徵入朝宿衛以年告老授太子少保致仕清泰二年八月卒于家〔永樂大典卷一萬五千二十二〕

朱漢賓字績臣亳州譙縣人也父元禮始爲郡將梁太祖閭其名擢爲軍校從龐師古渡淮戰没于淮南漢賓少有膂力形神壯偉膽氣過人梁祖以其父死王事選置帳下編入屬籍梁祖之攻兗鄆也朱瑾募驍勇數百人黥雙雁于其額號爲雁子都〔案歐陽史誤以雁子都爲梁軍名吳縝嘗辨其誤〕梁祖聞之亦選數百人別爲一軍號爲落雁都署漢賓爲軍使當時目爲朱落雁後與諸將破蔡賊有功天福中授右羽林統軍入梁歷天威軍使左羽林統軍出爲磁州刺史滑宋二州留後亳曹二州刺史安州節度使莊宗至洛陽漢賓自鎮入覲復令還鎮明年授左龍武統軍莊宗嘗幸漢賓之第漢賓妻進酒上食奏家樂

以娛之自是漢賓頗蒙寵待同光四年正月冀王朱友謙入朝明宗居洛陽以友謙故人置酒于第莊宗諸弟在席友謙坐在永王存霸之上酒酣漢賓以大觴奉友謙曰公雖名位高坐于皇弟之上非宜也僕與公俱在梁朝以宗盟相厚自公入朝三發單函候問畧無報復忽余位卑不亦甚乎元行欽恐其紛然爲解之方止不數日友謙赤族趙在禮據魏州元行欽率軍進討詔漢賓權知河南府事明宗以漢賓爲右衛上將軍樞密使安重誨方當委重漢賓密令結托得爲婚家天成末爲潞州節度使移鎮晉州重誨既誅漢賓復爲上將軍明

年秋漢賓告老授太子少保致仕淸泰二年六月卒時年六十四漢賓少勇健及晚歲歛唊過人其狀貌偉如也凡所履歷不聞踰法梁時嘗領軍屯魏州莘縣適値連帥去郡諸軍咸以利見誘請自爲留後漢賓則斬其言者拒而不從聞者賞焉在曹日飛蝗去境父老歌之臨平陽遇旱親齋潔禱龍子祠踰日雨足四封大稔咸以爲善政之所致也及致仕東還亳郡見鄉舊親戚淪沒者有塋兆未葬則給以棺斂有婚嫁未畢則助以資幣受其惠者數百家郡人義之尋還洛陽有第在懷仁里北限洛水南鎭通衢層室連甍脩木交幹笙歌羅綺

日以自娛養彼天和保其餘齒此乃近朝知止之良將也晉高祖卽位贈太子少傳諡曰貞惠有子四人長曰崇勳官至左武衛將軍（永樂大典卷二千三十一）

孔勍字鼎文兗州人後徙家宿州少便騎射爲軍中小校事梁祖漸至郡守累遷齊州防禦使唐鄧節度使梁貞明中王球據襄州叛勍討平之因授山南東道節度使莊宗至洛陽勍自鎭來朝復令歸鎭尋移昭義節度使同光季年監軍楊繼源與都將謀據潞州事泄勍誅之明宗卽位之歲詔還京師授河陽節度使未幾以太子太師致仕卒年七十九贈太尉（永樂大典卷一萬八千一百二十九）

劉玘汴州雍邱人也世爲宣武軍牙校玘少負壯節梁祖鎭汴州玘求自試補隊長從梁祖征伐所至有功遷爲牙將歷滑徐襄三州都指揮使開平中襄帥王班爲帳下所害亂軍推玘爲留後玘詭從之翌日受賀衙庭享士伏甲幕下盡斬其亂將以功歷復亳二州刺史徵爲侍衛都將出爲安州刺史貞明中爲晉州留後莊宗至汴玘來朝玘在晉州八年日與上黨太原之師交鬬于境上莊宗見而勞之曰劉侯無恙拄我晉陽之南鄙歲時久矣不早相見玘頓首謝罪復命歸鎭正授節旄移鎭安州明宗卽位遷鄧州節度使天成末以史敬鎔

代之玘還京師卒贈侍中有子師道仕皇朝爲右贊善大夫卒（永樂大典卷九千九百十八）

周知裕字好問幽州人也少事燕帥劉仁恭爲騎將表爲媯州刺史久之移刺德州天祐四年劉守光旣平滄州乃以其幼子繼威爲留後大將張萬進與知裕佐之繼威沖幼宣淫于萬進之家萬進殺之詰旦召知裕告其故萬進自稱留後署知裕爲景州刺史會萬進納欵于梁知裕先奔于汴梁主厚待之特置歸化軍以知裕爲指揮使凡軍士自河朔歸梁者皆隸于部下梁與莊宗交戰于河上摧堅挫銳惟恃歸化一軍然歲將一紀

位不及郡守同光初莊宗入汴知裕隨段凝軍解甲封邱明宗時爲總管受降于郊外見知裕甚喜遙相謂曰周歸化今爲吾人何樂如之因令諸子以兄事之莊宗撫憐尤異而諸校心妬之有壯士唐從益者因獵射之知裕遁而獲免莊宗遂誅從益出知裕爲房州刺史魏王繼岌伐蜀召爲前鋒騎將明宗即位移刺絳州改淄州刺史宿州團練使知裕老于軍旅勤于稼穡凡爲郡勸課皆有政聲朝廷喜之遷安州留後淮上之風惡病者至于父母有疾不親省視甚者避于他室或時問訊即以食物揭于長竿之首委之而去知裕心惡之召鄉之頑狠者訶詰教導俾知父子骨肉之恩繇是弊風稍革長興末入爲右神武統軍清泰初卒于官贈太傅永樂大典卷八千九百九十九

史臣曰夫才之良者在秦亦良也在虞亦良也故彥威而下昔爲梁臣不虧亮節洎歸唐祚亦無醜聲蓋松貞不變于四時玉粹寧虧其烈燄故也況彥威之輔明宗也有翊戴之功績晏球之伐中山也著戡定之功方之數公尤爲優矣永樂大典卷八千九百九十七

舊五代史卷六十四終

舊五代史卷六十四攷證

唐列傳十六霍彥威傳存憐其爽邁養爲已子　案通鑑注以彥威爲霍存之子與是書異

値青州王公儼拒命改平盧軍節度至鎮擒公儼斬之　案歐陽史彥威徙鎮平盧朱守殷反伏誅攷朱守殷反明宗遣范延光馳兵斬之非由彥威之力宜以是書所載爲得其實

王晏球傳高行周以龍武右軍攻其右　行周歐陽史作行珪

朱漢賓傳諡曰貞惠　案五代會要作正慧引太常博士林弼議曰漢賓散已俸以代荒逋濟疲俗而臻富庶所涖之地績有政聲知進退存亡之理得善始令終之道謹案諡法中道不撓保節揚名曰正愛民好學寬裕慈仁曰慧請諡曰正慧從之是書及歐陽史俱作貞惠未知何據

劉玘傳翌日受賀衙庭享士伏甲幕下盡斬其亂將　案通鑑攷異引梁祖實錄八月丁酉賜劉玘王延順物以其違亂將之命來歸編遺錄斬李洪勳云始扶劉玘既奔竄以歸朝若使玘翌日便斬亂將則襄州何以至九月始收復蓋玘脫身歸朝及梁亡入唐妄

云斬亂以自誇大耳

周知裕傳淸泰初卒于官　案歐陽史作應順中卒

托諾舊作秃餒今改　特哩衮舊作惕隱今改

補前霍彥威傳至月終不舉樂五代會要天成四年六月敕故平盧軍節度使霍彥威勛名顯著宅兆已營度遵定謚之規議送終之制宜以二公禮葬

舊五代史卷六十四攷證

舊五代史卷六十五

宋司空同中書門下平章事薛居正等撰

列傳第十七　唐書四十一　卷

李建及許州人本姓王父質建及少事李罕之爲紀綱光啓中罕之謁武皇于晉陽因選部下驍勇者百人以獻建及在籍中後以功署牙職典義兒軍及賜姓名天祐七年改匡衞軍都校（案歐陽史作匡衞指揮使）柏鄉之役汴將韓勍追周德威至高邑南野河上鎭定兵扼橋道韓勍選精兵先奪之莊宗登高而望鎭定兵將衂謂建及曰如賊過河則勢不可遏卿計若何建及於部選士二百挺

槍大譟衝汴軍却之于橋下二月王師攻魏魏人夜出犯我營建及設伏待之扼其歸路盡殪之劉鄩之營莘縣月餘不出忽一旦縱兵攻鎭定之營軍中騰亂建及率銀槍勁兵千人赴之擊敗汴軍追奔至其壘元城之戰建及首陷其陣授天雄軍教練使八月還遼州刺史十四年從擊契丹于幽州破之十二月從攻楊劉自寅至午汴軍嬰城拒守建及自負葭葦堙塹率先登梯遂拔之胡柳之役前軍逗撓際晚汴軍登土山建及一戰奪之莊宗欲收軍詰朝合戰建及橫矟當前曰賊大將已亡乘此易擊王但登山觀臣破賊即引銀槍效節大

呼奮擊三軍增氣由是王師復振以功檢校司空魏博內外衙都將十六年汴將賀瓌攻德勝南城以戰船十餘艘竹笮維之扼斷津路王師不得渡城中矢石將盡守城將氏延賞危急莊宗令積帛軍門召能破賊船者津人有馬破龍者能水游乃令往見延賞延賞言危窘極矣所爭晷刻時棹船滿河流矢雨集建及被重鎧執矟呼曰豈有一衣帶水縱賊如此乃以二船實甲士皆短兵持斧徑抵梁之戰艦斧其笮又令上流具瓮積薪其上順流縱火以攻其艦須臾烟焰騰熾梁軍斷緪而遁建及乃入南城賀瓌解而去其年十二月與汴將王

瓚戰于戚城建及傷手莊宗解御衣金帶賜之建及有膽氣慷慨不羣臨陣鞠旅意氣橫壯自莊宗至魏州建及都總內外衙銀槍效節帳前親軍善于撫御所得賞賜皆分給部下絕甘分少頗洽軍情又累立戰功雄勇冠絕輩劣者忌讒之時宦官韋令圖監建及軍每於莊宗前言建及以家財驟施其趣向志意不小不可令典衙兵莊宗因猜之建及性既忠藎雖知讒搆不改其操十七年三月授代州刺史八月與李存審赴河中解同州之圍建及少遇禍亂久從戰陣矢石所中肌無完膚復有功見疑私心憤鬱是歲卒于太原時年五十七（永樂

大典卷一萬八千二十九

石君立趙州昭慶人也亦謂之石家財初事代州刺史李克柔後隸李嗣昭爲牙校歷典諸軍夾城之役君立每出挑戰壞汴軍柵壘俘擒而還八年與汴軍戰于龍化圍敗之獲其大將卜涯以獻嗣昭每出征俾君立爲前鋒敵人畏之王檀之逼晉陽也城中無備安金全驅市人以登陴保聚不完時莊宗在魏博救應不暇人心危懼嗣昭遣君立率五百騎自上黨朝發暮至王檀游軍扼汾橋君立一戰敗之徑至城下馳突斬擊出入如神大呼曰昭義侍中大軍至矣是夜入城與安金全等

出諸門擊殺于外遲明汴軍敗走十七年將兵屯德勝時汴軍自滑州轉餉以給楊村砦莊宗親率騎軍于河外循岸而上邀擊之汴人距楊村五十里于河曲潘張村築壘以貯軍儲莊宗令諸軍攻之汴人設伏于要路逆戰僞敗王師乘之賊入壘門梁伏兵起因與血戰君立與鎮州大將王釗隔入賊壘時諸將部校陷賊者十餘人君立被執送於汴梁主素知其驍勇欲用之爲將械而下獄久之梁主遣人誘之君立曰敗軍之將難與議勇如欲將我我雖眞誠效命能信我乎人皆有君吾何忍反爲仇人哉既而諸將被戮尚惜君立不之害同光元年莊宗至汴前一日梁主始令殺之永樂大典卷一萬八千二十九

高行珪燕人也家世勇悍與弟行周俱有武藝初仕燕爲騎將驍果出諸將之右燕帥劉守光僭逆不道莊宗令周德威征之守光大懼以行珪爲武州刺史令張特角之勢時明宗將兵助德威平燕俄聞行珪至率騎以禦之明宗諭以順逆之理行珪乃降守光將元行欽在山北聞行珪有變即率部下軍衆以攻行珪行珪遣弟行周告急于周德威德威命明宗李嗣本安金全將兵援之明宗破行欽于廣邊軍行欽亦降尋以行珪爲朔

州刺史歷忻嵐二郡還雲州留後天成初授鄧州節度使尋移鎮安州行珪性貪鄙短于爲政在安州日行事多不法副使范延策者幽州人也性剛直累爲賓職及佐行珪覩其貪猥因强諫之行珪不從後延策因入奏獻封章于闕下事有三條一請不禁過淮猪羊而禁絲綿匹帛以實中國一請于山林要害置軍鎮以絕寇盜一述藩侯之弊請勅從事明諫諍之不從令諸軍校列班廷諍行珪聞之深銜之後因戍兵作亂誣奏延策與之同謀父子俱戮于汴聞者冤之未幾行珪以疾卒詔贈太尉永樂大典卷一萬八千二十九

張廷裕代北人也幼事武皇于雲中從平黃巢討王行瑜自行間漸升爲小將莊宗定魏補天雄軍左廂馬步都虞候歷蔚慈隰三州刺史同光三年除新州節度使塞上多事廷裕無控制之術邊鄙常聳天成三年卒於治所詔贈太保永樂大典卷五千三百六十

王思同幽州人也父敬柔歷瀛平儒檀營五州刺史思同母即劉仁恭之女也故思同初事仁恭爲帳下軍校會劉守光攻仁恭于大安山思同以部下兵歸太原時年十六武皇命爲飛騰指揮使從莊宗平定山東累典諸軍思同性疎俊粗有文性喜爲詩什與人唱和自稱

薊門戰客魏王繼岌待之若子時內養呂知柔侍興聖宮頗用事思同不平之呂爲終南山詩末句有頭字思同和曰料伊直擬沖霄漢頼有青天壓著頭其所爲詩句皆此類也每從征必在興聖帳下然同光朝位止鄭州刺史明宗在軍時素知之即位後用爲同州節度使未幾移鎮隴右思同好文士無賢不肖必館接賄遺歲費數十萬在秦州累年邊民懷惠華戎寧息長興元年入朝見于中興殿明宗問秦州邊事對曰秦州與吐蕃接境蕃部多違法度臣設法招懷沿邊置寨四十餘所控其要害每蕃人互市飲食之界上令納器械因手指畫秦州山川要害控扼處明宗曰人言思同不管事豈及此耶時兩川叛欲用之且留左右故授右武衛將軍八月授西南面行營馬步都虞候九月遷京兆尹西京留守伐蜀之役爲先鋒指揮使石敬塘入大散關思同恃勇先入劍關大軍未相繼復被董璋兵逐出之及敬塘班師思同以曾獲劍門之功移鎮山南西道三年兩川交兵明宗慮併在一人則朝廷難制密詔思同相度形勢即乘間用軍事未行而董璋敗八月復爲京兆尹兼西京留守時潞王鎮鳳翔與之鄰境及潞王不稟朝旨致書于秦涇雍梁邠諸帥言賊臣亂政屬先帝疾篤

謀害秦王迎立嗣君自擅權柄以致殘害骨肉摇動藩垣懼先人基業忽然墜地故誓心入朝以除君側事濟之後謝病歸藩然藩邸素貧兵力俱困欲希國士共濟急難乃令小伶女十人以五弦技見思同因歌諷動又軍校宋審温者請使于雍若不從命即獨圖之又令推官郝昭府吏朱延乂以書檄起兵會副部署藥彥稠至方宴而技使適至乃繫之于獄彥稠請誅審温拘送昭赴闕時思同已遣其子入朝言事朝廷嘉之乃以思同爲鳳翔行營都部署起軍營于扶風三月十四日與張虔釗會于岐下梯衝大集十五日進收東西關城城中

戰備不完然死力捍禦外兵傷夷者十二三十六日復進攻其城潞王登陴泣諭于外聞者悲之張虔釗性褊詰旦西南用軍與都監皆血刃以督軍士軍士齊詬反攻虔釗虔釗躍馬避之時羽林指揮使楊思權引軍自西門先入思同未之知猶督士登城俄而嚴衛指揮使尹暉呼曰西城軍已入城受賞矣軍士可解甲棄仗之聲振動天地日午亂軍畢集涇州張從賓邠州康福河中安彥威皆遁去十七日思同與藥彥稠萇從諫俱至長安劉遂雍閉關不納乃奔潼關二十二日潞王至昭應前鋒執思同來獻王謂左右曰思同計乖于事然盡

心于所奉亦可嘉也顧謂趙守鈞曰思同爾之故人可行迓之于路達予撫慰之意思同至潞王讓之曰賊臣傾我國家殘害骨肉非予弟之過我起兵岐山蓋誅一二賊臣耳爾何首鼠兩端多方誤我今日之罪其可逃乎思同曰臣起自行間受先朝爵命秉旄仗鉞累歷重藩終無顯效以答殊遇臣非不知攀龍附鳳則福多扶衰救弱則禍速但恐瞑目之後無面見先帝釁鼓膏原縲囚之常分也潞王爲之改容徐謂之曰且憩歇潞王欲用之而楊思權之徒耻見其面屢啟劉延朗言思同不可留慮失士心又潞王入長安時尹暉盡得思同家財及諸妓女故尤惡思同與劉延朗亟言之屬王醉不待報殺思同并其子德勝潞王醒召思同左右報已誅之矣潞王怒延朗累日嗟惜之及漢高祖即位詔贈侍中（永樂大典卷六千六百七十一）

索自通字得之太原清源人也父繼昭以自通貴授國子監祭酒致仕自通少能騎射嘗于山墅射獵莊宗鎮太原時遇之于墅訊其姓名即補右番厩直軍使後因從獵射中走鹿轉指揮使佐周德威攻燕軍于涿州擒燕將郭在鈞從莊宗定魏博改突騎指揮使明宗即位自隨駕左右廂馬軍都指揮授忻州刺史歲餘召還復

典禁兵領韶州刺史出爲大同軍節度使累歲移鎮忠武改京兆尹西京留守楊彥溫據河中作亂自通率師討平之授河中節度使尋自鄜州入爲右龍武統軍初自通既平楊彥溫代末帝鎮河中臨事失于周旋末帝深銜之及末帝即位自通憂悸求死清泰元年七月因朝退涉洛自溺而卒子萬進周顯德中歷任方鎮（永樂大典卷一萬八千一百二十九）

舊五代史卷六十五終

唐列傳十七李建及傳改臣衛軍都校　案歐陽史作臣衛指揮使

又令上流具甕積薪其上順流縱火以攻其艦　案通鑑作木罌載薪沃油然火于上流縱之與是書異歐陽史作以大甕積薪自上流縱火與是書同

高行珪傳明宗諭以順逆之理行珪乃降守光將元行欽率部下攻行珪行珪遣弟行周告急于周德威　案歐陽史行珪夜縋行周馳入晉見莊宗莊宗因遣明宗救武州比至行欽已解去行珪乃降是行珪先求救于晉而後降也是書作降晉後告急微有異同

王思同傳爲帳下軍校　案歐陽史作銀胡䩮指揮使飛騰指揮使　案歐陽史作飛騰都揮使

位止鄭州刺史　案歐陽史作以功遷神武十軍都指揮使累遷鄭州防禦使

以五絃技見思同　案歐陽史作遣伶奴安十十以五絃謁思同

又令推官郝昭　郝昭歐陽史作郝詡通鑑從歐陽史

補前索自通傳深銜之　通鑑自通承安重誨指籍軍府甲仗數上之以爲從珂私造賴王貴妃保護得免

舊五代史卷六十六

宋司空同中書門下平章事薛居正等撰

列傳第十八　唐書四十二

安重誨其先本北部豪長父福遷爲河東將救兗鄆而沒（通鑑注引薛史）重誨自明宗龍潛時得給事左右及鎮邢州以重誨爲中門使隨從征討凡十餘年委信無間勤勞亦至洎鄴城之變佐命之功獨居其右明宗踐祚領樞密使俄遷左領軍衛大將軍充職（冊府元龜卷三百九）明宗遣回鶻侯三馳傳至其國侯三至醴泉縣縣素僻無驛馬其令劉知章出獵不時給馬侯三遽以聞明宗大怒械知章至京師將殺之賴重誨從容爲言乃得不死（永樂大典卷一萬一千六百五十四）明宗幸汴州重誨建議欲因以伐吳而明宗難之其後戶部尚書李鏻得吳諜者言徐知誥欲奉吳國以稱藩願得安公一言以爲信鏻即引諜者見重誨重誨大喜以爲然乃以玉帶與諜者使遺知誥爲信其直千緡（永樂大典一萬五千五百三十）重誨爲樞密使四五年間獨綰大任臧否自若環衛酋長貴戚近習無敢干政者弟牧鄭州子鎮懷孟身爲中令任過其才議者謂必有覆餗之禍無何有吏人李虔徽弟揚言于眾云聞相者言其貴不可言今將統軍征淮南時有軍將密以是聞頗駭

上聽（冊府元龜卷九百四十二）明宗謂重誨曰聞卿樹心腹私市兵仗欲自討淮南有之否重誨惶恐奏曰興師命將出自宸衷必是奸人結搆臣願陛下窮詰所言者翌日帝召侍衛指揮使安從進藥彥稠等謂之曰有人告安從誨私置兵仗將不利于社稷其若之何從進等奏曰此是奸人結搆離間陛下勳舊且重誨事陛下三十年從微至著無不盡心今日何苦乃謀不軌臣等以家屬保明必無此事帝意乃解（永樂大典卷四百六十一）重誨三上表乞解機務詔不允復面奏乞與臣一鎮以息謗議明宗不悅重誨奏不已明宗怒謂曰放卿出朕自有人即令武德使孟漢瓊至中書與宰臣商量重誨事馮道言曰諸人苟惜安令公解樞務爲便趙鳳曰大臣豈可輕動公失言也道等因附漢瓊奏曰此斷自宸旨然重臣不可輕議移改由是兼命范延光爲樞使重誨如故（永樂大典卷一萬一百一十三）時以東川帥董璋恃險難制乃以武虔裕爲綿州刺史董璋益懷疑忌遂縶虔裕以叛及石敬瑭領王師伐蜀峽路艱阻糧運不繼明宗憂之而重誨請行翌日領數騎而出日馳數百里西諸侯聞之莫不惶駭所在錢帛糧料星夜輦運人乘斃踣于山路者不可勝紀百姓苦之（永樂大典卷一萬八千一百二十九）重誨至鳳翔節度使朱弘昭延

于寢室令妻子奉食器敬事尤謹重誨坐中言及昨有人譏搆幾不保全賴聖上保鑒苟獲全族因泣下重誨旣辭弘昭遣人具奏重誨怨望出惡言不可令至行營恐奪石敬塘兵柄而宣徽使孟漢瓊自西廻亦奏重誨已至三泉復令歸闕再過鳳翔朱弘昭拒而不納重誨懼急騎奔程未至京師制授河中帥旣至鎭心不自安遂請致仕制初下其子崇贊崇緒走歸河中二子初至重誨駭然曰渠安得來家人欲問故重誨曰吾知之矣此非渠意是他人敎來吾但以一死報國家餘復何言翌日中使至見重誨號泣久之重誨曰公但言其故勿

過相愍中使曰人言令公據城異志矣重誨曰吾一死未塞責已負君親安敢輒懷異志遽勞朝廷興師增聖上宵旰則僕之罪更萬萬矣時遣翟光鄴使河中如察重誨有異志則誅之旣至李從璋自率甲士圍其第仍拜重誨于其庭重誨下階迎拜曰太傅過禮俛首方拜從璋以撾擊其首其妻驚走抱之曰令公死亦不遲太傅何遽如此幷擊重誨妻首碎並剝其衣服夫妻裸形踣于廊下血流盈庭翌日副使判官白從璋願以衣服覆其屍堅請方許及從璋疏重誨家財不及數千緡議以重誨有經綸社稷之大功然志大才短不能廻避權寵親禮士大夫求周身輔國之遠圖而悉自恣胸襟果貽顚覆册府元龜卷九百四十二案安重誨傳永樂大典中全篇已佚今采册府元龜補之以存大概五代史補初知祥將據蜀也且上表乞般家屬時樞密使安重誨用事拒其請知祥曰吾知之矣因使密以金百兩爲賂重誨喜而爲敷奏詔許之及家屬至知祥對僚吏笑曰天下聞樞密將謂天地間未有此誰知只銷此百金耶亦不足畏也遂守險拒命五代史闕文明宗令翟光鄴李從璋誅重誨于河中私第從璋奮撾擊重誨於地重誨曰某死無恨但恨不與官家誅得潞王他日必爲朝廷之患言終而絕臣謹案明宗實錄是清泰帝朝修撰潞王卽清泰帝也史臣避諱不敢直書嗚呼重誨之志節泯矣

朱弘昭太原人也祖玫父叔宗皆爲本府牙將弘昭事明宗在藩方爲典客天成元年爲文思使歷東川副使二年餘除左衞大將軍充內客省使三年轉宣徽南院

使明宗親祀南郊弘昭爲大內留守加檢校太傅出鎭鳳翔會朝廷命石敬塘帥師伐蜀久未成功安重誨自請西行至鳳翔弘昭迎謁馬首請館于府署妻子羅拜捧卮爲壽弘昭密遣人謂敬塘曰安公親來勞軍覩其舉措孟浪儻令得至恐士心迎合則不戰而自潰也可速拒之必不敢前則師徒萬全也敬塘聞其言大懼卽日燒營遁還重誨聞之不敢西行因反旆東還復過鳳翔弘昭拒而不納及重誨得罪其年弘昭入朝授左武衞上將軍充宣徽南院使長興三年十二月代康義誠爲襄州節度使四年秦王從榮爲元帥屢宣惡言執政

大臣皆懼謀出避之樞密使范延光趙延壽日夕更見涕泣求去明宗怒而不許延壽使其妻與平公主入言于中延光亦因孟漢瓊王淑妃進說故皆得免未幾趙延壽出鎮汴州召昭弘于襄陽代爲樞密使加同平章事十月范延光出鎮常山以三司使馮斌與弘昭對掌樞務與康義誠孟漢瓊同謀以殺秦王閔帝即位弘昭以爲由已得立故于庶事高下在心及赦後覃恩弘昭首自平章事超加中書令素猜忌潞王致其釁隙以致禍敗潞王至陝閔帝懼欲奔馳手詔召弘昭圖之時將軍穆延輝在弘昭第曰急召罪我也其如之何吾兒婦

君之女也可速迴歸無令受禍中使繼至弘昭援劍大哭至後庭欲自裁家人力止之使促之急弘昭曰窮至此耶乃自投于井安從進既殺馮贇斷弘昭首俱傳于陝州及漢高祖即位贈尚書令（永樂大典卷二千三十二）

朱洪實不知何許人以武勇累歷軍校長與中爲馬軍都指揮使秦王爲元帥以洪實驍果尤寵待之歲時出遺頗厚于諸將及朱弘昭爲樞密使勢傾尤甚洪實以宗兄事之意頗相協弘昭將殺秦王以謀告之洪實不以爲辭時康義誠以其子事于秦府故恆持兩端及秦王兵叩端門洪實爲孟漢瓊所使率領先騎軍自左掖門出逐秦王自是義誠陰銜之閔帝嗣位洪實自恃領軍之功義誠每言不爲之下應順元年三月辛酉義誠將出征閔帝幸左藏庫親給軍士錢帛是時義誠與洪實同于庫中面論用兵利害（歐陽史云洪實見軍士無鬭志而義誠盡將以西疑其二心）洪實言出軍討逆屢發兵師今聞小衂無一人一騎來者不如以禁軍據門自固彼安敢徑來然後徐圖進取全策也義誠怒曰若如此言洪實反也洪實曰公自反誰反其聲漸厲帝聞召而訊之洪實猶理前謀又曰義誠言臣圖反據發兵討義誠反必矣閔帝不能明辨遂命誅洪實既而義誠果以禁軍迎降潞王故洪實

之死後人皆以爲冤（永樂大典卷二千三十二）

康義誠字信臣代北三部落人也少以騎射事武皇從莊宗入魏博補突騎使累遷本軍都指揮使同光末從明宗討鄴城軍亂廹明宗爲主明宗不然義誠進曰主上不慮社稷阽危不思戰士勞苦荒躭禽獸溺于酒色今從衆則有歸守節則將死明宗納其言由是委之心膂明宗即位加檢校司空領富州刺史總突騎如故尋轉捧聖都指揮使領邠州刺史明宗幸汴平朱守殷改侍衛馬軍都指揮使領江西節度使車駕歸洛授侍衛馬步軍都指揮使河陽節度使（太平廣記長興中侍衛使康義誠嘗軍中差人

于大宅充院子亦曾小有笞責忽一日憐其老而詰其姓則曰姓康别詰其鄉土親族息嗣方知是父遂相持而泣聞者莫不驚異長興末加同平章事秦王爲天下兵馬元帥氣燄燻灼大臣皆懼求爲外任義誠以明宗委遇無以解退乃令其子以弓馬事秦王以自結明宗不豫秦王諷義誠爲助義誠曲意承奉亦非眞誠及朱弘昭馮贇等懼禍謀于義誠但云僕爲將校不敢預議但相公所使耳及秦王旣誅明宗宴駕閔帝即位加檢校太尉兼侍中判六軍諸衛事未幾鳳翔變起西軍不利義誠懼乃請行蓋欲盡率駕下諸軍送降于於潞王求免也會與朱洪實議事不叶洪實因厲聲言義誠苞藏之志閔

帝騃昧不能明辨而誅洪實及義誠率軍至新安諸軍爭先趨陝解甲迎降義誠以部下數十人見潞王請罪潞王雖罪其奸回未欲行法清泰元年四月斬于興教門外夷其族永樂大典卷一萬八千二十九

藥彥稠沙陀三部落人幼以騎射事明宗累遷至列校明宗踐祚領澄州刺史河陽馬步都將從王晏球討王都于定州平之領壽州刺節度使侍衛步軍都虞候屬河中指揮使楊彥温作亂彥稠改侍衛步軍都指揮使充河中副招討使將兵討平之無幾黨項刧迴鶻入朝使詔彥稠屯朔方就討黨項之叛命者搜索盜賊盡獲迴鶻所貢駞馬寶玉擒首領而還尋授邠州節度使遣會兵制置鹽州蕃戎逃遁獲陷蕃士庶千餘人遣復鄉里受詔與延州節度使案原本有闕文歐陽史作靈武康福進攻夏州累月不克兵罷歸鎮閔帝嗣位與王思同攻鳳翔爲副招討使禁軍之潰彥稠欲沿流而遁爲軍士所擒而獻之時末帝已至華州令拘于獄誅之漢高祖即位與王思同並制贈侍中永樂大典卷一萬八千一百二十九

宋令詢不知何許人也閔帝在藩時補爲客將知書樂善動皆由禮長興中閔帝連典大藩遷爲都押衙參輔闡政甚有時譽閔帝深委之及閔帝嗣位朱馮用事不

欲閔帝之舊臣在于左右乃出爲磁州刺史閔帝蒙塵于衛令詢日令人奔問及聞帝遇害大慟半日自經而卒永樂大典卷一萬三千四十四

史臣曰夫代大臣斲者猶傷其手況代天子執賞罰之柄者乎是以古之賢人當大任秉大政者莫不卑以自牧推之不有廓自公之道絕利已之欲然後能保其身而脫其禍也而重誨何人安所逃死古語云無爲權首反受其咎重誨之謂歟自弘昭而下力不能爲社稷謀不能安國家相踵而亡又誰咎也唯令詢感故君之舊恩由大慟而自絕以茲隕命足以垂名永樂大典卷一萬三千四十四

舊五代史卷六十六終

舊五代史卷六十六攷證

唐列傳十八安重誨傳無何有吏人李虔徽弟揚言于衆云 案歐陽史作樞密承旨李虔徽語其客邊彥温云所載異詞

朱宏昭傳敬瑭聞其言即日燒營遁還重誨聞之不敢西行 案歐陽史作敬瑭以糧餉不繼遽燒營還軍重誨亦以被讒召還

朱洪實傳 洪實歐陽史作宏實

康義誠傳鎮邠州刺史 邠州歐陽史作汾州

藥彥稠傳充河中副招討使 案歐陽史作招討使

舊五代史卷六十七

宋司空同中書門下平章事薛居正等撰

列傳第十九　唐書四十三

豆盧革祖籍同州刺史父瓚舒州刺史（宣和書譜云革失其世系）革少值亂離避地鄜延轉入中山王處直禮之辟于幕下有奏記之譽因牡丹會賦詩諷處直以桑柘爲意言甚古雅漸加器仰轉節度判官而理家無法獨請謁見處直處直慮布政有缺有所規諫斂板出迎乃爲嬖人所訴軍職矣天祐末莊宗將卽位講求輔相盧質以名家子舉之徵拜行臺左丞相同光初拜平章事及登廊廟事

多錯亂至于官階擬議前後倒置屢爲省郎蕭希甫駮正革改之無難色莊宗初定汴洛革引薦韋說諳事體與己同功說旣登庸復事流品舉止輕脫怨歸于革又說之子俱授拾遺父子同官爲人所刺遂改授員外郎革請說之子濤爲弘文館學士說請革之子昇爲集賢學士交易市恩有同市井識者醜之革自作相之後不以進賢勸能爲務唯事修鍊求長生之術嘗服丹砂嘔血數日垂死而愈天成初將葬莊宗以革爲山陵使及木主歸廟不出私第專候旄鉞數日無耗爲親友促令入朝安重誨對衆辱之曰山陵使名銜尙在不候新命便履公朝意謂邊人可欺也側目者聞之思有所中初蕭希甫有正諫之望革嘗阻之遂上疏論革與說苟且自容致君無狀復誣其縱田客殺人冒元亨上第遂貶爲辰州刺史仍令所在馳驛發遣後鄭珏任圜等連上三章請不行後命乃下制曰豆盧革韋說等身爲輔相手握權衡或端坐稱臣或半笑奏事于君無禮舉世寧容革則暫委利權便私俸祿文武百辟皆從五月起支父子二人偏自正初給遣說則自居重位全紊大綱斂蔭貪榮亂兒孫于昭穆賣官潤屋換令錄之身名醜行叠彰羣情共怒雖居牧守未塞非尤革可責授費州司

戶參軍說可夷州司戶參軍皆員外置同正員所在馳驛發遣尋貶陵州長流百姓委長吏常知所在天成二年夏詔令逐處刺史監賜自盡其骨肉並放逐便子昇官至檢校正郎服金紫尋亦削奪（永樂大典卷三千二百一十四　寶晉齋法書贊載豆盧革田園帖云大德欲要一居處識句問舊無田園鄜州雖有三兩處莊子緣百姓租佃多年累有令公大王書請卻給還人戶蓋不欲侵奪疲民兼慮無知之輩妄有影庇包役云云岳珂曰此帖乃與僧往還書其畏強藩避罪咎蓋慄慄淵冰然其後卒以故縱田客貶夜郎正坐所畏信乎亂邦之不可居也是時據鄜乃高萬興官檢校太師中書令封北平王郎革所謂令公大王者官故梁授唐命維新而靦面正朝者不能致礎聳之誅而反竊貢秉旄之佞唐之不競有自來矣）

韋說福建觀察使岫之子也（案以下疑有闕文）莊宗定汴洛說

與趙光允同制拜平章事說性謹重奉職常不造事端時郭崇韜秉政說等承順而已政事得失無所措言初或有言于崇韜銓選踰濫選人或取他人出身銜或取父兄資緒與令史囊槖罔冒崇韜乃條奏其事其後郊天行事官數千人多有告勑僞濫因定去留塗毀告身者甚衆選人號哭都門之外議者亦以爲積弊累年一旦澄汰太細懼失惟新含垢之意時說與郭崇韜同列不能執而止之頗遺物議說之親黨告之說曰此郭漢子之意也及崇韜得罪說懼流言所鍾乃令門人左拾遺王松吏部員外郎李愼義等上疏云崇韜往日專權

不閑故事塞仕進之門非奬善之道疏下中書說等覆奏深詆崇韜議者非之又有王傪者能以多岐取事納賂于說說以其名犯祖諱遂改之爲操擬官于近甸及明宗卽位說常慮身危每求庇于任圜常保護之說居有井昔與鄰家共之因嫌鄙雜築垣于外鄰人訟之爲希甫疏論以爲井有貨財及案之本人惟稱有破釜一所反招虛妄初貶敘州刺史尋責授夷州司戶參軍初說在江陵與高季興相知及入中書亦常通信幣自討西蜀季興請攻峽內莊宗許之如能得三州俾爲屬郡西州旣定季興無尺寸之功洎明宗纘承季興頻請三郡朝廷不得已而與之革說方在中書亦預其議及季興占據獨歸其罪流于合州明年夏詔曰陵州合州長流百姓豆盧革韋說頃在先朝擢居重任欺公害物黷貨賣官靜惟肇亂之端更有難容之事且夔忠萬三州地連巴蜀路扼荆蠻藉皇都殫難之功徇逆帥僭求之勢罔予視聽率意割移將千里之土疆開通狡穴動兩川之巨賦禦捍經年致朕莫遂偃戈猶煩運策近者西方鄰雖復要害高季興尙固窠巢增吾旰食之憂職爾朋姦之計而又自居貶所繼出流言苟刑戮之稽時處忠良于何地宜令逐處刺史監賜自盡（永樂大典卷一萬七千九百一

十　歐陽史說子濤晉天福初爲尙書膳部員外郎卒

盧程唐朝右族祖懿父蘊歷仕通顯程天復末登進士第崔魏公領鹽鐵署爲巡官昭宗遷洛陽柳璨陷右族程避地河朔客遊燕趙或衣道士服干謁藩伯人未知之豆盧革客遊中山依王處直盧汝弼來太原程與汝弼皆朝族知舊因往來依革處直禮遇未優故投于太原汝弼因爲延譽莊宗署爲推官尋改支使程褊淺無他才惟務恃門地口多是非篤厚君子尤薄之初判官王緘從軍掌文翰胡柳之役緘歿于軍莊宗歸寧太原置酒公宴舉酒謂張承業曰予今于此會取一書記先

以巵酒辟之卽舉酒屬延官馮道道以所舉非次抗酒辭避莊宗曰勿謙挹無踰于卿也時以職列序遷則程當爲書記汝弼亦左右之程旣失職私懷憤惋謂人曰主上不重人物使田里兒居余上先是莊宗嘗于帳中召程草奏程曰叨忝成名不閑筆硯由是文翰之選不及於程時張承業專制河東留守事人皆敬憚舊例支使監諸廩出納程訴于承業曰此事非僕所長請擇能者承業叱之曰公稱文士卽合飛文染翰以濟霸國嘗命草辭自陳短拙及留職務又以爲辭公所能者何也程垂泣謝之後歷觀察判官莊宗將卽位求四鎮判官

可爲宰輔者時盧汝弼蘇循相次淪沒當用判官盧質質性疎放不願重位求留太原乃舉定州判官豆盧革次舉程卽詔徵之並命爲平章事程本非重器驟歷顯位舉止不恆時朝廷草創庶物未備班列蕭然寺署多缺程革受命之日卽乘肩輿騶導喧沸莊宗聞訶導之聲詢于左右曰宰相檐子入門莊宗駭異登樓視之笑曰所謂似是而非者也頃之遣程使晉陽宮冊皇太后山路險阻往復綿邈程安坐肩輿所至州縣驅率丁夫長吏迎謁拜伏輿前少有忤意因加笞辱及汴將王彥章陷德勝南城急攻楊劉莊宗御軍苦戰臣下憂之咸白宰臣欲連章規諫請不躬御士伍豆盧革言及漢高廣武事矢及於胸紿云中足程曰此劉季失策眾皆縮頸嘗論近世士族或曰員外孔朋龜善和宰相之令緒宣聖之系孫得非盛歟程曰止于孔子之後盛則不吾知也親黨有假驢夫于程者程帖府給之府吏訴云無例程怒鞭吏背時任圜爲興唐少尹莊宗從姊壻也憑其寵戚因詣程程方鶴氅衣華陽巾憑几決事見圜怒詈曰是何蟲豸恃婦力耶宰相取給于府縣得不識舊體圜不言而退是夜馳至博平面訴于莊宗莊宗怒謂郭崇韜曰朕誤相此癡物敢辱予九卿促令自盡崇韜

亦怒事幾不測賴盧質橫身解之遂降爲右庶子莊宗旣定河南程隨百官從幸洛陽沿路墜馬因病風而卒贈禮部尚書（永樂大典卷二千二百一十二）

趙鳳幽州人也少爲儒唐天祐中燕帥劉守光盡率部內丁夫爲軍伍而黥其面爲儒者患之多爲僧以避之鳳亦落髮至太原頃之從劉守奇奔梁梁用守奇爲博州刺史表鳳爲判官（永樂大典卷一萬六千四百六十五　案歐陽史云守奇奔鳳去爲鄆州節度判官）爲鄆州節度判官唐莊宗聞鳳名得之甚喜以爲護鑾學士後莊宗卽位拜鳳中書舍人（永樂大典卷一萬三千四百二十四　案五代會要作護鑾書制學士歐陽史云莊宗卽位拜中書舍人翰林學士時皇后及羣小用事）

鳳言皆不見納及入汴改授禮部員外郎莊宗及劉皇后幸張全義第后奏曰妾五六歲失父母每見老者思念尊親泣下以全義年德妾欲父事之以慰孤女之心莊宗許之命鳳作賤上全義定往來儀注鳳上書極諫不納天成初置端明殿學士鳳與馮道俱任其職時任圜爲宰相爲安重誨所傾以至罷相歸磁州及朱守殷以汴州叛馳驛賜圜自盡旣而鳳哭謂安重誨曰任圜義士也肯造逆謀以讐君父乎如此濫刑何以安國重誨笑而不責是冬權知貢舉明年春有僧自西國取經回得佛牙大如拳褐漬皺裂進于明宗鳳揚言曰曾聞佛牙鎚鍛不壞請試之隨斧而碎時宮中所施已踰數千緡聞毀乃止及車駕還洛留知汴州事尋授中書侍郎平章事（李之儀姑溪居士集鳳爲莊宗實錄將何挺論劉昫疏不載昫旣相遂引鳳共政事）長興中安重誨出鎭河中人無敢言者惟鳳極言于上前曰重誨是陛下家臣其心終不背主五年秉權賢豪俯伏但不周防自貽浸潤明宗以爲朋黨不悅其奏重誨獲罪乃出爲邢州節度使淸泰初召還授太保旣而病足不能朝謁疾篤自爲蓍筮卦成投蓍而嘆曰吾家世無五十者而復窮賤吾年已五十又爲將相豈有遐壽哉淸泰二年三月卒鳳性豁達輕財重義凡士友以窮厄告者

必傾其資而餉之人士以此多之也（永樂大典卷一萬七千九百一十）

（案趙鳳傳永樂大典中闕全篇今存其舊）

李愚字子晦自稱趙郡平棘西祖之後家世爲儒父瞻業應進士不第遇亂徙家渤海之無棣以詩書訓子孫愚童齔時謹重有異常兒年長方志學徧閱經史慕晏嬰之爲人初名晏平爲文尙氣格有韓柳體厲志端莊風神峻整非禮不言行不苟且愚初以艱貧求爲假官滄州盧彥威署安陵簿丁憂服闋隨計之長安屬關輔亂離頻年罷舉客于蒲華之間光化中軍容劉季述王奉先廢昭宗立裕王五月餘諸侯無奔問者愚時在華陰致書于華帥韓建其略曰僕關東一布衣幸讀書爲儒每見君臣父子之際有傷敎害義之事常痛心切齒恨不得抽腸喋血肆之市朝明公居近關重鎭君父幽辱月餘坐視凶逆而忘勤王之舉僕所未諭也僕竊計中朝輔弼雖有志而無權外鎭諸侯雖有權而無志惟明公忠義社稷是依往年車輅播遷號泣奉迎累歲供饋再復朝廟義感人心至今歌詠此時事勢尤異於前明公地處要衝位兼將相自宮闈變故已涉旬時若不號令率先以圖反正遲疑未決一朝山東侯伯唱義連衡鼓行而西明公求欲自安如何決策此必然之勢

也不如馳檄四方諭以逆順軍聲一振則元凶破膽浹旬之間二豎之首傳于天下計無便于此者建深禮遇之堅辭還山天復初駕在鳳翔汴軍攻蒲華愚避難東歸洛陽時衛公李德裕孫道古在平泉舊墅愚往依焉子弟親採梠負薪以給朝夕未嘗干人故少師薛廷珪掌貢籍之歲登進士第又登宏詞科授河南府參軍遂卜居洛表白沙之別墅梁有禪代之謀柳璨希旨殺害朝士愚以衣冠自相殘害乃避地河朔與宗人李延光客于山東梁末帝嗣位雅好儒士延光素相欵奉得侍講禁中屢言愚之行高學贍有史魚蘧瑗之風召見嗟

賞久之擢爲左拾遺俄充崇政院直學士或預資謀而儼然正色不畏強禦衡王入朝重臣李振輩皆致拜惟愚長揖末帝讓之曰衡王朕之兄朕猶致拜崇政使李振等皆拜爾何傲耶對曰陛下以家人禮見振等私也臣居朝列與王無素安敢諂事其剛毅如此晉州節度使華温琪在任違法籍民家財其家訟于朝制使劾之伏罪梁末帝以先朝草昧之臣不忍加法愚堅按其罪梁末帝詔曰朕若不與鞫窮謂予不念赤子若或遂行典憲謂余不念功臣爲爾君者不亦難乎其華温琪所受贓宜官給代還所訟之家貞明中通事舍人李霄傭

夫毆傲舍人致死法司按律罪在李霄愚白李霄手不鬬毆傭夫致死安得坐其主耶以是忤旨愚自拾遺再遷膳部員外郎賜緋改司勳員外郎賜紫至是罷職歷許鄧觀察判官初在內職磁州舉子張礪依焉貞明中礪自河陽北歸莊宗補授太原府掾出入崇闥之間揄揚愚之節槩極言愚之所爲文仲尼遇顏回壽夷齊非餓人等篇北人望風稱之洎莊宗都洛陽鄧帥傳奏章入朝諸貴見之禮接如舊尋爲主客郎中數月召爲翰林學士三年魏王繼岌征蜀請爲都統判官仍帶本職從軍時物議以蜀險阻未可長驅郭崇韜問計于愚愚

曰如聞蜀人厭苦其主荒恣倉卒必不爲用宜乘其人二三風馳電擊彼必破膽安能守險及前軍至固鎮收軍食十五萬斛崇韜喜謂愚曰公能料事吾軍濟矣招討判官陳乂至寶雞稱疾乞留在後愚厲聲曰陳乂見利則進懼難則止今大軍涉險人心易惑正可斬之以徇由是軍人無遲留者是時軍書羽檄皆出其手蜀平就拜中書舍人師還明宗卽位時西征副招討使任圜爲宰相雅相欽重屢言于安重誨請引爲同列屬孔循用事援引崔協以塞其請俄以本職權知貢舉改兵部侍郎充翰林承旨長興初除太常卿屬趙鳳出鎮邢臺乃

拜中書侍郞平章事轉集賢殿大學士長興季年秦王
恣横權要之臣避禍不暇邦之存亡無敢言者愚性剛
介往往形言然人無唱和者後轉門下侍郎監修國史
兼吏部尚書與諸儒修成創業功臣傳三十卷愚初不
治第既命爲相官借延賓館居之嘗有疾詔近臣宣諭
延之中堂設席惟莞秸使人言之明宗特賜帷帳茵褥
案職官分紀云長興四年愚病明宗遣中使宣問愚所居寢室蕭然四壁病榻敝氊而已中使具言其事帝曰宰相月俸幾何而委頓如此詔賜絹百匹錢百千帷閱帳什物一十三事所載較薛史爲詳今錄以備參考
帝嗣位志修德政易月之制纔除便延訪學士讀貞觀
政要太宗實錄有意于郅理愚私謂同列曰吾君延訪

少及吾輩位高責重事亦堪憂奈宗社何皆惕息而不
敢言以恩例進位左僕射清泰初徽陵禮畢馮道出鎮
同州愚加特進太微宮使弘文館大學士宰相劉昫與
馮道婚家道既出鎮兩人在中書或舊事不便要釐革
者對論不定愚性太峻因曰此事賢家翁所爲更之不
亦便乎昫憾其言切于是每言必相折難或至喧呼無
幾兩人俱罷相守本官案錦繡萬花谷云愚爲相迂濶廢帝謂愚等無所事常目爲粥
飯僧以爲飲食終日無所用心清泰二年秋愚已攖疾率多請告累表
乞骸不允卒于位永樂大典卷一萬三百九十八
任圜京兆三原人祖清成都少尹父茂弘避地太原奏

授西河令有子五人曰圖回圓團冏風彩俱異武皇愛
之以宗女妻圓歷代憲二郡刺史李嗣昭典兵于晉陽
與圓遊處甚洽及鎮澤潞請爲觀察支使解褐賜朱紱
圓美姿容有口辯嗣昭爲人間搆于莊宗方有微隙圓
奏使往來常申理之克成友于之道圓之力也及丁母
憂莊宗承制起復潞州觀察判官賜紫常山之役嗣昭
爲帥于軍圓代總其事號令如一敵人不知莊宗聞之
倍加獎賞是秋復以上黨之師攻常山城中萬人突出
大將孫文進死之賊逼我軍圓麾騎士擊之頗有殺獲
嘗以禍福諭其城中鎮人信之使乞降及城潰誅元惡

之外官吏咸保其家屬亦圓所庇護焉莊宗改鎮州爲
北京以圓爲工部尚書兼真定尹北京副留守知留守
事明年郭崇韜兼鎮改行軍司馬充北面水陸轉運使
仍知府事同光三年歸朝守工部尚書崇韜伐蜀奏令
從征西蜀平署圓黔南節度使懇辭遂止魏王班師行
及利州康延孝叛以勁兵八千廻刧西川繼岌聞之夜
半命中使李廷安召圓圓方寢廷安登其牀以告之圓
衣不及帶遽見繼岌繼岌泣而言曰紹琛負恩非尚書
不能制卽署圓爲招討副使與都指揮使梁漢顒等率
兵攻延孝于漢州擒之旋至渭南繼岌遇害圓代總全

師朝于洛陽明宗嘉其功拜平章事判三司圜揀拔賢俊杜絕倖門百官俸入爲孔謙減折圜以廷臣爲國家羽儀故優假班行禁其虛估期月之內府庫充贍朝廷修葺軍民咸足雖憂國如家而切于功名故爲安重誨所忌嘗與重誨會于私第有妓善歌重誨求之不得嫌隙自茲而深矣先是使人食券皆出于戶部重誨止之俾須內出爭于御前往復數四竟爲所沮通鑑安重誨與圜爭于上前往復數四聲色俱厲上退朝宮人問上適與重誨論事爲誰上曰宰相宮人曰妾在長安宮中未嘗見宰相樞密奏事敢如是者蓋輕大家耳上愈不悅舊唐書大順初累遷司動員外郎知制誥因求罷三司天成二年除太子少保致仕出居磁州及朱守殷叛重誨乘間誣其結搆立遣人稱制就害之乃下詔曰太子少保致仕任圜早推勳舊曾委重難既退免于劇權俾優閑于外地而乃不遵禮分潛附守殷緘題罔避于嫌疑情旨頗彰于怨望自收汴壘備見蹤由若務含弘是孤典憲尙全大體止罪一身宜令本州于私第賜自盡圜受命之日聚族酣飲神情不撓清泰中制贈太傅子徹仕皇朝位至度支郎中卒永樂大典卷九千三百五十二

史臣曰革說承舊族之冑佐新造之邦業雖謝于財成罪未聞于昭著而乃爲權臣之所忌顧後命以無逃靜而言之亦可憫也盧程器狹如是形渥攸宜趙鳳李愚咸以文學之名俱踐巖廊之位校其貞節愚復優焉任圜有縱横濟物之才無明哲保身之道退猶不免獻可悲哉永樂大典卷一萬七千九百一十

舊五代史卷六十七終

盧列傳十九盧程傳盧程唐朝右族祖懿父蘊　案歐
陽史作不知其世家何人
趙鳳傳以爲護鑾學士　案五代會要作護鑾書制學
士
拜鳳中書舍人及入汴改授禮部員外郎　案歐陽史
作拜中書舍人翰林學士
李愚傳歷許鄧觀察判官　案歐陽史作罷爲鄧州觀
察判官
屬趙鳳出鎭邢臺乃拜中書侍郎平章事　案歐陽史

任圜罷相乃拜愚中書侍郎同平章事　吳縝纂誤云
明宗紀天成二年六月任圜罷長興二年李愚爲平
章事自任圜罷至此已五年矣與愚入相年月太遠
蓋史之所書本謂趙鳳而誤爲任圜也
任圜傳嗣昭爲帥于軍圜代總其事　案歐陽史作嗣
昭戰歿圜代將其軍
先是使人食券皆出于戸部　食券通鑑作館券
清泰中制贈太傅　案歐陽史作愍帝即位贈圜太傅
是書作廢帝清泰中未知孰是

舊五代史卷六十七攷證

舊五代史卷六十八

宋司空同中書門下平章事薛居正等撰

列傳第二十　唐書四十四

薛廷珪其先河東人也父逢咸通中爲秘書監以才名著于時廷珪中和年在西川登進士第累歷臺省（舊唐書天順初梁遷司勳員外郎知制誥）乾寧中爲中書舍人駕在華州改散騎常侍詩詔致仕客遊蜀川昭宗遷洛陽徵爲禮部侍郎（舊唐書光化中復爲中書舍人遷刑部吏部二侍郎權知禮部貢舉拜尚書左丞）時柳璨居害朝士衣冠畢羅其害毒廷珪以居常退讓獲全（新唐書朱全忠兼四鎮廷珪以官告使至汴客將先見諷其拜廷珪佯不曉曰吾何德敢受令公拜乎及見卒不肯加禮）入梁爲禮部尚書莊宗平定河南以廷珪年老除太子少師致仕（案通鑑廷珪與李琪嘗爲太祖册禮使）同光三年九月卒贈右僕射所著鳳閣詞書十卷克家志五卷並行于世初廷珪父逢著鑿混沌眞珠簾等賦大爲時人所稱廷珪既壯亦著賦數十篇同爲一集故名曰克家志（永樂大典卷二萬一千三百六十七）

崔沂（新唐書宰相世系表沂字德潤）大中時宰相魏公鉉之幼子也兄沆廣明初亦爲宰輔沂舉進士第歷監察補闕昭宗時累遷至員外知制誥性抗厲守道而文藻非優常與同舍顏蕘錢珝俱秉筆見蕘珝贍速草制數十無妨談笑

而沂自愧翌日謁國相訴曰沂疎淺不足以供詞翰之職相輔然之移爲諫議大夫入梁爲御史司憲糾繆繩違不避豪右開平中金吾街使寇彥卿入朝過天津橋市民梁現者不知迴避前導伍伯捽之投石欄以致斃彥卿自前白于梁祖梁祖命通事舍人趙可封宣諭令出私財與死者之家以贖其罪沂奏劾曰彥卿位是人臣無專殺之理況天津橋御路之要正對端門當車駕出入之途非街使震怒之所況梁現不時迴避其過止于鞭笞捽首投軀深乖朝憲請論之以法梁祖惜彥卿令沂以過失論沂引鬭競律以怙勢力爲罪首下手者減一等又鬭毆條不鬭故毆傷人者加傷罪一等沂表入責授彥卿遊擊將軍左衞中郎將沂剛正守法人士多之遷左司侍郎改太常卿轉禮部尚書貞明中帶本官充西京副留守時張全義留守天下兵馬副元帥河南尹判六軍諸衞事守太尉中書令魏王名位之重冠絕中外沂至府客將白以副留守合行庭禮沂曰張公官位至重然尙帶府尹之名不知副留守見尹之儀何如全義知之遽引見沂勞曰彼此有禮俱老矣勿相勞煩莊宗興復唐室復用爲左丞判吏部尚書銓選司坐累謫石州司馬明宗卽位召還復爲左丞以衰疾告老

授太子少保致仕卒于龍門之別墅時年七十餘贈太子少傅（永樂大典卷二千七百四十）

劉岳字昭輔其先遼東襄平人元魏平定遼東徙家于代隨孝文遷洛遂爲洛陽人八代祖兵部尚書渝國公政會武德時功臣祖符蔡州刺史父珪洪洞縣令符有子八人皆登進士第珪之母弟瓌玗異母弟崇夷崇龜崇望崇魯崇謩崇龜乾寧中廣南節度使崇望乾寧中宰相崇魯崇謩崇夷並歷朝省岳少孤亦進士擢第歷戶部巡官鄭縣簿直史館轉左拾遺侍御史梁貞明初召入翰林爲學士岳爲文敏速尤善談諧在職累遷戶部侍郎在翰林十二年莊宗入汴隨例貶均州司馬尋丁母憂許自貶所奔喪服闋授太子詹事明宗即位歷兵部吏部侍郎秘書監太常卿卒年五十六贈吏部尚書岳文學之外通于典禮天成中奉詔撰新書儀一部文約而理當今行于世子溫叟仕至御史中丞（永樂大典卷九千九十八　案國老談苑云劉溫叟方正守道以名教爲己任幼孤事母以孝聞其母甚賢初爲翰林學士私庭拜母母即命二婢箱擎公服金帶置于階下謂溫叟曰此汝父長與中入翰林時所賜也自先君子薨背以來嘗懼家門替墜今汝能自致靑雲繼父之職可服之無愧矣因歔欷掩泣溫叟伏地號慟退就別寢素衣蔬食追慕數日然後服之士大夫以爲得禮）

封舜卿（案原本有闕文據新唐書宰相世系表封氏世居渤海蓨縣舜卿字贊聖父敖字碩夫戶部尚書渤海縣男唐書有傳）仕梁爲禮部侍郎知貢舉開平三年奉使幽州以門生鄭致雍從行復命之日又與致雍同受命入翰林爲學士致雍有俊才舜卿雖有文辭才思拙澁及試五題不勝困弊因託致雍秉筆當時識者以爲座主辱門生（冊府元龜卷九百三十九）莊宗同光已來累歷清顯封氏自太和以來世居兩制以文筆稱于時舜卿從子渭（世系表渭字希叟）昭宗遷雒時爲翰林學士舜卿爲中書舍人叔姪對掌內外制從子翹于梁貞明中亦爲翰林學士（冊府元龜卷七百七十一）天成中爲給事中因轉對上言以星辰合度風雨應時請御前香一合帝親爇一炷餘令于塔廟中焚之貴表精至議者以翹時推名族出朝苑登瑣闥甚有嚴廊之望而忽有此請乃近諸妖佞耳物望由是減之（永樂大典卷六千三十四　案舜卿傳永樂大典中僅存此一條今採冊府元龜以存梗槩）

竇夢徵同州人少苦心爲文登進士第歷校書郎自拾遺召入翰林充學士梁貞明中加兩浙錢鏐元帥之命夢徵以鏐無功于中原兵柄不宜虛授其言切直梁末帝以觸時忌左授外任（玉堂閒話竇以錢公無功于本朝僻在一方坐邀恩澤不稱是命乃抱麻哭于朝翌日竇謫掾于沂州）有頃復召爲學士及莊宗入汴夢徵以例貶沂州居嘗感梁末帝舊恩因爲祭故君文云嗚呼四海九州天廻眷命一女二夫人之不幸當革故

以鼎新若金鎔而火盛必然之理夫何足競云秉筆者皆許之尋量移宿州天成初還中書舍人復入爲翰林學士工部侍郎卒贈禮部尚書王堂閒話竇失意被譴嘗鬱鬱不樂曾夢有人謂曰君無自苦不久當復故職然將來慎勿爲丞相苟有是命當萬計避之其後竇復居禁職有頃遷工部侍郎竇忽憶夢中所言深惡其事然已受命不能遜避未幾果卒夢徵隨計之秋文稱甚高尤長于牋啟編爲十卷目曰東堂集行于世永樂大典卷一萬九千三百五十四

李保殷河南洛陽人也昭宗朝自處士除太子正字改錢塘縣尉浙東帥董昌辟爲推官調補河府兵曹參軍歷長水令毛詩博士累官至太常少卿端王傅入爲大

理卿撰刑律總要十二卷與兵部侍郎郗殷象論刑法事左降房州司馬同光初授殿中監以其素有明法律之譽拜大理卿未滿秩屬爲人所制保殷曰人之多辟無自立辟乃謝病以歸卒于洛陽永樂大典卷一萬三百八十九

歸藹字文彥吳郡人也曾祖登祖融父仁澤位皆至列曹尚書觀察使藹登進士第及升朝遍歷三署案以下疑有闕文據舊唐書昭宗紀天祐元年七月宴于文思殿朱全忠入百官或坐于廊下全忠怒笞通引官何凝丙寅制金紫光祿大夫行御史中丞上柱國韓儀責授棣州司馬侍御史歸藹責授歸州司戶坐百官儆全忠也此事應出薛史今無可考同光初爲尚書右丞遷刑戶二部侍郎以太子賓客致仕卒年七十六永樂大典卷二千七百二

孔邈文宣王四十一代孫身長七尺餘神氣溫厚登進士第歷校書郎萬年尉充集賢校理永樂大典卷二千九百二十五爲諫議大夫以年老致仕冊府元龜卷八百九十九案邈傳永樂大典中僅存一條考冊府元龜云乾寧五年登進士第除校書郎崔遠在中書奏萬年尉充集賢校理以親舅獨孤損方在廊廟避嫌不赴職蓋冊府元龜兼采後唐實錄之文與薛史異孔邈在後唐不應一無表見今無可復考謹錄原本如右

張文寶昭宗朝諫議大夫顗之子也文寶初依河中朱友謙爲從事莊宗即位于魏州以文寶知制誥歷中書舍人刑部侍郎左散騎常侍知貢舉遷吏部侍郎文寶性雅淡稽古長興初奉使浙中泛海船壞水工以小舟

救文寶與副使吏部郎中張絢信風至淮南界僞吳楊溥禮待甚至兼厚遺錢幣食物文寶受其食物反其錢幣吳人善之送文寶等復至杭州宣國命還青州卒子吉嗣位邑宰永樂大典卷六千三百九十

陳乂薊門人也少好學善屬文因避亂客于浮陽轉徙于大梁梁將張漢傑延于私邸表授太子舍人莊宗平梁郭崇韜遙領常山召居賓榻崇韜從魏王繼岌伐蜀署爲招討判官崇韜死明宗即位隨任圜歸闕圜薦之于朝除膳部員外郎知制誥累遷中書舍人乂性陰僻寡與人合不爲當路所與尋移左散騎常侍由是忿以

成疾踰月而卒又微有才術嘗自恃其能爲判官日人有造者垂帷深處罕見其面及居西掖而姿態愈倨位竟不至公卿蓋器度促狹者也然乂性孤執尤廉于財長興中嘗自舍人銜命冊晉國公主石氏于太原晉高祖善待之但訝其高岸人或有獻可于乂宜陳一謳頌以稱晉高祖之美可邀其厚賄耳乂曰人生貧富咸有定分未有持天子命違禮以求利既損國綱且虧士行乂今生所不爲也聞者嘉之晉高祖即位贈禮部尚書（永樂大典卷三千一百三十五）

劉贊魏州人也幼有文性父玭爲令錄誨以詩書夏月令服青襦單衫玭每肉食別置蔬食以飯贊謂之曰肉食君之祿也爾欲食肉當苦心文藝自可致之吾祿不可分也由是贊及冠有文詞年三十餘登進士第魏州節度使羅紹威署巡官罷歸京師依開封尹劉鄩久之租庸使趙巖表爲巡官累遷至金部員外郎職如故莊宗入汴租庸副使孔謙以贊里人表爲鹽鐵判官天成中歷知制誥中書舍人與學士竇夢徵同年登第鄰居友善夢徵卒贊與同年楊凝式緦麻爲位而哭其家無嫡長與視喪事卹其孀稚人士稱之改御史中丞刑部侍郎贊性雍和與物無忤居官畏慎人若以私干之雖

權豪不能移其操未幾改祕書監兼秦王傅（冊府元龜秦王爲元帥秦王府判官太子詹事王居敏與贊鄉曲之舊以秦王盛年自恣須朝中選端士納誨冀其稟畏乃奏薦贊焉）贊節槩貞素忽聞其命掩泣固辭竟不能止時秦王參佐皆新進小生動多輕脫每稱頌秦王功德阿意順旨祇奉談笑惟贊從容諷議必獻嘉言秦王常接見賓寮及遊客于酒筵之中悉令秉筆賦詩（冊府元龜時從榮溺于篇章凡門客及通謁遊士必坐于客次自出題目令賦一章然後接見）贊爲師傅亦與諸客混然容狀不悅秦王知其意自是戒典客贊至勿通令每月一度至衙（言行龜鑑載劉贊諫秦王曰殿下宜以孝敬爲職浮華非所尚也秦王不悅戒閽者後弗引進）贊既官係王府不敢朝參不通慶弔但閉關喑嗚而已及秦王得罪或言贊止于朝降而已服麻衣備驢乘在門矣聞其言曰豈有國君之嗣一旦舉室塗地而賓佐朝降得免死幸也俄而臺史示勅長流嵐州即時赴貶所在嵐州踰年清泰二年春詔歸田里妻紇干氏塗中卒贊比羸瘠慟哭殆絕因之亦病行及石會關而卒年六十餘（永樂大典卷九千九百九十九）

史臣曰自唐祚橫流衣冠掃地苟無端士孰恢素風如廷珪之文學崔沂之剛正劉岳之典禮舜卿之掌誥洎夢徵而下皆蔚有貞規無虧懿範固可以爲搢紳之圭表聳朝廷之羽儀以之垂名夫何不韙（永樂大典卷二千七百四十）

舊五代史卷六十八終

舊五代史卷六十八攷證

唐列傳二十劉岳傳奉詔撰新書儀一部文約而理當

案歐陽史謂其事出鄙俚兩史褒貶微有異同

張文寶傳信風至淮南界　案通鑑作風飄至天長

陳乂傳除膳部員外郎知制誥累遷中書舍人　案通鑑作閏月以膳部郎中知制誥陳乂爲給事中充樞密直學士與此傳互有詳略

劉贊傳　案通鑑作劉瓚

補前劉贊傳　掩泣固辭竟不能止通鑑瓚自以左遷泣訴不得免胡三省注云唐制六部侍郎除吏部之外餘皆從四品下王傳從三品然部侍郎爲穪用王傳爲左遷以職事有間劇之不同也當是時從榮居儲傳則秦王傳不可以問官言蓋以從榮輕佻峻急恐豫其禍故求脫耳

宋司空同中書門下平章事薛居正等撰

列傳二十一　唐書四十五

張憲字允中晉陽人世以軍功爲牙校憲始童丱喜儒學厲志橫經不舍晝夜太原地雄邊服人多尚武耻于學業惟憲與里人藥縱之精力遊學弱冠盡通諸經尤精左傳嘗袖行所業謁判官李襲吉一見欣歎旣辭謂憲曰子勉之將來必成佳器石州刺史楊守業喜聚書以家書示之聞見日博莊宗爲行軍司馬廣延髦俊素知憲名令朱守殷齎書幣延之歲餘釋褐交城令秩滿

莊宗嗣世補太原府司録參軍時霸府初開幕客馬郁王緘燕中名士盡與之遊十二年莊宗平河朔念藩邸之舊徵赴行臺十三年授監察賜緋署魏博推官自是恆贊筆扈從十五年王師戰胡柳周德威軍不利憲與同列奔馬北渡梁軍急追殆將不濟至晚渡河人皆陷水而沒憲與從子朗履冰而行將及岸冰陷朗泣以馬箠引之憲曰吾兒去矣勿使俱陷朗曰忍季父如此俱死無恨朗偃伏引箠憲躍身而出是夜莊宗令于軍中求憲或曰與王緘俱歿矣莊宗垂涕求尸數日聞其免也遣使慰勞尋改掌書記水部郎中賜金紫歷魏博觀察判官從討張文禮鎮州平授魏博鎮冀十郡觀察判官改考功郎中兼御史中丞權鎮州留事莊宗即位詔還魏都授尚書工部侍郎充租庸使八月改刑部侍郎判吏部銓兼太淸宮副使莊宗遷洛陽以憲檢校吏部尚書興唐尹東京副留守知留守事憲學識優深尤精吏道剖析聽斷人不敢欺三年春車駕幸鄴時易定王都來朝宴于行宮將擊鞠初莊宗行即位之禮卜鞠場吉因築壇于其間至是詔毀之憲奏曰即位壇是陛下祭接天神受命之所自風燥雨濡之外不可輒毀亦不修魏繁陽之壇漢氾水之壇到今猶有兆象存而不毀

古之道也即命治之于宮西數日未成會憲以公事獲譴閤門待罪上怒戒有司速治行宮之庭礙事者畢去竟毀即位壇憲私謂郭崇韜曰不祥之甚忽其本也秋崇韜將兵征蜀以手書告憲曰允中避事久矣余受命西征已奏還公黃閣憲報曰庖人之代尸祝所謂非吾事也時樞密承旨段佪當權任事以憲從龍舊望不欲憲在朝廷會孟知祥鎮蜀川選北京留守佪揚言曰北門國家根本非重德不可輕授今之取才非憲不可趨時者因附佪勢巧中傷之又曰憲有相業然國祚中興宰相在天子面前得失可以改作一方之事制在一人

惟北面事重十一月授憲銀青光祿大夫檢校吏部尚書太原尹北京留守知府事四年二月趙在禮入魏州時憲家屬在魏闕東俶擾在禮善待其家遣人齎書至太原誘憲憲斬其使書不發函而奏旣而明宗爲兵衆所刼諸軍離散地遠不知事實或謂憲曰蜀軍未至洛湯窘急總管又失兵權制在諸軍之手又聞河朔推戴事若實然或可濟否憲曰治亂之機間不容髮以愚所斷事未可知愚聞藥縱之言總管德量仁厚素得士心餘勿多言志此而已四月五日存渥自洛陽至口傳莊宗命並無書詔惟云天子授以隻箭傳之爲信衆心惑之時事莫測左右獻畫曰存渥所乘馬已戢其飾復召人謀事必行陰禍因欲據城寧我負人宜早爲之所但戮呂鄭二宦且繫存渥徐觀其變事萬全矣憲良久曰吾本書生無軍功而致身及此一旦自布衣身紆金紫向來仕宦非出他門此畫非吾心也事苟不濟以身殉義東都事略張昭傳昭勸憲奉表明宗以勸進憲曰吾書生也天子委以保釐之任吾豈苟生者乎昭曰此古之大節公能行之忠臣也憲旣死論者以昭能成憲之節翌日符彥超誅呂鄭軍城大亂燔剽達曙憲初聞有變出奔沂州旣而有司糾其委城之罪四月二十四日賜死于晉陽之千佛院幼子凝隨父走亦爲收者加害明宗郊禮大赦有司請昭雪從之憲沉靜寡欲喜聚圖書家書五千卷視事之餘手自刊校善彈琴不飲酒賓僚宴語但論文嘯咏而已士友重之憲長子守素仕晉位至尚書郎永樂大典卷六千二百五十

王正言鄆州人父志濟陰令正言早孤貧從沙門學工詩密州刺史賀德倫令歸俗署郡職德倫鎭青州表爲推官移鎭魏州歿觀察判官莊宗平定魏博正言仍舊職任小心端愼與物無競眷爲同職司空頲所陵正言降心下之頲誅代爲節度判官同光初守戶部尚書興唐尹時孔謙爲租庸副使常畏張憲挺特不欲其領使乃白郭崇韜留憲于魏州請宰相豆盧革判租庸未幾復以盧質代之孔謙白云錢穀重務宰相事多簿籍留滯又云盧質判二日便借官錢皆不可任意謂崇韜必令己代其任時物議未允而止謙沮喪久之李紹宏曰邦計國本時號怨府非張憲不稱職卽日徵之孔謙段個白崇韜曰邦計雖重在侍中眼前但得一人爲使卽可魏博六州戶口天下之半王正言操守有餘智力不足若朝廷任使庶幾與人共事若事制方隅未見其可張憲才器兼濟宜以委之崇韜卽奏憲留守魏州徵王正言爲租庸使正言在職主諾而已權柄出于孔謙正

言不耐繁浩簿領縱橫觸事遺忘物論以爲不可卽以
孔謙代之正言守禮部尙書三年冬代張憲爲興唐尹
留守鄴都時武德使史彥瓊監守鄴都廩帑出納兵馬
制置皆出彥瓊將佐官吏頤指氣使正言不能以道御
之但趦趄聽命至是貝州戍兵亂入魏州彥瓊望風敗
走亂兵剽劫坊市正言促召書吏寫奏章家人曰賊已
殺人縱火都城已陷何奏之有是日正言引諸僚佐謁
趙在禮（通鑑正言索馬不能得乃帥僚佐步出府門謁在禮）望塵再拜請罪在禮
曰尙書德重勿自卑屈除受國恩與尙書共事但思歸
之衆倉卒見迫耳因拜正言厚加慰撫明宗卽位正言

求爲平盧軍行軍司馬因以授之竟卒于任（永樂大典卷六千八百五十）
胡裝禮部尙書曾之孫汴將楊師厚之鎭魏州裝與副
使李嗣業有舊因往依之薦授貴鄉令及張彥之亂嗣
業遇害裝罷秩客于魏州莊宗初至裝謁見求假官司
空顯以其居官貪濁不得調者久之十三年莊宗還太
原裝候于離亭謁者不納乃排闥而入曰臣本朝公卿
子孫從兵至此殿下比與唐祚勤求英俊以壯霸圖臣
雖不才比于進九九納豎刁頭須亦所庶幾而羈旅果
年執事者不垂顧錄臣不能赴海觸樹走胡適越今日
歸死于殿下也莊宗愕然曰孤未之知何至如是賜酒
食慰遣之謂郭崇韜曰便與擬議是歲署館驛巡官未
幾授監察御史裏行遷節度巡官賜緋魚袋尋歷推官
檢校員外郎裝學書無師法工詩非作者癖于題壁所
至宮亭寺觀必書爵里人或譏之不以爲愧時四鎭幕
賓皆金紫裝獨恥銀艾十七年莊宗自魏州之德勝與
賓僚城樓餞別而羣僚離席裝獨留獻詩三篇意在章
服莊宗舉大鍾屬裝曰員外能釂此乎裝飮酒素少略
無難色爲之一舉而釂莊宗卽解紫袍賜之同光初以
裝爲給事中從幸洛陽時連年大水百官多窘裝求爲

襄州副使四年洛陽變擾節度使劉訓以私忿族裝誣
奏云裝欲謀亂人士寃之（永樂大典卷二千二百四十三）
崔貽孫（新唐書宰相世系表貽孫字伯垂）祖元亮左散騎常侍（世系表元亮字晦孫號州刺史）父㒰言潞州判官貽孫以門族登進士第以監
察升朝歷清資美職及爲省郎于江南迴以橐裝營別
墅于漢上之穀城退居自奉淸江之上綠竹遍野狹徑
深密維舟曲岸人莫造焉時人甚高之及李振貶均州
貽孫曲奉之振入朝貽孫累遷丞郎同光初除吏部侍
郎銓選疎謬貶官塞地馳驛至潞州致書于府帥孔勍
曰十五年穀城山裏自謂逸人二千里沙塞途中今爲

逐客勍以其年八十奏留府下明年量移澤州司馬遇
赦還京宰相鄭珏以姻戚之分復擬吏部侍郎天官任
重昏耄罔知後遷禮部尙書致仕而卒北夢瑣言崔貽孫年過八十求進不休囊槖之資素有貯積性好干人喜得小惠有子三人自貽孫左降之後
各于舊業爭分其利甘旨醫藥莫有奉者貽孫以書責
之云生有明君宰相死有天曹地府吾雖考終豈放汝
耶永樂大典卷二千七百四十

孟鵠魏州人莊宗初定魏博選幹吏以計兵賦以鵠爲
度支孔目明宗時爲邢洺節度使每曲意承迎明宗甚
德之及孔謙專典軍賦徵督苛急明宗嘗切齒及即位

鵠自租庸勾官擢爲客省副使樞密承旨遷三司副使
出爲相州刺史會范延光再遷樞密乃徵鵠爲三司使
初鵠有計畫之能及專掌邦賦操刺依違名譽頓減期
年發疾求外任仍授許州節度使謝恩退帝目送之顧
謂侍臣曰孟鵠掌三司幾年得至方鎭范延光奏曰鵠
于同光世已爲三司勾官天成初爲三司副使出刺相
州入判三司又二年帝曰鵠以幹事遽至方鎭爭不勉
旃鵠與延光俱魏人厚相結託曁延光掌樞務援引判
三司又致節鉞明宗知之故以此言譏之到任未周歲
卒贈太傅永樂大典卷一萬三千一百六十

孫岳穆州人也强幹有才用歷府衛右職天成中爲潁
耀二州刺史閬州團練使所至稱治遷鳳州節度使受
代歸京秦王從榮欲以岳爲元帥府都押衙事未行馮
贇舉爲三司使時預密謀朱馮患從榮之恣橫岳曾極
言其禍之端康義誠聞之不悅及從榮敗義誠召岳同
至河南府檢閱府藏時紛擾未定義誠密遣騎士射之
岳走至通利坊爲騎士所害識與不識皆痛之子璉歷
諸衛將軍藩閫節度副使永樂大典卷一千五百九十一

張延朗汴州開封人也事梁以租庸吏爲鄆州糧料使
明宗克鄆州得延朗復以爲糧料使後徙鎭宣武成德

以爲元從孔目官長興元年始置三司使拜延朗特進
工部尙書充諸道鹽鐵轉運等使兼判戶部度支事詔
以延朗充三司使永樂大典卷一千三百五十一末帝即位授禮部尙
書兼中書侍郎平章事判三司延朗再上表辭曰臣濫
承雨露擢處鈞衡　叨選部之銜仍掌計司之重況中
省文章之地洪鑪陶鑄之門臣自揣量何以當處是以
繼陳章表疊貢情誠乞請睿恩免貽朝論豈謂御批累
降聖旨不移決以此官委臣非器所以强收涕泗勉遏
怔忪重思事上之門細料盡忠之路竊以位高則危至
寵極則謗生君臣莫保于初終分義難防于毀譽臣若

保茲重任忘彼至公狥情而以免是非偷安而以固富貴則內欺心膂外負聖朝何以報君父之大恩望子孫之延慶臣若但行王道唯守國章任人必取當才決事須依正理確違形勢堅塞倖門則可以振舉弘綱彌縫大化助陛下含容之澤彰國家至理之風然而讒邪者必起憾詞憎嫉者寧無謗議或慮至尊未悉羣謗難明不更拔本尋源便俟甘瑕受玷臣心何忍臣恥可消只恐山林草澤之人稱量聖制冠履軒裳之士輕慢朝廷臣又以國計一司掌其經費利權二務職在捃收將欲養四海之貧民無過薄賦贍三軍之勁士又藉豐儲利

害相隨取與難酌若使罄山採木竭澤求魚則地官之教化不行國本之傷殘益甚取怨黔首是黷皇風况諸道所徵賦稅雖多數額時逢水旱或遇蟲霜其間則有減無添所在又申逃係欠乃至軍儲官俸常汲汲于供須夏稅秋租每懸懸于繼續况今內外倉庫多是罄空遠近生民或聞饑歉伏見朝廷尙添軍額更益師徒非時之博糴難爲異日之區分轉大竊慮年支有闕國計可憂望陛下節例外之破除放諸項以儉省不添冗食且止新兵務急去繁以寬經費減奢從儉漸俟豐盈則屈者知恩叛者從化弭兵有日富俗可期臣又聞治民尙清爲政務易易則煩苛並去清則偏黨無施若擇其良牧委任正人則境內蒸黎必獲蘇息官中倉庫亦絕侵欺伏望誠見在之處官無乖撫俗擇將來之蒞事更審求賢儻一一得人則農無所苦人人致理則國復何憂但奉公善政者不惜重酬昧理無功者勿須厚俸益彰有道兼絕狥情伏望陛下念臣布露之前言閔臣驚憂于後患察臣愚直杜彼邪臣即但副天心不防人口庶幾萬一仰答聖恩末帝優詔答之召于便殿謂之曰卿所論奏深中時病形之切言頗救朕失國計事重日得商量無勞過慮也延朗不得已而承命延朗有心計

善理繁劇晉高祖在太原朝廷猜忌不欲令有積聚係官財貨留使之外延朗悉遣取之晉高祖深銜其事及晉陽起兵末帝議親征然亦采浮論不能果決延朗獨排衆議請末帝北行識者韙之晉高祖入洛送臺獄以誅之其後以選求計使難得其人甚追悔焉（永樂大典卷一萬七千九百一十）

劉延皓應州渾源人祖建立父茂成皆以軍功推爲邊將延皓即劉后之弟也末帝鎮鳳翔署延皓元隨都校奏加檢校戶部尙書清泰元年除宮苑使加檢校司空俄改宣徽南院使檢校司徒二年遷樞密使太保出爲

鄴都留守檢校太傅延皓御軍失政爲屯將張令昭所逐出奔相州尋詔停所任及晉高祖入洛延皓逃匿龍門廣化寺數日自經而死延皓始以后戚自藩邸出入左右甚以溫厚見稱故末帝嗣位之後委居近密及出鎮大名而所執一變掠人財賄納人園宅聚歌童爲長夜之飲而三軍所給不時內外怨之因爲令昭所逐時執政以延皓失守請舉舊章末帝以劉后內政之故止從罷免而已由是清泰之政敝矣（永樂大典卷九千九十九）

劉延朗宋州虞城人也末帝鎮河中時爲軍城馬步都虞候後納爲腹心及鎮鳳翔署爲孔目吏末帝將圖起

義爲捍禦之備延朗計公私粟帛以贍其急及西師納降末帝赴洛皆無所闕焉末帝甚賞之清泰初除宣徽北院使俄以劉延皓守鄴改副樞密使累官至檢校太傅時房暠爲樞密使但高枕閑眠啟奏除授一歸延朗由是得志凡藩侯郡牧自外入者必先賂延朗後議進貢賂厚者先居內地賂薄者晚出邊藩故諸將屢有怨訕末帝不能察之及晉高祖入洛延朗將竄于南山與從者數輩過其私第指而歎曰我有錢三十萬貫聚于此不知爲何人所得其愚暗如此尋捕而殺之（永樂大典卷九千九十九）

舊五代史卷六十九終

舊五代史卷六十九攷證

唐列傳二十一張憲傳上怒戒有司速治行宮之庭旋事者畢去竟毀即位壇　案歐陽史作場未成莊宗怒命兩虞候亟毀壇以爲場與是書異通鑑從歐陽史

李存渥自洛陽至　案存渥歐陽史作永王存霸攷唐家人傳存渥與劉皇后同奔至風谷爲部下所殺是存渥未至太原其至太原者存霸也是傳作存渥疑誤

孟鵠傳鵠自租庸勾官擢爲客省副使　租庸勾官北夢瑣言作孔目司勾押官

劉延皓傳父茂成　案歐陽史作茂威

延皓即劉后之弟也　案通鑑攷異引廢帝實錄以延皓爲劉后之姪與是書異歐陽史通鑑俱從是書

出爲鄴都留守　案歐陽史作天雄軍節度使

劉延朗傳清泰初除宣徽北院使　案歐陽史廢帝旣立以延朗爲莊宅使

舊五代史卷六十九攷證

舊五代史卷七十

宋司空同中書門下平章事薛居正等撰

列傳第二十二　唐書四十六

元行欽本幽州劉守光之愛將守光之奪父位也令行欽攻大恩山又令殺諸兄弟天祐九年周德威攻圍幽州守光困蹙令行欽于山北募兵以應契丹時明宗爲將攻行欽于山北與之接戰矢及明宗馬鞍既而以勢廹來降明宗憐其有勇奏隸爲假子後因從征討恩禮特隆常臨敵擒生必有所獲名聞軍中莊宗東定趙魏選驍健置之麾下因索行欽明宗不得已而遣之時有

散指揮都頭名爲散員命行欽爲都部署賜姓名紹榮莊宗好戰勇于大敵或臨陣有急兵行欽必橫身解鬭翼衞之莊宗營于德勝也與汴軍戰于潘張王師不利諸軍奔亂莊宗得三四騎而旋中野爲汴軍數百騎攢矟攻之事將不測行欽識其幟急馳一騎奮劍斷二矛斬一級汴軍乃解圍翼莊宗還宮莊宗因流涕言曰富貴與卿共之自是寵冠諸將官至檢校太傅忻州刺史及莊宗平梁授武寧軍節度使嘗因內宴羣臣使相預會行欽官爲保傅當地褥下坐酒酣樂作莊宗敘生平戰陣之事因左右顧視曰紹榮安在所司奏云有勑使相預會紹榮散官殿上無位莊宗徹會不懌翌日以行欽爲同平章事由是不宴百官于內殿但宴武臣而已三年行欽喪婦莊宗有所愛宮人生皇子者劉皇后心忌之會行欽入侍莊宗勞之曰紹榮喪婦復娶耶吾給爾婚財皇后指所忌宮人謂莊宗曰皇帝憐紹榮可使爲婦莊宗難違所請微許之皇后即命紹榮謝之未退肩輿已出莊宗心不懌不豫者累日業已遣去無如之何及貝州軍亂趙在禮入魏州莊宗方擇將皇后曰小事不勞大將促紹榮指揮可也乃以行欽爲鄴都行營招撫使領騎二千進討洎至鄴城攻之不能下退保

於澶州未幾諸道之師稍集復進軍于鄴城之南及明宗爲帥領軍至鄴行欽來謁于軍中拜起之際誤呼萬歲者再明宗驚駭遏之方止既而明宗營于城西行欽營于城南三月八日夜明宗爲亂軍所廹惟行欽之軍不動按甲以自固明宗密令張虔釗至行欽營戒之曰且堅壁勿動計會同殺亂軍莫錯疑誤行欽不聽將步騎萬人棄甲而退自知失策且保衞州因誣奏明宗曰鎭帥已入賊軍終不爲國使明宗既刼出鄴城令人走馬上章申理其事言臣且于近郡聽進止莊宗覽奏釋然曰吾知紹榮之妄矣因令白從訓與明宗子繼璟至

軍前欲令見明宗行欽縶繼璟于路明宗凡奏軍機拘留不達故旬日之間音驛斷絕及莊宗出成皋知明宗在黎陽復令繼璟渡河召明宗行欽即殺之仍勸班師四月一日莊宗旣崩行欽引皇后存渥得七百騎出師子門將之河中就存霸沿路部下解散從者數騎而已四日至平陸縣界爲百姓所擒縣令裴進折其足檻車以獻明宗卽位詔削奪行欽在身官爵斬于洛陽永樂大典卷一萬八千一百八十九

夏魯奇字邦傑青州人也初事宣武軍爲軍校與主將不協遂歸于莊宗以爲護衞指揮使從周德威攻幽州

燕將有單廷珪元行欽時稱驍勇魯奇與之鬬兩不能解將士皆釋兵縱觀幽州平魯奇功居多梁將劉鄩在洹水莊宗深入致師鄩設伏于魏縣西南葭蘆中莊宗不滿千騎汴人伏兵萬餘大譟而起圍莊宗數重魯奇與王門關烏德兒等奮命決戰自午至申俄而李存審兵至方解魯奇持槍擕劍獨衞莊宗手殺百餘人烏德兒等被擒魯奇傷痍徧體自是莊宗尤憐之歷磁州刺史中都之戰汴人大敗魯奇見王彥章識之單馬追及槍擬其頸彥章顧曰爾非余故人乎卽擒之以獻莊宗壯之賞絹千疋九國志趙庭隱傳王彥章守中都庭隱在其軍中及彥章敗庭隱爲莊宗所獲將以就戮大將夏魯奇奏曰此雄也其材可用遂釋之梁平授鄭州防禦使四年授河陽節度使天成初移鎮許州加同平章事魯奇性忠義尤通吏道撫民有術及移鎮許田孟州之民萬衆遮道斷鐙卧轍五日不發父老詣闕請留明宗令中使諭之方得離州明宗討荆南魯奇爲副招討使頃之移鎭遂州案九國志李仁罕傳云夏魯奇稟朝廷之命繕治甲兵將圖蜀孟知祥與董璋謀先取魯奇仁罕攻遂州董璋之叛與孟知祥攻遂州援路斷絕兵盡食窮案九國志李肇傳蜀師圍夏魯奇于遂州唐師來援劍門不守肇領兵赴普安以拒之唐師不得進魯奇自刎而卒時年四十九帝聞其死也慟哭之厚給其家賻太師齊國公永樂大典卷一萬八千一百二十九

姚洪本梁之小校也在梁時經事董璋長興初率兵千人戍閬州璋叛領衆攻閬州璋密令人誘洪洪以大義拒之及璋攻城洪悉力拒守者三日禦備旣竭城陷被擒璋謂洪曰爾頃爲健兒由吾奬拔至此吾書誘諭投之于厠何相負也洪大罵曰老賊爾爲天子鎭帥何苦反耶爾旣辜恩背主吾與爾何恩而云相負爾爲李七郎奴掃馬糞得一臠殘炙感恩無盡今明天子付與茅土貴爲諸侯而驅徒結黨圖爲反噬爾本奴才則無恥吾忠義之士不忍爲也吾可爲天子死不能與人奴苟生璋怒令軍士十人持刀封割其膚燃鑊于前自取啗

食洪至死大罵不已明宗聞之泣下置洪二子于近衛給賜甚厚永樂大典卷一萬八千一百八十九

李嚴幽州人本名讓坤初仕燕爲刺史涉獵書傳便弓馬有口辯多遊藝以功名自許同光中爲客省使奉使于蜀及與王衍相見陳使者之禮因于笏記中具述莊宗興復之功其警句云纔過汶水縛王彥章于馬前旋及夷門斬朱友貞于樓上嚴復聲韻淸亮蜀人聽之愕然時蜀僞樞密使宋光嗣召嚴曲宴因以近事訊于嚴嚴對曰吾皇前年四月卽位于鄴宮當月下鄆州十月四日親統萬騎破賊中都乘勝鼓行遂誅汴孽僞梁尚

有兵三十萬謀臣猛將解甲倒戈西盡甘涼東漸海外南踰閩浙北極幽陵牧伯侯王稱藩不暇家財入貢府實上供吳國本朝舊臣岐下先皇元老遣子入侍述職稱藩淮海之君卑辭厚貢湖湘荆楚杭越甌閩異貨奇珍府無虛月吾皇以德懷來以威欵附順則涵之以恩澤逆則問之以干戈四海車書大同非晚光嗣曰余所未知唯岐下宋公我之婣好洞鑒其心反覆多端專謀跋扈大不足信也似聞契丹部族近日稍强大國可無慮乎嚴曰子言契丹之强盛孰若僞梁曰比梁差劣也嚴曰吾國視契丹如蚤蝨耳以其無害不足爬搔吾良將勁兵布天下彼不勞一郡之兵一校之衆則懸首槀街盡爲奴虜但以天生四夷當置度外不在九州之本未欲窮兵黷武也光嗣聞辯對畏而奇之時王衍失政嚴知其可取使還具奏故平蜀之謀始于嚴郭崇韜起軍之日以嚴爲三川招撫使嚴與先鋒使康延孝將兵五千先驅閣道或馳以詞說或威以兵鋒大軍未及所在降下延孝在漢州王衍與書曰可請李司空先來余卽舉城納款衆咸以討蜀之謀始于嚴衍以甘言將誘而殺之欲不令往嚴聞之喜卽馳騎入益州衍見嚴于母前以母妻爲託卽日引蜀使歐陽彬迎謁魏王繼岌

蜀平班師會明宗卽位遷泗州防禦使兼客省使長興初安重誨謀欲控制兩川嚴乃求爲西川兵馬都監庶効方略孟知祥覺之旣至執而害之九國志王彥銖傳李嚴之爲監軍也密懷異謀知祥數其過命彥銖擒斬之嚴之左右無敢動者贍太保嚴之母賢明婦人初嚴將赴蜀母曰汝前啟破蜀之謀今又入蜀將死報蜀人矣與汝永訣旣而果如其言永樂大典卷一萬三百八十九

李仁矩本明宗在藩鎭時客將也明宗卽位錄其趨走之勞擢居內職復爲安重誨所庇故數年之間遷爲客省使左衛大將軍天成中因奉使東川董璋張筵以召之仁矩貪于館舍與娼妓酣飲日旣中而不至大爲璋

所詬辱自是深銜之長興初璋既跋扈于東川重誨奏以仁矩爲閬州節度使俾伺璋之反狀時物議以爲不可及仁矩至鎮偵璋所爲曲形奏報地里遐僻朝廷莫知事實激成璋之逆節由仁矩也長興元年冬十月璋自率凶黨以攻其城案九國志李昊傳云朝廷以夏魯奇李仁矩分鎮遂閬李昊言于孟知祥曰朝廷增兵二鎮張犄角之勢將有不測之變也公處親賢之地以忠信見疑倘失先機則禍不旋踵矣知祥曰計將安出昊曰我甲兵雖眾而勢孤易動請與東川董璋合從先平遂閬則朝廷兵至我無內顧之憂矣知祥從之蓋董璋之攻閬州其謀皆由于知祥也仁矩召軍校謀守戰利害皆曰璋久圖反計以賂誘士心凶氣方盛未可與戰宜堅壁以守之儻浹旬之間大軍東至卽賊必退仁矩曰蜀兵懦安能當我精甲卽驅之出戰兵未交爲賊所敗既而城陷仁矩被擒舉族爲璋所害永樂大典卷一萬三百八十九

康思立晉陽人也少善騎射事武皇爲爪牙署河東親騎軍使莊宗嗣位從解圍于上黨敗梁人于柏鄉及平薊兵後戰于河上皆有功累承制加檢校戶部尚書右突騎指揮使莊宗卽位繼改軍帥賜忠勇拱衞功臣加檢校尚書右僕射天成元年授應州刺史尋移嵐州充北面諸蕃部族都監三年遷宿州團練使四年領昭武軍節度利巴集等州觀察處置等使改賜耀忠保節功臣長興初朝廷舉兵討東川董璋詔兼西面行營軍馬都指揮使二年移鎮陝州通鑑潞王至靈寶思立謀固守陝城以俟康義誠先是捧聖五百騎戍陝爲潞王前鋒至城下呼城上人曰禁軍十萬已奉新帝爾輩數人奚爲徒累一城人塗地耳于是捧聖卒爭出迎思立不能禁不得已亦出迎清泰初改授邢臺累官至檢校太傅封會稽郡開國侯二年入爲右神武統軍三年充北面行營馬軍都指揮使是歲閏十一月卒于軍年六十三思立本出陰山諸部性純厚善撫將士明宗素重之故卽位之始以應州所生之地授焉其後歷三郡三鎮皆得百姓之譽末帝以其年高徵居環衞及出幸懷州以北師不利乃命思立統駕下騎軍赴團柏谷以益軍勢俄而楊光遠以大軍降于太原思立因憤激疾作而卒焉晉高祖卽位追其宿舊爲輟朝一日贈太子少師永樂大典卷一萬八千一百二十九

張敬達字志通代州人小字生鐵父審素有勇事武皇爲列校歷廳直軍使同光初卒于軍敬達少以騎射著名莊宗知之召令繼父職平河南有功繼加檢校工部尚書明宗卽位歷奉聖指揮使檢校尚書右僕射長興中改河東馬步軍都指揮使超授檢校司徒領欽州刺史三年加檢校太保應州節度使四年遷雲州時以契丹率族帳自黑榆林至云借漢界水草敬達每聚兵塞下以遏其衝契丹竟不敢南牧邊人賴之清泰中自彭

門下平陽加檢校太傅從石敬瑭爲北面兵馬副總管仍屯兵鴈門末幾晉高祖建義末帝詔以敬達爲北面行營都招討使仍使悉引部下兵圍太原以定州節度使楊光遠副焉尋統兵三萬營于晉安鄉末帝自六月繼有詔促令攻取敬達設長城連柵雲梯飛礮使工者運其巧思窮土木之力時督事者每有所構則暴風大雨平地水深數尺而城柵崩墮竟不能合其圍九月契丹至敬達大敗尋爲所圍晉高祖及蕃衆自晉安寨南門外長百餘里濶五十里布以氈帳用毛索掛鈴而部伍多畜犬以備警急營中嘗有夜遁者出則犬吠鈴

動趾步不能行焉自是敬達與麾下部曲五萬人馬萬匹無由四奔但見穹廬如岡阜相屬諸軍相顧失色始則削木篩糞以飼其馬日望朝廷救軍及漸羸死則與將士分食之馬盡食殫副將楊光遠次將安審琦知不濟勸敬達宜早降以求自安敬達曰吾受恩于明宗位歷方鎭主上授我大柄而失律如此已有愧于心也今救軍在近旦暮雪恥有期諸公何相迫耶待勢窮則請殺吾攜首以降亦未爲晚光遠審琦知敬達意未決恐坐成魚肉遂斬敬達以降（契丹國志楊光遠謀害張敬達諸將高行周陰爲之備敬達疎于防禦推達行周等淸晨光遠上謁見敬達左右無人遂殺之）末帝聞其歿也愴慟久之時戎王告其部曲及漢之降者曰爲臣當如此人令部人收葬之晉高祖卽位後所有田宅咸賜其妻子焉時議者以敬達嘗事數帝亟立軍功及領藩郡不聞其濫繼屯守塞垣復能撫下而臨難固執不求苟免乃近代之忠臣也晉有天下不能追懋官封賞其事蹟非激忠之道也（永樂大典卷六千六百五十一）

舊五代史卷七十終

舊五代史卷七十攷證

唐列傳二十二元行欽傳合行欽攻大恩山　大恩山　歐陽史作大安山攷通鑑注引薛史亦作大恩

縣令裴進折其足　案歐陽史作虢州刺史石潭折其兩足

李嚴傳以嚴爲三州招撫使　歐陽史作招討使

卽馳騎入益州　案歐陽史亦與是書同吳縝纂誤云成都自唐末歷五代不復謂之益州況此正古蜀郡成都之地而古益州實不在此

康思立傳贈太子少師　少師歐陽史作少傅

舊五代史卷七十攷證

舊五代史卷七十一

宋司空同中書門下平章事薛居正等撰

列傳第二十三　唐書四十七

馬郁其先范陽人郁少警悟有俊才智數言辯縱橫下筆成文乾寧末爲府刀筆小吏李匡威爲王鎔所殺鎔書報其弟匡儔遣使於鎔問謀亂本末幕客爲書多不如旨郁時直記室即起草爲之條列事狀云可疑者十詞理俊贍以此知名（永樂大典卷三千三百九十四）嘗侍於王鎔鎮州中官妓有轉轉者美麗善歌舞因宴席郁累挑之幕客張澤亦以文章名謂郁曰子能座上成賦可以此妓奉酬郁抽筆操紙即時成賦擁妓而去（永樂大典卷一萬四千八百二十八）郁在武皇幕累官至檢校司空秘書監武皇與莊宗禮遇俱厚給賜優異監軍張承業本朝舊人權貴任事人士脅肩低首候之郁以滑稽侮狎其往如歸有時直造臥內每賓僚宴集承業出珍果陳列於前食之必盡承業私戒主膳者曰他日馬監至唯以乾藕子置前而已郁至窺其不可啖異日韡中出一鐵楇碎而食之承業大笑曰爲公設異饌勿敗余食案其俊率如此（冊府元龜卷八百五十五）郁在莊宗幕寄寓他土年老思鄉每對莊宗欷歔言家在范陽乞骸歸國以葬舊山莊宗謂之曰自卿去

國已來同舍孰在守光尙不能容父能容卿乎孤不惜卿但卿不得死爾郁既無歸路衷懷嗚咽竟卒於太原（冊府元龜卷九百五十三　案馬郁傳永樂大典僅存二條今采冊府元龜以補其闕）

司空頲貝州人唐僖宗時舉進士不中屬天子播遷三輔大亂乃還鄉里羅紹威爲節度副大使頲以所業干之幕客公乘億爲延譽羅弘信署爲府參軍辟館驛巡官張彥之亂命判官王正言草奏正言素不能文不能下筆彥怒詬曰鈍漢乃辱我推之下榻問孰可草奏者有言頲羅王時書記乃馳騎召之頲揮筆成文詆斥梁君臣彥甚喜以爲判官及張彥復脅賀德倫降於唐德倫遣頲先奉狀太原（案北夢瑣言載其狀詞云屈原哀郢本非怨望之人樂毅歸燕且異傾邪之行）莊宗仍以頲爲判官後以頲權軍府事頲有姪在梁遣家奴以書召之都虞候張裕擒其家奴以謂通于梁遂見殺（永樂大典卷三千三百九十四　通鑑晉王責頲曰自吾得魏博庶事悉以委公公何得見欺如是獨不可先相示耶揖令歸第是日族誅于軍門）

曹廷隱魏州人也爲本州典謁虞候賀德倫使西迎莊宗于晉陽莊宗既得鄴城擢爲馬步都虞候以其稱職自是遷拜日隆天成初除齊州防禦使下車嚴整頗有清白之譽時有孔目吏范彌者爲人剛愎覩廷隱蔑如也彌監軍廩嚮空乏以取貲又私貸官鹽廷隱按之遂

奏其事弼家人訴於執政並下御史府劾之弼雖伏法
廷隱以所奏不實亦流永州續勑賜自盡時人冤之（永樂大典卷四千二百十三）
蕭希甫宋州人也少舉進士爲梁開封尹袁象先書記
象先爲青州節度使以希甫爲巡官希甫不樂乃棄其
母妻變姓名亡之鎮州自稱青州掌書記進謁王鎔鎔
以希甫爲參軍尤不樂居歲餘又亡之易州削髮爲僧
居百丈山莊宗將建國置百官李紹宏薦爲魏州推官
同光初有詔定內宴儀問希甫樞密使得坐否希甫以
爲不可樞密使張居翰聞之怒謂希甫曰老夫歷事三

朝天子見內宴數百子本田舍兒安知宮禁事希甫不
能對初莊宗欲以希甫知制誥宰相豆盧革等附居翰
共排斥之以爲駕部郎中希甫失志尤怏怏莊宗滅梁
室遣希甫宣慰青齊希甫始知其母已死妻袁氏亦改
嫁希甫乃發哀服喪居于魏州人有引漢李陵書以譏
之曰老母終堂生妻去室天成初欲召爲諫議豆盧革
韋說沮之明宗卒以希甫爲諫議大夫復爲匭函使其
後革說爲安重誨所惡希甫希旨誣奏革縱田客殺人
而說與鄰人爭井井有寶貨有司推劾井中惟破釜而
已革說卒皆貶死希甫拜左散騎常侍躁進尤甚引告

變人李筠夜扣內門通變書云修堤兵士欲取郊天日
舉火爲叛安重誨不信之斬告變者軍人訴屈請希甫
啖之既而詔曰右散騎常侍集賢殿學士判院事蕭希
甫身處班行職非警察輒引凶狂之輩上陳誣骫之詞
逼近郊禋扇搖軍眾李筠既當誅戮希甫寧免謫遷可
貶嵐州司戶參軍仍馳驛發遣長興中卒于貶所子士
明仕周終于邑宰（永樂大典卷五千二百二十五）
藥縱之太原人少爲儒明宗刺代州署爲軍事衙推從
明宗鎮邢州爲掌書記歷天平宣武兩鎮節度副使明
宗鎮常山被病不從及卽位縱之見于洛邑安重誨怒

其覬望久無所授明宗曰德勝用兵時縱之飢寒相伴
不離我左右今有天下何人不富貴何爲獨棄縱之浹
句授磁州刺史歲餘自戶部侍郎遷吏部侍郎銓綜之
法惘然莫知長興初爲曹州刺史清泰元年九月以疾
受代而卒（永樂大典卷二萬一千六百七十）
賈馥故鎮州節度使王鎔判官也家聚書三千卷手自
刊校張文禮殺王鎔時莊宗未卽尊位文禮遣馥至鄴
都勸進因留鄴下棲遲鄴舍莊宗卽位授鴻臚少卿後
以鴻臚卿致仕復歸鎮州結茅於別墅自課兒孫耕牧
爲事馥初累爲鎮冀屬邑令所莅有能政性恬澹與物

無競乃鎭州士人之秀者也永樂大典卷一萬一千七百十四

馬縞少嗜學儒以明經及第登拔萃之科仕梁爲太常修撰累歷尚書郎參知禮院事遷太常少卿梁代諸王納嬪公主下嫁皆于宮殿門庭行揖讓之禮縞以爲非禮上疏止之物議以爲然永樂大典卷二萬二千六百五長興四年爲戶部侍郎縞時年八十及爲國子祭酒八十餘矣形氣不衰册府元龜卷七百八十四于事多遺忘言元稹不應進士以父元魯山名進故也多如此類又上疏古者無嫂叔服文皇創意以兄弟之親不宜無服乃議服小功今令文省服制降爲兄弟之妻大功不知何人議改而寘於令文

諸博士駁云律令國之大經馬縞知禮院時不曾論定今遽上疏駁令式罪人也册府元龜卷九五五十四馬縞傳原本殘闕今僅存梗槪

羅貫不知何許人進士及第累歷臺省官自禮部員外郎爲河南令貫爲人強直正身奉法不避權豪時宦官伶人用事凡請託於貫者其書盈閣一無所報皆以示郭崇韜因奏其事由是左右每言貫失先是梁時張全義專制京畿河南洛陽寮佐皆由其門下事全義如廝僕及貫受命持本朝事體奉全義稍慢部民爲府司庇護者必奏正之全義怒因令女使告劉皇后從容白於莊宗宦官又言其短莊宗深怒之會莊宗幸壽安山陵道路泥濘莊宗訪其主者宦官曰屬河南縣促令召貫至奏曰臣初不奉命請詰稟命者帝曰卿之所部反問他人何也命下府獄府吏搒笞促令伏款翼日傳詔殺之郭崇韜奏曰貫別無贓狀橋道不修法未當死莊宗怒曰母后靈駕將發天子車輿往來橋道不修是誰之過也崇韜奏曰貫縱有死罪俟款狀上奏所司議讞以朝典行之死當未晚今以萬乘之尊怒一縣令俾天下人言陛下使法不公矣莊宗曰既卿所愛任卿裁決因投袂入宮崇韜從而論列莊宗自闔殿門不得入即令伏法曝尸於府門冤痛之聲聞于遠邇永樂大典卷五千六百七十八

涓于晏案以下有闕文以明經登第自霍彥威爲小校晏寄食于門下彥威嘗因兵敗獨脫其身左右莫有從者惟晏杖劍從之徒步草莽自是彥威高其義相得甚歡及歷數鎭皆爲從事軍府之事至于私門事無巨細皆取決于晏雖爲幕賓有若家宰爾後公侯門客往往效之時謂之效涓故彥威所至稱治由晏之力也葉本注闕使

張格字承之故宰相濬之子也濬爲梁祖所忌潛遣人害於長水格易姓名流轉入蜀案舊唐書張濬傳云永寧縣吏葉彥者張氏待之素厚告格曰相公之禍不可免郎君宜自爲計濬曰留則併命去或可免冀存後嗣格拜辭而去葉彥率義士三十人送渡漢江而旋格由荊江上峽入蜀王建僣號以格爲宰相格所生

毋當濬之遘害潛匿於民間落髮爲尼流浪於函洛王建聞之潛使人迎之入蜀賜紫加號慈福大師及建卒蜀人以格爲山陵使格有難色未幾得罪出爲茂州刺史僞制責詞云送往辭命不忠也喪母匿喪非孝也王衍嗣僞位後數十年復用爲宰相同光末蜀平格至洛陽（案舊唐書云任圜攜格還洛格感葉彥之惠訪之身已歿厚邺其家又考張濬第三子仕吳改名李儼見九國志）授太子賓客任圜愛其才奏爲三司副使尋卒於位格有文章明吏事時頗稱之（永樂大典卷六千三百五十）

許寂字閑閑祖秘名聞會稽寂少有山水之好汎覽經史窮三式尤明易象（太平廣記云寂學易于晉徵君）久棲四明山不干

時譽昭宗聞其名徵赴闕召對於內殿會昭宗方與倫人翫品箏築事訖方命坐賜果問易義既退寂謂人曰君淫在聲不在政矣寂聞君人者將昭德塞違以臨照百官百官或象之今不厭賤事自求其工君道替矣尋請還山寓居於江陵以茹芝絕粒自適其性天祐末節度使趙匡凝昆季深禮遇之師授保養之道唐末除諫官不起漢南亂之徵君梁攻襄陽匡凝兄弟棄鎮奔蜀寂偕行歲餘蜀主王建待以師禮位至蜀相同光末平蜀與王衍俱從于東授工部尚書致仕卜居于洛時寂已年高精彩猶健冲漠寡言時獨語云可怪可怪人莫知其際清泰三年六月卒時年八十餘子孫位至省郎

同光時以方術著者又有僧誠惠（永樂大典卷一萬六百二十五）誠惠初於五臺山出家能修戒律稱通皮骨肉三命人初歸向聲名漸遠四方供饋不遠千里而至者衆矣自云能役使毒龍可致風雨其徒號曰降龍大師京師旱莊宗迎至洛下親拜之六宮參禮士庶瞻仰謂朝夕可致甘澤禱祝數旬略無徵應或謂官以祈雨無驗將加焚燎誠惠懼而遁去及卒賜號法雨大師塔曰慈雲之塔（永樂大典卷九百二十五）

周玄豹者本燕人世爲從事玄豹少爲僧其師有知人

之鑒從遊十餘年苦辛無憚師知其可教遂以袁許之術授之大畧狀人形貌比諸龜魚禽獸目視臆斷咸造其理及還鄉遂歸俗初盧程寄褐遊燕與同志二人謁焉玄豹謂鄉人張殷衮曰適二君子明年花發俱爲故人唯彼道士佗年甚貴至來歲二子果卒又二十年盧程登庸於鄴下玄豹歸晉陽張承業信重之言事數中承業俾明宗易衣列於諸校之下以佗人詐之而玄豹指明宗於末綴言曰骨法非內衙太保歟（案以上疑有脫誤北夢瑣言作骨法非常此爲內衙太保乎）咸伏其異或問明宗之福壽惟云末後爲鎮州節度使時明宗爲內衙都校纔兼州牧而已

昭懿皇后夏氏方侍巾櫛偶忤旨大爲明宗檟楚玄豹見之曰此人有藩侯夫人之位當生貴子明宗赫怒因解後其言果驗太原判官司馬揆謁玄豹謂揆曰公五日之中奉使萬里未見週期揆數日後因酒酣爲衣領扼之而卒莊宗署玄豹北京巡官明宗即位之明年一日謂侍臣曰方士周玄豹昔曾言朕諸事有徵可詔北京津置赴闕趙鳳奏曰袁許之事玄豹所長者以陛下貴不可言今旣驗矣餘無可問若詔赴闕下則奔競之徒爭問吉凶恐近於妖惑乃止令以金帛厚賜之授光祿卿致仕尋卒於太原年八十餘 永樂大典卷八千九百九十七

舊五代史卷七十一終

舊五代史卷七十一攷證

唐列傳二十三馬郁傳馬郁其先范陽人　案尹洙河南集韓重華誌銘作燕客馬彧韓琦安陽集重修五代祖塋域記亦作幕吏馬彧攷宋人說部載韓定辭唱和詩俱作馬彧與是書異惟雲谷雜記從通鑑作郁與是書同

幕客張澤亦以文章名謂郁曰子能座上成賦可以此妓奉酬　案太平廣記作韓定辭請馬郁爲賦與是書異

馬縞傳及爲國子祭酒八十餘矣　案馬縞傳原本殘闕歐陽史云卒年八十贈兵部尚書據是書縞爲國子祭酒已八十餘矣與歐陽史異又直齋書錄解題云中華古今注後唐太學博士馬縞撰攷歐陽史雜傳亦不載馬縞爲太學博士

舊五代史卷七十二

宋司空同中書門下平章事薛居正等撰

列傳第二十四　唐書四十八

張承業字繼元本姓康同州人咸通中內常侍張泰畜為假子光啟中主郃陽軍事賜紫入為內供奉武皇之討王行瑜承業累奉使渭北因留監武皇軍事賊平改酒坊使三年昭宗將幸太原以承業與武皇善乃除為河東監軍密令迎駕既而昭宗幸華州就加左監門衞將軍駕在鳳翔承業屢請出師晉絳以為岐人犄角崔魏公之誅宦官也武皇偽戮罪人首級以奉詔匿承業於斛律寺時昭宗遇弒乃復請為監軍夾城之役遣承業求援於鳳翔時河中阻絕自離石渡河春冰方泮凌澌奔蹙艤舟不得渡因禱河神是夜夢神人謂曰子但渡流冰無患既寤津吏報曰河冰合矣凌晨躡冰而濟旋踵冰解使還武皇病篤啟手之夕召承業屬之曰吾兒孤弱羣臣縱橫後事公善籌之承業奉遺顧爰立嗣王平內難策畧居多既終易月之制即請出師救潞破賊夾城莊宗深感其意兄事之親幸承業私第升堂拜母賜遺優厚時莊宗初行墨制凡除拜之命皆成於盧汝弼之手汝弼既自為戶部侍郎乃請與承業改官及開

國邑承業拒而不受其後但稱本朝舊官而已天祐中幽州劉守光敗其府掾馮道歸太原承業辟為本院巡官承業重其文章履行甚見待遇時有周玄豹者善人倫鑒與道不合謂承業曰馮生無前程公不可過用管書記盧質聞之曰我曾見杜黃裳司空寫真圖道之狀貌酷類焉將來必副大用玄豹之言不足信也承業薦為霸府從事焉栢鄉之役王師既逼汴營周德威慮其奔衝堅請過舍莊宗怒其懦不聽垂帳而寢諸將不敢言事咸詣監軍請白承業遽至牙門褰帳而入撫莊宗曰此非王安寢時周德威老將洞識兵勢姑務萬全言不可忽莊宗蹶然而興曰予方思之其夕收軍保鄗邑德威討劉守光令承業往覘賊勢因請莊宗自行果成大捷承業感武皇厚遇自莊宗在魏州垂十年太原軍國政事一委承業而積聚庾帑收兵市馬招懷流散勸課農桑成是霸基者承業之忠力也時貞簡太后韓德妃伊淑妃諸宅王之貴洎王之介弟在晉陽宮或不以其道干於承業悉不聽踰法禁者必懲谿是貴戚斂手民俗丕變或有中傷承業於莊宗者言專弄威柄廣納賂遺莊宗歲時還晉陽宮省太后須錢蒱博給伶官嘗置酒於泉府莊宗酣飲命興聖宮使李繼岌為承業起

舞既竟承業出寶帶幣馬奉之莊宗指錢積謂承業曰和哥無錢使七哥與此一積寶馬非殊惠也承業謝曰郎君哥勞承業自出己俸錢此錢是大王庫物准擬支贍三軍不敢以公物爲私禮也莊宗不悅使酒侵承業承業曰臣老勅使非爲子孫之謀惜錢爲大王基業王若自要散施何妨老夫不過財盡兵散一事無成莊宗怒顧元行欽曰取劍來承業引莊宗衣泣而言曰僕荷先王遺顧誓爲本朝誅汴賊爲王惜庫物斬承業首死亦無愧於先王今日請死閻寶解承業手令退承業訴寶曰黨朱温逆賊未嘗有一言效忠而敢依諂附揮拳

踣之太后聞莊宗酒失急召入莊宗性至孝聞太后召叩頭謝承業曰吾杯酒之間忤於七哥太后必怪吾七哥爲吾痛飲兩卮分謗可乎莊宗連飲四鍾勸承業竟不飲莊宗歸宮太后使人謂承業曰小兒忤特進已笞矣可歸第翌日太后與莊宗俱幸其第慰勞之自是私謁幾絕十四年承制授開府儀同三司左衞上將軍燕國公固辭不受是時盧質在莊宗幕下嗜酒輕傲嘗呼莊宗諸弟爲豚犬莊宗深銜之承業慮質被禍因乘間謂莊宗曰盧質多行無禮臣請爲大王殺之可乎莊宗曰予方招禮賢士以開霸業七哥何言之過也承業因聳立而言曰大王若能如此何憂不得天下其後盧質雖成縱誕莊宗終能容之蓋承業爲之藻藉也十八年莊宗受諸道勸進將纂帝位承業以爲晉王三代有功於國先人怒朱氏弑逆將復舊邦讎既未平不宜輕受推戴方疾作肩輿之鄴宮見莊宗曰王父子血戰三十餘年蓋言報國仇讎復唐宗社今元凶未滅民賦已殫而遽先大號蠹耗財力臣以爲不可一也臣自咸通已來伏事宮掖每見國家冊命大禮儀仗法物百司庶務經年草定臨事猶有不可王若化家爲國新立廟朝不可乖於制度制禮作樂未見其人臣以爲不可二也舉

事量力而行不可信於游譚也莊宗曰奈諸將何承業知莊宗不從因號泣而言之十九年十一月二十日以疾卒于晉陽之第時年七十七貞簡太后聞喪遽至其第盡哀爲之行服如兒姪禮同光初贈左武衞上將軍謚曰貞憲

永樂大典卷一萬六千四百五十　五代史闕文莊宗將即位于魏州承業自太原至謂莊宗曰吾王世奉唐家最爲忠孝自貞觀以來王室有難未嘗不從所以老奴三十餘年爲吾王捃拾財賦召補軍馬者誓滅逆賊朱温復本朝宗社耳今河朔甫定朱氏尚存吾王遽即大位可乎云云莊宗曰奈諸將意何承業知不可諫止乃慟哭曰諸侯血戰者本爲李家今吾王自取之誤老奴矣即歸太原不食而死臣謹按莊宗實錄敘承業諫即位事甚詳惟吾王自取之言不書史官諱之也　通鑑攷異引秦再思洛中記異云承業諫帝曰大王何不待誅克梁孽更平吳蜀俾天下一家且先求唐氏子孫立之後更以天下讓有功者何人

輒敢富之議一月節一月牢議一年節一年牢政使高祖再生太宗復出又胡爲哉今大王一旦自立頓失從前伐義征伐之旨人情息矣老夫是閹官不愛大王官職富貴直以受先王付屬之重欲爲大王立萬年之基爾

張居翰字德卿咸通初掖廷令張從玫養之爲子以蔭入仕中和三年自容管監軍判官入爲學士院判官遷樞密承旨內府令賜緋昭宗在華下超授內常侍出監幽州軍事秩滿詔歸節度使劉仁恭表留之天復中詔誅宦官仁恭紿奏殺之匿於大安山之北谿天祐三年汴人攻滄州仁恭求援於武皇乃遣居翰與書記馬郁等率兵助武皇同攻潞州武皇因留之不遣李嗣昭節

制昭義以居翰監其軍以燕軍三千爲部下俄而汴將李思安築夾城以圍潞州居翰與嗣昭登城保守以至解圍自是嗣昭每出征令居翰知留後事同光元年夏四月召爲樞密使加特進與郭崇韜對掌機務十月莊宗將渡河留居翰與李紹宏同守魏州莊宗入汴加驃騎大將軍知內侍省事依前充樞密使同光時宦官干政邦家之務皆出於郭崇韜居翰自以羈旅乘時擢居重地每於宣授不敢有所是非承顏免過而已以此脫季年之禍四年三月僞蜀王衍既降詔遷其族於洛陽行及秦州時關東已亂莊宗慮衍爲變中官向延嗣馳騎賫詔殺之詔云王衍一行並宜殺戮其詔己經印畫時居翰在密地覆視其詔即就殿柱揩去行字改書家字及衍就戮於秦州驛止族其近屬而已其僞官及從行者尙千餘人皆免其枉濫居翰之力也明宗入洛居翰謁見於至德宮待罪雪涕乞歸田里詔許之乃辭歸長安仍以其子延貴爲西京職事以供侍養天成三年四月以疾卒於長安時年七十一居翰性和而靜諳悉舊事在潞州累年每春課人育蔬種樹敦本惠農有仁者之心焉永樂大典卷一萬六千四百五十

馬紹宏閹官也初與孟知祥同爲中門使及周德威薨

莊宗兼領幽州令紹宏權知州事即位之初郭崇韜勳望高舊在紹宏之下時徵潞州監軍張居翰與崇韜並爲樞密使紹宏失望乃爲宣徽使以己合當樞任常欝欝側目於崇韜崇韜知其慊也乃置內勾之目令天下錢穀簿書悉委裁遣既而州郡供報輒滋煩費議者以爲十羊九牧深所不可內勾之目人以爲是妖言永樂大典卷一萬九千六百四十四　案下有闕文據通鑑李嗣源爲讒言所屬危殆者數四賴宣徽使李紹宏左右營護以是得全天成元年二月己丑朔以宣徽南院使李紹宏爲樞密使

孟漢瓊本鎭州王鎔之小豎也明宗鎭常山得侍左右明宗即位自諸司使累遷宣徽南院使漢瓊性通黠善

交構初見秦王權重又挾王淑妃勢傾心事之及朱馮用事又與之締結秦王領兵至天津橋時漢瓊與朱馮及康義誠方會議于內庭謀猶未決漢瓊獨出死力先入殿門奏於明宗語在秦王傳漢瓊卽自介馬以召禁軍秦王旣誅翌日令漢瓊馳騎召閔帝於鄴（通鑑遣漢瓊徵從厚且權知天雄軍府事）閔帝嗣位尤恃恩寵期月之內累加開府儀同三司驃騎大將軍西軍旣叛閔帝急召漢瓊欲令先入于鄴漢瓊藏匿不見潞王行及陝州乃悉召諸妓妾訣別欲手刃之眾知其心卒皆藏竄初潞王失守於河中勒歸於清化里第時王淑妃恒令漢瓊傳教旨於潞

王王善待之故漢瓊自謂潞王於己有恩乃單騎至澠池謁見潞王因自慟哭欲有所陳潞王曰諸事不言可知漢瓊卽日預從臣之列尋戮於路左（永樂大典卷一萬三千一百六十）

史臣曰承業感武皇之大惠佐莊宗之中興旣義且忠何以階也夫如是則晉之勃貂秦之景監去之遠矣居翰改一字於詔書救千人之濫死可不謂之仁人矣乎如紹宏之爭權漢瓊之構禍乃宦者之常態也又何足以道哉（永樂大典卷一萬三千一百六十）

舊五代史卷七十二終

舊五代史卷七十二攷證

唐列傳二十四張承業傳王若自要散施何妨老夫不過財盡兵散一事無成　案通鑑作王自取用之何問僕爲

以疾卒於晉陽之第　案歐陽史作不食而卒通鑑作邑邑成疾不復起

諡曰貞憲　案貞憲歐陽史作正憲

馬紹宏傳馬紹宏閹官也　案莊宗紀作李紹宏蓋嘗賜姓

紹宏失望乃以爲宣徽使　案宋史趙上交傳南遊洛

陽與中官驃騎大將軍馬紹宏善紹宏領北面轉運制置大使表爲判官攷紹宏爲北面轉運制置大使是書不載

舊五代史卷七十二攷證

舊五代史卷七十三

宋司空同中書門下平章事薛居正等撰

列傳第二十五　唐書四十九

毛璋本滄州小校梁將戴思遠帥滄州時莊宗已定魏博思遠勢蹙棄州遁去璋據城歸莊宗（玉堂閒話戴思遠任浮陽日有部曲毛璋為性輕悍嘗與數千卒追捕盜賊還宿于逆旅毛枕劍而寢夜分其劍忽大吼躍出鞘外從卒聞者愕然驚異毛亦神之乃持劍祝曰某若異日有此山河爾當更鳴躍否則已毛復寢未熟劍吼躍如初毛深自負其後戴離鎮毛請留戴從之未幾毛以州歸命于唐莊宗莊宗以毛為其州刺史後竟帥滄海）歷貝州遼州刺史璋性凶悖有膽畧從征河上屢有戰功梁平授華州節度使王師討蜀以璋為行營右廂馬軍都指揮使蜀平璋功居多明年蕭牆禍起繼岌自西川至渭南部下散亡其川貨妓樂為璋所掠明宗嗣位錄平蜀功授邠州節度使璋既家富於財有蜀之妓樂驕僭自大動多不法招致部下繕理兵仗朝廷移授昭義節度使璋謀欲不奉詔判官邊蔚密言規責乃僶俛承命洎至潞州狂妄不悛每擁川妓於山亭院服赭黃縱酒令為王衍在蜀之戲事聞於朝徵為金吾上將軍其年秋東川節度使董璋上言毛璋男廷贇齎父書往西川慮有陰事因追廷贇及同行人趙延祚與璋俱下御史臺獄廷贇乃璋之假姪稱有叔在蜀欲往省之亦無私

書詔停任令歸私第初延祚在獄多言璋陰事璋許重賂以塞其口及免延祚徵其賂璋拒而不與以至延祚詣臺訴璋翻覆復下御史臺訊鞫中丞呂夢奇以璋前蒙昭雪今延祚以責賂之故復加織羅稍佑璋及款狀上聞或云夢奇受璋賂所以獄不盡情執之移於軍巡璋具狀會許延祚賂未與又云會借馬與夢奇別無行賂之事朝廷懲其宿惡長流儒州賜死於路（永樂大典卷一萬八千一百三十）

聶嶼鄴中人少為僧漸學吟詠鄭珏之再主禮闈也（鄭珏之再主禮闈也刻本作知貢舉）嶼與鄉人趙都俱赴鄉薦都納賄於珏

人報翌日登第嶼聞不捷詬來人以嚇之珏懼俾俱成名（永樂大典卷二萬一千一百六十一）明宗時為起居舍人嶼早依郭崇韜門庭致身朱紫名登兩史浙江使迴生涯巨萬嶼為河東節判時郭氏次子之婦孀居于家嶼喪偶未久復忍而納幣人皆罪之明宗在藩邸時素聞其醜聲天成中與溫韜等同詔賜死（冊府元龜卷九百四十三）

溫韜華原人少為盜據華原事李茂貞名彥韜後降于梁更名昭圖為耀州節度唐諸陵在境者悉發之取所藏金寶而昭陵最固悉藏前世圖書鍾王紙墨筆迹如新（永樂大典卷一萬一千五百七十六）移許州節度使累遷至檢校太尉

平章事韜素善趙巖每依附之莊宗入汴巖恃韜與己素厚遂奔許州韜延之於第斬首傳送闕下（冊府元龜卷九百四十三）同光初韜來朝郭崇韜曰此劫陵賊罪不可赦韜納賂劉后賜姓名紹冲遣還鎮（永樂大典卷一萬一千五百七十六）明宗即位流于德州俄賜死長子延濬清泰中為泥水關使次延沼為父牙帳都校次延袞鄧州指揮使咸聚居許下晉天福初閻張從賓作亂于河陽咸往依之從賓慮其難制悉斬于帳下（冊府元龜卷九百四十二　案溫韜傳永樂大典闕全篇今采冊府元龜增補）

段凝開封人也本名明遠少穎悟多智數初為澠池簿脫荷衣以事梁祖梁祖漸器之開平三年十月自東頭供奉官授右威衛大將軍充左軍巡使兼水北巡檢使凝妹為梁祖美人故稍委心腹四年五月授懷州刺史乾化元年十二月梁祖北征迴過郡凝貢獻加等梁祖大悅梁祖復北凝迎奉進貢有加於前梁祖次相州刺史李思安迎奉踈怠梁祖怒貶思安制云懷州刺史段明遠少年治郡庶事惟公兩度祗奉行鑾數程宿食本界動無遺闕舉必周豐蓋能罄竭於家財務在顯酬夫明獎觀明遠之忠勤若此見思安之悖慢何如其見賞如此其後遷鄭州刺史監大軍於河上梁末帝以戴思

遠為北面招討使行師不利用王彥章代之受任之翌日取德勝之南城軍聲大振張漢倫等推功於凝凝掎摭彥章之失以間之（通鑑彥章棄鄆家口復趙楊劉遊奕將李紹興敗梁遊兵于清邱驛南段凝以為唐兵已自上流渡驚駭失色面數彥章尤其深入）梁末帝怒罷彥章兵權凝納賂于趙張二族求為招討使敬翔李振極言不可竟不能止凝以眾五萬營於高陵津裨將康延孝叛歸莊宗延孝具陳梁軍虛實莊宗遂決長驅之計未幾莊宗入汴凝自滑率兵而南前鋒杜晏球至封丘解甲聽命翌日凝率大軍乞降於汴郊莊宗釋之復以凝為滑州兵馬留後賜姓名紹欽有頃正授節度改兗州節度使凝初見莊宗因伶人景進通貨於宮掖凝天性姦佞巧言飾智善候人意其年契丹寇幽州命宣徽使李紹宏監護諸軍以禦契丹凝與董璋戍瓦橋凝巧事紹宏嘗乘間奏凝蓋世奇才可以大任屢請以兵柄委之郭崇韜曰段凝亡國敗軍之將姦諂難狀不可信也凝在藩鎮私用庫物數萬計有司促償中貴其負同光三年四月移授鄧州節度使四年二月趙在禮據鄴城李紹宏請用凝為大將莊宗許之令具方畧條奏凝所請偏裨皆取其己黨莊宗疑之乃止明宗至洛陽霍彥威怒其前事與溫韜同收下獄詔釋之放歸田里明年竄於

遼州竟與溫韜同賜死永樂大典卷一萬八千一百三十

孔謙通鑑作魏州人莊宗同光初爲租庸副使謙本州之幹吏上自天祐十二年帝平定魏博會計皆委制置謙能曲事權要效其才力帝委以泉貨之務設法箕斂七八年間軍儲獲濟及帝卽位于鄴城謙已當爲租庸使物議以謙雖有經營濟贍之勞然人地尙卑不欲驟總重任樞密使郭崇韜舉魏博觀察判官張憲爲租庸使以謙爲副謙悒然不樂者久之帝既平梁汴謙徑自魏州馳之行在因謂崇韜曰魏都重地須大臣彈壓以謙籌之非張憲不可崇韜以爲忠告卽奏憲爲鄴都副留守乃

命宰臣豆盧革判租庸謙彌失望乃尋革過失時革以手書便省庫錢數十萬謙以手書示崇韜亦辭避帝問當委何人爲可崇韜曰孔謙雖久掌貨泉然物議未當居大任以臣所見却委張憲爲便帝促徵之憲性精辦爲趨時者所忌人不右之謙乘間訴于豆盧革曰租庸錢穀悉在眼前委一小吏可辦鄴都本根之地不可輕付于人興唐尹王正言無禆益之才徒有獨行詔書既徵張憲復以何人爲代豆盧革言于崇韜崇韜曰鄴都分司列職皆主上舊人委王正言何慮不辦革曰俱是失也設不獲已以正言掌租庸取畫于大臣或可辦矣若付之方面必敗人事謙以正言非德非勳懦而易制日此議爲便然非己志尋掎正言之失泣訴于崇韜厚賂閽伶以求進用人知姦詔沮之乃上章請退帝怒其規避將寘于法樂人景進于帝前解喻而止王正言風病恍惚不能綜三司事景進屢言于帝乃以正言守禮部尙書以謙爲租庸使冊府元龜卷九百二十四謙以國用不足奏諸道判官員數過多請只置節度觀察判官書記支使推官各一員留守置判官各一員三京府置判官推官餘並罷俸錢又奏百官俸錢雖多折支非實請減半數皆支實錢並從之未幾半年俸復從虛折永樂大典卷四千六百七

十九

案孔謙傳永樂大典僅存一條今錄冊府元龜以存梗概北夢瑣言明宗卽位誅租庸使孔謙等孔謙者魏州孔目莊宗圖霸以供饋兵食謙有力焉既爲租庸使曲事嬖倖奪宰相權專以聚斂爲意剝削爲端以犯衆怒伏誅

李鄴魏州人也幼事楊師厚及莊宗入魏漸轉裨將歷數郡刺史後遷亳州爲政貪穢有奴爲人持金以賂鄴奴隱其金鄴殺之其家上訴因訐其陰事詔貶郴州司戶參軍又貶崖州長流百姓所在賜自盡永樂大典卷一萬三百八十九

史臣曰易云積不善之家必有餘殃又曰惡不積不足以滅身如毛璋之儔可謂積惡而滅其身矣況溫韜之

發陵寢段凝之敗國家罪不容誅死猶差晚餘皆瑣瑣何足議焉

舊五代史卷七十三終

舊五代史卷七十三攷證

唐列傳二十五毛璋傳授滄州節度使　滄州歐陽史作華州

段凝傳其後遷鄭州刺史監大軍於河上　案歐陽史遷凝鄭州刺史使監兵於河上李振亟請罷之太祖曰凝未有罪振曰待其有罪則社稷亡矣然終不罷也據此則凝監河上軍爲梁祖時事通鑑攷異云晉人取魏博然後與梁以河爲境故常以大兵守之太祖時未也就使當時屯兵河上亦未繫社稷之安危此必均王時事也

中貫其頁　案中貫其頁句原本疑有脫誤攷册府元龜與是書同今仍其舊

舊五代史卷七十三攷證

舊五代史卷七十四

宋司空同中書門下平章事薛居正等撰

列傳第二十六 唐書五十

康延孝塞北部落人也初隸太原因得罪亡命奔汴梁開平乾化中自隊長積勞至部校梁末帝時頻立軍功同光元年八月段凝率衆五萬營於王村時延孝爲右先鋒指揮使率百騎來奔莊宗得之喜解御衣金帶以賜之翌日賜田宅於鄴以爲捧日軍使兼南面招討指揮使檢校司空守博州刺史莊宗屏人問梁兵機延孝備陳利害語在莊宗紀中莊宗平汴延孝頗有力焉以功授檢校太保鄭州防禦使賜姓名紹琛明年郊禮畢授保義軍節度使三年討蜀以延孝爲西南行營馬步軍先鋒排陣斬斫等使延孝性驍健徇利奮不顧身以前鋒下鳳州收固鎮降興州敗王衍軍於三泉所俘蜀軍皆諭而釋之自是晝夜兼行王衍自利州奔歸成都斷吉柏津浮梁以絕諸軍延孝復造浮梁以渡進收綿州王衍復斷綿江浮梁而去水深無舟檝可渡延孝謂招撫使李嚴曰吾懸軍深入利在急兵乘王衍破膽之時人心離沮但得百騎過鹿頭關彼即迎降不暇如俟修繕津梁便留數日若王衍堅閉近關折吾兵勢儻延

旬浹則勝負莫可知也宜促騎渡江因與李嚴乘馬浮江於是得濟者僅千人步軍溺死者亦千餘人延孝既濟長驅過鹿頭進據漢州居三日部下後軍方至僞蜀六軍使王宗弼令人持牛酒幣馬歸款旬日兩川平定延孝止漢州以俟繼岌平蜀之功延孝居最時邠州節度使董璋爲行營右廂馬步使華州節度使毛璋爲行營左廂馬步使以軍禮當事延孝郭崇韜以私愛董璋及西川平定之後崇韜每有兵機必召璋參決延孝不平時延孝軍於城西毛璋軍於城東董璋軍於城中閏十二月延孝因酒酣謂董璋曰吾有平蜀之功公等僕遫相從反首鼠於侍中之門謀相傾陷吾爲都將公乃裨校力能斬首璋惶恐謝之而退酒罷璋訴于郭崇韜陰銜之乃置董璋爲東川節度使落軍職延孝怒謂毛璋曰吾冒白刃犯險阻平定兩川董璋何功遽有其地二人因謁見崇韜曰東川重地宜擇良帥工部任尚書有文武才幹甚洽衆心請表爲東川帥崇韜怒曰紹琛反耶敢違吾節度延孝等惶恐而退未幾崇韜爲繼岌所害二人因責董璋曰公復首鼠何門璋俛首祈哀而已四年正月甲申大軍發成都繼岌令延孝以一萬二千人爲後軍二月癸巳中軍次武連中使詔至諭以西

平王朱友謙有罪伏誅命繼岌殺其子遂州節度使令德延孝大驚俄而董璋率兵之遂州遇延孝不謁延孝怒謂諸校曰南平梁汴西定巴邛畫策之謀始於郭公而汗馬之勞力摧強敵即吾也若以背偽歸國犄角而成霸業即西平王之功第一西平與郭公皆以無罪赤族歸朝之後次當及我矣丙申延孝次劍州時延孝部下皆鄜延河中舊將焦武等知西平王被禍兼誅令德號哭軍門訴於延孝曰西平無罪二百口伏誅河中舊將無不從坐某等必死矣時魏王繼岌到泥溪延孝報繼岌云河中兵士號哭欲為亂丁酉延孝至劍州遂擁

眾迴自稱西川節度三州制置等使以檄招諭人三日間眾及五萬己亥繼岌至利州是夜守吉柏津使（案原本疑有闕文）密告魏王曰得紹琛文字令斷吉柏浮梁繼岌懼乃令梁漢顒以兵控吉柏津延孝已擁眾急趨西川繼岌遣人馳書諭之夜半令監軍使李廷安召任圜因署為副招討使令圜率兵七千騎與都指揮使梁漢顒監軍李廷安討之辛丑先令都將何建崇擊劍門下之甲寅圜以大軍至漢州延孝來逆戰圜令董璋以東川懦卒當其鋒伏精兵於其後延孝擊退東川之兵急追之遇伏兵起延孝敗馳入漢州閉壁不出西川孟知祥以兵二萬與圜合勢攻之（案九國志李延厚傳康延孝入漢州知祥遣延厚率兵二千會李仁罕討之將行誓士卒曰今出師不三旬必破賊乃立功圖賞之日也士卒忠奮者立東廂衰疾者立西廂無自苦也得請行者七百人逐延孝西寨斬首百餘級竟拔其城）漢州四面樹竹木為柵三月乙丑圜陣於金鴈橋即率諸軍鼓譟而進四面縱火風焰亘空於是延孝危急引騎出戰遇陣於金鴈橋又敗之以十數騎奔綿州何建崇追及擒之任圜命載以檻車時孟知祥與任圜董璋置酒高會因令引延孝檻車至會知祥問曰明公頃自梁朝脫身歸命纔平汴水節制陝郊近領前鋒克平劍外歸朝之後授爵冊勳巨鎮尊官誰與為競奈何躁憤自毀功庸入此檻車

還為鄧艾深可痛惜誰肯愍之知祥因手自注盃以飲之延孝曰自知富貴難消官職已足然郭崇韜佐命元勳輔成大業不動干戈收獲兩川自古殊功但恐不及一旦何罪闔門被誅延孝之徒何保首領以此思慮不敢歸朝天道相違一旦至此亦其命也夫復何言及圜班師行次鳳翔中使向延嗣賫詔至遂誅之部下懷其首級瘞於昭應縣民陳暉地天成初其子發之擕去（永樂大典卷一萬八千一百三十）

朱守殷小字會兒莊宗就學以厮養之役給事左右及莊宗即位為長直軍使雖列戎行不聞戰攻每搆人之

短長中於莊宗漸以心腹受委河上對壘稍遷蕃漢馬步都虞候守殷守德勝寨爲梁將王彥章所攻守殷無備遂陷南寨莊宗聞之曰駑才大誤予事因撤北寨往固揚劉明宗在鄆州密請以覆軍之罪罪之莊宗私於腹心忍而不問同光二年爲振武節度使不之任仍兼領蕃漢馬步軍京城初定內外警巡恃憑主恩蔑視勳舊與景進互相表裏又強作宿德之態言語遲緩自謂沉厚（案以下疑有闕文据歐陽史莊宗東討守殷將騎軍）及郭從謙犯興教門步軍始亂中使急召騎士守殷按甲不進莊宗獨領宦官斫射屢退而騎軍終不至莊宗既崩守殷擁衆方在北

邙憩於茂林之下迨聞凶問乃入內選嬪御及珍寶以歸忝軍士劫掠京都翌日方定率諸校迎明宗於東郊天成初授河南尹判六軍諸衞事加侍中移汴州節度使車駕將巡幸外議諠然初以爲平吳又云制置東諸侯守殷乃生雲夢之疑遂殺都校馬彥超副使宋敬（案歐陽史云守殷將叛召都指揮使馬彥超與計事超不從殷殺之明宗憐彥超之死以其子承祚爲洺州長史）守殷驅市人閉壁以叛明宗途次京水聞之親統禁軍倍程直抵其壘長圍夾攻緇城甚衆守殷力屈盡殺其族引頸令左右盡其命王師入城索其黨盡誅之詔鞭守殷尸梟首懸於都市滿七日傳送洛陽（永樂大典卷二千三十一）

陽立者潞州之小校初事李嗣昭及李繼韜皆畜養甚厚繼韜被誅憤憤失志同光二年四月有詔以潞兵三萬人戍涿州將發其衆謀曰我輩事故使二十年衣食豐足未嘗邊塞征行苟於邊上差跌白骨何歸不如據城自固事成自富貴耳因聚徒百餘輩攻子城東門城中大擾副使李繼珂及監軍張機祚出奔立自稱留後率軍民上表請旌節莊宗怒命明宗與李紹眞攻討一月拔之生擒立及其同惡十餘人送於闕下皆磔於市潞州城峻而隍深故立輒敢據之莊宗因茲詔諸道撤防城之備焉（永樂大典卷六千五十二）

竇廷琬者世爲青州牙將梁祖擢寘左右同光初爲復州遊奕使姦盜屏跡歷貝州刺史未幾請制置慶州鹽池逐年出絹十萬疋米十萬斛遂以廷琬爲慶州防禦使俾制置之由是嚴刑峻法屢撓邊人課利不集詔移任於金州廷琬據慶州叛詔邠州節度使李敬周率兵討平之夷其族（永樂大典卷一萬九千三百五十四）

張虔釗遼州人也（案九國志云虔釗遼州榆社人父簡唐檢校尚書左僕射）初爲太原牙校以武勇聞於流輩武皇莊宗之世累補左右突騎軍使（案九國志云莊宗嘗以偏師取鎮陽命虔釗率騎爲先鋒屢挫賊鋭遂陷其城）明宗素聞虔釗有將帥才及卽位擢爲護駕親軍都指揮使領

春州刺史天成中興諸將圍王都於中山大敗契丹於嘉山之下及定州平以功授滄州節度使（案北夢瑣言云虔釗鎭滄州日因亢旱民饑發廩賑之方上聞帝甚嘉獎他日秋成倍斗徵斂朝論鄙之）移鎭徐州長興中爲山南西道節度使兼西面馬步軍都部署及末帝起于鳳翔閔帝詔令虔釗帥部兵會王師於岐下洎西師俱變虔釗憤惋退歸興元因與洋州節度使孫漢韶俱送款於蜀孟知祥待之尤厚僞授本鎭節度使俾知祥坐獲山南之地由虔釗之故也（案北夢瑣言云入蜀取人產業黷貨無厭蜀民怨之）孟昶嗣僞位加檢校太師兼中書令晉開運末蜀人聞契丹入洛令虔釗率衆數萬將寇秦雍俄聞漢高祖已定中原虔釗無功而退（案九國志云歷左右匡聖馬步軍都指揮使出爲昭武軍節度使及漢祖卽位乃移鎭梁州以觀朝廷之變會晉昌軍節度使趙匡贊鳳翔節度使侯益俱謀歸蜀遂以虔釗爲北面行營招討使應接經營俄而趙匡贊侯益請昶出師掠定三秦因命虔釗與韓保貞等總師五萬出散關雄武軍節度使何重建出隴右奉鑾肅衞都虞候李廷珪出子午谷會於雍州廷珪始出子午谷聞匡贊爲王景崇所逼棄城自拔東去遂先退師時虔釗福誠保貞師次陳倉謀不相叶而侯益閉匡贊已去廷珪班師亦誠款中變閉壘不出司天監趙匡樞累以雲氣不利爲諷保貞乃與福誠率所部取隴州道會重建歸蜀虔釗留寶雞以勢孤不可深入遂班師）行至興州感憤而卒（永樂大典卷六千三百五十）

楊彥温汴州人本梁朝之小校也莊宗朝累遷禆將天成中爲河中副指揮使及末帝鎭河中尤善待之因奏爲衙內都指揮使長興元年四月乘末帝閱馬於黃龍莊據城謀叛末帝遣人詰之曰吾善待汝何苦爲叛彥温報曰某非敢負恩緣奉樞密院宣頭令某拒命請相公但歸朝廷數日詔末帝歸朝明宗疑其詐不欲興兵授彥温絳州刺史安重誨堅請出師卽命西京留守索自通侍衞步軍指揮使藥彥稠等帥兵攻之五日而拔自閉門及敗凡十三日初彥稠出師明宗戒之曰與朕生致彥温吾將自訊之及收城斬首傳送明宗深怒彥稠等時議者以當時四海恬然五兵載戢蒲非邊郡近在國門而彥温安敢狂悖皆以爲安重誨方弄國權尤忌末帝之名故巧作窺圖究莫能傾陷也彥温愚昧爲人所嗾故滅其族焉（永樂大典卷六千三百五十一）

史臣曰春秋傳云夫不令之臣天下之所惡也故不復較其優劣焉唯虔釗因避地以偷生彥温乃爲人之所嗾比諸叛臣亦可矜也（永樂大典卷六千三百五十一）

舊五代史卷七十四終

舊五代史卷七十四攷證

唐列傳二十六朱守殷傳車駕將巡幸外議諠然初以爲平吳又云制置東諸侯守殷乃生雲夢之疑遂殺都校馬彥超副使宋敬守殷驅市人閉壁以叛明宗途次京水聞之親統禁軍倍程直抵其壘長圍夾攻縋城甚衆守殷力屈盡殺其族引頸令左右盡其命　案儒林公議云朱守殷與霍彥威同立明宗尋判諸軍事兼河南尹旋除宣武軍節度使時樞密使安重誨用事汴之財利遣中人筦權之守殷軍用不給累表抗論重誨旣而復奪之守殷不平頗出怨言重

誨奏其反狀明宗親率師討之車駕至汴京守殷自以本無不臣之意爲權臣誣奏登城門望明宗叩頭號哭稱寃明宗思其功許以開門自新重誨已麾軍登陴勢不可遏城陷誅之攷守殷之叛歐陽史通鑑與是書無異辭而儒林公議以爲守殷本無反心爲重誨所陷蓋傳聞之互異也

楊立傳有詔以潞兵三萬人戍涿州　案通鑑作發安義兵三千戍涿州

命明宗與李紹眞攻討　李紹眞通鑑作李紹榮

舊五代史卷七十四攷證